過去に触れる
——歴史経験・写真・サスペンス

田中純

羽鳥書店

Touching the Past:
Historical Experience, Photography, Suspense
TANAKA Jun
Hatori Press, Inc., 2016
ISBN 978-4-904702-60-4

【1】ヴァルター・ベンヤミン、ポンティニー、一九三九年、ジゼル・フロイント撮影。

【2】牛腸茂雄『扉をあけると』（一九八〇年）より。

【3】牛腸茂雄『見慣れた街の中で』（一九八一年）より。

はじめに

「過去に触れる」――そんな経験がたしかにあると、この書物でわたしは、その実感から出発しようと思った。これはそうした「歴史経験」を解明するために、とりわけ写真を通した過去との接触という出来事に着目し、さらに、その経験を伝達する歴史叙述のあり方を、「サスペンス」の原理のうちに探究した書物である。

歴史経験を直接取り上げるに先立ち、本書の序には、二〇一一年三月の東日本大震災と福島原子力発電所事故に際して書かれた文章が集められている。これは、危機の瞬間だからこそ閃いた過去のイメージとの遭遇がそこにはあったからである。身近な惨事と迫り来る危険に接して、五感が全面的に異常なほど鋭敏になっていたこの時期、過去のさまざまな徴候をとらえようとする歴史感覚もまた研ぎ澄まされていた。本書が問題にしようとする歴史経験は、情報や知識ではなく、何よりもまず身体を通じた感覚的経験である。その点で、序に収めた、危機的状況下だからこそありえた特別な感覚や認識の発見、なかでもとくに第1章で取り上げた堀田善衞『方丈記私記』の歴史観と、第4章でヴァルター・ベンヤミンに即して論じた「希望」というテーマは、この書物の議論全体を「先触れ」として予告するものである。

本論第I部は歴史経験の理論と個別事例の検討にあてられている。第1章はヨーハン・ホイジンガとアビ・ヴァールブルクによる歴史叙述と彼らの歴史経験との関係を考察し、現代の歴史理論における歴史経験論をたどった。事柄の性質上、わたし自身のパーソナルな歴史経験を自己分析する作業は避けられない。そもそも本書執筆の動機は、わたしが思想史研究の必要からたびたび訪れたアーカイヴにおける経験にあった。第2章は、そんなアーカイヴ通いから生まれた著書『冥府の建築家』の主人公ジルベール・クラヴェルの日記や手紙に登場する謎の女性「アーシア」探索の記録である。それはアーシアが誰であったのかを探る捜査と推理の過程であると同時に、過去を知るとはいかなるプロセスであるべきかを身をもって学ぶ、歴史経験としての旅でもあった。続く第3章と第4章はそれぞれ、思想史家・橋川文三と建築家ダニエル・リベスキンドの歴史経験を取り上げている。彼らはいずれも、わたしが政治的想像力や近現代建築論の研究を進めるうえで指針としてきた人物であり、この二つの章における考察は、両者の思想の根底にある経験を探るという目的をもっている。

本書で「過去に触れる」経験を扱うにあたり、とくに焦点を絞って考察の対象としたのが写真である。これは、写真が過去の実在を端的に確証する物体として、十九世紀半ば以降の歴史経験を深く規定しているからである。しかし、歴史学研究において、写真の史料としての価値は必ずしも早くから認められてきたわけではなかった。それは如実に過去を現前させるものであるがゆえに、歴史の言説に取り込むことがかえって困難だったのである。第II部はアウシュヴィッツ第二強制収容所（ビルケナウ）でゾンダーコマンド（特別労務班）の一員によって隠し撮りされた四枚の写真と、広島に原爆が投下された一九四五年八月六日に松重美人によって撮影された被爆地の写真五枚という、いずれも極限状況下で撮られた写真を取り上げることにより、写真を通してこうした限界的経験の場に接近することの可能性と倫理的問題を中心に論じた。前者についてはジョルジュ・ディディ＝ユベルマンの著書『イメージ、それでもなお』における議論の検討というかたちを取っている。また、これらに先立つ第1章では、わたし自身がアウシュヴィッツを実際に訪れ、現地で当時の記録写真に接した際の体験にもとづき、写真を媒介とした歴史経験をめぐる自己分析を試みている。

第III部は「過去に触れる」経験を与える歴史叙述のあり方を主題としている。第1章で取り上げた作家W・G・ゼーバルトは、作中に写真図版を多用する手法で知られている。ここでは、第II部を引き継ぎ、写真を通した歴史経験を再度吟味するとともに、ゼーバルトが写真を散文と組み合わせ、歴史と深く関わる独自の作品世界を作り上げている方法と、さらにそれが読者に及ぼす効果が分析されている。第2章においては、ロラン・バルトの写真論『明るい部屋』の核心をなすイメージでありながら、読者の眼からは隠されている、著者の母の幼年時代の写真、いわゆる「温室の写真」の謎を通して、この批評家における写真経験の秘密が論じられ、さらに、歴史叙述をめぐるバルトの思想が写真論との関係から考察されている。その分析過程で見出されるのが、サスペンス映画というジャンルを成り立たせている張り詰めた時間の構造が、バルトの発見した写真の時間性にほかならないことである。本書において、この時間性は「サスペンス」と呼ばれ、歴史経験および歴史叙述が分析される際の鍵概念となる。バルトはまた、「伝記素」という概念を提起しているが、その発想をもとにここでは「歴史素」の概念を案出し、偶発的な逸脱をともなう歴史素からなる、エピクロス的原子論としての歴史経験・叙述論を展開している。この視座から見るとき、写真とは極めつきの歴史素――歴史の原子――にほかならない。

われわれが「過去に触れる」経験を味わうのは、歴史学の研究論文よりもむしろ、歴史小説を読んだり、史実にもとづく映画を観たりする場合のほうが圧倒的に多いだろう。第III部第3章では、いずれも二〇〇〇年代にフランスで刊行されて高い評価を得た、ともにナチ親衛隊(SS)の高官・将校を登場人物や主人公とする二つの小説の比較により、文学作品において史実を題材とすることの倫理や、その倫理をいかに叙述に反映させるかという手法を論じている。第4章では、サスペンス映画史のなかから「行方不明の子供を探す」というモチーフが共通する三作品を取り上げ、とくにクリント・イーストウッド監督の実話をもとにした映画『チェンジリング』の分析を通して、サスペンスの時間性をより詳細に検討した。その議論は同じく「子供の失踪」を主題とする三部けいの漫画『僕だけがいない街』および作家パトリック・モディアノによるノンフィクション作品『ドラ・ブリュデール』に関する考察へとつながり、そこで確認されるサスペンスと幼年時代の時間との深い結びつきは歴史叙述の方法論に関連づけられる。以上のように、この第III部における論述は、写真や映画という視覚的イメージと言語テクストの両者を往還しながら進められてゆく。第III部末尾の第5章では、写真家・畠山直哉が撮影した、大津波の被害を受けた故郷の震災前後の風景からなる写真集『気仙川』を取り上げ、写真に併置された畠山のテクストを仔細に「読む」ことにより、きわめて個人的な性質のその記述に、人間的な時間の経験の記録としての歴史叙述が備えるべき、本質的な緊張（サスペンス）を学ぶことが試みられている。

第IV部は「歴史叙述者たちの身振り」と題されている。「歴史叙述者」とは「歴史家」ではない。この言葉はベンヤミンの遺稿「歴史の概念について」から採られている。「身振り」もまた、ベンヤミンの批評において鍵となる言葉だが、ここでは固有の歴史経験に根ざした歴史叙述者の身体性を指している。本書でその身体性が探究される歴史叙述者とは、ベンヤミンのほか、思想家・多木浩二と写真家・牛腸茂雄である。第1章のベンヤミン論は、写真論にとどまらない、その思想全体における「写真」という隠喩、ないし、写真的なパラダイムを追跡したものである。後期ベンヤミンにおいて、写真は集団的・個人的想起をめぐる認識論的な装置へと変貌を遂げてゆく。この章はその過程をたどったうえで、歴史および写真における「希望」とは何かをめぐって、序第4章における議論に立ち返り、ベンヤミンにおける歴史経験および歴史叙述にとって何よりも本質的な「身振り」を、「歴史を逆撫でること」のうちに見出す。

第3章は二〇一一年の多木逝去の際に書かれた追悼文をもとにしている。わたしの脳裏にそのとき浮かんだのは、けっして実際に眼にしたことはない、多木の或る「身振り」だった。そのイメージの謎を解き明かそうと、この文章を本書のために書き改めるなかで、一九九〇年代以降の多木がしきりに言及した「歴史の無意識」や「歴史の場（ヒストリカル・フィールド）」が、ほかならぬ歴史経験の生起する場所であったことに気づく。周知のように、『provoke』の一員だった多木は、本書の方法論的な要である写真に関する徹底した思索者でもあった。この章はその点においても、多木から継承されるべき思考の身振りを確認することによって、本書を締め括るものである。

これら二人の歴史哲学者に手向けられた章に挟まれるかたちで、カラー写真をめぐる考察を置いた。小さな黄色い花を手にしたベンヤミンの姿と牛腸茂雄の写真は、いずれも記憶や経験の「色」という、とらえがたく曖昧な質感について考えることを迫るイメージである。本書では、いまだ自分が解けない謎を謎のまま捧げるようにして、それぞれのイメージを口絵に掲げている。そこに記録された身振り、あるいは、写真の景観から逆に浮かび上がる写真家の身振りは、色彩の質感とも相まって、何か胸を焦がすような悲しみや切なさを覚えさせる。牛腸をあえて歴史叙述者と呼ぶのは、彼の写真がこの切なさを通して、まぎれもなく歴史経験を喚起しているからである。

経験の実体はおそらくこうした質感にこそ宿る。それゆえ、「結論」と称して巻末にまとめたテーゼは、すでに経験の場そのものを離れた、反省的思考による抽象でしかないかもしれない。しかし、自分の認識をこのようにいったん凝縮することは、むしろ、それが抽象概念による極小の構築物であるからこそ、一種の歴史素として、固有の歴史経験を提供しうるものとなるように思われた。本書の各論は、堀田の『方丈記私記』に倣えば、いわばすべてが「私記」である。ここで取り上げた問題の全体を総括する最終的結論などというものはない。だが、たとえそうであっても、仮説＝仮設的なものにとどまるにせよ、「歴史の場」の小さな模型をここに建てたかったのである。

すでにこの世にいない先人たちの思考の襞をたどろうとする書物はすべて、ひとつの歴史叙述であり、さすれば、そこもまた何らかの歴史経験の現場たりえよう。本書が読者といささかなりとも共有したいと願うのは、「過去に触れる」経験が希望につながることの実感、その経験の質である。

過去に触れる　目次

はじめに —— i

序　危機の時間、二〇一一年三月

第1章　歴史の無気味さ——堀田善衞『方丈記私記』 —— 003
第2章　鳥のさえずり——震災と宮沢賢治ボット —— 009
第3章　渚にて——「トポフィリ——夢想の空間」展に寄せて —— 017
第4章　希望の寓意——「パンドラの匣」と「歴史の天使」 —— 025

I　歴史の経験

第1章　過去に触れる——歴史経験の諸相 —— 037
1　ホイジンガの秋、ヴァールブルクのニンフ —— 037
2　フランク・アンカースミットの歴史経験論 —— 048
3　H・U・グンブレヒト『一九二六年に』と過去の現前 —— 062
4　エルコ・ルニアによる歴史のメトニミー論 —— 072

5 歴史という遊び 076

第2章 アーシアを探して――アーカイヴの旅 081
1 死者たちへの負債――過去を物語る倫理 081
2 夢のなかの赤い旗――「名」を求めて 092
3 ハデスの吐息――ミュンヘンからローマへ 100
4 二十世紀のディアスポラ――ソロヴェイチクとタンネンバウムの場合 113
5 アーカイヴの魅惑――写字生であること 119

第3章 半存在という種族――橋川文三と「歴史」 133
1 巨人族たち――その面影と系譜 133
2 半存在の見た「歴史」――戦中派の歴史経験 140
3 虚妄の狭間で――「野戦攻城」の果て 152

第4章 いまだ生まれざるものの痕跡――ダニエル・リベスキンドとユダヤ的伝統の経験 160
1 幹のない接ぎ木 160
2 歴史の身体＝文字＝建築 167
3 指標としての空虚 175
4 限りなき敷居 183
5 砂漠の音楽として 192

II 極限状況下の写真

第1章 剝ぎ取られたイメージ——アウシュヴィッツ＝ビルケナウ訪問記 203

第2章 歴史の症候——ジョルジュ・ディディ＝ユベルマン『イメージ、それでもなお』 216

1 「すべて」に抗して——イメージの場所／非場所 216

2 歴史の症候学／症状——ギンズブルグとディディ＝ユベルマン 221

3 歴史における抑圧——モンタージュの「脆さ」 225

4 「贖い」の倫理へ——希望のドラマトゥルギー 229

第3章 イメージのパラタクシス——一九四五年八月六日広島、松重美人の写真 236

1 「五枚の写真」の謎——松重は何を撮影したのか 236

2 「原爆＝写真」論批判——モンタージュと絶対的イメージ 246

3 写真の「彼方」へ——パラタクシスの「点滅」 254

III 歴史叙述のサスペンス

第1章 迷い蛾の光跡——W・G・ゼーバルトの散文作品における博物誌・写真・復元 271

1 摩滅の博物誌——古写真の光、絹紗のテクスト 271

2 迷い子の写真たち（ストレイ・フォトグラフス）——「復元」としての「歴史の構築」 282

3　流氓のアーカイヴ――テクスト外への漂流　304

第2章　歴史素としての写真――ロラン・バルトにおける写真と歴史　323
1　『明るい部屋』のサスペンス――「温室の写真」のアナモルフォーズ　323
2　歴史素のエピクロス的原子論――「愛の抗議」としての歴史　334

第3章　歴史小説の抗争――『ＨＨｈＨ』対『慈しみの女神たち』　343
1　歴史に忠実に、しかし、歴史の必然に抗して――ローラン・ビネ『ＨＨｈＨ』の倫理　343
2　歴史とフィクションの狭間――ジョナサン・リテル『慈しみの女神たち』の審美主義　353

第4章　サスペンスの構造と歴史叙述
――『チェンジリング』『僕だけがいない街』『ドラ・ブリュデール』　367
1　サスペンスという希望――映画から歴史叙述へ　367
2　失踪した子供たちの秘密――通過儀礼のサスペンス　376

第5章　歴史という盲目の旅――畠山直哉『気仙川』を読む　390

Ⅳ　歴史叙述者たちの身振り

第1章　歴史の現像――ヴァルター・ベンヤミンにおける写真のメタモルフォーゼ　407

1 「まったく書かれなかったものを読む」 407
2 「歪められた生」の肖像 417
3 歴史／写真における希望 428

第2章 記憶の色――ヴァルター・ベンヤミンと牛腸茂雄の身振りを通して 439
1 キンポウゲを摘むベンヤミン――ジゼル・フロイントの一枚の写真について 439
2 日常の周縁に揺曳するもの――牛腸茂雄『見慣れた街の中で』 453

第3章 「歴史の場（ヒストリカル・フィールド）」の航海者――「写真家」多木浩二 469
1 視線のアルケオロジーから歴史の無意識へ 469
2 ヒストリカル・フィールドの溺死者たち 474
3 盲目の船乗り／写真家の身振り 480

結論 歴史における希望のための十のテーゼ 491

註 501
跋 545
初出一覧 550

書誌・フィルモグラフィ 032
図版一覧 025
人名索引 015
事項索引 001

過去に触れる

歴史経験・写真・サスペンス

希望とは欲望する記憶である。　――オノレ・ド・バルザック

序　危機の時間、二〇一一年三月

第1章　歴史の無気味さ——堀田善衛『方丈記私記』

「閻魔様の前を散歩してゐるやうな気持だ」——そんなつぶやきが記憶に甦った。敗戦前後の上海にいた二十七歳の青年堀田善衛が、いわば「地獄めぐり」の日々を綴った日記（『堀田善衛 上海日記』）の一節である＊1。堀田は、内戦に向かうこの地に一年以上もとどまり、そこでしか目撃できない何かを徹底して見届けようとしていた。

このつぶやきの記憶に導かれて、堀田の『方丈記私記』を手に取った。鴨長明の生きた時代とおのれの経験した戦争末期という、二つの乱世に向けたこの作家のまなざしを、そこで確認したかったのである。

なぜか。東日本大震災ののち、自分にとって必要に思われたのは、現下の事態を「歴史」としてとらえる視点だったからである。それは、あれこれの過去の事例を引いてきて、歴史談義に耽ることではない。時に反時代的なまでに距離を取った、歴史家ないしいっそ考古学者の冷徹な眼を現状に向けながら、同時にそうやって身を引き離した隔たりをぴんと張られた弓の弦にして、現在と過去とを射貫く矢を放つための視座確保である。そんな矢の運動にも似て、ヴァルター・ベンヤミンに倣って言えば、危機の瞬間に閃くような「過去のイメージ」との遭遇が、堀田のこの私記には幾度もあった。

東京大空襲の夜、本所深川のあたりを中心とする巨大な火焔を遠望しながら、そこに住む親しい女を思ったとき、堀田の脳裡に京の大火をめぐる方丈記の言葉が浮かぶ——

火の光（ひかり）に映（えい）じて、あまねく紅（くれなゐ）なる中に、風に堪（た）へず、吹（ふ）き切（き）られたる焔（ほのほ）、飛（と）（ぶ）が如くして一二

町を越えつゝ移りゆく。その中の人、現し心あらむや。＊2

どれほど愛していようとも、他人の死に対して何の責任も取れぬという事実を痛感しつつ、その無力感ゆえに沈黙するのではなく、あえて何か言葉を発するとしたら、長明と同じく「その中の人は生きた心地がすまい」とでも言うよりほかに言いようはないかもしれぬ、と堀田はつぶやく。そして、これを機縁として、彼は方丈記に読み耽る。

大戦末期の凄惨な戦禍の経験を通して堀田は、大火、大風、遷都、飢饉、地震といった天災人災をめぐる方丈記のこうした記述が、徹底的な観察にもとづく精確なものであったことを実感する。そして、乱世に吉兆を見るかのごとき、「世の乱るゝ瑞相とか聞けるもしるく」という一節に呼応して、敗戦による国民生活や階級制度の完全な崩壊とともに始まる新しい社会を期待する。それは肉体的にまでわくわくするような気持ちであったという。

しかし、焼け野原となった首都をさまようちに、深川の焦土を視察に訪れた天皇一行に遭遇し、そこに居合わせた被災者たちがこの災禍を自分たちの責任であるかのように天皇に詫びる有り様を目のあたりにして、堀田のそんな期待はまたたく間に打ち砕かれる。この信じがたい光景に、堀田は「無常観の政治化」を見る。日本という国で、結果責任が明確に問われない、「政治であって同時に政治ではないという政治」がむざむざと延命する「業」がそこにはあると。

堀田が長明のリアリズムと対にしながらしっかと見据えているのが、何某追討の宣旨を乱発しておのれを守ろうとした平安末期の朝廷一家とその眷属たちの便宜主義的な政治的エゴイズム、および、それに寄りかかった千載和歌集や新古今のたぐいまれなる美という、虚構に虚構を重ねて作り上げられた仮象である。このエゴイズムは、自分たち以外の全国民を共産主義の手先と見なした近衛上奏文にいたるまで、反復され生き延びてきた、と堀田は見ている。

無常観の蔓延を利用して（政治家が災害を「天罰」と称するのもその一種だろう）、自己保存が目的と化した、政治ならざる政治が横行する——こうした事態は、堀田の言うごとく「日本の「業」」であり、天皇制の問題にとどまらぬ伝統に根ざした、日本的政治の癒やしがたい骨がらみの病ではなかろうか。そして、これが「業」、すなわち定められた運命というかたちをとって繰り返されるとしたら、それはまさしく、この日本的政治に「歴史」が欠落しているからである。

ここで言う「歴史」とは何か。堀田が方丈記を何度も読み返した理由は、そこに蔵された歴史感覚、歴史観にこそあった。その核心に位置するものは、「古京はすでに荒（れ）て、新都はいまだ成らず。ありとある人は皆浮雲の思ひをなせり」という時代の亀裂、その亀裂から顔を覗かせている歴史そのものの無気味さ、堀田が言う「歴史というものがあるからこそわれわれ人間がもたなければならぬ不安」*3であった。

そんな不安を知る長明の眼は残酷、冷酷なまでにリアリスティックである。長明は方丈記に、仁和寺の高僧が死人を哀れみ、成仏するようにと一人ひとりの額に阿の字を書いたという逸話を書き記している。その数は二カ月で四万二千三百余りになった。これほどの量は行為の質を変えてしまう。僧侶がそこで達した境地は、もはや情非情を突き抜けた、無気味で黙示録的なものを内実とする「末世」の認識であったろう、と堀田は書く。そして、そんな認識は「ぼそりとたったひとこと」発せられるものであると。

この高僧と同じく、長明にあって、認識はつねに動くもの、動くことから発していた。鴨長明とは、何かが起こると自分で現場へ行って確かめずにはいられない衝動を秘めた人物だった。それは、焦土と化した東京や内戦勃発時の上海をひたすら歩き回った、堀田自身の身体感覚でもあっただろう。

では、堀田はそこで何を見たのか。大空襲の翌日、彼は友人の実家が経営する店の無事を確認するため汐留まで出かけた折りの経験について書いている。まわり全部が焼き尽くされた土地に、その店の一画だけがぽつんと「立体的に」立っていた。それを眼にした堀田と友人は、心理的に酔って倒れそうな妙な気分になり、吐き気まで催したという――

その、へんに立体的に立った家々の一かたまりが明らかに眼に入り、ああ残っている、と確認した瞬間に、私は、よかった、と思うと同時に、なんと莫迦(ばか)げたこともあるものだ、と思ったことを記憶している。＊4

この「なんと莫迦げたことも……」という感情は、日本の全面的崩壊と天皇以下全員の難民化という「終わり」がやって来れば、何か新しい社会が始まるに違いないという強い願望の反動だろうととりあえずは言える。すなわち、「何かが無事に残っていることなど受け入れがたい」という感情である。だがそのこととは別に、「立体的に」という奇怪な印象は、黙示録的な風景の無気味さをいっそう強めてはいないだろうか。ここで思い当たるのは、方丈記が住居論として書かれていたことである。端的に言おう。焼き尽くされた都にたまさか残された家屋の一群の「立体的」なイメージは、『方丈記私記』という書物のなかで、鴨長明が閑居した「方丈」の住まいの分身となっているのではなかろうか。この書物の結びに近い部分で堀田は、方丈記の末尾における記述について、次のように書いている――

「不請(ふしやう)（の）阿弥陀仏(あみだぶつ)、両三遍申（し）てやみぬ。」という節と、行を改めての「干時(ときに)、建暦(けんりやく)のふたとせ、」という節とのあいだにある、凍て果てたような沈黙のそのなかに、長明は坐している。方丈は、実はその沈黙の、方丈の形をした沈黙のかたまりなのである。＊5

この頃すでに長明は、かつて所属した貴族社会の文化や俗世を捨てたばかりではなく、もはや仏教までもどうでもいいものと見なすにいたっていた、と堀田は考えている。『方丈記私記』冒頭近くで語られる、焦土のただなかに立つ家屋群がもたらした「なんと莫迦げた……」という不条理感は、長明の「立体的」な沈黙が時を越えて実体へと反転したかのような、歴史がそもそも孕む無気味さの効果かもしれぬ。

方丈記執筆の直前、鎌倉で源実朝に会った長明は、京都のみならず、鎌倉もまた荒廃し崩壊しつつあるという現実を思い知らされる。これはもはや「歴史の全的な崩落」だった。事ここにいたって長明は、自身の研ぎ澄まされた歴史感覚を放下するようにみずから一挙に締め出してしまい、方丈記冒頭のくだりが示すような無常観に達したのだ、と堀田は言う。それは異常なまでに熾烈な政治への関心と歴史感覚が投げ棄てられたあとにぽっかり残った、巨大な「立体的」空虚の表現なのである。この無常観は、だから、いわば鋭敏な歴史感覚の陰画であり、それを前提にしている――

歴史と社会、本歌取り主義の伝統、仏教までが、全否定をされたときに、彼にははじめて「歴史」が見えて来た。皇族貴族集団、朝廷一家のやらかしていることと、災殃にあえぐ人民のこととが等価のものとして、双方がくっきりと見えて来た。そこに方丈記がある。すなわち、彼自身が歴史と化したのである。*6

方丈記によって、鴨長明自身が歴史になった、と堀田は言う。すなわち、その時すでに長明は、無気味さや不安の源となる時代の亀裂そのものであると。だが、より精確に言えば、過去と現在を射貫く堀田の読みこそが、鴨長明をそんな歴史と化しているのである。方丈の閑居とは、脆く軽いがゆえに容易には突き崩せない、そうした歴史の砦であろう。

あるいはこの立体的な沈黙の塊とは、中世日本におけるメランコリーの多面体だろうか。デューラーの銅版画《メレンコリアI》【図1】に描かれた、憂鬱を表わす身振りをした、翼をもつ人物のかっと見開かれた両眼は、大原に隠棲したのちも京一帯を睨んでいたらしき隠者の、「世にしたがわずして狂せるに似たる鋭い眼」*7に通じているのかもしれぬ。

そのような眼で「時代の亀裂」としての歴史を「見る」ことが学ばれなければならない。『方丈記私記』の最後で堀田が指摘するように、鴨長明までもが本歌取りの対象にされてしまう「無常観の審美化」にも、その美学的イデオロギーと表裏一体の「無常観の政治化」という「日本の「業（ごう）」」にも逆らって、時代の亀裂がもたらした不安の影のもと、方丈記を再発見した堀田のように、歴史家のまなざしそのものがふたたび見出されなければならない。

「歴史」と化した方丈の、「なんと莫迦げた」無気味さよ。——だが、この極小の栖（すみか）こそが、震災以後の危機に徹底して冷徹なまなざしを向けようとする思想にとって、最後のよりどころのひとつとなりうるように思われる。

【図1】 アルブレヒト・デューラー《メレンコリアI》、一五一四年。

第2章　鳥のさえずり——震災と宮沢賢治ボット

　これから綴ろうとしている文章は、最終的に宮沢賢治論を目指すものであるにしても、まずは賢治の「言葉」がどのように自分に到来したかという経緯を語る内容とならざるをえない。そして、その到来の経路と時期こそが、ここで論じられるべき賢治論への足がかりとして考察されることになるはずである。

　二〇一一年三月十一日の震災直後、わたしが探し求めたのは「言葉」だった。それはわたし自身が茫然として語るべき言葉を失い、出来事の重さに釣り合う、意味のある表現をなしえないおのれの無力を痛感していたからだろう。地震や原発事故に関する「情報」はおびただしく流れ、対立し合い、溢れかえっていた。しかし、そこに求める「言葉」はなかった。とりわけ原発の問題をめぐって先鋭化した対立は、その論争で応酬される言葉の深度を浅くし、紋切り型と化していた。文明の転換を論じる言説すらもがそうだった。そうした声高な主張ではなく、むしろ、祈りや鎮魂、復興への意志を語る被災者の片言隻句こそが記憶に深く残されたように思う。

　そうしたなかで、驚くほど啓示的に響いたのが、ツイッターのいわゆるボット（bot、プログラムされた自動発言システム）による、宮沢賢治の『春と修羅』を断片化した詩句だった（以下、「宮沢賢治ボット」と呼ぶ）*1。タイムライン上に三十分ごとにランダムに表示される、一行のみに切り刻まれた賢治の詩句が、なぜそれほどまでにわたしの心を揺さぶったのか。

　保存されたデータをたどってみると、わたしが最初に「お気に入り」として登録し、リツイートした宮沢賢治ボットのツイートは「ほかのひとのことのやうにつぶやいてゐたのだ」という「青森挽歌」の一節だった。三月十五日のことである。わたしはたぶんこの日に賢治ボットの存在を知ったのだろう。そして、いまだ震災をどこかで現実ととらえられないまま、それについてツイッターでつぶやいている自分自身の姿をこの詩句に重ね合わせていたのである。翌日の十六日にかけてわたしが「お気に入り」に登録した賢治ボットのツイートは次のようなものだった（その一節が含まれる詩の題名とツイートされた日付を記し、原文にあった冒頭の空白もそのまま残しておく）。

「わたくしはなにをびくびくしてゐるのだ」（「小岩井農場　パート九」、三月十五日）
「雨はけふはだいぢやうぶふらない」（「小岩井農場　パート二」、三月十六日）
「真空溶媒（Eine Phantasie im Morgen）」（「真空溶媒」、三月十六日）
「わたくしをいつしやうあかるくするために」（「永訣の朝」、三月十六日）
「移らずしかもしづかにゆききする」（「青森挽歌」、三月十六日）
「大またにあるいてゆくだけだ」（「真空溶媒」、三月十六日）
「　　けさはすずらんの花のむらがりのなかで」（「白い鳥」、三月十六日）
「　こおんなにして眼は大きくあいてたけど」（「青森挽歌」、三月十六日）
「すきとほつてまつすぐにたち」（「印象」、三月十六日）
「ここからあすこまでのこのまつすぐな」（「小岩井農場　パート二」、三月十六日）

一日に四十八のツイートが規則的に送り出されるのだから、そのうちのごく一部だけをわたしは選んで登録していたことになる。その判断は一瞬だ。だからこそ、わたし自身が置かれた状況とのタイミングが深く関わってくる。上記の二日間のツイートからは、おのれを厳しく律しようとする賢治の自己叱咤（「わたくしはなにをびくびくしてゐるのだ」）に震災後の自分を照らし合わせているほか、放射線汚染物質への漠然とした連想（「雨はけふはだいぢやうぶふらない」「真空溶媒（Eine Phantasie im Morgen）」）、そして、力強い歩行や立つことといったモチーフ（とくに垂直水平いずれの方向についても言われる「まつすぐ」という性格）などに感応していたことがうかがえる。そして、十六日の終わりには、ふたたびタイムライン上に現われた「わたくしはなにをびくびくしてゐるのだ」というフレーズを、わたしはもう一度登録している。

賢治の詩句がどのように到来したのかという過程を、その後の数日間について、いま少したどっておこう。引用のみを時系列順に列挙する。

「川尻断層のときから息を殺してしまつてゐて」「（ではあのひとはもう死にましたか）」「こんなしづかなめまぐるしさ」「　おれはひとりの修羅なのだ」「暗殺されてもいいのです」「わたしはどつちもこはくない」「ほのかなのぞみを送るのは」「あやしいよるの　陽炎と」「傾向としてはあり得ます」「いつたいほんたうのことだらうか」「鳥が棲み空気の水のやうな林のことを考へてゐた」「わたくしはいまこころからいのる」「　　けさはすずらんの花のむらがりのなかで」「急に鉄砲をこつちへ向けるのか」「　あなたは一体どうなすつたのです）」「　（わたくしは保安掛りです）」「　はてな　向ふの光るあれは雲ですな」「　あんまりひとをばかにするな」「こんなにみんなにみまもられながら」「ひかりかすれ　またうたふやうに小さな胸を張り」「どんなに新鮮な奇蹟だらう」「やさしくあをじろく燃えてゐる」「白いあやしい気体が噴かれ」「　きれいにそらに溶けてゆく」（三月十七日―二十一日）

差し迫った危機感、狼狽しながらの怒り、小さな希望の兆しなどを、わたしはこれらの隻句に読み取り、「保安掛り」や「あやしい気体」といった言葉に、原子力安全・保安院の会見や放射線汚染物質の飛散など、現実に進行していた事態への思わぬ暗示を認めていたのだろう。ツイッターをはじめとするネット上の言説を覆っていた、数多くのデマも混じったパニックじみた混乱のなかで、揺るがぬ足場をもとうと情報の把握に努めながら、恐れや焦燥に囚われてもいた自分はぶざまな「修羅」だった。少なくともそんな自己規定をつかの間はわがことのように覚えた。

賢治ボットを発見してからすぐに『春と修羅』を読み返してはいたものの、断片化した詩句は、その都度、孤立したかたちで、あらたな方角から到来するかのように感じられた。わたしが同じフレーズを繰り返し登録していたことが、そうした受け取り方の感覚を証明しているように思う。該当する詩の全体は問題にならなかった。さらに、断片が時間的間隔を置いて到来するリズムも重要であって、上記のように、ツイートされた詩句を列挙してしまっては、そのリズム感が失われてしまう。

いずれにしても、これがいささか常軌を逸した詩の受容であることは承知しているし、全体から切り離された詩句のもつ効果が、『春と修羅』という詩集で賢治の意図したものとは異なるであろうこともまた明らかである。だが、ここで問題なのは、震災直後という状況下で、極端に断片化された『春と修羅』の詩句こそが、わたしの心象に強く共振する言葉であったというまぎれもない事実の意味と理由である。同じくボットで提供された石川啄木の短歌*2に対して、そのような共時性（シンクロニシティ）はまったく感じなかった。これは短歌が具体的な状況に即した作者の心情の吐露として、それ自体で完結した世界をかたちづくってしまうからだろう。やや遅れてフォローし始めた、放浪の旅を歌った種田山頭火ボットの自由律俳句*3には賢治ボットにやや近いものを覚えたが、これとて、賢治の詩の断片が有している、現在時の状況に斬り込んでくるかのような鋭さを欠いていた。

本来であれば他の詩人の詩集をボット化したツイートとの比較が試みられるべきであろうが、事柄が震災という未曾有の出来事と深く関係している以上、すでにその時機を逸している。そのような比較を可能とする対象としては、中原中也のボット*4などが挙げられるかもしれない。だが、少なくとも二〇一一年六月の現時点では、中也のボットでツイートされている一連の詩句に、賢治のボットがもちえたような現実との共振は感じられない。

ツイッターを利用した詩作としては、福島から発信された和合亮一の「詩の礫」「詩ノ黙礼」がある*5。それは、大地震と津波、放射能の恐怖に直面した悲しみや怒りを実況中継のようにリアルタイムで詩句として送るツイートだった。したがって、それらはほぼ連続して書かれていたし、時系列に沿って語られる内容に一定の流れとまとまりもあった。こうした点で、すでに書物になっている詩集を断片と化して、三十分という長い時間的間隔でランダムに送り出す賢治ボットとは性格がまったく異なっている。

ツイッターを介して賢治の詩句に触れるというこの経験は、詩集を無造作にめくって読む行為とも同じではない。なぜなら、ツイートはこちらの意志とは関わりなく、ボットをフォローしている全員に対して一斉に送られてくるものだからだ。詩集を手に取るような意図さえないところに、賢治の詩句が到来する。「到来」という言葉を使ってきたのは、このような遭遇の経験を指すためである。

では、なぜ賢治の『春と修羅』だったのか。ひとつの理由はこの詩集の中心をなすテーマが妹とし子(トシ)の死だったからだろう。津波による途方もない数の死者たちに対する喪と祈りの気持ちが、断片化した詩句にもなお宿る、『春と修羅』の「挽歌」という基調に反応したのだろう。また、これは言うまでもないが、賢治の詩の舞台が、故郷岩手をはじめとして、挽歌行の旅先である青森など、東北地方であったという点もそこに関わっている。「東京の避難者たちは半分脳膜炎になつて」といった表現で、ちょうど同時代に起きた関東大震災が示唆されていることも、状況として類似している。さらに、「なにもかもみんなたよりなく」「なにもかもみんなあてにならない」という不確実性の吐露に、震災後の自分の感覚との共通性を認めたのかもしれぬ。

もうひとつの理由としては、賢治の詩や童話を支配するモチーフである「風」や「雨」といった自然現象が、いまだかつてないほど、生存に関わる重大事と見なされる状況が、われわれの側に生じていた点を挙げられるだろう。「風の偏倚」という題名や「風は青い喪神をふき」「すきとほる雨のつぶに洗はれてゐる」といったフレーズが、危機の暗示や象徴として作用したのである。ここにはさらに、「恐るべくかなしむべき真空溶媒は」とか、「コバルト山地のなかで」「銀の微塵のちらばるそらへ」「稀硫酸の中の亜鉛屑は鳥のむれ」「気流に二つあつて硫黄華ができる」「宇宙塵をたべ　または空気や塩水を呼吸しながら」などといった、賢治の用いる鉱物や薬品の名前、そして科学用語が、放射線汚染をめぐって連日伝えられる情報で急に連呼されるようになった「シーベルト」「ベクレル」「セシウム」「ストロンチウム」といった単位名や元素名と奇妙に共振していたという事情も与っているだろう。賢治に化学の素養があったことはたしかだが、詩に取り込まれた物質名はもはや象徴であり比喩である。そして、リスクを自分で測るため、放射線医学への通暁を迫られるようになったわれわれであるとはいえ、いや、そんな危機的状況にあるからこそ、「シーベルト」や「セシウム」といった言葉もまた、呪文に似た象徴的言語と化しているのではあるまいか。

　だが、こうしたテーマやモチーフの性格とは別に、『春と修羅』がとりわけツイッターと親和的であった理由としては、この書物がそもそも、特定の日付をもつ「心象スケッチ」として書かれた点が指摘できるのではないだろうか。賢治の心象スケッチが必ずしもそこに併記された日に「スケッチ」されたままのイメージではなく、度重なる推敲を経て形成された作品であることはすでによく知られている＊6。だが、そうした改変をともなってはいても、それらのイメージが発生時点という「記念日」としての或る日付に結びつけられた「記録」であることに変わりはない（日付をともなう点は「手紙」に似た性格にも通じている）。そのような「論料（データ）」として賢治は詩を提示する――

これは二十二箇月の／過去とかんずる方角から／紙と鉱質インクをつらね／（すべてわたくしと明滅し／みんなが同時に感ずるもの）／ここまでたもちつゞけられた／かげとひかりのひとくさりづつ／そのとほりの心象スケッチです（「序」）＊7

「わたくし」自身が「ひとつの青い照明」として「風景やみんなといつしよに」明滅するのであり、そのような「わたくし」と一緒に明滅する「心象スケッチ」という記録データがさらに、「みんなが同時に感ずるもの」なのである。「新生代沖積世」という地質学的時間のなかで「正しくうつされた」精確なデータとしての言葉は、この「序」を書いている時点ですでに、不可視で感じとれぬ状態のまま、「組立や質」を変じているのかもしれぬと賢治は言う。そして、いまから二千年後には違った地質学が生まれて、二千年前（すなわち現在）には青空いっぱいの無色な孔雀がいたと考えられるようになったり、大気圏の最上層の氷窒素のあたりから化石が発掘されたり、白堊紀砂岩の層面に「透明な人類の巨大な足跡」が発見されるかもしれぬのだ、と。

入沢康夫が言うように、ここには文学創造における賢治の方法論が示されており、「仏教的な輪廻転生・生成流転の思想と当時の科学思想の最先端である四次元時空の考え方とを合体の上に、作品の絶対性、一回限りの決定的完成の神話がうち崩されている」[*8]とするならば、賢治ボットは、入沢や天沢退二郎による綿密な自筆原稿調査や校訂作業とは一見したところ対極をなすものでありながら、心象スケッチというデータをあらたな「地質学」の実験装置に通すことによって、無色の孔雀、最上層気圏の化石、透明な足跡の発見を促しているのではあるまいか。そんな透明な化石群を感知させるデータとして、賢治ボットのツイートは、フォロワーたちのタイムライン上で明滅し、いっせいに「みんなが同時に感ずる」という受容の形態を実現しているのではないか。

ここにはさらに、『春と修羅』で賢治が、死者（とし子）との遠隔コミュニケーションを激しく希求していたという事情が関係してくるだろう。「ただひときれのおまへからの通信が／いつか汽車のなかでわたくしにとどいただけだ」（「風林」）、「なぜ通信が許されないのか／許されてゐる　そして私のうけとつた通信は／母が夏のかん病のよるにゆめみたとおなじだ」（「青森挽歌」）――死者との通信は「許されてゐる」。それは、『春と修羅』の「序」で言われる、心象や時間そのものの「第四次延長」ではじめて可能になる報せである。

ツイッターはメディア的な装置にすぎず、賢治ボットはその限界内で提供されている。しかし、そのような限界をもった方法だからこそ「許されてゐる」、賢治との遠隔通信がありえたのではないか。『春と修羅』が胚胎している透明な化石群は、その心象スケッチがこうした可能性に対して特別に開かれていたからこそ、タイムラインという「明滅するわれわれ」の場に到来しえたのだと考えたい。天沢は、賢治のテクストにしばしば登場する鳥たちの「飛ぶ」「鳴く」という二つの機能は、遠隔コミュニケーションに対する賢治のオブセッションに収斂する、と書いている*9。「ツイッター（Twitter）」とはそもそも「鳥のさえずり」を意味する。賢治の詩句が鳥のさえずりに似たものであることを願っていたとすれば、それがツイートのなかにまぎれてわれわれのもとに到来したのは、じつは自然なことだったのかもしれない。

だが、と最後に急いで付け加えなければならないが、ここには何か恐ろしく不吉なものがある。それは、賢治の見た「二つの風景」（「春と修羅」）、現実空間と異次元の詩的空間とが二重化した場所に孕まれた危うさへの予感だろうか。死に魅入られたこの空間を満たす「水いろ」の透明な情炎、あるいは透明性へのあまりに「まつすぐ」な情炎の禍々しさ。宗教と科学技術とを最先端の過激さで交わらせようとした賢治の想像力が、その切っ先で煌めかせた不穏な何ものかの到来の兆しを、震災後の危機と賢治ボットとの遭遇、そしてそこに生じたシンクロニシティに認めたことを末尾にこうして記すのみで、この短い「心象スケッチ」めいた記述は閉ざさなければならない。

第3章　渚にて――「トポフィリ――夢想の空間」展に寄せて[*1]

「幸福な空間のイメージ」――ガストン・バシュラールは『空間の詩学』の対象をそう呼んだ【図1】。そしてそれは「たいへん単純なイメージ」であると。「トポフィリ（場所への愛）」とは、そんなイメージをめぐる探索に付けられた名である。その目的は、われわれが所有している空間、敵の力から護られた空間、そして愛する空間がもつ人間的価値を定義づけることに置かれていた。

そのような空間として取り上げられるのがまず家であるのは当然だろう。バシュラールの思索はやがて、「物の住まい」としての抽出や箱、戸棚、あるいは動物の巣や貝殻へとゆるやかに拡がり、片隅という局所的空間やミニアチュールへの極小化に宿る幸福が再発見されてゆくことになる。

内密の空間というイメージの内部に住むこと。そのとき、「イメージがわれわれのうちにあり、われわれがイメージのなかにある」[*2]。この相互的な包摂関係を通して、われわれはイメージという空間に護られる。バシュラールが積極的に肯定するのはこうした「イメージに住むこと」の幸福であり、それがとりわけ詩に関わるがゆえに、「ことばの幸福」をあるがままにまず受け入れることであった。

それゆえ、「ことばのうえでは幸福、したがって現実には不幸」[*3]といった精神分析的な推論をバシュラールはあらかじめ退ける。「ことばの幸福」は詩人の苦悩や詩の示すドラマとは別次元に、事実として存在しているからである。

なるほど、われわれの内なる空間イメージの内密さのなかに棲みつくという想像力の経験が、それだけで自己完結しうるような安らぎと庇護の感覚をもたらすことは認めよう。だが、自分が幼年時代に暮らした街をめぐる回想の冒頭に、或る人物が綴った次のような言葉は、そうしたイメージ経験に宿る翳

【図1】「トポフィリ——夢想の空間」展会場となった時計台内部の螺旋階段、東京大学駒場キャンパス一号館、二〇一一年七月。撮影：星野太。

りを教えている――

> これらのイメージからは、少なくとも、――そう私は希望するのだが――ここで話題となっている人物が、その幼年時代には恵み与えられていた庇護された安らかさを、のちにどれほど深く断念することになったかが、充分感じ取れるだろう。*4

「幸福な空間のイメージ」は、その分身めいた影としてこんな深い断念を、あるいは、われわれがそれから護られているという「敵の力」を、思わず告げてしまうのではないか。亡命途上にあって故郷に帰る見込みを失っていたこの人物（ヴァルター・ベンヤミン）の現実的な不幸を、回想において昇華された「ことばの幸福」の原因と見なすような、バシュラールが言うところの精神分析的解釈をしたいわけではない。ベンヤミンは、ベルリンという大都市で育まれた自分の幼年時代のイメージが、のちの時代のより普遍的な歴史経験をあらかじめ胚胎していたかもしれぬと書いている。庇護されていた空間の幸福も、そしてその喪失もまた、特定の時代と環境における歴史的な経験である。この幸福やその断念とは、歴史の指標（インデックス）なのだ。

バシュラールにおいても事情は同じであろう。そもそもここで彼が言う「詩学」なるものの対象があまりにヨーロッパ中心的であり、そこで析出される家のイメージもまた、彼自身の慣れ親しんだフランスの家屋にもとづいていること自体が、時代環境の制約を示している。

にもかかわらず、バシュラールの分析はおそらく、原型的と呼びうるような、人類に広く共通し、精神の古層に由来する空間的想像力へと投錨している。それはベンヤミンにおける幼年時代の回想あるいはその『パサージュ論』と同様であって、いずれもが近代という時代の歴史的経験を叙述しながら、同時に古代的あるいは原始的な想像力の地層に根ざしている。そこに幸福が宿るのは、現在における空間の経験がおのずと幼年時代へ、さらには歴史を知らぬ世界のユートピア的なイメージへと通じているからかもしれぬ。

しかし、その幸福はやはり、そこにつきまとう影によってこそ引き立つと言うべきだろう。『空間の詩学』においてさえ、「幸福な空間のイメージ」は一度ならずそうした影に脅かされている。保護される空間に亀裂が走り、ときには破壊されてしまう。アンリ・ミショーの散文詩「影の空間」で、「恐ろしい内部＝外部」としての真の空間に達しようとした挙げ句、罰として破壊されて巨大な音（バシュラールによれば「**位置づけも不可能な**ざわめき」*5）へと変容し、無限に広大な世界のなかで、幾世紀もかけ、やがて完全に消え去る定めを与えられていると物語られる、「影」という名で呼ばれた存在のように。

ここで破砕された空間の名残りがあくまで聴覚的に把握されていることに注目したい。保護的空間の破壊ののちには、広大無辺な漠とした拡がりのなかで、場所の定位（「位置づけ」）はもはや不可能となる。影の残滓としての「ざわめき」は、どこから聞こえてくるのか判別できない、定位可能な場所の消失そのものを漠然と指し示している。

幸福な空間の典型をなす「家」なるものの崩壊——それにともなう狂気と理性、生者と死者とのあいだの境界の崩壊——を主題としたエドガー・アラン・ポーの「アッシャー家の崩壊」に触れてバシュラールが問題にするのも、音、とくに「音のミニアチュール」についてであった。『空間の詩学』のゆるやかな語り口が、そこでは切迫したように急変する——

詩人はわれわれを**限界状況**にみちびいた。それは狂気と理性、生者と死者とのあいだにあって、われわれがのりこえることをおそれる境界である。かすかな音ですら、破局を準備する。狂気じみた風は事物の混沌を準備する。囁きと轟音は隣接している。われわれは予感の存在論をおしえられる。われわれは聴覚以前の緊張状態におかれる。われわれはもっともかすかな指標をも知覚することをもとめられる。この限界コスモスにおいては、現象となるまえは、一切が指標なのである。その指標が弱ければ弱いほど、それには意味がある。なぜならばそれは根源を指示するからである。*6

われわれが外界の刺激強度を対数に変換して認知するという「ウェーバー=フェヒナーの法則」によれば、刺激量が少なければ少ないほど、その変化に応じて感覚の強さは急激に増す。したがって、かすかな物音に対して感覚はとくに研ぎすまされるから、物音のミニアチュールは聴覚の識閾にゆらぎをもたらすことになる。想像力はこうして「聴覚以前」という識閾下の世界に強く引き寄せられ、何ものかが到来しつつあるという強い予感に満たされる。

予感とは多くの場合、何らかの脅威や破局の予兆の感知である。中井久夫は、こうした予兆に敏感な、統合失調症に親和的な徴候優位的認知特性の原型を、「狩る」者となる以前に他の動物に「狩られうる」存在だった最古の採集者たちに見ている*7。保護された空間を喪失するかもしれぬという危険は、そんな採集民の記憶を呼び覚ます。

予感と同様に過去の記憶もまた聴覚的な指標と結びつくことを、『一九〇〇年頃のベルリンの幼年時代』における次のようなベンヤミンの回想は教えている——

貝殻に棲む軟体動物さながら、私は、いまでは主のいなくなった貝殻のように空ろな姿を私のまえに晒している、十九世紀に棲まっていたのである。この貝殻を耳に押し当ててみる。何が聞こえてくるだろうか?［……］私の耳に聞こえてくるのは、バケツから鉄のストーブのなかに落ちる無煙炭の、ザアッという短い音であり、ガスマントルの焔が点火されるときの、くぐもったボッという音、また、通りを馬車が行き過ぎるとき、真鍮の車輪の上でランプの笠がたてる、カタカタという音なのである。*8

それは破砕された幼年時代の空間の残響だろうか。「かわいい子供よ　お願いだから／せむしの小人にも　祈っておくれ！」とベンヤミンに語りかける、「ガスマントルのジージーと鳴る音」に似た「せむしの小人」の囁きと同じように[*9]。

貝殻としての十九世紀——軟体動物としての幼児はその内部に護られていた。しかし、それはもはや主のいなくなった虚ろな器であり、語り手はそれを耳に押し当て、失われた空間の残響を意味ある言葉以前のざわめきとして聞くしかない。その内部に棲みつくことはもう許されていない。だから、『空間の詩学』が示唆するように、たとえ貝殻が極めつきの「幸福な空間のイメージ」だとしても、ここでそれはすでにそんな幸福が失われたあとの廃墟に化してしまっている。

貝殻に耳を当てたときに聞こえてくるざわめきは、しばしば潮騒であるかのように錯覚される。十九世紀という貝殻に耳を押し当てながらベンヤミンが聞くのは、ザアッという短い音、くぐもったボッという音、カタカタという音、ジージーと鳴る音が重なり合って作り出された、幼年時代の潮騒である。彼はそのとき、幼い自分の経験が波に洗われ消されてゆく、記憶の渚にいる。

渚とは消失のトポス——トポス消滅のトポス——である。「そのときにこそ賭けてもいい、人間は波打ちぎわの砂の表情のように消滅するであろうと」[*10]（ミシェル・フーコー『言葉と物』）。渚に厳密な境界はない。それは境界を消し去る波の運動の場、いや、場の絶え間ない揺らぎそのものであろう。消え去ること、自らの痕跡を消し去ることの恍惚。

「海貝よ／石と白む海の娘／汝は童の心をうち奮わす」というアルカイオスの詩の断片に魅せられて建築を志し、貝殻としての十九世紀を語るベンヤミンの一節を好んだアルド・ロッシが、「建築を忘れる」という奇妙な目的のために向かった先もまた、場所が消失する場所としての渚であった。幾度も反復される灯台のモチーフやヴェネツィアの運河に浮かぶ船としての「世界劇場」がそこから生まれた。

そして、これは自明とも思えるのだが、ロッシにとっては海岸こそが、「幸福」のトポスであった[*11]。言うまでもなく、この幸福とは、それを深く断念した者によってのみ見出されるような幸福の謂いであろう。

ロッシの「世界劇場」がテュービンゲンのヘルダーリン塔を参照していることはほぼ間違いあるまい。精神病の詩人が長い後半生を暮らしたこの家が、「うつぼ舟」と化して水上に漂う。一方、パウル・ツェランがヘルダーリンに捧げた詩「テュービンゲン、一月」では、波間を揺れながら漂う、水没しそうな複数のヘルダーリン塔のイメージが喚起されたのち、その末尾で、最晩年のヘルダーリンが問いに答えるときに用いた、イエスでもノーでもあるような謎めいた言葉、「パラクシュ(Pallaksch)」が二度繰り返される。「パラクシュ、パラクシュ」と[*12]。それもまた、境界を消し去る波の音、明晰な狂気と混濁した正気の狭間の潮騒だろうか。ヘルダーリンの「家」としての塔が護られた空間などからはるかに遠いものであったことを、ロッシの建築やツェランの詩におけるその残響は明らかにしているように思われる。

バシュラール的な家から、われわれはあまりに遠ざかってしまったようだ。渚のイメージにおのずと引き寄せられてゆくこうした心の動きが、大震災という歴史的事件の余波であることは否みがたい。その出来事の記憶——いや、所詮はそのイメージの記憶でしかない——がいまだあまりに生々しい日々、喪われた人々の氏名がおびただしく列挙されたなかに偶然、「波音」「風音」という二歳の双子の名を見つけた。波の音、風の音——潮騒を、われわれはこれから長いあいだ、無垢な憧憬や郷愁とともに耳にすることはできないのかもしれない。陸と海とがおだやかに境界を変える渚の調和と安定への信頼を、われわれは決定的に喪失してしまったのかもしれない。

その代わりにわかにふたたび身近に感じられるようになったのは、ネヴィル・シュートの『渚にて』やJ・G・バラードの「終着の浜辺」といった、一九五〇—六〇年代に書かれた小説における、核戦争や核実験後の渚のイメージである。終末を描き出したこうした作品もまた、渚が消滅のトポスであることの証左であろう。

この渚にとどまり、位置づけ不可能な過去のざわめき、あるいは人間ならざる何者かの到来のかすかな指標を、潮騒のなかに聴き取りたい。そこには破砕された「幸福な空間のイメージ」が無数のかすかな響きとなって散在している。砕け散って砂粒と化したイメージの細片に向けられたこの感情こそがいまは、「トポフィリ」の名にふさわしいように思われる。

第4章　希望の寓意──「パンドラの匣」と「歴史の天使」

パノフスキー夫妻による共著『パンドラの匣』は、パンドラの神話をめぐるヨーロッパのさまざまな象徴表現の発展史をたどったうえで、二十世紀の終着点として、パウル・クレーとマックス・ベックマンの絵画を取り上げている[*1]。クレーの作品は、《静物としてのパンドラの匣》【図1】と題された、一九二〇年制作の小さな素描である。それは、世界を悪と苦しみで満たす原因となった、いわゆる「パンドラの匣」の容器を、花が何輪か生けられた杯として表現しており、その側面に開いた女性性器を思わせる亀裂から、不吉な蒸気が流出している。

もう一方のベックマンによるグアッシュの作品《パンドラの匣》【図2】には、画面の右下で爆発している小さな四角い匣と、滅茶滅茶に砕かれた形態や色彩のカオスが描かれている。この作品は一九三六年に着手されたものの、一九四七年にまったく描き直された。パノフスキー夫妻はそれを「原子爆弾の恐怖を最初は先取りし、次いで結局は記録したものになった」[*2]と解釈している。

パンドラをめぐる神話とは、そもそもどのような内容だったのだろうか。プロメテウスないしヘパイストスによって造られ、あらゆる神々から贈り物を授けられた女性パンドラは、プロメテウスの弟エピメテウスの妻に迎えられる。彼女が或る容器（現在では「匣」とされているが、元来は「大型の瓶ないし甕」）の蓋を開けた結果、この世には病気と悪徳がもたらされることになる。

その容器には希望(エルピス)だけが残ったとされる。ヘシオドスをはじめとする多くのテクストによれば、この容器に入っていたのはあらゆる悪であり、それが世界中に拡がってしまったのだという。この場合には、希望(エルピス)もまた悪のひとつということになりかねない。ちなみにヘシオドスは、希望(エルピス)のみが「甕の縁の

【図1】パウル・クレー《静物としてのパンドラの匣》、一九二〇年。

【図2】 マックス・ベックマン《パンドラの匣》、一九三六／四七年。

下側に残って、外には飛び出さなかった」と伝えている（『仕事と日々』より）。

　他方、一部の著述家によれば、容器の中味はあらゆる善であったとされ、希望を除くそのすべてが天上に飛び去って失われてしまったことが、この世を苦しみに満ちたものに変えたのだという。こちらの場合には、希望とは地上に残されたたったひとつの善であることになる。

　パンドラをめぐる神話には、このように正反対の解釈の揺れがあり、それに応じて、希望にも両義性が生じる。そして、どちらの解釈によるにせよ、希望とは、容器のなかから勢いよく飛び出すことができずに出遅れ、蓋を閉ざされて取り残されるという、頼りなく脆弱で不確かな存在ととらえられていたように思われる。

　パノフスキー夫妻が追跡した神話的象徴の系譜において、十六世紀のさまざまなエンブレム集では、パンドラという女性像ではなく、彼女が開けてしまう「匣」に相当する「樽」だけが、「希望」を表わす擬人像の属性（アトリビュート）として表わされていた。一方、クレーやベックマンの作品にもパンドラの姿はなく、ただ匣（壺）のみが描かれている。しかし、今度はそれが破局的な悲惨と破壊の象徴となり、そこにもはや希望の姿は見当たらない。

　古代ギリシアにおける希望の性格に宿っていた曖昧さは、その後のキリスト教における希望の寓意化にも認められる。フィレンツェ、サンタ・マリア・デル・フィオーレ大聖堂に隣接する八角堂、サン・ジョヴァンニ洗礼堂の南扉に施された浮き彫りのひとつ【図3】について、ヴァルター・ベンヤミンはこんな文章を残している――


フィレンツェ、洗礼堂。入口にアンドレーア・ピサーノの〈希望(スペース)〉。彼女は座ったまま、頼りなげに両腕を、どうしても届かないひとつの果実のほうに伸ばしている。けれども翼をもっている。これほどの真実はない。（『一方通行路』）＊3

この浮き彫りで翼をもった人物が両手を差し伸べている対象は、果物のようにも、あるいは何かの被り物のようにも見える。ピサーノが参照したと思われる別の「希望」の寓意像、パドヴァのスクロヴェーニ礼拝堂にグリザイユで描かれた、七つの徳目を表わすジョットの壁画では、画面右上から神の手で授けられようとしている王冠に向けて、つま先立ちになった有翼の人物が両手を伸ばしている【図4】。

なぜこれが「希望」の寓意なのか。そして、そのどこが「これほどの真実はない」というのだろうか。翼のある人物が両手を高く伸ばしている身振りは、中世およびルネサンスのヨーロッパにおいて、「希望」の擬人化として繰り返し表現されてきたイメージだった。パドヴァの壁画が示しているように、「希望」は「倹約」「堅忍」「自制」「正義」「信仰」「慈悲」と並ぶ、キリスト教における七つの徳目のひとつに

【図3】　アンドレーア・ピサーノ《希望》、一三三〇年。

【図4】　ジョット《希望》、一三〇六年。

数えられている一方で、「間違った希望」の意味では、悪徳にもなりかねない両義性をもっていた。

フィレンツェやパドヴァの希望(スペース)は、羽根で飛べば簡単に手に入るであろう対象に向けて、虚しく両手を伸ばすことしかできない。いや、これはむしろ逆さまに、羽根があるからこそ、彼女は希望でありえているととらえるべきだろうか。願望の対象を目指して、いつか飛び立つ可能性がそこには残されているのだ、と。翼をもちながら届かぬ両手を差し伸べていることの矛盾が、両極的な緊張状態となって、この擬人像の身振りを特徴づけている。

ベンヤミンはこれに似た身振りを、遺稿「歴史の概念について」に登場する「歴史の天使」に見出していたように思われる。クレーの絵画《新シイ天使（Angelus novus）》【図5】にベンヤミンは、顔を過去のほうに向けながら、「進歩」という嵐によって、自分が背を向けている未来へと吹き飛ばされてゆく天使

【図5】　パウル・クレー《新シイ天使（Angelus Novus）》、一九二〇年。

の姿を見ている。その眼は大きく見開かれ、口は開き、翼は強風を孕んで拡げられ、その風の激しさのあまり、もはや閉ざすことができない――「私たちの眼には出来事の連鎖が立ち現われてくるところに、彼はただひとつ、破局（カタストローフ）だけを見るのだ」*4。その破局が天使の眼前に瓦礫を積み上げてゆく。天使はできることならばそこにとどまり、死者たちを目覚めさせ、破壊されたものを寄せ集めて繋ぎ合わせたいのだが、激しい風になすすべもなく、未来へと向けてひたすら押し流されてゆく――。

クレーの天使は両腕を高く掲げているように見える。それはちょうど、ピサーノやジョットによる希望の寓意像を正面から見た姿に対応してはいないだろうか。ただし、両手を挙げ、強い風に翼の力を失いながら吹き飛ばされてゆく天使が茫然と仰ぎ見ているのは、もはや神から授けられる冠ではなく、破局の連鎖が築き上げる瓦礫の山なのであるが。

この「歴史の天使」に希望の身振りが宿るのは、「過ぎ去ったもののなかに希望の火花を掻き立てる」*5という歴史叙述者の能力に、ベンヤミンが解放（救済 Erlösung）の可能性を賭けていたからであろう。そんな歴史叙述者は、「もし敵が勝利を収めるなら、その敵に対して死者たちさえもが安全ではないであろう」*6という認識に浸透されていなければならぬ、とベンヤミンは言う。

「過ぎ去ったもののなかに希望の火花を掻き立てる」とは、だから、「死者たち」のために希望の火花を煌めかせる、ということを意味している。歴史叙述とはそんな希望の創造なのである。そして、そうした「火花」としての希望とは、ベンヤミンによれば、「危機の瞬間において歴史的主体に思いがけず立ち現われてくる」*7過去のイメージにほかならない。

希望はベンヤミンの初期批評「ゲーテの『親和力』」の大きなテーマであった。『親和力』の結末に近い場面で、愛し合う男爵エードゥアルトとその義理の姪オッティーリエは、池のほとりにある木陰で抱き合う。そのとき、「希望が空を流れる星のように彼ら二人の頭上をかすめて飛んだ」*8。これにすぐ続けて、オッティーリエは誤って幼子を池に落として死なせてしまう。彼女はみずからを罰するような断食の果てに衰弱して亡くなり、エードゥアルトもそのあとを追うようにして死ぬ。

二人の頭上を流れ過ぎる星のような希望——彼らはそれに気づかない。ベンヤミンはこの一節をこう解釈する——「最後の希望というものは、それを心に抱く者にとっての希望では決してなく、ひとえに彼らのためにこそ希望が抱かれる、そうした者たちにとっての希望である」*9。死すべき運命にある作中人物たちを悼む作者（そして読者）の心の激しい動きゆえに、彼らのためになくてはならぬと思われる希望が、作者（読者）の胸中に生まれる。「希望という感情のなかに出来事の意味を成就することができるのは語り手だけ」*10である、とベンヤミンが述べるのは、そうした事態を指している。

その希望はかりそめの美しい仮象、「宥和の仮象」かもしれない。だが、宵の明星のような微光、そのもっともほのかでかすかな光にこそ、あらゆる希望は根ざすのであり、もっともはかない「極限の希望」の住み処はこの仮象にしかない、とベンヤミンは断言する。では、その極限の希望とは何か——それは「わたしたちがすべての死者たちのために抱く救済への希望」*11である。死者たちがいつの日にか目覚めるとすれば、そこは至福の世界であってほしいと願う希望である。

ベンヤミンがここでゲーテの作品に托して語っている死者たちとは、ドイツ青年運動のかつての同志で、第一次世界大戦勃発直後に自死によって夭折した友人たちかもしれぬという*12。「ゲオルゲの最も純粋で最も完璧ないくつかの詩によって避難所を与えられた世代は、あらかじめ死を定められていた」*13と書いたベンヤミンは、『親和力』論の最後にゲオルゲの詩を引き、その詩の崇高な語調に対する静かな憤りのようなものを感じさせる問いかけとともに、この論文を次のように結んでいる。そのとき、ベンヤミン自身にあの「最後の希望」が到来していたように見える——

きみたちがきみたちの星のうえで闘いに叶うほどに強くなるまえに
わたしは高き星々から争いと勝利をきみたちに歌おう

きみたちがこの星のうえでからだをつかみとるまえに
わたしはとこしえの星々のかたわらにある夢をきみたちのためにつくりあげよう

この「きみたちがからだをつかみとるまえに」という言葉は、崇高なイロニーのためのものと思われる。かの恋人たちがからだをつかみとることは決してない。彼らが「闘いに叶うほどに強く」ならなかったとしても、それがどうしたというのか。ただ希望なき人びとのためにのみ、希望はわたしたちに与えられている。[*14]

歴史叙述者の抱く希望の原型となったものが、このような死者たちのための希望であろう。そして、こうした極限の希望だけが不死性信仰の唯一の権利であるとベンヤミンが『親和力』論で書くとき、その信仰の残響は、「死者たちさえもが安全ではない」危機を語る、「歴史の概念について」のなかにも聴き取ることができる。

歴史の天使が体現しているのは、こうした「未来への眼差をもたぬ希望」(トーマス・マホ)[*15]である。だからそれを、ベンヤミンにとっての、もうひとつの希望の寓意像と呼ぶことが許されるように思われる。それはわれわれ自身のための希望ではなく、「希望なき人びと」のための希望である。いや、これがあまりに過去に囚われ、死者たちに引き寄せられた言い方に響くならば、「希望なき人びと」の存在によってこそ、われわれに授けられた希望である、と言ってもよい。言葉をいまだ持ち合わせている生者は、もはや語り得ぬ者となった死者たちの文言を書き留め、過去のイメージを「希望の火花」として掻き立てなければならない。『親和力』論が、夭折した友人たちのためにベンヤミンが抱かずにはいられなかった希望によって導かれていたように。

クレーの《新シイ天使》が描かれたのは一九二〇年とされている。《静物としてのパンドラの匣》と同じ年である。巨大な頭部と三本指の鳥のような細い足をもった「新シイ天使」のアンバランスな体躯は、パンドラの匣の縁にかろうじて残った、脆弱で頼りない、奇妙な存在としての「希望」にふさわしい姿のように見える。一九三三年にベンヤミンが書いた、「サタンの天使（Der Angelus Satanas）」のアナグラムである「アゲシラウス・サンタンデル（Agesilaus Santander）」という題名のテクストでは、「新シイ天使」が、ベンヤミンにつきまとって彼をつねに凝視しているサタンじみたダイモン——彼がしばしば言及した童謡のなかの「せむしの小人」のような——と見なされていた[16]。

　クレーの《新シイ天使》については、その天使のイメージに、マントを羽織って口を大きく開け、演説している人物のカリカチュアを見出し、ヒトラーの姿をそこに重ねる解釈すら存在する[17]。さまざまな意味の可能性を孕んでいるというまさにその点において、この天使の姿と身振りは、翼のある人物が両腕を高く伸ばしている希望の寓意像と同じく、情動に強く働きかける「情念定型（パトスフォルメル）」（アビ・ヴァールブルク）の性格を帯びている。こうした情念定型や「パンドラの匣」のような神話的象徴は、時代状況との接触によって、激しい感情という「電荷」を放電する、とヴァールブルクはとらえた。亡命の途上で、ベンヤミンは《新シイ天使》に、そんな電光としての「歴史の天使」を見たのである。もしいまわれわれが、クレーやベックマンの「パンドラの匣」に、あるいは《新シイ天使》や「歴史の天使」のイメージに、「これほどの真実はない」と言わしめるほどの「火花」が飛び散るのを認めるとすれば、それは現在がまぎれもない危機の瞬間だからであろう。そして、その火花のかすかな光には、喪われた人々のためにわれわれが抱かずにはいられない、「希望」が宿っているに違いない。

I　歴史の経験

第1章　過去に触れる——歴史経験の諸相

1　ホイジンガの秋、ヴァールブルクのニンフ

過去はもはや存在していない。だから、過去を想像し再構成することはできても、過去を直接経験したり感じたりすることはありえない、とわれわれは考える。これに対して、『中世の秋』で知られるオランダの歴史家ヨーハン・ホイジンガは「歴史的感興(historische sensatie)」と呼ぶべき経験はたしかにあるのだと言う(一九二九年の論文「文化史の課題」より)*1。それは「歴史的接触」と言い換えることもできる。しかし、「歴史的想像」や「歴史的ヴィジョン」と表現すると、鮮明な視覚的イメージの印象が強くなりすぎてしまう。ヴィルヘルム・フォン・フンボルトが同様のコンテクストで用いているドイツ語の単語Ahnung(アーヌング、「予感、おぼろげな見当」の意)がほぼ完璧にその意味合いを伝えているとホイジンガは述べている。これはフンボルトの次のような言葉を念頭に置いたものだろう——「すべての人びとのうちには、墓石の彼方に過ぎ去ったものをふたたび見出し、われわれの死後に残るものをみずからのまわりに集めるアーヌングが宿っている」(一八二六年五月九日付の或る女性への手紙より)*2。

ホイジンガによれば、過去とのこうした接触は、芸術作品の鑑賞や宗教的法悦、自然に対する驚異の念、形而上学的認識などではないが、それらと類似した系列をなしている。そこに精神が作り上げ、また経験するものは、ほとんどイメージとは認めがたく、かたちをなすにしても、縹渺としておぼろに定めがたい、気配のような何かである。真正で真実だという絶対的な確信をともなう、このような過去と

の接触を引き起こすのは、「古文書や年代記の一行、一葉の版画、古い歌の数節」であり、その経験は、「追体験（Nacherleben）」として意識化されるような心理過程であるよりもむしろ、音楽の理解、ないし、音楽を通して世界を理解する営みに近いという。

なぜなら、歴史的感興、あるいは過去との接触、そのヴィジョンや気配においてひとは、記録の読解や思索を通して過去を徐々に認識し追体験するのではなく、片言隻句やマイナーな版画、あるいは音楽の数節といった断片を通して、明確なイメージには結晶しない、おぼろげで定かならぬ、しかし、触知できる過去と瞬間的に遭遇するからである。その出会いのあり方は、ホイジンガが述べるように聴覚的なものでもあれば、嗅覚的なもの、触覚的なもの、味覚的なもの、そしてそれらが響き合う共感覚的なものでもあるかもしれない。そこでは、歴史的な過去と個人的な記憶とが混じり合い、主体と客体の境界もまた曖昧になって、過去の雰囲気（ムード）や情感（フィーリング）が感知される。ホイジンガは、このような過去との接触が本質的な出来事であるからこそ、それは繰り返し歴史認識固有の要素と感じられてきたのだと語り、ジュール・ミシュレの墓碑銘「歴史とは復活である」、あるいはイポリット・テーヌの「歴史とはほとんど過去の人びとを眼にするようなものだ」といった言葉──とりわけ「ほとんど［……］のようなものだ」という曖昧な規定──のうちに、こうした過去の触知がもつ茫漠とした性格の表われを認めている。夢のなかで亡くなったひとが甦ったり、かたちの定かでない人影を眼にした気がしたり、意味をなかばしか理解できぬ言葉を耳にしたりといった出来事に似た過去とのこうした遭遇は、歴史を把握し叙述するための前提をなす経験なのである。

論文「歴史博物館」（一九二〇年）でホイジンガは具体的な版画を取り上げ、自分が経験した「歴史的感興」を説明している*3。その版画とはオランダの画家ヤン・ファン・デ・フェルデの銅版画《四月》（一六〇八─一八年）である【図1】。画面の右手に舟で家財道具を運ぶ引っ越しの光景が描かれている。ホイジンガはこの版画が芸術作品としてとくに優れたものではないことを認める。描かれた内容に学問

【図1】ヤン・ファン・デ・フェルデ《四月》、一六〇八―一八年。

上の新味があるわけでもない。しかし、この作品を通じて彼は、「過去との直接的な接触」の確信を得たうえ、自分が外部の世界に流れ出して事物の本質と接し、歴史を通じて真実を身をもって知るという、ほとんどエクスタシー的な経験を実際に味わっている。そこで彼を襲ったパトスこそが「歴史的感興」なのである。

　哲学者フランク・アンカースミットは、ホイジンガが十九世紀末のオランダの作家によって提唱された、感覚表現を重視する文学理論から影響を受けていたことを指摘し、それは『中世の秋』の奇妙に古風な文体やそこで用いられている数多い造語のほか、歴史書にはそぐわない文学的で詩的なスタイルにも反映していると言う*4。『中世の秋』初版の緒言が次のように印象的な色彩描写で醸し出す、ブルゴーニュにおける中世の「秋」の雰囲気はその一例である——

この書物を書いていたとき、視線は、あたかも夕暮れの空の深みに吸いこまれているかのようであった。ただし、その空は血の色に赤く、どんよりと鉛色の雲が重苦しく、光はまがいでぎらぎらする。*5

このような特殊なスタイルによってホイジンガは、自分自身が過去と遭遇した経験を歴史の言語に「翻訳」しようと試みたのではないか、とアンカースミットは推測している。

ホイジンガが『中世の秋』を執筆する大きな動機になったのは、ひとつはジル・ド・レーの一代記を書こうとする作家をめぐるジョリス＝カルル・ユイスマンスのオカルティズム小説『彼方』の読書であり、もうひとつの、より決定的なきっかけは、一九〇二年に訪れたブリュージュにおけるフランドル・プリミティヴ絵画展での、ファン・エイク兄弟やロヒール・ファン・デル・ウェイデン、ロベルト・カンピン、ヒューホ・ファン・デル・フースといった画家たちの発見だった【図2】。『中世の秋』に先立つファン・エイク論でホイジンガは、歴史を知るために必要なのは「精神による主観的な解釈に自由な活動の余地があるような、なかば夢見られた、輪郭の定かでないイメージ」*6であり、こうした要求を満たすのは、知性による歴史の理解ではなく、視覚的な経験であると述べている。それがのちに「アーヌング」と呼ばれるものであることは明らかだろう。

アンカースミットは、ホイジンガは友人のアンドレ・ジョレスとこの展覧会を訪れた、と書いている*7。だが、彼らが連れ立ってブリュージュを訪問したかどうかは定かではない。とはいえ、ジョレスとその妻、およびホイジンガ夫妻がいずれもフランドル・プリミティヴ絵画展を眼にしたことは事実

【図2】「フランドル・プリミティヴ絵画展」会場写真、メムリンクの部屋、一九〇二年、ブリュージュ。右手にメムリンクの《聖ヨハネ祭壇画》（一四七九年頃）、左手に《聖ウルスラの聖遺物箱》（一四八九年）が見える。

であり、ホイジンガはジョレスと一八九六年に知り合って以来の友人であった。ジョレスは神話、伝説、メルヒェンから謎々や諺にいたる文学形式を形態学的に考察した主著『単純形式』〔邦訳『メールヒェンの起源』〕（一九三〇年）で知られる文学史家・美術史家である。一八七四年生まれのジョレスは一八七二年生まれのホイジンガと同世代であり、彼らの友人関係はジョレスがナチ党に入党した一九三三年まで続いた。ジョレスはまた、ホイジンガと知り合ったのとほぼ同時期に、アビ・ヴァールブルクとも友人になっており、とくに一九〇〇年前後にはフィレンツェで非常に親しく交際している。

ヴァールブルクとジョレスのこの交際から生まれたのが、「ニンファ」（ニンフ）と呼ばれたイタリア・ルネサンス美術における特徴的な女性イメージをめぐる往復書簡である。ヴァールブルクにとってニンフはこののち、生涯にわたって最重要な研究テーマのひとつとなる。つまり、ジョレスは、ヴァールブルクが終生繰り返し論じることになる女性像の発見に立ち会ったばかりでなく、ホイジンガが『中世の秋』を着想する一因となったフランドル・プリミティヴ絵画との出会いについても近い位置にいたのである。

ヴァールブルクとの往復書簡は一九〇〇年十一月二十三日付のジョレスの手紙から始まっている。彼は友人にこう告白する――

どうしたというのか？　女ヲ捜セ（Cherchez la femme）だ、わが友よ。恐ろしいほどぼくを魅了している、或る女性が問題なんだ。ぼくは精神的な情事を始め、その犠牲となりつつある。ぼくが彼女を追っているのか、それとも彼女がぼくを追っているのだろうか。ぼくにはそれがもうほんとうにわからない。しかし、ぼくの苦しみの物語をきみに順を追って語らせてほしい。*8

この女性にジョレスが遭遇したのは或る絵画においてであった。その絵画とは、ドメニコ・ギルランダイオがフィレンツェにあるサンタ・マリア・ノヴェッラ聖堂のトルナブオーニ礼拝堂に描いた《洗礼者ヨハネの誕生》(一四八六年)である。問題の女性は、画面右端に登場している、果物を満載した皿を頭に載せて運ぶ召使いの乙女である【図3】——

開かれた扉のちょうどかたわらを走って、いや、飛んで、いや、漂っているのが、次第に優雅な胸苦しさの割合を増し始めている、ぼくの夢想の対象である。ひとりの幻想的な人物、いや、召使いの少女、いや、古代のニンフが、頭に見事な南国の果物を盛った鉢をのせ、薄衣を大きく翻しながら、部屋へと入ってくる。*9

ジョレスはこの古代風の衣裳をまとって軽やかに歩く女性のイメージが同時代の絵画にさまざまなかたちで現われることに気づく——「彼女は自分を十倍にしてしまっていた。——ぼくは理性を失っ

【図3】 ドメニコ・ギルランダイオ《洗礼者ヨハネの誕生》部分、一四八六年。

た。彼女はつねに、その他の点では落ち着いた光景に生命と運動をもたらす存在だった。そう、彼女は肉体と化した運動のように見えた。……だが、そんな女性を恋人にもつのははなはだ居心地の悪いことだ」[*10]。そして、彼は「彼女は誰なのか。どこから来たのか」という問いをヴァールブルクに向ける。それに対してヴァールブルクは、「彼女がそこから発してきた地面に文献学者の眼を向け」[*11]、この壁画の注文主であるトルナブオーニ家とサンタ・マリア・ノヴェッラ聖堂の修道士たちとの関係を探ろうとする――[*12]。

ジョレスがギルランダイオの壁画の前で味わったものとは、過去が生々しく甦る歴史的感興であろうし、ヴァールブルクの文献学的な探索もこの過去との接触に根ざしている。いや、そもそもヴァールブルクがイタリア・ルネサンス美術研究を手がけ始めたきっかけは、サンドロ・ボッティチェリの絵画に描かれた、風にたなびく髪や衣服といった「動く付帯物」における「古代の再生」であり、そんな取るに足らぬ細部にこそ触発されたルネサンス人たちと古代との出会いの経験を、いわば歴史心理学的に明らかにしようとする問題意識だった。そのとき、ヴァールブルクその人もまた、ルネサンス人が味わった古代との遭遇という出来事を、イメージの細部を通じて甦らせ、過去を経験しようとしていた。

そして、ヴァールブルク自身がしばしば自己分析的に語るように、彼は美術作品のイメージや古文書の細部に向けて「トリュフを探す豚」のような嗅覚を働かせ、あるいは、歴史の「地震計」として過去からの震動を自分の身体で感受しようと努めていた。精神病による入院生活を経たのち、ヴァールブルクは最晩年に自分自身を、イメージの経験をめぐる自伝的な心理分析から「西洋の分裂症状態を推し測ろうと試みている」「心理の歴史家」[*13]と規定している。このように彼は、過去に触れる身体的な歴史経験をみずからの方法とした歴史家であったと言ってよい。

アンカースミットによれば、ホイジンガの歴史経験（歴史的感興）に相当するものを、ヘルダーはラトビアのリガ近くの農村における聖ヨハネ祭で古代の歌や舞踊に触れたときに、ゲーテはケルンのヤーバッハ家の屋敷で往時のままに保たれた家具や肖像画を眼にしたときに、バッハオーフェンはエトルリアの地下墓所に足を踏み入れたときに、そしてブルクハルトはイタリア旅行で訪れたピサやフィレンツェの街のなかでそれぞれ味わっている[*14]。これらの事物や場所のうちには、何世紀ものあいだ、過去そのものの息吹きやアウラが保存されており、それらとの突然の邂逅が彼らの歴史経験を生んだのである、と。

歴史主義以降の実証的で、さらには科学的であろうとする歴史学にあっては、過去に直接触れるパーソナルな経験に関心を向ける歴史家はきわめて稀だった、とアンカースミットは指摘している[*15]。その例外となるひとりがホイジンガだった。われわれはさらに同時代人のヴァールブルクをそこに数え入れることが許されるだろう——ただし、ジョレスという共通の友人をもちながら、ホイジンガとヴァールブルクというふたりの歴史家がたどった知的探究の軌跡は、奇妙なほどどすれ違うのではあるが[*16]。

ホイジンガが「古文書や年代記の一行、一葉の版画、古い歌の数節」などと例示し、それ自体としてはありふれたものとした、過去との接触の契機となる対象に着目するとき、フランドル・プリミティヴ絵画展開催と同じ一九〇二年に書かれたフーゴー・フォン・ホーフマンスタールの「チャンドス卿の手紙」が同時代的な背景を示唆している。この作品中のチャンドス卿は、ヘンリー八世時代の歴史を書きたいという希望をもちながら、「精神」「魂」「肉体」といった抽象的な言葉が口のなかで腐った茸のように崩壊してしまう言語の危機に陥る。その一方で彼は、「身辺の日常的な出来事」を「あふれんばかりの生命（いのち）で［……］満たしながら立ちあらわれてくる」「まったく名のないもの」「名づけえぬもの」としての、「一箇の如露、畑に置きっぱなしの馬鍬、日なたに寝そべる犬、みすぼらしい墓地、不具者、小さな農家」[*17]の存在を生々しく経験している。これらの事物が帯びる「崇高なしるし」は、いかなる言葉も表わすことができない、とチャンドス卿は言う。それは「物言わぬ事物が語りかけてくる言葉」[*18]なのである。

　ホイジンガにとってはフランドル絵画が克明に描き出した事物や人物の表情が、ヴァールブルクにとっては翻る髪の毛や衣裳の細部描写が、そのような「しるし」だったと言えるだろう。『夢解釈』（一九〇〇年）のフロイトもまた、この「歴史家」の系譜に数え入れるべきかもしれぬ。充実した意味を担っていた言語が脆く砕けて崩壊したとき、そこでむき出しになったありふれた事物との接触をチャンドス卿が経験したように、古文書の読書と思索を通じた時間をかけた追体験ではなく、「古文書や年代記の一行、一葉の版画、古い歌の数節」といった断片こそが、過去という喪失された世界との瞬間的な遭遇をもたらす。そして、言語と経験とが拮抗するこうした葛藤から生まれたホイジンガやヴァールブルクの歴史叙述は、数多い造語や特異な文体に帰結する言語表現の変容を強いられることになった。複数の概念を圧縮して表わそうとする、ヴァールブルクの難解な自称「鰻汁文体」もまた、ホイジンガの『中世の秋』と同じく、彼自身の感知した過去の経験を忠実に表現しようとした結果の産物であったように思われる。

　歴史家の個人的な感情や彼らが生きた時代との関わりは、ここで言う「歴史経験」のために不可欠であって、それらこそが読者による歴史経験の橋渡しにもなる。ブルクハルトやホイジンガは、専門化された歴史学的記述の枠内にとどまりながら、歴史家をあたかも超越者のように位置づける、歴史の過度な科学化（サイエンス）を避け、歴史家が自身のパーソナリティを十全に活かす道を探っていた、とアンカースミットは述べている＊[19]。それは、たとえばニーチェに比べれば、制度化された専門知との関係ではずっと曖昧な立場からの、しかし、そうであるがゆえに、はるかに機微を備えて実用的な教えであろう。

　ブルクハルト／ニーチェという対には、ホイジンガ／ヴァールブルクという組み合わせが或る程度は対応するかもしれない。ヴァールブルクは晩年、ブルクハルトをめぐる演習を行ない、ブルクハルトとニーチェという二人の対照的な「見者」としての「歴史家」を比較している＊[20]。彼らはともに、過去からの「記憶の波動」を感受して、その土台までもが震動してしまう、「きわめて敏感な地震計」だった。これはヴァールブルク自身の自己規定につながる認識である。ブルクハルトが過去からの危険な震動に襲われながらも、それに完全に圧倒されることはなく、「意識を完全に保った霊媒」として、過去の亡霊たちを召喚したのに対して、ニーチェにあっては、激しすぎる震動によって、地震計としての歴史家自身が崩壊してしまう。第一次世界大戦におけるドイツの敗戦という危機的状況のもとで精神病を発病し、五年以上の入院生活を送ったヴァールブルクは、ニーチェと同じ運命をたどりかねなかったその地獄から生還したのちに、ブルクハルトという歴史家の「節制（Sophrosyne）」こそを模範とするようになる。

しかし、そのうえで彼はなお、この二人の歴史の見者は「一本の幹に接ぎ木されて花開き続ける」と語るのである。これはジャン・パウルに由来する、ヴァールブルクが好んで用いた表現で、この場合には、ブルクハルトとニーチェがともに人格形成のうえで養分を得た古代の文化的遺産が樹木の幹に見立てられている。この一節などからもうかがえるように、ヴァールブルク自身が位置するのは、ブルクハルトとニーチェのいずれの側にもなりうる、両者の狭間のか細い稜線のうえである。そして、ヴァールブルクの著作と生涯——この二つは言うまでもなく切り離せない——に対する近年の関心の高まりは、「記憶の波動」の感知という「歴史経験」が歴史家自身を破壊しかねないものにまでなる「経験の限界」が、ホロコーストに代表される極限的な経験の証言や証拠が直面する「表象の限界」をめぐるアクチュアルな問題関心と表裏一体をなすからではないだろうか。この関連性への洞察は、たとえば、ヴァールブルクの浩瀚な評伝を著わすとともに、本書第II部第2章で取り上げるアウシュヴィッツ第二強制収容所（ビルケナウ）で隠し撮りされた写真を詳細に分析している、ジョルジュ・ディディ＝ユベルマンの業績に見て取ることができよう。

ヴァールブルクがブルクハルト／ニーチェに見た歴史家の歴史経験に対応するものを、われわれはここでヴァールブルク自身とホイジンガのうちに探ってきた。その過程で触れたアンカースミットをはじめとして、この場で扱ってきた意味での「歴史経験」は、近年における歴史理論の関心の焦点であるのみならず、「経験」や「現前」といった概念をめぐって展開されている人文学のパラダイムに関わる議論にも深く関係している。以下の節では、アンカースミット、ハンス・ウルリッヒ・グンブレヒト、エルコ・ルニアという三人の哲学者たちによる議論を通して、歴史経験についての理論的考察を深めたい。それはヴァールブルクとホイジンガの二人にも共通する、歴史をめぐる実践としての「遊び」の発見につながるはずである。

2 フランク・アンカースミットの歴史経験論

ホイジンガの「歴史的感興」論などをもとに独自の歴史経験論を構築しているアンカースミットは、ヘイドン・ホワイトの『メタヒストリー』(一九七三年)をはじめとする歴史理論における言語論的転回から出発しながら、やがて著書『歴史表象』(二〇〇一年)や『崇高な歴史経験』(二〇〇五年)において、歴史叙述のナラティヴやレトリックよりも、歴史に関わる「経験」の諸相を問う立場への転換を果たしている。『崇高な歴史経験』はとくに、二十世紀を支配した「言語」を中心に置く哲学や歴史理論に対して、「経験」の復権を明確に目論見として設定し、「〈理論〉が言語の超越論哲学から受け継いだ〈合理主義〉は経験という概念の名のもとに斥けられ」、「この書物のなかで、〈理論〉の知的官僚主義は過去に向けたアプローチの〈ロマン主義〉に取って代わられるだろう」[*21]と宣言している。さらに、そのアプローチは歴史家自身のパーソナリティのあらゆる側面を含み、過去との関係をかたちづくる要素として、雰囲気と情感からなるロマン主義的な世界を再評価するものだともいう。歴史理論のこうしたロマン主義化は冒険的な実験に見えようが、「言語の牢獄」から必死に脱出しようとするその悪戦苦闘のプロセス自体が、アンカースミットという「歴史家」自身がホイジンガを始めとする先人たちの「経験」という過去を発見する、ひとつの歴史経験の記録となっている。

アンカースミットは、ここまでに検討してきたような歴史家個人の歴史経験を「主観的歴史経験」と呼び、他方、文明が大きく変化して、過去の世界が決定的に喪失されてしまった事態、たとえば西洋社会にとってのフランス革命のような出来事の集団的な経験を「崇高な歴史経験」と呼んで区別する。後者の「崇高さ」はその出来事が社会の成員たちにとってどれほどのトラウマであったかに応じている。それはいわば「現在」が「過去」から切り離され、その意味で「過去」が生まれ出る、痛みをともなう分離の経験なのである。

『崇高な歴史経験』では、アンカースミット自身の主観的歴史経験が、十八世紀イタリアの画家フランチェスコ・グアルディの作品《カーニヴァルの仮面たちがいる建物》(一七七〇年頃)【図4】とロココのロカイユ装飾【図5】という二種類の芸術・工芸作品をめぐり、自伝的な記憶の回想とともに語られている*22。これらがいずれも、フランス革命以前の十八世紀の産物であることが示すように、ここでは十八世紀という時代の倦怠(グアルディ)や自由な創造性(ロココ装飾)の雰囲気や情感を感受したアンカースミットの主観的歴史経験が、西洋社会にとっていままで最大のトラウマであったと考えられるフランス革命によって喪われた時代をめぐる崇高な歴史経験と結びついている。それによってこの書物では、本来は性格が異なるものである二つのレヴェルの歴史経験が媒介され、関連があるもののように示されている。

それはひとつのプロット化であり、集団的トラウマによって近代社会から完全に切断されてしまった、取り戻しえない過去としての十八世紀に寄せるアンカースミットの愛*23が、そうした遠く離れた

【図4】 フランチェスコ・グアルディ《カーニヴァルの仮面たちがいる建物》、一七七〇年頃。
【図5】 ジュスト＝オレール・メッソニエ『装飾集』（一七三四年）より。

過去との接触としての主観的歴史経験を特権化する、という相互補完的な構造をなしている。

この点で興味深いのは、アンカースミットが『崇高な歴史経験』で、ナチによるホロコーストはフランス革命のように西洋の文明を根底から変えた集団的なトラウマではない、という主張を展開していることである[*24]。この書物におけるアンカースミットの歴史観があまりに西洋中心主義的であることは見まがいようもないし、そこでさらにフランス革命のみを特権化するこの判断それ自体もまたあまり厳密な議論にはなりえないので措くとして、こうした主張は『崇高な歴史経験』における主観的歴史経験と崇高な歴史経験との調和した関係にはそぐわない何かが、ホロコーストという主題に潜んでいることをうかがわせる。端的に言えば、その齟齬とは、主観的歴史経験なるものがホロコーストのような出来事についてもありうるのか、という点に関わるだろう。この場合、歴史経験といったものがありうるとして、それは歴史家自身を破壊しかねない過去との遭遇になるのではないか。そこで参照されるべきはもはやホイジンガではなく、ヴァールブルクという「地震計としての歴史家」における歴史経験であろう。

アンカースミットは『崇高な歴史経験』の以前以後においても、歴史経験をその都度やや異なる視角から論じている。たとえば、一九九三年三月、フローニンゲン大学の教授（歴史理論）就任講演として発表された論考「歴史経験」では、ホイジンガやヴァールブルクをめぐってここで検討してきた歴史経験——アンカースミットがのちに主観的歴史経験と呼ぶ経験——に比重を置いた考察がコンパクトにまとめられているため、その議論の全体を概観しておきたい。

この講演でもアンカースミットは、ホイジンガにおける取るに足らぬ事物を通した歴史経験を取り上げている。そのような歴史経験とは、自分自身の存在のコンテクストが突然断ち切られることであり、そのとき、主体と客体の双方において脱コンテクスト化が生じる。その経験は受苦としての「パトス」であり、過去の一部によって不意に襲われることにほかならない。その瞬間に時間的距離は消える。このような歴史経験における過去との遭遇は真正（authentiek）であり、主観的な経験ではあっても、その主観性は痛みの主観性に通じている、パトス的・受動的ものである[*25]。

この講演においてもグアルディの作品が例示されるが、ここではその特徴が「非蓋然的蓋然性（de onwaarschijnlijke waarschijnlijkheid）」[*26]——「ありうるはずのないことがありえてしまうこと」——と名づけられている。幾層もの矛盾を孕んでいるグアルディの作品は、まさにこの性格を通じて、アンカースミットを十八世紀の生活感情との直接的な接触に導いている。この「非蓋然的蓋然性」は「逆説的現実性」と表裏一体をなし、それによって過去との真正な接触がもたらされるのだという――

世界との真正な接触はつねに、ホイジンガが歴史経験を負っているヤン・ファン・デ・フェルデの銅版画に認めたように、何か逆説的なもの、不完全なもの、欠陥のあるもの、ぎこちないものを有する。それに対して、完璧なものには真正性が欠けており、それはわれわれに触れることがない。[*27]

アンカースミットはここで、崇高の経験と歴史経験とを結びつけようとする。グアルディの作品において、われわれは十八世紀を「追体験」したり「同一化」したりするのではない。それはあくまでも主観的な自己経験である。にもかかわらず、そこには過ぎ去った現実との接触がある。重要なのは主体と客体とのこの「近接（contiguïteit）」[*28]であり、歴史経験が崇高の経験に類似するのは、こうした近接においてなのである。

しかしながら、カント的な崇高は現象的現実の経験を不可能にしてしまうため、この対応関係には限界がある。そこでアンカースミットはアリストテレスの経験論に立ち返る。アリストテレスは経験の感覚性を重視しており、なかでもとくに重要なのは触覚であり、近接関係が際立つのも触覚においてである。それゆえ、歴史経験のモデルは触覚に求められ、グアルディの作品が喚起するものは「触れる視覚」であるとされる――「歴史経験とは過去に触れられることなのである」[*29]。

アンカースミットは、歴史経験、崇高の経験、触覚による現実の経験の三者を、いずれも言語、理論、テクスト、物語、作用史、悟性のカテゴリーなどによってコード化された現実経験からは区別されたものととらえている。そのうえで彼は、触覚についてのアリストテレスの理論から出発して、崇高の概念を十八世紀のカント的な基礎から解き放ち、より日常的な事象に適用する可能性を探ろうとする。日常性とは崇高の対極であるが、崇高なものは慣れを通じて、言語やテクスト、ナラティヴによるコード化に従うようになる。こうした慣れと崇高との矛盾・葛藤の場である現象世界こそが、崇高の現われる場である。したがって、究極的な崇高の形式は、「崇高なものが出現するためにもっとも日常的なイディオムを用いる現象」*30、すなわち、われわれが自分にとってもっとも固有と考えているものの核心における異質性の経験のうちにこそ存在する。崇高なものは日常のなにげない細部にこそ現われる。神は細部に宿る――この「崇高な細部」とは、チャンドス卿が書いていた「崇高なしるし」にほかなるまい。

同じことは歴史についても言える。なぜなら歴史経験の崇高性は、偉大でドラマティックな歴史的出来事に左右されるのではないのだから。そのような出来事には崇高さが欠けている。それらによってわれわれのうちに喚起される情動は容易に予言・予見可能であって、崇高に不可欠な矛盾をもたない。偉大な歴史的事件は、崇高さの条件となるような「非蓋然的蓋然性」を帯びることがない。逆に「ありうるはずのないことがありえてしまうこと」という性質をもつのは、「歴史経験において、突如として、予期せぬかたちで、しばしばわれわれの意志に逆らって、ひょっとすると不細工な絵画やテクストの断片、過去の日常生活の遺物や痕跡において、あるいは、過去の生の現実がグアルディの作品のように或る絵画に表現されているといった方法で、われわれを魅了するもの」*31なのである。

歴史理論を担当する教授職への就任講演にふさわしく、アンカースミットは講演の末尾近くで、歴史家の自己形成について語っている。それによれば、経験は受動性を要求し、主体は客体を通じて形成＝育成（Bildung）される。歴史経験もまた、そのようなプロセスであり、歴史家は歴史経験において経験したものに応じて自己形成する――「歴史経験のなかで経験される過去の非蓋然的蓋然性を受け入れる許容度は、したがって、あらゆる歴史的教養、つまり、われわれの〈歴史的触覚〉が感知する無数の小さな変化の前提であり、そのような歴史的触覚を通してこそ、過去との直接的で無媒介的な接触が可能となるのである」*32。

過去との個人的な接触である「主観的歴史経験」とフランス革命のような巨大な出来事による西洋文明全体に関わる「崇高な歴史経験」とを区別し、歴史理論のロマン主義化を過激なほどまでに推し進める『崇高な歴史経験』の論述と比べ、この就任講演は主観的歴史経験をめぐって、よりいっそう豊かな細部をもつ議論を繰り広げている。とりわけ、痛みの主観性に通じる「パトス」としての歴史経験、あるいは、完璧なものではなく、逆説的なもの、不完全なもの、欠陥のあるもの、ぎこちないものからなる、日常の取るに足らない細部を通じてこそ得られる歴史経験の真正さ、そのような日常性のなかに宿る崇高さの経験としての歴史経験、アリストテレスの経験論を参照して主張される、歴史経験と触覚との密接なつながりなどは、本書において今後、写真と歴史経験の関係を考察してゆくうえで貴重な手がかりとなる指摘であろう。

『崇高な歴史経験』に続く単著である『歴史表象における意味・真実・指示対象』（二〇一二年）で、アンカースミットはレオポルト・フォン・ランケやヴィルヘルム・フォン・フンボルトの歴史主義を再評価する議論に転じている。それは歴史表象の本質をめぐる彼らの見解――歴史叙述の対象としての、いわゆる「歴史理念」の教説――を基本的に正しいものと認め、歴史表象についての歴史主義的理論を現代の哲学的な語彙へと翻訳しようとする試みである。この書物においてアンカースミットは、「意味」「真実」「指示対象」といった概念のみならず、「経験」やそれに深く関わる「現前（presence）」について論じている。

「経験」をめぐる検討では、ホイジンガの歴史経験論があらたな視点から取り上げられている。『崇高な歴史経験』では「主観的歴史経験」と「崇高な歴史経験」の対としてとらえられた個人的な歴史経験と集団的な歴史経験との区別を、アンカースミットはここであらたに、歴史家個人の「個人主義的（individualist）歴史経験」と「集団主義的（collectivist）あるいは全体論的（holistic）歴史経験」の差異として考察する*33。歴史主義以降のディシプリン化された歴史の言説は本質的に集団主義的あるいは全体論的であり、歴史という言説が扱ってきたのは集団主義的ないし全体論的な過去の経験であったと言ってよい。「歴史」がそもそもそのようにとらえられてきたがゆえに、個々の歴史家による過去のパーソナルな経験としての個人主義的歴史経験の存在は、必ずしも自明視されてきたわけではなかった。そこでアンカースミットは、集団主義的・全体論的歴史経験から出発して、個人主義的歴史経験が生じる余地を探ろうとする。

集団主義的ないし全体論的歴史経験とは、「過去」と「現在」が分離することにより、世界がゲシュタルト変換を起こして、「時間」の経過や「歴史」をめぐる意識が生まれるようになるトラウマ的な出来事の、あくまで集団的な経験を指している。それはたとえば、フランス王シャルル八世の侵攻によるイタリア・ルネサンスの終焉、宗教的分裂と宗教戦争を引き起こすことになった、中世から十六世紀にかけてのキリスト教世界の長期的解体、ヨーロッパ文明の自足状態を揺るがした新世界の発見などによる異なる文明との遭遇、フランス革命や産業革命による社会構造の予期せぬ変化といった出来事である。ルネサンスの終焉がマキャヴェッリやグイチャルディーニにイタリアの歴史を書かせたように、集団的に共有されるあらたな時間や歴史のトラウマ的な発生は、民族の起源をめぐる創世神話とちょうど同じように、「時間」の起源や「歴史」の意味を物語る言説を生む。「崇高な歴史経験」とはこのトラウマ的なゲシュタルト変換にほかならない。集団主義的・全体論的歴史経験はあらゆる歴史表象の根元にあり、この崇高な歴史経験なしには、歴史をめぐる言説も歴史叙述のディシプリンも成立することはなかったであろう、とアンカースミットは言う。

ここでひと言注釈を加えておくならば、本書の序第1章で堀田善衞の『方丈記私記』を論じた際にふれた、鴨長明の「古京はすでに荒(れ)て、新都はいまだ成らず。ありとしある人は皆浮雲の思ひをなせり」という時代認識とはまさに、アンカースミットの言う「崇高な歴史経験」ではないだろうか。その崇高さこそ歴史そのものが孕む「無気味さ」である。その崇高な歴史経験が方丈記という「歴史書」を生んだ。堀田の次の言葉は、集団的かつ崇高な歴史経験の核心を言い当てている――

そうしてこの亀裂に、人々を浮雲の思いに放り出すところに、歴史そのものの無気味な姿が、歴史の実存そのもののかたちが現出するのである。歴史はそういうかたちでしか人々の眼前に現出することが出来ないのだ。人々が歴史の進行している、方向状況にどっぷりと首までつかっていることが出来る時ならば、歴史などに用はない。[*34]

アンカースミットは「過去」と「現在」の分離の経験をさらに深く分析するために、ノスタルジアの二つの異なる様態に注目する。そのひとつは「復旧的（restorative）ノスタルジア」であり、もうひとつは「反省的（reflective）ノスタルジア」である[*35]。前者は生き生きとして真新しいままの過去を取り戻そうとする過去の「再演（re-enactment）」（コリングウッド）である。たとえば、システィナ礼拝堂のフレスコ画をミケランジェロが完成したばかりの一五四一年の状態に戻そうとする修復作業がこれにあたる。こうした復旧的ノスタルジアは、過去と現在の隔たりを無効にして、過去そのものに直接回帰しようとする。これに対して、「反省的ノスタルジア」は過去と現在のあいだの距離を自覚してそのまま維持する、この隔たりそのものの経験である。それは過去が取り戻しえないことを知っているがゆえに、なおのこといっそう、過去を痛切に憧れてやまない。すでに見たように、集団主義的・全体論的で崇高な歴史経験とは、反省的ノスタルジアと同じく、過去と現在の分裂の経験にほかならない。では、個人主義的歴史経験というものがありうるとして、そこにおける過去と現在との関係はどのようなものなのか。

この点をめぐるアンカースミットの議論[*36]はいささか錯綜しているが、最終的に彼がよりどころとするのはここにおいてもホイジンガである。彼はまず、ホイジンガがサンスクリット研究をやめたのち、歴史研究を始めるまでの一八九五年からの数年間に、博士論文にする予定で手がけた言語学研究の草稿「光と音に関する研究の導入と意図」（一八九六年）を取り上げる＊37。アンカースミットによれば、この挫折した博士論文の計画は、ホイジンガののちの著作の背景をなしている。この研究のきっかけは、インド＝ゲルマン系諸語における感覚経験を表わす単語、つまり、色や音、触感のために用いられる単語を理解するために「共感覚」の現象に注目するという着想だった。たとえば、トランペットの「音」と赤い「色」に共通する形容詞として「doordringend」（ドイツ語の「durchdringend」にあたり、「刺すような、（声や音が）よく通る、鋭い、かん高い、貫通性の」の意）が用いられるといった先行研究の指摘をもとに、ホイジンガはこう考える――トランペットの音と赤い色が共通するものをもつという経験は、感覚経験がいまだ音と色彩に分化する以前の段階を示しており、それは音や色彩の経験と比べて現実によりいっそう近いものに違いない。このような経験の次元はふだんは個別の感覚経験よりも深い層にあって気づかれない。アンカースミットに従えば、歴史家個人が味わう歴史経験における過去との直接的接触は、音と色彩とが分離しないこの共感覚的経験の深層に対応するような、過去と現在とが未分化であった原初的状態への回帰ととらえられる。ここでさらに補助線を引くとすれば、こうした認識は、ボードレールの「万物照応（コレスポンダンス）」が内包する共感覚的経験は「追憶（Erinnerung）」においてこそ生じている、というベンヤミンの指摘と関連づけられよう＊38。

　先に挙げた例の場合、この共感覚の次元を指し示し、共感覚を生じさせる単語としては、トランペットの音や赤という色と同一次元にある「doordringend」よりもむしろ、「fel」（荒々しい、猛烈な）がふさわしい、とホイジンガは言う。これは「fel」のほうが世界についてのより直接的な経験を示唆しているということを意味する。ホイジンガはさらに、「fel」は或る雰囲気や情感を表わす「雰囲気語（stemmingswoord）」であると指摘している。

　たとえば、「世界がまだ若く、五世紀ほどもまえのころには、人生の出来事は、いまよりももっとくっきりとしたかたちをみせていた」という一文で始まり、中世と現代のコントラストを強調したテクストが続く『中世の秋』第一章は、「はげしい生活の基調」と題されている。この章タイトルはオランダ語原文によると「's levens felheid」(文字通りには「生活の激しさ」)であり、「felheid」は「fel」から派生している。つまり、ホイジンガは二十年以上前の論文で「激しさ」を共感覚的に表わす「雰囲気語」とした「fel」をここで用いて、中世末期の生がもつ「激しさ」の共感覚的な効果のもと、読者を過去の雰囲気や情感に直接触れさせようとしているのである。

ホイジンガの言う「雰囲気語」のなかでも色彩を表わす語は特別な地位を占める。言語を媒介にして過去の雰囲気や情感を現出させようとするとき、ホイジンガがとりわけ色彩表現を駆使していたことは、『中世の秋』初版緒言の描写――「その空は血の色に赤く、どんよりと鉛色の雲が重苦しく、光はまがいでぎらぎらする」――を例としてすでに指摘した。アンカースミットは、言語から遠い代わりに、経験にはより近い知覚現象として色彩を論じ、知覚主体の「経験」として色彩を考察したゲーテの色彩論のほか、色彩の言語化がいかに困難であるかを示す障害としての色名呼称不能(color anomia 色調は正常に区別できるものの、色名を述べることができない状態)の症状を論拠として挙げている*39。これらを背景にアンカースミットはここで、過去に触れる歴史経験が身体の感覚と通底する回路を色彩に求め、主体と客体とが明確に分離しない雰囲気や情感として歴史経験が描写される可能性を、ホイジンガによる色彩表現のなかに認めるのである。

「歴史的感興」の重要性を語った論文「文化史の課題」で、ホイジンガは文化史の課題を「文化を形態学的に理解し、表現すること」*40と定義している。「形態学(Morphologie)」とは、文字通り「形態(形式、かたち)」を扱うものであり、他方、西洋美術において、伝統的に「形態」は「色彩」と対照をなすものと考えられてきた。ホイジンガの考える歴史の形態学ではどうか。彼はこう書いている――

> 文化史家は現象から社会に関する知のための普遍妥当性をもつ法則を引き出そうという意図をまったくもっていない。彼は自分のデザインした形態をただ線によって象るだけではなく、視覚的具体性をもってそれらに色彩を施し、幻視的暗示を浸透させる。*41

ここで言われている色彩こそ、過去が文化史家に現われる際に見せる色彩、つまり、「過去の色」*42なのだ、とアンカースミットは言う。ホイジンガにとって歴史経験とは、形態が先行して塗り絵のように塗られる色彩、すなわち「形態の色彩」ではなく、あくまで優位にある色彩に形態が付随するという意味での「色彩の形態」の問題だった。歴史形態学とは、雰囲気や情感というかたち定かならぬ「色彩」の経験があってこその「形態」の探求なのである。先の引用にすぐ続けてホイジンガが、歴史形態学者である偉大な文化史家ブルクハルトの手によっても、ルネサンスの歴史は「曖昧なもの」にとどまり、それは「ルネサンスが、けっして容易に理解される形態ではなく、そのようなものではありえない」*43からであると述べるのも、「過去の色」のこうした経験こそが重視されているからにほかならない。アンカースミットはここでホイジンガに、筆のみならず、指も使って仕上げたと言われる《アクタイオーンの死》（一五五九―七五年）【図6】をはじめとする、「形態」を凌駕する「色彩」の画家、ティツィアーノ晩年の姿を重ね合わせている*44。

ホイジンガのような歴史家の個人主義的歴史経験とは、雰囲気や情感、あるいは「過去の色」――この次元の共感覚性を考えれば、それは「過去の音」などをともなうだろう――として感じ取られるような、過去と現在とがいまだ完全に分離しない状態の経験である。ここでその構造を改めて考えてみれば、それは――とくに自覚的に過去を探索しようとする歴史家において――過去と現在の強い分裂の意識と、あまりに間近に感じられる過去の現前との同時共存状態であろう。そのとき、歴史家は過去が現在から切り離されて遠ざかっていることを熟知している。しかし、同時に彼／彼女は、その遠ざかった

【図6】ティツィアーノ・ヴェチェッリオ《アクタイオーンの死》、一五五九―七五年。

はずの過去を触知できるほどに身近に雰囲気や情感として感じている。

『崇高な歴史経験』では、フランス革命によって西洋文明にもたらされた崇高な歴史経験が、グアルディの作品やロカイユ装飾をきっかけとしたアンカースミット自身の主観的歴史経験において、失われた十八世紀の倦怠や自由といった雰囲気・情感との絆を回復しようとする愛やエロスの欲望の運動を生んでいた。だが、かつて現在と一体であったが、いまは異質なものとなった過去が、何らかのきっかけで身体に触れるほど接近して感じられるというこの経験とは、愛による（再）合体と言うよりはむしろ、かつて慣れ親しんでいたが、現在はよそよそしい存在と化した「無気味なもの」との遭遇ではないだろうか。身を守る距離なしに、過去そのものの息吹きに接することは、満たされた復旧的ノスタルジアのように甘美な経験ではなく、恐ろしいものでもありうるのではないか。

だが、歴史家にはそのような無気味な経験が過去を記述するための原体験として必要であると、ホイジンガ、そして、アンカースミットは考える。過去の「色」や「音」、雰囲気や情感とのそうした身体的接触があってはじめて、その感覚経験をホイジンガの言う雰囲気語や色彩表現を用いて、言語によって描き出すことが可能になるのである。そのような身体性とそれに根ざした表現の次元を有するがゆえに、歴史叙述は芸術に近づき、歴史家はたとえばティツィアーノの技法に学ぶこともできる。

《アクタイオーンの死》で、女神アルテミス（ディアーナ）の裸身を見てしまった狩人アクタイオーンは鹿に変身させられ、自分の猟犬たちに喰い殺されようとしている。ティツィアーノが指で仕上げたのであろう獣頭人身のアクタイオーンは、軀を斜めにして頽れかけ、ゆらめく色彩の陰影のうちに輪郭を失いつつある。アンカースミットがこの作品に言及するのは、晩年のティツィアーノの技法を説明するための一例だからにすぎないが、狩人という探求者が裸の女神という決定的なイメージと遭遇することによって身の破滅にいたるこの神話は、ジョルダーノ・ブルーノが『英雄的狂気』で繰り返し引いて物語るように、知や美を追求する思考の「狂気」の寓意と見なしうる。ブルーノにおいては、女神の裸体という神的な美を眼にしてそれと一体化することで、アクタイオーンは自分の犬である思考の餌食となるのである。

ヴァールブルクは晩年に『英雄的狂気』をはじめとするブルーノの著作やその人物の研究に取り組んでいる。彼はアクタイオーンの神話に、自分自身が過去の記憶をイメージのなかで狩るのではなく、逆に記憶を蓄積したイメージにおのれが支配され、その力の餌食となってしまう経験の母型を見出したのかもしれぬ。過去からの波動によって破壊されかねない地震計という歴史家としてのヴァールブルクの自己表象も、アクタイオーン的な受苦、すなわち、パトスの経験に根ざしている。歴史がパトスとして経験される点でそれは、ホイジンガの語る歴史経験に通じている。そして、そのパトスは歴史家の身体によって担われるのである。

3 H・U・グンブレヒト『一九二六年に』と過去の現前

アンカースミットが指摘する「言語から経験へ」という歴史理論や文化論における重心の移動は、「経験」の概念をめぐる思想史であるマーティン・ジェイの『経験の歌』(二〇〇五年)*45からも見て取れる(この書物にはアンカースミットの「崇高な歴史経験」概念に関する言及がある)。同じ時代思潮は、一九二六年という過去の特定の一年を多面的に甦らせようとしたハンス・ウルリッヒ・グンブレヒトの著書『一九二六年に――時代の際を生きる』(一九九七年)が背景としていたものでもあった。この書物は、一九二六年の世界のさまざまな側面をまざまざと再現し、「自分はいま一九二六年にいるわけではないのだ」という意識を読者に忘れさせることを目論んでいた*46。それは著者自身もまだ生まれていない時代をふたたび現前させようとする試みである。

そのような試みを生んだ時代状況をグンブレヒトは、「歴史から学ぶことののちに」と題された章にまとめている。「歴史から何かを学ぶことができる」という主張はもはや説得力を失っている、とグンブレヒトは診断する。かつてのような方法で「歴史に学ぶ」ことがリアリティをもたなくなった要因は、ヘイドン・ホワイトの『メタヒストリー』やフーコーのディスクール分析などの影響によって、歴史は言説として構成されるものであるという通念が広まり、過去それ自体を対象とした知的探究が価値を低落させてしまったことにある。一九八〇―九〇年代のスティーヴン・グリーンブラットらによる「新歴史主義（ニューヒストリシズム）」の流行も同じ流れのうちにあった。

こうした事態のもとでグンブレヒトは、「歴史的な知はどのように活用できるのか」ではなく、「歴史的な知はなぜ魅力的なのか」へと問いの方向を変え、実用的目的の云々にはかかわらずに存在する、「歴史的現実への欲望」そのものに焦点を絞ることを勧める。われわれを過去へと執拗に駆り立てるものは何なのか――

われわれは自分たちが生まれる前に存在した世界を知り、直接経験したいと思う。「過去の直接的経験」は、それらの世界をかたちづくっていた事物のなかでその世界に触れ、においを嗅ぎ、味わうといった可能性を含むことになろう。こうした発想は、歴史経験の（抑圧されてはいなかったとしても）長いあいだ過小評価されてきた官能的側面を強調する――といっても、それは必ずしも問題含みな「過去の美化」になるわけではない。触れられ、においを嗅がれ、味わわれる過去は、つねに美しかったり崇高であったりするとは限らないからである。*47

グンブレヒトによれば、官能的経験へのこうした欲望に呼応しているものが、アーカイヴ調査に向けられたあらたな情熱である。校訂版で正確な単語がはるかに容易に確認できるテクストであっても、そのオリジナルな草稿に自分の手で触れることを研究者たちは求める。あるいはまた、『薔薇の名前』（一九八六年）、『アマデウス』（一九八四年）、『メフィスト』（一九八一年）といった映画はそれぞれ、ヨーロッパ中世の修道院、十八世紀後半のウィーン、そして一九三五年前後のベルリンに鑑賞者が生きているかのような印象を生み出そうと、細部にわたる綿密な歴史的再構成を行なっている。同様に、博物館における歴史展示もまた、来訪者たちに或る時代の生活環境を体験させるものへと変化している。

グンブレヒトはこうした傾向の強化を、とくに一九七〇年代以降に認められる「現在の拡張」と呼ぶべき時間感覚の変化に関連した現象と見ている。それは「現在」という時間の幅が拡がり、過去と未来を包含することにより、出来事が同時（代）性において把握されるようになった感覚である。過去を官能的に経験することへの欲望とは、過去をこのような現在の同時（代）性において経験の対象とすることにほかならない。だが、問題なのはそれがはたして、その欲望の強さに見合うほどに直接的な経験の対象となりうるのかどうか、なりうるとすれば、どのような方法によってなのか、そして、そのような経験の表現とはいかなるものでありうるのか、といった点である。

グンブレヒトの書物はこうした問いをめぐる実験の成果と言える。アンカースミットの議論でも見たように、直接的経験に対して懐疑的・否定的な思考がいまだ支配的な状況のもと、それに対抗しようとするグンブレヒトの戦略は無防備に見えるほど明快である。たとえば古新聞に手で触れ、そのにおいを嗅ぐことができるという経験の直接性から、われわれは出発するしかない。グンブレヒトは一九二六年に発行された新聞や単行本を漁り、車を運転するたびにこの年にレコーディングされたジャズを聴き、同じ年の映画を繰り返し見たという。他方、過去の直接的経験（の幻想）を、歴史をめぐる言説、つまり、書物のかたちで伝える可能性を探るために、『一九二六年に』では写真をはじめとする視覚的資料の利用はあえてなされていない。その理由は、視覚情報は言語表現による直接性の効果を容易に凌駕してしまうからであるという。過去の文献から豊富に引用された言葉がそうした効果を発揮しうるかどうか――それがこの書物の賭け金だった。

ここで採用されたほかの規則としてはまず、特定の一年を取り上げるにしても、それが特別に大きな意味をもつ劃期的な年である必要はない、という点がある。一九二六年はけっしてとくに重要な年ではない。この年がハイデガーによる『存在と時間』の執筆期間にあたることが、グンブレヒトの書物に一種のハイデガー論の気味を与えることにはなっているものの（そうした性格をもつ「一九二六年の世界内存在」という章がある）、それはあくまで結果であって、当初から意図されていたことではない。さらに、調査の対象となる資料のジャンルもあらかじめ限定されることはなかった。そこで目論まれたのは、この時代の多種多様で膨大な資料に没入することによって、一九二六年という年の内部にあるかのようにして世界を感じること、ハイデガーをもじって言えば、「世界内存在」ならぬ「一九二六年内存在」となることだったからである。そして、そのような経験を通して選び出されたトピックはアルファベット順に並べられ、百科事典のように相互参照の指示がなされている。これは「われわれの日常経験がもつ非体系的な性格を模すとともに、読者が一九二六年の世界を、ひとつの統一的全体ではなく、非対称的ネットワークやリゾームとしてかたちづくることを示唆している」[*48]という。過去の日常的世界を内部から経験させる模範的なテクストとしてそこで例に挙げられるのが、同様に引用がアルファベット順に並べられた、フローベールの『紋切型辞典』である。

『一九二六年に』はこのように一種の事典なのだから、その見出し項目はどこから読まれてもよい。ここでは「ミイラたち」という項目を取り上げよう。それはこの年の初めに話題になった、ツタンカーメンのミイラをめぐる論争の紹介から始まっている。幾重もの黄金の厨子に守られ、それ自体も入れ子状になった棺のもっとも内部にあったこのミイラが、考古学者ハワード・カーターによってついに発見されたのち、棺から取り出されたミイラを博物館に展示すべきか、それともそれが数千年間安らいでいた元の場所に戻すべきかという点が、国際的な議論の的となったのである。

カーターは一九二六年の十一月に、ツタンカーメンの墓をめぐる研究書の第二巻序文を書いている。グンブレヒトはそこから、この考古学者がツタンカーメンの顔を覗き込み、「過去が現在になる」さまを眼にした瞬間の、「無気味な直接性」の経験を書き残した記述を引用している。カーターのこうした探究を駆動しているのは、死をみずからの人生の一部とするために致命的な危険を積極的に追求する人びとの欲望である、とグンブレヒトは書き、そこに他の見出し項目への参照指示を与えている――「参照：**航空機、ボクシング、闘牛、持久力、断食芸人たち、登山、内在＝超越（死）**」[*49]。アスリートや飛行家たちが生と死の際を目指すのに対して、考古学者は時間をかけた綿密な作業を通し、死の閾を越えて過去の生をふたたび現実の世界に呼び戻そうとする――

ツタンカーメン王の顔は甦った過去の顔であり、同時に、現前するものとなった個人の死の顔である。〔参照：**個体性と集団性**〕 それゆえにカーターはその書物の重要なふたつのセクション――王の伝記とその頭部の写真【図7】――のタイトルに、このファラオの名という一語を選んだのだ。なぜなら、「ツタンカーメン」そのひととの出会いをもたらすことこそが、カーターの究極的な目的だからである。[*50]

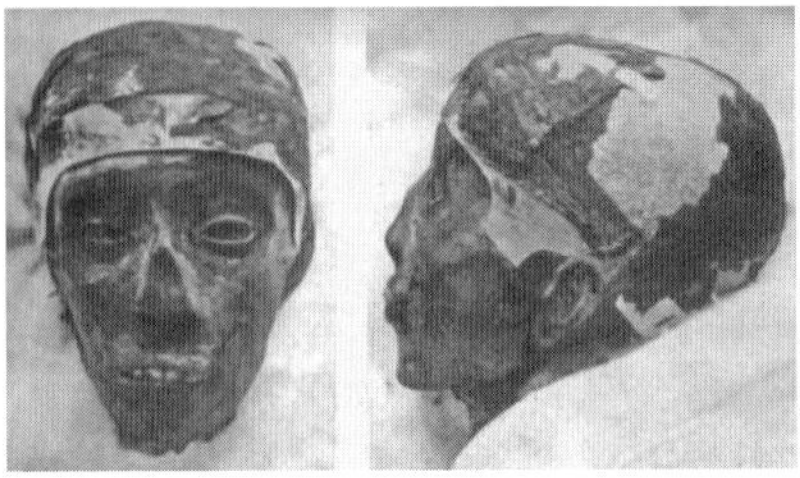

【図7】 ハワード・カーター『ツタンカーメンの墓』第二巻（一九二七年）より、「ツタンカーメン」。

一九二六年当時には、流行現象としての「エジプトブーム」の頂点としての「ツタンカーメンブーム」のもと、発掘物のデザインを借用した傘や杖が売られ、「ツタンカーメン」が商標登録されるといった商業化が進行していた。その一方で、ベルリンの或る新聞記事では、執筆者が近郊の森を散策中にたまたまたどり着いた教会の地下室に棺がいくつもあり、それらを開けてみると、二百年ばかり前の屍体がミイラ化していたという出来事が、ツタンカーメンのミイラの発見になぞらえられている。

こうした記事が示すように、ツタンカーメンのミイラは、遠く異質な過去が直接現前する（かのような）経験の範型を与えていたのだが、しかし、カーターの望んだそんな過去との真正な出会いの経験が、そもそも限界をもって不完全にとどまることを、この考古学者自身が知っていた。グンブレヒトの言い方を借りれば、ミイラや埋葬品は解釈や再構成に抵抗する。これはすなわち、異質性の同化による理解を拒む、ということであろう。それゆえ、「エジプトのミイラたちは、ひとつの意味を示す代わりに、それ自体で自立している」。ツタンカーメンのミイラが「意味」をもたない以上、それを理解することなどできない。だが、黄金の厨子や棺の何重もの層の核心にあって、それらを鏡のように光輝かせ、その表面に見る者の欲望を映し出して「ツタンカーメンブーム」を生み出していたものとは、このミイラという自足して現前する無なのである。「甦った過去の顔」としてのツタンカーメンそのひと自身——現前する過去——との邂逅を書物のなかで演出したカーターは、だから、ミイラをそれがかつて安置されていた棺に戻すことを選んだ。

この「ミイラたち」という項目の内容は、『一九二六年に』が全体として目指している「過去の直接的経験」それ自体に関わり、その可能性と限界をともに示唆している。自分以外には何も意味しないミイラとは、「意味」の解釈ではなく、「経験」の対象となる、極めつきの過去の「現前」にほかなるまい。しかし、カーターがツタンカーメンのミイラの顔と対面したときに味わった「無気味な直接性」は限られた経験であって、たしかにそれを魅力の核心としながらも、過去の産物は容易に「ツタンカーメンブーム」のような文化現象のうちに同化され消費されてしまう。同様に、『薔薇の名前』をはじめとする歴史映画や歴史博物館の体験型展示が、スペクタクルとしてのみ消費されるものに堕さない保証はない。直接的経験の対象――ツタンカーメンのミイラ――をふたたび棺のなかに隠すというカーターの身振りには、『一九二六年に』もまた抱え込まざるをえなかった、過去に対するアイロニカルな態度が表われている。それをグンブレヒトは「不可能であると根本的に自覚していながら（あるいは自覚しているがゆえに）、過去の世界の現実性を再現前させようとする企図のアイロニー」と呼んでいる――「それ自体の実現不可能性を知ったうえでなお、直接性への欲望は直接性の幻想に堕すべきではないのである」*51。

写真をはじめとする視覚資料を用いないという制限は、こうしたアイロニカルな限界の自覚ゆえに選択されたものであろう。ツタンカーメンのミイラのような特別な対象をもたない過去、「顔」と呼べるような大事件のない、一見したところ、特徴がなく平凡な一九二六年という年を直接的に経験するという課題は、ファラオのミイラの発掘とはまったく異質な困難を抱えている。特定の出来事に焦点を絞ることができないからこそ、グンブレヒトは、日常のなにげない細部に現われる過去の息吹き、その直接性、アンカースミットであれば「崇高さ」と呼ぶであろうものを一九二六年の文書のなかに感覚的に探り、採り集め、事典の形式を借りたヒエラルキーのないネットワーク構造として示すのである。その収集調査の過程で重視されるのは、見ることや聞くこと以上に、触ること、嗅ぐこと、味わうことといった、いわゆる低級感覚の欲望であり、アンカースミットが終始問題にしている過去の雰囲気や情感のもとで、「一九二六年内存在」として世界を感じることだった。

この試みの延長線上でグンブレヒトは、『現前の生産――意味が伝えられぬもの』（二〇〇四年）において、文化的事象が触知可能でわれわれの感覚や身体に直接作用するものになるような、「意味」によっては伝達されえない「現前」の生産を、より包括的な文化論として論じている。グンブレヒトによれば、

『一九二六年に』が目指したような「過去の現前化」は「歴史の審美化」という批判を受けるかもしれないが、現在、歴史に求められているのはむしろ、過去をめぐる感性的=審美的な経験であって、現前化は歴史と美学=感性論において共通している志向であるという。この場合の「経験」とはドイツ語のErlebenであり、グンブレヒトはそれを、ディルタイなどの「生の哲学」における用法ではなく、身体による知覚とErfahrung（解釈された意味を含む「経験」）とのあいだの中間状態を指すために用いている*52。重要視されるのは、いずれにしても、対象の現前を通じて得られる、意味以前の感覚的な直接性である。

注目すべきは、グンブレヒトが「現前の文化」と「意味の文化」の系譜をたどるなかで、キリスト教社会における前者から後者への移行の表われを、「聖体〔聖餐〕（Eucharist）」をめぐる教義の変化に見ている点である*53。中世においては、聖体のうちにキリストの肉と血が「現前」していたのに対し、プロテスタントの教説では、聖餐のパンと葡萄酒は、キリストの肉と血を「意味」する記号と見なされるようになった。

グンブレヒトは触れていないが、聖体〔聖餐〕をめぐるこうした教義間の論争は、ヴァールブルクが依拠した象徴論の枠組みをなしている*54。その枠組みの基礎となるのは、パンおよび葡萄酒という事物とキリストの肉および血そのものとが魔術的に一体化した象徴として聖体をとらえるか、それともパンおよび葡萄酒と「キリストの肉および血」という儀礼上の「意味」とを結びつける記号として聖餐をとらえるか、という、グンブレヒトの二分法に対応する差異である。

しかし、ヴァールブルクにとって重要だったのは、この二つのあいだに中間段階があり、そこにこそ、「イメージ」のもつ力が位置づけられるという点だった。この段階においては、パンおよび葡萄酒という事物がキリストの肉および血そのものではない、ということは認識されている。しかし、パンと葡萄酒は「キリストの肉および血」という意味を伝達するたんなる記号と化しているわけではなく、聖体におけるキリストの肉および血の現前はいまだに信じられている。ヴァールブルクにとってイメージとは、この段階の聖体のように、神秘的な生命が実際に宿っているわけではないと認識されていながら、それでもそこにそのような生命が現前していることを感性的に経験させられてしまうような存在だった。

カルロ・ギンズブルグは、パンと葡萄酒の実質がキリストの肉と血に変わるとする「全質変化の教義」が一二一五年の第四回ラテラノ公会議で承認されたことにより、偶像崇拝への恐れが減少し始めた、と指摘している*55。聖体のうちに現前するキリストの圧倒的実在(たんなる実在を超えた「超実在」)を前にしては、その他のあらゆるイメージは生気を失ってしまうために、そのようなイメージを「飼い慣らす」ことが可能になったのである。それがキリスト教美術の興隆とルネサンスにつながる。他方、ラテラノ公会議以降に、聖体から血が流れ出したり、聖体が赤ん坊に変容したりする奇蹟伝説が数多く生まれるかたわらで、十三世紀末からは、ユダヤ人が聖体冒瀆の咎によって迫害されるようになる。

ヴァールブルクは晩年に制作された図像パネル・シリーズ「ムネモシュネ・アトラス」で、聖体の奇蹟やユダヤ人による聖体冒瀆を描いた作品を取り上げており、とくに同時代の新聞記事なども用いた重要なパネル(パネル七十九)【図8】では、ラファエロの《ボルセーナのミサ》(一五一二年)をはじめとする図版や一九二九年のヴァチカンにおける聖体行列の報道写真などによって、聖体そのものがパネル全体の主題とされている*56。「飼い慣らされた」イメージとしての美術作品が「意味の文化」の一部だとすれば、このパネルでヴァールブルクは、かつての「現前の文化」を代表する極めつきの「超実在」である聖体に立ち返って、「意味の文化」に完全には解消されない、イメージの有する現前性の力を問題にしていたと言えよう。

ヴァールブルクのアクチュアリティは、パノフスキーによって徹底して図像の「意味」をめぐる解釈学のかたちで定式化された「イコノロジー」の祖としての側面ではなく、このようなイメージの現前性――それは必然的にアナクロニズムをともなう――へのいち早い着眼に由来している。たとえば、

【図8】アビ・ヴァールブルク「ムネモシュネ・アトラス」パネル七十九。

ヴァールブルクを源流のひとつとした、ホルスト・ブレーデカンプが提唱する「像行為(Bildakt)」の理論[*57]は、「現前」するイメージの「経験」の様態を問うものと言ってよかろう。そして、その一翼をなす「イメージ人類学」は、人類学的な知見のたんなる応用ではなく、イメージ現象の歴史的な厚みを、過去への一種の「参与的観察」によって探るという側面を有する。すなわち、そこでは過去に接触する歴史経験が必要とされるのである。

4　エルコ・ルニアによる歴史のメトニミー論

美学、哲学、文学批評、歴史の各分野での「現前」への転回を主題とした論集[*58]が二〇一三年に編まれたことが示すように、とくに歴史理論の分野で、「現前」や「経験」はあらたなパラダイムを指し示す概念になっている。アンカースミットと同じオランダの歴史家・心理学者のエルコ・ルニアも著書『過去に動かされて――不連続性と歴史的突然変異』(二〇一四年)において、過去の「現前」を主要な主題のひとつとして論じているが、彼はそれを歴史の「不連続性」と結びつけている[*59]。この場合の歴史とは「起こったこと(res gestae)」と「起こったことの記述(historia rerum gestarum)」の両面を指している。そして、この二つの次元のいずれにおいても、歴史の不連続性と過去の現前性を理解する鍵になるのはメトニミー(換喩)の概念である。

ルニアが挙げている例で言えば、この場合のメトニミーとは「六一五号室の胆嚢は食事をしたがらない」のように、或るもの(この場合は「胆嚢の病気の患者」)をその一部(胆嚢)で表わすシネクドキ(提喩)を含み、こうした包含関係などの概念の隣接性にもとづいた比喩を指している[*60]。ただし、ルニアはメトニミーを言語表現以外にも拡張しており、たとえば、スタンダールが机上に置いていたという、恋慕の対象だったマチルデ・デンボウスキー夫人の左手の石膏像や、W・G・ゼーバルトの小説に図版として挿入された写真などもまた、メトニミーの一種と見なしている。同様の意味で、生物の化石や故人の遺品もメトニミーである。ピーター・アイゼンマン設計によるベルリンのホロコースト記念碑のような現代のモニュメントもまた、メトニミーの性格が顕著であるとされる*61。

これらに共通する特徴とは、当初のコンテクストから切り離されて別の文脈に転置されたことによる場違いな異物性であり、何かを再現的に意味するのではなく、その何かの不在自体を現前させている点にある、とルニアは言う。メトニミーとはこのような意味で「不在における現前」であり、そこには存在しない何かが不在のまま現前している事態を示す表現なのである。こうした機能において、ひとやものの「名」こそは原初的なメトニミーである。マヤ・リン設計によるベトナム戦争戦没者慰霊碑が、黒い花崗岩で作られたメモリアル・ウォールの一面に五万を超える戦没兵士たちの名前を刻んでいることをはじめとして、名前の列挙が記念や慰霊のモニュメントにしばしば用いられる手法であることは言うまでもない*62。

ルニアはこのように、歴史の言説や過去の記念・回顧に関わる文化におけるメトニミーの実例とその効果を幅広く検討することを通じて、そこでは「不在における現前」というかたちで過去の現実との接触がもたらされていると主張する。言語的テクストであればそれは、ゼーバルトの小説における写真図版のように、ストーリーの流れをいったん断ち切る要素であるし、ホロコースト記念碑のようなモニュメントであれば、ベルリンという都市の中心に位置しながら際立って異質な一郭として、その一体性をかき乱す異物である。すなわち、これらのメトニミーは連続性のなかに不連続的な特異点をもたらすのである。そうした特異点において過去は無気味なほど間近な「いまここ」に執拗に現前している。このような過去は時間の垂直軸上で現在から遠ざかった位置にあるのではなく、いわば時間が空間化した水平面のうえで現在にぴったりと隣接している。

ルニアが指摘するように、アウグスティヌスからピエール・ノラにいたるまで、過去や歴史を論じる際に、時間を空間に翻訳して考察する論者は多い。とくに注目されるのは文学的想像力による翻訳である。それはたとえば、スコットランドの奥地ハイランド地方に入り込んだイングランドの青年が、その土地を空間化されたロマンティックな過去として経験するウォルター・スコットの『ウェイヴァリー』であり、パリの都市空間に重層的に具現された歴史を描写するバルザックの『人間喜劇』であり、旅する人物の空間的移動を通して過去を探索する『土星の環』、『目眩まし』、『アウステルリッツ』といったゼーバルトの作品群である*63。こうした作品において、「過去の現前」による不連続性は、異質な空間との遭遇という身体経験として表現されることになる。モニュメントの問題はここに直結する。

小説家でもあるルニアは、文学作品をしばしば参照することによって、メトニミーをはじめとする修辞がもつ「現前化」の効果を説明している。たとえば、ロベルト・ムージルの『特性のない男』にはこんな一節がある——「鼻についた一本の髪の毛についてちょっと言及することの方が、最も重要な思想よりもはるかに重みがある」*64。この一文で鍵となるのは「ちょっと(beiläufig)」という単語である。つまり、ここで重要なのは、読者の想像力に訴えかけようと作者が自分の思い描くイメージを精密に描写している部分ではなく、ほとんど無自覚的に「ちょっと」ついでに言及されている部分がもたらす予想外の効果なのだ。そこでは読者による想像のプロセスなしに、「鼻についた一本の髪の毛」がただちにリアルに——テクスト中の異物として——現前してしまう。それがメトニミーである*65。ルニアの著書自体が、こうした引用をメトニミーとして駆使し、論述に不連続性を導入している。ムージルの「鼻についた一本の髪の毛」や「六一五号室の胆嚢は食事をしたがらない」といったフレーズが異物としてわれわれの記憶に残留し続け、不在で語られないままの何かがそこに現前している印象を残す。

これらは「起こったことの記述」としての歴史における不連続性である。他方、「起こったこと」の次元では、歴史は不連続的な「突然変異」に似た出来事で満ちている。歴史の進展のなかでは、それまでの自己の基盤を崩してしまうような選択があえてなされ、思惑や予測をみずから裏切り、未知の未来へと逃げるような跳躍が敢行される。ルニアはこのような行動をもたらす心理的メカニズムが存在していることを問題にする。因果関係をはっきりと説明できる出来事ばかりが歴史ではないのであり、当事者にさえ、事態の進展の理由がわからない場合も存在する。あるいは、明確に自覚された理由にもとづいて或る行為が行なわれるのではなく、まず行為が先行し、結果としてその行為の意味が明らかになるという転倒が起こりうる。ルニアが挙げている歴史上の事例で言えば、アメリカ独立宣言で「自明な真理」とされた独立の主旨は、独立戦争勃発ののちにはじめて「自明」になったのである*66。

行為はいわば事態の認識を飛び越してしまうのだ。その結果、認識は過去となったその行為に追いつかねばならなくなる。このような意味で、過去がいわば未来となる。だからこそ、十九世紀のヨーロッパはフランス革命に追いつくことを求められたのであり、現在の世界はいまだ二十世紀の二度の世界大戦に追いついていない*67。「追いつく」とはこの場合、理解可能なものにするということであり、先走った理解不能な行為の原因や意味を事後的に見出し（作り出し）、因果連鎖の連続性を回復することである。ルニアは、ランケをはじめとする十九世紀の偉大な歴史家たちが取り組んだのは、本来起こりえなかったはずの出来事であるフランス革命を、それ以前の時代との因果関係のもとに組み込んで、その発生を理解可能なものにすることだった、と言う*68。それによって、怪物じみた突然変異的行為は、連続性優位の歴史の言説のうちに吸収・同化される。時間の流れを突然断ち切って、無方向的に生起した革命は、歴史の正常な流れに沿った帰結と見なされ、その不連続的な性格は骨抜きにされてしまうのである。

ランケの歴史主義を端緒として十九世紀に制度化された歴史学の言説が、このように革命というトラウマ的な出来事――アンカースミットの言う、歴史をめぐる言説の起源をなすような「崇高な歴史経験」――の突発性を中和し、因果関係の連続性を回復させようとする一種の治療の営みだったとすれば、メトニミーはそうした治療の言説に穴を穿って、その言説の背後にじつは間近に隣接している過去を現前させるものと言えるのではないか。そのとき、未来と化した未解決の過去こそが、現在のもっとも近くに留まり続けている。この「過ぎ去らない過去」「未来と化した過去」は、「起こったことの記述」としての歴史によって覆い隠されようとするのだが、メトニミーという亀裂を通して、不在のまま無気味に現前せずにはおかないのである。

5　歴史という遊び

ホイジンガが「歴史的感興」のきっかけとした「古文書や年代記の一行、一葉の版画、古い歌の数節」をはじめとして、この章でたどってきた歴史経験のさまざまな契機にはメトニミー的な性格が認められる。レヴィ＝ストロースが古文書の魅力を語るにあたって用いた言葉を借用すれば、これらのメトニミーはわれわれを「純粋歴史性」と接触させる「出来事性の化身」である*69。レヴィ＝ストロースによれば、このような性格は古文書に書かれた出来事の内容やその解釈とは関わりがなく、たとえ自筆原稿の数行や署名だけでも足りる。それらが史実を告げるとしても、そこで示されるのは断片的な小さな歴史でしかない。むしろ本質的なのは、メトニミー的な記録が出来事の破片やかけらであるということ、いわばその「がらくた」に似た性質であって、そのようなものとしてこそ、この出来事のかけらたちは「ある個人ないしある社会の歴史の化石化した証人」*70となる。

レヴィ＝ストロースはこうした出来事の化石を用いて作り上げられる構造に神話的思考やブリコラージュの特性を見出した。ジョルジョ・アガンベンはそのレヴィ＝ストロース論のなかで、遊び道具のうちに、ブリコラージュの素材の断片性と、歴史の時間性を体現する古文書に似た性格を認めている[*71]。この場合の遊び道具とは、聖なる儀礼の領域や大人の実生活の領域にかつては属していたが、いまはもう属していないという通時的な意味、あるいは、現在も使われている事物がミニチュア化されることでもはや実用品ではなくなったという共時的な意味のいずれかにおいて、「かつては……であった」と「いまは……でない」という、過去と現在の断絶を本質とするような物体である。この点をとらえてアガンベンは、「遊び道具の魂」（ボードレール「玩具のモラル」）とは「純粋状態における〈歴史的なもの〉」[*72]であると言う。アンカースミットの言葉で言えばそれは、「崇高な〈歴史的なもの〉」ということになろうか。ただし、その崇高さは集団的で巨大なものではなく、日常的でありふれた事物に宿る、チャンドス卿の言う「崇高なしるし」の崇高さである。

アガンベンによれば、遊び道具は古文書のように歴史的な時間の連続性において過去を断片的に保存し、その通時的な性質を伝えるのではなく、事物の聖なる起源といった過去自体を解体し変形させて、その変化が生んだ時間の断絶、すなわち、時間的形態における「かけら性」そのものを体現する。おもちゃを手にした子供たちは、いわば歴史のかけらを相手にして遊んでいるのである。ヴァールブルクが「残存（survival）」の概念を借りた人類学者エドワード・タイラーは幼児の遊戯に注目し、玩具のなかに古代の戦争や占いといった活動の生き残りを見ていた。扱う対象を芸術作品に限定せず、占星術図像をはじめとする広範な領域のイメージを探究したヴァールブルクもまた、「遊び道具の魂」としての破片と化した歴史的時間をそうしたイメージ群のうちに求めていたように思われる。「ムネモシュネ・アトラス」で彼は、黒いスクリーンの張られた等身大のパネル七十枚ほどのうえに、美術作品などが縮小された千枚近くに及ぶ写真をピン留めし、その配置を個々のパネル上ないしパネル間で絶えず変化させることによって、イメージ間の関係性を試行錯誤しながら探索し表現し続けた。そこではヴァールブルク自身が、写真図版であたかもカード占いの一人遊びをするかのごとく、ミニチュア化されたイメージという「遊び道具」に宿る歴史的時間のかけらと戯れていたように見える。

グンブレヒトの『一九二六年に』における引用テクストの用い方から感じられるものもまた一種の遊戯性である。書物のほか、新聞や雑誌などから採られた一九二六年当時の文章は、解釈の対象としてよりも、むしろ出来事の破片やかけらの状態のままでモンタージュされていると言ったほうがよい。それらはテーマがアルファベット順に並べられた事典の体裁を取りつつ、相互参照指示によりネットワーク状に構造化されて、一九二六年の共時態として示されるのだが、そこで結果として際立つのはそうした構造ではなく、ブリコラージュされる個々のかけらの感触であり、それらをブリコラージュしているグンブレヒト自身の「直接性への欲望」である。一九二六年という特性のない年の選択をはじめとして、これがあらたなルールによるゲームにも似た実験的な歴史叙述であったことが、遊戯めいた印象を生んでいるのであろう。そして、そうした遊戯性が逆に、ここで素材とされた文献が文字通りに一九二六年の出来事を指し示す史料である以上に、「純粋状態における〈歴史的なもの〉」を担う遊び道具と化していたことを暗示している。

レヴィ゠ストロースは、ブリコラージュを作る者（ブリコルール）は、ものと「語る」だけでなく、ものを使って「語る」、すなわち、「限られた可能性のなかで選択を行なうことによって、作者の性格と人生を語る」[*73]と指摘した。ホイジンガやヴァールブルク、あるいはグンブレヒトたちが試みた歴史叙述とは、出来事の化石に似たメトニミー的な断片をありあわせの素材として作られたブリコラージュであり、そこには「作者」である歴史家たちの性格と人生といったパーソナルな側面が反映されている。「科学」であろうとする歴史学の歴史叙述とは対照的に、彼らはレヴィ゠ストロースの語る意味における「神話的思考」を駆使して、いわば「野生の思考による歴史」を手がけたのである。「野生の思考は、

imagines mundi（世界図─複数）を用いて自分の知識を深めるのである」*74——世界を同時に共時的通時的全体として把握しようとする野生の思考の非時間的な性格について述べられたこの言葉ほど、「ムネモシュネ・アトラス」のパネルにふさわしいものがあろうか。

　アガンベンは、子供たちの遊戯とは純粋な歴史性や時間性との戯れであるという着想に呼応する認識を、ニーチェやハイデガーによる解釈で知られるヘラクレイトスの断片五十二のうちに見ている——「時（アイオーン）は盤上の遊戯をする子供。王権は子供の手にある」*75。文化現象を「遊ビノ相ノモトニ（sub specie ludi）」綜合的にとらえようとした著書『ホモ・ルーデンス』の末尾近くでホイジンガもまた、ヘラクレイトスについての伝承から「人間の思いなすことは子供たちの遊戯〔玩具〕である」（断片七十）という言葉を引いている*76。法律、戦争、政治、哲学、詩、芸術の各分野を「遊び」として考察したホイジンガが、彼にとってもっとも身近な歴史という知を「遊ビノ相ノモトニ」見ることがなかったとは考えにくい。この知もまた「子供たちの遊戯〔玩具〕」だからである。遊びが人間的な時間の本性に関わる行為だとすれば、歴史こそは極めつきの遊戯の場あるいは玩具とさえ言えるのではないか。

　過去の現前を直接感じる歴史経験とは、この章で検討した歴史家たち、歴史理論家たちにとって、歴史という「遊び道具」の「魂」への接近を意味するものだったのかもしれぬ。それは「地震計」としての歴史家の身体で感知されるべきパトスであり、触覚的な経験であるがゆえに、その地震計を破壊するほど危険で無気味なものでもありえた。だが、たとえそうであっても、この歴史家たちは、過去と現在が決定的に分離する崇高な出来事の余波におののき、その別離による「浮雲の思（おも）ひ」を強いられながら、喪われた過去へのノスタルジアや狂気じみた激しい恋慕（マニア）に憑かれ、昔日の雰囲気と情感に身を沈めることを強く求めている——なぜなら、彼らにとってはそれこそが、過去の世界との真正な「遊び方」であるから。

　歴史理論が語る「経験」「崇高」「現前」といった抽象概念そのものは、腐敗した茸のようにぼろぼろに砕け散ってしまうかもしれぬ。だから、求めるべきはむしろ、生起した出来事の断片、破砕されたかけら、とくに不完全でぎこちなく、ときに逆説的な、メトニミー的異物なのである。そんながらくたたちによる「遊び」——時間と戯れる遊び——が歴史経験を呼び覚まし、歴史叙述の語彙や文体の変容を生む。以下の章では、本章で詳しくたどってきた歴史理論を背景に、歴史経験とその表現を「かけら」に似た小さな物語=歴史の集積として描き出してゆきたい。

第2章　アーシアを探して——アーカイヴの旅

1　死者たちへの負債——過去を物語る倫理

或る人物の日記や手紙からその人生を再構成しようとする場合、日時や場所、行動の動機・内容・関係者を特定するために行なう一連の作業を、まるでミステリー小説やドラマにおける探偵か刑事による捜査であるかのように感じることがある。こうした感覚を抱くのはなぜなのだろうか。その一因はもちろん、証拠を集めて過去に起こった出来事を再現するという、わずかな痕跡から獲物の所在を読みとる狩人にも似た「徴候的知」(カルロ・ギンズブルグ)が、ちょうどシャーロック・ホームズが体現しているような推論的パラダイムに拠っていることだろう。ギンズブルグに従えば、これは「物語ること」という、太古から存在する人類の営みのパラダイムであり、歴史という知の形式でもある*1。

だが、おそらくそれだけが理由なのではない。この感覚の底には何か、死者に対する負債を返そうとするかのような、誰から与えられたのでもない使命感に似たものが隠れている。だから、これが一種の捜査であったとしても、それは法の執行者として犯人を捜し出し罰するために、警察や探偵が社会的役割として果たす営みのようなものではけっしてないだろう。この負い目に似た感情はもっと個人的で、それにともなう使命感とは、死者たちに対する秘められた約束のようなものだからである。

にもかかわらず、それを捜査に譬えるのは、確固とした証拠にもとづく厳密な推理による事実の確定という、一種の法的な規範がつねに自分に課せられるためだ。もちろん、証拠の欠如ゆえに行なわざるをえない、空白を埋めるための想像が推理過程には随伴するとしても、この規範からの恣意的な逸脱は許されない。こうした禁止もまた、死者に対する負債の感情ゆえなのだろう。

そんな理不尽な負債感とは、自分が甦らせるべき死者を選んだのではなく、その死者から自分が選ばれてしまったという、本来ありえない事態の錯覚である。けれど、過去を復元し歴史を書く営みが死者たちの土地に旅することにほかならないとすれば、うずたかい資料の山の文字や図像からなる冥府のなかで、死者たちこそがわたしたちを選ぶこともまた起こりうるのではないだろうか。なるほどそれは対象への同一化であり、転移であるにせよ、そのように死者に選ばれているがゆえの使命感こそが、歴史を綴るための最後のよりどころになりうる。歴史叙述の客観性やディシプリンの学術性、真理の追究といった抽象的な規矩は外在的な道徳にすぎず、歴史を書く者、過去を物語る者をより内面的にはっきりと縛る倫理は、死者たちとのあいだに結ばれるこうした関係性に根ざすように思われる。

このような負債を強く感じる対象は、多くの人びとに知られず、あるいはまた、忘れ去られた人物であることが多い。逆に言えば、広く知られた存在であれば、その人生や業績の一部のみを切り取って学術的に研究することが一般の流儀だろうし、一研究者としてはそれで足りる。そもそも、或る人物の全体を扱った評伝など科学（science）ではないとする立場もある。しかし、人文学（humanities）としての歴史には、個別事象に還元された主題の分析を主とする科学の範疇には収まらない、死者を可能な限り完全な姿で甦らせようとする、それこそ呪術的な思考が残存しているように思われる。誰からももはや記憶されることなく資料のなかに埋もれている存在に、もう一度肉声を語らせたいという欲望は、科学的な客観性や学術性の要求とはじつは異質なものだろう。

わたしがジルベール・クラヴェルというほとんど無名の芸術家の評伝『冥府の建築家』（みすず書房）を書いた背景には、そんな欲望がたしかにあった。アビ・ヴァールブルクについて評伝を書いたときとはまったく異なる徹底さで調査をしなければならないと思い定めた理由もまた、クラヴェルという死者から選ばれているという、どう考えてみても錯覚であるような感情にあった。

歴史を書く者としての倫理を自分自身に問いたかったのだ、と言えばよいだろうか。史料批判をはじめとする歴史家の技術を云々したいのではない。一次資料である日記や手紙といった物的証拠という最低限の堅い実体にあくまで即すことで、過去を再現して物語る営みそのものをプロセスとして再構築したかったのである。歴史叙述が事実の無媒介な提示ではなく、プロット化やレトリックに依拠しているといった認識はすでに常識に属する。しかし、たとえそうであるにせよ、物語るなかで評伝がおのずからまとうことになるナラティヴの形式やそのレトリックを根元で拘束する、事実としての物証の手応えに似たものこそを伝えたかった。拙著の跋文で記した「クラヴェルによる過去の経験の、いわば「質感」や「肌触り」を甦らせたかった」*2という願望はそこに関わっている。

人文学もまた一定期間内に研究業績のアウトプットを求められ、主題を細分化した短い論文のかたちで発表することが強いられている昨今の状況下では、無名の人物について評伝を書くなどというのは恐ろしく非効率的な作業である。専門上、或る芸術家のモノグラフとしてまとめられた博士論文を読む機会は多いが、人文学を取り巻くこうした状況を反映しているのか、資料の丹念な探索よりも、限られた材料の見栄えの良い処理にばかり関心が向いてしまう傾向があるように見える。その理由は年齢による感受性の違いだけだろうか。年老いて死者の世界に近づけば近づくほど、彼らの肉声を耳にしたいという願望は強まり、有名な存在ではなく、世に埋もれた敗残の生涯に強く親近感を覚えるというわけか。

モノグラフの著者たちが、何の躊躇もなく「その点(その人物)については資料がない」といった弁明をするたびに、いつもかすかな苛立ちを覚える。資料がなぜ入手できないのか、どこかに存在する可能性はないのか、不在のように見えるだけではないのか、いや、よしんばまったく失われているとしても、その不在そのものが解読されるべきではないのか——。繰り返すが、歴史研究の学術的作法を問題にしたいのではない。ここで感じている苛立ちは、自分自身につねにはね返ってくるような、死者たちに対する倫理をめぐる、もっと内面的な問いに通じている。

翻って顧みれば、評伝につきものの、対象となる人物の私生活にどれほど踏み込むことが許されるのか、という問題もここに関係してくるだろう。学界で広く学術的テーマとされているような事柄であれば、そんな懸念などありはしない。ひょっとしたら、死者への負債感には、死者の秘密を暴くことを正当化しようとする、心理的隠蔽のために生じた感情が混じっているのかもしれない。死者との距離をめぐるこうした緊張関係が評伝固有の倫理を要請する。バーゼルの国立文書館でクラヴェルやその弟ルネの自筆資料を調査していた折り、錠がかかったルネの日記帳を小さな鍵で開けたとき、「この日記を自分は読んでもよいのか」という唐突な疑念にわたしは襲われた【図1】。こうした行為を正当化できる根拠を自分がもっているとは、わたしはいまだに思えない。「学術的に必要だから」といった台詞が逃

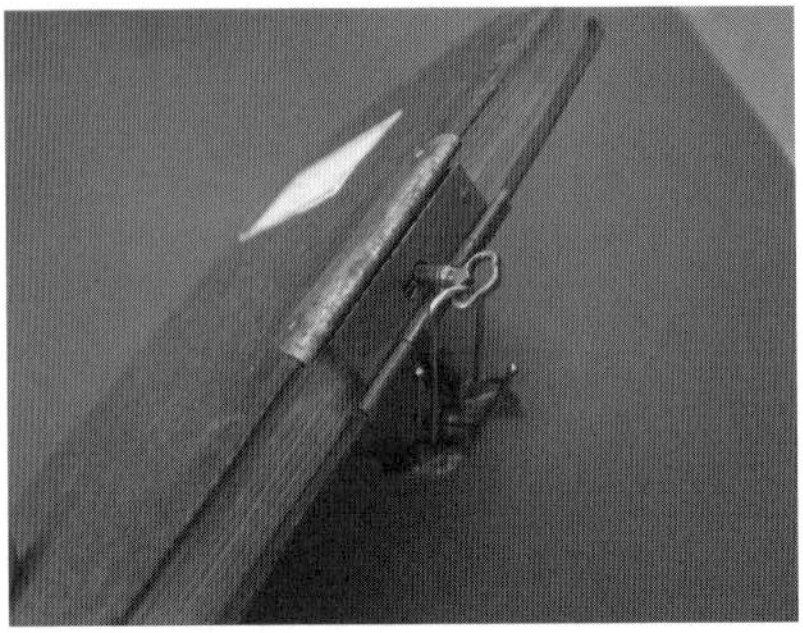

【図1】ルネ・クラヴェルの日記帳。著者撮影（Photo: TANAKA Jun, 2012）。

げ口上にすぎないことは自覚している。最終的にこうした調査や評伝の執筆を自分に許すことができたのは、クラヴェル自身が、日記や手紙を通じて自分の人生を物語ろうとしていた、ひとりの自伝の作者ではなかったか、と思えたからだった。その願望を託されているがゆえの負債感なのであると。

二十代後半のクラヴェルが恋人に宛てて、あるいは、恋人について綴った日記や手紙の記述を、「アーシア断章」と題して編み、『冥府の建築家』に収めた理由もここにある[*3]。それらの記述は正体不明の謎の女性アーシアを登場人物とするメルヘンのように読めたからである。出会いから別れにいたるまでのはかないような恋の顛末は、クラヴェルの「自伝」のなかでもとりわけ情感にあふれた、みずみずしい文体で書き記されていた。

一九一〇年頃にクラヴェルと知り合ったアーシアは、妹ゼーラたちとともにロシア出身の革命家とされ、黒髪でオリエント風の美貌であったらしい。一九一〇年の年末にナポリにいたジルベールのもとを訪ねた弟のルネ・クラヴェルは、このロシア人女性革命家たちに会い、そのなかでアーシアは「きわだって美しく、知的だった」と、あの鍵のかかった日記帳に書いている。アーシアとジルベール・クラヴェル、そして、クラヴェルの親友だった画家のハンス・パウレのあいだには三角関係が存在した。クラヴェルとパウレのあまりに親密な友情はホモセクシュアルなつながりまで想像させたほどだから、この三角関係はそれだけいっそう複雑なものだった。

アーシアに宛てて綴られた手紙の下書きだろうか、クラヴェルの日記にのびのびとしたおおらかな筆跡で独白のように記された文字の連なりに手で触れたとき、クラヴェルが好んで用いた「さざめく(rauschen)」という言葉の通り、波動に似た彼の息吹きを感じた。その息吹きを伝えたいと思った。『冥府の建築家』に収めた日本語訳だけでは尽くせない、その瞬間の生々しい感触を少しでも甦らせるために、クラヴェルのこのメルヘンの一篇を、ドイツ語手書き草稿の写真とそのトランスクリプション、そして日本語訳でここに採録することにしたい[*4]――

Kl. Hüningen, 16. VI. 1911

L.[=Liebe]  [Asia]

Warum schweigst Du, wenn ich schweige? Briefe sollen doch kein Tauschmittel sein, das man sich an den Fingern abzählt. Ich habe Dich ja nicht vergessen, - nein wie oft habe ich ~~Deiner~~ Dich zu mir hergewünscht. In Weimar im stillen Park, wo das Gartenhaus Goethe's steht hätte ich Dich gerne an der Hand genommen und Dir alles gezeigt. Wie feierlich war es dort. Stille, kühle, Parkwege, dunkle Gewässer, in denen sich die grossen Gestalten der Vergangenheit spiegeln.
Was muss Weimar für einen Kreis Menschen versammelt haben dessen Mittelpunkt Goethe war!
Ich sah das Wittumpalais, wo sie ihre Lesabende hielten und war auch in Goethe Haus. Ich werde Dir davon erzählen,

クラインヒューニンゲン、一九一一年六月十六日

愛するアーシア

なぜ黙っているんだい、ぼくが沈黙していると？手紙は指で数えられるほどしかない交換手段であってはならない。ぼくはきみのことをもちろん忘れていない。——忘れてなどいない。きみがぼくのところへ来てくれたらとどれほどしばしば願ったことだろう。ゲーテの東屋が建つヴァイマールの静かな公園で、ぼくはきみの手を取り、きみに何もかも見せてあげたかった。そこはどれほど厳粛な雰囲気だったことか。静かで冷え冷えとした公園の道、過去の偉大な人物たちの面影を映す暗い水域。

その中心がゲーテであるような、どんな種類の人間集団をヴァイマールは呼び集めずにはおかなかったことか！

ぼくは彼らが朗読の夕べをもったヴィットゥム宮殿を見た。ゲーテ・ハウスにも行った。それらについてきみに話そう、

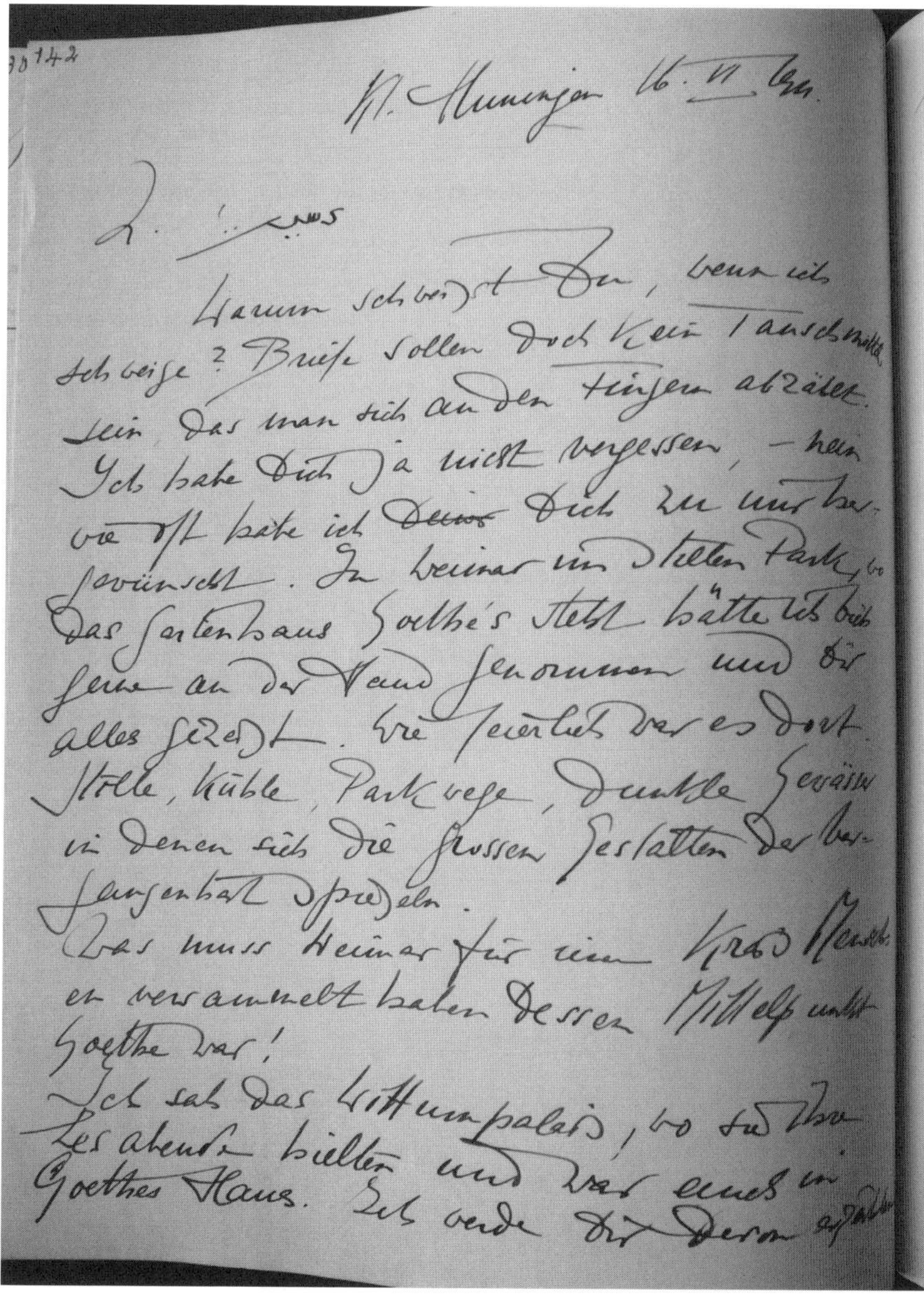

Kl. Muningen 16. VI. '24.

L. حبيبي

Warum schweigst Du, wenn ich schweige? Briefe sollen doch kein Tauschmittel sein, das man sich an den Fingern abzählt. Ich habe Dich ja nicht vergessen, — nein wie oft habe ich ~~Deine~~ Dich zu mir herbeigewünscht. In Weimar im stillen Park, wo das Gartenhaus Goethe's steht hätte ich Dich gerne an der Hand genommen und Dir alles gezeigt. Wie feierlich war es dort. Stille, kühle, Parkwege, dunkle Gewässer in denen sich die grossen Gestalten der Vergangenheit spiegeln.
Was muss Weimar für einen Kreis Menschen versammelt haben dessen Mittelpunkt Goethe war!
Ich sah das Wittumpalais, wo sie ihre Lesabende hielten und war auch in Goethes Haus. Ich werde Dir davon erzählen

wenn wir wieder beisammen sind.
Wo, und wann wird dies sein?

Wenn nachts der Rhein rauscht, denke ich oft, dass wir am Meeresstrande sitzen und Du Deine Hand in die meine legst.

Dann sehe ich mein Leben uralt vor mir und die Wellen machen es jung und frisch zu Dir.

Verstehst Du meine Sprache?
Wenn, ich singen könnte würde ich singen. Ich kann auch schweigen, schweigen wie Deine Wälder, die flüstern, wenn sie schlafen.
Hast Du mich lieb?

Ich sehe Deine Augen in allen Dingen und sie sagen immer „ ja, ja.“ - Du hast Anteil an meinem Werden Asia und manchmal stehst Du vor mir streng wie ein Gebot.

Auch so sollst Du sein.

Nicht das Weiche, Biegsame, auch das Beharrende steckt in Dir.

Und so will ich Dich ver-

また会えたときに。

それはどこで、いつになるだろう？

夜にライン川がさざめくとき、ぼくがしばしば思い描くのは、ぼくらが海辺に座っている光景だ。きみはきみの手をぼくの手に重ねる。するとぼくは自分の人生が太古のように見え、波がそれをきみに対して若く新鮮なものにする。

ぼくの言葉がわかるかい？

ぼくが歌えるならば、歌を歌うのに。ぼくは黙っていることもできる。眠っているときにささやく、きみの森のように沈黙していることも。

きみはぼくを愛しているの？

ぼくはすべてのもののなかにきみの眼を見る。それはいつもこう語る。「そう、その通り」――きみはぼくの生成に関与しているんだ、アーシア。そして、ときどき、きみはぼくの前に、掟のように厳しく立っている。

きみはまたそんなふうでもあらねばならない。

柔らかでしなやかなものではなく、堅く留まりつづけるものもまた、きみのなかに隠れている。

そんなふうにして、ぼくはきみを

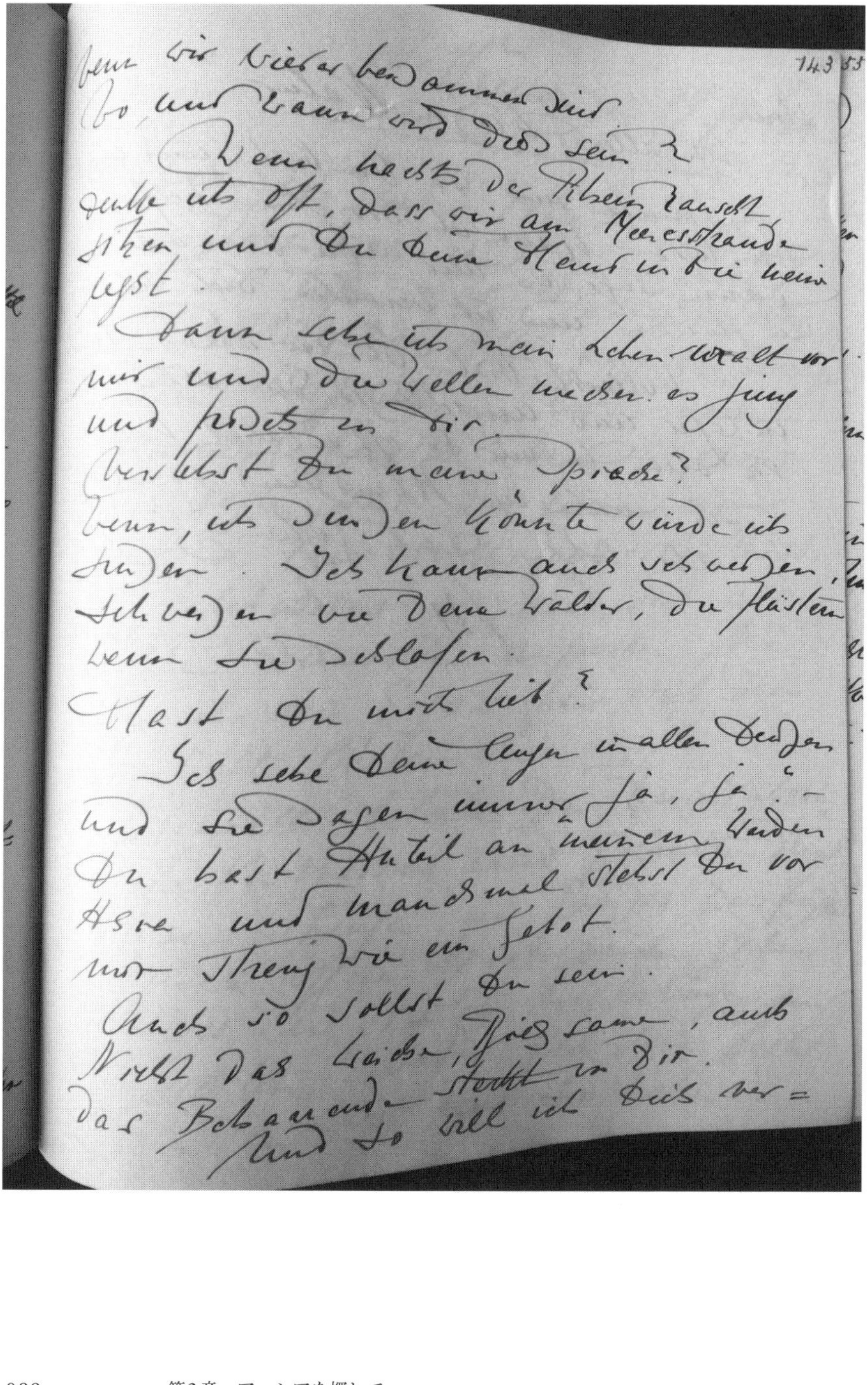
143 55

wenn wir hierher bekommen dich
so, und dann wird das sein.
Denn nachts der Rhein rauscht
denke ich oft, dass wir am Meeresstrande
sitzen und Du Deine Hand in die meine
legst.
Dann sehe ich mein Leben wallt vor
mir und die Wellen wieder. es ging
und predigt zu dir.
Verstehst Du meine Sprache?
Wenn, ich dichten könnte würde ich
dichten. Ich kann auch schweigen,
schweigen wie Deine Wälder, die flüstern
wenn sie schlafen.
Hast Du mich lieb?
Ich sehe Deine Augen in allen Dingen
und sie sagen immer ja, ja —
Du hast Anteil an meinem Werden
Asja und manchmal stehst Du vor
mir streng wie ein Gebot.
Auch so sollst Du sein.
Nicht das Leichte, Biegsame, auch
das Bekannte ~~steckt~~ in Dir.
Und so will ich Dich ver=

ehren:

In allen Dingen Natur. " -

Schreibe mir wo Du bist und was Du tust. Kann ich Dir etwas helfen, dann sage es mir. Du brauchst nur zu flüstern und ich verstehe Dich schon.

Vielleicht bist Du in dieser Stunde in Capri und umschlingst den alten Baum, von dem Du mir so oft erzählt hast.

Ich rausche im Abendwind vorüber.

Lebe wohl. Dein getreuer

Gil

崇拝していたい。

すべての自然の事物のなかで。

きみがどこにいて何をしているのか、手紙を書いてくれ。ぼくが何かきみを助けられるなら、それをぼくに言ってくれ。きみはただささやくだけでいい。そうすればぼくにはきみのことがすぐわかる。

おそらくきみはこの時間にはカプリにいて、きみがぼくによく話してくれた古い樹を抱きしめているのだろう。

ぼくは夕べの風にさざめく。

元気で。　きみの忠実なる

ジル

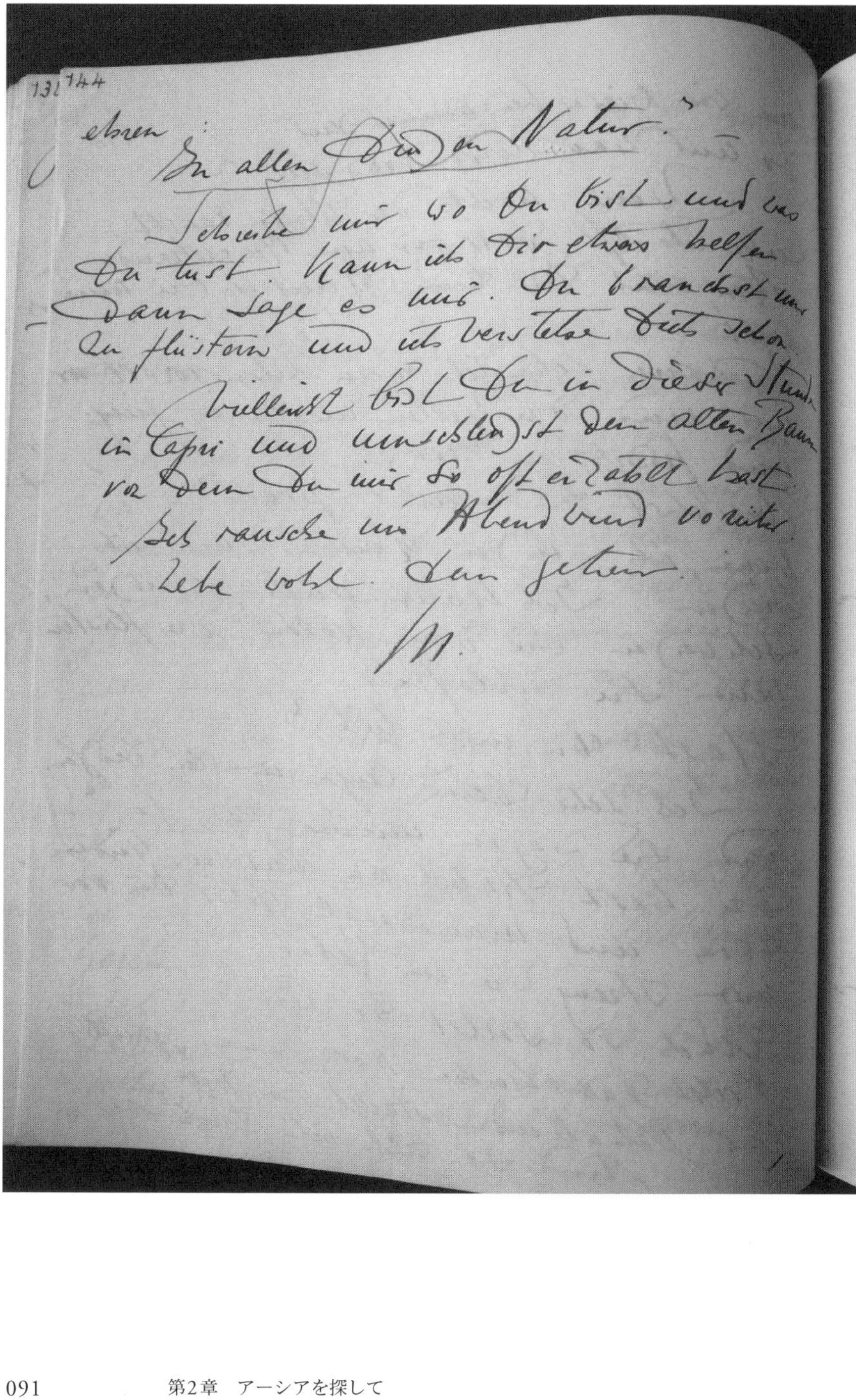
132 144

ehren:

In allen Dingen der Natur.

Schreibe mir wo Du bist und was Du tust. Kann ich Dir etwas helfen – dann sage es mir. Du brauchst nur zu flüstern und ich verstehe Dich schon.

Vielleicht bist Du in dieser Stunde in Capri und umschlingst den alten Baum von dem Du mir so oft erzählt hast. Ich rausche im Abendwind vorüber.

Lebe wohl. Dein getreuer

M.

ポジターノに作られた洞窟住居という「冥府の建築」の建築家としてのクラヴェルに関心があって手がけた評伝だったが、アーシアに向けて、あるいは彼女について、クラヴェルが百年前に書いた日記や手紙の文章には、そうした学術的関心とはまったく異質の感性を刺激する、黄泉の国から語りかけてくるような肉声の残響が聞こえた。それだけになおいっそう、クラヴェルが弟に宛てた手紙や葉書にごくわずかな自筆のメッセージを書き込んでいる以外、実在の痕跡がまったくなかったアーシアについて、その素性を知りたいという気持ちがいつまでも残された。彼女はときに、クラヴェルによる虚構か妄想の産物にさえ思えた。その完全な名すら、わからなかったのである。拙著では「アーシアとは誰だったのかを知るための手がかりは、いまだ見つかっていない」*5と記すしかなかった。

しかし、彼女の人生の謎を解く鍵は、思わぬ偶然から与えられることになる。

2　夢のなかの赤い旗——「名」を求めて

二〇一三年の四月十六日に「ジルベール・クラヴェルを探す旅」と題したトークイベントを行なうことになり、わたしはそこで「アーシア断章」から二つのテクストを朗読することにした(そのうちのひとつが、先ほど手書き草稿を示した手紙であり、もうひとつが、あとで触れる「アーシアとの別れの夢」である)。クラヴェルの肉声を強く感じたこの断章群のテクストに、自分の精神を通じて日本語という音を賦与したうえで、さらにこの肉体を通した生きた声を与えたかったのである。それは自分にとって、必ず一度は行なわねばならぬ儀式にも似た行為だった。このテクストを朗読するためにこそ、トークイベントという企画を望んだのだと言ってもよかった。

アーシアの素性を明かす手がかりを得たのは、その準備をしていた四月初旬である。発端は、クラヴェルの親友パウレについて、その遺稿や作品の情報はないものかとインターネットで検索していて見つけた、或るドイツ語の書物の断片化されたページ画像だった。そこにはパウレの名とともに「Die schöne Asia」、つまり「美しいアーシア」という語句があった。著作権保護の理由から、検索キーワードの前後の文章しかページ画像として表示されないために、あれこれと検索を繰り返してようやく、次のような一節を読み取ることができた――「マクシム・ゴーリキーの取り巻きの一員としてカプリにやって来て、友人たちのサークル全体から崇拝されていた美しいアーシアを、彼［パウレ］は倦むことなく繰り返し描いた」。この女性はあのアーシアに間違いなかった。

これはパウレの友人である作家ヴァルデマール・ボンゼルスの作品を解説した文章中の記述である[*6]。ボンゼルスは日本でアニメ化された『蜜蜂マーヤの冒険』の原作者であり、一九一〇年から一九一一年にかけて書かれた複数の作品に、アーシャ（Asja）、アーナタ（Anata）、アーフラ（Afra）といった、いずれもアーシア（Asia）をモデルにしたと覚しき女性を繰り返し登場させている。同じ作品にはパウレがモデルと思われる男性も現われる。

そこでボンゼルスの遺稿の所在を調べると、ミュンヘンの文学アーカイヴ（Das Literaturarchiv der Stadt München）に保管された資料のリストのなかに、アーシア・タンネンバウム（Asia Tannenbaum）という女性からボンゼルスに宛てられた、発信地をローマやカプリとする、一九一二年から一九三七年にかけての書簡群が見つかった[*7]。そこにはフェリックス・タンネンバウム（Felix Tannenbaum）からの書簡二通も含まれているらしい。また、同じアーカイヴには一九三二年にパウレがこのアーシアに宛てた書簡一通も所蔵されている。

このフェリックス・タンネンバウムはおそらくアーシアの夫であろう。彼について検索してみると、マニエリスム美術論『迷宮としての世界』で知られるグスタフ・ルネ・ホッケの自伝中にその名が見つかる[*8]。ローマ在住の友人と記されているところから、同一人物であることはほぼ間違いない。ホッケによれば、タンネンバウムは彫刻家・修復家・美術商であったという。さらに、フェリックス・タンネンバウムのローマとカプリ島の屋敷を建築家コンラート・ヴァックスマンが設計したという情報も別の資料から得られ[*9]、この建築家を扱った或る論文の謝辞にはミーア・タンネンバウム（Mya Tannenbaum）という女性の名が見出された[*10]。屋敷を相続した人物だとすれば、アーシアとフェリックスのあいだに生まれた娘と考えてよかろう。

このミーア・タンネンバウムについて調べたところ、イタリアの新聞『コリエーレ・デラ・セラ』に彼女の夫リシャルト・ランダウ（Ryszard Landau ポーランド出身）の逝去に際して書かれた記事が見つかる（ピアニスト出身のミーアは同紙に寄稿する音楽批評家でもある）。亡くなった夫はポーランド文学のイタリア語への翻訳者として著名な人物だった。この新聞記事には次のように記されていた——

彼女の名はミーア・タンネンバウムであり、ウクライナ人の女性革命家Assja Solovejcicの娘である。この女性はロシア帝国によってシベリアに流刑にされたが、党の同志による列車への劇的な襲撃のおかげで、その運命から救われた。自由になったのち、Assjaは国境を非合法に越境することに成功し、カプリにたどり着いた。そこでは偉大な作家ゴーリキーが亡命者、知識人、革命家の卵、そしてイタリア人の賛美者たちからなる小さな共同体に君臨していた。[*11]

Assja Solovejcic——これがミーアの母の名である[*12]。クラヴェルの恋人だったアーシアはときに「女性革命家」とも呼ばれていたから、その点とも一致する。

しかし、Solovejcicというウクライナないしロシアの人名はどうやっても確認できない。そこでスラブ系の言語に詳しい研究者に照会したところ、「Assja Solovejcic」と書かれた名前としてありうるのは、

「アーシャ・ソロヴェイチク Ассія Соловейчик（そのまま翻字するとAssia Soloveichik）」であるという。ソロヴェイチクは現在まで続く著名なラビの一族もいるユダヤ系の姓である。この名の響きには思い当たるものがあった。クラヴェルは静養先のボルディゲーラで書かれた一九一二年十一月三十日の日記に、アーシアとの別れを告げる夢を記していた。これもまたメルヘンと呼ぶにふさわしいその記述すべてをここに引こう――

夢

（アーシアへの手紙）

　昨晩、また奇妙な夢を見た。夢には旅立とうとするきみが現われて、ちょうどぼくに別れを告げようとするところだった。年配の婦人がきみのかたわらにいた。身分の高い家柄の女性で、なぜかはわからないが、侯爵夫人と呼ばれていた。

　きみにこの関係の事情を尋ねると、きみは改まった態度でとがめるような遠慮を見せながら答えた。

「こちらはわたしの伯母で北方出身です」

こうした真面目で誇らしげな言い方をするきみが、ぼくにはたいそう気に入った。

ぼくはそれまできみがこんなふうにはっきりと話すのを聞いたことがなかった。この夢における変容のなかで、きみの物腰、まなざし、身振り、無視、そして、ぼくらの別離を語るときの高みに立った態度もまた、ぼくにはまったく新しいものだった。「では、これですべては正しい道を進むことになる」（とぼくは言い）「きみはきみがそこからやって来た故郷に戻るのだね」と言った。

　ぼくの言葉はきみに何の印象も与えず、ぼくは自分がきみに対する心理的な影響力をまったく失ってしまったことに気づいた。

ぼくは黙り、きみがぼくの前に立っているあいだ、きみの小さな足や、そのうえに落ちかかる、大きくて柔らかな曲線と下に延びてゆく模様をもった暗い色の服を念入りに観察していた。ぼくがきみと付き合っているあいだ、きみがこれほど美しい服をもっていたことは一度としてなかった。その服はきみを簡潔で洗練された上品さで包み込み、外から内までほんとうにきみにぴったりだった。けれど、ぼくの感嘆の念はきみには気に入らず、きみの伯母さんの侯爵夫人は蔑むようなまなざしのもとで、それをきみと面識のない他人の無礼な好奇心と受けとっていた。ぼくはこの出会いが悲しくはなかったし、それについてまったく幻滅などしていなかった。むしろぼくには、まさにこうした拒否やよそよそしさこそが好ましかった。なぜならそれは、不可解な理由を探ろうとする欲望を刺激したからである。

「きみはどうやってこんな高貴な親類の方とのご縁を得たの、アーシア」とぼくは尋ねた。

きみはなかばもの問いたげに、なかば不安げに伯母さんを見てから、短く答えた。

「わたしたちは再会したんです。——この方がわたしを見つけ出してくれました……」

しかし、侯爵夫人がアーシアの話をさえぎった。

彼女はこう口をはさんだ。

「彼女はいまではもうアーシアという名ではなく、ドベル…スキー夫人です。彼女の最初の名前に関係することは、すべてお忘れいただくようにお願いします」

ぼくはこの叱責にまったくびっくりしてしまい、説明を期待して、ぼくのために開かれようとしているはずのきみの口を見た。けれど、その口はじっと動かぬままだった。それは一度もぴくりともしなかった。そう、いかなる影もきみの表情には浮かばなかった。きみは立ちつくしたまま、一度たりとも微動だにせず、きみの服の曲線が変化することはなかった。

何の反論もなされなかったそのとき、ひとがときおり夢のなかで味わう、涙はないが心を締めつけるような悲しみがぼくを襲った。ぼくは侯爵夫人のほうを向いて小さな声で言った。

「以前彼女の名はソロヴェイ……（Solovei...）」侯爵夫人は最初よりももっと鋭くさえぎった。

「革命のさなかにはいつまでも続く名など存在せず、最後にはいつも決まって伝統がものをいうことをご承知になるべきです」

ぼくらは突如として暗くなった駅のプラットホームに立っていた。列車が出発したり到着したりした。待避線にひとりの髭を生やした男が立ち、赤旗を巻いた。*13


クラヴェルはこの夢のなかで「ソロヴェイチク」と言おうとしていたのではないだろうか。アーシア・ソロヴェイチク――それがクラヴェルの恋人だった女性の名であると確定してよいだろう。こうして彼女の完全な名にはたどり着くことができた。しかし、パウレが繰り返し描いた彼女の肖像画はどこに行ったのか。多くの男性たちから崇拝され、ボンゼルスが名を変えて幾度も小説中に登場させたほどの彼女の魅力とは何だったのか。ファム・ファタル――運命の女という言葉を思わせる何かがそこには感じられる。

ミーアには、スターリン主義下のポーランドから、外交官の夫と前後して脱出した経緯を中心とする自伝『ポーランド遁走曲』という著書があり、その序文で『コリエーレ・デラ・セラ』の記事の著者セルジオ・ロマーノがアーシアの履歴をさらに詳しく紹介している*14。ロマーノおよびミーアの記述*15によれば、アーシアは裕福な中流ユダヤ系家庭の出身で（出生地の地名はJagori――この時点ではそれがどこかは不明だった）、キエフに住んでいたまだ十代半ばの頃（一九〇〇年代後半であろう）、夜間に自宅を抜け出して文盲の労働者たちに読み書きを教えていたらしい。或る夜、違法な文書の隠蔽に関与したことが露見して、アーシアは妹のゼーラとともに逮捕され、一年間の禁固刑に服した。それからさらに禁固三年の刑でシベリア送りになるところを、同志たちの移送車襲撃によって二人とも救われた。

カプリ島には妹も同行している。タンネンバウムとは第一次世界大戦後に結婚し、長女エレーナ、次女ミーアの二人の娘が生まれている。

ロマーノも触れているように[*16]、こうした経緯のすべてが事実ではなく、脚色を含むものかもしれないにせよ、アーシアが牢獄に監禁され(これが原因で彼女は一生のあいだ関節リウマチを患ったという)、仲間の死を間近で経験したことは事実のようである。一連の経緯から推して、一九一〇年にクラヴェルと出会った頃、アーシアはまだ二十歳前後だったものと思われる。

母が革命時代のことを語ろうとするたびに「過去が彼女を連れ去ってしまう不安に駆られて」[*17]その話を遮ったというミーアの回想は途切れがちで欠落が多く、依然としてアーシアをめぐる謎は十分に解けない。ボンゼルスに宛てたアーシアの手紙をはじめとする資料調査を終えたうえで、このミーアさんに会いに行かねばならないだろう。むしろ、「過去に連れ去られる」ことを求めて。——わたしはそう考えた。

完璧なかたちの鼻、その肌の月のような蒼白さ、中央で二つに分けられ、うなじで束ねられた黒髪、ロシア風に額で結ばれた黒いヴェルヴェットのリボン、軽い足取り、肩の周囲に堅く巻いた赤いショール、革命の日々を思い出すと、昂ぶる感情のあまり、銀で出来たように昏く光る切れ長の眼……ミーアの語る断片的なアーシアのイメージは、いまだ見ることのかなわぬパウレの描いた肖像画への憧れを掻き立てる。

アーシアとの別れの夢のなかで、「侯爵夫人」に彼女の名を呼ぶことを禁じられたクラヴェルは、最後にこんなヴィジョンを記していた——

ぼくらは突如として暗くなった駅のプラットホームに立っていた。列車が出発したり到着したりした。待避線にひとりの髭を生やした男が立ち、赤旗を巻いた。【図2】

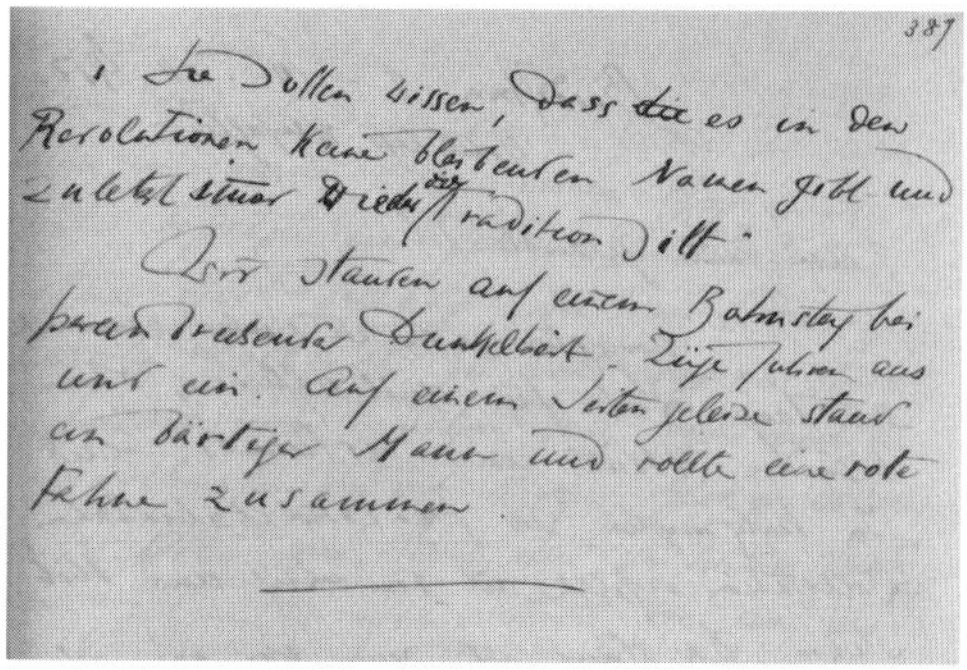
387

Sie sollen wissen, dass es in den Revolutionen keine bleibenden Namen gibt und zuletzt [illegible] Tradition gilt.

Wir standen auf einem Bahnsteig bei [illegible] Dunkelheit. Züge fuhren aus und ein. Auf einem Seitengleise stand ein bärtiger Mann und rollte eine rote Fahne zusammen.

【図2】ジルベール・クラヴェルの日記帳から、「アーシアとの別れの夢」の最後の部分。著者撮影(Photo: TANAKA Jun, 2012)。

別れの夢のこの幕切れに、宮沢賢治の「銀河鉄道の夜」でジョバンニが同じく夢の醒める直前に眼にする、「二本の電信ばしらが丁度両方から腕を組んだやうに赤い腕木をつらねて立ってゐました」*[18]という光景を連想する。天沢退二郎はかつてこの腕木の赤さに「いいようのない不吉な恐怖的な悲傷の溢出」を見た*[19]。クラヴェルが眼にした赤旗もまた、そんな不吉な悲傷を放ってはいないか。それは数年後に権力を握る赤いソヴィエトの予感だろうか。いずれにせよ、赤旗を巻くこの男の身振りは、名を奪われたアーシアにその名を、彼女の名を語ることを禁じられたクラヴェルに何らかの肉声を回復させたいという強い衝動をわたしの裡に呼び起こし、忘れがたいヴィジョンとなって繰り返しその約束の実現を迫る、死者たちから送られた秘密の信号であったように思われる。

3　ハデスの吐息――ミュンヘンからローマへ

アーシアをめぐるその後の調査の過程で、彼女の娘ミーア・タンネンバウムさんはローマ在住であると判明した。「このミーアさんに会いに行かねばならないだろう。むしろ、「過去に連れ去られる」ことを求めて」と、わたしは深く考えもせずにそう望み、そう書いた。クラヴェルばかりではなく、その親友だった画家パウレやボンゼルスからも崇拝されたアーシアという女性について、より多くの事実を知りたいという単純な欲望がわたしにはあった。そこで、アーシアの手紙やパウレの作品を調査するため、ミュンヘンの文学アーカイヴと市立博物館――ここにはボンゼルスの手元にあったパウレの作品が所蔵されており、そのなかにこの画家が「倦むことなく繰り返し描いた」アーシアの肖像画も含まれていることが期待された――を訪れ、最後にミーアさんに会って話を聞く「アーシア探索行」を、二〇一三年九月下旬に計画したのである。ミュンヘンからローマへ鉄道で移動すれば、フォルトゥナート・デペロ――パウレに代わってクラヴェルの盟友になった画家――の故郷ロヴェレートにも立ち寄ることができる。この地のデペロ・アーカイヴで、クラヴェルおよびデペロの遺稿を調査する許可も得た。

ミュンヘン市立博物館では、事前の予想通り、アーシアをモデルにしたパウレの作品がいくつか見つかった【図3】【図4】【図5】。多くは木版画の、赤い服と黒髪が印象的な女性像である。しかし、輪郭を単純化して描く作風のため、まだ見ぬ現実のアーシアの容貌を鮮明にうかがわせるものではない。作品情報の資料によれば、これらはおそらくいずれも一九二〇年代初頭の制作と思われる。モデルとなった人物については簡潔にこう記されていた――「アーシア・ソロヴェイチク（Asia Soloveicik）、タンネンバウムと結婚、子供はエレーナとミーア。パウレとは一九〇八年に知り合い、非常に崇拝され、肖像をし

3

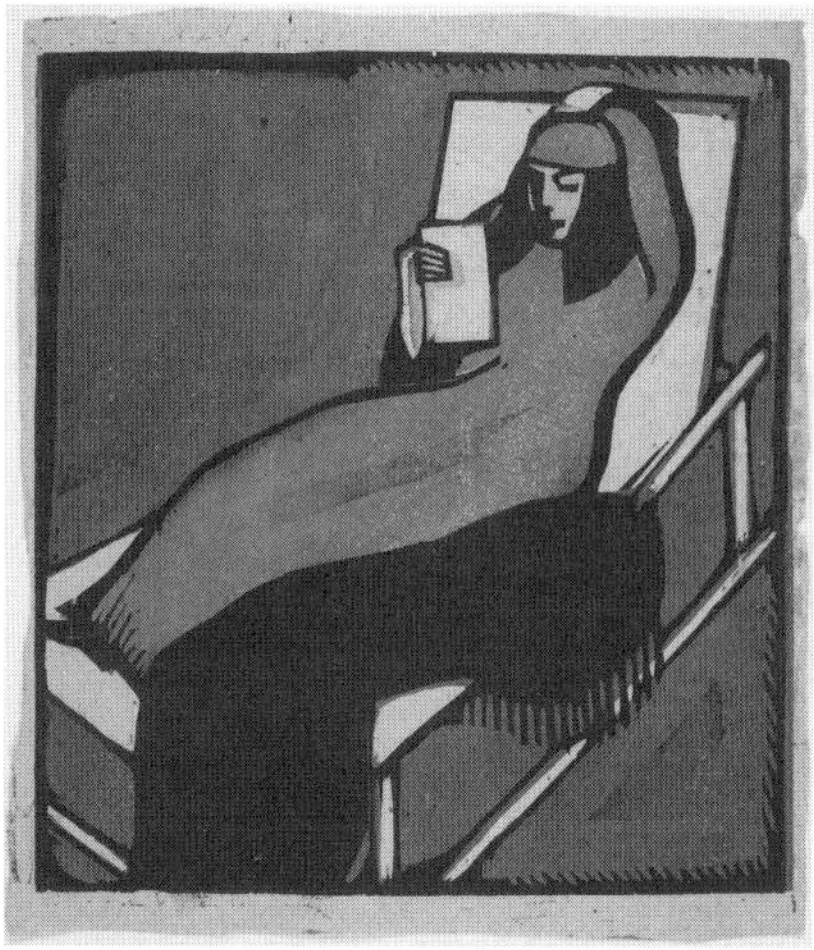

5

4

【図3】ハンス・パウレ《アーシアI》、一九二〇年。
【図4】ハンス・パウレ《アーシアII》、一九二〇／二一年？
【図5】ハンス・パウレ《アーシアIV》、制作年不明。

ばしば描かれた。ローマで一九四九年に死去。長い年月（一九〇八年から?）カプリ島に暮らした」。

ここではまた、思いがけないことに、一九一九年から一九五一年にかけ、ボンゼルスに宛てて書かれたパウレの書簡九十通近くのトランスクリプションを読むことができた*20。パウレがすでにクラヴェルとは疎遠になっていた一九一九年の手紙には、クラヴェルに対する深い幻滅を暗示する記述のほか、「クラヴェルとはほとんど毎日偶然出会いますが、お互いに冷たい態度で通り過ぎます。まるでわたしたちが赤の他人であるかのように」とあった*21。デペロが口絵や挿絵を描いたクラヴェルの幻想小説『自殺協会』（一九一八年）を、パウレは一九二一年にアーシアの家で手にしている。献辞は次のようなものだったという――「アーシア－ジルベール－形而上的出会い（Asia - Gilbert - incontro metafisico）」*22。

パウレはとくに一九二〇年代、しばしばアーシアの家を訪れ、その子供たちにもなつかれていたらしい。一九三〇年代には音信不通だったようだが、一九四九年四月の手紙にアーシアの名がふたたび現われる。彼女はローマで病の床にあった。さらに、同年七月には驚くべき報せがボンゼルスに告げられる――「アーシアは気が変になりました。被害妄想だということです」*23。そして、十二月二十三日の手紙でパウレは「二週間前、アーシア・ソロヴェイチクはローマで亡くなりました」と伝えている*24。

アーシアの生涯の輪郭はこうして次第に明らかになっていった。だが、そこにはまだ彼女自身の「声」が欠けていた。その声を求めて、翌日、わたしはボンゼルスに宛てたアーシアの手紙を所蔵しているミュンヘンの文学アーカイヴに赴いた。フォルダに挟まれた何十通にも及ぶ便箋やメモ用紙の束はすべて手書きで、トランスクリプションやリストはない*25。だが、ドイツ語が彼女にとって外国語であったことが、わたしにとっては幸いした。多くの書簡は、ひとが慣れぬ外国語の文字を綴る場合によくあるように、判読しやすいはっきりとした字体で書かれていたからである。

日付けの記載がなく、内容からも書かれた時期が特定しにくい場合が多いものの、これらの手紙はおそらく、一九一二年から一九三七年頃までのものと思われる。郵送ではなく、人づてにボンゼルスに渡されたメモなのか、ノートの切れ端に大きな乱れた文字で書きつけられたメッセージからは、エキセントリックな激情が垣間見える。手紙には判読困難な部分もあり、確実に内容を把握して記録できたのは一部にすぎない。しかし、その言葉の端々にはアーシアの「声」が聴き取れるように思えた。初期の手紙には文法上の誤りが多く、文意が判然としない場合もある。だが、そのような誤りも含めて、そこには書き手の激しい感情のうねりを反映する強度があった。たとえば、一九一二年年末の手紙にアーシアはこう書いている――

[一九]一三年には多くのことがそこ［ロシア］で変わるでしょう。さまざまな行為がそこではいまやわたしの名前と結びついています。それで、わたしは国境ですでに逮捕されるかもしれませんでした。何もしていないのにです。そんなことになれば、とても厄介だったでしょう。

わたしはとても行きたい、とても行きたいのです、そこに。わたしの人生はそこに不可欠です。わたしを魅了するのは危険、断念する［しない？］こと、そして、速く速く生きることです。ああ、わたしはここ［カプリ島］でとても疲れてしまいました。あそこであれば、わたしにとってそんなことはありえなかったでしょうに。そして、わたしはさらにこの点をあなたに伝えたいのです。わたしはわたしの影をここに残そうと思います。わたしはしばしばこう言われるのを聞きます――それはすでに留まっていて、まったく別の道のうえにあると。誰にわかるでしょう？　誰にわかるでしょう？　ひとりでいるときに、海辺に立って、波の音に耳を澄ましたり、あるいは、野の花が風のなかで戯れるのを見たりするとき、わたしはしばしばこんな声を聞くのです――お前がやってくるのは早すぎた、お前がやってくるのは早すぎた、と。[*26]【図6】

ところどころ文意不明瞭な破格の構文を含みながら、限られた語彙で簡潔に書かれ、畳みかけるよう

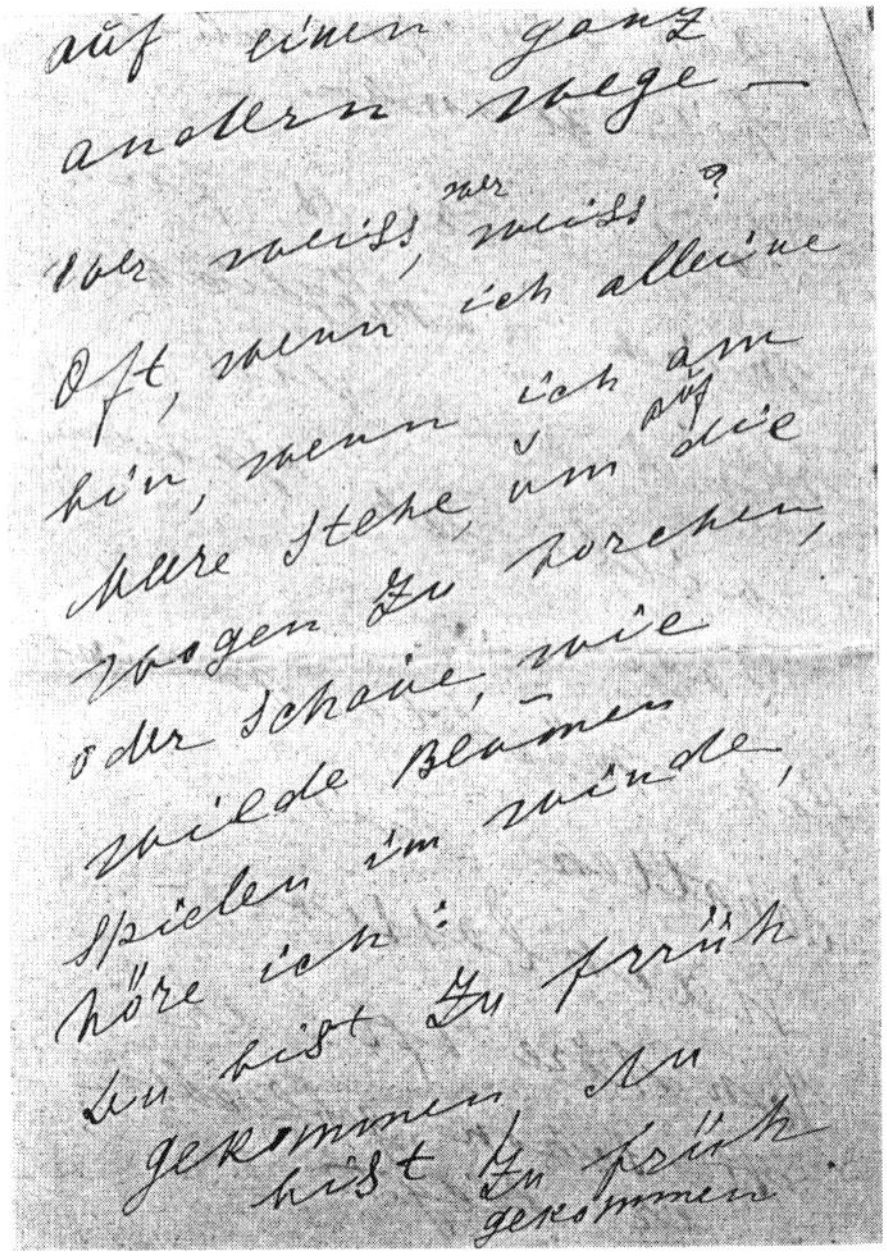
auf einen ganz
andern Wege —
wer weiss, wer weiss ?
Oft, wenn ich alleine
bin, wenn ich am
Meere stehe, um die
Wogen zu horchen,
oder schaue, wie
wilde Blumen
spielen im Winde,
höre ich:
Du bist zu früh
gekommen, du
bist zu früh
gekommen.

【図6】ヴァルデマール・ボンゼルスに宛てて書かれたアーシア・ソロヴェイチクの手紙（部分）、一九一二年十二月三十日付。

に短いフレーズを繰り返す文体には、独特なリズムと力がある。クラヴェルはアーシアの手紙について、「彼女は語る、知ってか知らずか、波と風が彼女にささやくことをそのまま書き留める」と評し、「彼女は神秘的な方法で詩と現実とを媒介している」と称えていた*27。手紙の文言のさまざまな細部が、前日眼にしたパウレの作品の印象に加わり、ばらばらになった肖像画の断片のように組み合わさって、アーシアという女性の姿を次第に浮かび上がらせてゆく。

一九一二年当時、『蜜蜂マーヤの冒険』やノヴァーリスの作品を自主的にロシア語に翻訳しているとアーシアは書いているから、ドイツ語の素養や文学への関心はもともとあったのだろう。パウレとの親密な友人関係をしばしばボンゼルスに報告しているのは、クラヴェルと訣別したのち、パウレにとってクラヴェルに代わる存在となったのがボンゼルスであったからかもしれない。逆に、クラヴェルへの言及は少なく、かつ、文通の初期に限られており、その内容は、パウレとの三角関係が男性二人の決裂というかたちで破局に達しつつあったことをうかがわせている。クラヴェルに経済的に依存していたと見られるアーシアは、この頃、ロシアに帰るための旅費の援助をボンゼルスに懇願している。書簡中でクラヴェルの影が薄い点には、ボンゼルスがクラヴェルとさして親しい間柄ではなかったことが影響しているのだろう。夫であるフェリックスについて語られることがけっして多くないのも同様の事情だろうか。

「わたし、パウレの女友だちであるアーシア、いえ、そんな存在としてではなく、誰の女友だちとしてでもなく、ひとりの人間に対するひとりの人間として、あなたのもとにわたしは来たのですし、今日もそうなのです」[28]などという手紙の一節をはじめとして、アーシアの筆致には、きわめて若かったにもかかわらず、確固とした政治信条をもって活動していたと覚しき女性らしい、意志の強さが感じられる。ボンゼルスに向けられた、友情――あるいはそれはときに、男女間の愛情だっただろうか――を激しく求める赤裸々な想いの吐露に、クラヴェルが弟への手紙で伝えている、アーシアが語ったというこんな言葉が思い起こされる――

> ときどき自分自身についてものすごい不安を感じるの。異様な感情がわたしのなかに呼びおこされるの。それは一度目覚めたら、わたしを呑み込む流れのように荒れ狂ってゆく。――あなたも知っているように、わたしはヨーロッパの女ではないの。[29]

だが、ふと我に返ってみれば、これもまた、アーシアの私生活を詮索することにほかならず、「この手紙を自分は読んでもよいのか」という疑念は依然としてつきまとう。およそみずから積極的に作品や自伝的記述を残さなかったアーシアについて覚える躊躇は、作家であったクラヴェルの場合以上に大きくもある。しかし、ミュンヘンでパウレの手紙に思いがけず遭遇し、そこにアーシアに関わる記述を見つけていたわたしには、このようにしてアーシアの直筆書簡に出会えたこともまた、死者から託された負債に似た何かであるように思われた。

ミュンヘンでの調査を終え、鉄道で移動したロヴェレートの美術館附属アーカイヴでデペロやクラヴェルの遺稿を書き写しながら、わたしは自分がいったいどの時代のどこにいるのかが定かでなくなる感覚を覚えた。いや、そんな瞬間に彼らの肉声がつかの間聞こえるように思えて、自分から時間と場所の感覚を曖昧にすることを望んだのだろうか。アーシア、ハンス、ヴァルデマール、ジルベール、フォルトゥナート――友情や愛情の星座であり、幻滅と別れの星座でもあるような名たち。ミュンヘンとロヴェレートを結んでたどったのはそんな星々の――「形而上的出会い」の――軌跡だったと言えるかもしれない。

この探索のクライマックスとなるべきミーア・タンネンバウムさんへのインタヴューは九月二十六日の午後に予定していた。その前日、ミーアさんが母の写真を提供したという、ごく最近刊行された書物を手にする[*30]。ページをめくるのももどかしく、その写真を探し、はじめてアーシアの実像を眼にする【図7】。東洋風にも見える若く美しい女性。その瞳にクラヴェルのこんな言葉が記憶に甦る――「彼女は風変わりな仕方で苦しみにうめき、突然笑い声をあげたかと思うと、ふたたび静かに、彫像のように冷たくなった。彼女はぼくを鋭いまなざしで見つめた」[*31]。

地下鉄ピラミデ駅を最寄り駅とするタンネンバウム家の邸宅は、いまは集合住宅となり、ミーアさんはその一郭にひとりで暮らしていた。画商でもあった父フェリックスの選んだものと思われる浮世絵が数多く壁に飾られている。おそらく九十歳近い高齢にもかかわらず、ミーアさんは足腰もしっかりしており、元ピアニストらしい華やかな雰囲気をまとっていた。コーディネイトをお願いした女性を通訳として、ときにイタリア語で、ときに直接英語で行なわれたインタヴューは二時間あまりに及んだ。

【図7】アーシア・ソロヴェイチク、撮影年不詳。

ミーアさんは、家族で付き合いのあった友人としてクラヴェルを記憶しており、せむしですごく甲高い声のひとだったと語った（この声の印象はほかの証言とも一致する）。アーシアの血を受け継ぎ、クラヴェルの声を実際に耳にした人物が、肉体を備えて眼前に存在しているという事実に、わたしはうっすらとした非現実感さえ覚えた。

ユダヤ系であるがゆえに味わった戦時中の一家の苦労や、戦後に理想主義的な若いイタリア共産党員たちが、革命の先駆者として「英雄」であるアーシアのもとをしばしば訪ねてきたことなど、さまざまなエピソードが語られた。そのなかでもとくに鮮烈に記憶に残ったのは、アーシアの死にまつわるこんな思い出である――

重い病にあった母をミーアはひとりで献身的に看病していた。しかし、母子があまりに密着しすぎていたため、このままではミーアも病気になりかねないと心配した夫や医師の配慮で、彼女はポーランドへの演奏旅行に送り出される。仕事を終え、列車がヴェネツィアの駅に着いたとき、車でそこに駆けつけていた夫の姿を車窓越しに見たミーアは、母の死を悟る。それ以後、ミーアは二年あまりのあいだ、繰り返しこんな夢を見た——彼女は赤ん坊になった母を抱き、裸足で砂利道を歩いている。尖った石に足裏を突き刺されながら、母を守って、その道の先にある湖までたどり着かなければならないからだ……。

奇妙だったのは、こうしたエピソードの鮮明さとは対照的に、アーシアの生没年や生まれ故郷、カプリ島に暮らし始めた年といった基本的な年代や場所の情報が曖昧で、はっきりさせようとしても、たとえばクラヴェルの恋人だった頃のアーシアの年齢が十歳近く若くなってしまうなど、どうしても辻褄が合わないことだった。あえてミーアさん自身の年齢を尋ねてみても、「どの星座かあててご覧なさい」とはぐらかされるばかり。そのせいだろうか、客観的な事実ではなく、夢にも似た物語を聞いたかのような印象が残った。そこには霧に似たものが立ち込めていて、真相を完全に見通すことができない。その奥底にある過去の闇は深い……。

だが、そんな闇のただなかから一挙に立ち現われ、われわれを不意討ちして、過去を間近に経験させるイメージというものが存在する。この場合にそれは、ミーアさんが自分の寝室に飾っていた、非常に若い頃の母アーシアの肖像写真だった【図8】。軽くカールした髪は額の中央で左右に分けられ、目尻が少しつり上がり、口元は微笑むようにわずかに開いている。写真が古いためなのか、ぼんやりした光が彼女の顔をアウラのように包んでいる。このイメージは、アーシアの全体像を再構成する重要な一片となり、今回の探索の旅の終着点が近づいたことを示す道標のように思われた。

この写真のイメージに支配されたまま、耳にした思い出の数々を反芻していた深夜、わたしはこんな想念に襲われた。——過去の闇が深いのは、アーシアの一家のように、二十世紀の政治に翻弄された人びとの精神の闇もまた深いからだろう。そして、母が昔を物語ると過去が彼女を連れ去ってしまうようてしまいかねない。

だが、そうだとすれば、自分が手がけているような、過去を復元しようとする営みもまた、けっして無傷では済まされないのではないか。現在が随意に気楽に過去の出来事を再現表象できると考えるのは大きな過ちではないのか。逆に言えば、客観的な歴史研究者による「科学」としての歴史は、過去という呪縛圏の魔力を回避したところでしか成り立たないのだ。だが、史実のリサーチではなく、歴史を真に叙述するためには、その呪縛圏に近づくことが必要ではないだろうか。「過去を知ろうとする試みもまた、死者の世界への旅の一つなのだ」*32とカルロ・ギンズブルグは言った。つまり、それは自分もまた死ぬことなのだ。帰還の保証はない。

アーシアの異様な自筆書簡をミュンヘンで手にして読んでしまい、その肉体のなにがしかを受け継ぐ

【図8】アーシア・ソロヴェイチク、撮影年不詳。

娘のミーアさんの声を聞き、彼女を前にして実物の写真を見つめたとき、過去がいっそう生々しく近づくのをわたしは感じた。それは死者たちの国から吹く風かもしれぬ。アビ・ヴァールブルクは或るレンブラント論でそれを「冥界の微風［ハデスの吐息］」と呼んでいた*33。そんな息吹きに触れることが過去を身をもって知る歴史経験だとすれば、そのような歴史を表象する言説空間もまた、死と生の狭間にあって、ひとを時には捕らえて離さぬ呪縛圏にほかなるまい。歴史という物語、つまり過去の再話は、だから、とても危険で恐ろしい。過去を物語ることは、その禍々しいほどの呪縛力への接近なのである。

客観的な事実を早く知ろうとしていたわたしは、なぜか細部がぼやけたミーアさんの思い出話に、どこかで当惑を感じていた。しかし、いまになって思えば、ミーアさんの話とは、「過去に連れ去られる」危険を熟知した者だからこそ選び取られた、歴史を一義的に明らかなものに単純化しない、ひとつの語りの技法ではなかっただろうか。それによって彼女は、アーシアの死の直後に見た夢のように、乳飲み子に若返った母を守っていたのかもしれぬ。

呪縛力の核心は明言されない。過去をめぐる物語は、そうした核心へと直行するのではなく、迂回しながら徐々に接近することにより、いわばひとつの迷宮を描き出す。だから、そのような謎めいた語りもまた、遠回りをしながら、しかし、過去の無気味な闇へとわれわれをたしかに導いているのである。――ミーアさんの語った物語に、自分の聞き漏らした何かがあるように思えて、その内容を繰り返し記憶のなかでたどり直しているうちに、ひとつの手がかりがひらめいた。それは彼女が、自分の両親の墓はローマの非カトリック教徒墓地（通称「英国人墓地」）にあるとさりげなく語っていた点だった。ここは、ピラミデ駅のごく近くに位置しており、ミーアさんの自宅からも徒歩で訪れることができる。

この墓地について情報を検索すると、墓のデータベースが二種類見つかる*34。一方には「アーシア・タンネンバウム　一八九〇年生　一九四九年没　五十九歳　スロベニア」、もう一方には「ラッシア

(Rassia)・ソロヴェイチク　父マッテオ　母ミルヴィッカ・サーラ　一八九〇年一月一日生　出生地ジャゴーリ（Zagory）　一九四九年十一月二十三日没」とあった。夫と共通の墓石の位置も特定できた。出生国を「スロベニア」、名前を「ラッシア」とするような明らかな誤りや不正確な点（ミーアさんに確認した彼女の誕生日は一月一日ではなく十一月三日である）を含むとはいえ、両親や出生地の情報までもが、これによって与えられたのである。

　このような事実だけであれば、墓に限らず、最初から公的な記録を調べれば足りる。もちろん事実の確定は重要な関心事だったのだが、いま振り返ってみると、ミーアさんの語る物語のなかで道に迷っていた自分が、ほかならぬ彼女がふと口にしたひと言、その場では聞き流してしまった言葉のもつ意味にあくまで事後的に気づき、先述のような情報にたどり着いたというその経緯こそが、事実の発見のみにはとどまらない認識の過程となっていたように思われる。自分は迷うことを強いられながら、それでも導かれていたのだと、わたしはそのとき感じた。過去を知るためには可能なかぎり迷わねばならぬと教えられたように思ったのである。

　翌朝、はやる心のまま墓地へと向かう。しかし、気が急いていたせいか、わたしは墓の位置を書き留めたメモをホテルに置き忘れてしまった。おおよその配置は記憶していたから、最悪でも順番に墓石をたどれば見つかるだろうと高をくくったのが災いし、あるはずの区画全体を網羅的に回っても依然として発見できない。途方に暮れて管理事務所を訪れ、データベースの検索をしてもらってようやく、アーシアとフェリックスの墓にたどり着くことができた。メモを忘れるという、焦燥による失念もまた、目標への到達をできるかぎり遅らせ、そのプロセスこそを経験するために課された、無意識の失策行為だったのだろうか。

　ふたりの比較的小さな墓石は大地に横たえられ、アイビーの緑の葉で囲まれていた。刻銘が汚れや苔で薄れていたために、わたしは見落としてしまっていたらしい。埃を払い、水で洗うと、そこにはこんな碑文が読み取れた——「アーシア・タンネンバウム　旧姓ソロヴェイチク　一八九〇—一九四九／フェリーチェ［フェリックスに対応するイタリア語名］・タンネンバウム　一八八二—一九五四」【図9】。この墓碑銘、その複数の名と年号こそが、今回の探索行の終着点だった。——エピローグを綴るような気持ちで、わたしはその日の午後、ローマ近郊タルクィニアの町にある、古代エトルリア人たちの地下墓所を巡り、酒宴の光景などが色鮮やかに描かれた壁画を眺めて、もうひとつの「死者たちの国」を旅した……。

【図9】アーシアおよびフェリックス・タンネンバウムの墓、ローマ、非カトリック教徒墓地。著者撮影（Photo: TANAKA Jun, 2013）。

ミュンヘンからローマにいたるこの探索行で、わたしは結局、望み通りに「過去に連れ去られる」ことを果たしえたのだろうか。呪縛圏に接近したことは間違いない。しかし、それによって知ったのはむしろ、「ハデスの吐息」に触れ、「過去に連れ去られる」ことの恐ろしさだった。さらにまた、わたしはいまだにこの間の自分の経験を自分自身で十分には解読できていないと感じている。まだ読み解かれていない、あまりにも数多くの「しるし」がそこには残されている。アーシアは潮騒や吹く風にこんな声を聞くと書いていた――「お前がやってくるのは早すぎた、お前がやってくるのは早すぎた、と」。これもまた「遅れ」に耐えて迷い続けろという教えだろうか。そう、おそらくこの認識こそは、死者たちの国への旅に携えるべきものとしてローマでわたしに与えられた、「金の枝」だったのである。

4　二十世紀のディアスポラ――ソロヴェイチクとタンネンバウムの場合

ミーアさんが教えてくれたところでは、ニューヨーク・タイムズ紙の著名なコラムニスト、ロジャー・コーエンが、アーシアの実家ソロヴェイチク家の親戚で、この一族の歴史に関する書物を執筆中であり、さらに二〇一一年と二〇一二年にはアーシアの故郷「ジャゴーリ」を訪ねて、彼女の生家が昔と変わらぬままであることを確認したという。コーエン執筆の新聞記事*35を通して、「ジャゴーリ」とは現在リトアニア領である「ジャガーレ（Žagarė）」のポーランド語名であることが判明した。

コーエンが二〇一二年にジャガーレを訪問したのは、この年の七月十三日に挙行されたジャガーレのユダヤ人共同体を記念する銘板の除幕式に出席するためだった*36。この銘板はジャガーレで栄えたユダヤ人共同体の歴史と、一九四一年十月に起きたドイツ占領軍によるユダヤ人虐殺について記したものである。この虐殺事件はリトアニアがソ連邦に組み込まれた時代には政治上の配慮から隠蔽されてタブー視され、一九九〇年のリトアニア独立以後も及び腰で言及されるにとどまっていた。

一九四一年六月にこの一帯を占領したドイツ軍は、ジャガーレと近隣のユダヤ人たちをゲットーに隔離した。そして、同年の十月二日、親衛隊（SS）およびリトアニア人のナチ協力者たちは、ユダヤ人たちを中央広場に集めたのち、森のなかへ連れてゆき、そこで虐殺した。親衛隊大佐カール・イェーガーは二二三六人を殺害したと報告している。だが、のちにソヴィエト軍が掘り起こして発見した遺体は二四〇二体（男性五三〇体、女性一二二三体、子供六二五体、乳児二四体）にのぼったという。

二〇一五年一月に刊行されたコーエンの著書『ヒューマン・ストリートから来た少女――或るユダヤ人一族における記憶の亡霊たち』*37によれば、コーエンの父方の祖母ポリーヌ・ソロヴェイチク（Pauline Soloveychik 一八九四年生まれ）は一九〇六年に両親とともに南アフリカに移住しており、この虐殺を逃れることができた。彼女はアーシアとゼーラ（一八九三年生まれ）の妹である。つまり、アーシアはコーエンにとって大伯母にあたることになる。この書物のなかでたどられるコーエンの父方、母方それぞれの先祖は、リトアニアから南アフリカへ、あるいは英国やイスラエルへと移住し、ユダヤ人であるがゆえの迫害を受ける一方、アパルトヘイトのような人種差別を間近で目撃している。六十九歳で自殺した母をはじめとして、みずからの家系に染みついた病的な鬱状態の遠因を、コーエンはこうした一族の来歴――その「記憶の亡霊たち」――のうちに見ている。

コーエンは、ロシア時代からカプリ島に到着するまでのアーシアをめぐり、ミーアさんの回想にもとづく内容とは別に、おそらく祖母のポリーヌから聞いたのであろう、異なる伝承を記録している*38。――一通の手紙がヴィリニュスからジャガーレに届く。アーシアとゼーラが反政府活動の咎で逮捕されたというのである。アーシアたちの母サーラは文盲だったため、この報せは彼女には伏せられ、ポリーヌは二人が無事であるという印象を母に与えようと贋の手紙を作るのだが、母サーラはじきにそのたくらみを見抜いてしまう。彼らは、ユダヤ人に対する敵意のなかった当地の領主ナルイシキン伯爵に嘆願し、トロイカと御者を貸してもらい、ヴィリニュスへと向かう。そしてそこで、ゴーリキーによって作られた、獄中の若い社会主義者たちを救出し、この作家が一九〇六年から一九一三年まで滞在していたカプリ島に彼らを連れてゆく組織に接触がなされたのだという。ミーアさんの回想では、まだ十代半ばだったと思われるアーシアとゼーラが、ジャガーレから千キロ近くも離れたキエフで学校に通っていたことになっているが、コーエンも認めるように、これはおよそ空想的な話に思われる。ヴィリニュスで逮捕されたという経緯のほうがまだしも信憑性は高いだろう。

アーシアが第一次世界大戦後に結婚したフェリックス・タンネンバウムもまた、彼女と同じくユダヤ系であった。このタンネンバウムの一族の系譜をたどってみよう。フェリックスは一八八二年六月二十日にチューリンゲン地方のゲハウスという村に生まれている。父はレーヴィ・タンネンバウム、母はテレーゼ、旧姓バウムガルトである。この母は一八五四年七月八日にゲハウスで生まれ、一九四三年五月十七日にテレージエンシュタットのユダヤ人ゲットーで亡くなった、ホロコーストの犠牲者である。チェコのホロコースト・データベース*39によれば、テレーゼは一九四三年四月十九日にベルリンからテレージエンシュタットに移送されている。九十歳近い高齢であったとはいえ、移送から一カ月も経たないうちに命を落としたことになる。同じ列車で移送された百一名のうち、生き延びた者は十六名だけであったという。

この一家にはほかに、フェリックスの兄のラーヌス、弟のジークムント、マックス、そして、妹のレナーテがいた。イスラエルにあるヤド・ヴァシェムの「ショア犠牲者名中央データベース」*40によれば、レナーテは結婚してレナーテ・ハーンとなり、エアフルトで暮らしたのち、ポーランドのマイダネク強制収容所（正式にはルブリン強制収容所）において五十二歳で殺されたとされている。別のデータベース*41では、彼女は一九四二年五月十日にエアフルトからヴァイマール、ライプツィヒを経て、ポーランドのベウジツェ（Bełżyce）のゲットーに移送されている。しかし、この町のゲットーはその直後の五月二十二日に解体されており、住民たちは強制・絶滅収容所に送られているから、レナーテもまた、この段階でルブリン強制収容所へと移されたのであろう。

ジークムントおよびマックスの消息は明らかではない。一方、ラーヌスはロストック大学で一九一四年に法学の博士号を取得したのち、ミュンヘン大学で医学を学び（一九一五年の学生名簿にその名が見える）、一九二二年に医師免許を得て、一九二三年年末からエアフルトで開業している[*42]。一九三三年六月二十八日、この年の一月に政権を掌握したナチの突撃隊（SA）はエアフルトで、共産党員やユダヤ人に対する「特別尋問（Sondervernehmung）」と称する拷問を行なった。ラーヌスは六人の逮捕者たちのうちのひとりだった。身柄を拘束された逮捕者たちは、警察の牢獄から尋問の場所となった料理屋「花の谷亭（Zum Blumenthal）」の敷地までの数キロの道を、裸の腕を交差させられたうえで重いタイプライターを運ばされ、サスペンダーを外されて脱げそうになるズボンに足を取られながら、侮辱の言葉と暴行を受けつつ、延々と歩かされたという。

彼らは料理屋の芝地をぐるりと回って走りながら、反ユダヤ主義的な歌を歌うことを強制された。その間に監視人たちは彼らの裸の上半身を、ベルトに付いた鉄のバックル、あるいは硬いゴム製の棍棒や鉄の棒で殴った。逮捕者たちはさらに、犬の調教用のハードルを飛び越えねばならず、その際に「ユダ公くたばれ（Juda verrecke）」と叫ぶことを強いられた。監視人たちはここでも彼らを打ち据えた。こうした虐待によって命を落とす逮捕者も出るなか、生き残った者は最後に、監視人たちから丁重な扱いを受けた旨の証明書を書かされた。ラーヌスはこの拷問のさなか、ハードルの跳躍で睾丸をしたたか打撲したうえ、突撃隊員数人によって水の入った樽のなかに幾度も沈められたという[*43]。

ラーヌスはこのような時代を生き延びた。彼は一九三八年までエアフルトにとどまり、のちに米国に移住して、そこで没したことがわかっている。一方、一九一〇年前後からイタリアに移り住んでいたフェリックスは、彫刻家としてよりも画商や修復家として生計を立てていたらしい。一九三〇年代半ばには、ドイツの建築家コンラート・ヴァックスマンの設計により、ローマの市街に自邸を、カプリ島には別荘を建てているから、かなり裕福な暮らしを送っていたものと思われる。しかし、ミーアさんの回想によれば、戦時中はフェリックスの一家も隠れ住むように生活することを余儀なくされ、ミーアさんは音楽の教育も兼ね、数年のあいだ、英国に送られていたとのことである。ヨーロッパ戦線に従軍していたコーエンの伯父バート・コーエンは、戦争直後にローマのタンネンバウム家を捜し当て、アーシアたちと再会している。その日記の記述によれば、アーシアとゼーラというかよわい二人の女性は、ドイツ軍がローマを我が物顔に闊歩していたとき、「兎のようにではなく、獅子のように」姿を隠すことを選び、地下組織の陰謀に加わっていたという*44。

フェリックスの母方の従兄弟には哲学者デヴィッド・バウムガルトがいる。一八九〇年エアフルト生まれのバウムガルトはベルリンで哲学を講じ、一九三五年には英国に亡命、さらに一九三九年には米国に移住して、国会図書館の学術顧問やコロンビア大学の客員教授を務めた。一九四五年一月八日に書かれた、ニューヨーク在住のフェルディナンド・タンネンバウム宛の手紙でバウムガルトは、まだ戦争直後で直接連絡の取りにくかったフェリックスの消息を、ローマ在住の知り合いを通して照会した結果を伝えている*45。フェリックスの一家とバウムガルト夫妻は非常に親密な間柄だったらしい。米軍の軍人がフェリックスの長女エレーナのメモの内容として記しているところによれば（当時、そうしたメモを直接送ることは許されなかった）、幸いにもドイツ軍による占領を生き延びて自由を得た一家は、彼女の母、すなわちアーシア以外は良好な健康状態だったという。アーシアは悪性貧血を病んでいた。エレーナは近代ロシア文学の翻訳を引き受け、ミーアは著名な指揮者とコンサートを催していた。しかし、こうした仕事をもつとはいえ、高くつく生活費をまかなうために、彼らは自分たちの所有する美術品を売らなければならなかった。エレーナは、従兄弟であるフェルディナンド・タンネンバウムの手で、アメリカにある自分たちの資産をイタリアに送ってもらえないかと相談している。この資産はエレーナの祖母（テレーゼ・タンネンバウム）名義のものだが、ドイツ人たちの手で祖母とレニー（叔母のレナーテ・ハーンを指すものだろう）が「移送された」（つまり「殺された」）いまとなっては、自分たちがその分を所有できるのではないか、とエレーナは考えたのである。

フェリックスはローマでこの頃、グスタフ・ルネ・ホッケと友人になっている。ミーアさんの話によれば、著名な作家クルツィオ・マラパルテが彼らのローマの屋敷に部屋を借りて住んでいたこともあるという（ミーアさんはマラパルテが「表面的な生活を送っていた」と語っていた）。先述したように、アーシアは精神を病んだのち、一九四九年十二月に五十九歳で亡くなった。一方、フェリックスが七十二歳で没したのは五年後の一九五四年十月十三日だった。十月十四日付の地元紙『ローマ・クロニクル』は次のように伝えている——

ドイツ人彫刻家、衝突死

七十二歳のドイツ人老彫刻家フェリックス・タンネンバウム氏（マルコ・ペポーリ五番地在住）が、オートバイとの衝突事故の結果、昨日の早朝、サン・ジャコモ病院で亡くなった。一昨日の晩、およそ十九時頃、フォーリ・インペリアーリ通りに向かうオートバイとの衝突の犠牲となったものである。［……］*46

二十世紀初頭のロシアにおいて十代の若さで革命運動の咎で投獄され、一年間の獄中生活を送り、イタリアに逃れたのちにもユダヤ人迫害を経験したアーシアは、最晩年に肉体の病とともに精神の平衡も失って没した。それとはかたちこそ異なるとはいえ、フェリックスにもまた安らかな最期が用意されていなかったことを、この記事は教えている。彼の母が長い生涯の末に異国への移動を強制され、ゲットーでその生を終えねばならなかった運命もそこに重なる。

クラヴェルの手紙や日記に登場する謎の恋人「アーシア」の名は、か細い糸を手繰り寄せるような探索の果て、現代史のもっとも暗い闇のひとつへと通じていた。それは迷宮からの脱出を可能にするアリアドネの糸ではなく、むしろ、迷宮の奥へと誘う糸なのだろう。なぜ自分がそれを手にしてしまったのか、いまとなってはもうわからない。この探索を鳥瞰的な視点から意味づけることはまだしたくない。いや、できない。ただ、細い糸の先に明滅する何かを頼りに、分岐しながら延びる冥い道のひとつひとつを手探りでたどってゆくしかないだろう。地の底に星座を幻視するようにして、先の見えないこの探索を続けたい。

5　アーカイヴの魅惑——写字生であること

アーシアを探す旅の節々で味わったものは、第1章で論じた「歴史経験」にあたる過去との接触だったように思われる。すべての端緒は、インターネット上に散在していた書籍画像のデータ、そのなかからたまたま拾うことができた「美しいアーシア」という一節だった。ここには、「古文書や年代記の一行、一葉の版画、古い歌の数節」とホイジンガが述べていたものに似た、歴史経験のきっかけとなる事物が帯びる断片的な性格が認められる。もとより、この場合にそれは物質性を除去されデジタル化された情報なのだが、しかし、その情報が一挙に全貌を与えられることなく、断片化された画像の状態にとどまっていたことが、本質的だったように感じられるのである。切り裂かれてばらばらになった紙片を繋ぎ合わせるように、わたしは画像データを組み合わせて、元の書物の紙面を再構成しようとした。原著を見つけ出して参照すれば足りることではある。だが、「美しいアーシア」という手がかりを得た直後の興奮状態で紙面の画像を復元するこの過程こそが、過去に手で触れたかのような感触をもたらしてくれていたように思う。

視点を変えて見れば、このプロセスが示しているのは、とくにデータベース化されていなくとも、強力な検索エンジンによってインターネット上の情報の巨大な集合が「デジタル・オンライン・アーカイヴ」としてとらえうるものになっている、という事態である。紙に書かれた文書であれば、たんなる蓄積はアーカイヴ化を意味しない。それに対して、鍵となる文字や画像を通じて膨大なデータに直接検索をかけることのできるシステムは、その情報総体を事実上アーカイヴ化している。デジタル情報のこうした潜在的アーカイヴ化と実在するアーカイヴのデジタル化——書庫などの物質的基盤を備えた既存のアーカイヴは急速にデジタル化され、インターネットを介して、検索のみならず、実物の画像入手まで可能になっている——の双方が、ここで行なってきた探索を根底で支えている。

このような二重のデジタル・アーカイヴによって、求める情報の発見にいたるプロセスは決定的に高速化されている。だが、アーシアを探す旅の終着点と言うべきローマにおける経験のなかで、そのこと自体事後的に遅れて気づくように教えられたのは、過去と出会うために必要なのはむしろ、迂回と遅延の時間であるという智慧だった。「美しいアーシア」という一節を含む書物のページを再現するまでの手間と時間がわたしにとって特別な意味をもったのもまた、それこそが過去と遭遇するために不可欠な迂回と遅延だったからではないだろうか。「美しいアーシア」はそもそも、最初に検索した語句ではなかった。この言葉はインターネットの空間をさまようなかでたまたま遭遇した断片だったのである。その意味では、目指す情報の「発見」ではなく、目指すものとは異なるが、しかし、より重要な何かとの予期せぬ「遭遇」こそ、検索という行為の意義だったとさえ言えるかもしれない。もとより、そんな遭遇のためには、検索の単調な反復が不可欠である。現実のアーカイヴにあっても、無味乾燥に思える資料の解読や書き写しを続ける、いつ終わるともしれない調査がすべてに先行する。すなわち、アーカイヴの不透明で分厚い地層のなかに滞留することがまずは求められるのである。

フランスの歴史家アルレット・ファルジュはアーカイヴでの調査を、大海のような何かへの潜水あるいは水没に似たものと譬えている[*47]。ひとはそこで、資料の巨大な全貌を把握することなど毛頭できず、ただ溺れるように沈み込むしかない。この比喩で暗示されているのは、堆積した資料の束がぴったりと軀に密着してくるような触覚性である。その一葉を読み始めるとき、ナラティヴや言説を通してではなく、過去の現実にじかに接しているという感覚がわれわれをとらえる。そして、やがてヴェールが切り裂かれ、過去の生が露呈される瞬間が訪れる――

> 真理のかけらが水中から引き上げられ拡げられて眼前にある。その明解さと信頼性は目も眩むほどのものだ。疑いなく、アーカイヴにおける発見はひとつのマナであり、「源泉／原典(source)」という名に十二分にふさわしい。[*48]

海中に潜っているかのように触覚的な資料との接触を経て、アーカイヴでの発見物は海底から浜辺へと浚渫され、つまり、海からは切り離されて、まなざしを遮っていたヴェールを剝ぎ取られ、「目も眩むほど」に視覚を魅惑する対象とされている。ここには資料群に全身が包み込まれる触覚的な密着状態に始まり、そのなかから発見されて選び出された対象の凝視にいたる感覚経験の変化が認められる。「ヴェールを破る(déchirer un voile)」という表現が示すように、それは古典的な真理の顕現のイメージで語られる視覚経験へと収斂してゆくのである。

『アーカイヴの味わい(Le goût de l'archive)』というタイトルが表わしている通り、ファルジュが「アーカイヴの魅惑」(同書の英訳版書名)ととらえる経験は味覚に類似しており、視覚と比べればむしろ触覚に近い。事実、アーカイヴでの貴重な資料の発見は「現実に触れる（toucher le réel）」[*49]特権的な経験であるという記述がなされている。また、フランス語原書初版が一九八九年刊行であるから、現在のようなアーカイヴのデジタル化までは予想されていないものの、写真による複製をめぐって、資料本体への触覚的で直接的な接近や過去の痕跡に触れる感覚の喪失が危惧されてもいる。さらに、アーカイヴの資料を読むのみならず一字一句そのまま書き写す行為が強調される点にも、資料を同化・吸収するために駆使される、触覚をともなった身体感覚重視の姿勢を見出せるだろう。現代ではこんな筆写がまったく馬鹿げて見えるであろうことをファルジュは認める。しかし、「アーカイヴの味わい」は、時間がかかるうえに報われないこうした職人の手仕事を通してはじめて経験されるのである。

ファルジュは調査の過程で偶然に遭遇した次のような事例に、現実との接触をとくに強く味わったという[*50]。ひとつは紙をめくる手が異なる感触を覚えて気づいた、バスチーユの囚人が妻に宛てて切々とした心情を綴った布きれである。それは洗濯女を通じて牢獄の外に届けられるはずだったがかなわず、この監獄のアーカイヴに二百年のあいだ眠っていた。もうひとつは或る田舎医者が王立医学協会に宛てた書簡に添付されていた、何かの種でふくらんだ小さな布袋である。医師の手紙によれば、その種は品行方正な乙女の胸から毎月放出されているものだという。ファルジュは袋の口を留めているピンを慎重に引き抜き、その黄金色の種を数粒古文書のうえに取り出した。きわめて個人的で秘密であったり、奇妙で唯一な出来事の痕跡が、まったくの偶然によって、或る日このように発見される。そのプロセスは、紙と違う布の触感を指先で感じ取ったり、あるいは、布袋を閉じている留め針を引き抜き、袋から出てきた種をつまんだりといった、手触りと手仕事をともなっている。

しかし、ファルジュはただちに続けて、過去の現実に「触れる」圧倒的な感覚は持続しない蜃気楼のようなものだと述べ、こうした経験の価値をみずから否定している。そのとき過去の現実がどれほど感覚的に触知できるものであろうとも、それが明らかにしているのは資料の物理的な現前でしかなく、そこに資料の本質があると考えるのはナイーヴであると彼女は言う。だからこそ、「アーカイヴからの帰還(retour d'archives)」は困難なものとなる――「再発見された痕跡についての身体的な喜びのあとには、それによって何をすべきかわからないという、無力感の混じった疑念が続くのである」*51。布きれに書かれた手紙の重要性はその物体としての現前にではなく、「その存在の困難な解釈のうちに、その意味作用の探究のうちに、記号体系のただなかにその「現実性」を配置することのうちに」*52ある。歴史とはこの記号体系の「文法」たらんとするものにほかならない。布きれの手紙や黄金色の種が物語／歴史を語り出すのは、それらに対して「特定のタイプの問い」を向けたときのみなのである。

「過去の現前」に接触して圧倒される経験は、なすすべのない無力感を経て、「意味」や「記号」の「解釈」という営みに回収され、記号体系の「文法」としての「歴史」が目標とされることになる。アーカイヴという大洋の海底から引き上げられた真理のかけらを見つめるまなざしとは、このような「意味」を探し求める歴史家のそれである。海中で味わった身体的な喜びはけっして忘れ去られないとしても抑圧され、過去の痕跡がヴェールの背後に隠している「意味」をまざまざと「見る」ことが、「アーカイヴからの帰還」ののちの課題とされるのである。

ファルジュの書物で繰り返されるのは、アーカイヴに身体的にまったく魅了され、そこに溺れるほど身を沈める経験を語りながら、つねにそこから「意味」へと「帰還」しようとするこの運動である。アーカイヴに潜む危険な罠や誘惑を逃れて、そうした帰還を果たすために、歴史家には幾重もの規律が課せられる。――アーカイヴに熱中するあまり、どんな問いを立てるべきかを見失ってはならないし、その問いに応じて適切に資料を選択しなければならず、さらに、「歴史はけっしてアーカイヴの反復ではない」*53のだから、資料からの引用は必要不可欠なものに限定されなければならない。アーカイヴに刺激されて、フィクションを交えた小説が書かれることはありうるだろうが、それはあくまで歴史ではない。歴史家が布に手紙を書いた囚人を小説の主人公にすることは、この人物に対する裏切りであり、必要とされるのは彼を歴史的主体と見なせるようなナラティヴである、云々。アーカイヴの資料はただちに歴史的事実の証拠となるものではないし、そこに読み取られる「意味」が、実際には「ヴェールを破られた」真理を単純に指し示すのではなく、複合的で不透明なままにとどまることは承知されたうえでなお、ファルジュにとってアーカイヴは、歴史的な「意味」が発見されるべき場なのである。

だが、アーカイヴには（再）構成される歴史を否応なく越え出てしまうものがあることを、彼女自身が認めている——

われわれは慎重にそれ［アーカイヴ資料］を平たく拡げて綿密に分析することができるだろうが、そこには名前をもたず、科学的実験ではうまく説明ができない何か別のものがいまだに残っている。それどころか、科学はそれに直面してさえ、説明する必要を感じないのである。その何かとはもちろん、アーカイヴに溢れかえり、読者をもっとも内面的に挑発する、生の剰余である。アーカイヴとは意味の過剰であり、そこで読者は美や驚き、或る種の感情的激震（secousse）を経験する。*54

ここでは「意味の過剰」と言われている。しかし、「生の剰余」に満ちたアーカイヴとはむしろ、歴史家を無力感に陥らせる「現前の過剰」ではないだろうか。ファルジュはそのようなアーカイヴに身体的に反応した人物としてフーコーを挙げ、彼女も編纂に関わった一般施療院やバスチーユ監獄のアーカイヴ資料にもとづくアンソロジーにフーコーが寄せた序文「汚辱に塗れた人々の生」に触れている。この序文の冒頭でフーコーは「これは歴史書ではまったくない」*55と断言している。アンソロジーに選ばれたテクストの選別は「私の好み、喜び、情念、笑い、驚き、或る種の恐怖、或いはそれ以外の感情」*56以上に重要な規則はもたない、と彼は言う。かつて似たような古文書を利用して書かれた書物（おそらくは『狂気の歴史』のために、フーコーは当時、「分析の中にその古文書の緊迫した強度を再構成すること」[*57]を夢見た。その「分析」とは、それらの文書の存在理由を探究し、いかなる制度や政治的実践をそれらが反映しているのかを探ること、すなわち、こうした古文書の歴史的な意味を求めることである。だが、結果は当初の目論見通りのものではなかった——

そしてしかし、その仕事へと私を動機づけた最初の強度は、私の分析の外に置き去りになってしまったのである。それらの強度は分析的理由づけの領域にはまったく相応しくないという危険があったのだから。そしてまた、私のディスクールでは、しかるべくそれらの強度を支えることが出来なかったのだから、いっそこうした強度を、私にそれを感じさせた元の形のままにしておいたほうがましだったのではないのか？[*58]

この文中の「分析」とはファルジュの言う「歴史」にほかなるまい。とすればこれは、そもそもフーコーを身体的に「激震」させた強度は「歴史」の外に置き去りになった、と語っているのである。彼にとって強度のあるテクストを、そのもとのかたちのまま反復することを許すアンソロジーという形式が選ばれたとき、それまでの「分析」による理由づけとしての「歴史」は棄てられた。したがって、この選文集はもはや「歴史書」ではありえない。「アーカイヴからの帰還」にあたって、フーコーの選んだあらたな方法がそこにある。

フーコーやファルジュにとってのアーカイヴとは、おもに十八世紀フランスの司法アーカイヴであり、裁判や尋問、判例、判決文などの文書からなっている。そこに記録されているのは、みずから言葉をもたない、世に埋もれた人びとが、「権力」という光と衝突することでほんの一瞬のあいだだけ閃かせた生の軌跡である。だから、ファルジュが言うように[*59]、自伝や個人的な日記は、たとえそれらがどれほど秘密にされ、数世紀のあいだ屋根裏部屋の隅に遺棄されていたとしても、その著者たちがいつの日にか自分の自伝や日記が発見されて読まれることをあくまで前提として人生の出来事をそこに書き残そうとしていた点で、そのような前提や意図などまったくなしに、司法書類のなかに他者によって記録された「汚辱に塗れた人々」の言葉、行為、思考とは著しく性質を異にしている。

それゆえ、フーコーはもとより、ファルジュのアーカイヴ論をただちにあらゆるアーカイヴに拡張できるわけではないだろう。しかし、ここでたどってきた議論に限れば、それはおよそアーカイヴと称される場の多くに共通して言える内容ではないだろうか。アーカイヴとの身体的な接触における強度は、なるほど、その質も強さも異なるかもしれない。しかし、ヴァールブルクが「過去からの波動」「ハデスの吐息」と呼んだ震え——ときにそれは「感情的激震」となる——の身体的経験は、司法アーカイヴに限られたものではあるまい。そしてまた、フーコーが「汚辱に塗れた人々」の実存を浮かび上がらせるために課した規則のうち、「これらの言葉と生の衝突が、今なお或る種の美しさと恐怖の混ざりあった効果をわたしたちに生じせしめること」[*60]という原則が求めている効果は、アンカースミットの言う「崇高な歴史経験」の性格を帯びてはいないだろうか。アーカイヴにおける「意味の過剰」ならぬ「現前の過剰」こそは、そこが歴史経験の現場になるための条件である。グンブレヒトが『一九二六年に』で試みたのは、そんなアーカイヴという現場を書物のかたちに作り上げ、それによって「意味」に還元されない過去の「現前」を読者に経験させることだった。それはフーコーらによるアンソロジーと同じく、「歴史書」ではない。「アーカイヴからの帰還」後になお、アーカイヴにおける経験の強度を伝えるための方法の模索がここにもあった。

ジルベール・クラヴェルやアーシア・ソロヴェイチクの生涯をたどるために、バーゼルの国立公文書館、ローマのサンタ・ボルゲーゼ・ヘルコラーニ財団図書室、マッジャのハラルト・ゼーマン・アーカイヴ、ロヴェレートのフォルトゥナート・デペロ・アーカイヴ、ミュンヘンの市立博物館と文学アーカイヴといったように、わたしはヨーロッパ各地に散在するアーカイヴを訪ねなければならなかった。フランスの国家権力によって組織的に記録され蓄積された中央集権的なアーカイヴとはまったく性格が違い、ときに非常に私的なものを含む、規模の比較的小さな施設ばかりである。これらのアーカイヴをつなぐ旅は、クラヴェルやアーシア自身が旅した行跡とも重なっていた。アーカイヴという海のなかに潜る経験とともに、ヨーロッパを水平に移動しながら、わたしはジルベールやアーシアの影を追っていた。

或るアーカイヴと別のアーカイヴの旅のはざまで、「アーカイヴからの帰還」ののちに歴史家を襲うという無力感にわたしも囚われていたように思う。それは「この日記や手紙を自分は読んでもよいのか」という疑問、そもそもクラヴェルなら クラヴェルの評伝を書くなどということが自分に許されるのかという疑念と一体だった。このような行為を正当化できる客観的な根拠など存在しない。クラヴェルについて言えば、彼自身が日記や手紙を通じて自分の人生を物語っていたという事実が最終的なよりどころだった。彼が語ろうとして果たせなかった願望を自分は託されているという、死者によって選ばれたこと——その錯覚——による使命感がアーカイヴへの旅を支えていた。

弟に宛てた手紙や日記に記されたアーシアへの手紙の草稿といったように、親しい者たちにクラヴェルが語りかけたテクストを数多く読んだことが、こうした使命感を抱くうえで大きく作用する結果になったと言えるかもしれない。宛先がまるで自分自身であるかのようにして、わたしはそれらの手紙を読んだ。だからこそよりいっそう、わたしはクラヴェルの肉声を聴き取ったように思えた。その声を伝えなければならないように感じた。ファルジュがアーカイヴにおける調査の過程で現実との接触をとくに強く味わった二つの実例として挙げていた対象が、いずれも手紙であったことを思い起こそう。読者を潜在的に仮定している自伝や日記と司法書類との相違を強調する彼女自身が、特定の読者に宛てて書かれた手紙というテクストの魅力には抗しえていないのである。手紙という形式は、多くが死者たちである書き手に選ばれた読み手であるという、使命感の錯覚を強く与えるのかもしれぬ。

繰り返されるアーカイヴ調査のなかでわたしが自分に課したものがあったとすれば、それは「写字生であること」という一点に尽きるように思われる。文字通りの意味ではない。修道院で過去のテクストを書き写す写字生のように、いわば自分を無にしてそのテクストの伝承に没頭する姿勢のことである。それは、ファルジュが触れていた、アーカイヴ資料の一字一句を正確に筆写する職人の手仕事の倫理に通じるものであろう。各地に散り散りばらばらになった記録を探して訪ね歩く巡礼に似た旅を繰り返すうちに、クラヴェルを「論じる」などといった心の構えは次第に消えていった。「歴史はけっしてアーカイヴの反復ではない」ならば、そのような「歴史」を積極的に書く意志が薄れていった、と言ってもよい。「歴史」を書くことがアーカイヴからの実りある正常な「帰還」の成果なのだとすれば、そのような「帰還」をもはや望まなかった、ということなのかもしれない。いや、もしかしたらじつは、アーカイヴの内容の厳密な反復こそが、資料の「意味」としての「歴史」ではない、強度ある「過去の現前」をもたらしうるのではなかろうか。少なくともわたしには、性急に資料の背後の「意味」を求めたり、特定の「問い」によって資料に強制的に何かを語らせたりするのではないやり方で、死者たちの声を聴き取り、その声のままに物語ることが必要に思われた。

ジークフリート・クラカウアーはこうした態度を、歴史叙述者の仕事における「積極的受動性」*61と呼んでいる。それは進んで「亡命者」となることである――

歴史家がかれに関係した素材と親しく交わることができるのは、この自己抹殺あるいは故郷喪失の状態においてのみである。もちろんわたしは、歴史家は本当にその素材に手で触れてみようと望んでいるものであり、単に素材の助けによって、自分の最初の仮説や予感を立証しようと意図しているのではないと仮定している。史料によって呼び出された世界に対する異邦人として歴史家は、その世界の外面的現象のなかへ入り込み、その世界を内側から理解することを学ぶという仕事――亡命者の仕事――に直面させられる。*62

わたしが「自分は写字生でかまわない」と納得できたように感じたのは、当時、ロカルノ近くの町マッジャにあったハラルト・ゼーマン・アーカイヴ*63での調査を終えた直後のことだった。このアーカイヴでわたしは、クラヴェルの生前に彼の住居――中世の監視塔を改築した「フォルニッロの塔」と岩壁に穿たれた地中の居室という「冥府の建築」――を友人がスケッチしたきわめて貴重なノートの現物を発見していた*64。これはゼーマンがクラヴェルを取り上げた展覧会用に借用して、そのまま彼の手元に残されたものらしい。この発見による興奮の余韻にまだ浸りながら、わたしは宿を取ったルガーノの町に移動し、さらにそこからクラヴェルが訪れたことのあるイタリア領のオーリアにバスで向かった。ルガーノ湖畔の小さな村である。晴れた日の午睡のさなかだったからか、湖岸の傾斜地に密集して建つ家屋の狭間を縫うように走る道に人気（ひとけ）はまったくなく、一匹の猫と遭遇しただけだった。帰国を控えたその日の夜、ルガーノの宿でわたしは次のような一連のつぶやきを書き綴った――

> ちょうど昼時だったせいもあるだろうが、オーリアの静けさが心に沁みた。妙に人懐っこい猫と戯れたり。
>
> オーリアやメリデ［ルガーノ近郊の町］を訪ねたのは、ジルベール・クラヴェルという過去の人物がこの土地で感じたものの残存を身体で知るため。
>
> クラヴェルは船で近づいたオーリアの糸杉が林立する光景に、ベックリンの《死の島》を連想していた。

抽象的な思想や理論ではなく、或る過去の経験の質感、肌触りを甦らせること。なぜなら、その質感にこそ、これから来るべき認識が胚胎されているから。

言うまでもなく、ジルベール・クラヴェルという一人の個人は或る普遍的な経験の原型を担っている。歴史的に一回限りの、特殊であるがゆえに普遍的な。

土地の精霊との交感。その感受性に富んだ人物だったからこそ、追体験が必要になった。ヴィッラ・フォガッツァーロ〔オーリアを舞台にした小説『小さな昔の世界』を十九世紀末に書いたイタリア人作家アントニオ・フォガッツァーロの邸宅〕のかたわらで過ごした人けのない午後の時間、波止場で猫と戯れた時間には、過去を探るための索引があったように思う。小さな過去の世界……

騒々しい議論の場から離れて、文字通りに「言葉なき者」と対話した瞬間に、未知だった認識の到来を知る。

そんな認識はわかりやすい言葉になどなりはしない。人はそんな認識を抱えていながら、何も語ることなく死んでゆく。しかし、そこで生まれる前に呑み込まれた言葉が名のある思想家の理論よりも無価値であるはずがあろうか。そして「歴史の構築は名もなき人々の記憶に捧げられている」（ベンヤミン）。

「ベンヤミン」……特権的な固有名だ。けれど、彼が国境の町ポルボウで死んだとき、その名は公式書類に「ベンヤミン・ヴァルター」と誤記されていた。そして、彼が『パサージュ論』で再現しようとした十九世紀の都市経験の質を、ぼくらはたぶんまだ把握できていない。

こんな質感の経験は容易には説明ができず、学術的な議論の対象になるかどうかも危うい。けれど、だからこそ、それに言葉を与えることで、一瞬ひらめくような「イメージ」を浮き彫りにしなければならない。言葉によって賭けているのはそのことなのだろう。残余は所詮、口舌の徒のおしゃべりである。

『冥府の建築家』跋の末尾近くにわたしは「アーシア断章」に取り上げた「黄昏がぼくを包み込み、ぼくの生はただひとつのさざめきにすぎぬものとなる」*65というクラヴェルの言葉を引き、こう書いた――「オーリアの静寂のなかで到来したのは、そんなさざめきという、過去からのかすかな波動だったのかもしれない」*66。「写字生でありたい」という祈り、あるいは約束のようなものは、そんな波動を感知する繊細な「地震計」であることに徹しようとするぼんやりとした自覚ではなかったか、という直感がいま訪れる。それはヴァールブルクがニーチェやブルクハルトといった歴史家たちを譬えた比喩であり、同時に彼の自己イメージでもあった。そして、クラヴェルもまた、海にせり出した塔と地中の迷宮からなる建築をポジターノの岩壁に造り上げ、そこに棲みつくことによって、南イタリアの大地に眠る太古の「原イメージ」を感知しようとした一種の「亡命者」としての「歴史家」だった。「過去の経験の質感、肌触り」とは、これらの地震計がその精度の極みでとらえた微細な波動なのであり、それがかすかであればあるほど、感受されたときの強度は深まるのである。

オーリアを訪れた二日後、帰国した翌日に東日本を襲った大地震と大津波、そして、それを原因とする原子力発電所の事故がもたらした深刻な不安と社会的混乱は、ルガーノ湖畔の村の不思議なほどの静寂と対になって記憶されている。大震災後の日々にクラヴェル伝の執筆を導いたのは、その静寂のなかで経験した「来たるべき認識」の「質感」をめぐる予感だった。集団的な服喪と切迫した危機の時間のなかで、その予感をたよりに、クラヴェルの生を甦らせようとしていた。

どのような生も終わればさざめきに似たものに変わる。散逸しかねない生の痕跡を各地のアーカイヴやネット情報の堆積のなかに探し求め、かけらを必死に組み合わせて復元することに没頭するのは、自分自身の生もまた、そんなかけらとなり、さざめきとなることを知るからであろう。かけらとなった生の痕跡が堆積し、その余波(なごり)が満ちるアーカイヴをひとが愛するのは、みずからもまたやがて破砕されて摩滅し、かすかなさざめきに化してゆく宿命の「魅惑」に囚われてしまうがゆえなのかもしれぬ。だからこそ、「アーカイヴからの帰還」はあれほどまでに困難となるのだ。ひとりの写字生であろうと努めることは、その宿命を受け入れるための、修練に似た営みであるように思われる。

第3章　半存在という種族──橋川文三と「歴史」

1　巨人族たち──その面影と系譜

一九五九年に発表された「若い世代と戦後精神」で橋川文三は、水戸の故老から聞いた水戸党争にまつわるエピソードのひとつとして、ひとりの人物をめぐる次のような話を伝えている。この人物は十六歳でいわゆる天狗党に加わり、はじめてひとを斬ったという──

その少年は二十歳になるかならずで維新をむかえた。少年の家は代々神官であったというが、かれはその業をつぐとともに、一切の世俗の生活から離れた。そして、八十幾歳で死ぬまで、全くの無為の日々を送り、酒を飲み、子供と遊ぶ以外に、ほとんどあらゆる世事にかかわらなかったという。その人は容貌魁偉、軀幹雄大、一見巨人族的風ぼうの、しかも美丈夫であったそうだが、こういう話を聞くと、ぼくは、すぐに幕末＝維新期の「戦中＝戦後派」というイメージを思い浮かべるのである。＊1

元治元年（一八六四年）筑波山における尊皇攘夷を掲げた挙兵に始まる天狗党の乱（元治甲子の変）は、幕府追討軍との度重なる戦闘のみならず、水戸藩内で対立していた諸生党とのあいだで、一家係累の殺害にいたる報復に次ぐ報復を繰り返し、人材を徹底的に枯渇させる無慙な惨状を招くこととなった。横瀬夜雨編の『天狗騒ぎ』によれば、いったん軍勢が山を下りたのちは、「一人の天狗を五百人六百人の百姓で追ひ廻し、甲の村で逃がせば、乙の村で捕へ、川を東へ越せば、西の岸に待つてゐた。逃げても逃げても、いたる所皆農兵ならぬは無く、捕へらえては殺され、殺されては原野に捨てられはじめた」*2というから、天狗党の一部が起こした略奪や兇行の報いとはいえ、農兵たちによるこうした追及だけでもきわめて厳しいものであったことがわかる。乱に際してまだ若輩の兵卒だったためでもあろうが、故老の語る人物は維新を無事に迎えて長命を保った。しかしそこには、絶えず死の危険に晒される、苛酷な日々のあったことが察せられる。

こうしたたぐいの人物は明治初年にはたくさんいたのであろう、と橋川は続ける。彼が「戦中＝戦後派」と称しているのは、「ある全身的な革命＝戦争行動とその挫折をくぐったのち、その生涯をかけて体制の疎外者たることに専心した」*3、こうした人びとである。彼らは現実の秩序や体制の論理に必ずしももはや表立って抵抗はしない。しかし、それらとは無縁の場所に精神を支えるのである。

このような人物の別の一例として、橋川は谷川雁の回想に言及している。出典は明記されていないが、そこで参照されているのは谷川の「『城下の人』覚え書」に記された、母方の祖父の来歴である*4。昭和十年代に谷川が同居していたこの祖父は、十九歳で西南戦争に熊本隊の一員として参加し、のちに小学校の校長を務めて、宮崎滔天を教えたりもしたという。その断片的な回顧談には「血わき肉おどる一節も、悲惨凄壮のひとかけらも」なく、むしろ、そうした悲壮感に無縁であろうとする決意があったようだ、と谷川は回想している。その心理を谷川は「敗北を妙な美文調で表現する、その逆説的な弱さの肯定にがまんがならなかったのであろう」と推し測っている。この祖父のような存在を通じてこそ垣間見える、歴史の様相というものがある、と谷川は言う——

歴史がするどい回転ぶりを示しているときには、存在の一つの側面だけが強く作用する瞬間があるものだ。そしてしばしば比較的に中途半端な存在がその局面の最前列におしだされることがある。そのとき思いがけない栄光を拾う者もあれば、水底に沈澱してしまう者もある。沈澱した者たちは歴史の体験者として、栄光を得た者よりかえってあざやかに歴史を反映する。日本の現代史にはそのような瞬間が二度訪れた。最初は西南戦争までの十数年であり、その後は今次大戦後の十年である。しかも奇妙なことに、凝縮した密度をもつ瞬間はその後の長い時間に生起する諸現象を解く鍵を与えるばかりでなく、すでにその短い時間の体内でそれらの現象を実験してしまっている形跡がある。*5

ここで言う「沈澱した者」たちこそ、谷川の祖父や天狗党の生き残りであった。橋川もまた、このような精神の形成期が日本の近代史に二度存在したという谷川の認識を共有し、そのうちの後者の時代の記憶に関わる三島由紀夫の『鏡子の家』を共感をもって取り上げている。この共感の由来についてはのちほど触れることとしよう。ここでまず立ち戻りたいのは、橋川が水戸の故老から伝え聞いた元天狗党の一員とはいったい誰なのか、という点である。橋川の描写するその人物像は、「巨人族的風ぼう」といった謎めいた形容も相まって、何やら神話めいている。それははたして実在した人物なのだろうか。

引用した記述以外の言及が見当たらないため、この人物の名すら定かではない。天狗党に関わった人びとの網羅的調査を行なえば、あるいは見つけ出すことが可能かもしれないものの、ここではそれも手に余る。ただ、この人物に似て、凄惨な水戸党争を生き延びた者の人生についてであれば、或る程度はうかがい知ることができる。たとえば、桜田門外の変に加わった水戸浪士、海後磋磯之介である。海後も神職の家出身で、桜田門外の事件後長く潜伏生活を続け、元治元年（一八六四年）の天狗党の乱にも名を変えて加わった。文政十一年（一八二八年）生まれであるから、桜田門外の変の時点で三十一歳、天狗党の乱は三十五歳の頃ということになる。明治維新ののちには警視庁や水戸の警察本部に勤務し、明治三十六年（一九〇三年）に没している。山川菊栄の『覚書　幕末の水戸藩』には水戸の警察で海後の同僚だった佐藤庄三郎の話が記録されているが、それによると海後は「ご一新」の武功を誇る「志士くずれ」

たちとは異なり、「とてもあんな事件をやった人とは思えない。そんなことを知らない人もあったくらい、静かなおちついた人でした」＊6という――

できるだけ生きのびて次の働く機会をまつという同志の申合せに従ったまでで何も悪いことはない。しかし水戸の人は気が狭くて、仲間が皆な死んだのにひとり生き残ったといって何かけしからんようにいって評判が悪くて気の毒でした。晩年には警察前で代書屋をしていましたが、一生不遇で、亡くなったあともご贈位があるの、ないのとうるさく、結局その場で死んだ人たちより一段下の位になりました。あのじみな、おちついた、考え深い人だからこそぶじに逃げ終せたので、全くしっかりした人でしたよ。＊7

警察官吏として体制に従順に奉仕しながら、そのような見かけのもとで、「次の働く機会をまつ」べく、ひそかに「逃亡」と「潜伏」を続けたかのようなその姿には、世代はやや異なるとはいえ、水戸の故老が語る天狗党の生き残りに通じるたたずまいがありはしないだろうか。佐藤のオーラル・ヒストリーがどの程度まで信頼に値するかはここでは問わない。むしろ、こうした明治維新前後の無慙な内紛や内戦を生き延びた人びとについて回想されるイメージが、或る人間類型へ収斂するように見える点に注目したいのである。

一生を無為に過ごしたという酒仙のごとき神官の姿には、海後と比べてもはるかに俗事を離れて超然とした、伝説中の登場人物を思わせるものがある。「容貌魁偉、軀幹雄大、一見巨人族的風ぼうの、しかも美丈夫であった」という描写の醸し出すものもまた、伝説や神話が帯びる雰囲気であろう。そして、この一節は或る人物をめぐる次のような記述に類似している――「年尚幼にして身幹雄大容貌魁偉一見既に非凡の相を備へたり」＊8。

これは勝田孫彌『西郷隆盛傳』第一巻における、幼少時の隆盛を描写した表現である。橋川にとって西郷は、反動性とともに革命性を合わせもつ、明治維新という復古＝革命の潰え去った可能性を体現する人物であり、彼をどのように理解すべきかという「西郷問題」を橋川は晩年にいたるまで問い続けた。「若い世代と戦後精神」が書かれた一九五九年までに、橋川にはまだまとまった西郷論はない。しかし、文中で言及されている谷川の回想を踏まえれば、幕末＝維新期の「戦中＝戦後派」のイメージを橋川が語るとき、そこに西南戦争および西郷への連想が強く働いていたことは間違いあるまい。「容貌魁偉、軀幹雄大」ないし「身幹雄大容貌魁偉」といった言い回しそれ自体は紋切り型に近いものであるとはいえ、この類似は見逃せない。

「西郷隆盛の反動性と革命性」（一九六八年）で橋川は、西南戦争に関する自身のイメージを大きく変えた書物として遠山茂樹の『明治維新』（一九五一年）を挙げ、なかでもひとつの小さなエピソードに呆然とさせられたと書いている[*9]。それは「熊本民権派は、ルソーの民約論を泣き読みつつ、剣を取って薩軍に投じた」という記述である。「ルソーの民約論を泣き読みつつ」という一節は、宮崎滔天の長兄であり、西郷軍に投じて戦死した宮崎八郎の『読民約論』と題する詩に由来している。ここに付された註で橋川は、黒龍会編『西南記傳』の宮崎八郎に関する次のような記述を引いている――「八郎、状貌魁偉、軀幹長大、気骨稜稜として覇気湧くが如し」[*10]。この一文を引用したとき、橋川は『西郷隆盛傳』における西郷や、水戸の故老から聞いた天狗党の生き残りを思わなかっただろうか。

橋川の「明治人とその時代」（一九七五年）では、西郷や宮崎八郎といった西南戦争に直接関係した人物たちが「明治人のプロトタイプ」である「原明治人」あるいは「旧約期の明治人」と呼ばれている[*11]。西南戦争に従軍した谷川雁の祖父はもとより、天狗党の生き残りや海後もまた、「原明治人」と言ってよかろう。いわゆる明治人の印象に触れて、「「心を高処によせる」とか、「背が高い」という形容にあらわされるような、スケールの大きさをもった存在」[*12]と橋川が語っていることを踏まえると、その「プロトタイプ」である西郷たち「原明治人」の「大きさ」を象徴する形容句が「容貌魁偉、軀幹雄大」、あるいは、「巨人族」なのであろう。
英雄的豪傑を形容する決まり文句と片づけることもできよう。だが、橋川にあってはそれが、さまざまな面影との共鳴によって、独特な陰翳を帯びるのである。橋川の次の回想における太宰治のイメージもまた、そんな面影のひとつである——

しかし、太宰の顔の美しさをぼくは疑うことはできなかった。美しい、というのは曖昧な感じであるが、やはりそれは美しかった。それとも、異常であったといった方が正しいかもしれないし、優しかったというべきかもしれない。ともあれ、その目鼻のつくりは、北方の古譚にあらわれる巨人族の系譜を思わせるものであったが、その毛の深い大きな手と指とは、かえって人につくすことになれた繊細な表情をあらわしていた。その血脈に流れているであろう暗い豪族的な記憶と、そのように優しい屈従的なものをそなえた人間には、およそどんな意味でも文化人的な(無恥な!)生き方は不可能なのではないか。ぼくは、太宰の顔だけを見つめながら、そのような思いをさそう人間の顔を見たことがないのに気づいていた。彼は、それがいかなる無慙な結果におわるにせよ、ただひたぶるに優しくある以外の生き方を生きえないであろうような、そんな無器用な種族であるように思われた。*13

「太宰治の顔」(一九六〇年)の一節である。「北方の古譚」とは太宰の故郷である津軽あるいは東北の伝承・伝説の謂いであろうか。いずれにせよ、執筆の時期から推しても、「巨人族の系譜」と書いたとき、あの天狗党の一員だった神官の風貌をめぐる言い伝えが橋川の意識にまったくなかったとは思えない。橋川は、美しく、そして異常な太宰の顔を、人間の「優しさ」の究極のイメージと呼んでいる。だが、それはおそらく太宰治個人の個性の表出なのではない。「巨人族の系譜」「暗い豪族的な記憶」「無器用な種族」といった、「族」としての性格が際立たせられていることが示すように、そこには或る宿命を背負った人間集団が想定されているように見えるのである。

橋川はこの文章で、太宰の顔について語るに先だって、「不思議に忘れえない」「たえまなく思索を強いる」顔の例としてまず、悲惨さと高貴さをともに兼ね備えているような魯迅の顔【図1】に言及している[*14]。松本健一はその橋川文三論のなかで、こうした「不思議に忘れえない顔」のイメージを描くことを通じ、橋川は「永遠の人間」へと思いを馳せていたのだと言う[*15]。そんな「永遠の人間」こそを彼は「歴史」に見出そうとしつつ、人間が「歴史」の荒波のうちで粉砕され四散してゆく運命を見つめ続けることで、「永遠の人間」を同時に断念してもいたのである、と。すなわち、松本によれば、橋川にとって「歴史」とは、そのような「顔」というイメージに結晶化した理念の希求と同時に断念の場であり、だからこそ、橋川はそうした「歴史」に拘泥し続けたのである(この拘泥についてはのちほど詳述する)。松本による橋川論の題名「〈歴史〉を見つめる人」の含意はここにある。

だが、魯迅や太宰の顔が表わしているものを「永遠の人間」などという超歴史的な理念にしてしまっ

【図1】 魯迅、上海、一九三三年、岩波文庫『魯迅選集』(一九三五年)より。

ては、ほかならない「太宰治の顔」、ただし、個人の顔ではなく、その「種族」の顔にそうした相貌を与えるにいたった歴史性こそがまさに見失われてしまうのではないだろうか。このような呼称は「歴史」に対する橋川のこだわりそれ自体の歴史性を曖昧なものにとどめてしまうように思われるのである。そう考えるのは、天狗党や西南戦争の生き残りに始まり、西郷隆盛や宮崎八郎といった「原明治人」の面影をたどってきたわれわれには、橋川が「太宰治の顔」に認めたものは、「戦中＝戦後派」というひとつの「世代」――それもまた或る「種族」であろう――特有の表情ではないか、という推測がおのずと生まれるからである。そして、このような「世代」の経験とは、徹底して歴史的な限定のもとにあるものにほかならない。

橋川は吉本隆明がちょうど同じ時期に太宰に会ったときの印象を耳にしている。吉本はそれを「一切の世の通念の逆を、ただ考えているだけでなく、生きている人間を見たという驚異」*16と語ったという。橋川はこの印象と同じものの表われが、自分の感じた太宰のえもいわれぬ「優しさ」であろうと書く。この「世の通念の逆を生きる」者の「優しさ」には、余生のあいだ、酒を飲み、子供と遊ぶ以外の世事にかかわらず、無為の日々を過ごすことで、「体制の疎外者」であり続けようとした人物に通じるものがありはしないだろうか。そこには「無器用な種族」のひとつの系譜を認めることができよう。

2　半存在の見た「歴史」――戦中派の歴史経験

「若い世代と戦後精神」に立ち返ろう。幕末＝維新期の「戦中＝戦後派」を橋川に連想させたのは、日本の近代史において同様の精神を形成したもうひとつの一時期を描いた三島由紀夫の小説『鏡子の家』

だった。その登場人物である四人の青年と鏡子は「ある秘められた存在の秩序に属する倒錯的な疎外者の結社」[*17]を構成している、と橋川は指摘する。そして、その結社で斎き祭られているのが、戦後における「廃墟」のイメージであるという。三島が「兇暴な抒情的一時期」[*18]（「小説家の休暇」）と呼んだこの時代を語るとき、橋川は三島あるいは鏡子たちの結社に対する共感を隠すことなく、熱を帯びた語調で次のように回顧する――

じっさいあの「廃墟」の季節は、われわれ日本人にとって初めて与えられた稀有の時間であった。ぼくらがいかなる歴史像をいだくにせよ、その中にあの一時期を上手にはめこむことは思いもよらないような、不思議に超歴史的で、永遠的な要素がそこにはあった。そこだけがあらゆる歴史の意味を喪っており、いつでも、随時に現在の中へよびおこすことができるようなほとんど呪術的な意味をさえおびた一時期であった。ぼくらは、その一時期をよびおこすことによって、たとえば現在の堂々たる高層建築や高級車を、みるみるうちに一片の瓦礫に変えてしまうこともできるように思ったのである。それはあのあいまいな歴史過程の一区分ではなかった。それはほとんど一種の神話過程ともいいうる一時期であった。そのせいか、ぼくには戦前のことよりも、戦後数年の記憶のほうが、はるかに遠い時代のことのように錯覚されるのだが、これはぼくだけのことであろうか？[*19]

事実としては歴史過程の一部でありながら、その「季節」を経験した者たちにとっては「あらゆる歴史の意味」を喪失し、つまり、通常の歴史からは逸脱し、そうであるがゆえにその後の時代のいつであっても心理的には甦らせることが可能な、或る特殊な時間――それがこの「廃墟」の季節である。そのように「戦後」を感じ取った者たちの眼には、「戦後の終焉」にともなう平和で「正常」な社会過程の回復は、むしろ不可解で「異常」なものに映った。「時代へのメタヒストリックな共感」がこうして断たれたとき、「三島のように「廃墟」のイメージを礼拝したものたちは「異端」として「孤立と禁欲」の境に追いやられる」[*20]。それゆえに彼らは「疎外者の結社」と呼ばれなければならない。

水戸の故老の話を引いて橋川が言わんとしていたのは、幕末＝維新期の「戦中＝戦後派」もまた、そのような「異端」であり、「疎外者」であったという――「戦中＝戦後派」である橋川自身の経験にもとづく――遡行的な発見であろう。世代が大きく異なる太宰治に橋川は三島に対してあからさまに表わすような共感を示してはいない。しかし、その顔が有していたという究極的な「優しさ」とは、同じく時代や体制の「疎外者」であるがゆえのものであったように思われる。敷衍して言えば、生き延びた「天狗」や西郷隆盛から三島や橋川にいたる「戦中＝戦後派」は、いわばひとつの「種族」の系譜をなしている。

「疎外者の結社」について語る「若い世代と戦後精神」と同じ年に書かれた映画評で、橋川はアンジェイ・ワイダ監督の映画『灰とダイアモンド』の主人公マチェックのうちに、そんな「結社」あるいは「種族」の一員を見ている。第二次世界大戦末期のポーランドにおける反共ゲリラの暗殺者であるマチェックを、橋川は神風連や萩の乱の首謀者・前原一誠、あるいは西郷と並べて、ある「ロヤルティ」に殉じた存在ととらえている。次のように描写される映画の終幕におけるマチェックは、橋川にとって一種の自画像でもあったのかもしれぬ【図2】――

> この映画の終末で、マチェックは咽ぶように何か「いやいや」を叫びながら、瓦礫の沙漠の中に倒れてゆきます。そして、何かの黒いしみか影のように、くの字なりに曲がってちぢまってしまいます。ぼくは、思わず涙があふれました。
>
> そこに黒い影となって動かなくなったものの中に、ぼくは、ぼくらの中の生と死の理念を見出すのです。それは、ぼくの姿でありえたし、任意の「あなた」の姿でありえたのです。[*21]

【図2】アンジェイ・ワイダ監督『灰とダイアモンド』(一九五八年)より、マチェック(ズビグニェフ・ツィブルスキ)の死。

ナチス・ドイツとの戦いが終わりを迎えても、共産主義勢力の暗殺という行為によって相手を変えて「戦争」を継続し、瓦礫と言うよりも塵芥の荒野で「黒いしみ」となって息絶えるマチェックのうちに、橋川は「ぼくら」のうちなる生と死の理念を見ている。「任意の「あなた」」といった言い方がされているものの、この「ぼくら」が橋川自身も属する世代の謂いであることは明白だろう。

「若い世代と戦後精神」で橋川は、「幕末=維新期」に対応させて、「戦中=戦後派」というやや両義的な呼び方をしている。しかし、彼が述べる「廃墟」の季節とは、より正確に言えば、「戦中派」によって経験された「戦後」である。戦後社会における「疎外者」としての戦中派を、橋川は「歴史と世代」(一九六〇年)で次のように描き出している——

いわば生きているのか、死んでいるのか、それとも計算された仮死であるのか、それすらもわからない奇妙な存在のようであった。誰もが邪魔にもしないが、敵と考えることさえも思いつかないような、いわば、半存在ともいうべきものであった。あたかも、かれらの眼には、現実の社会の中にある秩序のことごとくが疑わしく見えるか、そもそも全く見えないかのいずれかのように思われた。ある意味ではかれらは虚構の存在であり、どのような感動にもとらえられることがないようであった。かれらは、現実をその「負」の位相において啓示する捨石のように、口の重い、動作の鈍い存在として、いつか人々から忘れさられるかと思われた。*22

現実の社会の側から見られたときのこうした「負」の性格は、「疎外者」みずからにとっては、けっして自分から騒々しく語ることなく、敵と見なされる危険を避け、誰からも邪魔されずにむしろ忘却されながら、しかし、時代に流されることには――命令を聞かぬ鈍重な獣のように――頑強に抵抗し、体制とは無縁の場所に精神を支えるために選び取られた、「仮死」ないし「半存在」というあり方ゆえの帰結だったと言えるだろう。「黒いしみ」と化したマチェックの姿とは、橋川にとって「半存在」の「生と死の理念」を体現するイメージだったのではないだろうか。

「半存在」という言葉を橋川は「わだつみ会」(日本戦没学生記念会)の思想的根拠を論じるにあたっても用いている。彼は「わだつみ会」が一九五九年に再出発するにあたっての発起人であり、機関誌『わだつみのこえ』編集長であった。橋川はそこで、学生とは階級でもまともな身分でもない、或る中途半端な存在として、日本社会における「呪われた半存在」であったし、あり続けている、と言う。戦中派である彼が「わだつみ」に関わることは、「死に損いの半存在による死んだ半存在の供養」にほかならない――「だから、自己を完璧な死者とみなしうる人間、ないし、自己が完璧に生きているとみなしうる人間は、完全に「わだつみ」ごとき中間的集団を無視することができる」*23。

この文中で「わだつみ」という名は、死者である戦没学生たちとわだつみ会に集った生者たちの両方を同時に指している。橋川にとって、たとえば一九五九年十月に催された「大東亜戦争戦没学徒慰霊顕彰祭」は、自分たちが完璧に生きていると信じている為政者たちが、戦没者たちを「完全な死」のなかへと追い込もうとする儀式であった。橋川は死者たちを一掃し忘れ去るためのこのような儀式とその主催者たちに対して、「わだつみ」を鋭く対立させる——

それ［わだつみ］自身が現実の中で完璧に生きえないことと、それが戦争で死ななかったこととは、意味と象徴において全く同一のことがらである。そこから、彼らは日本の歴史を、ないしは日本の国家を透視する能力を獲得する。いわば半存在の半面において、彼らは国家や歴史や権力や戦争のすべての意味を己れの中で把握する。祀られることの拒否、死に切ることへの拒否——それは、日本の歴史への抵抗の原素として機能するはずである。「わだつみ」にメタフィジクはない。しかし、彼らは権力と死に対する最後までの抵抗者となるはずである。なぜなら、彼らは死よりも硬質の一つの原理——「死に損い」の原理をもっているのだから。[*24]

「祀られることの拒否、死に切ることへの拒否」とは、「死にきっていない死者たち」を半存在という状態のまま、生きている半存在である自分たちの内部に抱え続けることの決意にほかなるまい。いわば死者たちとの半存在同士の共闘である。これは「乃木伝説の思想」（一九五九年）で指摘される、殉死というかたちで表われた「乃木の心中にいだかれた無数の死者の論理」[*25]に呼応している。乃木が「ロヤルティ」を抱いた唯一の対象である明治天皇というペルソナの死により、日本国家が彼にとって単なる抽象体と化したとき、乃木は「国家そのものを拒否する形で自刃した」。言うまでもなく、このような乃木もまた、明治国家における「疎外者」としての、「戦中派」という「半存在」であった。

松本が正確に指摘しているように[*26]、西南戦争における「無数の死者」を内部に抱え込んでしまった乃木希典という独自な見方が橋川に可能だったのは、彼がみずからの内部に「無数の死者」を抱え込んだ戦中派固有の「歴史」を見つめる視点を有していたからであろう。そして、乃木に向けられたこのような視線は、戊辰戦争において「無数の死者」を内部に抱え込んでしまった西郷隆盛に対する橋川のまなざしにも通じている。

松本による橋川論は「橋川文三はなぜあれほど執拗に、「歴史」にこだわりつづけたのだろうか」[*27]という問いから出発している。橋川生前最後の著書『歴史と人間』の「あとがき」（一九八三年三月）には次のように書かれている――

> 私の未來社の刊行物はすでに五冊目であるが、こんどの『歴史と人間』という題名は前と同じく「歴史」へのかかわりを示すほかのものではないが、この「歴史」になぜこんなに拘泥するのか、結局わからぬことばかりである。サルトルの言った「知識人最後の信仰」であるかも知れないし、或は徂徠の言葉にいう「学問は歴史に極まり候ことに候」であるかも知れない。しかしすべては私自身の問題であるにはちがいない。[*28]

橋川はこの拘泥を「あくまで拘泥というかたちで強調しようとしたのである」[*29]と松本は言う。その拘泥ぶりはたしかに、『歴史と体験』（一九六四年）に始まり、『歴史と感情』（一九七三年）、『歴史と思想』（同年）、対談集『歴史と精神』（一九七八年）、そして『歴史と人間』へといたる、執拗に「歴史」を冠した著書の命名にも見て取ることができる。その「歴史」が歴史家や歴史学者にとっての「歴史」でないことは言うまでもない。松本は「あえていえば、かれ〔橋川〕は一種病理的に「歴史」に拘泥せざるをえない、ある〝傷ついた精神〟にほかならなかった」[*30]と述べる。その精神を傷つけた要因の第一は、松本が挙げるように「私たちは死なねばならぬ！（ヴィア・ミュッセン・シュテルベン）」という日本浪曼派の死の哲学から橋川が個人的に受けた洗礼であろう。すべてが「私自身の問題」とされる所以である。

　橋川が「私自身の問題」と呼ぶものの筆頭は、日本浪曼派との関係も含めて、戦争体験に関わる事柄以外ではありえない。三島や自身の世代にとって戦争は、「あるやましい浄福の感情」なしには思い起こせない「聖別された犯罪の陶酔感をともなう回想」*31だった、と橋川は告白している。その陶酔を担保したものが、マックス・ウェーバーの言う実在する「死の共同体（トーデスゲマインシャフト）」であり、保田與重郎によって橋川が導かれた「私たちは死なねばならぬ！」という「死のメタフィジク」の究極的なニヒリズムであった。「夭折は自明であった」。だから、「すべては許されていた」*32。そして、それゆえにいっそう、戦争の終結と昭和天皇——「死の共同体」を統率する部族神（＝現人神）——の人間宣言は、彼らからこの浄福感を根こそぎ奪ってしまった。橋川は天皇の人間宣言が引き起こした「名状しがたい衝激〔ママ〕の記憶」について語り、「それは、やはり考えられないこと、ありうべからざることであった。いらい、日本人は、何か別の、ちがった種族に転化したかのようであった」*33と書いている。この断絶とともに「不思議に超歴史的で、永遠的な」あの「廃墟」の季節がつかの間訪れる。

　第1章で見たように、フランク・アンカースミットは、アイデンティティの根本的な変化をともなう歴史上の集団的トラウマを「崇高な歴史経験」と呼んでいる。それは回復不能な世界喪失の経験にほかならない。橋川が戦中＝戦後期における同世代的な時代経験として味わい、幕末＝維新期に遡行的に見出したものは、こうした「歴史的崇高」との遭遇という経験だったのではないだろうか。アンカースミットは、このような遭遇こそが過去を認識しようとする歴史意識や歴史叙述の核になると言う。「過去」と「現在」が劃然と分離することによってはじめて「歴史」が可能となるのである。

　橋川はたとえば「超越者としての戦争」という視点の設定によって、まさに敗戦という亀裂の体験を歴史意識構築のための超越的原理に化そうと試みている*34。それはいわば、超越的な崇高の経験を足場に「歴史」を構築しようとするメタフィジカルな力わざである。過去との断絶・分離を深刻に経験している者であるからこそ、「歴史」への拘泥が生まれる。そのような経験とは、現在との連続性を断たれた過去をいまなお自身のうちに抱え続けているという事態にほかならない。そうした過去の具体的な形象が、不在でありながらなおそこに執拗に現前している「無数の死者」たちである。死によってわれわれの生の世界とは切り離され、しかし、いつまでも完全に死にきることなく、「半存在」のまま、ぴったりとこの生の世界に貼りついているかのような死者たちによってはじめて、「歴史」が問題になりうる。「無数の死者」のこのメトニミー的な「不在における現前」*35こそが、「歴史」に対する橋川の拘泥を生んでいるのだ。

「歴史」を書名に掲げた最初の著書である『歴史と体験』の「後書的断片」で橋川は、いかなる「体験」も伝達されえないことを特質とするのに対し、「歴史」とは地道な伝達可能性を本質とする以上、「歴史」と「体験」は矛盾しあう概念である、と述べている。ここからすれば、「体験」は非合理的、「歴史」は合理的となるようだが、後者を橋川は疑問に付す。「知識人最後の信仰」というサルトルの言葉にある「信仰」が示すように、歴史は或る超越的な次元をいまだに前提としているからである。その点について橋川は、「歴史は、もっとも広い意味において、ユダヤ的・キリスト教的神義論の管轄に属しており、あらゆる人間的行為の意味を、普遍的救拯との関連（レレヴァンツ）において記述しようとする」*36と指摘する。

同じ書物に収められた「歴史のアポリア」によれば、これは歴史が「世俗化された神学的理念の形態」であることを意味する*37。そのとき、人間の普遍的救済に向かう過程において個はなぜ辱められ、亡ぼされるのか、という神学的な問いに対応するかたちで、個の残酷さを描きながら、同時に普遍的な救済過程——この文章が書かれた当時であれば、たとえば、マルクス主義的な「科学的」歴史観にもとづく共産主義社会への過程——を記述することは方法的に可能かという「歴史のアポリア」が生じる。橋川はこのような両立は不可能と見なしている。それゆえ、こうしたアポリアを抱えるかぎり、歴史が完全に合理的で普遍的な伝達可能性を獲得することはありえない。なぜなら、個に加えられる残酷さを語る歴史──「小さきもの」の歴史[*38]──がそこにはつねにともなうからである。そして、この「小さきもの」の次元では、「歴史」と「体験」はもはや矛盾するのではなく、同語反復的に似かよった性質を帯びることになる。

伝達可能性を本質とする「歴史」を「歴史Ⅰ」、「信仰」の対象である「歴史」を「歴史Ⅱ」と表記しよう。橋川にとって「体験」という概念が自身の「戦争体験」に根ざしていることは疑いを容れない。事実、「後書的断片」の後半は一種の「戦争体験」論となっている。橋川によれば、「戦争体験」を「思想化」や「普遍化」によって合理化し、すなわち、「歴史Ⅰ」として言説化することはできない──「いわゆる戦争体験は、部族的伝承者（＝語り部）の神話として継承されえても、歴史となることはありえないだろうからである」[*39]。ここでいう「歴史」は「歴史Ⅰ」の謂いであろう。そして、「神話」は「歴史Ⅱ」にあたるものととらえられる。「後書的断片」において橋川は、靖国神社の礼拝体系をはじめとして、国家における戦死者の問題や日本人の宗教形態あるいは生死の観念を取り上げることで、「神話」（＝「歴史Ⅱ」）を通じた日本固有の「救拯」について論じていると言ってよい。

知識としての「伝達可能性」を確保するために制度化された「科学」である歴史学によって記述されるのが「歴史Ⅰ」であるとすれば、橋川が拘泥しているものとは「歴史Ⅱ」にほかなるまい。そして、「超越者としての戦争」の措定による歴史意識の構築とは、或る種の「ユダヤ的・キリスト教的神義論」にもとづいて「歴史Ⅱ」への信仰をかたちづくろうとしたアクロバティックな発想であったと言える。また、「体験」は「歴史Ⅰ」にはなりえない。だがそれは、同語反復的に「歴史Ⅱ」として、「語り部」によって或る「信仰」のもとに語られることはありうる。

八十幾歳で死んだという天狗党の生き残りの老人にとって、明治以後の六十余年はまさしくただ「歴史」であったろう、と橋川は書いている[*40]。この「歴史」もまた、普遍的な伝達可能性を閉ざされた、

「小さきもの」の歴史としての「歴史II」であろう。「死に損ない」の「半存在」の眼に映るものがそうした「歴史」である。完璧に死ぬことも完璧に生きることもできぬ「わだつみ」のような存在にこそ、「日本の歴史を、ないしは日本の国家を透視する能力」が授けられる、と橋川は書いていた。生ける「半存在」たちのまなざしに透視されたところに「歴史」が立ち現われるのであり、この「歴史」はつねに、死んだ「半存在」たちの影のもとにある。

橋川が拘泥したのは、おのれもまた属する「半存在」の「種族」が眼にした、そんな「歴史」の光景である。このような「歴史」へのアプローチはおのずと個々の歴史的主体の「体験」に即した内在的なものにならざるをえない。歴史学的な実証性や「客観的」な歴史法則は関心の対象ではない。革命あるいは戦争ののちに生き残ってしまったことにより、「無数の死者」たちの片割れとして、いまだつねに非常事態の危機に臨んでいる「半存在」であるがゆえに、その具体的な「体験」を通して見ることのできる「歴史」こそが問題なのであるから。序第4章で触れた、「危機の瞬間において歴史的主体に思いがけず立ち現われてくる、そのような過去のイメージを確保することこそが重要なのだ」というベンヤミンの言葉をここに引こうか。そうした危機が脅かすものは生者ばかりではない。「もし敵が勝利を収めるなら、その敵に対して死者たちさえもが安全ではないであろう」――橋川が「「死に損い」の原理」に依拠して激しく批判した大東亜戦争戦没学徒慰霊顕彰祭とは、そんな死者たちの危機にほかならなかった。

橋川文三とヴァルター・ベンヤミン――歴史家や歴史学者の歴史ではない「歴史」への拘泥において、この両者には共通するものを認められるように思われる。「ゲオルゲの最も純粋で最も完璧ないくつかの詩によって避難所を与えられた世代［種族（Geschlecht）］は、あらかじめ死を定められていた」*41と書いたベンヤミン自身が属する、第一次世界大戦勃発時に二十代初頭だった「世代＝種族」と、ほかならぬゲオルゲ派から刺激を受けた日本浪曼派、就中、保田與重郎の圧倒的な影響下で「私たちは死なねばならぬ！」と思い定めた橋川の「世代＝種族」には、詩によって同様に奥深い何かを「傷つけられた」精神の類似があるのではないだろうか。

ベンヤミンにとって「あらかじめ死を定められていた」者たちの典型とは、青年運動のかつての同志であり、戦争勃発直後に心中した親友フリッツ・ハインレとその恋人リーカ・ゼーリヒゾーンだった。彼らをはじめとする、ゲオルゲの「あの数々の詩のなかに生きた青年たち(ユーゲント)」のうちにこそ、歴史という裁きの席でゲオルゲについて証言することのできる証人たちはいる、とベンヤミンは書いている——「もう死んでいるがゆえに、というこの理由だけですでに、歴史という裁きの席の前で証人としてのみずからの務めを果たすことができる、そのような青年たち」＊42のうちに。これら夭折した死者たちと同世代の、生き残ってしまった片割れとして、ベンヤミンもまた「半存在」という「種族(ゲシュレヒト)」の一員ではなかったか。この種族に希望が与えられるとすればそれは、死んだ「半存在」という「希望なき人びと」が彼らとともにあるからこそである。その希望とは死者たちに対する「救済」の約束なのだ。橋川にとって「歴史」(＝「歴史Ⅱ」)が人間的行為の意味を「救拯」との関連において記述しようとする営みだったとすれば、「歴史」とはまさしくそのような希望の場であることになろう。

徴兵を忌避したベンヤミンが、ドイツにおける一般の「戦争世代」とは異なる戦争体験をもったことはたしかだろう。そうした点も含め、「死のメタフィジク」に憑かれた橋川との性急な同一視はもちろん慎まなければならない。しかし、ベンヤミンの「歴史の概念について」が示しているような、危機意識に深く浸透された「歴史」へのまなざしを橋川に見出すことは許されるものと思われる。さらに逆に、ベンヤミンにおける「歴史」への拘泥の根底に、日本浪曼派の呪縛から出発した橋川にとっての「わだつみ」という「半存在」に似て、ゲオルゲの詩の経験と不可分であるような、夭折した親友をはじめとする死者たちの「不在の現前」を見ることもまた不可能ではあるまい。そしてこれらは、死者たちの「救済」というモチーフの共通性へと通じているのである。

敗戦から三十五年が経過した一九八〇年に「戦中派とその「時間」」と題されたエッセイを橋川は新聞に寄稿している。いささか奇妙なほど含意が曖昧で不透明なその文章からは、おそらく身体の不調（パーキンソン病）にも帰因するのであろう、当時の橋川の疲労と屈託が感じられる。彼はこのエッセイの主題を、自分の世界認識の方法には欠けていた「時間」の重視であると述べている。しかし、「大日本帝国の万世一系の伝統的な時間論とは全く異なる時間」「島尾敏雄のいうヤポネシアの時間帯」「竹内好が毛沢東の心の中に見たある虚無の時間論」「仏陀の時間論」*43といった例示によっておぼろげに浮かび上がるのは、西洋の時間でも近代日本の時間でもない、地域的・文化的に多様なアジアの、それぞれ異質な時間性といった程度のものでしかない。

なるほど、竹内を通じて橋川が研究を深めた中国に流れる歴史的時間や、西郷隆盛の流された奄美大島をはじめとする西南の島々を訪れるなかで、島尾との対話を通して得たこの地域の文化のもつ時間への理解が、それまでの自分の「世界認識の方法」にはなかった「時間」という言い方を橋川にさせているのではないか、と推測することはできる。しかしながら、この文章は、そうした文化的多元論を主張するかに見えて、実際には依然として、「戦中派」という、橋川が繰り返し問題にしてきた世代をめぐる考察に終始している。

その考察は、一九八〇年当時の戦中派批判の論調を取り上げることから出発している。そうした批判は吉本隆明をはじめとする戦中派内部からも出ていた。橋川はそれらの批判が「時間」の問題につながるように思えると言う。その認識は、同じく戦中派の島尾と吉田満による対談『特攻体験と戦後』の読後感に引き継がれ、橋川はこの対談を読んだことにより、戦争中の「時間」の意味がようやく理解できるようになった、としている。そして、次のような、一見したところ驚くべき一文が記される――「ということは結局あの戦争はあったことはあったが、なかったといっても少しもかわらないことになる」＊44。これは島尾の次のような言葉の趣旨を言い換えたものである――

（戦争と戦争状態のない状況と）もう本質のところは似たようなことなんじゃないですか。もし神というものがいるとしたら、その神の眼から見たら、戦争の状況も、このいまの状況も、そう違わないんじゃないですか。そういう目から見たら、まあ人間どもが、なんかやっている、というふうな。（略）やっぱりそういう状態はいつも周囲にあるし、自分も持っているということですね。そこら辺が分かってきたような感じがするんですがね。ですからここでもっと、はっきり摑んでみたいなという、あんなにオロオロしたけれど、あれはなんだったんだろうか、という感じですね。＊45

戦争と戦争のない状況とが大差なく区別がつかないならば、平和に見える現在の日常もまた一種の戦争下であることになろう。戦争体験が無化されるのではなく、むしろ、常在化しているものとされるのである。これは「野戦攻城」をモットーにした橋川の思考の根底にある時代認識だった。一九五八年の座談会「戦争と同時代」からその発言を引こう――

今考えても、戦争っていうのは、ノーマルな普遍的な意味をもった人生の呼び方だという感じが、どこかにあったわけだナ。だもんだから、戦争が終ってからずっと、現在もと言ってもいいけれど、何か潜在的に戦争が終ったこの状態はおかしいという感じがあるわけです。そういう気持のことを「野戦攻城」状態の継続というふうに表現したことがあるが、つまりまだ故郷のお城に凱旋したって実感がないんだな。いつまでも「野戦」をつづけているという思想なんだ。こいつはかなりいわゆる「戦中派」にあるんじゃないかと思う。ぼくとしてはこの思想は大切なものなんだ。戦争の「傷痕」なんてもんじゃやなしに……。[*46]

しかし、この座談会から四半世紀近い時間を経て、橋川の語り口には何か淀んだものがある。「あの戦争はあったことはあったが、なかったといっても少しもかわらない」という彼の転倒させた言い方はアイロニカルであるし、「神の眼」を持ち出す島尾の発言もニヒリズムを感じさせる。橋川は明瞭に言い切ることを避けているように見える。「戦中派とその「時間」」の、次のように言葉少ない、暗示的な文章もまた同様である——

つまり戦中派はあまり「時間」に拘泥し、戦争にとらわれたため、うまく図式化しがたいが、そのままの状態で三十年[*47]を経たわけである。いま図式という言葉を使ったが、私は実際そうであったと思う。私たちの世代のもっとも美しかったものが消滅してゆくのをただ見守るのではない。私がたとえばあの戦争の死者に対する態度は、簡単にいえば西郷隆盛や木戸孝允が維新時の死者に涙した境遇と同じものである。あるいは古代ペルシアのクセルクセスが、ヘルスポント〔ヘレスポントス（ダーダネルス海峡）〕で涙を流したペルシア戦争の状況と同じものであるが、ただもう三十五年という一世代がすぎている。[*48]

戦中派固有の「時間」に対する拘泥が語られている。その「時間」への執着は戦争に囚われた状態を意味し、その状態のままで三十年ないし三十五年が経過しているという。「私がたとえばあの戦争の死者に対する態度は、簡単にいえば西郷隆盛や木戸孝允が維新時の死者に涙した境遇と同じものである」とは、橋川の戦中派としての経験がいかにその歴史観と結びついているかのあまりに直截な告白だが、そこで表明されているのは、歴史に向けた彼自身のまなざしが、死者たちのうちにある「私たちの世代のもっとも美しかったもの」が消え去るのをただ「見守る」だけではなく、西郷や木戸が涙した境遇に通じる、個人的な哀悼の強い情動をともなっているという自己認識であろう。ただ、それが古代の対ギリシア戦争におけるクセルクセスの涙とまで同じものとされてしまうのでは、自身の経験あるいはその「時間」に拘泥するにしても、あまりに非歴史的な感情移入という印象は否めない[*49]。

いずれにしても、三十五年という一世代分の時間が過ぎた現在、こうした戦中派の「時間」への拘泥がもはや維持しえなくなりつつある、という橋川のメランコリックな現状認識がここにはうかがえよう。一世代を三十余年とすることは通例にしても、橋川が三十五年を一世代としている点にほかの含意はないだろうか。執筆時である一九八〇年の三十五年前が一九四五年であり、一九四五年の三十五年前にあたる一九一〇年（明治四十三年）には、明治の終わりが二年後に迫っていた。その明治末年（一九一二年）の三十五年前は明治十年（一八七七年）、周知の通り、西南戦争の年である。一九八〇年から遡った場合の三十五年という時間間隔は、近代史を区切るこうした大きな節目にあたっており、そのいずれもが橋川にとってとくに重要な意味をもつ出来事だったのである。

橋川はこのエッセイの末尾で、現代日本の画一的に一元化された時間のもとでは世代問題も一元化されてゆく、と指摘している。この一元的時間においては、戦中派という世代も他の世代となんら異なる存在ではない。だが、戦中派が世代固有の「時間」をもつのであれば、この世代が消えてゆくことは、異質な「時間」が存在しなくなってしまうことを意味するだろう。それによって、「時間の流れを多元化する大きな契機もまた失われる」[*50]と橋川は書く。戦中派は、文字通り「戦中」という固有の「時間」を保持してきた世代として、自己規定されているのである。しかし、そうした独自な「時間」の消失を危機ととらえる議論がここから積極的に展開されるわけではない。橋川は、戦中派のこんな懸念などとは無関係に、事実上「時間はより豊かにすぎるかもしれない」と突き放したように述べ、諦念にも似たものを漂わせながら、このエッセイは終わる。

橋川が急逝するのはこの文章を発表してから三年後の一九八三年である。享年六十一。しかし、「戦中派とその「時間」」からはすでに晩年を思わせる衰弱に似たものが感じられる。橋川が天狗党の生き残りの老人について立てたものと同じ問いを、彼自身に向けてみよう――橋川文三にとって、敗戦以後の三十余年は何だったのだろうか。それははたして「歴史」であり続けたのだろうか。その早すぎる晩年、橋川は「歴史」を見据えるために必要とされる、「半存在」や「疎外者」であること、戦中派の「時間」を保つことの困難に直面していたのではないか。そこにともなっていた感情が、自分たち戦中派の退場とともに「私たちの世代のもっとも美しかったものが消滅してゆく」という喪失感である。「もっとも美しかったもの」とはこの場合おそらく、戦中派が担ってきた戦死者たちの記憶であろう。死にきれない死者たちもまた、彼らを記憶する者たちの死による忘却のうちに消滅してゆく――。

しかしながら、その戦死者たちに寄せる悲しみの感情をめぐり、西郷や木戸のみならず、クセルクセスにまで同一化を図るところからは、橋川にとっての「無数の死者」たちが歴史的な限定を失い、古今の戦死者一般に抽象化してしまっている印象を受ける。さらにそこでは、生者も死者も中途半端な「半存在」だからこそ保ちえていた、歴史や国家との緊張関係が弛緩している。明治初年や昭和の敗戦直後に大勢いたであろう、時代の水底に「沈澱した」人びとや「わだつみ」と古代ペルシアの王との隔たりはそれほどに大きく、このような変化には何か橋川の気力の衰えといったものを認めないわけにはゆかない。そして、『歴史と人間』の「あとがき」でみずからの心境を語るなかには「「戦中派」廃棄の心理」[*51]という文言すら見える。

戦争状態と戦争のない日常に違いがなく、あらゆる場所がつねに戦時下の非常事態であるのが、三十五年一世代のあいだ、戦中派が抱え続けた「時間」によって見えてくる「歴史」なのだとすれば、橋川は常時そんな戦場にとどまったのであろう。「野戦攻城」である。晩年の橋川の文章は、知的な格闘の果てに頽れようとする戦士を間近に見るような痛々しさを覚えさせる。先の「あとがき」末尾には、「要するに、私の生き方は「希望」と「絶望」の中間にただよっている状態なのである」*52と記されていた。これは魯迅「希望」(『野草』所収)の「絶望は虚妄だ、希望がそうであるように」(竹内好訳)という句を踏まえている。その句の続きにはこうある——

もし私がこの不明不暗の「虚妄」のうちに命ながらえるなら、かの過ぎ去った悲しく、また取りとめのない青春を、よしそれが身外にあろうとも探し出そう。身外の青春ひとたび消滅すれば、わが身中の遅暮も同時にしぼむのだから。*53

橋川が最晩年に「「戦中派」廃棄」を思い定めていたにせよ、「半存在」という「種族」には結局、遅暮にあってなお自分自身の「青春」としての「戦中」を身中に抱え続ける、この「虚妄」の狭間の中間状態しか残されていなかったのではないだろうか。ゲオルゲの詩に対してベンヤミンが激しく反撥したあの一節がかたちを変えて脳裡をよぎる——「彼がもはや「闘いに叶うほどに強く」なかったとしても、それがどうしたというのか」。彼は、「それがいかなる無慙な結果におわるにせよ」、「歴史」に拘泥せざるをえなかった、いや、「無数の死者」たちとともにあることによって「歴史」から目を背けることができなかった、「無器用な種族」のひとりであった。

最後に、橋川自身の肖像を掲げておきたい。一九五四年一月二十四日、結核のため広島の療養所に長期入院していた弟・敏男を見舞った折りに撮られた写真である【図3】*54。兄弟姉妹七人のうち、男の兄弟はこの二人だけであり、顔立ちや体格もそっくりで、弟の没後、その友人たちに文三が出会うと仰天せんばかりに驚かれたという*55。この写真の当時、文三自身もまた結核で東京の療養所に長く入院していた。まだ壮年だった父の病死に始まる酸鼻な一家離散の歴史は、文三が一九七六年に発表した

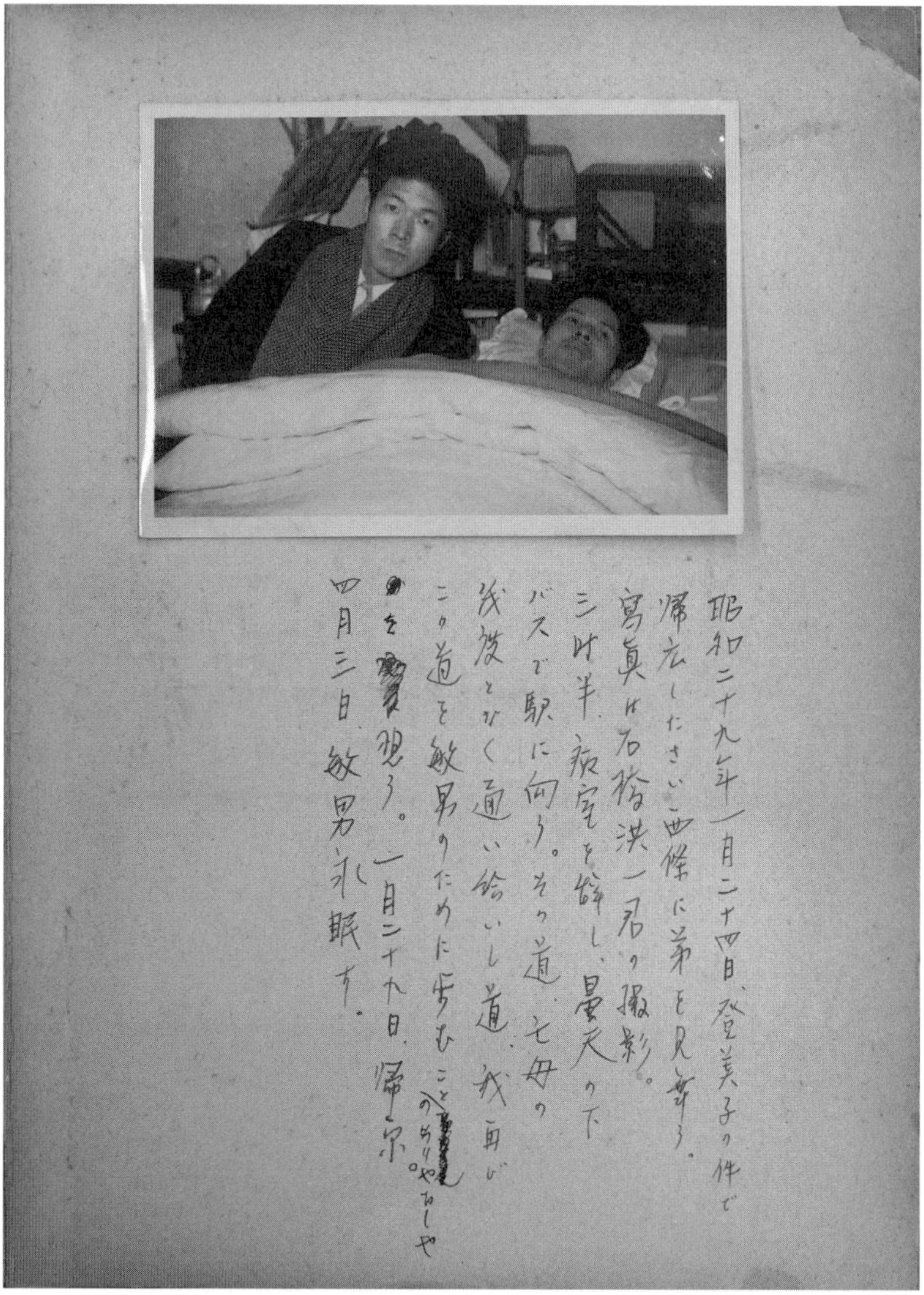

【図3】橋川文三の写真アルバムより。国立広島療養所に弟・敏男（右）を見舞う橋川文三（左）。撮影：石橋洪一、一九五四年一月二十四日。慶應義塾福澤研究センター所蔵。

「私記・荒川厳夫詩集『百舌』について」に詳しい。「荒川厳夫」は敏男のペンネームであり、『百舌』は敏男が療養所の詩友たちと作った「高原詩の会」によって発行されている*56。発行日はこの写真のおよそ二カ月後の一九五四年四月六日。しかし、敏男はその三日前に二十八歳で永眠している。文三はその死に立ち会えず、東京にとどまっていた――「ちょうど上野の桜がさかりで、日記にも「桜のある遊楽の絶頂の日らし」とある。明治の啄木と同じ、華かな季節の中のあまりにも残酷な死にざまであった」*57。

カメラを正面から凝視する兄と横たわったまま虚空を見つめる弟の、双子のようにうりふたつの顔かたちが並ぶこの写真は、「種族」、そして、「片割れ」としての「半存在」という言葉を連想させずにはおかない。自伝的文章をほとんど残さなかった橋川に、戦中から戦後にかけての一家の悲惨な境遇をことさら一般的な歴史経験に重ねる意識があったとは思わない。鶴見俊輔が述べているように、橋川は「体験を重く見る故に、体験をあからさまに語ることのむなしさを知っていた」*58。なるほど、そうに違いない。だが、彼が「死に損いの半存在による死んだ半存在の供養」について語るとき、そこに自分の分身であるような弟の影がまったくなかったとも思えない。なぜなら、敏男の死とは、文三にとってひとつの「戦死」にほかならなかったであろうから。それはすなわち、弟もまた、不在でありながら現前し続けている死者たちのひとりであったということである。

『灰とダイアモンド』におけるマチェックの最期の姿に、橋川は「ぼくらの中の生と死の理念」を見出すと書いていた。カメラに対峙する兄の直視と死を間近にしていた弟のさまようまなざし――相互に逸れた視線のもと、しかし、分身のような二つの忘れがたい顔が並んだこの光景のうちに、生者と死者をともに包摂する「ぼくら」の像が浮かび上がるのを覚える。半分の生と半分の死しか与えられなかった「ぼくら」、「歴史」を「体験」によって知るほかなかった「種族」である「ぼくら」の。

第4章　いまだ生まれざるものの痕跡
——ダニエル・リベスキンドとユダヤ的伝統の経験

ダニエル・リベスキンドとマッシモ・カッチャーリの
実現しなかった日本での出会いに代えて

1　幹のない接ぎ木

一九九八年に竣工したダニエル・リベスキンド設計によるオスナブリュックのフェリックス・ヌスバウム美術館は、一九〇四年にこの町に生まれたユダヤ人の画家を記念し、彼の作品を展示する美術館である【図1】。ヌスバウムは一九二〇年代から三〇年代初頭にかけて、当時のいわゆる新即物主義ないし魔術的リアリズムの画風の作品によってベルリンの画壇で活躍した。ナチが政権を掌握した一九三三年以降、彼はイタリアを転々としたのち、パリを経てベルギーに入り、最終的にブリュッセルに落ち着いた。一九四〇年のドイツ軍のベルギー侵攻に際して逮捕され、南フランスの収容所に収監されたものの、同じ年のうちにブリュッセルに逃れ、ゲシュタポの追及を避けて人目を忍んだ生活を始めている。しかし、一九四四年七月にはふたたび逮捕され、妻とともにアウシュヴィッツ強制収容所に送られ、そこで没した。

収容所や逃亡生活のなかで描かれた一九四〇年代の作品は、ジョルジョ・デ・キリコやカルロ・カッ

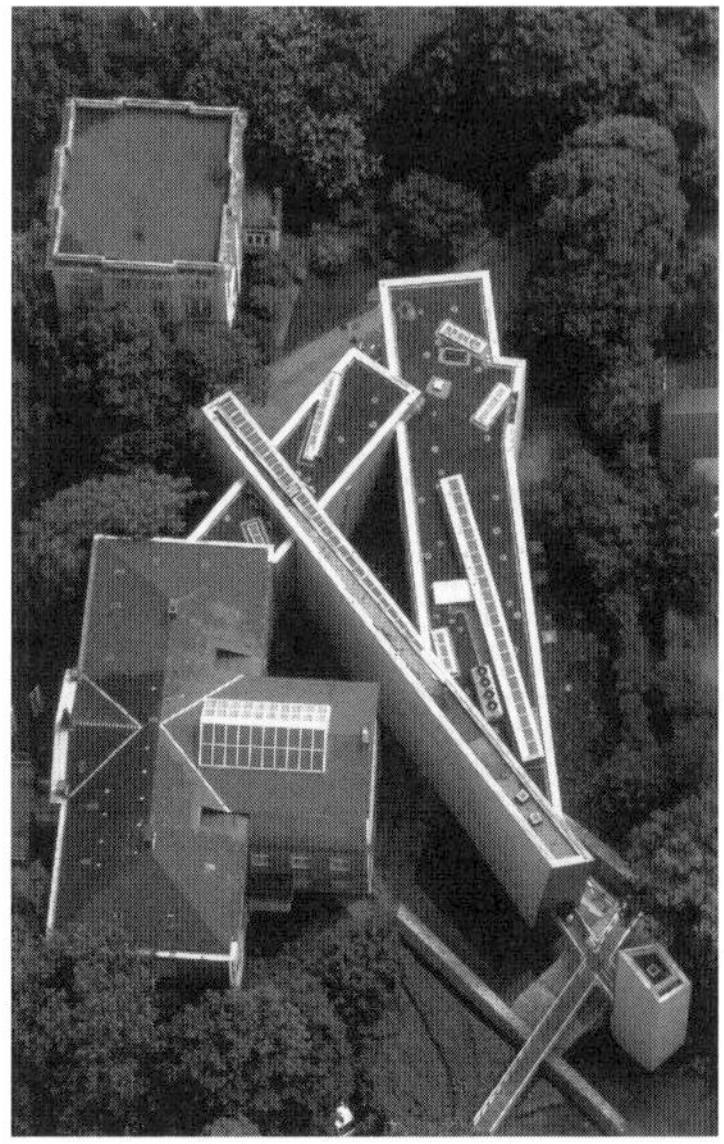

【図1】ダニエル・リベスキンド、フェリックス・ヌスバウム美術館全景、オスナブリュック。

ラの形而上絵画を思わせるマネキン人形や、ダビデの星を衣服に縫いつけられた人物がたたずむ人気（ひとけ）のない通りあるいは袋小路の描写によって、逃れる出口を失ったこの画家の深まってゆく閉塞感と不安を伝えている。リベスキンドはそれを絵画以上の何か、「芸術としての歴史の語りをユダヤ人およびヨーロッパ文明の残存そのもののエンブレムへと高める、いまだに生き続けているドキュメント」*1と呼んでいる。

リベスキンドが「出口なき美術館」と名づけたこの建築は、オスナブリュック文化史博物館を構成する、一八八九年に建造された博物館本館やかつて商人の館だったシッカー邸などのいくつかの建物に囲まれている。リベスキンドは美術館の主要部分を、ちょうど三角形の三辺をなすかのような三つの構造体からかたちづくっており、そのうちの一辺は博物館の本館と連結している。この三つの構造体は、美術館の入り口が位置する幅の狭い「ヌスバウム通路」、その脇からシッカー邸の前庭へと伸びて美術館の中心をなす本体部分、およびそこに発してヌスバウム通路を横断し、文化史博物館につながるヌスバウム橋から成り立っている。ヌスバウム橋は文字通り橋のように空中に浮いたかたちで建物同士を架橋している。

リベスキンドが設計競技で最優秀案に選ばれたのちの一九九六年五月、ヌスバウム通路の入り口が予定されていた敷地付近に、一六七二年に造られた石造の三重橋の遺構が偶然発見された。発掘の結果、これは十九世紀初頭に破壊された、オスナブリュックの町を取り囲んでいた壕に架かった橋の遺跡であり、この場所には要塞化された三角形の島のあったことが判明した。発掘された石橋はこの要塞島と町をつないでいたものと思われ、要塞島はまた別の橋で市壁を経て町の外部と結ばれていたらしい。同じ場所には中世に遡る木造の橋の名残りも確認された。この遺跡を原形のまま保存するため、ヌスバウム通路は当初の計画案よりも短縮され、美術館の入り口に通じる道は石の橋を跨ぐようにして作られた*2【図2】。

このような建設の前提条件や経緯からしても、ヌスバウム美術館が成立年代の異なるさまざまな建物

【図2】 フェリックス・ヌスバウム美術館、出入口への通路と古い橋。著者撮影(Photo: TANAKA Jun, 2003)。

やオスナブリュックという都市の歴史を形成する複数の地層との関係のただなかに、その諸関係が輻輳した場として存在していることがうかがえる。文化史博物館本館に接合し、そこにいわば根ざしながらも、そのたんなる拡張ではなく、文化史博物館とは異質な建物として、またそれ自体が複数の異なる構造の複合体となって、この美術館はいわば何本もの枝を張りめぐらせている。交じり合い、重なり合う無数の「線」によって建築を構想することは初期から一貫したリベスキンドの手法であった。そして、あたかもこの線の交錯が都市の記憶を呼び覚ましたかのように、ヌスバウム美術館の入り口には、数百年前の橋という、歴史的な「線」の形象が掘り起こされたのである。

ヌスバウム美術館が文化史博物館と結びつくことによって、この博物館複合体全体の再編成を目的としているように、リベスキンドの設計によるベルリンのユダヤ博物館で問題となっていた事柄もまた、既存のベルリン博物館とユダヤ博物館との統合形態であった。ロンドンのヴィクトリア・アンド・アルバート美術館（V&A美術館）をめぐる計画も、既存の美術館にあらたな複合体をどのように接合するかという拡張の手法が問われたものであった。あるいはまた、過去の建造物を破壊し更地にしたうえで全体計画を構想するのではなく、すでに存在する建物に異なる要素を徐々に付け加えながら都市を再構築してゆこうとするベルリンのアレクサンダー広場計画案では、都市計画の次元で建築に対する同様の一種の「接ぎ木」の手法が構想されている。そして、これらの案を含めて、リベスキンドの関心は終始、都市という場に走っている無数の歴史の「線」——それは数知れぬ暴力によって刻み込まれた歴史の痕跡である——に対して建築をどのように接続してゆくかという点にあったと言ってよい。そんな線のネットワークが織りなす星座の形象のひとつがたとえば、ベルリン・ユダヤ博物館の設計にあたり、ベルリンに暮らしたユダヤとドイツの知識人たちの住所を地図にプロットし直線で結ぶことによって都市計画図上に描き出された歪んだダヴィデの星であり、それはユダヤ博物館がそこに付け加えられることになる都市の歴史の「エンブレム」と見なされた*3。

リベスキンドはユダヤ博物館とは「そこにおいて見ることのできない何ものかがみずからを不可視のものとして、空虚として示すエンブレム」[*4]、あるいは「希望の新しいエンブレム」[*5]であると語っている。またV&A美術館はさまざまな矛盾する要素を内包することによって、「V&Aの文化横断的なコレクション、そこを訪れる人々の多文化的な性格、そして芸術・テクノロジー・歴史の融合を表わすエンブレム」[*6]になっていると解説している。この建築家がみずからの建築を言い表わすときにしばしば好んで用いる言葉はこの「エンブレム」であって、「象徴(シンボル)」ではない。

エンブレムとは何か。アンドレ・ジョレスはその語源について、古代人たちは「より大きな――たいていは異なった素材の――対象に取りつけられた小さな対象」を「エンブレーマ」と呼んだと言う[*7]。エンブレーマとは、野生の果樹に接ぎ木されたさし枝、投げ槍の鉄の尖端を柄にしっかり留め付ける木のくさび、靴に入れられた靴底、あるいはモザイクにはめ込まれたひとつひとつの石である。こうした小さな対象が取り付けられている全体はいずれも、異なる構成要素の多様性から成り立っている。そのとき、「エンブレーマは個の多様性から全体が構成されていることを示すだけではない。それはまた特殊な構成における多様性を自分の側から意味するのである」――

> エンブレーマは決して、全体の意味がそっくりそのままそこに見てとれるように、全体の意味を代表するのではない。そうではなくて、全体の意味が個々の単位の組み合わせとしてのみ理解され得ることを示しつつ、全体の意味を担うのが、まさにこのエンブレーマなのである。[*8]

エンブレムは全体を代表=表象する細部、すなわちマクロコスモスを映し出すミクロコスモスではない。それは断片的構成要素からなる全体が存在することを示しつつ、その構成要素の多様性を意味するのである。モザイクのかけらとしてのエンブレムというイメージは、ヴァルター・ベンヤミンの『ドイツ哀悼劇の根源』におけるトラクタートとモザイクの類比にもとづく「思考細片」*9の概念や、同じくベンヤミンの「翻訳者の使命」で翻訳に求められている「逐語性」の比喩としての「器のかけら」*10を連想させる。また、『ドイツ哀悼劇の根源』が象徴（シンボル）に対して貶められていた寓意（アレゴリー）の概念をあらたに積極的に評価したとき、そこで注目されていたものは、先述したようなエンブレムの意味作用であったと言ってよい。リベスキンドがみずからの建築を象徴ではなく、むしろエンブレムと呼ぶ背景には、ベンヤミンによるこの区別のあることが推測される。

リベスキンドの建築は既存の建築物や都市に対するその「接ぎ木」としての性格においてエンブレムである。同時にそれは、それ自体が無数のエンブレムに分解されうる異種混淆性を備えている。たとえば、三次元パズルであるかのように分解可能なポツダム広場改築案の模型がそうした特徴を如実に示している【図3】。リベスキンドのプロジェクトでは、建築のディテールから都市にいたるまで、接ぎ木が接ぎ木に移植されるプロセスがいくつものレヴェルにわたって層をなしている。この重層化のなかで、

【図3】ダニエル・リベスキンド、ポツダム広場改築計画案模型「パズル・ピース・モデル」（上：合体時、下：解体時）、一九九一年。

何が「幹」となるべきものであるのか、何が全体の統一性の核となるべきものであるのかは見きわめがたい。リベスキンドの建築とは、このように幹を欠いた接ぎ木の集積である都市の多様性、異種混淆性をさらに拡張する接ぎ木＝エンブレムにほかならない。

そのような存在としての都市は、リベスキンドが磯崎新との対談で語っているタルムードの余白、誰も触ることのできない本文に対する注釈として互いに矛盾したばらばらのテクストが、書き込みのそのまた書き込みの、さらにその周縁の書き込みといった具合に分岐し、それらがすべてクラスターのように圧縮された余白の状態を思わせる【図4】。文字で埋め尽くされたこの場所は、順序や序列、右も左もなく、どこから着手していいか手がかりのない敷地図に似ている。リベスキンドは、タルムードの本文

【図4】バビロニア・タルムードより、ベホロット冒頭部分。

という定義されることのない何ものかの余白に位置する、相互に矛盾し逆説に満ちた注釈の蝟集するこの場所の状態こそがすなわち「ユダヤ人」なのだ、と言う[*11]。中心となるテクストが存在するか否かという「掟」をめぐる問いをここでいったん括弧に括ってしまえば、リベスキンドにとって「ユダヤ人であること」とはいわば、「余白の余白」あるいは「幹のない接ぎ木」[*12]が幾重にも累積した場所の経験を意味していると言ってよい。言い換えれば、ユダヤ人であることとはエンブレムの蝟集するただなかに身を置くことなのである。

2 歴史の身体＝文字＝建築

エンブレムという言葉にはより具体的に、図像表現の一ジャンルを指す「寓意画」の意味がある。ヨーロッパにおいてエンブレムが盛んに生み出されたのは、『ドイツ哀悼劇の根源』が対象としたバロック時代であった。エンブレムの図像を集成した当時のエンブレム・ブックは多くの場合、タイトルにあたる処世訓やことわざによる「レンマ」、その図解である「イコン」、解説を行なう詩「エピグラム」の三つを構成要素とした。クルト・ヴィンクラーはこのエンブレム・ブックの構造をユダヤ博物館のなかに見出している。それによれば、ジグザグの折れ線を不可視の直線が貫くという二本の線のモチーフからなる建築物そのものは「イコン」であり、リベスキンドが計画案の着想にあたって依拠したアルノルト・シェーンベルクのオペラ『モーゼとアロン』やベンヤミンの『一方通行路』、あるいはベルリンを追われ殺害されたユダヤ人たちの名などのテクストは「レンマ」、そして、ものとして偶然残された諸々の展示物は「エピグラム」であるという[*13]。ユダヤ博物館というエンブレムにおいて、レンマやエピグラムはイコンのたんなる解説ではないし、レンマやエピグラムが意味する内容だけでイコンの表現するものがすべて言い尽くされてしまうわけでもない。エンブレムにおいてバロックの精神を魅了したのは、むしろ図像と言葉との非類似性、そのあいだに横たわる深淵であり、単一の意味という「幹」に回収されない、接ぎ木同士の意味作用の戯れだった。ヴィンクラーの見立てがどこまで正確な対応関係になっているかは措くとしても、エンブレム・ブックが言葉と図像という異質な要素の並列的な複合体、すなわち幹のない接ぎ木であり、その点でユダヤ博物館とのあいだに或る種の同型性が存在していることは認められてよいだろう。

ヴィンクラーはユダヤ博物館のイコンに対応するイメージとして、アンドレア・アルチャーティの『エンブレム集』(一五四二年版)から、「急ぐべし」というレンマをもった、弓矢に絡みつく海蛇のような魚のエンブレムを図版として掲げている[*14]【図5】。しかし、より適切なのは、ジグザグ形のこの建築に巨大な蛇を見ることだろう。リベスキンドはシンケルから得た亜鉛板による被覆のアイデアをこの建

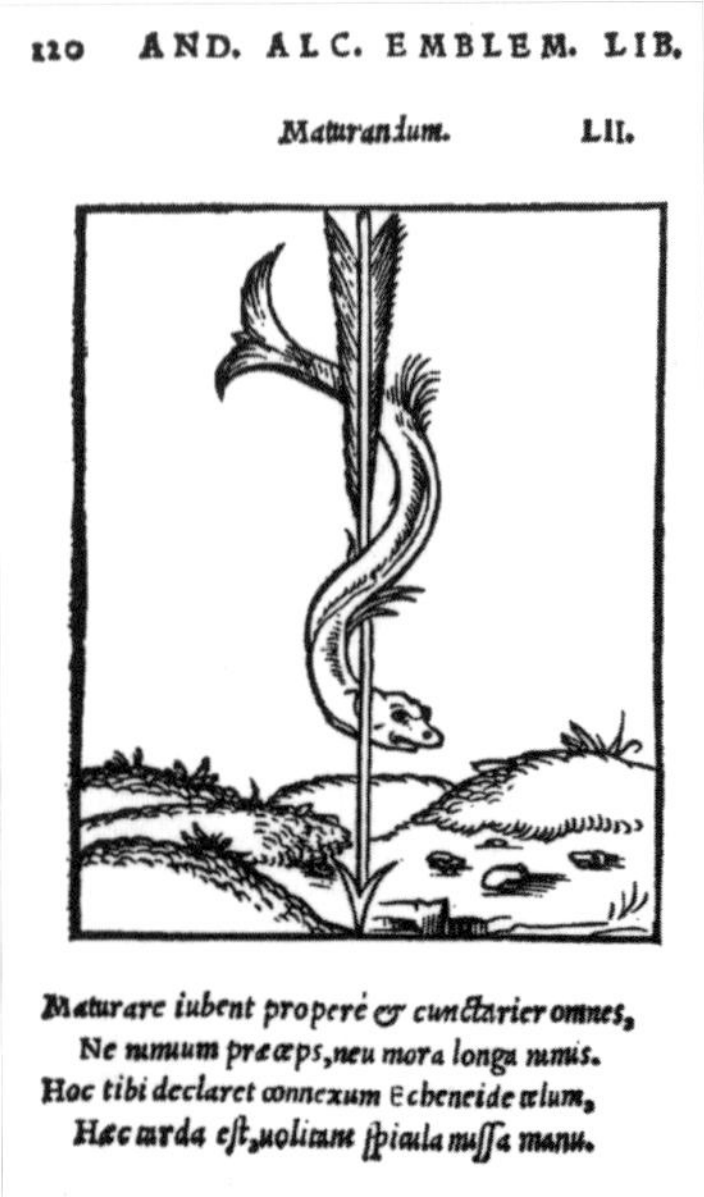

【図5】アンドレア・アルチャーティ『エンブレム集』(一五四二年)より、「急ぐべし(MATVRANDVM)」。

築で用いようとしていた[15]。亜鉛で屋根を覆うのはベルリンの建築の伝統であり、防腐処理のされていない亜鉛は数年をかけ酸化して青灰色に変わり、その変化は亜鉛板が東西南北のいずれを向いているかによって異なるという。このプロセスによってはじめて、亜鉛に被覆された建築はベルリンという都市の一部になってゆく[16]。ユダヤ博物館の外壁に実際に用いられたのは亜鉛チタン合金の板であり、このような腐食による変化は実際には目立って生じていないが、ユダヤ博物館の外壁がもし青灰色に変色していたとしたら、カート・フォースターが指摘するように、それはよりっそう蛇の鱗のごとくに見えたに違いない[17]。

フォースターは、ジグザグ型の建物本体とそれを貫く「空虚（ヴォイド）」と呼ばれる何もない空間が形成する切れ切れの直線からなるユダヤ博物館【図6】に「カドゥケス」、つまり二匹の蛇が絡みついたヘルメス神の杖、あるいはモーゼが砂漠で毒蛇に噛まれて苦しむイスラエルの民を救うために旗竿の先に掲げた青銅の蛇【図7】の形象を認めている。この蛇という象徴に関連し、アビ・ヴァールブルクは、精神錯乱からの快復途上の時期に行なったプエブロ・インディアンの蛇儀礼をめぐる講演で、ヨーロッパ文化にお

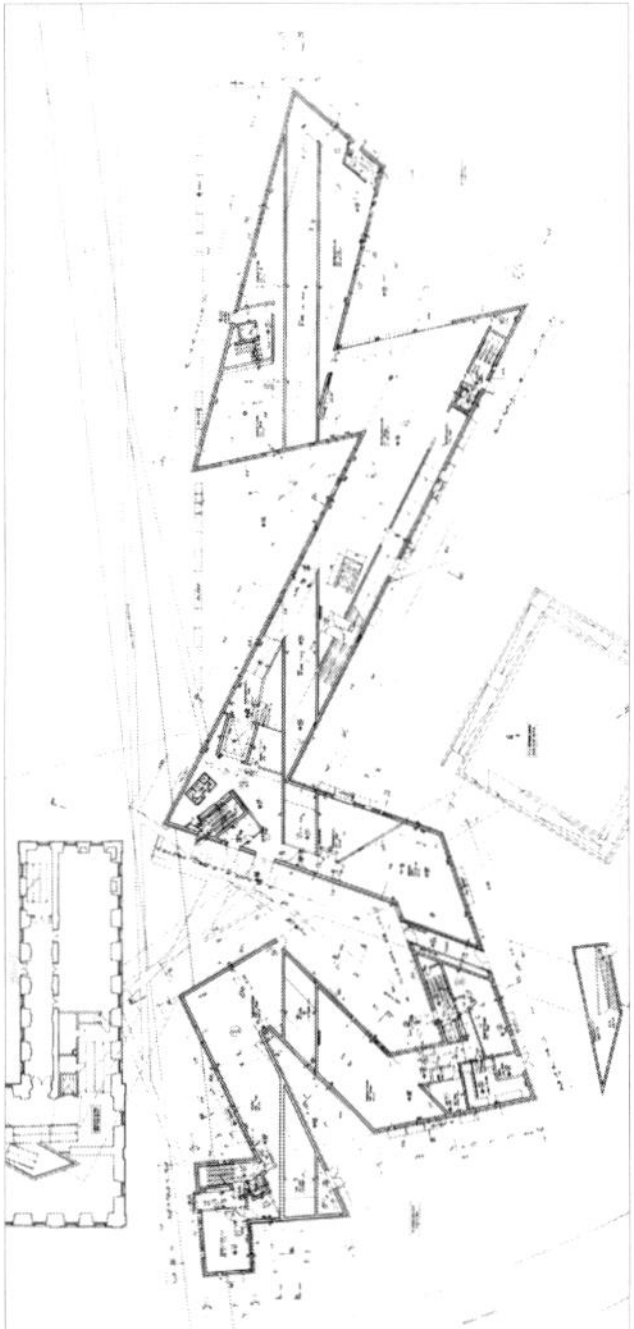

【図6】ダニエル・リベスキンド、ベルリン・ユダヤ博物館一階平面図。

【図7】オリーヴ山礼拝堂天井画に描かれたモーゼと青銅の蛇、ザンクト・ウルリヒ・ウント・アーフラ聖堂、クロイツリンゲン。著者撮影（Photo: TANAKA Jun, 2009）。

けるその多義性を指摘している＊18。古代バビロニアの原始の蛇ティアマートに始まり、旧約聖書においても蛇とは誘惑を行なう悪しき霊であった。ギリシア神話でも神々は、ラオコーンとその息子たちの死が物語るように、人間を罰するために蛇を遣わした。しかし、蛇を魔物と見なすこのような世界観とは対照的な蛇象徴も存在していた。カドゥケスは、死者を甦らせたためにゼウスの怒りを買って殺されたという医術の神アスクレピオスの持ち物であった。ヴァールブルクによれば、アスクレピオスは元来まさに蛇として崇拝されていたのであり、彼の杖に巻きついている蛇はアスクレピオス自身なのである。そして、蛇が脱皮によって象徴しているのは、生命が永続してゆく過程にほかならない。

モーゼによる青銅の蛇の奇蹟は中世キリスト教の世界観のなかに保たれていった。中世のキリスト教神学は蛇崇拝を克服すべき対象としてあまりに強く記憶にとどめていたため逆に、旧約聖書に新約聖書の事柄がすでに予示されているとする予型論的な表現において、蛇崇拝をキリストの磔刑に似たイメージとして表現している。モーゼの青銅の蛇をめぐる信仰はキリストによる救済の予兆として描き出されたのである。悪の化身にして救済者であるという両義性あるいは対称的反対意味を同時に意味するその両極性が、蛇象徴の執拗な呪縛力を生んでいる。蛇はこうした死と再生の両義性において、精神病から自分で自分自身を救い出そうとしたヴァールブルクにとってもまた、モーゼの青銅の蛇に似た護符であった＊19。

そして、この両義性ないし両極性は、「ユダヤ人とベルリンの歴史を信頼〔信仰〕の癒しがたい傷口を通じて再統合する」＊20という、リベスキンドがユダヤ博物館に与えたパラドクシカルな課題にとってもまた、一本の導きの糸だったのではないか。米田明が指摘しているように、ユダヤ博物館の形状にはマイケル・ハイザーの作品など、いわゆるポストミニマリズムのアース・ワークとの類似が認められる＊21。この文脈からしても、ハイザーが古代アメリカ・インディアンの土塁遺跡とのあいだに結んでいる動物象徴との密接な関係が、リベスキンドの場合にもまた想定されうるだろう。

或る種のアルカイスムがそこにあることは否定できない。ただし、それをたんに神話の再現として読み解くことで満足してはならない。ユダヤ博物館が連想させる、槍によって指し貫かれ傷ついた蛇のイメージにユダヤ人の歴史の形象化を見る、といった解釈のレヴェルにとどまるべきではなく、そのような歴史の形象化がなぜ蛇をめぐるアルカイックな想像力と交わるのかという点にこそ、おそらくこのエンブレムが孕む本質的な問題はある。

ベンヤミンはバロックの寓意表現に自然と歴史の奇妙な交錯という現象を認めている。その交錯を指す「自然史（Naturgeschichte）」という概念は、凋落過程における「はかなさ」ゆえに、腐朽する「自然」の相貌を帯びるにいたった「歴史」を意味している――「バロック悲劇とともに歴史が舞台のなかに入りこんでくるとき、それは文字として入りこむ。自然の顔貌に、はかなさを意味する象形文字で、

〈歴史〉と書かれてあるのだ」[*22]。そして、バロック哀悼劇の舞台上で、自然史としての歴史は廃墟の空間によって可視化された。

自然史における自然と歴史の交錯のあり方を示すものが、寓意がもつ図像としての文字性、すなわち象形文字的な性格である。ベンヤミンによれば、生気ある音声によって浄化されることのない文字の被造物性のなかには、もはや自分自身とけっして一致することのできない言語における「意味するもの」と「意味されるもの」との根源的な分裂が、解読しえない諸々の「謎」として蒐集されている。つまり、寓意的な象形文字とは、解読されることを求め続ける謎の貯蔵庫、ひとつの博物館の廃墟にほかならない。リベスキンドがベルリンという土地に一種の抽象化された紋章として描き出す、直線によって貫かれた蛇もまた、そんな廃墟としての象形文字と見なせるのではないだろうか。このエンブレム的博物館のレンマのひとつである『モーゼとアロン』第二幕でシェーンベルクは、「おお言葉、汝、言葉よ、それがわたしには欠けている」というモーゼの台詞にもはや音を与えてはいない。与えることができない。「意味するもの」と「意味されるもの」との亀裂を告げるこの台詞は、音楽によって浄化されないままにとどまるのである。

土塁遺跡や地上絵を大地に描いた古代人たち同様に、ユダヤ博物館という寓意的象形文字は空からの「天使」のまなざし(「今日、私が想像できる唯一の天使たちとは、博物館のプランを上空から見ることのできる飛行機ということになるでしょう」[*23]とリベスキンドは言う)に差し出されている。それは建築と化した文字である。自分の計画案のモデルを覆うテクスト断片の文字はつねにそれ自体がすでに「肉体的要素」であり、「物理的な実在性」を担っているとリベスキンドは語っている[*24]。ドゥイスブルクに計画されたユダヤ・コミュニティー・センターとシナゴーグの案では、この「天使のまなざし」へと向けてヘブライ文字の א(アレフ)が建築物によって大地に描き出されている【図8】。リベスキンドはそこで、あらゆるヘブライ文字同様、アレフも人間身体の構造をもつと述べ、それに対応させて頭、

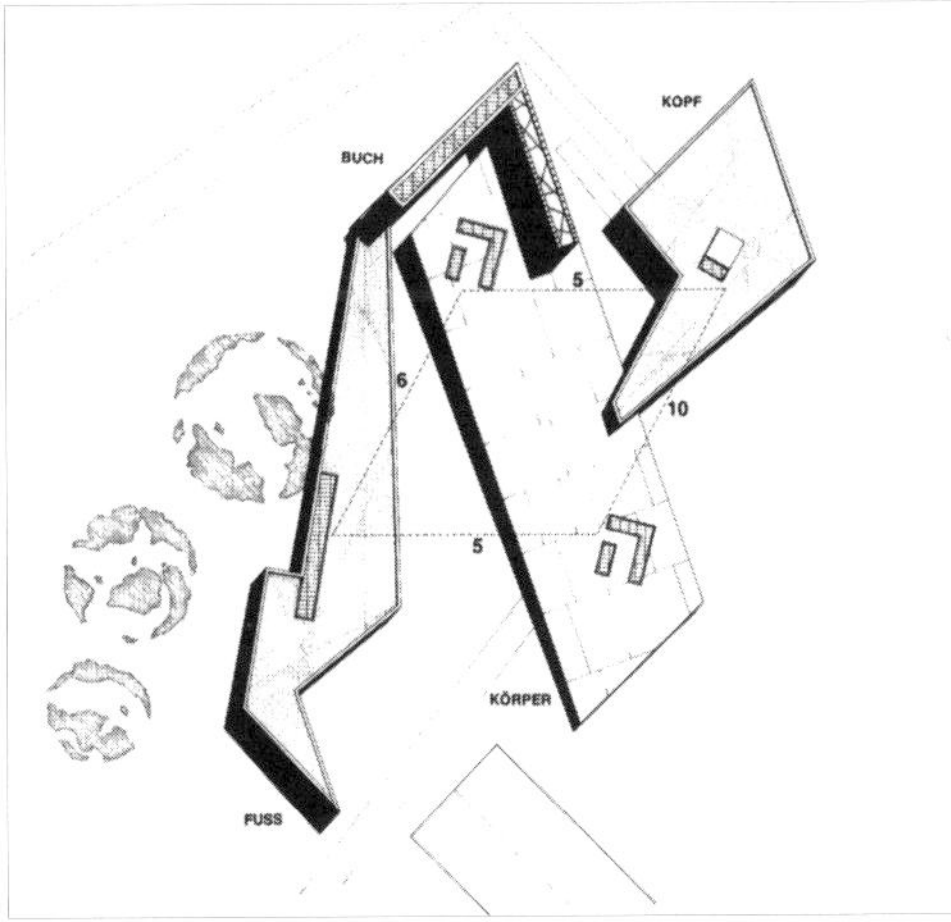

【図8】ダニエル・リベスキンド、ユダヤ・コミュニティ・センターおよびシナゴーグ計画案一階平面図、一九九六年。建築物がヘブライ文字א（アレフ）のかたちをなしている。

胴、足の三部からなる建築複合体を提案している*25。サンフランシスコのユダヤ博物館のデザインも、「生命」を意味するヘブライ文字の組み合わせによって構想されている。リベスキンドがその設計意図として述べているように、ユダヤの伝統では、文字はたんなる記号ではなく、それが創造する歴史の重要な参与者なのである。「生命」を表わすヘブライ文字の空間は、この単語の多様な解釈に応じたダイナミックな運動として経験されることになる、と彼は言う*26。

カバラをはじめとするユダヤ思想の文字信仰では、人間の身体がひとつの文字、あるいは文字の組み合わせとして表わされる。リベスキンドはその発想に沿うことによって、ヨーロッパ建築の伝統である、建築物に人体の有機的構造を投影する人体同形主義とはまったく異質な、身体＝文字＝建築という等式を成り立たせている。この等式のなかで人体はすでに有機的な生命体ではなく、線の組み合わせに還元された文字となる。そして、こうした身体＝文字＝建築という観点から見直すならば、リベスキンドのさまざまなプロジェクトに現われる建築は象形文字であると同時に、文字人間の奇怪な身体にほかならないのである。建築家はそのとき、人間身体の比例関係に合わせて建築に有機的な構成を与えるのではなく、建築を文字としてかたちづくることによって、寄せ木細工めいた機械人間の形象を生み出している。それはユダヤ的な文字神学に連なる発想であるとともに、「全体としての有機的なものは破壊されねばならない、とする掟に対しては、人体も例外となることは許されなかった」[*27]というエンブレムの画法や、屍体を最高のエンブレム的小道具としたバロック哀悼劇の寓意的形式にも従っている。

リベスキンドは、人間の表象システムの起源をめぐって、石と石とを打ちつけてできる点、二つの石を並べてできる線について語り、点や線をたんにグラフィカルなものではない、先史時代の人間の身体と心理に密接に関連したものととらえている[*28]。大地に建築物で文字を描こうとする彼の建築が引き受けている伝統は、ルネサンス以降の建築史のそれであるよりも、先史時代の土塁遺跡や石器時代の巨石記念物へと一挙に遡るものであろう。しかし、古代的な儀礼や神話、ユダヤ神学の名残りがそこに認められるとしても、彼自身の建築に聖なるものへの信仰はもはやない。それはみずからが無数の瓦礫が堆積した都市という歴史の場に接ぎ木される断片にすぎないことを知っている。このようにたんに古代的でも近代的でもない志向のもとに生まれているものが、現代的なアルカイスムを宿したリベスキンドの建築におけるアナクロニックな形象であり、自然史のエンブレムとしての、謎めいた文字のような建築＝人体のイメージなのである。

3　指標としての空虚

都市に対する接ぎ木のひとつであろうとするリベスキンドの建築は形式的に自己完結した統一体ではなく、何らかの外的な力、歴史の力——暴力——と呼んでもよいであろう何かによって「切断」された傷痕を刻み込まれている。その建築における「線」、とりわけ直線（直線的線分）とは、歴史の暴力による鋭角的な「切断」と「結合」のしるしにほかならない。ユダヤ博物館を貫く「空虚（ヴォイド）」はそうした直線的痕跡のひとつである。リベスキンドはベルリン近郊のヴァイセンゼーにあるユダヤ人墓地を訪れたときの経験がこの「空虚」の発想を生んだと述懐している——

この墓地でわたしに衝撃を与えたのは、その空虚でした。何メートルにもわたる非常に背の高い御影石の板からなる墓石の群。そしてその墓を訪れることのできる人はもはや誰もいません。そこにはヘブライ語の銘や象徴もほとんど残っていません。この墓地はある意味でこの共同体の未来のために造られたというのに、その共同体にはそもそも未来などもはやまったく存在しなかったのです。[*29]

ベルリンという街からすでに切り離しえないものとなったこの空虚を可視化することがユダヤ博物館設計の課題となった。博物館の一部としてたまたま偶然に「空虚」があるのではなく、それはベルリンの文化の中心に、博物館に先行して存在するこの空虚に対応している。もとより、ユダヤ博物館の「空虚」は意図的にデザインされた空間であるが、リベスキンドのこうした設計プロセスを背景とするとき、それはむしろ博物館の建造以前にすでにその土地にあって、立ち入ることのできない禁忌の場所と化した犯罪事件の現場にも似た性格を帯びることになる。「空虚」は博物館建造に先行する出来事の痕跡と化す。ちょうど捜査活動が事件現場に残された指紋を浮かび上がらせるように、ユダヤ博物館は、「空虚」という痕跡を目に見えるものとすることによって、ベルリンの歴史におけるユダヤ共同体の喪失を告げるのである。

歪んだダヴィデの星を中心に置いたユダヤ博物館のコンセプト・コラージュ【図9】やヌスバウム美術館のコンセプト・ドローイングには、そんな指紋を連想させるかのように、リベスキンドの重要な着想源のひとりであるエル・リシツキーの一九二〇年代のコラージュ作品【図10】から、右手の手形が引用されている。このコラージュには、斜めに歪んだダヴィデの星も描かれており、その点でもリベスキン

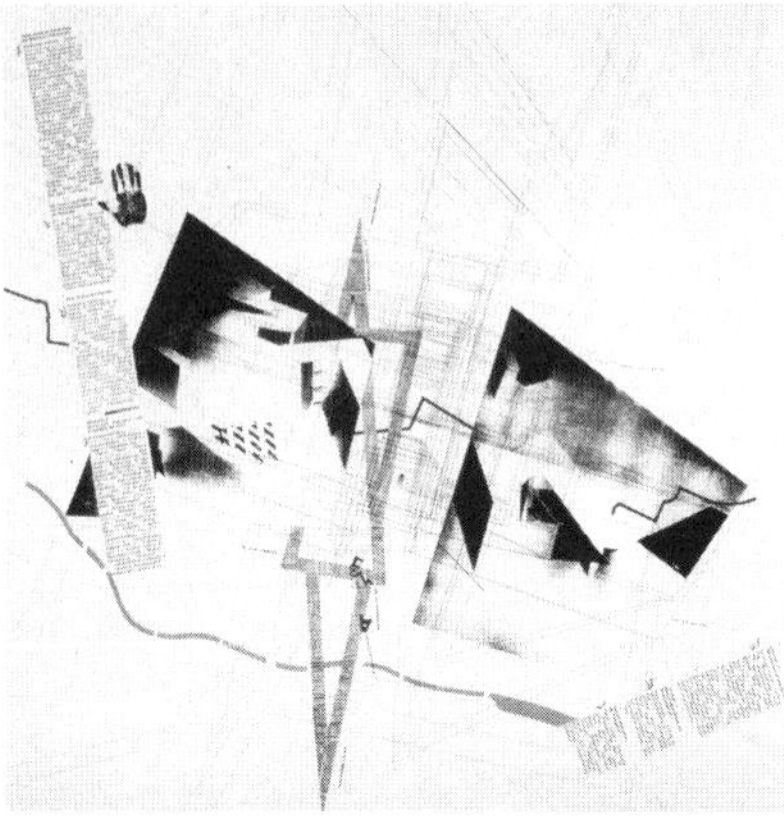

【図9】ダニエル・リベスキンド、ベルリン・ユダヤ博物館「スター・マトリックス」。

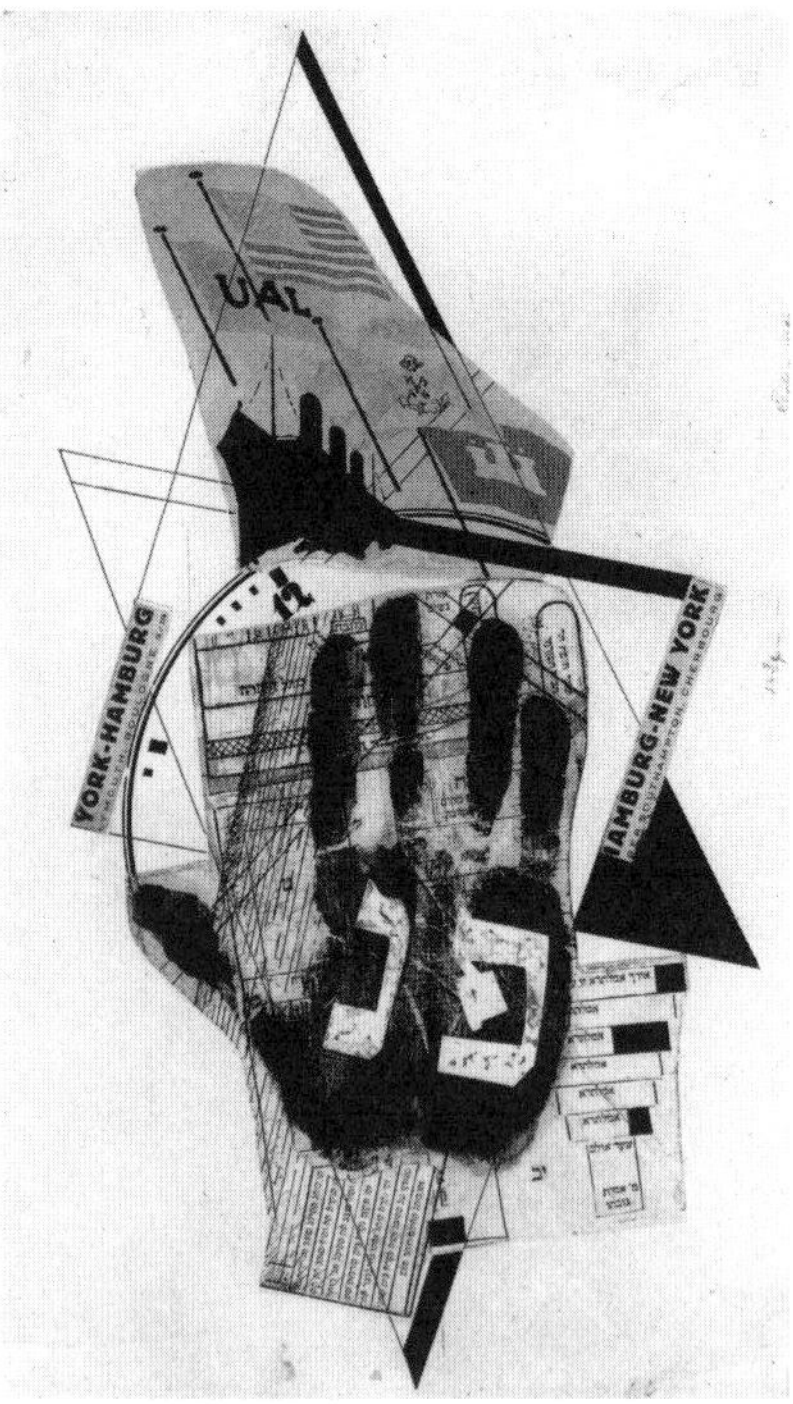

【図10】エル・リシツキー《乗船券》、一九二二年。

ドに影響を与えたに違いない。《乗船券》というリシツキーの作品タイトルや、コラージュに用いられた「ハンブルク - ニューヨーク」という文字の切り抜き、さらには上部にある米国旗の絵からして、リベスキンドによるこの手形引用の意図は、アメリカへと逃れることができずに虐殺されたユダヤ人たちの運命を対照的に暗示するところにあるのだろう。だが同時に、ヘブライ文字「פנ」（右から「ペー」と「ヌン」と読み、伝統的に墓石に刻まれる「此処に眠る」の頭文字である）を手のひらの中央に刻印された手形は、都市や敷地のプラン上に配置されることによって、身体の一部であるとともに文字、そしてなおかつ建築物であるという、あのユダヤ的／寓意的な身体＝文字＝建築という等式を思い起こさせる。リシツキーの手形は、ユダヤ人の運命を浮かび上がらせる、都市に押印された痕跡という性格をいわば図解しているのである。

　リベスキンドはアレクサンダー広場の計画案を説明するにあたって、『ベルリン・アレクサンダー広場』の作者アルフレート・デーブリンが、「どのようにアレクサンダー広場を描写するのか」という質問に対し、左手の手形を作り、「これがアレクサンダー広場だ」と答えたというエピソードを引いている[*30]。それはなぜ右手ではなく、左手だったのか？ ファシズムと左翼イデオロギーについての暗示なのか？ それとも、運命を読み取らせるものであると同時に、道具を握ってしまえば見えなくなる手相の皺をめぐるものだろうか？――こうした自問を通して、この建築家は、いわばこの都市の眼に見えない「運命線」としての歴史の解読を行なっている。彼の計画案に付けられた「いまだ生まれざるものの痕跡（Traces of the Unborn）」という名が示唆するのは、歴史の抹消に抵抗し、歴史に応える必要性である[*31]。具体的にこの計画案は、一挙にその場を更地に還元して、歴史を無化した白紙状態から新しい都市を立ち上げるのではなく、旧東独時代の全体主義的都市計画の産物を徐々に解体しながら変容させて行くプロセスによって、都市計画の「マスタープラン」なるものの専制的権力をも批判するようなアプローチとして提案された。「いまだ生まれざるものの痕跡」とは、ユダヤ博物館でもテーマとされているベルリンの歴史的なコンテクストに刻み込まれた不可視の文化的空白を、「いまだ生まれざる」＝これから生まれるべき公共空間の足がかりへと逆転させるために用いられた撞着語法（オクシモロン）なのである。

この不可視の痕跡は、歴史のなかで生起した事実でありながら、依然としてその一部となりえていない出来事、トラウマ的な事件を指し示すしるしである。その痕跡の意味は遅れて、未来に到来する。そこには、過去に刻印された痕跡でありながら、定かならぬ何かの予兆であるという、パラドクシカルな時間性がある。本書第Ⅳ部第1章で論じるように、この時間性は、ベンヤミンが写真のうちに見ようとしていたものであった。端的に言えばそれは、過去のうちに未来の潜像を探そうとすることである。ベンヤミンにとっての歴史叙述とは、過ぎ去ったもののうちの「生まれざるもの」を生へともたらすこと、写真の比喩を用いれば、痕跡として潜在しているイメージを「現像」することである。「いまだ生まれざるものの痕跡」という概念が表わしているような、都市と建築をめぐるリベスキンドの思考には、こうしたベンヤミンの歴史哲学における写真的パラダイムに通じる発想が認められる。

ここではまずリベスキンドの建築における痕跡性を考察しよう。周知のように、C・S・パースの記号学によれば、活版印刷や手形のように、対象との物理的な接触によって残された記号は、対象との結びつきが類似にもとづく「イコン」や文化的コードによる「象徴（シンボル）」ではなく、「指標（インデックス）」のカテゴリーに属する[*32]。リシツキーの手形の引用や「いまだ生まれざるものの痕跡」といった概念はいずれも、リベスキンドにとっての建築が指標的な記号の性格を帯びていることを示唆している。

ユダヤ博物館は蛇を連想させる形状においてイコンであると同時に、リベスキンドが与えているさまざまな解読のためのコードによって象徴でもある。しかし、そのただなかの空虚は一種の痕跡性を通じて、指標記号の性格をこの建築に与えているように思われる。ロザリンド・クラウスは現代美術の指標的性格を論じるなかで、一九七六年にロング・アイランド市の遺棄された巨大なビルP・S・1で開かれた展覧会を取り上げている。そこに展示されたインスタレーション作品の多くは、腐った床や剝落した塗料といった建物そのものの荒廃した状況を利用したものだった。たとえばゴードン・マッタ＝クラークは、建物の三階分の梁の上下の床と天井を切り抜き、そこで露出された骨組みの構造を貫くような空間の柱を創造している。クラウスによれば、この切り取りの操作によって、マッタ＝クラークの作品は、写真のフレームのように連続的な現実の自然的配列から選択を行なっているのであり、その点で写真同様、指標記号ととらえられる。こうした作品を典型として、そこで写真のように「コード化されずに現前化され得るメッセージ」とは、既存の建物自体にほかならない。それによって、建物がそこに存在しているという現前性自体が浮上させられるのだが、しかし、そのとき同時に、こうした作品は「途方もない過去‐時間の感覚」で満たされる、とクラウスは言う――

というのもこれらの作品はある物理的な原因によって生み出されているにもかかわらず、その痕跡、刻印、目印は、それ自体もはや所与の記号においては現前していない原因の名残りだからである。つまり、もろもろの痕跡の如く、私が述べてきた作品は、物理的には現前しているが、時間的には隔たっているというパラドクスを通じて、建物を再現前化しているのである。*33

写真において顕著な「過去の現前」というこのパラドクスは指標記号の特性である（われわれはまた、それがメトニミーのもつ効果であることを確認している*34）。クラウスはここで、マッタ＝クラークらの作品のうちに、写真に通じる「フレームによる現実の切り取り」という操作を見出している。感光による化学変化という写真における指標的痕跡の生成過程とはもちろん異なるが、既存の建築物に空洞が穿たれて、いわば、内部からフレーミングがなされるとき、その切り取りの痕跡そのものが指標的な記号作用を行なう、ということであろう。そこに生じるのは、建物自体は現前し続けているにもかかわらず、切り通しというフレーミングによって、残余の建造物が再現前化されて、その存在が二重化されているかのような感覚である。その点をとらえてクラウスは、マッタ＝クラークの作品の場合、切り通しという手続きによって生じた空虚が「建物を亡霊というかたちで、見る者の意識にもたらす」[*35]と表現している。

リベスキンドがユダヤ博物館の内部に空洞を穿つことで行なおうとしたことは、これと同様の「亡霊化」の作業ではないだろうか。この建物の表皮にあたる外壁を大小さまざまに切り裂いて走っている窓のラインもまた、マッタ＝クラークの一連の作品における建物の切り通しに似た印象を与える。たしかにユダヤ博物館の「空虚」や壁の亀裂は、マッタ＝クラークの作品のようにすでに存在する廃墟に切断や切り通しの操作を加えたものではなく、博物館とともにあらたにかたちづくられてゆく、デザインされた空間にほかならない。その点で、「空虚」や亀裂は指標記号そのものを形成するのではなく、あくまで指標記号的な痕跡の象徴として機能している。マッタ＝クラークの作品では、既存の廃墟が刳り貫かれることで、その開口部によるフレーミングが写真的な指標記号の性格を生み出すのに対して、ユダヤ博物館の場合には、建築物そのものが内部の空虚によってあらかじめフレーミングされたものとして設計されている。それは「歴史の痕跡をベルリンと結びつけ、ベルリンをふたたびその抹消された記憶と関係づける」[*36]という課題に、「空虚」のフレーミング効果をあくまで象徴的に用いることで答えている。ユダヤ博物館の指標記号的な性格は、いわば指標記号を擬態した象徴的な意味作用のレヴェルで生まれている。

オラーニエンブルクにあるザクセンハウゼン強制収容所跡に隣接する旧ナチ親衛隊施設跡地計画でリベスキンドは、「希望の刻み目」と呼ぶプロジェクトを提案した[*37]。それはこの土地に細長い長方形の切れ目を刻み込み、その内部に建築複合体を配置することで、新しいトポグラフィを出現させようとする試みである【図11】。一方、廃屋と化した親衛隊の建物群は厚く土で覆われ、その一帯には縦横に人工の運河が掘られる。あくまで指標記号の象徴化を行なっていたユダヤ博物館とは対照的に、ここでは

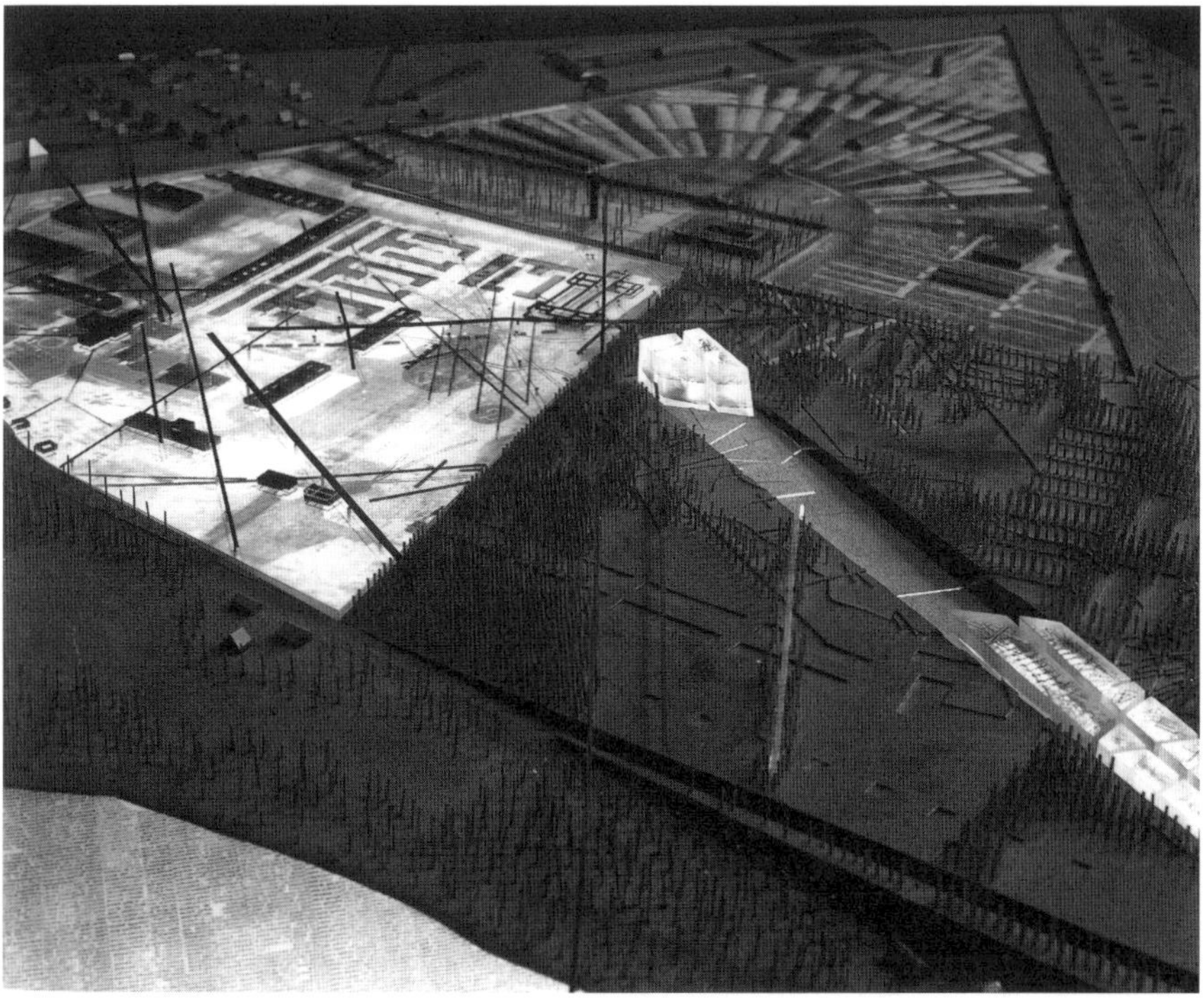

【図11】 ダニエル・リベスキンド、ザクセンハウゼン強制収容所・旧ナチ親衛隊施設跡地計画案、敷地モデル、一九九二年。

都市計画の次元において、文字通りに指標的痕跡を生み出すことが目論まれていたと言ってよい。その課題をリベスキンドは「哀悼＝朝（Mo~~u~~rning）」と表現した*38。

哀悼の場、喪の仕事の場、そこはひとつの墓地である。墓地とは何か。ジョルジュ・ディディ＝ユベルマンの言葉を借りれば、墓地とは「不在のまま、存在するための場」*39にほかならない――

この場ではすべてが埋葬され、土深く埋もれながら、しかし、完全に不可視のものとならない。なぜなら、この場のすべては、消失をしるしづけるものであるにせよ、消失の視覚的表徴をもってはいるからだ。*40

ユダヤ博物館の「空虚」とはそんな「消失の視覚的表徴」としての虚ろな墓石である。リベスキンドはベルリンに計画された「虐殺されたヨーロッパ・ユダヤ人記念碑」のために、「石の息」という言葉をモットーに掲げた案を発表している。「石の息」とは、「運河」と呼ばれる溝のなかに立つ、いくつも亀裂の入った高さ二十一メートル、幅五メートルのコンクリート壁を指す。五つの断片からなる長さ一五〇メートルのこの「石の息」は、ユダヤ博物館の空洞を実体化させたものである。つまり、「空虚」がここでは現実に墓石に似たヴォリュームに反転しているのである。

そしてこのことは、ユダヤ博物館それ自体においても、ヴォリュームの充実と空虚との対立が反転可能な状態に置かれていることを暗示している。ディディ＝ユベルマンは、アルベルト・ジャコメッティの作品《キューブ》やミニマリズム彫刻を分析して、人体同形的なそのヴォリュームが内部の空虚によってつねに脅かされているという、弁証法的な緊張関係の存在を指摘している*41。ユダヤ博物館が示すものもまた、充実と空虚、内部と外部の安定した関係が揺らぎ、対極が反転しあうかのような緊張のもとにある「静止状態の弁証法」（ベンヤミン）ではないだろうか。空虚が建築に先行しているかのような、時間の転倒する印象がその揺らぎのなかに生まれている。

ザクセンハウゼンの敷地に計画された大地への巨大な刻印をリベスキンドは「希望の刻み目」と呼んでいた。それは「希望の痕跡」であり、「いまだ生まれざるものの痕跡」のヴァリエーションであろう。「いまだ生まれざるもの」とは希望である。それはすなわち、希望は「いまだ生まれざるもの」として確保される、ということを意味する。ここには本書第Ⅰ部および第Ⅳ部で取り上げているベンヤミンの希望論との照応を認めることができる。過去のうちに「現像」されるべき希望の痕跡を読み取るのがベンヤミンの写真的パラダイムにおける歴史叙述者の使命であるとすれば、リベスキンドが建築という形態で構想していたものもまた、そのような「歴史叙述」——建築的歴史叙述——であった。

4　限りなき敷居

ユダヤ人とベルリンの歴史を再統合するための、ユダヤ博物館の「空虚」という「信頼〔信仰〕の癒しがたい傷口」[*42]をめぐってリベスキンドは、聖書の「ヘブライ人への手紙」(十一：一)から「信仰とは、望んでいる事柄を確信し、見えない事実を確認することです」(新共同訳による)という言葉を引用している。眼に見える空虚の彼方に何か別のものを見ることということこの要請は、しかし、リベスキンドの場合、神への信仰とはもはや直接に結びつけられてはいない。ユダヤ博物館の緊張関係には、ディディ＝ユベルマンが語っているような[*43]、イエス・キリストが去ったのちの棺の空洞を見ることを通じて神への信仰を確認する「眼に見えるものの彼方を見る」信仰のまなざしと、作品をただ眼に見える通りのものにしようとするミニマリズムの「眼に見えるものしか見ない」同語反復のまなざしとの対立が孕まれている。とするならば、この対立を越えて、世俗化された世界のただなかで「見えない事実を確認すること」はどのようにして可能なのか。

トニー・スミスの作品をはじめとするミニマリズム彫刻は実際にはたんに同語反復的なものではありえず、充実と空虚の狭間にベンヤミンの言う意味で「弁証法的」なイメージを生み出していることを、ディディ＝ユベルマンは緻密に論証している。その分析の最後に彼は戸口ないし敷居のモチーフを取り上げ、ハシディズム的なタルムード釈義の寓話に似たカフカの物語「掟の前」が、伝統的には閉ざされた状態で表わされるべき掟の門の扉を開かれたものとして描写している点に注目し、宗教的な伝統から切断されたそのイメージを「弁証法的イメージ」のひとつに数え入れている。それが弁証法的であるのは、この開かれた扉は掟を、遠く彼方に所在すると同時にごく近くにあるという矛盾した分裂状態で示しているからである。カフカの物語のなかで死の間際に男が眼にする掟の門の輝きは、遠さと近さのこの交錯が生む「アウラ」にほかならない。そして、ディディ＝ユベルマンは、たとえばロバート・モリスの作品がわれわれに与えているのは、このカフカ的な敷居の構造をもったイメージであると言う。きわめて単純な幾何学形態をしているにもかかわらず、それはカフカの物語が備えているような迷宮的構造の一部、その入り口をなす――「年月のすべてにわたって開かれたままだったがゆえに、それ［掟の門］が示していたのは、みずからが道具的な意味における「敷居」――そこを越えて出たり入ったりするための敷居――ではなく、絶対的な敷居、すなわち無限の敷居であったということである」*44。

こうしてわれわれは、タルムードの余白の構造について論じたときにいったん括弧に括った問いの前にいる。われわれが判断を保留したのは、「掟」となる本文がリベスキンドにとって存在するか否かであった。その答えは「掟の前」の物語が与えている。つまり、注釈に対する注釈が接ぎ木されて全体が圧縮されたタルムードの余白とは、この建築家にとっておそらく、「開かれた扉」としての「無限の敷うに語っている――

居」なのである。この限りなき敷居という終わりなき中間地帯の空間について、リベスキンドは次のよ

たとえば、ある種のユダヤの伝統を見てみると、そこでは、空間というのは引き込みによる空虚なモメントなんだ。それは、パスカル的な孤独の無限の連続体というのとは正反対の考え方だ。つまり二〇世紀のカバリズムのある種の神秘思想によれば、空間というのは、人間にとっての唯一のチャンスでね、つまり世俗化のなかのただひとつのチャンス。神的なものの引き込みによって可能になったチャンスというわけだ。[*45]

ここでリベスキンドが述べているのはルーリア派カバラが唱えた「ツィムツーム」の理論と思われる。ゲルショム・ショーレムが述べているところに従うと、「ツィムツーム」とは元来、「集中」ないし「収縮」の意味だが、この理論ではむしろ「退くこと」、「撤退」を指す。なぜなら、「カバリストのツィムツームはもはや神をしてみずからをひとつの場所へ集中させるどころか、ひとつの場所から退去させるからである」[*46]。これが意味するのは、神のうちにおける収縮の過程を通じてはじめて、宇宙が存在可能になったという事態である。こうした思考は、神の本質がいたるところにあって無はまったく存在しえないのに、いかにして神は無から創造し、世界が存在しているのだろうか、という問いに始まっている――

ルーリアは言う。世界の可能性を保証するためには、神は自身の本質のなかに、自分がそこから退去してしまった領域、言い換えれば神が創造と啓示において初めてそこへと歩み出ることができる一種の神秘的原空間を作らねばならなかった、と。無限なる本質エン・ソーフのすべての行為のうちで最

初になす行為はしたがって、これが決定的なことなのだが、外部へ歩み出ることではなく、内部へ歩み入ること、つまり自己自身のなかへ退くこと、思い切った表現を用いることが許されるなら、「自己自身から自己自身のなかへの」神の自己交錯なのであった。[*47]

「引きこもり」により、神が立ち去ってあとに残した空間こそが、人間の出現できる場である。ショーレムは「このように神が自己自身の存在のなかへ退くことをわれわれは、神自身がその全能から一層深い孤独のなかへ「亡命する」とか、自己を「追放する」とかいう表現で解釈したい気がする」と言う——「このように解釈されるならば、ツィムツームという理念は、考えられるかぎり最も深い亡命の象徴、「容器の破裂」よりももっと深い象徴となるだろう」[*48]。ツィムツームとは自己の内部への、神の「亡命」にほかならない。

ショーレムの記述が明らかにしているように、問題なのは世俗的な空間への神的なものの引きこみではなく、神的なものが引きこもることによって生まれた空虚に、被造物としての人間にとっての「唯一のチャンス」が存在するという点である。リベスキンドはさらにその空虚を、神の不在としてではなく、歴史に同化されずにとどまっている出来事（不在の出来事）と読み替える。彼の建築はいわば、歴史の一部が「引きこもる」ことによって生じたこの空虚をめぐり、それをあらわにしようとする試みなのである。

そのとき、リベスキンドの建築は注釈が限なく書き込まれたタルムードの余白に似た迷宮性を帯びる。この奇妙な空間は過去・現在・未来のあいだを揺らぎながら時間的な遠さと近さを交錯させ、初期のドローイング集『ミクロメガス』【図12】がすでに示していたような、内部へ入り込む運動が同時に外部へと出る運動でもあるという捻れた回路を作り出す。それゆえ、ヌスバウム美術館という「出口なき美術館」もまた、たんなる袋小路ではなく、いわば延々と限りなく続く入り口としての敷居であり、あ

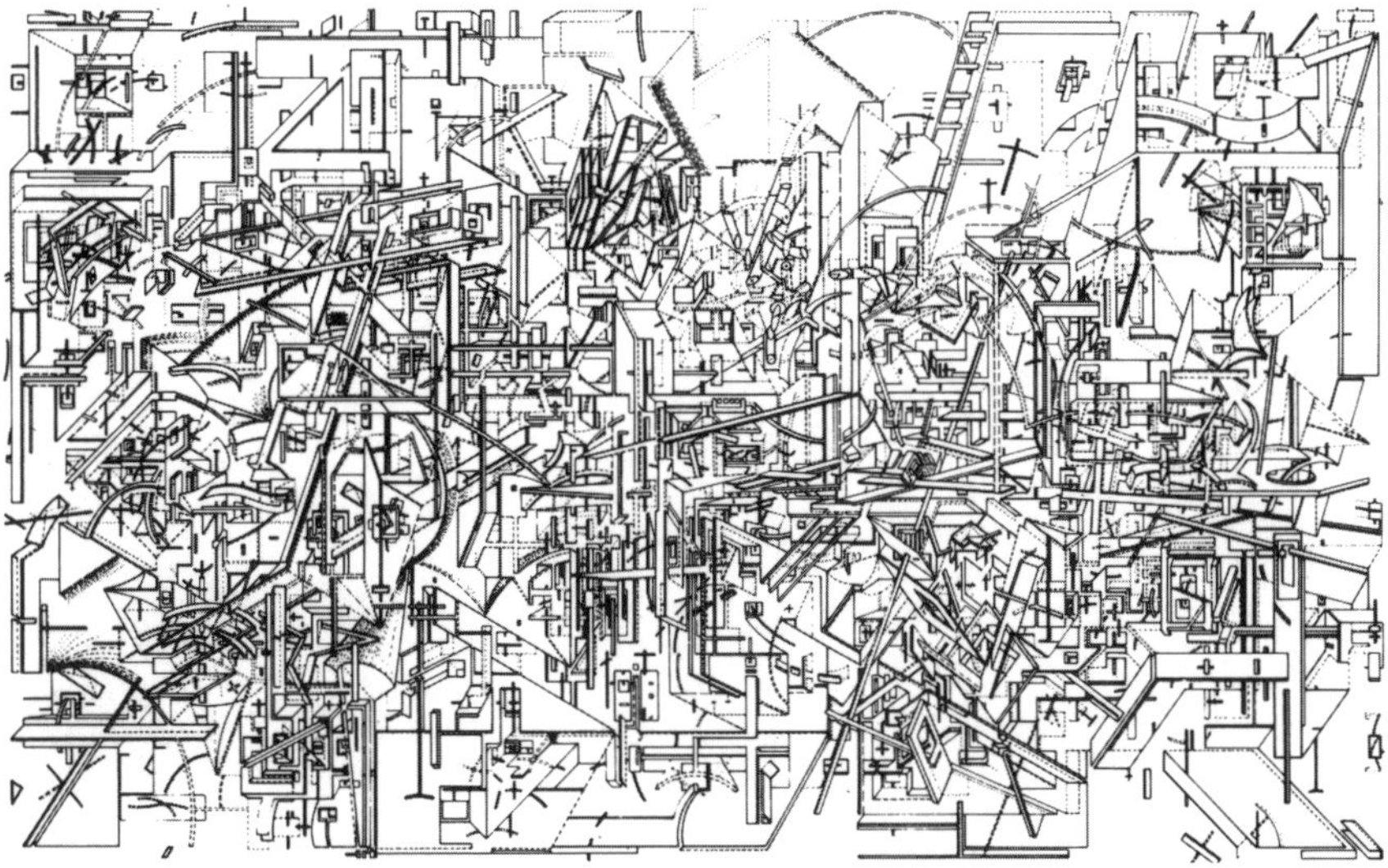

【図12】ダニエル・リベスキンド『ミクロメガス』(一九七九年)より、「夢の微積分(Dream Calculus)」。

の「開かれた扉」なのである。

タルムードの余白に書き込まれた多重的な注釈の性格に関連し、マッシモ・カッチャーリはエドモン・ジャベスを論じるなかで、現代のユダヤ性は何よりもまずそれ自身の「伝統／伝承」の二律背反的で逆説的な性質の再発見から糧を得ている、と指摘している――

それは、解釈の連鎖が「安定した」基礎につなぎ止めるような、伝統的な「鎖」、宗教（＝結びつけるもの）ではなく、起源（アルケー）のきわめて詳細な説明を結果として提供する解釈でもない。何かがこの伝統を強固にしているとすれば、それはその伝統自体に固有の、あらゆる基礎の不在である。*49

ジャベスにおいては伝統／伝承の「奈落性」（基礎の不在）への問いが根源的なものになる、とカッチャーリは言う。伝統とは記憶だが、ジャベスの場合、それは答えの記憶ではなく、問いの記憶である。伝統とは問いの伝統なのである。あらゆる言葉がひとつの問いなのだから、どんな言葉もほかの言葉の答えであることはできない。カッチャーリはタルムードのこんな説話を挙げている――主によってモーゼは二世紀のラビであるアキバ・ベン・ヨセフが弟子たちに教えを説いている場に導かれた。モーゼは彼らの議論が理解できず、愕然とする。弟子たちがアキバに、どこからその教えを知ったのかと尋ねると、彼は、これはシナイでモーゼに伝えられたものなのだ、と答えた。――アキバの教えはモーゼに発するものなのに、モーゼはそれを理解できない。トーラーの解釈とはこのように、起源に存在した意味の反復ではないし、そのようなものではありえない。それは「伝承されたもの」の文字を通じた絶えざる実験であり、賭なのである。解釈はけっして完全なものとして、完結したオーガニズムとして与えられることはありえない。それはむしろ解きほぐしえない道の錯綜にほかならず、そこにおいて道を進むことは必然的に、道に迷うこととももはや区別がつかない。

以上のようなジャベスにおけるユダヤ的伝統の性格がリベスキンドに近いものであることは明らかだろう。カッチャーリはこの伝統の場所を、フランツ・ローゼンツヴァイクが「ist（それは〜である）」という単語と対置されるものとしてとらえた単語「und（と）」*50によって、問いが別の問いと接続されつつ分離している場ととらえている。この場における伝統とは、無数の「と」による絶え間ない賭以外の何物でもない――

「である」が答えの記憶としての伝統を支配するのに対して、「と」は問いの記憶としての伝統に関わる。「である」が問いを克服すべき敵と見なすのに対して、「と」はそれをおのれが「救済」すべき継続的な破局ととらえるのである。*51

このような「と」の場が、ジャベスにおいては、文字の黒「と」余白が織りなす戯れとしての書物のページである。リベスキンドの場合にも、建築が建てられるべき都市を「書かれたもの」として、書物のページであるかのようにとらえるまなざしが認められる。無数の書物の切れ端によって覆われたベルリン都市計画「シティ・エッジ」案の模型【図13】がその恰好な一例だろう。リベスキンドにおける身体＝文字＝建築という関係性についてはすでに指摘した。ジャベスもまた、「各々のユダヤ人は、人形(ひとがた)をした語のなかに住んでいる」と書いている――「それは彼にすべての書かれた語のなかに入ることを可能ならしめる」*52。それゆえに、ユダヤ人たちの国とは一冊の書物、注釈に囲まれた聖なるテクスト、すなわち律法にほかならない。

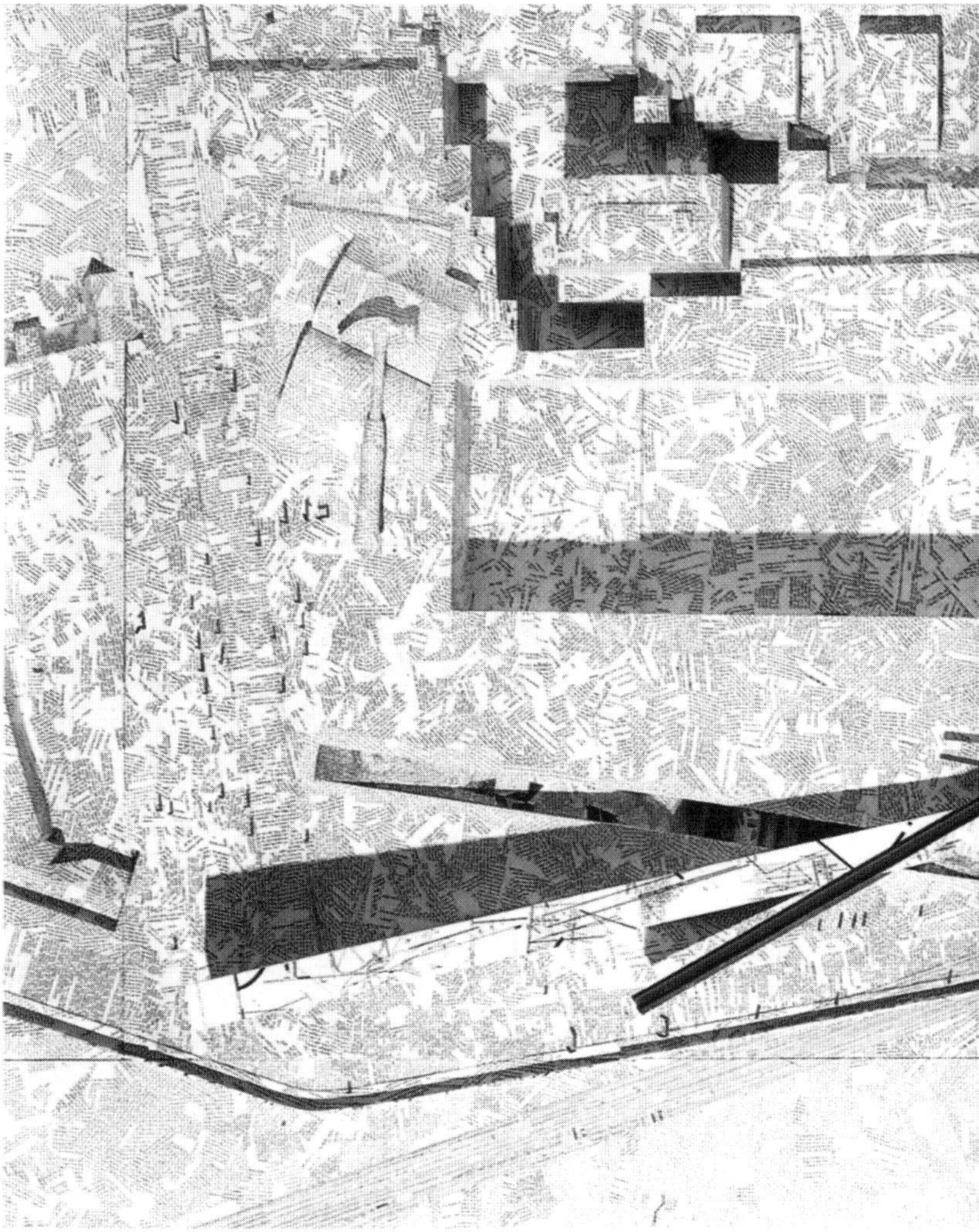

【図13】ダニエル・リベスキンド、ベルリン都市計画案「シティ・エッジ」、「ジョイス・モデル」、一九八七年。

しかし、無数の問い「と」問いによる賭けの空間をさまようジャベス／リベスキンドにおいては、「ユダヤ人であること」と文字の同一性はすでに解体され、書かれたものは解釈であることをやめて、この同一性の外へとさまよい出てしまっている。カッチャーリによれば、アレクサンドリアのフィロンが説くように、アブラハムは、彼があらゆる放浪の完璧なプロトタイプであるかぎりでこそ、まぎれもない「ユダヤ人」である。アブラハムは主が命じるままに、どこにあるかもわからぬ約束の土地へと向けて、自分の家を立ち去らねばならない。彼に告げられたのは、「立ち去れ」という単純で恐ろしい命令だけだったのである[*53]。

みずからをあらゆる過去の紐帯から切り離し、放浪者であることに集中するために、アブラハムは記憶をもつことが許されない。しかし、この放浪によって彼が基礎づけたのは、まさに「思い起こせ、記憶せよ」という命令を執拗に繰り返さねばならない民族のたどる道だった。ヨセフ・ハイーム・イェルシャルミは、「ヘブライ語の聖書は、「記憶せよ」と命ずることにいささかのためらいもないように思える」と言う――

「思い起こせ」というその命令は無条件絶対的なものであり、たとえ命令されなくとも、思い起こすことはつねにいちばん肝腎なことなのである。ヘブライ語の動詞ザハール（Zakhar）はさまざまな語形変化をしながら聖書全体で一六九回ほど現われている。たいていの場合、イスラエルか神のどちらかが主語となっている。それは、記憶させることが両者の義務だからである。[*54]

「立ち去れ」という第一の命令によって起源の記憶は抹消される。起源とはすでに忘却である。しかし、この起源なしにはありえなかった伝統はと言えば、これもまた記憶にほかならない。ユダヤ的な伝統とは、神によって命じられた絶対的な忘却を起源とする記憶である。それゆえに、「この記憶の何かがこの起源に本当にふさわしいものであるとすれば、それは、編み目をなしてそれを織り込んだ言葉や解釈ではなく、その空虚であり、沈黙の長い時間、その言語の休止である」*55。

カッチャーリが述べるように、ジャベスの著作が繰り返しこのパラドクスに立ち返っているのだとすれば、事情はリベスキンドの場合も同様であろうと思われる。それを彼は「アヴァンギャルドの経験」と呼んでいる――

わたしは空虚に関するピーター［・アイゼンマン］の表象を共有しているとは思いません。それは基本的にプラトン主義的なもので、空虚をめぐるギリシア的な表象に関わっています。わたしにとって空虚ははるかに密接にアヴァンギャルドと関係していますが、アヴァンギャルドというとき、わたしは実際にはモーゼのことを考えているのです。アヴァンギャルドとは、何らかの媒介的な状況なしに、なぜという説明なしに、放棄する可能性なしに、神のもとにある民のことです。わたしは、これはアヴァンギャルドについてのひとつの概念ではなく、むしろアヴァンギャルドであるというひとつの経験であると思います。ひとはその経験をもつかもたないかのいずれかなのです。そして、もしそれをもったならば、すでに時遅く、ひとはそれを取り除けません。転向＝改宗することはできないのです。*56

アブラハムの放浪を記述するフィロンのテクストは、いまだ「ユダヤ人であること」と文字の同一性の内部にあった。ユダヤ民族の放浪の過程においては、書かれたものが伝統の聖なる次元を規定していたがゆえに、彼らがこの放浪そのものに住み着くことを逆に許していた。これに対して、現代のユダヤ性は放浪を急進化させ、それによって、文字はユダヤ人であることからも切り離されて、それ自体が彷徨を始めるにいたる。ユダヤ的な伝統の急進化であるかぎりで、それはこの伝統に属してはいるが、伝承された遺産そのものからの訣別によって、もはやこの伝統の保護のもとにはない。それがリベスキンドの言う「アヴァンギャルド」の経験であろう*57。

ここに開けるのがジャベスにとっての「砂漠」である。それは文字と文字とのあいだ、燃えるような空白にある。この空白は何らかの解釈を求める代理＝表象、あるいは隠喩ではなく、純粋に剝き出しのまま、ただそこに拡がっているばかりだ――「それはみずからを生み出し、生起し、そしてまさにこの場所で、あらゆる移住は起こり、あらゆる自己同一性は崩壊する」*58。それはあの「と」にほかならない。「と」においてこそ、急進化された伝統という彷徨の過程は、無数の決断／決定の賭けの瞬間を迎える。一方また、「と」はひとつの言葉を別の言葉から分離すると同時に結びつける。それは分離における共存である――「「と」はひとつの名に、他の名に向かい合うことを求め、ひとつの貌に、別の貌を反映させることを求める」*59。

「線の間（Between the Lines）」と呼ばれたユダヤ博物館の「空虚」とは、このような「と」としての砂漠、建築に刻み込まれた問いという賭けの痕跡ではないだろうか。それは何か他のものを代理＝表象する解釈ではなく、ひたすら無造作にそこにある。そしてまた、この「と」はまさしく、ドイツ「と」ユダヤという二つの「名」、二つの「貌」を切断しつつ結合する「線」の空間として構想されていた――対立物の共存の場、もっとも遠い近さの場としての、都市のただなかに出現した砂漠として。

「いまだ生まれざるものの痕跡」とはこの砂漠である。リベスキンドにとってのユダヤ的伝統とは、この「砂漠」の民としてのアヴァンギャルドの伝統である。「いまだ生まれざるもの」としての希望が、「痕跡」という過去のしるしを帯び、無数の線分的断片へとあらかじめ破砕された姿でそこにある。その不可視の痕跡を空間経験を通して感知させるのが、歴史家としての建築家の課題である。「幹のない接ぎ木」「身体＝文字＝建築」「指標としての空虚」といったリベスキンドの手法は、この希望の砂漠を可視化するための書法であった。

ジャベスの砂漠を論じながら、カッチャーリは、「耳をそばだてること、聴くこと」というモチーフの重要性を指摘している[*60]。そして、この「聴くこと」の次元は、現代のユダヤ的思考が絶えず立ち返っている主題であり、ヨーロッパ文化をかたちづくっているとともに、今日ますます支配的なものと化している「見ることの専横」に対する批判でもあると言う。この点に関連して彼は、ジャベスが晩年のルイジ・ノーノの作品に大きな影響を与えた事実を挙げている。周知のように、ノーノとカッチャーリは、一九七〇年代後半以降、密接な共同制作を行なっているが、その集大成であり、カッチャーリがテクストを編纂した『プロメテオ』（一九八四―八五年）では、「聴け」という呼びかけが幾度も繰り返される。この『プロメテオ』は視覚的な演出を拒絶する「聴く悲劇」とも称される。浅田彰は「彼［ノーノ］は、カトリック的なものの本質を最終的に「我信ず（クレド）」という言葉に還元し、それに対して、ユダヤ的なものの本質を「聴け、イスラエルよ」をさらに普遍化した「聴け（アスコルタ）」という命令に集約して考えていたのではないか」[*61]と指摘している。

他方、もともと音楽家として出発したリベスキンドにとって、建築と音楽という二つの分野は密接に関わり合っていた。図形を用いた楽譜のようにも見える初期のドローイング集『チェンバーワークス』などもそのことを示している。建築は、たとえそれがみずからをコントロール可能な比例関係にまで還元し純粋化することを望んだところで、音楽から自由であることはできない、とリベスキンドは断言する。音楽は建築に対して幽霊のように、妖怪のように取り憑き、まとわりつく。この建築家にとって音楽とは、建築の亡霊めいた分身なのである[*62]。

リベスキンドの建築設計手法については、ピエール・ブーレーズやカールハインツ・シュトックハウゼンが推進したトータル・セリエリズム（全面的セリー主義）の作曲技法との類似が指摘されている[＊63]。この技法では、音高（ピッチ）、リズム、楽器の音色や強弱にいたるまでの音の構成要素がセリー化されてコントロールされる。ユダヤ博物館であれば、リベスキンドが「アルファベット」と呼ぶ七つの要素【図14】が、「セリー・コード」に当たる。その具体的な使用法は定かでないが、吉田寛が指摘するように、「ランダムなようで規則的、反復的なようで非反復的」といった「様式的特徴」がそこから生み出されていることはたしかであろう[＊64]。吉田はさらに、リベスキンドはトータル・セリエリズムをいっそうラディカルに推し進めている、と言う——

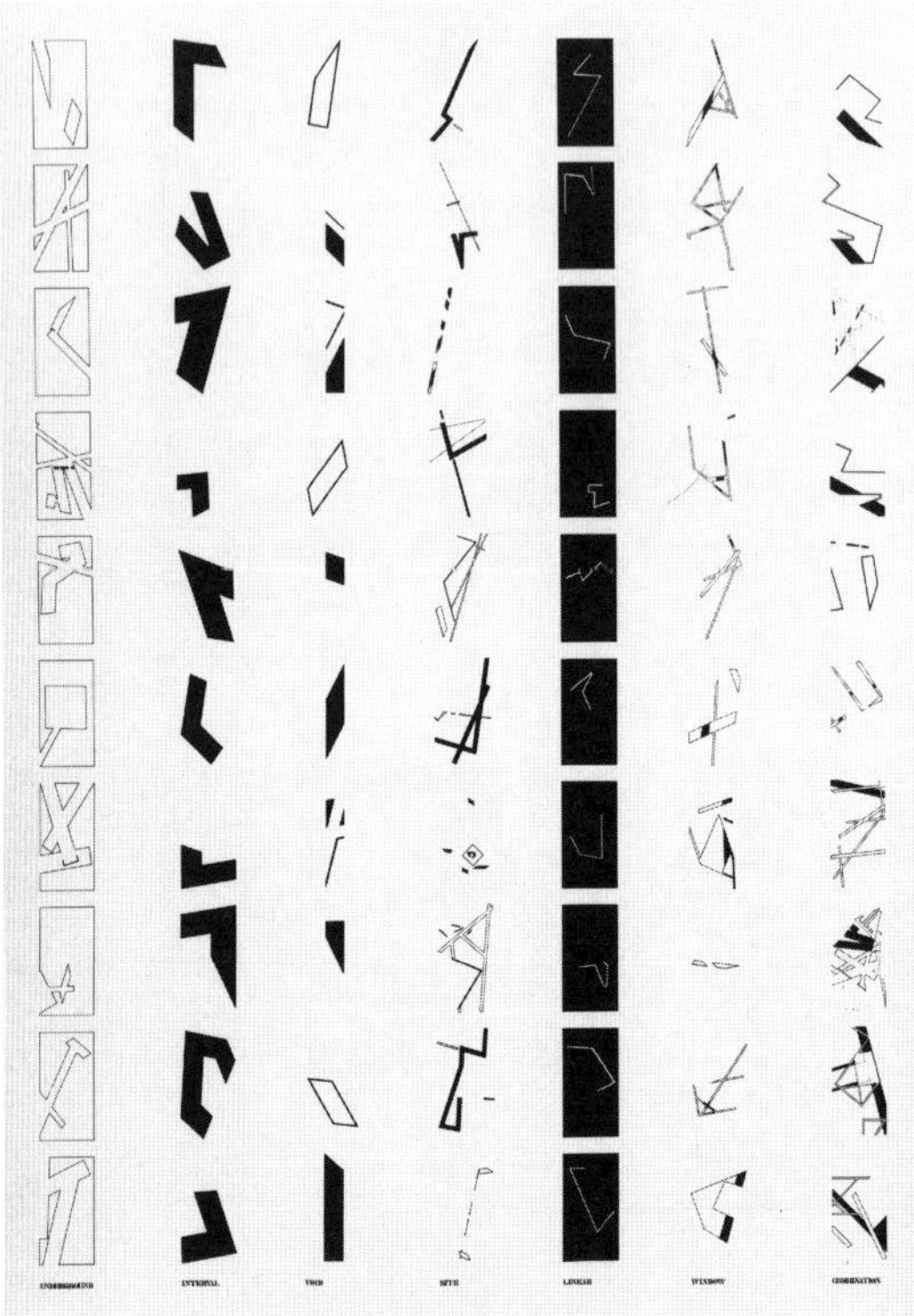

【図14】ダニエル・リベスキンド、ベルリン・ユダヤ博物館「アルファベット」。

先に挙げた七つのセリー〔「アルファベット」〕は、それぞれがまったく異なる次元に属することに注意しなくてはならない。〈Void〉という建築の外部（いわば「反空間」）あるいは〈Combination〉というメタ・セリーまでもが、セリーの一つとされているのだ。*65

リベスキンドは、シェーンベルクの『モーゼとアロン』第二幕末のモーゼの台詞「おお言葉、汝、言葉よ、それがわたしには欠けている」を、ユダヤ博物館の「空虚」を構想する手がかりのひとつとしたばかりではなく、この特異な音楽作品を分析し、そこに潜んでいる論理を建築物の内部で提示するように努めたとも語っている。そのとき、建築の空間化、幾何学の空間化、物質の空間化は、「音楽の正確さ」に宿る含蓄を欠いてはならなかった、と彼は言う。吉田によれば、『モーゼとアロン』は「厳密な十二音技法による最も大規模な作品」であり、「一つの原型となるセリー（一オクターヴの十二の半音をすべて含んだ音列）およびそこから理論的に導かれる三つの転回型（逆行、反行、逆行の反行）に基づいて、始めから終わりまで一貫して構成されている」*66。それがコンヴェンショナルな旋律や和声モチーフのひそかな侵入、あるいは、感情のままの恣意的な表現を抑制する。

一方、浅田はノーノの『プロメテオ』を、シェーンベルクの『モーゼとアロン』が第二幕の終わりで中断されたのちになおオペラは可能か、という問いに対するひとつの答えであり、『モーゼとアロン』の主題である偶像崇拝の禁止を視覚的演出の排除によって徹底させながら、音のみによってドラマを経験させようとした試みと位置づけている*67。そこで浅田が注目するのが、ブーレーズやシュトックハウゼンとは対照的な、ノーノ作品特有の空間性である。この三者が集った一九五〇年代のダルムシュタット現代音楽夏期講習会におけるトータル・セリエリズムの帰結を、浅田は「音のさまざまなパラメータ（音の高さ、長さ、強さ、音色など）をすべてセリー化して群論的に構造化していったあげく、いろいろな音が点として散在しているようにしか聴こえない点的な状態に行き着いてしまった、それをどうやって乗り越えたらいいのか」という問題に見ている。シュトックハウゼンやブーレーズが、「壮大なフィールドや華麗なコンステレーションを作って点的なものをいわば面やヴォリュームに広げていくという、エクステンシヴな空間的拡大による解決をはかった」のに対し、ノーノは点的なものにあくまでもこだわった――

一つの点としての音であっても、内部を覗き込んでみると微妙なゆらぎがあったり、どこから響いてくるかによって全然違う表情を帯びたりする。あるいは、その音が周りの沈黙との間に微妙な関係をもっていたりする。このように、一つの音を徹底的に聴くことで、点としての音をインテンシヴな空間としての広がりにおいて再発見していくわけですね。ですから、ブーレーズやシュトックハウゼンが外に向かってエクステンシヴに拡大していこうとしたのに対し、ノーノは内に向かってインテンシヴに入り込んでいくことで非常に深い空間を見つけたと言えるのではないかと思うのです。*68

『プロメテオ』においても、音の運動はエクステンシヴな空間内部での移動や回転、相互の応答ではなく、「聴こえないはずの微妙な響きが、しかも音源とちょっとずれたところから響いてきたりする」という。この作品では、音を空間的に回すことのできる機器「ハラフォン」を駆使して、音の右回りと左回りが同時に行なわれる結果、音がどの方向に回っているのかがわからなくなってしまう。磯崎新が『プロメテオ』上演のために「群島」をコンセプトとして設計した秋吉台芸術村コンサートホールの空間を念頭に置きながら、浅田はそこに「洞窟の中の群島をさまよっている」かのような、「いろいろな動きが打ち消し合う中で、方向が定かではない、あるいは複数の方向に分散化され迷宮的となった音の旅、インテンシヴな空間の中の旅」*69の経験を感じ取っている。

ここには、リベスキンドが建築的トータル・セリエリズムの急進化によってもたらそうとする空間——いわば散在する「点」を破砕された「線」へと編成した建築空間——の経験に通じるものが認められるのではないか。ユダヤ博物館は、セリエリズムを手法として用いながら、セリー自体に「空虚」のような異質な要素を入れることでそれを正確に内破させ、方向感覚が失われてしまう洞窟的迷宮を作り出す。光や影が形成するポリフォニックな寓意の、不可視を孕んだこの複合体は、そんな「インテンシヴな空間」を経験させる。そこにジャベス的な「砂漠」が出現する。

ジャベスからの影響をはじめとして、晩年のノーノが強い関心を示した「ユダヤ的なもの」とは、われわれがここでたどってきたようなユダヤ的伝統——「伝統」そのものが伝承の過程から切り離されてさまよっている「伝統」——であろう。ノーノ／カッチャーリが『プロメテオ』のなかで幾度も反復的に鳴り響かせる、ベンヤミンの「歴史の概念について」における「かすかなメシア的な力」[*70]という一節もまた、そんな「伝統」の残響である。この伝統の根底に位置すると思われる経験を、リベスキンドはそれ自体ユダヤ的伝統に従い、ひとつのハシディズム的な逸話の引用によって示している。それはシュトゥットホーフ強制収容所（現ポーランド）から生還した女性の、次のような回想である——アウシュヴィッツからシュトゥットホーフに移送される家畜用貨車の板の割れ目から、彼女にはかろうじて空が見えた。するとそこには一本の白い線、完璧に真っ白な線があった。なぜかわからないけれど、彼女はそれを見て、この白い線が自分を生かしてくれると信じた。収容所にいるあいだ、彼女は白い線を自分が生き延びる証拠と考えて片時も忘れなかったという。のちになってこの話を聞き出したインタヴュアーは、それをいったい何だと思ったのですか、とこの女性に尋ねた。彼女は、それが何であるかはまったく考えようともしなかったけれど、振り返ってみると、たぶんそれは飛行機雲か何かのありふれたものにすぎなかったと思う、と答えた——「シュトゥットホーフのこの場所で、一九四四年に、こうしたたったひとつのヴィジョンが、まったくはっきりしない謎めいた意味を担いながら、記憶と経験の伝達に現実的な変化をもたらしていたのである」*71。

「まったくはっきりしない謎めいた意味」とは、決定されないことによって維持されるものとしての希望にほかなるまい。とすれば、空に刻まれたこの「一本の白い線、完璧に真っ白な線」こそは、「いまだ生まれざるものの痕跡」ではないだろうか。それは可視的なもののなかに現われつつ隠れ、近づきつつ逃れる何か*72、「聴く」ことこそを求められる出来事としての「かすかな、メシア的な力」のしるしである。リベスキンドの「線」の建築が目指していたのは、「記憶と経験の伝達」を変容させる、この一本の白線のようなイメージと化すことであったように思われてならない*73。

II　極限状況下の写真

第1章　剝ぎ取られたイメージ——アウシュヴィッツ＝ビルケナウ訪問記

二〇一三年七月末、ポーランドのクラクフで開かれた国際学会に参加したのち、近郊のアウシュヴィッツ＝ビルケナウ強制収容所跡を訪れる機会があった。いままでにベルリンにほど近いザクセンハウゼン強制収容所やヴァイマールのそばのブーヘンヴァルト強制収容所の跡地には訪問の経験があったものの、この収容所の遺跡に足を踏み入れるのははじめてだった。

学会参加者のなかの希望者からなる観光ツアー、いわゆるダークツーリズムである。ナチによる無辜の人びとの大量虐殺という蛮行の象徴となっている「アウシュヴィッツ」は、なかでも良く知られた観光地だろう。同じようなツアーのグループが群れを作って収容所の跡地を見学する光景がここでも見られた。自分自身もまた、観光地にふさわしい儀式であるかのようにして、ガイドの女性による解説に耳を傾けながら、カメラをかまえては何枚も写真を撮った。

アウシュヴィッツ（第一強制収容所）では、煉瓦造りの建物内に展示室が数多く設けられていた。収容所で犠牲になった人びとの頭髪や彼らがこの土地に運んできた鞄をはじめとする日用品の展示は、そのイメージだけならばさんざん眼にしてきたものだったけれど、改めて実物と対面してみると、圧倒的な集積の物量感で迫ってくる。案内役の女性は、ひとりひとりの犠牲者たちに思いを馳せることをわれわれに促した。しかし、このような展示を前にして、そんな瞑想は実際には不可能だった。

毛髪の展示については、写真撮影を控えることが求められた。義肢や義足が乱雑に堆積した展示についても、それが生々しく肉体の一部に思えてしまうからだろうか、撮影することがためらわれた。こうした禁止や自分自身のためらいを通じて徐々に自覚されてきたのは、このような場所で写真を撮影することの意味という問題だった。先ほど「観光地にふさわしい儀式であるかのように」と書いたが、その儀式の目的が次第に自明ではなくなってきたのである。

アウシュヴィッツでもビルケナウ（第二強制収容所）でも、わたしはたしかに無数に写真を撮った。観光地でいつも、自分がそこに存在したことを証明するためだけに撮影するのと同じようにして。けれど、この場所における撮影行為に普段以上の空しさをどこかで感じてしまったのは、ここでは本来記録され伝えられるべき光景の圧倒的に多くが、同時代にはけっして撮影や報道を許されなかったという事実によるのかもしれない。いわば、われわれはつねにその不在を写している。――そんな漠然とした印象を現地でメモとして綴っているなかで、唐突にわたしは自問していた――「彼らに何を捧げればよいのか」と。

「この場所で殺されていった人びと」という意味しかもたない「彼ら」とは漠然とした対象でしかないし、たかだか通りすがりの旅人である観光客に「捧げる」などという大袈裟なふるまいの何ができようか、とも思う。こうした場で型に嵌まった儀式のように写真を撮影する行為には、想像が困難な規模の出来事を何とか咀嚼しようとする心理的な動機があったのだろう。しかし、そうであるからこそ、そこには祈りのような何かも含まれていたのではなかっただろうか。「彼らに何を捧げればよいのか」という自問が表わしていたのは、絶滅収容所跡を訪れ、そこで写真を撮影するという営みに何らかの意味を与えたいという、願いのようなものだったのかもしれない。

アウシュヴィッツの展示室をめぐり歩きながら、この場所で写真を撮影することの意味について、こんなふうに明確な自覚なしに漠然と思い及んでいたとき、解説用資料として掲げられた写真パネルの或るまなざしに吸い寄せられるような気がした。それは、この収容所へと移送されてきた人びとのなかの、不安げな子供たちのまなざしだった。写真パネルのそんな細部に自分は引き寄せられていた。そして、「今日自分が撮影した無数の写真がけっしてたどり着けないもの、われわれにはほとんど何も見えないものを、彼らはたしかに見たのだ」と思った。そのとき、この子供たちの顔という写真の細部の写真を撮って、彼らのまなざしを拡大するという営みに、何かが託せそうに感じられた。その営みを彼らに捧げられるように【図1】。

【図1】 アウシュヴィッツ第一強制収容所跡における解説用写真パネル「アウシュヴィッツ第二強制収容所（ビルケナウ）一九四四年。ハンガリーから移送されたユダヤ人たち」（部分）、オシフィエンチム（ポーランド）。著者撮影（Photo: TANAKA Jun, 2013）。

無意味なことかもしれぬ。いや、個人的な祈りの表現以上の意味など、そこにはそもそもないのだろう。子供たちのまなざしに注意が向いたことには伏線があった。この数日前、わたしはクラクフにあるシンドラーの工場を訪れていた。ここは映画『シンドラーのリスト』で有名なオスカー・シンドラーの琺瑯工場を、ナチ占領下（一九三九―四五年）のクラクフを知るための博物館に改装したものである。迷路のような建物内部には、この時代のクラクフにおける日常生活や娯楽に始まり（ステレオスコープ写真が上映されるカイザーパノラマの装置もあった）、ユダヤ人ゲットーの成立や絶滅収容所へのユダヤ人たちの移送のほか、シンドラーの生涯や活動をめぐるさまざまな資料や映像が展示されていた。

そこで眼にした子供たちの写真に衝かれるような哀しみを覚えた。腕を斜めに掲げるナチ式の敬礼をしてヒトラーを無邪気に讃える子たちも、怯えているような表情を浮かべた子たちも、それぞれの将来はけっして明るいものではなかっただろうと。廃墟のように見えるクラクフの街路をひとりさまようかのような幼児の後ろ姿を撮影した写真に、ロベルト・ロッセリーニ監督の映画『ドイツ零年』を連想した【図2】。そこに自分が重ね合わせていたのは、あるいは、歴史の瓦礫を見つめる「新しい天使」（序第4章参照）の後ろ姿だったのだろうか。そんな寓意的な意味を思わず読み取ってしまうほどに、写真に写された子供たちひとりひとりの存在は、何かしら啓示を告げているように見えた。アウシュヴィッツの写真パネルを前にしたときに甦ったのは、シンドラーの工場で眼にした、そんな子供たちの記憶だったのである。

いま思えば、子供たちの表情という細部をことさらに撮影して拡大しようとしたことは、名もわからぬ無数の人びとのなかで、この子たちだけはそんな無名性のなかから救い出し、ひとりひとりを個人として甦らせたいという願望を、実際には意味もない空虚な身振りとして表現したものだったのかもしれない。写真は出来事の現場に居合わせているかのような錯覚を与える。キャプションや口頭の解説で出来事の時代と場所、内容が説明され、われわれは写真という、いわば歴史の時空に開いた「窓」を通し

【図2】オスカー・シンドラーの工場博物館内の光景、クラクフ（ポーランド）。著者撮影（Photo: TANAKA Jun, 2013）。

て、過去のその事件の現場を一瞥、覗き見たかのように思いなしてしまう。とすれば、その写真の細部をトリミングして拡大しようとすることは、恣意的に自分の関心に沿って客観的な記録の改変を企てているように見えてじつは、写真のこうした日常的な消費のされ方から少しでも逃れることこそを求めた、一種の抵抗の試みではなかっただろうか。

わたしがとらえたかったのは、子供たちのまなざし、その瞳の奥の奥に映し出されていた何かだった。その「点」に近い極小のイメージには、彼らを撮影しているカメラ、つまり、彼らをそこまで移送し、これから収容所に送り込み、やがて虐殺しようとする者たちの姿もまた含まれていたはずだ。そう気づいたとき、われわれは震撼させられる。出来事の現場に居合わせているかのように自分たちが眺めている光景とは、この虐殺者たちが見た光景にほかならず、われわれは知らず知らずのうちに、虐殺者たちのまなざしに同一化していたのであると。われわれが客観的な歴史的資料と思い込んでいた写真とは、実際には一方的な記録でしかなく、虐殺者たちが記録しようと欲したことを、あくまで彼らの立場——それは物理的な立ち位置を含む——から撮影したものでしかないのである。

子供たちのまなざしの奥底の「点」としてのイメージに賭けられたもの——しかし、その賭けに勝つ見込みはない——とは、虐殺者たちのまなざしへの同一化に抗うことだったのかもしれない。わたし自身がそこまで意識していたわけではないが、写真で再現された光景の全体をそのまま受け入れることに対する拒絶感が、自分の内部にうっすらと存在していたことは思い出せる。写真が記録している事態の解説ではなく、ほかでもないこの少年、この少女はいったい誰なのかを知りたいという感情、そしてさらには、この子供らの瞳を際限もなく拡大すれば、あの「点」のようなイメージに到達し、その「点」から折り返して、彼らが見た光景こそを逆照射し復元できるのではないかという、途方もなく荒唐無稽な思い。虐殺者たちによって提供されたカメラの視野という「窓」を無視し、そのカメラと撮影者の姿のほうを逆に封じ込めたかのような瞳の奥底という細部を極端に拡大することによって、「けっして記録されなかった光景」の、少なくともその裏面と言うべき不可視性の閾には達することができるのではないかという闇雲な衝動……。

わたしはアウシュヴィッツで自分が反射的に行なっていた行為の意味を知りたくて、そこに関与していたと思われる自分自身の心理をここまで探ってきた。その撮影行為自体は、この少年や、この少女が誰であったのかをいささかも明らかにはしない。そして、写真の細部をいくら拡大したところで、そこにはどんな明確なイメージも現われ出たりはしない。しかし、あの「点」から折り返すことでこの子供たちが見た光景こそを甦らせたいという理不尽なわたしの願望に、事実の証拠として提示される写真がそのフレームの設定自体に隠している「野蛮の記録」（ベンヤミン）としての性格——それが徹頭徹尾、虐殺者の見た光景の再現であるということ——に何とか逆らおうとする意志が宿っていたことは、間違いないように思われる[*1]。

こうしたフレームの問題がそこに介在していたことに気づいた瞬間、或る四枚の写真の記憶が甦る。それはほかならぬアウシュヴィッツ第二強制収容所（ビルケナウ）で一九四四年八月に、ゾンダーコマンド（特別労務班）の一員によって隠し撮りされた写真である。そこにはガス室で殺された人びとが屋外で焼かれている光景や、裸にされた女性の収容者たちがガス室へ向けて走らされている光景が記録されている。前者の光景は暗い部屋の内部から撮影されたように、歪んだ黒いフレームで縁取られている。この闇とはおそらくガス室の闇であり、ガス室の運営と屍体焼却をまかされた収容者のグループ——大量殺戮の秘密を知る彼ら自身もまた定期的に同じ方法で殺された——であるゾンダーコマンドが、ガス室にひそかにカメラを持ち込んで撮影したものと思われる。

つまり、この闇のフレームは危険に満ちた撮影行為の現場がガス室内部であったことを示す痕跡なのである。だが、このフィルム断片が歯磨き粉のチューブに隠されて収容所から持ち出されたのち、多くの場合に、写真はいずれもトリミングされ、ときには修正さえ加えられて、黒いフレームを欠いた状態で流布されてきた。撮影者が誰であったのか、そして、彼（ゾンダーコマンドは全員男性だった）がどこに位置していたのかを表わす要素がまったく無視されてきたのである。これは移送されてきた人びとの写真の撮影者が誰であり、どんな立場から撮影したのかが不問に付されていることと、対称をなしながら相似する事態ではないだろうか。

この四枚の写真をめぐっては、ジョルジュ・ディディ゠ユベルマンの『イメージ、それでもなお』が一書すべてをあてて論じており、次章でその内容を詳しく検討しよう。わたしがアウシュヴィッツの写真パネルを相手に行なった細部のトリミングと拡大が、ディディ゠ユベルマンが同書で論じている、アウシュヴィッツの地獄から「もぎ取られた」写真における「闇のフレーム」が孕む問題と通底していることを確認できれば、とりあえずは十分だ。ここで触れておきたいのはむしろ、同書の後日談のようにして書かれた、ディディ゠ユベルマンによるアウシュヴィッツ゠ビルケナウ強制収容所の訪問記、『樹皮（Écorces）』である。

ディディ゠ユベルマンは二〇一一年六月にこの土地を訪れている。同書はその際に彼が撮影した写真とエッセイからなっている。その冒頭の写真は三枚の白樺の樹皮である。彼はそれらを自分の手でこの場所の樹木から剝いだという――左から右へと、文字を書く向きに沿って。あらゆるアルファベットに先立つ三つの文字のような三枚の樹皮、そこには「けっして書かれたことがないもの」を読み取ることができるかもしれぬ、と彼は言う[*2]。

ビルケナウ（Birkenau）というドイツ語の地名は「白樺（Birken）」の「野（Aue）」を意味する。そこを訪れたことのあるひとは思い出すだろう、アウシュヴィッツから少し離れたビルケナウの絶滅収容所跡地では、アウシュヴィッツとは異なり、広漠とした平原に収容施設のバラックやその残骸が点在し、この季節にはさまざまな野草の花が咲き乱れている【図3】。この敷地の外れ、ナチが証拠隠滅のために爆破した状態のまま残されているクレマトリウム（ガス室から屍体焼却炉までを一体化した複合施設）【図4】

【図3】アウシュヴィッツ第二強制収容所（ビルケナウ）跡、ブジェジンカ（ポーランド）。著者撮影（Photo: TANAKA Jun, 2013）。

【図4】爆破された第三クレマトリウムの残骸、アウシュヴィッツ第二強制収容所（ビルケナウ）跡、ブジェジンカ（ポーランド）。著者撮影（Photo: TANAKA Jun, 2013）。

の附近に、白樺の林がある。ディディ＝ユベルマンが剝いだ樹皮とは、この林のいずれかの白樺のものだろう。

ディディ＝ユベルマンは、Birken-auのauには、ドイツ語の苦痛・嘆きの叫び声Au!を聴き取ることができると言う*3。Birken, au!（白樺、おお！）――それは白樺の傷みの叫び声である。その叫び声をこの地名に聴き取ったとき、ディディ＝ユベルマンが連想したのは、かつてこの場所、まさにクレマトリウムのそばで撮影された――それを彼は「もぎ取られた」と表現する――地獄の光景の写真ではなかっただろうか。あの四枚の写真とは、ビルケナウという名に埋め込まれた白樺から「もぎ取られた」樹皮なのである。『樹皮』のなかで、四枚の写真は三枚の樹皮といわばモンタージュされる。ディディ＝ユベルマンによって「イメージ、それでもなお」と称された「イメージ」とは、肉体から苦痛とともに

【図5】 アウシュヴィッツ第二強制収容所（ビルケナウ）跡にて、ブジェジンカ（ポーランド）。著者撮影（Photo: TANAKA Jun, 2013）。

剝ぎ取られた表層＝皮膚としての「樹皮」にほかならない。

猛暑のなか、皮膚を焼く日差しのもとで訪れたビルケナウで、この『樹皮』という書物の記憶に促され、わたしもまた白樺を探した。その膚にも触れた【図5】。アウシュヴィッツのような展示のほとんどないこの空漠たる場所で、手にしたカメラのレンズが向かったのは、邪悪な古代文明の遺跡のようなクレマトリウムをはじめとする残骸か、もしくは、大地そのものの皮膚をなす地表面であり、そこに育った野草たちだった。ディディ＝ユベルマンによれば、もはや何も見るものなど存在しないかのように思えるこの風景の地中や池の底には、犠牲者たちの骨の細片や灰がおびただしく堆積しているのであり、雨でいったん大地が洗われれば、骨片が地表面に現われ出ることもあるのだという——無数の死の残滓が地底で、マグマが蠢くがごとく、いまだ暗く活発に活動しているかのように*4。

【図6】アウシュヴィッツ第二強制収容所（ビルケナウ）跡地の鉄道引き込み線、ブジェジンカ（ポーランド）。貨物車両はハンガリーからのユダヤ人移送を銘記するために置かれているという。著者撮影（Photo: TANAKA Jun, 2013）。

【図7】アウシュヴィッツ第二強制収容所（ビルケナウ）跡地内、鉄道引き込み線の枕木、ブジェジンカ（ポーランド）。著者撮影（Photo: TANAKA Jun, 2013）。

ひたすら足元に向けられたわたしの視線がこの場所で見出したのは、ビルケナウという旅の最終地点へとヨーロッパを横断してひとびとを移送してきた鉄道引き込み線【図6】の線路の枕木、その朽ちて枯れた樹皮だった*5。樹木としての死のはるかのちにも苦しみに身悶えしているような、ねじれよじれた姿で残存したそのかたちに、樹木の「叫び（Au!）」を聴いたように思った【図7】。この場所から自分が「剝ぎ取る」ことのできたものがあったとすれば、それはこのイメージに違いない。これもまた、それ自体としては意味のない、祈りのような、誰とも知らぬ誰かに何かを捧げるような行為である。

写真パネルの細部をなす子供たちのまなざしを写真に撮ることで自分があてどなく模索していたものもまた、虐殺者たちの野蛮の記録から、「それでもなお」、何らかの残存するイメージを「剝ぎ取る」ことだったのかもしれぬと思う。複製写真の表層が、雨に洗われれば骨のかけらを地中から浮上させるビルケナウの大地に変貌して見える。つるつるピカピカの滑らかなその表面が、白樺の幹のようにささくれ立つ。その樹皮を剝ぎ取り、もぎ取るようにして、歴史を逆撫でにし、細部に埋もれた小さな声、あの叫び（Au!）を聴き取りたいと、わたしは願った。

第2章　歴史の症候
——ジョルジュ・ディディ＝ユベルマン『イメージ、それでもなお』

1　「すべて」に抗して——イメージの場所／非場所

ジョルジュ・ディディ＝ユベルマンの『イメージ、それでもなお（Images malgré tout）』*1——同書を導くのは歯磨き粉のチューブに隠されてアウシュヴィッツ第二強制収容所（ビルケナウ）から持ち出されたフィルムの断片である。それに添えられたメモには「拡大した写真はもっと遠くにまで届くはずだ」とある。「もっと遠く」——それはどこだったのか。ちっぽけなフィルムの切れ端が拡大され複製された挙げ句にいたりつく場所。その場所へと向けて、わずかばかりのイメージが生き延びることへの希望。

なるほど、アウシュヴィッツの地獄から「もぎ取られた」写真は戦後、広く流布され知られることになった——ただし、トリミングや修整によって原形からはほど遠いかたちで。『イメージ、それでもなお』が書かれるきっかけであった「収容所の記憶」展（二〇〇一年）では、そうした変形によって「恐怖のイコン」と化していた写真がオリジナルに近い状態へと復元された【図1】【図2】【図3】【図4】。そして、その復元作業にもとづく、収容所のゾンダーコマンド（特別労務班）たちの連携による撮影行為の再構成が、映画『ショア』の監督クロード・ランズマンらの激しい批判を呼び起こすことになった。

イメージはこんなふうに執拗に「残存」し、突発的にアクチュアリティを帯びる。つまり、それは予想もしないかたちで「遠くにまで届く」。この書物で詳細に反駁される、ランズマンたちによる断罪めいた批判それ自体が、時間の乱調としての、イメージのアナクロニズムによって引き起こされた狼狽ぶりにも見える。

だが、このようなアクチュアリティが出現しうるのは、あくまでもあのフィルム断片という残滓の存在に拠っている――それすらもネガは失われ、アウシュヴィッツ゠ビルケナウ博物館が所蔵しているのは、端が切り落とされ引き裂かれた、密着印画によるポジ・プリントだけなのだが。完全なイメージ、アウシュヴィッツの「すべて」を表わすイメージなど存在しない。だからこそ、不完全な断片でしかない写真についての綿密な考古学的検証と、それを拠点とした歴史的想像力が要請されるのである。

ランズマンたちの批判は、写真が「すべて」でありうるという暗黙の前提から出発することによって、絶滅収容所の証拠探しを回避するために、写真の資料価値、いや存在までも全否定するにいたっている。写真に現実の完全な記録を求める過大な期待と、その限界を見越した全面的な「表象不可能性」という過小評価とに引き裂かれたまま、歴史学もまた長いあいだ、写真を史料として扱うことに及び腰だった。それに対して、ディディ゠ユベルマンが執拗に説くのは、写真はけっして「すべて」ではないからこそ、想像することを倫理的な責務として課すという点である。それゆえの「それでもなお゠すべてに抗して（malgré tout）」なのである。

『イメージ、それでもなお』からもうかがえるように、ディディ゠ユベルマンはランズマンの『ショア』をもともと高く評価しており、この映画をめぐって「場所、すべてに抗して」と題する論文を書いている。そこで注目されているのは「場所」の決定的な重要性である。殲滅の痕跡がぬぐい去られ、かたちを変えられていても、殺戮の場所そのものは動かずに残る。収容所の生き残りが「ここでした」「この場所です」と証言するとき、「それは……だった」という過去と「ここ」の現在との緊張がそんな場所のイメージに裂け目を刻み込む。「場所」に与えられた過去と現在の緊張において、それはベンヤミンの

【図1】アウシュヴィッツ第二強制収容所（ビルケナウ）第五クレマトリウム・ガス室前にて、ガス殺された屍体の野外焼却溝での処理、撮影者不詳（ゾンダーコマンドの一員「アレックス」、アルベルト・エレーラか?）、オシフィエンチム（ポーランド）、一九四四年八月、アウシュヴィッツ＝ビルケナウ国立博物館所蔵（ネガNo. 277）。

【図2】同右、第五クレマトリウム・ガス室前にて、ガス殺された屍体の野外焼却溝での処理（ネガNo. 278）。

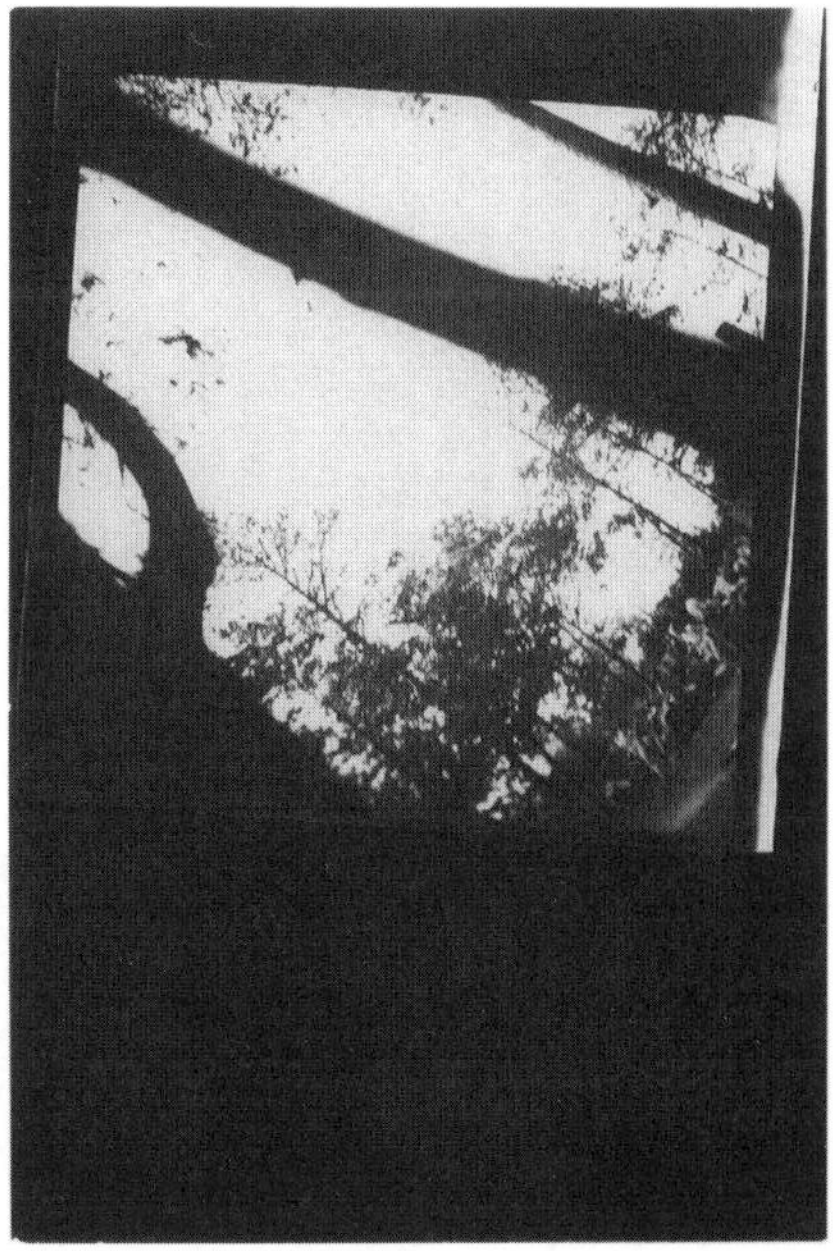

【図3】同右、第五クレマトリウム・ガス室前に追いやられる女性たち（ネガNo. 182）。

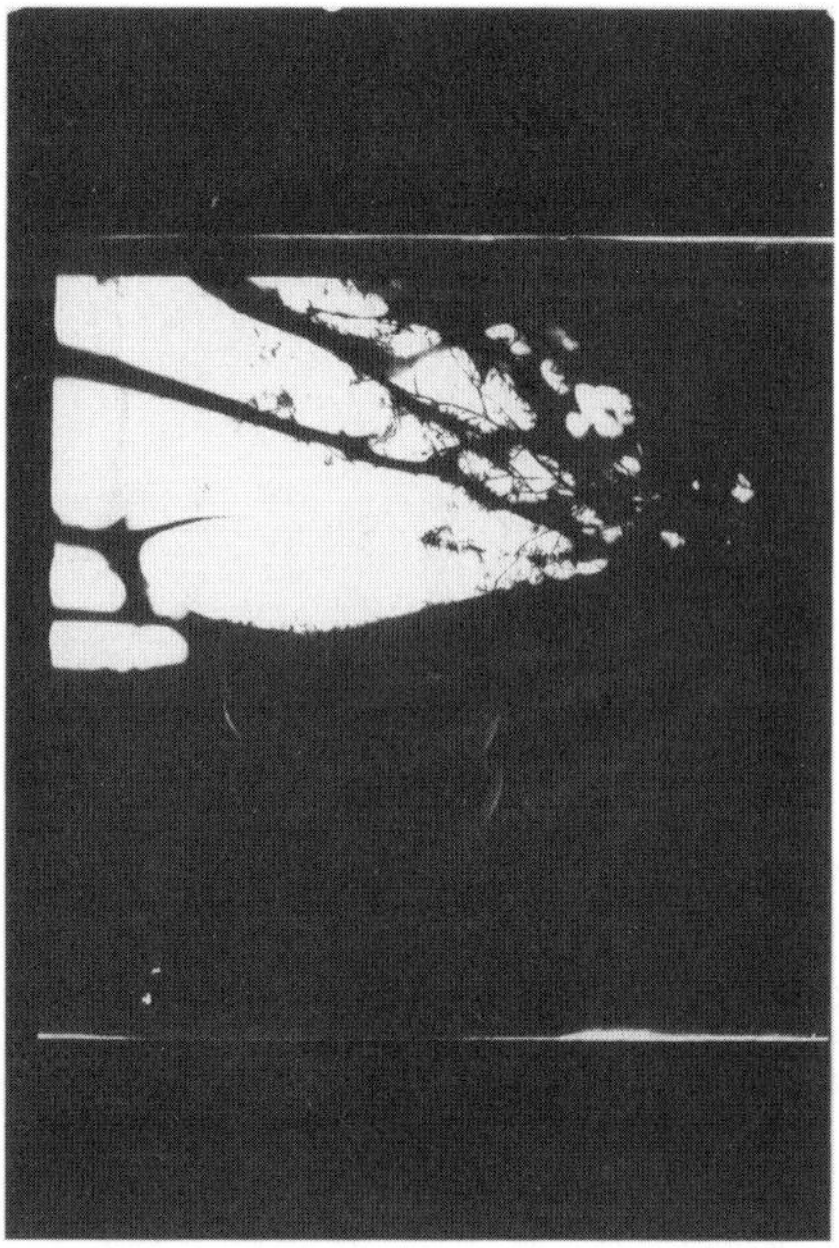

【図4】同右、第五クレマトリウム・ガス室前にて（ネガNo. 283）。

言う「弁証法的イメージ」となる。「場所」と「証言」とを映像のなかでこのように遭遇させるためにこそ、どんなに困難であろうと、「すべてに抗して」、虐殺の現場に生き残りの人びとを連れてゆくことが必要とされたのだった――

そこにはもう何も存在せず、見るべきものもないという状況にもかかわらず、このすべてに抗しての帰還、映像を撮影しつつ映像に記録されたこの帰還あるいは上訴（retour ou recours）は、わたしがすべてに抗しての場所と名づけようとするものの激しい力に接近する道を開く。たとえランズマン自身はかつてこうしたすべてに「非場所＝不起訴決定（non-lieu）」という言葉しか見つけられなかったとしても。なぜ絶滅行為のこれらの場所は「すべてに抗しての場所」、極めつきの場所、絶対的な場所なのか？　なぜなら――詳細な分析に値する妥協なき規則に従って――この映画を撮影したランズマンはここで、これらの場所がもつ、彼が初めに思い描いていたあの「極めつきの空想」をはるかに超えた、恐ろしい堅固さを発見しているからだ。すなわち、破壊され歪められてはいても、動いていないものの堅固さである。*2

『イメージ、それでもなお』を生むことになった論争にいたるディディ＝ユベルマンとランズマンとの隔たりは、前者が「すべてに抗しての場所」と名づけたものを、後者が「記憶の非場所」と呼んだ点に表われている。ランズマンが場所やイメージをめぐって一方的に「不起訴決定」するところで、ディディ＝ユベルマンは「すべてに抗して」「上訴」し続けなければならないと主張するのである。ナチによるユダヤ人虐殺の想像不可能性、表象不可能性を公理として掲げるランズマンやジェラール・ヴァジュマンに対し、想像することの責務を語るディディ＝ユベルマンの反論は明快かつ合理的であって、ランズマンたちの議論の或る種の異様さがそれだけ際立つ結果になっている。もとより、このように異様な論争の背後には、ディディ＝ユベルマンもまたその一員である、フランスのユダヤ系知識人特有の社会状況を考慮しなければならないのかもしれない。この論争は、社会的亀裂をあぶり出して見せる、文化的言説の「症候」なのである。しかし、これとて逆に言えば、そのような社会状況を離れたとき、論争それ自体がいささか不毛でローカルな性格を帯びて見えてしまうことは否めない。

著者自身が触れているように、この論争はジャン＝リュック・ゴダールとランズマン（およびヴァジュマン）のあいだで行なわれた批判の応酬を再演している。ランズマンたちのほとんど「ショア」神学とも言うべきものにもとづく有罪宣告の独断性を丁寧に浮き彫りにするディディ＝ユベルマンに比べ、ゴダールは「イメージは復活の時に到来するだろう」などという信仰告白をあからさまに繰り返し、「証拠はないが、調査担当記者と組めば、二十年後にガス室の映像を発見するだろう」と強弁すらしていた。これに対してディディ＝ユベルマンは、ゴダールの『映画史』における歴史のモンタージュを積極的に評価しながらも、ゴダールが述べる「復活」を「贖い」と修正することによって、やや不毛な印象のある一連の論争から、写真や映画のイメージをめぐる歴史的想像力の論理と倫理を説得的に導き出していると言ってよい。

2　歴史の症候学／症状――ギンズブルグとディディ＝ユベルマン

ディディ＝ユベルマンが言う「想像」とは、写真のイメージを前にした、恣意的な連想を意味するものではない。イメージは厳密に読解されなければならない。写真であれば、その物質的痕跡の徹底した観察が、そこに表象されている出来事をめぐる「準観察」（サルトル）をともないながら、文字資料、同時代の証言、ほかの視覚的ソースと関連づけられ、歴史的想像力によって「モンタージュ」されなければならない。

だが、この「モンタージュ」とは何か。修正主義者たちによる歴史の「偽造」がホロコーストという史実をめぐって繰り返し試みられる議論である以上、「モンタージュ」の概念が正確には何を意味するのかを明らかにすることがとりわけ必要不可欠だろう。たとえば、文字資料、同時代証言、諸々の視覚的ソースの「モンタージュ」とは、資料の検証による史実の立証と同じなのか、それとも決定的に異なるのか。

アウシュヴィッツ第二強制収容所での殺戮に関するジャン゠クロード・プレサックによる厳密な実証研究に依拠して四枚の写真の撮影場所を特定し、クレマン・シェルーによって復元された写真の緻密な観察と残された文書記録から、「アレックス」*3と呼ばれたゾンダーコマンドによる撮影行為を再現してみせるディディ゠ユベルマンの記述は、まったく常識的な意味で歴史学的な検証の手続きを示すものであろう。あらゆる事後的な修整を削り取り、あるいは、排除されていたものを復元して、いままでトリミングされることで見失われていた、撮影者がガス室内部に潜んでいたことを示す「黒い塊」という「視覚的刻印」を再発見したことも、写真を通した準観察に依拠した事実の確定にほかならない。

ディディ゠ユベルマンはかつてアビ・ヴァールブルクの方法を論じるなかで、イメージの解読における認識論的モデルとして、指標‐身体的特徴にもとづく「症候学的(séméiologique)モデル」と指標‐症状にもとづく「症状的(symptomal)モデル」とを区別していた*4。指標‐身体的特徴とは、事実の確証や推論に役立つ、多義性を排除した「強い記号」である。他方、指標‐症状とは、客観的事実に還元できない、予期せぬところに出現して変化しやすく、なかば隠された曖昧な可視性をもった「弱い記号」である。そこでディディ゠ユベルマンは、カルロ・ギンズブルグによるヴァールブルク的方法の理解は、ヴァールブルクにあった症状的モデルを症候学的モデルに不当に還元し、実質的に無効化してしまった、と批判している。同じ誤解は、ギンズブルグが「指標」にもとづく推論的パラダイムを論じるときに、シャーロック・ホームズやジョヴァンニ・モレッリとフロイトを同じ認識論的モデルに結びつけるところにも表われているという。フロイトにとっての指標は、前二者とは違って、指標‐症状なのである——

「事実」が、多少なりとも思い出しうる外的、客観的行為ではなく、活動的な形態、作用中のイメージ、多重決定的なシンボル、記憶の作業の効果的変形であるような幻想的な構造の中に、フロイトの指標はむしろ退行する。この新たな構成の中では、犯罪は至る所にあり、またどこにもない。犯人の名前はそれ自体がまき散らされ、いかなるものの鍵ももはや与えはしない。解釈の正しい支えとなるものは、今や関係、構造的歪曲である。*5

一方、『イメージ、それでもなお』でディディ゠ユベルマンは、歴史のディスクールにミシェル・フーコーやミシェル・ド・セルトーがもたらした批判的視座について触れながら、歴史的「現実」と歴史家の「エクリチュール」との関係に生じた「懐疑」をめぐり、ギンズブルグがヘイドン・ホワイトをはじめとする歴史の懐疑主義に対して行なった反論に言及している。そこでは、過度の実証主義と過度の懐疑主義との狭間で、諸々のソースのなかに「実証主義者が考えるような開かれた窓や、懐疑主義者が主張するような視界をふさぐ壁」を見ないようにすることというギンズブルグの見解が肯定的に引かれている。

ディディ゠ユベルマン対ランズマンという対立の構図が、歴史学における知の表象形式をめぐるこのような議論と重なり合っている点については、すでに論じたことがある*6。ギンズブルグが実証主義と呼んでいるのは、証拠を歴史的事実の透明な媒体と見なす、実務的歴史家の素朴な前提である。他方の懐疑主義とは、歴史叙述は言語によって強いられる修辞形式に応じて、何らかの解釈枠組みのなかで首尾一貫した物語を形成する特殊なプロット化、説明モデル、イデオロギー的姿勢を選択せざるをえず、そこから生じる解釈の違いを評定する客観的基準は存在しないとする相対主義を指す。ギンズブルグは、歴史の実務家と理論家の対話なき分離に対応したこの両者の姿勢を乗り越えるために、歴史資料のあらたな位置づけを探ろうとする。そして、ディディ＝ユベルマンが引用した箇所の直後で彼は、歴史資料を「歪んだガラス」に譬えるのである——

ひとつひとつの個別的な資料の個別的な歪みを分析することは、すでにそれ自体構築的な要素をふくんでいる。しかしながら、[……] 構築とはいってもそれは立証と両立不可能であるわけではない。また、欲望の投射なしに研究はありえないが、それは現実原則が課す拒絶と両立不可能であるわけでもないのである。知識は（歴史的知識もまた）可能なのだ。*7

このギンズブルグの「歪んだガラス」モデルとは、症候学的なのか、それとも症状的なのか。おそらくは、そのいずれでもあって、どちらか一方に特定できるものではない。素朴な実証主義と過激な懐疑主義との両者を退けつつ、歴史の具体的立証を行なおうとしたとき、ギンズブルグとディディ＝ユベルマンの立場はおのずと接近したと言うべきだろう。魔女裁判の資料を解読するためにギンズブルグは、裁判所の告発者の手によって歪められたかたちで記録された「魔女」たちの証言から、その背後にある民俗信仰を読み取らねばならなかった。その証言の歪みには、権力関係や告発者と被告とのあいだの文化的な差異が反映している。一方、ディディ＝ユベルマンは、あの一連の写真におけるイメージの歪みを闇のフレームに認め、そこに撮影者であるゾンダーコマンドを抑圧していた権力関係——同胞の殺戮に荷担することを親衛隊（SS）に強いられた彼らの疎外された立場——の刻印を見出したのである。

不完全で断片的な資料の狭間に生じる欠落、あるいは、証言や記録そのものに宿る歪曲は、歴史分析に対して、指標 - 症状としての解読を求めずにはおかない。しかし、その解読は実際にはつねに、いわば「現実原則」による検証を強いられる。症候学的モデルと症状的モデルは排他的ではなく、相補的なのである。そもそもヴァールブルクにおいて二つのモデルは共存していた。だからこそ彼はパノフスキーが理論化したイコノロジーの祖とも呼ばれるのである。フロイトに連なる症状的モデルの開拓者としてのヴァールブルクを強調した先の論文や同じくヴァールブルク論である大著『残存するイメージ』での歯切れの良い立論に比べ、ここでのディディ゠ユベルマンの立場が折衷的に見えるのは、理論的モデルではなく、歴史の具体的分析が問題となっていることの必然的な帰結であろう。

3　歴史における抑圧――モンタージュの「脆さ」

ディディ゠ユベルマンはその分析に「モンタージュ」という名を与える。なぜ「モンタージュ」なのか。まず第一に、残された写真はひとつではなく、時間的な非連続性に従って配列された四つのイメージを提示しているからである。もうひとつの理由は、これらのイメージの「可読性」は、他のソース、他のイメージ、他の証言との共鳴や差異化によってのみ、構成されうるからだ。ディディ゠ユベルマンによれば、「想像」とは、ただひとつの幻像に没入することではなく、つねにこうした複数の形象のモンタージュなのである。

第一の理由は資料の即物的な性格にすぎまい。『残存するイメージ』で「モンタージュ」は、「歴史のあらゆるシークエンスのなかで活動している時間の不連続性を視覚的に展開する方法」*8と定義されている。絶対的瞬間を撮影した「ひとつのイメージ」というファンタスムを批判するために、ここで写真の複数性が強調されている点は理解できるものの、この四枚の写真は「方法」によって構成されたという意味での「モンタージュ」ではない。四枚の写真をめぐる議論を「イメージのフェティッシュ化」と批判したヴァジュマンに対し、ディディ＝ユベルマンは、ラカンによればフェティッシュとなるのは停止したイメージであって、これらの写真は四枚でシークエンスをなしているのだからフェティッシュではないという、それ自体としてはさして有効とも思えない反論を行なっているが[*9]、そこで彼は「順番に並べられて原始的なモンタージュのような何かを形成する、複数のイメージ」という、より慎重な言い方をしている。いずれにせよ、「モンタージュ」という概念の曖昧な拡張がそこにまったくないとは言えまい。一方、後者の理由は、個々のイメージにおいて欠落し歪曲されているものを解読するという「症状的」な読解の可能性を含めて、資料の歴史的検証と呼んで差し支えないものではないだろうか。

では、なぜそう呼ばれないのか。ディディ＝ユベルマンは、「イメージはある特定の時代にしか可読性に到達しない」のであり、それは「危機的瞬間の刻印を色濃く帯びている」というベンヤミンの言葉を引いたうえで、四枚の写真をめぐる「解釈のモンタージュ」は、「可能な限りの厳密さを目指したとしても」、つねに「危機的瞬間」特有の「脆さ」を抱えていることだろう、と述べている。読解可能なものになった「イメージ」とは、この危機的瞬間において結晶化した。複数の形象やテクストなどの「星座」としてのモンタージュそれ自体である。ベンヤミンが語るように、それはたちまち失われてしまう閃光に似ている。

このような「モンタージュ」による歴史認識の範例として、ヴァールブルクの「ムネモシュネ・アトラス」、ベンヤミンの『パサージュ論』、バタイユの『ドキュマン』が挙げられているのは、それらが通常の美術史や歴史学の実証的手続きとは異質な、イメージの発見法的解読を試みているからである。「モンタージュ」とはここで、そうしたあらたな方法に与えられた名なのだ。そのような了解のもとでならば、ランズマンの『ショア』に「説話のエコノミーにしたがって組織されたモンタージュ」を、ゴダールの『映画史』に「症候のエコノミーにしたがって組織されたモンタージュ」を認める論旨の展開は明快で、映像によるモンタージュの可能性を、たんなる編集技法以上のものとしてはっきり位置づけていると認めてよい。

だが、膨大なイメージ記憶を担った映像と音声、引用の集積からなる『映画史』が、映像によって思考された「歴史」それ自体のあらたな「イメージ」を提示していることはたしかであるにしても、四枚の写真をめぐる「解釈のモンタージュ」とのあいだに読解の「厳密さ」に関わる大きな違いが存在することを否定できないのではないだろうか。たとえば、『映画史』を構成している水準でのモンタージュによって、四枚の写真をめぐる解釈がはたして構築できるだろうか。歴史的立証を語るギンズブルグと、モンタージュによる認識を目指すディディ＝ユベルマンの道は、ここでふたたび分岐してしまうように見える。ディディ＝ユベルマンが主張するように、モンタージュが構成要素の無差別な同化や融合であってはならないのだとすれば、さまざまなモンタージュを関連づける「モンタージュのモンタージュ」もまた、相互の差異を明確に示さなければならないはずであろう。

危機的瞬間のモンタージュに通じる脆さが歴史分析につきまとうことを、ギンズブルグやマンフレド・タフーリのような歴史家もまた自覚していないわけではない。かつてギンズブルグは、歴史分析をペイシャンス・ゲームに譬え、手持ちの断片のすべてがぴったりと当て嵌まるような理論的構築物ができたとして、それはまったく正しいか、まったく間違っているか判別不能な、両義的なものにとどまると述べていた*10。歴史叙述は不完全なカードからなる、仮設的な構築物であるしかない。いや、それはありあわせの素材からなるブリコラージュなのである（第I部第1章参照）。タフーリは、このように終わりのないゲームとしての歴史的探究のプロセスを、フロイトが言う「終わりなき分析」に比較している。なぜなら、分析治療が分析医そのひとの自己分析を「終わりなき課題」としてともなっていたように、歴史もまた、断片を再構成しながら、自己自身をも絶えず解体し、再構成する営みだからである――「真の歴史」とは議論の余地のない「文献考証的な証拠」を身につけたようなものではなく、おのれの恣意性を認識した歴史、おのれを「不安定な建築物」として認識した歴史なのだ」*11。タフーリはそれを「危機の計画＝企図」*12とさえ呼ぶ。

フロイトは論文「終わりある分析と終わりなき分析」のなかで、古代ユダヤの対ローマ戦争の指揮官・歴史家であるフラウィウス・ヨセフスの著作（それはユダヤ民族の壊滅的な殺戮を生き延びたわずかな「生き残り」のひとりによる「証言」の、いわばプロトタイプである）における、キリスト教徒をめぐる記述の「抹消」や「歪曲」を例として取り上げ、「抑圧」などの心理的防衛機制をこうしたテクストの改竄になぞらえて説明している。タフーリが言うように、「表象化である限りにおいて、歴史もまた抑圧と否定の結果である」*13。だからこそ、歴史みずからの不安定性をめぐる自己分析が必要とされる*14。

繰り返し「見損なわれ」「語られ損ね」られてきたアウシュヴィッツの四枚の写真は、収容所をめぐる歴史分析それ自体における「抑圧」を示していたのではないだろうか。ディディ＝ユベルマンはこれらの写真を取り上げた理由を、当時の視覚的資料のなかで、それらがひとつの極限的な事例、衝撃的な特異点になっているからである、と語っている。これらの写真は「イメージの歴史家」がみずからの研究対象と取り結ぶ関係を動揺させる「歴史的症候」である。この「歴史的症候」は、「社会に裂け目を入れ、相互了解を引き裂き、残存を浮かび上がらせ、文化における不安を可視的なものにする」。『イメージ、それでもなお』は、ランズマンらとの論争を中心として、それが引き起こした「時間の大乱調」という出来事、そこで露呈された「文化における不安」の記録なのである。

4　「贖い」の倫理へ——希望のドラマトゥルギー

この著書のなかでけっして語られることはないものの、四枚の写真イメージが著者ディディ＝ユベルマン自身にとって知を揺さぶる症候の強度をもちえたのは、彼が論じてきたさまざまなイメージとのあいだに、それらが緊張したモンタージュ的関係を潜在的に有していたからに違いない。それはたとえば、ガス室の入り口を示す黒い闇の枠がディディ＝ユベルマンによってイメージそれ自体の構造の形象化とされている扉や閾のモチーフやヴァールブルクの「ムネモシュネ・アトラス」におけるイメージの「間空間（Zwischenraum）」としての黒いスクリーン[*15]とのあいだに、あるいは、朦々と煙を立ちのぼらせている焼却溝がドメニコ・ギルランダイオのフレスコ画《フランチェスコ会の会則認可》【図5】における床の開口部という「空間の症状」[*16]とのあいだに取り結んでいるような関係である。ディディ＝ユベルマンは二〇〇二年刊行の著書『ニンファ・モデルナ』で、イタリア・ルネサンスの「ニンフ」という「急ぎ足で歩む古代風の女性像」の現代における零落した末裔を、路上のボロ布のような無定形な物体の襞に見出している。この書物には、アウシュヴィッツ第二強制収容所（ビルケナウ）で囚人たちから奪われ保管されていたおびただしい衣服の山の写真が収められている[*17]。ヴァールブルクが「情念定型（パトスフォルメル）」と呼んだ身振り表現のひとつである「ニンフ」のこうしたメタモルフォーゼは、ガス室へと裸体で走らされる女性たちの、すでになかば灰と化したかのようにぼやけた姿や、屍体焼却を行なうゾンダーコマンドたちのきわめて「人間的」な身振りとは対照的な、屍体の集積からなる「無定形に近い敷物」が示す、「人間」が徹底的に破壊され、「ひとならざるもの」へと変容してゆく過程に通じている。

おそらくこうしたイメージ群と四枚の写真とのモンタージュこそが、『映画史』と同レヴェルにおける「解釈のモンタージュ」を構成しえたことだろう。だが、ディディ＝ユベルマンはそうした大胆なモ

【図5】ドメニコ・ギルランダイオ《フランチェスコ会の会則認可》、一四八三―八五年。

ンタージュを避けた。そしてそれはたぶん、正しい選択だったのである。ヴァールブルクの「ムネモシュネ・アトラス」のようなかたちで、あるいは、『映画史』のようなかたちでユダヤ人たちの大量虐殺をモンタージュすることは、立証を標榜する歴史のディスクールにとって、いまだあまりに冒険的な試みだからである。このモンタージュの「不在」には、ここで試みられた歴史分析における、「抑圧」とまでは言わないまでも、躊躇に似たものが感じられる。

だが、『映画史』におけるモンタージュの水準へと徹底化しえない限界に踏みとどまり、「すべて」を見せるイメージというファンタスムに粘り強く抗いながら、断片的で不完全なイメージを証言をはじめとする文字資料などの他の表象形式と結びつけてゆく立証の責任を慎重に引き受けることによってはじめて、ディディ＝ユベルマンによる解釈のモンタージュは危機的瞬間の刻印を帯びた「イメージ」を生んでいるのである。ダニ・カラヴァンによるメモリアル《パサージュ——ヴァルター・ベンヤミンへのオマージュ》が思い出される。それはベンヤミンがナチからの逃避行の末に死んだスペイン国境の町ポルボウの丘のうえにあって、大地に刺さったコールテン鋼製のトンネルが海に突き出した先のガラス板には、ベンヤミンのこんな言葉が刻まれている——「名のあるものたちよりも、名のないものたちの記憶に敬意を払うことのほうが難しい。歴史の構築は名のないものたちの記憶に捧げられている」[*18]【図6】。「すべてに抗して」想像することとは、アウシュヴィッツから「すべてに抗して」イメージをもぎ取った人びとの記憶に対して行なわれるべき、そんな「歴史の構築」であるに違いない。

【図6】　ダニ・カラヴァン《パサージュ——ヴァルター・ベンヤミンへのオマージュ》、一九九〇—九四年、ポルボウ（スペイン）。著者撮影（Photo: TANAKA Jun, 1999）。

そして、そのために引き受けられた責任ゆえに、本書では「復活」の奇蹟ではなく、「贖い［解放・救済（Erlösung）］」の倫理が説かれることになる*19。『映画史』の最後でボルヘスを引用し、夢の通行証としての一輪の花を目覚めても手にしていた者について語り、「わたしがその誰かだった」とつぶやくゴダールには、ニーチェやヴァールブルクにも取り憑いた、歴史が自伝と化してしまうナルシシズム、あるいはパラノイア的な運命愛（の戯画）がある。「歴史の症候」としての四枚の写真は、そのような自己愛を許しはしないだろう。想像することは自己愛ではなく、死者＝他者たちに対する義務であり、「捧げるべき応答」、すなわち責任である。それは、自分たちの死ののちにも証言や写真が生き延びること、「もっと遠く」へ届くことを信じた、囚人たちの「希望」に対する応答＝責任である。

復活ではなく希望のドラマトゥルギー――ジョットの絵画を引用した『映画史』の場面に、ディディ＝ユベルマンは同じジョットのアレゴリー像《希望》、アンドレーア・ピサーノによるフィレンツェ礼拝堂の浮き彫り、そしてクレーの《新しい天使》をモンタージュし、ベンヤミンがつねに哲学的註釈を望んでいたのは、そんな希望のドラマトゥルギーだったのだ、と述べている*20。ベンヤミンの言葉をここでふたたび思い起こさないわけにはゆかない――「ただ希望なき人びとのためにのみ、希望はわたしたちに与えられている」。それは希望がわたしたちに責務として託されているということ以外の何であろうか。

「すべてに抗して」想像しないかぎり、過去もまた失われるかもしれない。死者たちさえもがけっして安全ではない。『イメージ、それでもなお』という書物は、だから、アウシュヴィッツの「希望なき人びと」のためにわれわれに託された希望をめぐる、アクチュアルな戦闘の記録なのである。

そして、もはや言うまでもなく、「イメージ」とは「希望」の別名にほかならない。

蓮實重彦は「あらゆる映画は、無声映画の一形態でしかない」というテーゼを論じる過程で、本章で取り上げた、アウシュヴィッツでひそかに撮影された写真をめぐるジョルジュ・ディディ＝ユベルマンとジェラール・ヴァジュマンのあいだの論争や、それに先立つ、強制収容所の表象可能性についてのジャン＝リュック・ゴダールとクロード・ランズマンの論争に触れ、これらの一連の論争では視覚的な表象の有無ばかりが問われ、聴覚的な表象がいっさい問題とされていない点の奇妙さを指摘している[*21]。なるほど、一九三〇年代のヨーロッパのトーキー産業を一手にリードしていたというドイツが、収容所のアーカイヴ機能を強化するために録音技術を導入していた可能性はたしかにあるだろう。にもかかわらず、視覚的イメージの残存については熱心に語るゴダールやディディ＝ユベルマンは、そうした録音装置の存在やそれによって記録されていたかもしれぬ焼却炉の音に関心を示していないように見える。ディディ＝ユベルマンがゴダールの『映画史』を参照しながら援用する「モンタージュ」の概念が「無声映画にふさわしいフィクションを可能にする技法」[*22]にほかならないことも踏まえて、蓮實はそこにこうした議論に共通する一種の「サイレント映画性」を認めている。事実、第二次世界大戦をめぐる映像のほとんどはサイレント映画であり、二〇〇一年九月十一日のテロの映像が音響を欠いていることも含め、二十世紀にふさわしい表象形式はサイレント映画であるかのように事態は推移している、と蓮實は言う。それゆえに、「あらゆる映画は、無声映画の一形態でしかない」のであり、「視聴覚」という概念は映画においてフィクションにとどまり、そこにいかなる現実性も備わってはいないのである、と。

なるほど、映画のカメラと録音機とが互いに排斥しあうような関係にあって、映像と音声とのテクノロジー的葛藤が二十世紀にいたってこそ顕在化したという蓮實の歴史認識は適確であろうし、音声の複製技術の「民主化」が映像のそれと比較して不自然なまでにきわめて遅れてしか実現されなかったという歴史的な現実が、一種の「声の禁止」とも呼ばれるべき抑圧を想定させることはたしかだろう。この「声の禁止」とは「声の複製禁止」であり、逆に見れば、現存する身体に結びついた声は映像よりも特権的に優位に置かれ、複製によるその身体性の喪失を忌避されてきたのである。こうした歴史的展望にここでことさら異を唱えるつもりはない。

ただ、ディディ゠ユベルマンの『イメージ、それでもなお』に関わる限りで述べるならば、「声の複製禁止」による録音技術の圧倒的な遅れが、アウシュヴィッツ第二強制収容所における写真の隠し撮りのようなひそかな音声記録を端から不可能にしていたことはまぎれもないし、ナチが強制収容所のアーカイヴ機能強化のために録音技術を用いていたとしても、写真や映像による記録と同様に、それらは彼らの敗走時にことごとく破壊されてしまったものと思われる。いずれにしても、ゴダールやディディ゠ユベルマンたちの論争で音声記録の可能性が考慮されていない点の指摘はホロコーストの表象をめぐる議論の盲点を衝くものではあるにせよ、技術的にまったく不可能だった隠し録音や現実に発見されていない音声記録を問題にすること自体にあまり意味はない。蓮實の議論で疑問となるのはむしろ、ディディ゠ユベルマンが隠し撮りされた四枚の写真から「モンタージュ」を通じて想像しようとしているのははたして一種の「サイレント映画」なのか、という点である。

この章で述べたように、四枚の写真は「方法」によって構成されたという意味での「モンタージュ」ではない。ゴダールの『映画史』のようなモンタージュによっては、四枚の写真をめぐる解釈は構築できないし、実際、ディディ゠ユベルマンはそのようなモンタージュを行なっているわけではない。これらの写真断片を核としつつ、そこにはさまざまな資料や証言、テクストが動員されて、確定的ではなく、一時的で脆いものであるにしても、過去のイメージを一瞬閃光のように甦らせる「解釈のモンタージュ」

ようが目論まれているのである。このような「過去のイメージ」は、「閃光」といった比喩を招き寄せるように視覚的な性質をもつとはいえ、それに尽きるものではなく、むしろ、言葉を媒介にして現出させられる要素として、聴覚的のみならず、嗅覚的、そして触覚的な側面まで潜在的に内包しうる。「それでもなお」のイメージによって想像される過去は多感覚的ないし共感覚的なのである。とすればそれを、たんに無声で映像しかないという即物的な意味での「サイレント映画」と呼ぶのは不適切だろう（サイレント映画それ自体が、実際の鑑賞の現場では多感覚的に受容されていたことは言うまでもない）。強制収容所を生き延びた人びとの証言には、囚人たちの沈黙、それとは対照的なSSの怒号、彼らが連れている犬たちの獰猛な吠え声、大量の屍体を焼く臭気などの描写が繰り返し現われる。たとえどれほど困難であっても想像しなければならないのは、眼に映る光景ばかりではなく、その沈黙・怒声・咆吼であり、焼けた肉の臭いではないだろうか。ビルケナウBirkenauという地名のauにディディ＝ユベルマンが聴き取った苦痛・嘆きの叫び声Au!とは、そんなふうに想像されなければならない、無音の声の刻印であるように思われる。

第3章　イメージのパラタクシス
——一九四五年八月六日広島、松重美人の写真

1　「五枚の写真」の謎——松重は何を撮影したのか

一九四五年八月六日、原爆投下の当日に広島市内で撮影された五枚の写真が残されている。撮影者は当時、中国新聞社のカメラマンであるとともに、中国軍管区司令部報道班員だった松重美人。彼自身もこの日、爆心地から南東に約二・七キロ、広島市の南端に近い翠町の自宅で被爆している。ガラス片によって傷ついた軀で、松重はカメラ（マミヤ・シックス）を携え、一刻も早く状況を知ろうと、市の中心に位置する中国新聞本社および軍司令部へと向かった。

避難する被災者たちに逆行して進み、何度か経路を変えて接近を試みるが、目指す中心部はすでに火の海で進入を阻まれる。火焔地獄を逃れ、午前十時を少し過ぎた頃、松重は自宅近くの御幸橋西詰に戻る。爆心地から南南東約二・二キロ。ここにあった警察官派出所前は急場の救護所となっていた——

そこには猛火の下をかいくぐり大ヤケドを負って逃れてきた負傷者が群がっている。頭髪は焼けちぢれ、顔、腕、背、足のいたるところの火ぶくれが破れ、ヤケドの皮膚がボロぎれのように垂れさがる。御幸橋西詰の巡査派出所で二人の警察官が食用油を塗って応急手当をしていた。そのあたりの路上から橋の人道には断末魔の負傷者でびっしり埋まった。＊1

松重が午前十一時過ぎに最初の写真二枚を撮影したのはこの場所である【図1】【図2】。そのあと、自宅に戻った松重は、午後二時頃、理髪店でもあった家屋内部の光景と、窓越しにそこから見た爆風で倒壊した消防署の残骸の二枚を撮影している【図3】【図4】。火災が下火になったのを見て、松重はもう一度新聞社に向かうが、残り火と瓦礫、そして、無数の屍体のあいだをさまよい歩くなかで、結局、一枚の写真も撮影していない。午後五時頃に写された最後の一枚には、爆心地から南南東約二・四キロの宇品線電車曲がり角で、宇品警察が被爆者に罹災証明書を出している様子が記録されている（六枚目に千田町の火災を撮ったものがあったとされるが、現存しない）【図5】。これらの写真のネガは、八月十二、十三日頃、中国新聞が疎開していた広島近郊の山間（温品）で現像され、小川で水洗されたという*2。

この五枚の写真には、それが稀少な被爆当日の市内における撮影であるという事実のみにはとどまらない、独特な性格が認められる。その点は「いかにも新聞に載りそうな写真」*3である五枚目を除いた残りの写真、とくに一枚目と二枚目に顕著である。

松重は一枚目の写真を撮るまでに三十分近くためらっている。「目の前の負傷者の視線がいっせいに私に向けられているようで、ほんとうは、恐ろしくてシャッターが切れなかった」と彼は回想している*4。一枚シャッターを切ったことで心が落ち着いた松重は、十歩（五、六メートル）接近して二枚目を撮った*5。近づいてみると、自分が比較的軽傷であるのに比べ、人びとのあまりの惨状に涙が出て、ファインダーが曇ったという——

一枚目に写した写真の中央に子どものように見えるけれど若いお母さんなんです。そして子どもを抱いて、その子の名を呼びながら「目を開けてちょうだい、目を開けてちょうだい」とゆすっている

1

2

【図1】一九四五年八月六日午前十一時過ぎ頃、広島市千田町三丁目御幸橋西詰、千田町巡査派出所前の臨時治療所。松重美人撮影、中国新聞社所蔵。

【図2】同上。

3

4

5

【図3】一九四五年八月六日午後二時頃、広島市翠町、松重美人の自宅兼理髪店。松重美人撮影、中国新聞社所蔵。

【図4】同上、松重美人の自宅内から見た西消防署皆実出張所の倒壊跡。

【図5】一九四五年八月六日午後五時頃、広島市皆実町六丁目、宇品線電車曲がり角。被爆者に罹災証明を書く宇品署・藤田徳夫巡査。松重美人撮影、中国新聞社所蔵。

んですね。だけど、その子は死んでる？　そういいながら走っているんですが、カメラのブレではなく被写体がブレているんでわかるんです。[*6]

「被写体の目、視線が合ってシャッター切〔ママ〕れない」「そこにいる人の目が全部私に集中しているように感じられるんです。もしシャッターを切ったら、食ってかかられるような恐怖さえ感じられた」[*7]という回想からも、「見られている」という視線の意識が松重に撮影をためらわせていたことが確認できる。そこに随伴しているのは、軽傷の自分と重傷の被爆者たちとの相違の自覚である。この点については、相対的にはほとんど無傷であることの「恥ずかしさといたたまれない気持ち」[*8]という言い方もされている。

だが、実際に撮影された二枚の写真では、ほとんど誰もカメラを、つまり、松重を見てはいないのである。焼けちぢれた髪で頭部が覆われ、表情のうかがえない人物像も多いが、大半の被災者は背を向けているか、うつむいていたり、画面の奥を向いている。視線を認められるのは、一枚目の中央付近に座り込んだ女性らしき人物と、二枚目の左端に立つ男性のみである。

ほぼ誰からも見られていない瞬間をとらえて撮影した、ということなのだろうか。松重の回想にそうした証言は見つからないとはいえ、たしかにその可能性はある。だが、先ほど触れた心理的な負債感ゆえに、彼が被爆者たちの視線を現場の実際の状況以上に強く感じていた、ということも考えられる。いずれにしても、「さいわい師団司令部の腕章〔ママ〕つけていたので写すことができた」[*9]と松重は語っており、軍都・広島で写真撮影を許可された数少ない存在だったことが、彼に最終的にためらいを乗り越えさせている。一枚目の左に横たわっている人物をはじめとして、瀕死かすでに亡くなっている人びとをフレームアウトさせ、立っている人物たちに接近して二枚目を撮影している点は、「当時、死体や残虐な写真は新聞に載せないという、プレスコードのような軍の達しがありました」[*10]という松重の証言に対応するると、とりあえずは言えるだろう。

さて、以上の経緯は、もっとも古いものでも原爆投下後四十年が経過した時点での松重の証言にもとづいている。例外的にかなり早い敗戦七年後の証言では、御幸橋西詰で二枚の写真を撮り、ひと息ついて時間を見ると十時半だった、とされているなど、前後関係に違いが存在する。この記録で語られている撮影の次第は次のようなものである——

御幸橋交番の前には男とも女とも判断のつかない地獄から出て来たような、髪も皮膚も焼けたゞれ背中、肩、腕に水袋をつけたように火傷がふくれあがつた、この世の人間とは思えぬ者ばかりが何十人もうめき泣いたりしている。『ひどいことをしやがつたな』といゝながら一枚写真を撮つた。憤激と悲しみのうちに二枚目のシヤツターを切るとき、涙でフアインダーがくもつていたのをいまも脳裏のどこかにはつきりと記憶している。[*11]

のちの証言で繰り返し語られる「ためらい」に関する記述のないことが確認できる。被爆者たちから「見られている」という視線の意識による「ためらい」を松重が強調するようになった背景には、たとえば一九八五年に催された第四回「反核・写真家のつどい」に際したシンポジウム「どうして原爆写真を撮ったか」における司会者・林重男の、「なぜ五枚の写真しか撮らなかったのか、ただ茫然としていたのかという疑問」[*12]に代表される問いに答える必要性があったものと思われる。こうした「ためらい」は、撮影者の心理として理解しやすいものではある。だが、松重によるこれらの写真について論じているミカエル・リュケンは、「原爆被害の惨状の写真を撮ろうとしたのだが、感情的に動揺してそれができなかった」という、かなり後年における松重のこの種の証言には注意が必要であると指摘している[*13]。

なぜか。リュケンは、松重は被爆者や街の惨状そのものの撮影をあえて避けた、と考えるからである。自宅内で撮影された二枚（三枚目と四枚目）以外の三枚は、警察官（ないし軍人）による被爆者の応急手当と罹災証明の発行という、この時代の戦争プロパガンダのもっともありふれたテーマに属する「救護班の苦心」や、より一般的には「銃後奉公」を表わしている、とリュケンは言う。戦場体験のなかった松重は、何が起きたのかまったく理解できない状況下で、彼自身被災してショック状態にあった。カメラマンとしての職務を果たそうにも、上司からの指示があったわけではない。それまで大規模な空襲を経験していなかった広島市で生じたこの事態を、どのように撮影して記録すべきか、松重はわからなかったに違いない。リュケンによれば、そこで松重は、敗北主義的な惨状を記録するリスクを避け、警察官による被災者救護という、あたかも演出されたかのような「銃後奉公」の光景のみを切り取ったのである――

それゆえに松重は、傷ついた顔と眼には涙をためて、ほとんど盲目の状態にあり、彼がたったいま経験した出来事の規模を正確に見積もることができなかった。彼は条件反射的に行動しており、ショック状態にあって状況を無視し、そして、結局のところ、軍事教練を数カ月受けたあとであったといえども、突如としてひとり取り残されていたがために、この破壊を写真に撮ることができなかった。つまり、広島の破壊された中心部の街路を通して彼が見たものは、惨事の現実ではなく、むしろ、かつて彼の現実だったものからの途方もない断絶だったのである。だからこそ、彼が撮った写真はカタストロフを表わすものではなく、事物の新しい秩序内における、彼にとって以前存在していた規則の痕跡にほかならないと言えるのである。突然インターフェイスを失った主観性のネットワークに捕らわれているために、これらのネガフィルムは、誰しもが「ヒロシマ」のものと認めるような現実には密着していない。[*14]

戦時下にあって写真の撮影にはさまざまな制限が加えられており、軍都・広島においてはとくに規制が厳しかった*15。また、広島や長崎の惨禍を直後に記録した写真の多くは軍当局の指令のもとに撮られている。そうしたなかにあって、松重の置かれた状況がきわめて特異で、例外的なものであったことはたしかだろう。眼前の光景の原因を理解することもできず、どの光景をどのように撮るべきかという手がかりもなく、まったく途方に暮れた状態にあった松重が、軍管区司令部報道班員として叩き込まれた規制や報道写真の定型化した主題を反映した撮影を行なったことは十分に想像できる。

何よりもまず軍司令部や新聞社本社にたどり着こうと繰り返された市中心部への接近の試みからも感じられるのは、軍務・社務に沿ったそれまでの日常を機械的に反復しようとする行動の、或る種の自動性にも似た印象である。茫然自失するなかで、軀は日常的に染みついた行為を闇雲に繰り返そうとしているように見える。こうした状況下で撮影された被爆地の光景が、警察官による救護という「銃後奉公」の紋切り型に近いものであったことも、同様の自動的な条件反射の結果ととらえることはできる。

リュケンは、プロパガンダ写真として見たときの松重の写真の技術的、形式的な不備について指摘している。一枚目と二枚目の写真で人びとが後ろ向きであったり、全体のコンポジションが弱い点、五枚目の写真において画面の右側がブレた男性の姿で覆い隠されてしまっている点などである。そもそも、これらの五枚の写真のどれひとつとして、原爆による惨禍の特殊性を示そうとはしておらず、いずれも当時の日本のどの都市で撮影されたものでもありうるかのような印象しか与えない、とリュケンは言う。

当日の午後に松重と一時行動をともにした高橋慶彦記者は、この日、自分たちは「虚ろな感じがするだけで、何を、どのように見たのか、わかったもんじゃない。本当は何も見てなかったんだ」、と回想している*16。回顧することで発見されているこの虚ろな無感動と無能力——「感じること」「見ること」

の不可能性――は、八月六日の広島市内における経験が、松重や高橋にとってトラウマ的なものであったことを示唆しているが、もしそうだとすれば、その場で起こった出来事に関する彼らの記憶には欠落の存在する虞（おそれ）があり、さらに長い年月ののちの松重の証言には、さまざまな改変がともなったかもしれぬことが推測できる。そのような事後性を顧慮しないわけにはゆかないのである。

リュケンは、戦時中の非常事態における同様の「記憶喪失」ないし現実否認の例として、空爆下のドイツ国民の行動を取り上げたW・G・ゼーバルトの『空襲と文学』に触れている[*17]。このエッセイでゼーバルトは、「当時のドイツにおけるほど、知りたくないことを忘れる人間の能力、眼前のものを見ずにすます能力が端的に確かめられた例は稀有であったろう」[*18]と述べている。人びとは爆弾が落ちようが、「あたかもなにごともなかったように」、映画館を定時に開館しようと瓦礫と屍体を片づけ、窓を拭き、庭を掃除し、午後のコーヒーを飲んだ――「たとえ大惨事が起ころうが起こるまいが、決まり切った日常の維持とは、お茶用ケーキを焼くのであれ高尚な文化的儀式を保持するのであれ、いわゆる健全な理性を損なわないための折り紙付きでもっとも自然な方法なのだった」[*19]。リュケンが推測しているように、松重が警察官の「銃後奉公」というプロパガンダの「慣習」に頼って、写真を撮影するというおのれの職務をなかば機械的に果たしていたとしたら、そこには「決まり切った日常の維持」という側面があったとたしかに言えるかもしれない。いずれにしても、松重の場合に注目されるべきは、経験とその表現のあいだの「溝」であり、その間隙は、撮影者の人物、彼の脆さ、その限界、彼が習慣化していた規則、生きようとするその意志について、地獄を見る術を知っていたオルペウス的な伝統に立つ勇者としての写真家よりもむしろ多くを語っている、とリュケンは言う。

彼がここで松重の比較対象として念頭に置いているオルペウス的な写真家とは、被爆直後に長崎の惨状を記録した山端庸介である。軍の命令によって長崎に入り、画家・山田栄二と組んで撮影された山端の写真が、山田の描くスケッチの視点と重なる絵画的な構図をもちつつ、光景を全体として空間的に把握した表現によって、色彩を用いて細部を描写するスケッチと相補的になっていることなど、非常に緻密に構成されている点を、リュケンは明らかにしている。山端の技法に仔細に立ち入ったその考察と比較して、リュケンは松重の写真の価値を、それが原爆投下の当日に撮影されたという事実のみに集約させてゆくように見える。そのうえで、両者の写真シリーズが対極的であるがゆえに、その比較によって歴史的記憶の形成過程における写真の位置づけについて理解を深めることができる、という結論が導き出されるのだが、しかし、ここで松重の写真それ自体ははたして正当に扱われたのだろうか、という疑問が残る。なぜなら、リュケンは警察官による救護活動という松重の写真の一部の表面的なテーマ、および、構図の一見したところの貧弱さ以外には、写真そのものについてほとんど何も語っていないに等しいからである。

被爆当日の松重の行動が、あまりの突発的な出来事とその惨禍の巨大さゆえに、必死で日常を回復しようという無意識の衝動に駆られたかのような機械的で自動運動にも似たものとなっていたことは、たしかにリュケンの指摘する通りであろう。街をさまよい歩くなかで、路上でかろうじて記録された光景が、この日にはむしろ常態であったはずのおびただしい屍体や瀕死の人びとの蝟集した惨状ではなく、警察官の職務遂行を写したプロパガンダ的な「銃後奉公」の姿であったことも、同様に条件反射にも似たものの結果であるとは言えよう。松重はこの日、眼前にしている破局の何たるかを見ることはまったくできなかったのだし、「彼の現実だったものからの途方もない断絶」しか、そこに認めることはなかったのかもしれない。

しかし、だからと言って、その写真はカタストロフを何ら表わしておらず、この「事物の新しい秩序」にまだ残されていた「彼にとって以前存在していた規則」の痕跡しかそこには存在していない、と断定することはできない。松重に関するリュケンの所論は、この被爆当日の彼の精神的な脆さやトラウマ的経験といったものについてはおそらく適確であり、そこに帰因する、警察官の職務の現場といった被写体の選択の根拠についても正しく光を当てていると言えるだろうが、松重の写真はそのような撮影者の心理や被写体の選択だけで語り尽くせるものではない。なぜなら、それがカメラによって機械的に記録された「写真」だからである。「これらのネガフィルムは誰しもが「ヒロシマ」のものと認めるような現実には密着していない」としたら、むしろ、「誰しもが「ヒロシマ」のものと認めるような現実」ははたしてほんとうにこの日の「現実」だったのか、と問われなければならない。松重が野戦の経験不足で爆撃のショックにも弱く、茫然自失して放心状態だったとしても、そして、彼の「現実」だったものからの「途方もない断絶」をそこで味わっていたのだとしても、まさにその脆さゆえに蒙った「断絶」ゆえに撮影主体が一時的に崩壊していた時間に、カメラはいったい何を記録したのかが凝視されなければならないだろう。山端のような「オルペウス」たちがついに地上に連れ帰ることのできなかったエウリュディケーとしての「イメージ」こそが問題なのだ。画家と協働した山端の撮影手法の分析においては冴えているリュケンによる考察の盲点となっているのは、撮影者の主体性が無意識的な条件反射にまで縮減し、撮影の技術や方法などがほとんど解体されてしまった場において、それでもなお――いや、だからこそ――カメラが記録してしまったものたちの姿である。

2 「原爆＝写真」論批判――モンタージュと絶対的イメージ

松重の写真は、五枚のシークエンスに始まり、時とともに内容を変える松重の証言、撮影規制や被爆状況に関する同時代の資料、山端の写真をはじめとする他の写真記録といった多様な要素から構成される「モンタージュ」を通じた、歴史的想像力による読解なしには、その意味を十分明らかにはしない。

言い換えれば、それは通常の報道写真のように、事実をめぐる情報の伝達のみでただちに完結するイメージではない。その際、トラウマ的な出来事だったであろうこの日の体験が、松重の記憶や語りのなかで、本人にも十分に意識されない欠落や事実からの逸脱をともなっている可能性は否定できない。被爆者たちからの視線に対する感情をはじめとする心理的反応の証言もまた、このモンタージュの重要な要素であり、それ自体が読み解かれるべきテクストである。なかでも、一枚目左に横たわっている人物を消すかのように付いている、現存するネガフィルムの傷が、西本雅実が伝えるように「松重氏が「あまりにむごくて……」と、自らの写真の掲載が続くうちにあえてつけた傷であった」[*20]とすれば、そのような撮影者自身によるイメージの損傷・改変もまた、そこで表面化した精神的負荷を慎重に推測すべき行為であろう。それはトラウマ的な出来事の深刻な事後性をうかがわせるからである。このような点も含め、これらの写真——とくに最初の二枚——は、ひとつの意味に還元されるような安定した構造をもたず、松重の証言をはじめとするさまざまな要素との重層的なモンタージュのなかで、あらたな様相を帯びるのである。

『photographers' gallery press』no.12の座談会で指摘されているように、こうした性格においてそれは、アウシュヴィッツ第二強制収容所(ビルケナウ)でゾンダーコマンド(特別労務班)の一員によって撮影された四枚の写真と類似した性質をもっている[*21]。ホロコーストという歴史的事実に関する資料としては、この四枚の写真はあまりに不鮮明で、多くを語るものではないと見なされてきた。だが、ジョルジュ・ディディ=ユベルマンが『イメージ、それでもなお——アウシュヴィッツからもぎ取られた四枚の写真』で詳細に論じたように、他の資料との「モンタージュ」を通じて、この四枚からはゾンダーコマンドのメンバーたちがいかに困難な状況下で連携して撮影を行なったかという経緯を読み取ることができる。ここで用いてきた「モンタージュ」という概念は、ディディ=ユベルマンのこの書物に依拠している。

アウシュヴィッツの写真と同じく、松重の写真もまた、シークエンスによってすでに「原始的なモンタージュのような何か」[*22]を形成している。松重の写真が、それぞれ同一の場所で撮られた一枚目と二枚目、三枚目と四枚目でひと組になっているように、アウシュヴィッツの四枚の写真も二枚ずつでひと組になっている。松重の場合には、報道写真の撮影原則として複数の記録という配慮が働いたのかもしれないが、たとえそうだとしても、これらの写真がかたちづくるシークエンスは、出来事の現場にいた撮影者の移動・動作の痕跡として、そこで経過した「時間」の読み取りを強く要求するように思われる。画面中央の赤ん坊を抱いた母親のブレや、その前方で履き物を脱ぎ、火傷の応急措置として油を足に塗ろうとしている人物の身振りもまた同様に、特定の一瞬で完結したのではない、この光景の前・後を強く示唆するものだろう。そのような時間性において、これはいわゆる「決定的瞬間」からはほど遠い写真なのである。

第2章で取り上げたように、ディディ＝ユベルマンの所論は、クロード・ランズマン一派からの激しい批判の的となった。ディディ＝ユベルマンは『イメージ、それでもなお』における反批判のなかで、むしろ、ランズマン一派のほうが、ガス殺の真っ最中をとらえたショア（ホロコースト）の唯一絶対な「イメージ」というファンタスムに憑かれ、それを攻撃対象にしていることをあぶり出している。すなわち、ショアの表象不可能性を金科玉条にするあまり、ショアのあらゆるイメージを禁止しようとする批判者たち自身が、ショアを唯一完全に表象する、絶対的瞬間における絶対的イメージという仮想敵を前提にしているのである。

原爆のイメージについても、いわば「原爆＝写真」論者と称すべき人びと（『戦争と映画』のポール・ヴィリリオなど）が唱える、同様のファンタスムが存在する。彼らにとっての唯一絶対の一瞬とは被爆の瞬間である。そして、原爆を表象する絶対的イメージとは、爆発時の閃光が壁などに痕跡として残した人物や物体の「影」である。被爆地は巨大なカメラであり、そこに残された影こそは極めつきの「写真」というわけだ[*23]。それを「原爆＝写真」論と呼ぶ所以である。ランズマン一派が、ショアのイメージを徹底的に排斥するあまり、逆に絶対的イメージというファンタスムに取り憑かれているのに対し、こうした「原爆＝写真」論者たちは、「没視覚性」の絶対的イメージとして、原爆の「影」を「写真」と見なすという倒錯を実演する。その眼中に松重の写真の存在など入る余地はない。

ランズマンの『ショア』をめぐる「表象不可能性」の議論に関連した、「映画にとって真に表象不可能な存在があるとすればそれは広島だろう」[*24]という四方田犬彦の端的な指摘が思い起こされる。原爆の強烈な閃光によって、それをとらえようとしたいかなるフィルムも消滅しきってしまう。つまり、原爆爆発の「絶対的瞬間」そのものは映像にはできない。そこにこそ、極めつきの表象不可能性がある。この不可能な「映画」の代替として持ち出されるのが、破壊的光線そのものによって生み出された原爆の「影」なのである。

強烈な閃光がその目撃者たちに写真を連想させたことは事実である。松重自身をはじめとして、被災者たちはしばしば、原爆の炸裂をマグネシウムの発光やカメラのフラッシュに譬えている。その連想自体はごく自然なものだろう。しかし、結果としてその閃光が壁や道路、ひとの身体などに「焼き付けた」痕跡を「写真」に見立てることは、このような経験的な発想を超えている。

「原爆＝写真」論には絶対的瞬間を記録した画像というスペクタクルへの誘惑がある。それが魅了されている原爆の「影」という絶対的イメージによる支配のもとでは、ひとりひとり固有の名をもった個体の死は「影」一般に、それぞれが耐え忍ばなければならなかった時間は被爆の一瞬に抽象化され、個別の具体的な原爆写真の撮影者たちの存在は無視されてしまう。だが、松重が撮影した五枚の写真とそのシークエンス、そして、それらを一部とするモンタージュから甦らせるべきはまさに、そこに写された人びとと撮影者自身の生と死の固有性であり、その光景の前後に流れた時間ではないだろうか。

この絶対的イメージの誘惑がいかに強いかは、ほかならぬディディ＝ユベルマンがかつては或る論文で「閃光が無に帰したものを、閃光自体が「撮影」した」と述べ[*25]、『イメージ、それでもなお』でモンタージュの範例として引用されるジャン＝リュック・ゴダールの『映画史』においても、「影」の写真が原爆の表象として用いられていることが示している[*26]。原爆の閃光を写真のパラダイムでとらえたディディ＝ユベルマンの論文は、フランスの天文学者カミーユ・フラマリオンの雷に関する研究『雷の戯れ』（一九〇五年）のテクスト再録に対する序文として書かれている。フラマリオンは、雷によって建物や人体に残された痕跡について論述しており、原爆の「影」に関するディディ＝ユベルマンの言及はこれを受けている。物理的痕跡としての原爆による「影」をこのように科学史的言説のなかに位置づけることはもちろん可能である。問題なのはそのイメージを「写真」という比喩で語り、さらに被爆という破局を象徴する特権的なイメージとして絶対化する言説である。

先の論文におけるディディ＝ユベルマンは、閃光によって「撮影」された「写真」においては、すでにその閃光そのものによって被写体が無に帰していることをとらえて、「なぜ存在があって無があるのではないのか」という形而上学の問いが変形された、「なぜ破壊の視覚的痕跡があって無があるのではないのか」という問いがそこには生じていると指摘する[*27]。この痕跡は、写真に撮影された対象は不死となって、その場にはたとえ不在であっても可視的なものにとどまっているという、写真をめぐる「存在論的」ノスタルジアをもはや許さない、とディディ＝ユベルマンは言う。原爆の「影」という限界的な事例においては、「可視的なものであり続けるのは存在ではなく、それ自体の視覚的痕跡における破壊なのである」[*28]。

一種の思考実験としてならば、「閃光による痕跡」という写真的パラダイムのひとつの極限例がそこにあると言えないことはない。だが、そのような思考実験の前提として疑わしいのは、原爆の「影」がたしかに破壊の瞬間の痕跡として残されているにしても、その「写真」の被写体は可視的に存在し続け、「無」になど帰しておらず、それが人物でない場合には同じ場所にとどまり続けてさえいるという点である。たとえば、ディディ＝ユベルマンの論文には、一九四五年十月に菊池俊吉が広島で撮影した、ガス・タンクに残された梯子の影の写真が図版として掲載されている。これは皆実町一丁目の広島瓦斯広島工場で撮られており、この写真には梯子それ自体は見えないものの（その点は同一の影を撮影した岸本吉太の写真からも確認できる）、同じ工場のガスタンクに転写されたハンドルの影を写した別の写真では、「被写体」であるハンドルはすぐそばに現存している。壁などに人影を残した人物がその場で消滅したのでないかぎりは、被写体としてのその人物もまた、可視的な存在であり続けたはずだろう。いずれにしても、原爆の閃光によって「撮影」された「写真」という発想は、こうした個別事例を無視した思弁に陥っているように思われる。

これに対し、ディディ＝ユベルマンとは逆に、原爆の「影」のうちに、むしろ写真が本来有しているパラダイムそれ自体を見る、という長谷正人のような発想もある*29。長谷は、原爆の閃光が焼き付けた「人影」に「人間への無関心さ」を見出す。その光は人間を特別な標的として攻撃したわけではなく、まったく人間が関与していない「純粋写真」とも言うべき「人影」は無差別な破壊の部分的な結果でしかない。「人影」は人間の痕跡でありながら、閃光にとってはそれが死のうが生きようがどちらでもかまわない。「人影」は「人間の「生」に対して自然が絶対的に無関心であること」を感じさせるがゆえにわれわれを戦慄させる、と長谷は言う。そして、この人間に対する絶対的無関心はどんな写真にも潜在的に孕まれているものである――

たとえ人間が意図的に撮影したものであったとしても、カメラという機械はつねに、人間もビルも虫けらも土も樹木も、すべての事物を平等に「光線的存在」として捉えているにすぎないのだから。だからすべての写真はどこかで、原爆のように人間を卑小な存在として扱ってしまっているのだ。カメラはあるとき、さまざまな事物が発する光の進行運動をせき止めたにすぎない。その光の主が人間で

【図6】「焦土広島の全景　昭和二十年（一九四五）十月七日・林重男撮影」部分、広島市役所編『広島原爆戦災誌』附録（二）、一九七一年。

あろうがヤツデの葉であろうがどうでもよいことだ。ただ写真を撮ったり見たりする人間が、何とかそれを人間的なものとして誤魔化し、巧みに取り繕っているだけのことだ。たとえば友人が撮った、砂浜で遊ぶ彼の家族たちのスナップ写真を眺めたとする。確かにそれは、人間的な愛情に満ちた写真ではあるだろう。私ももちろん眺めて微笑んだりする。しかしその写真をもう一度冷静に隅々までよく見てみよう。そうするとそこでは、砂も波も草も空き缶も、あらゆる事物が「光線的存在」として平等に捉えられていることがわかるだろう。写真のなかでは、親しい人間とそうした卑小な事物との間には何の違いもないのだ。*30

この考察は原爆の「影」、とくに「人影」の問題を、写真という機械装置による記録の原理にまで遡行させている点で重要である。「あらゆる事物が「光線的存在」として平等に捉えられている」という写真の根本的な性格については、この章でものちほど別の視点から検討することになるだろう。長谷の議論は原理論としては強力だが、広島への原爆投下と人びとの被爆という歴史的事件の記録としての写真を対象としているわれわれの考察とは関心の焦点が異なっている。ここでの問題は、「自然の絶対的無関心」にもかかわらず、人間がいわば「グラデーションの違い」しかない写真のイメージを手がかりとして、なぜ歴史的出来事を想像することができるのかにある。そこにこそ、「手に負えない現実を正視する」[*31]（バルト『明るい部屋』）或る種の人間的な狂気があるのではないか。原爆による「人影」にあらゆる写真のひな形があると見なして戦慄すること自体が、たかだか染みに似たものにすぎないイメージを通して、破局的な過去を想像する人間的な営みがもたらした結果にほかなるまい。親しい人間と卑小な事物が等価になるようなイメージの場であるからこそ、写真が機械的に記録してしまうものが何か、そこに読み取られるものは何であるのかが、問われなければならない。

原爆の「影」とは異なる、もうひとつのタイプの「原爆＝写真」の事例をここで挙げておこう。林重男が一九四五年十月七日に撮影した広島市内のパノラマ写真【図6】は、爆心地に近い広島商工会議所（爆心地から北北西約三二〇メートル）の屋上から撮られており[*32]、この点をとらえてリュケンは、林自身はもちろん意識しなかったであろうが、これによって彼は「原爆の視角」を再現しているのである、と指摘している――「それゆえこのパノラマ写真は、爆発の結果を示しているのみではなく、同時にその発生過程の一種の複製でもあるのだ。苦悶をフェイドアウトさせている点で、まさしく原爆それ自体とちょうど同様に、それは盲目的、眩惑的なのである」[*33]。爆発によって破壊された都市の全景を一望のもとに収めようとするパノラマ写真が、徹底して空虚な焼け跡の茫漠たる広がりを堅固な空間構成のもとに示すことで、原爆の凄まじい破壊力を写し取ったかのようなものになってしまう[*34]。この荒野からは人びとの経験した苦しみは一掃されている。原爆それ自体の破壊が、たとえそこに立ち会えたとしても実見することはできずに「盲目的」で、それゆえに実態を理解させない「眩惑的」なものであるように、きわめて正確な被災都市の記録であるように見えるパノラマ写真の構図そのものに、原爆の爆発に同一化した視線の暴力が――「盲目的、眩惑的」なまま――埋め込まれているのである。

3　写真の「彼方」へ――パラタクシスの「点滅」

『イメージ、それでもなお』におけるショアの表象不可能性をめぐるディディ゠ユベルマンとランズマン一派との論争がいわば「歴史的出来事の演劇化」を焦点としており、この種の演劇化に対する抵抗は『芸術と客体性』以来のマイケル・フリードの思索と関連づけられる、と思想史家のマイケル・ロスが指摘している[*35]。著書『なぜ写真はいま、かつてないほど美術として重要なのか』におけるフリードの議論によって、「美術として」のみならず、「歴史の理論にとっても」写真がなぜかつてないほど重要であるかが示される、とロスは言う。彼によれば、フリードが明らかにするのは、ジェフ・ウォールらの写真が「被視性（to-be-seenness）」を「自認（acknowledgment）」する構造を取ることにより、「没入」と「演劇性」のダイナミズムを条件として引き受けつつ、作品が演劇的になることを回避しているという点である。つまり、或る行為に没入している人物を撮影したウォールの写真は、単純な現実の表象としての記録映像ではなく、かといって全面的に観者に依存した演劇的なものでもなく、被視性をあらかじめ受け入れた「近似記録映像（near documentary）」（ウォール）となっている。他方、歴史的実践における写真もまた、客観的な事実だけを伝える「証拠」と、構築された「表象」との二面性をもち、演劇的とも言えるであろう後者の性格にのみ還元されるものではない。そして、写真はわれわれに「見えないもの」を想起させるがゆえに歴史理論にとって重要なのだ、とロスは結論づける。この最後の点は、フリードがバルトの写真論における「プンクトゥム」を、観者に演劇的に働きかけようとする撮影者の意図にはけっして回収されない要素と解釈している点に応じている。このような議論を通じてロスは、写真をその一部とする歴史叙述——あるいは、ディディ=ユベルマンの言う「モンタージュ」——が特定のプロット化によるナラティヴに尽きるものではなく、写真に孕まれたプンクトゥムを介して、過去の現実の「見えないもの」に触れているという点を示唆している。

　ウォールの写真が直接連想させるのは、しかし、ゾンダーコマンドの撮影したあの四枚の写真ではなく、むしろたとえば、多かれ少なかれカモフラージュの意図のもとにナチによって撮影された収容所やゲットーの写真である。そのような写真の一例として、第二次世界大戦中にナチ・ドイツによってポーランドのウッチに設置されたゲットー（当時の名はリッツマンシュタット・ゲットー）の主計官でナチ党員のオーストリア人ヴァルター・ゲーネヴァインが、アマチュアのカメラマンとしてこのゲットーの生活を撮影した数百枚のカラースライドが残されている。ゲーネヴァインは、ここを管理するゲットー局に委託され、このゲットーの運営が円滑に進んでいることを示す記録として、これらのスライドを撮影したものと思われる*36。

ダリウス・ヤブロンスキー監督のドキュメンタリー映画『写真愛好家（Fotoamator）』（一九九八年）[*37]は、これらのスライドを素材として製作された。ヤブロンスキーはそこで、ナチの一員によるひとつひとつの写真画像全体を見せるのではなく、その一部を切り取るフレーミングによるショットを駆使している。たとえば、ユダヤ人が営む理髪店の内部を撮影した写真では、カメラはゆっくりと横にパンして、正面を向いた男性理髪師の痩せこけた顔を中央にとらえたあと、それをクロースアップし、見開かれた虚ろな眼に接近した途端、映像は一挙にぼやけて消える【図7】。このシークエンスの直前には、ゲットー住民の心理状態をめぐるナチの側からの見解がドイツ語で語られている――「ユダヤ人たちはこの間に以前はまったく公然と語られていた希望や願望の多くを葬り去った。しかし、心中では相変わらずかたくなな頑迷さで、彼らの現在の状況に好都合で幸運な転回をもたらしてくれる奇蹟を待ち望んでいる」[*38]。

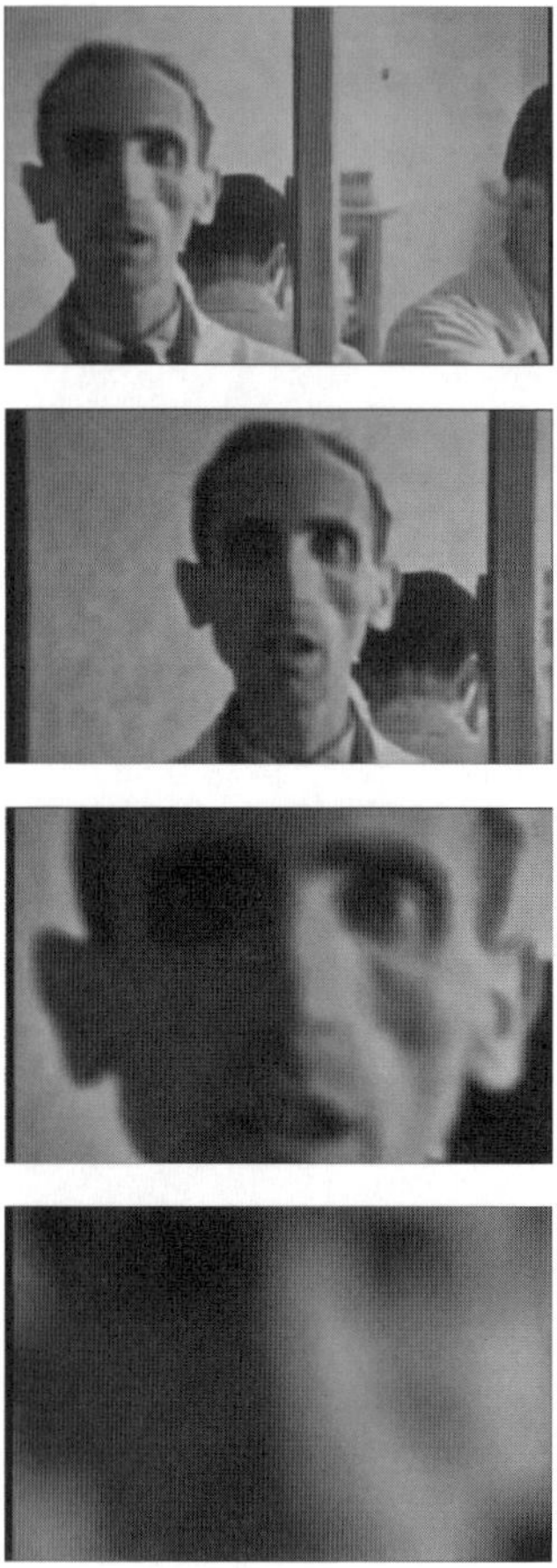

【図7】ダリウス・ヤブロンスキー監督『写真愛好家』（一九九八年）のシークエンス（25:57-26:28）より。

あるいは、ゲットー内の屋外店舗でフェンスにネクタイが吊られて売られている光景の写真では、ドイツ人（ゲットー局局長ハンス・ビーボウ）の顔から出発して、ネクタイを物色しているその手へとカメラが緩慢に移動し、そこからさらに左へと、何本もぶら下がっているネクタイの表面を舐めるように動いて、カラースライドの左端、ネクタイの隙間からフェンス越しにこちらを見つめているユダヤ人と思われる少年の顔をとらえてじっと静止する【図8】。このシーンでは、ビーボウからユダヤ人評議会議長ルムコフスキに宛てられたドイツ語の手紙が読み上げられている――「電動ないし手動の骨粉砕機がゲットー内にあるか否かをただちに確認されたい。クルムホーフ特別部隊がこの粉砕機に関心をもっている」[*39]。「クルムホーフ特別部隊」とはヘウムノ強制収容所を建造・管理していた部隊である。ウッチ・ゲットーのユダヤ人たちは、一九四一年十二月以降、順次この強制収容所に移送され、ガス・トラックによってただちに虐殺された。この手紙の文面が暗示するのは、「骨粉砕機」がその屍体処理に用いられた可能性である。さらに、フェンスに――首を吊られたように――並ぶネクタイの持ち主た

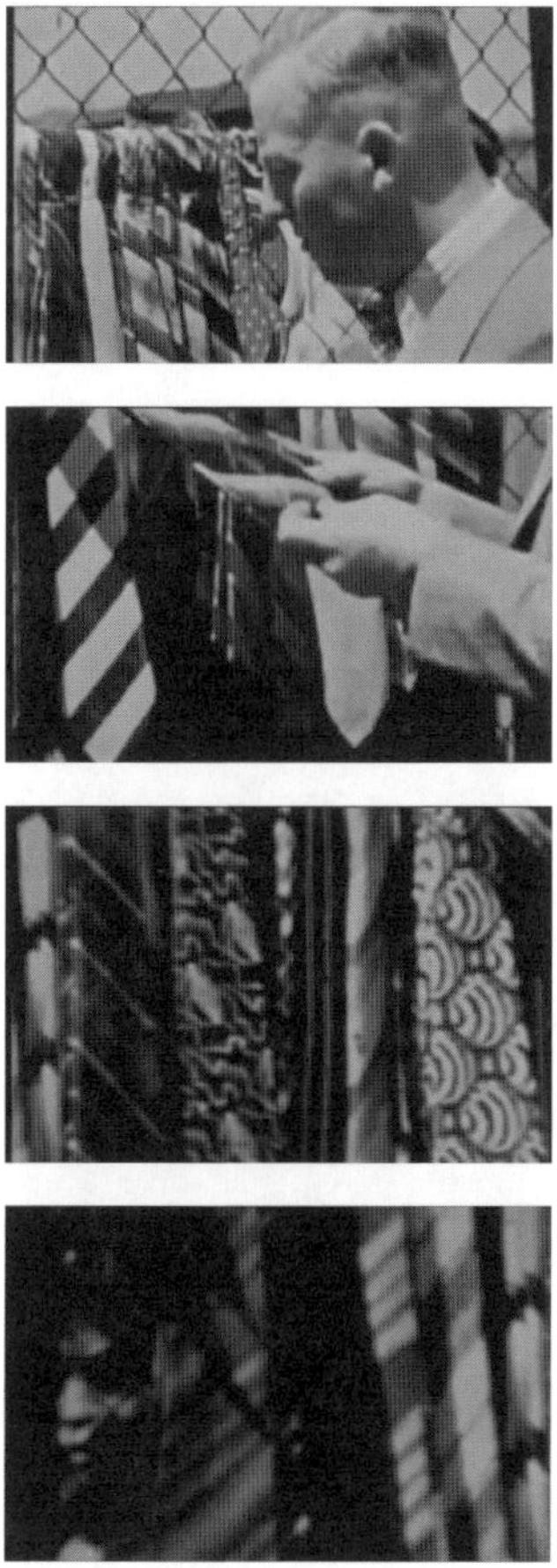

【図8】同右、シークエンス（34:00-34:28）より。

ちが、おそらくは移送されたユダヤ人たちだったであろうこともまた、推測できる[40]。
写真の撮影者であるナチの一員が意図したのは、このゲットーを労働や商売が正常に行なわれている街として示すことだったに違いない。しかし、こうしたショットを通じてヤブロンスキーは、そのような意図を反映した写真画像のうちに、撮影者の思惑に完全には支配されない、被写体の生の表われとしての理髪師のまなざしや、おそらく気づかれぬまま画面の隅に写り込んでしまった、カメラを見返す少年のまなざしといった細部を鑑賞者に発見させるのである。この映画を論じたウルリッヒ・ベアはこう書いている――

『写真愛好家』はこのように、ナチによって作り出されたイメージはナチの美学から解放されえないという歴史家たちの確信に反駁している。この映画は、ウッチ・ゲットーを撮ったゲーネヴァインの写真を再撮影して、そのなかに存在したイメージを、そこに執拗にまといつくナチのまなざしから救い出し、ひいては、スライドのなかにたんに再現されているだけではなく、スライドを破砕してしまうようなつかの間の猶予のうちへと、このユダヤ人たちを甦らせ救おうとするのである。[41]

ベアによれば、ここで言う「猶予」とは、バルトがプンクトゥムを言い換えて触れている、写真という静止したイメージがわれわれに示しているものの「彼方」である[42]。つまりそれは、過去の現実のうちの「見えないもの」であり、あるいは、写真――「それは・かつて・あった」――における不確定な「未来」であると言ってもよい。理髪店のシーンに先立つシニカルなナチのコメントと対比されるかのように、理髪師の顔がぼやけて消え失せたあと、画面に登場するゲットーの生き残りの男性アルノルト・モストヴィッツはポーランド語で、「わたしにとって当てにすることができたのは奇蹟だけでした」と語る。その「奇蹟」とは、ドイツ人たちが彼らを絶滅させる前に、戦争が早く終わることだった[43]。「奇蹟」を期待された未来をめぐる『写真愛好家』のこのシーンの構成について、ベアは「ヤブロンスキーの映画は写真の未来と、ナチとユダヤ人たちによって抱かれた和解しがたい「未来」の観念とのあいだに、つかの間、ひとつの空間を切り開く」と述べている。それは「いまだ完了していない時間の開口」[44]である。

ゲットーから強制収容所に送られてガス殺される破局という――ナチが自明視していた――未来ではなく、この過去の時点におけるこの人物たち固有の未来が、ナチ党員という撮影者の意図に逆らって、写真画像のなかに発見される。写真のなかではいまだ完了していないその未来を救い出すために、ナチのアマチュア写真家による写真は光景としての統一性を解体され、いったんばらばらに破砕されなければならなかった。そのうえで画像内部にシークエンスが作り出されているのである。

他方、ビルケナウで親衛隊（ＳＳ）の監視のもと、見つかれば即死を免れない禁じられた撮影によって残された四枚の写真や、広島を一瞬にして襲った壊滅的な破壊と殺戮ののちに、その甚大な衝撃によってカメラマンがトラウマを被り、写真撮影がほとんど条件反射的な行為となった状況下で撮られた五枚の写真は、撮影者の意図や報道写真のコードなどがほとんど解体された瓦礫の状態で、そのあらゆる部分が「彼方」に向けて震動し泡立っている。リュケンが指摘するように、松重が路上で選んだ被写体は救護活動にあたる警察官という報国プロパガンダの定型であったが、そのような光景を見つけて反射的に撮られている写真の技術的、形式的な「貧しさ」こそがここでは重要である。形骸化している定型的テーマはむしろ二次的なものでしかない。先に述べた「報道写真のコード」とは、写真をいかにも新聞に載りそうなものとする、技術的、形式的な諸条件にほかならず、それがここではもはや機能していないのである。

松重の写真については、精神的にやや落ち着いた状態のものと思われる五枚目の写真よりもそれ以前の写真、とくに一枚目と二枚目の写真から、画面の全域が粒子状に震動しているような、焦点を欠いて分散している印象を強く受ける。画面全体の統一が解体されて、各要素が並列的に震動しているようなこの構造を「パラタクシス」と呼んでみたい。これは文字通り「並列・併置」を意味し、独立した文や句が従属節なしに並ぶ文構造を指すが、ここではテオドール・W・アドルノがヘルダーリン後期の詩に見出した、言語表現の統語論的綜合や階層秩序を宙吊りにする「中断としての並列」を念頭に置いている(それはこの詩人の統合失調症と無縁ではない)*45。松重の一枚目と二枚目の写真ではとくに、視覚的イメージにおいて「パラタクシス」が出現している。意識的構成としてのモンタージュに先行して、まず、イメージ内部のパラタクシスが露呈するのだ。そのとき、イメージのあらゆる細部が意味作用を始める。倉石信乃が松重の撮影した一枚目の写真で人物たちの隙間に存在している「形とも影とも見分けがたい、暗く隠微な領域」の「点滅」と呼んだものが、たとえばそのしるしである――「どうやら確からしいのは、この入り組んだ構成の中に人の生死の相が切れ目がなく連なっていることであり、原爆が投下されたというまさにその出来事が未だ現在進行形であることを告げていることなのだ」*46。写真における「未来」とは、この「現在進行形」という時間に等しい。

　これは、長谷が述べていたように写真において「あらゆる事物が「光線的存在」として平等に捉えられている」がゆえの結果である。山端のように構図を選択し、技術的にも形式的にも整った写真を撮る余裕など松重にはなかった。被爆当日における彼の行動が機械的、自動的でほとんど条件反射のような撮影であったことは先に確認した通りである。ナチのゲットー写真に似て、あたかも演出されたものであるかのような警察官の職務遂行の光景が選ばれているにもかかわらず、トラウマ的状況下の撮影者自身が一種の自動反応するメカニズムと化していることによって、そこに残された写真は、あらゆる細部を「光線的存在」として等価に記録している。人間に対する無関心ゆえに、カメラはすべてを即物的に撮影している。極限状況のもとで、わずかに残された習慣によって被写体を選んでいる松重の判断と、このカメラによる記録の即物性との拮抗が写真というイメージに結晶化する。そのとき、世界は光と影のグラデーションの違いをもつにすぎない一個のイメージと化すが、倉石の言う「形とも影とも見分けがたい、暗く隠微な領域」とは、このグラデーションにほかなるまい。主題が形骸化して実質的には退き、報道写真のコードが失調してしまったとき、写真本来の特性である無差別な痕跡が表面化して、あらゆる部分が等しく注視を求め始めるのである。

倉石が注目しているように、松重の撮影した一枚目の写真のなかで被爆した人びとの「姿勢」が際立つのは、写真をひとつの光景として統御するコードが解除され、パラタクシス化しているからだろう[*47]。そのとき、すべての部分が徴候としての解読を求める。三角襟のセーラー服や頭のかたちが人物同定の手がかりになる[*48]、といった事実確定の次元ばかりではない。苦痛と絶望、あるいは瀕死ないし死に際して残された身体の身振りが、まさにそれが写真を見る者自身の身体と通底するものであるがゆえに、そこに宿された苦痛・感情・情念を「現在進行形」で伝達する。写真そのものは無差別に事物を記録するとしても、そこにかたちを読むのは人間である。人間はいっせいに読み取りを求める細部のなかに、自分に「似たもの」を探す。そして、みずからの身体の記憶と通底する「身振り」を発見するのである。

広島・長崎の被爆者たちの証言のなかで、原爆に対する批判的認識を語る際に多用されている言葉は「人間」であるという[*49]。それは原爆投下や被爆の現場の惨状、あるいは戦争一般を「人間としてあってはならない」ととらえる倫理的判断の基準であるとともに、人びとが一瞬にして「これは人間ではない」と思わずにはいられないような姿の屍骸や傷だらけの軀に変貌してしまったことの表現である。つまりその被害の現場は「人間のイメージ」の崩壊と直面させられる場であったということだ。無数の人間が人間に「似ていないもの」に変えられてしまったこの場で、かろうじて慣れ親しんだ人間的な営みの「身振り」を見出した松重が、警察官による救護の光景を被写体に選んだとしても、誰が批判できようか。ディディ＝ユベルマンは「アウシュヴィッツの人類学的意味の核心」とは、「犠牲者のうちの人間を否定すること」「人間を似ざるものへと定めづけること」[*50]だと言う。ＳＳが破壊しようとしたのは人間のかたちそのもの、そしてそのかたちとともにあるイメージだった。それゆえに「抵抗という行為は結果的に、すべてに抗してこのイメージを保持することを意味した」[*51]。松重のカメラは撮影者の選択の意志に完全には支配されずに、人間としてのかたちを傷つけられた人びとを——等し並みな自然の無関心のもとに——たんなるグラデーションとして記録している。だからこそ、そこに「姿勢」や「身振り」を読み取ること自体が、抽象的なものではない、そこに存在した個々の人びとの「人間のイメージ」を回復しようとする、まったく無力だが、しかし、欠かすことのできない、「抵抗」となるのではないか。それはすなわち、これらの写真に記録された出来事が、みずからと「似たもの」の身に起こったものであると改めて認識する営みである。

　アビ・ヴァールブルクの「情念定型（パトスフォルメル）」の概念をここで想起するのは不自然ではあるまい。「情念定型」とは「身振り」における「残存するイメージ」——「生き残り」としてのイメージである。死児を抱え、その子の名を呼びつつ、「目を開けてちょうだい」と揺すり続けながら走り回っていたという若い母親の身振り——それはヴァールブルクがドメニコ・ギルランダイオの描く《嬰児虐殺》（一四八六—九〇年）【図9】のなかに見出した狂乱した母たちという情念定型の系譜を継ぐ、ひとりの——あまりにも悲惨な——「ニンフ」だろうか[*52]。その足のブレは、すべてが現在進行形で立ち騒ぐ、この写真上の粒子状の震動をもっとも鮮明に表わしている。

　その震動のなかに／震動そのものとして記録された身振りにともなう運動とともに、二枚の写真が形成するシークエンスは、撮影者自身の動作を伝えている。一枚目を撮影して落ち着いた松重が、火傷に応急処置を施されている人びとへと数歩歩み寄る、その動きが甦る。放心状態とのせめぎ合いのなかで、被写体の明確な自覚がこの接近の運動によって示されている。見る者は自分自身の身体感覚を通じて、このシークエンスのなかに撮影者の身体の運動とともにそうした意識の明確化もまた感じ取る。自動性と意志、撮ろうか撮るまいかという逡巡と選択の結果の接近、撮影者の意図とカメラ自体の無関心……松重の行なった撮影行為はこうした多数のぶつかり合う諸力から生まれており、残された写真とそのシークエンスのうちに、見る者はそんな複数の力線を体感することができる。そのことが、これらの写真を見るわれわれに、いわば「身震い」のようなものを感じさせるのだろう。

【図9】 ドメニコ・ギルランダイオ《嬰児虐殺》、一四八六―九〇年。

もう一度、一枚目の写真を見つめ直し、子供を抱えた母の絶望的な忘我状態の走りを記録したブレた映像のなかに、母親が呼びかけていたというその子の名の響きの波動までもが書き込まれてはいないかと、詮なき願いに突き動かされる。それは、イメージがパラタクシスへと宙吊りにされたとき、その各部分がいっせいに他の感覚にも開かれて共感覚的かつ情動喚起的、さらには予感に満たされて不穏な、徴候的なプンクトゥムとなって、われわれを刺し貫くからかもしれぬ。火傷によって皮膚が剝がれ落ち肉が露呈した人びとが「御幸橋橋上の両側に牛肉をならべたようにずらり横たわり」*53という凄惨な比喩を、松重はごく初期の証言でのみ用いている。この一節を読むとき、それまで色彩を欠いていた白黒写真の光景に、皮を剝かれた肉体と血の赤い色が加わったヴィジョンをつかの間、幻のように見た。そして、それをきっかけとして、八月の強い日差しと火災による熱風もまた、そこに甦るようでもある。目撃者の衝撃を伝えている生々しい比喩である「言葉」と「写真」とのモンタージュによって、ほんの一瞬生じるそんなイメージとともに、松重の写真は多感覚的な「彼方」へと向けて開かれる*54。それは客観的に共有される視聴覚その他の情報を加算して得られるスペクタクル的な再現ではなく、過去へと向けられた想像力と身体感覚が極度に張り詰めた状況下で偶発的につかの間経験されるような、或る強度との遭遇である。その強度が全身体感覚を励起するがゆえに、それは多感覚的・共感覚的な経験となる。そして、こうした経験は想像する主体の安定性を破壊しかねない危険なものでありうる。

写真が白黒であることは、そこに写し撮られた過去と現在との安定した距離を表わす、「歴史写真」のコードであると言ってよかろう。写真と松重の証言とのモンタージュは、色彩がもつ一種の現実効果によって、そんなコードを揺るがす。原爆の「人影」という絶対的イメージをめぐる崇高の美学とも、見慣れてしまった白黒写真の被爆映像が時間的隔たりの感覚ゆえに醸し出すメランコリックな哀悼の思いとも異なって、単色の静止画像でありながら、そんな崇高性への瞑想も安定した距離感も動揺させるような何かが、そのとき、松重の写真から出現する。人びとの身振りから浮かび上がる運動、死児に呼びかける母の叫び声、傷だらけの肉体の色と真夏の灼熱、衣服と見えたものが、軀から剝けて垂れ下がった皮膚であると知ってわが身に覚える痛み——モンタージュによってもたらされるのは、これらすべてを内包したものとしての写真の「彼方」のパラタクシス的な「イメージ」、その強度の経験である。ディディ゠ユベルマンは、アウシュヴィッツの四枚の写真をめぐる「解釈のモンタージュ」は「脆さ」を抱えていると述べていた。それによって生み出されるイメージは永続しない。モンタージュによる張り詰めた関係はすぐに壊れてしまう。モンタージュが内部に抱える諸力の緊張ゆえに解体する、その危機的瞬間に閃くのがイメージであると言ってもよい。パラタクシスはモンタージュが瓦解するこの一瞬にこそ露呈する。

過去の絶対的瞬間の絶対的イメージ（そのファンタスム）はひとを慰撫する。それは恐怖と破局の絶対的証拠であるかのように見えて、実際には、そのイメージをまなざす（空想する）者の現在を何ら脅かすことのない、絶対的過去の崇高で恐怖に満ちた——しかし空虚な——イコンと化しているからである。それに対して、「現在進行形」の出来事として原爆投下を記録している写真は、それを見る者がいま現在において発見すべきもの——写真の「彼方」——の所在を告げ、そのイメージのうちへとわれわれを巻き込む。写真を眼にしている現在におけるそうしたイメージの発見にこそ、歴史的想像力の課題はある。

このような歴史的想像力の困難な課題に第一に、そしてもっとも深刻に直面した存在が、撮影者である松重であったことは間違いない。最晩年に「戦争を起こした日本の軍国主義者と、爆弾を投下した米国への憤りがシャッターを押させたのです」[*55]と語った松重について、北島敬三は「爾後に与えられた歴史的な栄誉と責任を、一生をかけて背負ったのかもしれません」[*56]と述べている。自分が撮影したと言うよりもカメラが撮影してしまった光景に直面して、松重はどんな「責任」を感じていたのであろうか。

ディディ゠ユベルマンはゾンダーコマンドの撮影行為について、アウシュヴィッツから何枚かの写真を「もぎ取る（arracher）」と表現している。アウシュヴィッツ゠ビルケナウ訪問記である近著の『樹皮』では、収容所の敷地に生えた白樺の樹木から樹皮を剝ぎ取ることが、この撮影行為を象徴的に再演する儀式のように語られていた*57。そこには、フィルムがアウシュヴィッツの地獄のような現実に密着して、それを転写するように写真が撮影されたという、写真のいわゆる「指標性（インデックス）」への示唆が読み取れる。「もぎ取る」という言葉にはこのように重層的な意味が付与されているが、基本的にこの表現は写真撮影の困難さを表わすために選び取られていると言ってよい。

だが、同じような意味合いで、松重が被爆地から写真を「もぎ取った」と述べることには、誰しも躊躇を覚えるだろう。もとよりまず第一に、撮影を死の脅威によって禁じられ監視されていたゾンダーコマンドと、特権的に撮影可能な立場にあった松重では、撮影者が置かれた立場に大きな違いがある。だが、躊躇の理由は別にあり、火傷によって皮膚が剝がれ落ち肉が露呈した人びとが眼前にいるという状況下での撮影を、何かを「もぎ取る」「剝ぎ取る」行為に譬えることは、たとえそれが比喩であるにせよ、あまりに生々しい連想をともなってしまうからである。そして、こうした印象が推測させるのは、このような状態にある被写体の撮影はまさしく皮を剝ぎ、もぎ取るような暴力的な行為であると、松重自身に感じられたのではないか、という可能性である。その光景を自分が見ること自体を暴力と感じ、それを撮影することなど、なおいっそう忍びないようなものとして——松重が担わねばならなかった「責任」の重さが推し測られる。あるいはしかし、比喩がグロテスクな暴力になることに対して繊細でありながらなお、これらの写真は眼前の苛酷な現実から「剝ぎ取られた」皮膚にも似たものなのだとあえて言うべきなのかもしれぬ。ネガフィルム上の横たわる屍体と思われる部分に対し、そのあまりの「むごさ」ゆえに松重が意図的につけたという傷の問題を含めて、とりわけ一枚目の写真には、カタストロフの現場から無惨にも剝がされ残された「事件の皮膚」のような存在感が宿っているからである。

だからこそいっそう心しなければならない——たとえモンタージュが写真の「彼方」のイメージをもたらしえたとしても、そのイメージは被爆という現実のごく一部でしかなく、しかも、われわれのもとに残された写真は撮影困難な状況下でかろうじて記録されえたその断片にすぎない。この断片性ゆえに、写真から出発するモンタージュが何らかの過去の「全体」を再構成することはありえず、したがって、つねに欠落を抱えたままのその作業に終わりはない。それは、あらゆる固有名や個別性を無化してしまう絶対的過去の絶対的イメージという誘惑に逆らって、具体的な個々の写真の無数の要素の揺動に混乱させられながら、つねに不完全なものにとどまるモンタージュの試みを、それでもなお、繰り返すことであろう。

ディディ＝ユベルマンは、アウシュヴィッツの四枚の写真が時間的に位置する場所を、颱風の目に似た、「きわめて局地的な領域であり、視覚的な中断の一瞬である」「歴史の目」と呼んだ*58。このほとんど「見ること」が不可能だった場において、これらのイメージはさらに、歴史を可視化しようとする使命を帯びた「目」となる。松重が立ち会った歴史の場もまた、このような二重の意味における「歴史の目」であった。彼の証言のうちであふれかえり、しかし、撮影された写真それ自体ではほとんど「見えないもの」となっているのはまさに、被爆した人びとの「目」である。だからこそいっそう、半狂乱の母の「目を開けて」という叫びが、彼女とその子供らしき不定形の黒い物体が写った写真を見るわれわれを刺す。その写真からはいわば、幼子の永遠に閉ざされてしまった「目」が、われわれを見ている。「歴史の目」そのものであるようなこの不可視の「目」——写真の「彼方」からの視線——が、写真のあらゆる要素が「彼方」を目指して震える粒子状の運動に向けた、まなざしの応答という「責任」を求めている。

「私はその子の名前を知りたいと思う。願わくばその名前をせめて写真の届く先々まで鳴り響かせよという、無体な思いを抑えられない」*59という倉石の、堰を切ったような感情の吐露に深く共感する。

松重の写真のパラタクシスは、われわれの歴史、時間、現実についての知覚を著しく混乱させる。だが、この混乱こそは歴史的想像力によるモンタージュの条件なのだ。そして、それが応えようとするのはおそらく、母に抱かれた死んだ子の名前を鳴り響かせたいという無体な願いの切迫、その切迫の無体さそのものなのである。

III　歴史叙述のサスペンス

第1章　迷い蛾の光跡
――W・G・ゼーバルトの散文作品における博物誌・写真・復元

蛾は灯火を反射してほんの一瞬かがやいて消えるだけなのに、そのきらめきが、いつまでも見えるように錯覚してしまうのだよ。私たちの胸を深く揺さぶるのは、あるいは少なくともそんな心地にさせるのは、こういう、現実には存在していない現象なのだ。現実世界の中に一瞬起こった非現実的なもののきらめき、眼前にひろがる風景なり、恋する人の瞳なりのある光の効果……

――『アウステルリッツ』

1　摩滅の博物誌――古写真の光、絹紗のテクスト

作家W・G・ゼーバルトは写真をはじめとする図版を散文作品のテクストに挿入する手法で知られている。キャプションをいっさい欠いた図版は、本文との指示関係が曖昧なままにとどまっている。柴田元幸が言うように、ゼーバルトの作品中の写真は、語られていることをときにきわめて露骨に、ときにきわめて遠回しに図像化することによって、そこで語られていることの正しさを疑うよう、われわれをそそのかしているようにすら見える*1。露骨な図像化でさえ、テクストと現実の対応を根拠づけるものとはならないのである。

この作用は双方向に働き、しまいにはテクストとイメージの両者が虚実定かでないところに宙吊りに

されてしまう。「ゼーバルトの手にかかると、どこの誰、どこのなにとも知れぬ銀塩写真が、腐蝕版画さながら虚構の記述のなかで未知の化学反応を起こす」[*2]と堀江敏幸は指摘する。一方で指標（インデックス）として何らかの現実を指し示しながら、ゼーバルトのテクストにおける写真の意味作用は暗示的なものにとどまり、それはたしかにむしろ「腐蝕版画」で描き出されたエンブレム・ブックの寓意画に似ている、と言ったほうがよいかもしれない。

堀江は「なにほどかの物語を形成する前段階のさまざまな心象のかけらがそこに集結」[*3]してくると言う。ここで考えたいのは、ゼーバルトの作品で用いられている図像、とくに写真がもつ、こうしたイメージ連合の効果である。古道具屋や蚤の市で買い求められたのであろう古写真のほかに、そこには作者自身が撮影した写真も用いられているが、いずれも鮮明な画像ではなく、むしろ古びて見えるような処理が施されている。この点に関連し、建築家クリストファー・アレグザンダーの『パタン・ランゲージ』（一九七七年）に収録された、絶版になって久しい本や雑誌から取られた無名の写真【図1】をめぐって、中谷礼仁は次のように書いている――

> 古写真の持つ魅力は独特のものである。そのスナップはそれがどこであり、いつのものであるかはわからなくなっている。「流行」というある傾向的な視点も死に絶えてしまい、その場面はまるでこの世のものではなくなっている。その結果イメージ連合のための純粋性を確保しはじめるのである。これら写真の多くが「光っている」ように見えるのがそれを証している。パタン・ランゲージは、これら古写真のようなアレゴリー的性能によって喚起される。それらの意味は移動する。ランゲージは濃度を持つ意味の空気なのである。そしてそのような言葉こそが事物を生産する場合がある。[*4]

古写真の多くが「光っている」という観察に注目しよう。「この世のものではなくなっている」という

【図1】クリストファー・アレグザンダー『パタン・ランゲージ』（一九七七年）より、「141「自分だけの部屋」」。中谷礼仁『セヴェラルネス——事物連鎖と人間』（二〇〇五年）より。

彼岸性を含めて、この「光」をベンヤミンに倣って「アウラ」と呼んでもよいかもしれぬ。ただしそれは、古写真が自己同一性や名を喪ってゆく過程で漂わせる微光のような何かである。この過程を経てはじめて可能になるイメージ連合が、明確な物語をかたちづくる以前の断片的な心象の数々を古写真のまわりに招き寄せる。中谷が述べるように、数多くのパターンによって織りなされる環境空間構成の詩学を分析した『パタン・ランゲージ』がこうした古写真を通じてエンブレム・ブックに接近しているとすれば、同様のイメージ連合を誘うゼーバルトの作品には逆に、『アウステルリッツ』でとりわけ顕著なように、写真図版による連想が形成する虚実のあわいの空間経験が存在してはいないだろうか[*5]。

　アレグザンダーのパタン・ランゲージは、例としてキーワードを挙げれば、「8 モザイク状のサブ・カルチャー」「25 水への接近」「57 都市の子供」「94 人前の居眠り」「125 座れる階段」などといったように、きわめて漠然としていて輪郭がぼやけている。しかし、これらの組み合わせと、各項目に付随する下位項目の取捨選択を繰り返すうちに、自分の思い描く建造物を実現するためのひと続きの文章やイメージのシークエンスがおのずと浮かび上がってくる。その過程に与っているのは、われわれの「無意識下の他者」である「詩人」ではないか、と中谷は言う*6。その「詩人」は個人を越えて集団的に共有されている。だからこそ、この手法は一定の普遍性をもちうるのである。

ゼーバルトの創作方法においてもまた、写真をはじめとする図像はそんな「パタン・ランゲージ」として用いられていたのかもしれぬ。彼の作品から図版だけを抜き出し、カードのように並べ替えて組み合わせることを想像してみればよい。そんな実験が創作過程に実際に与っていた可能性もある*7。ゼーバルトの作品では、個々のイメージとテクストの直接的な対応関係以上に、イメージのシークエンスとテクストの流れとが並行しながら相互作用しあっている。パタン・ランゲージとしてのイメージはそのとき、テクストが語る以上のことを無言でささやいている。

古写真の魅力に立ち返れば、それが古写真たる所以の物質性とは、すり切れたり破れたりといった断片化ではなく、日に焼け自然に褪色して、映像が鮮明さを失い、全体がおぼろに光っているようにぼやけている点にある。つまり、映像はそこで、砕かれて破壊されるというよりも、色彩や輝き、輪郭を徐々に喪失して、消え失せてゆこうとしているのである。

四方田犬彦の『摩滅の賦』によると、ヴェネツィアのすぐ近くにある小さな町トレヴィゾでは、町中の建物の外壁にフレスコ画が描かれているが、数百年のあいだ風雨に晒されてきたため、往年の色彩は褪色し、あるいは壁面が剝離・摩滅して、ごくわずかな壁画がうっすらと残されているだけであるという。緩慢に進行する摩滅によって次第に読み取れなくなり、消滅の一歩手前にあるかのような壁面の少女【図2】の表情に、四方田ははかなげにして美しい「アンフラマンス」、すなわちマルセル・デュシャンが好んで語った「うっすらさ」を認めている*8。

古写真が体現しているのはこの少女のような摩滅したイメージ、消失へと向けて風化したイメージではないだろうか。そこに宿るのはアンフラマンスの光、あるいは、凋落する光としてのみ発見される

【図2】トレヴィゾの銀行壁面の少女像。四方田犬彦『摩滅の賦』(二〇〇三年)より。

「写真のアウラ」とでも呼ぶべきものである。色は褪せて淡い単色に近づき、輪郭や濃淡の差は薄れてゆく。だからこそ、それは時間とともに薄れてしまう記憶、つまり忘却の時間性を連想させる。対照的に、つねに変わらず鮮明な写真、いつでも、いつまでも色彩豊かに再現されるデジタル映像は、反復されるトラウマ的なショックの記憶に似て、そこに古写真のような「光」が胚胎されることはないだろう。そうした映像は無意識裡に共有されて心象のかけらを集結させるパタン・ランゲージにはおそらくなりえない。もちろん、デジタル映像をセピア調の古写真風に加工して、実在しない遠い過去へのノスタルジアをかき立てることなど、いまや日常茶飯の営みであろう。だが、この操作それ自体が、「もはや風化して消え去りつつあるもの」という類型的イメージの捏造こそを目指している。それはこの類型に宿る「アンフラマンスの光（アウラ）」の魅力を証し立てている。

『アウステルリッツ』に登場する、主人公の友人ジェラルド・フィッツパトリックの博物学者然とした大伯父アルフォンソは、屋外で水彩画を描くとき、レンズの代わりに「灰色の絹布を張った眼鏡」をかけていた。その「薄い紗を透かした景色は色彩がおぼろになり、世界の重さが消えていくかのように」[*9]思われたという。そうやって描かれた絵らしきものは、ごく薄い岩緑青と灰白色のみによる、無彩色に近い断片にすぎなかった。アルフォンソは「われわれの眼に映じるあらゆるものは色褪せていく。もっとも美しい色はつとにこの世から失われてしまったか、もはや人眼に触れぬ深海の海中庭園にしか見つからないだろう」[*10]と語る。彼は紗の眼鏡を透して世界を眺めることにより、その褪色の過程をむしろ窮めようとする。アルフォンソがそのとき眼にしたものとは、古写真に似て、摩滅することによって重さを失い風化した光の風景であった。

ゼーバルトは『空襲と文学』のなかで、爆撃によって破壊されたドイツの町を戦後いち早く訪れたイギリスの科学者ソリー・ズッカーマンが、「破壊の博物誌」と題した報告書を書こうとしたことに触れている[*11]。結局書かれることはなかったこの報告書の題名に、ゼーバルトは戦争の惨禍が示している「自律的だと思われてきた人間の歴史から降りて、われわれが自然史へと戻っていく点」[*12]を見出している。言うまでもなく、「博物誌」とはこの「自然史（Natural History）」にほかならない。

『摩滅の賦』で四方田はバルザックの『あら皮』を取り上げ、零落者における「人生の摩滅」について語っている[*13]。過去の記憶に苛まれて何人もが自死を遂げる『移民たち』の登場人物や、幼年時代の記憶を回復する過程で落魄してゆくアウステルリッツのように、ゼーバルトの作品の登場人物たちもまた、何らかの歴史経験によって人生を摩滅させられ、すり切れてしまった人びとである。その摩耗の過程が自然史として観察され、古写真によって博物誌的に記述される。つまり、それはいわば「摩滅の博物誌」なのである。そして、つねに自伝的な側面を孕んだテクストであるゼーバルトの作品において、すり減ってゆくのは著者自身の生でもあろう。——摩滅したものにこそ宿る光がある。ゼーバルトの作品の古写真は、人間の歴史が自然史＝博物誌に変貌してしまう地点を、そんな光によって、ぼんやりと照らし出している。

ゼーバルトは、空爆によるハンブルクの壊滅を報告した作家ハンス・エーリヒ・ノサックの「博物誌的」テクストについて、それが記録している「破壊とそこに生じた新しい生の仮の形は、「いまの形を壊し、人間という名前を捨て」たらどうなるかという、生物学的実験でもあるかのような印象をあたえる」[*14]と評している。動物学者であったズッカーマンが「破壊の博物誌」の構想として抱いたものも、種としての「人間」の名やかたちが失われてゆくこの「生物学的実験」のプロセスの記録に似た何かであった。「破壊の博物誌」に収められてしかるべき対象として、ゼーバルトは戦争直後にドイツ人の履いていた継ぎ接ぎの履き物の写真を挙げているが[*15]、これらはいわば、歴史的な破局の悲惨な帰結としてよりも、生物学的な一種の変異として観察されるかのようである。

人類史の自然史への回帰、「人間」という名やかたちの消失にともなう、あらたな野生の世界の到来といった視点に対応して、ゼーバルトの作品には、人間中心主義的ではない動物や自然のとらえ方、とりわけ歴史叙述のなかでないがしろにされてきた動物たちの運命に向けた関心が強く示されており、そこからはいわゆる「種差別」に対する批判がくみ取れる。数多くの生物への言及や図版によって彼の作品が博物誌的な色合いを帯びるのは、こうした関心の帰結でもある。

ゼーバルトの作品では、人間の歴史と自然史とが交叉する地点に、さまざまな動物たちが登場する。『土星の環』であればそれは、かつて漁業で栄えた北海沿岸のロウストフトで大量に水揚げされた鰊(にしん)であり、ゼーバルトの住まいがあったノリッジを産業革命以前に大変に繁栄させた絹織物製造業の源、蚕蛾(かいこが)である。図鑑から採られたらしい鰊や蚕蛾の図版は、博物誌に似た印象を強めている。鰊をめぐっては、重金属類などによる北海の水質汚染が海棲生物の死滅や畸形・障害をもたらしていると語られ、他方、作品の末尾近くでは、ドイツ第三帝国における養蚕業振興政策が詳述される。地域や国家の衰退や破滅に結びついた産業史が、あくまで鰊や蚕といった動物たちをめぐる博物誌的な記述の一部として綴られているのである。

ゼーバルトは『土星の環』の背後にある着想として、個人の内面を決定する家族の来歴、その来歴を決定する一九二〇―三〇年代ドイツにおける小市民階級の歴史、その歴史を決定する同時代の経済的諸条件、その諸条件を決定するドイツおよびヨーロッパにおける産業化の歴史、そして、ついにはこうした決定条件のさらに外周に、ヒトという種の歴史と自然史とが交錯する領域が位置するという、同心円状に外へと向かって決定因が連なるヴィジョンを描いている[*16]。そこで問題となるのは「或る種の逸脱（Aberration）の叙述」[*17]であると彼は言う。「或る種」とは、言うまでもなく、ヒトである。この「逸脱」によって自然史ではない人類の歴史が開始されるのだが、エッセイ「歴史と博物誌のあいだ」におけるゼーバルトの言葉を引けば、「複雑きわまりない人間の生理学、肥大した精神の発展、技術的生産手段の発展にすでにはっきりと示されている、はじめから（アブ・イニシオ）進化のあやまちにもとづいていた人類発生の、破滅的な結果として」[*18]、戦争における潰滅はこの逸脱を打ち消すように、人間の歴史を自然史にふたたび回帰させるのである。

ヒトの歴史は、自然史からの逸脱に始まり、自然史への回帰にいたる時間的パースペクティヴのなかで相対化される。言葉によって綴られる歴史だけが特権化されることはない。その名とかたちを失いつつあるヒトと言葉をもたぬ動植物は、歴史と博物誌＝自然史の「あいだ」のこの領域に同じ資格で登場する。テクストに挿入される写真は、こうした動植物のような「言葉なきものたち」、そして、個別の固有名をもたないという意味で「名なきものたち」が、それぞれの姿そのもののイメージの提示によって、みずからが唯一無二の単独の存在であることを示す媒体となっているように思われる。

たとえば、『アウステルリッツ』に掲げられた蛾の写真【図3】。屋内の壁にとまったまま動かない蛾は、「おのれが行く先を誤ったことを承知しているのだ」とアウステルリッツは言う――「断末魔の苦悶にこわばった小さな爪を突き立てたまま、命が尽きたのちもなお、おのれに破滅をもたらした場所にひたと取り付いたままでいる――いずれ風が引き剝がして、彼らを埃っぽい片隅に吹き去るときまで」[*19]。

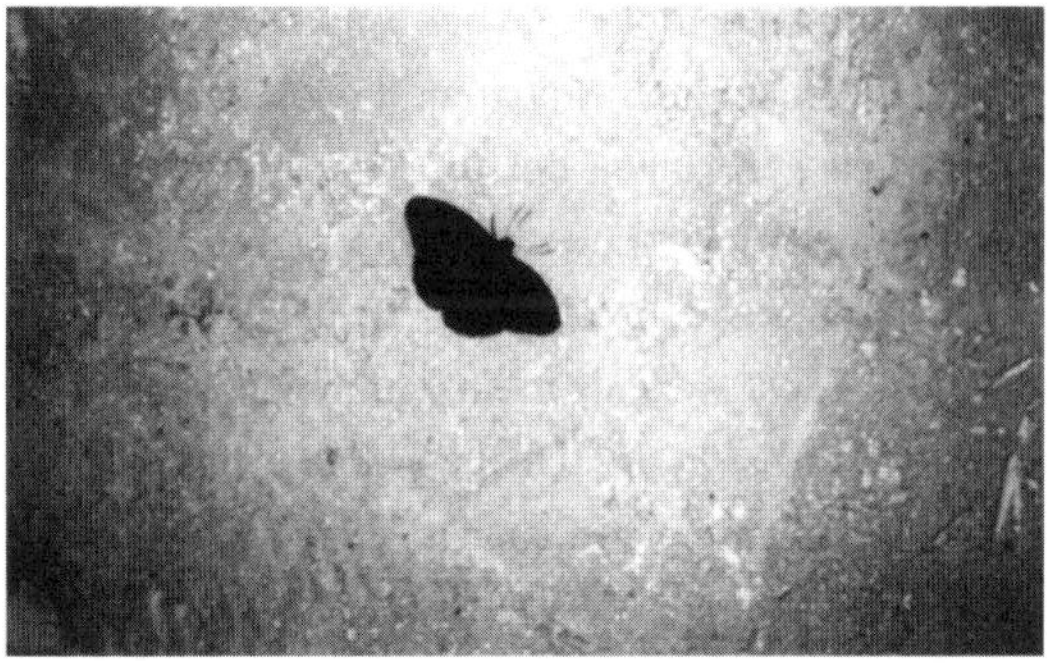

【図2】W・G・ゼーバルト『アウステルリッツ』(二〇〇一年)より。

迷い込んだときの彼らの「不安と苦痛」はいかばかりかと想像し、「あらゆる生き物の中で蛾にはもっとも畏敬の念を抱いている」と語るアウステルリッツが、迷い蛾におのれの似姿を見出していることはまぎれもない。その意味で、蛾とはもとより、異国に迷い込んだ放浪者を暗示するひとつの寓意なのだが、このテクストに沿って配置された、窓ガラスらしきもののうえでほとんどシルエットだけになった小さな蛾の写真は、不安や苦痛については何も語らぬままに、しかし、ただ一匹の蛾がそこにかつてたしかに存在していたという端的な事実によって、この蛾の不安や苦痛を想像せよと迫っているように感じられる——これを一匹の蛾の「肖像写真」として眺めることを求め、そこに宿された記憶を読み取ることを促されているかのように。

「自然史のなかでも最古級に属する、もっとも魅惑的な種族のひとつ」*20である蛾は、蝶とともにゼーバルトの作品のなかにたびたび登場し、ウラジーミル・ナボコフをモデルとする捕蝶網をもった男（蝶男）のイメージが示すように、作家や学者に近しい「種族」と見なされている。蚕蛾の吐き出した糸を紡いで織る織工は、彼ら蛾の眷属とも言えるだろうが、『土星の環』には、織工は学者や物書きと共通点が多く、いずれも憂鬱に取り憑かれやすいという叙述がある*21。言うまでもなく、この類似の背景には、「織られたもの」の意を原義とする「テクスト（text）」の概念がある。絹の色布地見本帳が「どんな書物やどんな絵画も遠く及ばない、唯一まことの本の諸頁であるような気がしてならない」*22という言葉もまたそこに関係しているだろう。同じ作品の最初の章末尾で、トマス・ブラウンの著作をめぐり、蝶や蛾および絹布が次のように言及されていることがすでに、こうした脈絡をあらかじめ示唆していた——

> 憂鬱の投げつけるもっとも重い礫（つぶて）が、死後の生は見定めがつかないということへの恐怖であるからこそ、ブラウンは破壊をまぬかれたもののなかに転生への神秘的な能力の跡をさがそうとする。その転生を芋虫や蝶や蛾に見てつくづくと調べたのもブラウンであった。ならば、ブラウンが挙げる、パトロクロスの骨壺に残された紫色の絹の切れ端——それはなにを意味しているのだろうか。*23

この「紫色の絹の切れ端」は、『土星の環』巻末に同じブラウンの著作から引かれている、同時代のオランダにおける喪の風習として、死者の出た家の鏡や、風景・人物・野の果実の描かれた絵画のことごとくに掛けられたという「喪のための黒絹の薄紗（seiden[er] Trauerflor）」*24に呼応している。こうした風習の由来は、「肉体を離れて最後の旅路をたどる魂が、わが身の姿やいまとこしえに失われゆく故郷の景色を眼にすることによって、惑いをおこすことがないように」*25との配慮ゆえであるという。これらの布は、『アウステルリッツ』の終わり近くで語り手が読むダン・ジェイコブソンの『ヘシェルの王国』において、著者の祖父が遺したわずかな品のひとつであるぼろぼろの眼鏡ケースに入っていた、「色褪せ千切れんばかりに擦り切れた一枚の絹布」*26へと連鎖してゆく。

　死者の視線を遮るための黒絹の薄紗も、眼鏡と一緒にケースに収められていた絹布も、いずれも視覚に関係づけられている。博物学者アルフォンソが水彩画を描くにあたってかけた眼鏡に張られている「灰色の絹布」もまた同様である。この特殊な眼鏡のごとく、薄い布を透かして見るというまなざしのあり方は、『移民たち』の最後に現われる、ウッチ（リッツマンシュタット）のゲットーで撮影された一枚の写真をめぐる、「縦置きの織機（はた）のうしろに、若い、二十歳前後だろうか、女が三人、腰を下ろしていた」*27という描写にも通じている。問題の写真で女たちは織機の後ろ、つまり、織られつつある絨毯の経糸（たていと）の背後におり、彼女らの姿はその透き間を通してしか見えない。

　アルフォンソの絹紗の眼鏡を筆頭として、絹布なり、織物を透かして見るというこのような視覚は、「テクスト」の媒介による世界の変容を象徴的に意味しているのではないだろうか*28。色彩をおぼろにし、世界の重さを消し去る、灰色の絹布でできた眼鏡のように、繊細で極薄（アンフラマンス）な織物としてのテクストを通して見ることにより、世界は褪色しつつ輪郭を曖昧にして、摩滅した光を湛えた古写真に似た風景へと変貌する。それはゼーバルト自身のテクストが――古写真をはじめとする図版を援用して――目指す効果であったと考えてよかろう。複数の作品のあちらこちらに出現する絹布は、書かれつつあるゼーバルトのテクストそれ自体の寓意であり、「あら皮」に似た神秘の物体である。「パトロクロスの骨壺に残された紫色の絹の切れ端」や黒い薄紗のヴェールがもつ「喪」の意味合いが示唆するように、絹紗のヴェールを通して眺められた世界とは、喪に服した者の眼に映じたイメージであろう。鏡や絵画を黒い薄絹で蔽うことは、死者のまなざしを遮るためと言うよりもむしろ、その薄い紗を通して映る自己の像や絵画に描かれた故郷の景色を喪の状態へと変容させるための儀式に思える。アルフォンソが描く「無彩色に近い断片」としての水彩画とは、そんな喪の風景に違いない。

喪の憂鬱に浸透された「摩滅の博物誌」としてのゼーバルトの作品は、テクストという絹紗の眼鏡を通した、いわば「テクスト的視覚」のもとで、鰊と蛾とヒトの運命が等しく破局の様相を帯びる博物誌＝自然史的なパタン・ランゲージによって織りなされている。そこに組み込まれている、すり切れたような光に満たされた古写真の図版は、テクスト的視覚がとらえた世界の残像である。ゼーバルトの散文というこの「繭」のうちには、ブラウンが芋虫や蝶や蛾のうちにつくづくと調べた、「転生」への希望もまた宿されている。それゆえ、死者の骨壺に残された絹の切れ端について問うようにして、ゼーバルトの作品における写真がいったい何を意味しているのか、どのような意味作用を行なっているのか、いかなる転生を求めているのかが、より詳細に検討されなければならない。

2　迷い子の写真たち（ストレイ・フォトグラフス）――「復元」としての「歴史の構築」

『アウステルリッツ』の主人公ジャック・アウステルリッツには、ほぼ百年前にフーゴ・フォン・ホーフマンスタールが「手紙」（いわゆる「チャンドス卿の手紙」）で描き出したフィリップ・チャンドス卿の面影がある。ゼーバルトの別の作品『土星の環』には、チャンドス卿がフランシス・ベーコンに宛てて書いたという趣向のこの作品を明らかに参照していると思われる箇所があり、ドイツ・オーストリア文学の研究者でもあったゼーバルトが、ホーフマンスタールの著作を強く意識していたことは間違いない[*29]。たとえば、ふたりの主人公が類似している点として、アウステルリッツがコートールド研究所で学んだ建築史家であり、資本主義の時代の建築様式をテーマに、モニュメンタルな駅舎や要塞、裁判所の建物を調査していたのに対して、チャンドス卿もまた、古今の箴言や名言のみならず、イタリアの巨大な建築物についての記述を集めた書物を著わすことをかつては計画していたとされている。そして、より重要な共通点を挙げるならば、チャンドス卿はそうした書物のために美辞麗句を綴ることがもはやできない言語崩壊の危機に陥り、他方でアウステルリッツは、みずから研究者の職を辞したのち、自分の書いたあらゆる文章が「なめくじかなにかの遺した分泌物のようにところどころ銀色に光る痕跡」*30にまで解体するという恐怖と恥辱の経験を味わい、それまでに書きためた一切合財を庭のコンポストに投げ棄て、埋めてしまうにいたる。アウステルリッツはこれ以後、大きな物語としての歴史の研究をやめ、それまで抑圧されていた自分の隠された出自を探り始めることになるのだが、それはチャンドス卿がみずからの箴言集に与えようとしていた題名である、「汝自身を知れ」という格言の文字通りの実践にほかならない。

二十世紀初頭にホーフマンスタールが作品の主題とした「言語の危機」が『アウステルリッツ』で反復されている点には、一世紀後の現代における「歴史を綴る言語の危機」という問題が浮き彫りにされているように思われる。アウステルリッツとは、個人史に関わる或る深刻な抑圧を抱えるがゆえに歴史の言語の崩壊を味わった、挫折した歴史家である。作中で明かされるその抑圧自体は特殊なものだが、大きな物語を語る歴史の言語が内実を失ったと感じられるようになった結果、みずからの失われた出自と記憶を探し求め始めるにいたるというこの歴史家の転回は、歴史叙述が直面している、より一般的な状況をすそ野にしていると言ってよい。作家ゼーバルトという「歴史家」が『アウステルリッツ』で綴るものもいわば、大文字の歴史ではなく個人の歴史経験と記憶をめぐる「小さな歴史」であり、この作品には歴史叙述をめぐる自己言及的な構造がある。

ヘイドン・ホワイトは、「フィクションとは、歴史の抑圧された他者である」というミシェル・ド・セルトーの言葉をエピグラフに掲げた論文「実用的な過去」の冒頭で、ほかならぬ『アウステルリッツ』を取り上げている。ホワイトによれば、この作品は歴史的な「事実」が突出して描かれているがゆえに「フィクション」とは見なしがたく、同時に明らかに、歴史学が綴るような「歴史」でもない。『アウステルリッツ』はむしろ、トルストイの『戦争と平和』で頂点に達した「歴史小説」というジャンルのポストモダン・ヴァージョンとして、「二十世紀初頭にいわゆる「歴史主義の危機」によって生じた議論、すなわち、歴史と文学の関係、事実的叙述とフィクション的叙述の関係、写実主義的叙述と想像上の叙述、ないし合理的叙述と神話的叙述の関係をめぐる議論」[*31]を扱った、メタヒストリーかつメタフィクション的な作品なのである。

ホワイトによれば、歴史小説が提供してきたものとは、歴史主義に発する専門化した知の所産としての「歴史学的な過去」とは対極的な、現在と実践的に関係している――たとえば教訓を引き出しうるような――「実用的な過去」であった。二十世紀後半になって「歴史小説」というジャンルが復活してきた――ゼーバルトのほか、ピンチョン、メイラー、カポーティ、クッツェー、グラスといった名が挙げられている――背景には、「歴史」の地位の変化がある、とホワイトは見る。ポストモダニストの作家たちがこのジャンルで試みているのは、歴史学が「唯一の過去」として公的に管理する「歴史的事実」とは異なる「実用的な過去」の提示である。そして、自然言語が指示対象をめぐるコノテーションをドリッピング絵画のように「まき散らす」ものである以上、史料や歴史家の散文もまた、実際には歴史学的過去を逸脱する意味を生み出している。

二十世紀後半における歴史小説の復活という現象自体が、第二次世界大戦以後、とりわけホロコースト以後という時代的な背景をもつことは言うまでもない。そこでは、ホロコーストを生き延びた人びとによる証言をはじめとして、歴史学よりもむしろ記憶研究によって扱われる「過去」が拡がりを見せている。また、ホワイトのこうした関心の裏には、歴史家カルロ・ギンズブルグからの激しい批判を招いたホロコーストの歴史叙述における「プロット化」という彼自身のかつての問題設定のほか、そこでホワイトがモダニズム文学の叙述法や「中動態」の表現に見出そうとした、ホロコースト表象の可能性をめぐる認識が控えている[*32]。第二次世界大戦勃発直前に大陸から英国にユダヤ人の子供たちが移送されたキンダートランスポートの史実を踏まえた『アウステルリッツ』は、その点でもホワイトにとって恰好の対象であったことだろう。

ゼーバルト自身はみずからの作品を「小説（Roman）」とは称しておらず、たんに「散文（Prosa）」と呼んでいる[*33]。その点も踏まえれば、ゼーバルトの作品にはむしろ、「文学的歴史叙述（literary historiography）」[*34]（リン・ヴォルフ）という名がふさわしい。ヴォルフによれば、ゼーバルトをはじめとする二十—二十一世紀のフィクションでは、アリストテレスが『詩学』で区別した「歴史叙述」と「文学」がハイブリッドなかたちで結合することにより、「歴史叙述」としての「文学」を生んでいるという[*35]。文学的フィクションと歴史的な事実の再現は混同されたり、曖昧に同一化したりするのではない。両者は異質なまま、しかし、独特な仕方で接合され、歴史的過去に関わる新しいナラティヴを形成するのである。アリストテレスに従えば、歴史家が「すでに起こったこと」という、あくまで個別的な出来事を語るのに対して、詩人が語るのは「起こる可能性のあること」であり、むしろ普遍的なことであって、前者と比べればその点でより哲学的である[*36]。これに対して、ゼーバルトの文学的歴史叙述では、「起こったこと」という個別的な過去と「起こるかもしれない」という可能性が交叉的に関係し合うのである。

このようなハイブリッドな結合をもたらすうえで大きな役割を果たしているのが、ゼーバルトの作品に用いられた写真である。いささか奇妙なことにホワイトは『アウステルリッツ』における写真の利用に何の注意も払っていない。だが、『アウステルリッツ』がホワイトの言う「歴史小説」、あるいはヴォルフの言う「文学的歴史叙述」である所以は、テクストにおける虚構と歴史的事実の区分ばかりではなく、写真に撮影できる現実の世界と写真に撮影できないフィクションの世界の区別もまた、いったん宙吊りにされるところにあるのではないだろうか。わたしたちは、アウステルリッツの子供時代の写真が、あるいは、彼の母とされる女性の写真が、実在するまったく関係のない人物たちの写真であることを知っていながら、あたかもそれらがフィクションに現実性を与えうる真正な証拠であるかのように見なしている。少なくない写真がテクストの内容に対応した実在する建物や人物を表わしていることと相まって、虚構上の存在を表象するかのような写真は、「これがアウステルリッツの肖像写真でないことはわかっている、しかし、アウステルリッツはこの写真のように実在する（と信じている）」という、認識と無意識的な信念の分裂——一種のフェティシズム——を読者の心理にもたらす。説明的なキャプションを欠いた写真は、過去の何らかの人物や出来事を示唆しながら、それがいったい誰であり、何であるのかを明らかにはしない。読者は作品外への参照を強いられながら、明確な手がかりを与えられることなく、途方に暮れる。写真は過去の実在感と「真正性（authenticity）」をたしかに保証するのだが、それが何の画像であるかが明示されないために、テクスト中の人物や事物が写真の指示対象の位置を補填するのである。この事態を逆の視点から見れば、ゼーバルトの作品中でテクストに緩やかに関連づけられた写真には、アリストテレスが文学固有のものとした「起こるかもしれぬこと」がもつ可能性や潜在性が与えられることとなる[*37]。

一見したところ、作品中に挿入された写真は物語の構造にとっては余計な細部であり、まさにそうであるがゆえに、ロラン・バルトの言う「現実効果」を生み出すためのものであるように見える。しかし、写実主義（レアリスム）的文学テクストにおける「フローベールの晴雨計、ミシュレの小さなドア」（そのそれぞれを描き出した文章）が、描写されている個々の事物ではなく、「これが現実である」という《現実》という範疇」しか告げないのに対して[*38]（次章参照）、晴雨計や独房のドアの写真はテクスト外的な事物の「それは・かつて・あった」という過去の実在を端的に指示する。前者が外示（デノテーション）の記号内容としては排除された現実を、共示（コノテーション）の記号内容とすることによってテクスト内的なリアリティを産出するものであるとすれば、後者はテクスト外的な現実の断片をテクスト内に導き入れることにより、「現実効果」のメカニズムでは排除された外示（デノテーション）の次元を復活させるのである。作品はもはや、共示（コノテーション）されるテクスト内的な単一の「現実」を与えるのではなく、外示（デノテーション）されるテクスト外の偶発的な対象との多様な関係に向けて開かれる。テクストの内容を直接図示するわけではない写真がいくつも存在することによって、ゼーバルトの散文作品は、作品中では語られずにとどまる過去の事実を外示関係のうちに数多く指し示す。そうした写真は作品の外部に実在する世界と作品とを物質的につなぐ接点となって、そこに記録された過去の事実への関心をかき立てる。だからこそ、ゼーバルトの作品は、読み終えたのちもなお、あらゆる物語＝歴史が語られ完結したという読後感にはいたらず、開かれた終わりを強く印象づけることになる。

　ルニアはゼーバルトの散文作品における写真をはじめとする図版がもつ、「不在における現前」を表わすメトニミーの効果を指摘している*39。それは過去が現在へと流れ込んでくる裂け目ないし穴であり、バルトの言う「プンクトゥム」、すなわち、「刺し傷、小さな穴、小さな斑点、小さな裂け目」*40である。これらの図版は過去から現在へと「現前」が湧き出てくるような、「時」における「漏出」のようなものであって、ゼーバルトは現前を喚起するために、メトニミー的な図版にまったくキャプションを付けないことにより、その場違いな性格――「異物（Fremdkörper）」であること――を極大化しようとしている、とルニアは述べる*41。それらは何も明確に「意味」せぬまま、過去を外示的に現前させている。アウステルリッツの旅は、自分の存在の「意味」を明らかにしてゆく解釈学的な探求ではなく、むしろあくまで、このように現前する過去によって動かされていることの帰結である*42。そして、読者もまた「異物」を通じて過去に動かされてゆく。

　そんな「異物」として、『アウステルリッツ』で決定的に重要な一枚の写真を取り上げよう。この作品のカヴァーにも使われている、真っ白な衣裳を身に纏った少年の写真である――

もう一枚の写真、ここに写っているのが、としばしのあとヴェラは続けました、あなたよ、ジャック。一九三九年二月、あなたがプラハを発つ半年ほど前だった。アガータを贔屓にしていたある有力者の家で開かれた仮装舞踏会に、あなたはアガータのお供をして行くことになって、そのときにこの真っ白の衣装があつらえられたの。Jacquot Austerlitz, paže růžové královny〈ジャック・アウステルリッツ、薔薇の女王の小姓〉、おりから遊びにいらしていたおじいさまの手で、裏側にそう書いてあるでしょう。*43

五歳の少年アウステルリッツのものとされるこの写真をめぐって、ゼーバルトはアウステルリッツ自身にこう語らせている――

そしてそのたびに、私は、このお小姓のいぶかるような眼に刺し貫かれる気がするのです。この子は自分の分け前を取り戻しにやってきていて、この夜明けのがらんとした野原で、私が彼の挑戦をうけて立ち、やがて彼を襲うことになる不幸を阻止してくれるのを待ち設けているのだと。*44

この写真を作中に用いたとき、ゼーバルトが幼年時代のフランツ・カフカの写真（本書第Ⅳ部第1章図3）やその写真に関するヴァルター・ベンヤミンのエッセイの記述を念頭に置いていたことはほぼ間違いない*45。ベンヤミンが「はかり知れない悲しみを湛えた目」*46と描写した、カフカ少年のまなざしに対応するものを、ゼーバルトはここで、薔薇の女王のお小姓の「いぶかるような眼」というかたちで、写真によって提示しているのである。

さらに、この一節の言い回しはおそらく、ベンヤミンの『一九〇〇年頃のベルリンの幼年時代』に登場する「せむしの小人」をめぐる記述を下敷きにしている。子供時代のベンヤミンをいつ何時でもどこかから見つめ、「私が手に入れたもののすべてのうちの半分、忘却という半分を取り立てる」[47]せむしの小人である。また、「薔薇の女王の小姓」の扮装は、リヒャルト・シュトラウスのためにホーフマンスタールが台本を書いた『薔薇の騎士』を暗示しているという指摘もある[48]。

この少年のイメージの周辺にゼーバルトが紡いだ文学的な参照関係はたしかにそのようなものだろう。だがしかし、それが文字通りにはアウステルリッツの写真ではない以上、この男の子はそもそもいったい誰なのか。

いままでこの写真はゼーバルトの友人で実在する建築史家の子供時代の肖像であるなどとされてきた[49]。しかし、英訳『アウステルリッツ』に序文を寄せた批評家のジェームズ・ウッドによれば、ゼーバルトの遺稿や遺品を所蔵するマールバッハのドイツ文学アーカイヴにはこの写真の絵葉書があり、その葉書の裏面には「ストックポート、三十ペンス」とインクで記されているという[50]。すなわちこれは、古道具屋や蚤の市で売られているような古絵葉書の一枚にすぎないのである。

或るインタヴューでゼーバルトは、自分がずっと蒐集してきた「迷い子の写真（stray photograph）」について語っている[51]。「こうした写真には途方もない量の記憶が潜んでいる」と彼は言う。お小姓の写真もまた、この作家が昔からの習慣のなかで手に入れた「迷い子の写真」――写真そのものが彷徨していると同時に、出自の定かでない「迷い子」を写した写真――だったのであろう。

この「迷い子」が誰なのかを知る手がかりはほとんど失われている。こうした身元喪失とは、注目され公的に想起を呼びかけられるホロコーストの犠牲者たちの場合よりも日常的で、はるかにありふれているがゆえに、よりいっそう徹底的なものなのかもしれない、とウッドは言う[52]。この子が消え失せていった先は、われわれの多くの身にもいずれ訪れるような、個人の痕跡が消失する薄闇であり、しごく平凡な沈黙である。アウステルリッツが子供時代の自分をやがて襲うことになる不幸を阻止することなどけっしてできないように、この名も知れぬ少年が歴史の暗がりのなかに姿を消すことをわれわれは止めることができない――

この人びと［ゼーバルトの作品中の写真に写っている人びと］はあたかも、自分たちの存在が月並みなかたちで記憶喪失されることから自分たちを救ってほしいと懇願するかのように、わたしたちを見つめている。しかし、ジャック・アウステルリッツに彼の亡くなった両親を救うことがきっとできないのだとすれば、私たちもきっとあの小さな少年を救うことなどできはしない。彼を「救う」とは、死んでゆくすべての人びとを救うこと、かつて世に知られずに死んだすべての人びとを救うことを意味するだろう。[*53]

アウステルリッツの無力が読者であるわれわれ自身の無力と重なり合うこの点に、ウッドはゼーバルトが「このお小姓のいぶかるような眼」に込めた二重の意味を読み取っている。いや、あるいは、アウステルリッツがこの写真を拡大鏡でいくら詮索してみても、「薔薇の女王の小姓」の扮装をして撮影された記憶などいっさい甦らない以上、お小姓がアウステルリッツではない可能性すらあり、さすれば彼自身もまた、読者であるわれわれと同じ無力を抱えていることになろう[*54]。ウッドが語る「無力さ」にわたしはいま、アウシュヴィッツで写真解説パネルの子供たちの表情をカメラで拡大して撮影しながら自分が感じていた、無力感と祈りにも似た感情を思い出している[*55]。

『アウステルリッツ』という作品のうちには、こうした写真を通して、主人公をめぐる物語よりもいっそう拡がりのある物語が語られぬまま、あるいは、暗示されるのみで存在している、とウッドは指摘している[*56]。この散文作品がけっして完結しないように感じられるのは、それがこの「いっそう拡がりのある物語」を――メトニミー的な「不在における現前」の状態で――孕むからであろう。ウッドによれば、この隠れた物語と明示的なフィクションの両者がともに主題としているものこそ、死者たちを、とりわけ、身元不明の迷い子のような名のない死者たちを、忘却から救うことなのである。

二〇〇一年十一月十八日、予期せぬ死の一カ月ほど前に行なわれたシュトゥットガルト文学館開館記念講演でゼーバルトは、この町が生んだ詩人ヘルダーリンの「不正の極みを身に受けた者たちへの追憶」に光を投げかけている詩「エレギー」に触れたのち、こう述べている――

> 書くことにはさまざまな形がある。しかし事実の記録や学問を越えでて、復元（レスティトゥチオン）のこころみがおこなわれるのは文学においてのみだろう。[*57]

この「復元（Restitution）」という言葉には、不正によって失われた命の「返還」の意味が聴き取れる。同じ講演でゼーバルトは「文学がなんの役に立つのか」と自問し、「役に立つとすればおそらくはただ、想い起こすことに、そして奇妙な、因果律によっては究明できない連関があることが理解できるようになることに」[*58]と答えている。また、みずからの手法を友人の画家ヤン・ペーター・トリップの緻密な銅版画に模して、「厳密な歴史的視座を守ること、辛抱づよく彫刻すること、そして一見かけ離れているように見える事物を、静物画（ナチュール・モルト）の手法において網の目のように結びあわせること」[*59]と語っている。すなわち、厳密な歴史的視座のもとで過去を想い起こし、たんなる事実の記録や学問的記述であることを越えて、事物や出来事相互の暗合じみた奇妙な連関こそを静物画のように彫琢して浮き彫りとすることが、文学による「復元」なのである。

ゼーバルトが「復元」と称した文学の営みが、ウッドが指摘するように身元不明の迷い子に似た名のない死者たちを忘却から救うことであるとすれば、それはベンヤミンがかつて「歴史の構築」と呼んでいたものへと通じているように思われる――「名のあるものたちよりも、名のないものたちの記憶に敬意を払うことのほうが難しい。歴史の構築は名のないものたちの記憶に捧げられている」*60。もとより、「名のないものたち」の名ははじめから存在しないのではなく、記録から失われ、のちの世の人びとの記憶に残らずに忘れられたのである。それはいわば「名」の摩滅・摩耗の帰結なのだ。いかなる生も、いったん終われば、名も功業もかけらとなり、摩滅してゆく宿命を逃れられない*61。ひとの個人史はそれが自然史＝博物誌に変容するあの暗がりへと入り込む（そして、固有名をもたないヒト以外の生物たちもまた「名のないものたち」と呼べるのではないだろうか）。古写真にはそんな薄明のうっすらとした光が浸透している。誰が被写体かもわからぬ古い肖像写真は、「名」の摩滅によってこそ、薄ぼんやりと光る。ゼーバルトは或るインタヴューで次のように語っている――

わたしたちはまさしくこの間に〔世界大戦を経て〕、歴史が十九世紀の歴史家たちが物語ったように、偉大な人物たちが口述筆記させた何らかの論理や、そもそも何らかの論理というものに従って推移するのではない、ということを知りました。問題なのは、まったく別の現象、漂流(ドリフト)に似た何か、風吹(ふぶき)による雲散霧消、自然史＝博物誌的（naturhistorisch）なパターン、或るときに同時発生しふたたび四散するカオス的な事物なのです。そして、文学にとって、また歴史叙述にとっても重要なのは、こうした、より複雑でカオス的なパターンを浮き彫りにすることだと、わたしは思います。それは体系的な方法では不可能です。突然何かが閃くのです。つまり、わたしたちが組織している社会生活というものがいかに不条理か、底知れぬほど深く不条理であるか、と。*62

ゼーバルトにとって現代の文学や歴史叙述、あるいは「文学的歴史叙述」とは、歴史における「漂流」と「風吹」という、不条理な出来事の発生から消滅にいたるカオス的なパターンを、システム的思考によって論理化することなしに描き出そうとする営みである。そのようなパターンが織りなす、通常の因果律によっては説明不能な暗合のネットワークは、自然史＝博物誌的な静物画(ナチュール・モルト)として、ゼーバルトの手によって緻密に記録されることになるだろう。そのためにはまず、マクロな「歴史の論理」を語る言説においては見失われている不条理な逸脱や偏差こそに、何らかの隠されたパターンが読み取られなければならない。そこにゼーバルトの見出した歴史の「パタン・ランゲージ」がある。彼の作品に現われる古写真とは、「漂流」と「風吹」のカオス的なプロセスの果てにこの作家のもとにたどり着いた、そのような流浪の過程の痕跡・記憶を宿した事物にほかならない。

われわれはこうした古写真に写された人物が誰であり、その場所がどこであり、そもそもいったいそれがいつのものであるのかを語ることができない。しかし、そこに途方もない量の記憶が蓄積されていることだけははっきりと感じ取っている。「薔薇の女王のお小姓」の写真をアウステルリッツに見せる直前――

> ヴェラが、忘却の底から浮かび上がって来たこういう写真には、独特ななんとも知れぬ謎めいたものがあるわ、と話している声がとどいてきたのでした。写真の中でなにかが動いているような気がするの、ひそかな絶望のため息が、聞こえてくるような気がするの。まるで写真そのものに記憶があって、わたしたちのことを思い出しているかのように。わたしたち生き残りと、もうこの世のひとでない彼らの、ありし日の姿を思い出しているかのように。*63

写真はそれ自体の内部に埋もれた記憶を思い出そうとしている。つまり、それはみずからもまたそうした記憶を忘れているのだ。さすれば、そんな語りえない記憶に敬意を払うことはなおのことよりいっそう難しい。ゼーバルトの散文作品における古写真の効果はダブル・バインド的である。堀江が述べていたように「虚構の記述のなかで未知の化学反応を起こす」アレゴリー、ないし、パタン・ランゲージとしての古写真は、テクストで語られる物語を準備し補完するイメージ連合を紡ぎ出す。つまり、それは虚構の形成に奉仕するのだが、他方で、過去の或る実在を指示しているがゆえに、「名のない膨大な記憶」という「自分の分け前」を取り戻そうと、その名を甦らせるべき「歴史の構築」を求めるのである*64。

物語の語り手が具体的に一枚の写真を取り上げ、そこに写された人物たちにその名を取り戻させようとする叙述が『移民たち』の末尾にある。その写真とは、先にも触れた、ウッチのユダヤ人ゲットーでゲーネヴァインが絨毯の織り手たちを撮影したものである。ゼーバルトは問題の写真それ自体を図版として掲載することはせず、エクフラシス的に描写してゆく――

その若い女性たちがだれだったのか、私は知らない。背後の窓から差す逆光のために、女たちの眼をはっきりと見定めることはできなかった。だが三人がそろって私を見つめていることは感じとれた。なぜなら私の立ち場所は、ゲーネヴァインの、会計士の、彼の写真機の場所なのだから。三人の若い女のうち、まん中の女性は明るい金髪で、なにとはなし花嫁を思わせた。左の織り手は頭をいくらかかしげ、右手の織り手はまっすぐに射るような眼を私にむけていて、その視線に私は長く耐えることができなかった。三人はなんという名だったろう、と私は考えた。――ローザ（Roza）、ルーシャ（Lusia）*65、レア（Lea）だったろうか。それともノーナ、デクマ、モルタ、錘（つむ）と糸と鋏をもつ、あの夜の娘たちであったのか。*66

この写真が図版として掲載されなかった一因としては、それがゲーネヴァインというナチの一員によって撮られ、その意図を反映したものであったことが考えられよう。だが、たとえ直接に写真を掲げなくとも、ゲーネヴァインのカメラと同じ場所に立つしかない「私」という語り手は、ユダヤ人を支配していたナチのまなざしに映った光景を叙述することしかできない。そこには、ゲーネヴァインの撮影行為全体にともなっている、きわめて抑圧的な権力関係を背景とした強制的「窃視」の構造がある。被写体である女性の視線に長くは耐えられなかったという語り手の告白は、撮影者への同一化というこの問題の自覚を示しているように思える。しかし、そこで彼女たちの名は何だったろうかと語り手が自問して、まさに名のない者たちに名を返そうとしたときに、ローザ（Roza）、ルーシャ（Lusia）、レア（Lea）といった、綴り字からもいかにも東欧・ポーランド風とわかるステレオタイプな名前を列挙し、さらに、この三人をローマ神話における三柱の運命の女神たちになぞらえて、錘で糸を紡ぎ人間に運命を割り当てるノーナ、糸で運命の図柄を描くデクマ（デキマ）、鋏で糸を切って死をもたらすモルタという名で呼ぼうとしている点は、ユダヤ人であった彼女たちを現実の歴史的・文化的コンテクストからあまりにも遠ざけてしまうものであるという批判*67を回避できないように思われる。

作者ゼーバルトも語り手もこの写真の来歴について或る程度の事実を知っており、それを読者にも伝えている。その意味で、この写真は完全な「迷い子」とは言えず、十分に摩滅した寓意的パタン・ランゲージにはなりきっていない。それがゲーネヴァインの写真を図版としては用いなかったことのもうひとつの理由であろう。ゼーバルトのこの選択は、撮影者の立場との同一化を回避しようとした点では賢明な判断だったかもしれないが、被写体を運命の女神に見立てたところで、撮影者の視点に孕まれていた歴然とした権力関係を逆転させることはできない。「ノーナ、デクマ、モルタ」という命名は余韻を残す印象的な神話化ではあっても、そのような神話化によっては、ゼーバルトの作品のもうひとつの側面である歴史叙述に要求される「真正性」を疑わせてしまうのである。

問題の写真スライド【図4】では、中央の女性の右隣に頭を若干かしげた織り手の姿が見える。このことから、ゼーバルトが叙述しているのは左右が逆転した状態の写真と推測できる。これらの女性二人に

【図4】ヴァルター・ゲーネヴァイン撮影によるカラースライド「311　リッツマンシュタット・ゲットー　絨毯織物工場」、一九四〇―四四年。

ついては、ホロコーストを生き延びた弟の証言によって名前が判明しており、中央の織り手はバイラ・ロートシュタイン（Bajla Rotsztajn　一九二三年生まれ）、右手の女性はその妹のペルラ・ブリーマ・ロートシュタイン（Perla Blima Rotsztajn　一九二五年生まれ）であるという*68。彼女らは両親および弟とともにビルケナウに移送され、そこを生きて出ることはなかった。ゼーバルトが「モルタ」の名を与えた、向かって左の織り手の女性については、その名も消息もわかっていない。

彼女たちの写真を、ゼーバルトは隠すのではなく、むしろ図版として『移民たち』に掲載すべきだったのではないだろうか。たしかにそこには撮影者の視点への同一化という危険がつきまとう。しかし、それを見せることなく言葉で描写するという選択は、写真のイメージが秘めているポテンシャルを活かさぬまま、テクストを歴史叙述としては問題含みなものにとどめてしまった。語り手を刺し貫くまなざしがそこにあったのであればなおさら、この写真との直接的な対峙が作品のなかに織り込まれてしかるべきだったはずである。『移民たち』の伝記的な語りではそれが難しく、そうした対峙が可能になるためには、『アウステルリッツ』のような、より虚構性を強めた枠組みが必要だった。

ゼーバルトの作品に実際に用いられたホロコーストに関わる一枚の写真から、どのような「歴史の構築」がなされうるかをめぐって、『アウステルリッツ』邦訳二七〇—二七一頁の図版【図5】から出発したひとつの試みに注目してみたい。この写真では、壁を覆い尽くした棚に書類が無造作に収められている。画面左手から差し込む光でできた机の影は長く、右手の壁にかかる時計の針は六時ちょうどを指している。これがプラハ近郊のテレジン(ナチ・ドイツによってユダヤ人ゲットーが設置された、かつてのテレージエンシュタット)にある、収容者たちの資料を保管した記録文書室の写真らしいことはゼーバルトの叙述からわかる*69。しかし、それが誰によって、いつ撮影されたものなのか、そもそも本当にテレジンの記録文書室の写真なのかは、『アウステルリッツ』のテクストのみによっては確認できない。

この写真のもつ「完了していない芝居のための舞台装置」を思わせる独特な雰囲気に魅せられて、写真家ダニエル・ブラウフークスはテレジンを実際に訪れ、問題の部屋を見つけて、それをあらたにみずから撮影している。ブラウフークスはまた、たまたま自分が手に入れた、一九四二年にテレジンに移送されたベルリン在住のユダヤ人エルンスト・Kの青年時代の日記(一九二六—三〇年の五冊)から数ページ

【図5】W・G・ゼーバルト『アウステルリッツ』(二〇〇一年)より。

を写真に撮り、同じ写真集『テレジン』に収めている[*70]。

このエルンスト・Kについては、写真撮影された日記の記述に対応するエピソードが語られているほか、兄ハンスが当時比較的著名な作家であったという情報、あるいは、日記に挟まれていたスナップ写真の類や、セロファン紙に包まれた一房の髪の毛の存在なども言及され、それらの写真が掲載されてもいるのだが、この人物がはたして実在したのかどうかは実のところ定かではない。日記はなるほど本物らしく見えるものの、それを用いて示されるエルンスト・Kの生涯やこの名そのものが虚構の産物でない保証はないのである。テレジン・ゲットーの収容者を網羅したデータベース*71に、ベルリンからテレジンに移送された「エルンスト・K」に該当する人物のデータは見つからず、そもそも虚実の判断をにわかにはつきにくくするための「K」というイニシャルのみの表記ではないかとも疑われる。

ブラウフークスが『アウステルリッツ』の読書から一連の探究を始めている以上、写真とテクストを用いたゼーバルト的なフィクションの形式を彼が採用した可能性は十分にあるだろう。もしそうだとしたら、この写真家は、『アウステルリッツ』に用いられた奇妙な写真イメージが、現実にはいったいどの場所の何を撮影したものかという事実確定の作業を一方では行ないながら、他方では、実在する日記や写真から出発しつつ、ゼーバルトに似た手法によって虚構の物語を紡いでいることになる。『アウステルリッツ』のなかで主人公は、テレジン・ユダヤ人ゲットーの欺瞞に満ちた宣伝映画『テレージエンシュタット』*72のうちに母アガータの姿を捜し求め、この映画の現存する断片をスローで編集し直し、四倍の長さの一時間に引き延ばした映像を精査しているが、ブラウフークスもまた同様に、この映像のなかにエルンスト・Kの姿を見つけようとしたという。これもまた、実在しない登場人物を現実の映像のうちに見出そうとする、ゼーバルトによるフィクションの技法の反復であるように見える。

ブラウフークスはこの映画を隅々まで赤く着色したうえで、アウステルリッツと同じくスローモーションにした映像作品を制作しており、写真集『テレジン』にはそのDVDが附属している。『アウステルリッツ』では、スローモーション版における音の変化によって、軽快なポルカが緩慢で果てしない葬送行進曲に、きびきびした声のナレーションが猛獣の威嚇するような咆吼に変容してしまい、きわだって無気味な印象を与えたと語られているが、ブラウフークスの作品においても、延々とゆっくり響き続ける意味不明な低音が同様の効果を上げている。

赤く着色されたブラウフークスの映像作品では、元の映画にあった「演出されたナチの映画(STAGED NAZI FILM)」という一種の注意書きがつねに画面の右上に表示されている。それに対して、写真集に掲載された赤い静止画像では、トリミングによってこの注意書きがすべて消去されている。この対照は何を意味しているのだろうか。ブラウフークスは、ナチの製作した映像における「虚偽と演出されたイメージから、何らかの真実を作り出そうと試みることが自分には必要だった」*73と書いている。そこに記録されたすべてはカメラの前で演じられただけの嘘偽りなのか、それともせめて子供たちの笑顔のいくばくかだけは信じることが可能な、カオスと絶望のただなかにおける幸福の瞬間だったのか【図6】。すなわちブラウフークスは、『テレージエンシュタット』の映像全体につきまとう「演出されたナチの映画」という警告にあえて逆らって、そんな「幸福の瞬間」の表情をそこから切り取ろう

【図6】ダニエル・ブラウフークス『テレジン』（二〇一〇年）より、映画『テレージエンシュタット』（一九四四年）の一場面。

としているのである。

それはこの少女のこの瞬間の「真実」を問おうとすることである。第II部第3章で参照したダリウス・ヤブロンスキー監督の『写真愛好家』が、ナチの一員であるゲーネヴァインによるウッチ・ゲットーの写真を再撮影することによって画面の統一性を破砕し、写真イメージの「彼方」を提示しようとしていたことを思い起こそう。写真の再撮影による映画化を行なうヤブロンスキーに対して、映画を写真化しているという点で方向は逆ながら、ブラウフークスもまた同様に、ナチの宣伝映画の連続性を断ち切って、そこで取り出されたショットの画面をさらにフレーミングすることにより、ナチの美学や宣伝の意図の外部にあったかもしれぬ「彼方」を救い出そうとするのである。

「自分たちはイメージの真実を知っているとわれわれが思っているときでさえ、イメージはどのように依然として嘘をつくことができるのか」——理解すべきはその点である、とブラウフークスは言う。ナチが意図したのは演出された宣伝映画によって「嘘をつく」ことだった。そのような意図こそがこの宣伝映画というイメージの「真実」であったと、とりあえずは言えるだろう。その真実を示すべく、全篇にわたって「演出されたナチの映画」という警告表示が行なわれ、鑑賞者であるわれわれもまたそれを受け入れている。だが、そのような「イメージの真実」、すなわち、この映画というイメージが「虚偽」であるという「真実」を、そのイメージそれ自体が裏切って、製作者であるナチの意図や演出とは関わりなく、子供たちの笑顔が真の笑顔であるという「真実のイメージ」を提示している可能性を、ブラウフークスは示そうとしている。すべてが真実であるかのように見せかけられた虚偽のなかで「嘘」をつくとは、その虚偽を裏切って真実を語ることにほかなるまい。だから、「自分たちはイメージの真実を知っているとわれわれが思っているときでさえ、イメージはどのように依然として嘘をつくことができるか」という問いは、「すべてが虚偽のイメージであるとわれわれが思い込んでいるときでさえ、イメージのうちには依然として真実が存在しうる」の謂いであると、逆転させて理解されなければならないのである。

しかし、どんなに緻密な観察者であっても、ゲットーの住民たちの笑顔のそんな真実を決定的に明らかにすることはできないだろう。何が演出による虚偽であり、何がそんな虚偽のなかの嘘＝真実であるのかを確認するすべはもはやない。それゆえ、映像に記録されたゲットーの住民たちの表情を丹念にたどる検証作業のあとに残るのは、その笑顔が幸福の瞬間であってほしいという祈りと、そうした瞬間を忘却から救うための、ゼーバルトの言う「復元」以外ではあるまい。「完了していない芝居のための舞台装置」を現実のなかに探す旅とその空間の再撮影、虚構と実在を綯い交ぜにしたゼーバルト的なフォト・テクストとしてのエルンスト・Kの物語、そして、赤い「記憶の色」に染め上げられて、ひとつひとつの表情をたどるために低速化されたナチの宣伝映画と、そこから切り取られた、「虚偽」のただなかの「真実」であるかもしれぬ「幸福の瞬間」――『テレジン』という写真集は、『アウステルリッツ』中の一枚の写真から出発して、そこに潜在していた過去をめぐる「いっそう拡がりのある物語」を語ろうとした、写真と映像による「文学的歴史叙述」であった。

ブラウフークスは『テレジン』がまさに印刷されようとする直前に、ゲッティンゲンにある出版社の図書室で、あの記録文書室の写真が掲載された書物を見つけている。それは同じ出版社から刊行された、ディルク・ライナルツ撮影による強制・絶滅収容所の写真集『死の沈黙』*74だった。ゲッティンゲンで印刷されたひとつの写真イメージ、ひとりの迷い子の旅は、『アウステルリッツ』を経由して、ふたたびゲッティンゲンにいたり、「完璧な円環」(ブラウフークス)を描いて終わる。

『アウステルリッツ』の主人公同様に、迷い子は出生地と親を見出して身元証明を得た、のだろうか。だが、振り返って見れば、出典をあえて記さず、ときには内容と直接関係しない写真をテクストに挿入するゼーバルトの手法自体が、そもそも写真をあえて迷い子にしていたのではないか。迷い子になることによってこそ、写真は解読を求める過去の無数のしるしで満たされる。迷い子だからこそ、「薔薇の女王の小姓」はジャック・アウステルリッツであり、ゼーバルトの友人であり、ゼーバルト自身であることもできる。『アウステルリッツ』というフィクションのなかで、写真はすべていったん迷い子となり、虚構の一部とされるのだが、まさにそのことによって、写真の真実である過去へと向かう「歴史の構築」を強く求めるものとなる。そのときわれわれは同時に、この写真の迷い子が虚構の存在であるアウステルリッツではありえないと知りつつ、それがアウステルリッツであることを願っている――演出されたナチの宣伝映画に、ブラウフークスがゲットーの住人たちの「幸福の瞬間」という「真実」を見ようとしたのと同様に。

『アウステルリッツ』のなかで迷い子となった『死の沈黙』の写真が、「完了していない芝居のための舞台装置」に譬えられていたことを思い起こそう。その写真はいわば、不確定な未来へと開かれた過去、これから到来すべきものを孕んだ過去の舞台となったのである*75。それは、ヤブロンスキーの映画『写真愛好家』がナチのアマチュア写真のうちに見出した、写真の「彼方」の時間性である。『アウステルリッツ』のあの「お小姓のいぶかるような眼」が告げている、「やがて彼を襲うことになる不幸を阻止してくれるのを待ち設けている」という希望とは、この「開かれた過去」への期待ではないか。ゼーバルトはこの迷い子の写真のまわりに『アウステルリッツ』という物語を紡ぐことで、写真に「開かれた過去」というパラドクシカルな時間を与えたのである。たしかに、迷い子は迷い子のまま、歴史の暗がりに消えてゆくだろう。彼らを現実に救うことのできぬ無力さは変わらない。摩耗してうっすらと光るような古写真は、そんな無力感を反映した博物誌＝自然史のメランコリーを漂わせている。

しかし、その無力さゆえに、そこで紡がれたフィクションを通し、名の知れぬ少年は「ジャック・アウステルリッツ」という仮の名を得て、迷い子としての写真に「開かれた過去」が与えられる。その少年はいわばひとつの「転生」を遂げる。ゼーバルトによる文学的歴史叙述はこうして、「起こったこと」としての過去に「起こるかもしれないこと」の可能性と潜在性をもたらす。写真を用いた散文という形式によってゼーバルトが賭けた「復元」あるいは「歴史の構築」とは、そのような迷い子たちの希望、いや、迷い子だからこそ許される希望の発見なのである。

3　流氓のアーカイヴ——テクスト外への漂流

写真をあえて「迷い子」にするという手法は、ゼーバルトの作品に写真がもたらすダブル・バインドの緊張を高め、そこには写真がメトニミー的に暗示する「不在における現前」が執拗につきまとっている。ウッドの言う「いっそう拡がりのある物語」が、語られないものとしてそこに現前している。セルトーの言葉を転倒させて言えば、「歴史とは、フィクションの抑圧された他者である」。それゆえに、フィクションのなかでは抑圧され、写真について語られていないことこそが発掘されなければならない。

『アウステルリッツ』を取り巻く「いっそう拡がりのある物語」の手がかりを求めて、二〇一四年三月、わたしはゼーバルトの遺稿や遺品が収蔵されたマールバッハのドイツ文学アーカイヴを訪れた。『アウステルリッツ』に関連するファイルはそこに十七冊あった。着想段階のメモだろうか、主人公アウステルリッツの一生を一枚の紙にまとめた手書きの年表をはじめとして、自筆の草稿からタイプ原稿、校正ゲラ、そして各種の資料が含まれている。本文の原稿には写真の挿入されるべき位置がすでに指定されていた*76。写真が使用されるタイプ原稿のページとその写真の簡単な種別（書籍からの引用か、個別の紙焼きかなど）を列挙した写真図版リストもあった。そして、或るファイルにはオリジナルと思われるカラーの紙焼き写真や雑誌・新聞の切り抜きが収められていた。

新聞の切り抜きが用いられた一例としては、ブリュッセルの通称「首吊り丘」に立つ最高裁判所の写真が挙げられる【図7】*77。切り抜かれていたのは、一九九六年六月二十六日付フランクフルター・アルゲマイネ紙の「虚無にいたる無数の階段——権力のレトリックとしてのブリュッセルの裁判所」という記事である。作品中では、アウステルリッツはこの異様でメガロマニアックな建物をめぐり、論文を書こうとしていたという設定になっている。切り抜きの記事を読むと、物語のなかでは述べられていない、いくつかの事柄を知ることができた——若きフロイトはこの建築が「アッシリアの王宮」を連想させると婚約者に宛てた手紙で書き、この建物の賛美者であったヒトラーはベルギー侵攻後、シュペーアにその緻密なスケッチを描かせたと伝えられ、オーソン・ウェルズは『審判』をここで撮影したいと願ったという。『アウステルリッツ』でも触れられている、裁判所の隠れた一郭で床屋がひそかに店を

【図7】W・G・ゼーバルト『アウステルリッツ』(二〇〇一年)より。

営んでいたという話は、どうやら実際にささやかれていた噂らしい。

このように物語中の叙述と被写体が一致する場合ならば、写真の出所確認は作家の着想源と描写の背景を補足的に明らかにすることにとどまるかもしれない。では、次のような例であればどうか——アウステルリッツの年下の友人ジェラルド・フィッツパトリックの母が暮らす、鸚鵡たちがあたりに群れ棲む邸宅アンドロメダ荘の描写の途中に挿入された、ガーデン・パーティとおぼしき光景の写真がある【図8】*78。写真の左端に立つホストらしき人物の肩には大きな鸚鵡が留まっている。客人と思われる中央の老人や右手の二人の女性たちはいずれも彼を見つめているようだが、そのまなざしはやや不安げで、落ち着かないものを感じさせる。

鸚鵡がテクストと写真を結びつける媒介になっていることは間違いない。パーティが行なわれてい

【図8】W・G・ゼーバルト『アウステルリッツ』(二〇〇一年)より。

る庭園のたたずまいが、作中のアンドロメダ荘と漠然と関連づけられていることにも気づく。だが、ここで写真に写されている人物たちは、『アウステルリッツ』のこの箇所で言及されているダーウィンのような実在の人物にも、フィクションの登場人物にも、まったく対応していない。

では、彼らは何者なのか。ドイツ文学アーカイヴで見つかる同じ写真が掲載された切り抜き——紙名ないし誌名は特定できない——によれば、鸚鵡を肩に載せた男性は第二代トレデガー子爵、エヴァン・フレデリック・モーガンである。この写真はモーガン一族の屋敷だった、南ウェールズ、ニューポートのトレデガー・ハウスにおけるガーデン・パーティで撮影されたらしい。撮影者は「クリストファー・ジョーンズ（Christopher Jones）」と切り抜きにあり、その他の資料によれば、一九三五年頃に撮られたものと思われる。

モーガンは一八九三年に生まれ、一九四九年に没している[*79]。父と彼の代でモーガン家は莫大な財産を蕩尽し、家運は傾いたという。エヴァンはオルダス・ハクスリーらを友人にもつ詩人・作家であり、芸術を通じて王室や有力政治家につながるとともに、アレイスター・クロウリーと親交を結んで魔術の儀式を行なったオカルティストでもあった。カトリックに帰依していた時期には、ローマ教皇の名誉随行員を勤めている。第二次世界大戦中はＭＩ８（英国軍情報部第八課）に将校として勤務し、情報収集のための伝書鳩の活用を担当したという。除隊後、モーガンは機密情報漏洩の嫌疑で裁判を受けている。

トレデガー・ハウスには小さな動物園があり、熊の「アリス」、ボクシングをするカンガルーの「サマセット」、喋る鸚鵡「ブルー・ボーイ」と「ピーター」（この名は作曲家ピーター・ウォーロックに由来するという）などが飼われていた。写真に写っているのはこのブルー・ボーイないしピーターと思われる[*80]。ちなみに、息子と同じくエキセントリックな人物だったエヴァンの母キャサリン・カーネギーは、関節炎の治療を兼ねて鳥の巣を自分の手で作ることを趣味とし、そのため、晩年にいたっては、自分を鳥と思い込んで巨大な巣を作り、そのなかに座り込んでいると噂されるほどだったという。

トレデガー・ハウスは、博物標本が詰まった陳列棚やガラス棚を無数に有する、一種の博物館と化したアンドロメダ荘のひとつのモデルであろう。エヴァン・モーガンが戦時中に伝書鳩の担当であった点は、少年時代のジェラルドが伝書鳩を飼い、飛行機による飛行に魅せられていったことを思い起こさせる。この写真は、作者ゼーバルトにとって、物語の場やキャラクターを着想する資料の一端となったに違いない。だが、それは同時に、作中では素性がいっさい明かされない被写体の人物たちを通して、フィクションよりもフィクションじみた歴史の秘部に通じている。『土星の環』のようなエッセイ的な散文の形態であれば、そこに現われる実在した奇矯な人物たち同様に、ゼーバルトはモーガンそのひと自身を作中に登場させることができただろう。

このガーデン・パーティの写真そのものが作り物じみている。中央の老人と右手の二人の女性たちの意味ありげな表情は、これがあたかも映画か何かの一場面であるかのような錯覚を抱かせる[*81]。被写体となったモーガンの人生が非現実的な物語めいているように、この写真もまた、実際にはスナップ写真であるにもかかわらず、意図的に演出された光景に見えてしまうのである。写真そのものがフィクションと現実との境に立つかのようなのだ。『土星の環』とは異なり、『アウステルリッツ』が虚構性を強めたことに加え、この写真が有するこうした性質ゆえに、モーガン自身が作中に姿を現わすことは封印され、むしろ積極的に、写真の与える印象の両義性が活用されているのである。

アウステルリッツをはじめとする登場人物たちがフィクション上のキャラクターであることをわれわれ読者が忘れることはない。この散文作品のテクストはけっして現実の記録ではなく、さらにまた、写真がナラティヴの現実性を保証する証拠として用いられているわけではないことも、われわれは十分に承知している。にもかかわらず、写真がもつ過去の現実への指示機能により、ナラティヴの非現実的な虚構性が宙吊りにされる感覚がそこには生じている。キャプションをもたない写真と緩やかに結びついたテクストの描写は、フィクションでありながら、現実に根拠をもつかのように知覚されるのである。ただしそこでも、写真は言語による記述を単純に裏書きはしない。なぜならここでは同時に、写真と被写体である現実との関係が稀薄化し、写真に撮られた光景そのものが――ジェフ・ウォールの作品のように――一種の虚構と化してゆくからである。あたかも演出された一場面であるかのようなガーデン・パーティの写真は、テクストと写真とのあいだで展開される、このような虚構性と現実性とのせめぎ合いの感覚を、よりいっそう強めるものと言えるだろう。

『アウステルリッツ』には、パリにある獣医学博物館の入場券をコピーしたものが図版として挿入されており、そこには「08/09/59」、すなわち、「一九五九年九月八日」と書き込まれている*82。この入場券の現物はドイツ文学アーカイヴにあって、おそらく「08/09/99」という元の日付けが修正液を使い先述のように変えられているという*83。つまり、ここではテクスト外的な事物がテクスト内的な証拠に変容させられているのである。ゼーバルトはこの博物館に関する描写に際して、同じくアーカイヴに残された或る雑誌記事に大きく依拠していることが確認できるが、そこから推し測る限り、たんにテクストを書くためだけであれば、実際にパリを訪れる必要はなかった。にもかかわらず、ゼーバルトは一九九九年に博物館を訪問し、チケットを入手して、そこで写真を撮影したうえで、それらを『アウステルリッツ』の図版としている。これらの図版は「テクスト内的なレヴェル」のみならず、「著者のテクスト外的な経験や博物館に実際にいたこと」を証明する機能を有している、とヴォルフは指摘している――

こうした断片をすべてまとめて考慮に入れるとき、われわれが眼前にしているのは、読むこと、想像力、珍奇さ、そして旅を一括してもたらすようなテクスト的パランプセストである。意味と経験のこのパランプセストとテクスト内およびテクスト外的現実の込み入った層構造は、ゼーバルトのテクストがもつ、読者たちを魅了するアウラと呼べるであろう何かを生み出すことに寄与している。*84

このアウラをめぐっては、ゼーバルトは結局、写真をはじめとする図版がもつ現実への参照指示性を流用（appropriate）しているだけであり、曖昧に虚構を現実と関係づけることで、修正主義の危険を孕んだ擬似的な歴史叙述を行なっているだけではないか、という批判がありうるだろう。「文学的歴史叙述」とは、そうした危ういキマイラ的言説ではないのか、と。それはすなわち、ゼーバルトの作品が歴史叙述に接近しているとして、その真正性はいったいどのようにして保証されるのか、という疑問に通じている。

なるほど、片方に史料批判にもとづく厳密な歴史学によって確定された事実としての「歴史」、もう片方に作家の想像力によって作り上げられたフィクションとしての「文学」という明確な区分をまず設定するならば、それらの混同が生む危険という危惧も生じうる。しかし、ここで問題なのは、もはや「歴史」も「文学」も、そのように劃然と分割可能な、自立して安定したカテゴリーではないという点である。歴史学が「唯一の過去」として公的に管理する「歴史的事実」とは異なる「実用的な過去」をめぐってホワイトが論じていたのはその点であった。もちろん、歴史学的な史料批判が失効するわけではない。歴史は任意のプロットのナラティヴによって自由に物語られるものではなく、一定の事実を再構成するための足場となる証拠や証言を必ず必要とする。だが、そのような証拠や証言のステータスも、歴史の言説のナラティヴも、絶対確実で堅固な、無色透明で歪みのないものではない。過去との関係そのものが危うく揺らいでいる状況のもとで、「歴史」というカテゴリーに生じている不安定化、その核心にある不安のひとつの表われが、ゼーバルトをはじめとするポストモダンな「歴史小説」の言説なのである。

では、そうした「歴史小説」における歴史叙述の真正性はいったいどのようにして確保されるのか。

作り上げられた虚構としての過去と現実に存在した真の過去とのせめぎ合い――それこそはアウステルリッツの自己同一性をめぐる葛藤にほかならない。それゆえに、幼年時代のアウステルリッツを撮影したという、あの「薔薇の女王の小姓」の写真の位置づけが、この作品中でとりわけ重要なものとなる。

ドイツ文学アーカイヴで、わたしはゼーバルト・ファイルのなかにこの写真を探し、実際に手にすることができた。ウッドが書いている通り、それは古道具屋や蚤の市で売られているような一枚の絵葉書だった【図9】。フィクションの主人公の肖像であるという錯覚がすり込まれたこの写真の現物を手にしたとき、何か非現実感のようなものを覚えたことを思い出す。

ウッドもまた、そんな感覚を味わったのだろうか。だが、アーカイヴで実際にこの絵葉書を確認したならば当然知りえたであろう事実に、彼はなぜか言及していない。アーカイヴでわたしが手にした写真の裏には、ウッドも触れている「ストックポート、三十ペンス」という記述のほかに、それとはまったく異なる字体とインクで、次のように書かれていたのである――

Jackie Grindrod
Trainbearer to the Rose Queen

ジャッキー・グリンドロッド
薔薇の女王のすそ持ち *85

これは『アウステルリッツ』の「Jacquot Austerlitz, paže růžové královny 〈ジャック・アウステルリッツ、薔薇の女王の小姓〉」という箇所に対応している。同じ面には、写真を撮影して絵葉書を制作した写真スタジオの名称と住所が印刷されている――

【図9】W・G・ゼーバルト『アウステルリッツ』（二〇〇一年）に用いられた絵葉書より。
Deutsches Literaturarchiv Marbach.

Photo by Allen Nield's Successors,
68 Wellington Rd, South, Stockport

ストックポートにあったこのスタジオは、或るデータベース*[86]によると、一九二三年から一九三八年まで営業していたことが確認できる。この写真の撮影時期をさらに狭めて特定することは難しいものの、写真スタジオがストックポートにあった以上、撮影された場所もまたこの町かその附近であったと考えてよかろう。とすると、ここで言う「薔薇の女王」とは、毎年七月下旬にストックポートで開催されるカーニヴァルの仮装行列に際して、若い女性のなかから選ばれる「薔薇の女王」であろうと推測できる。一九二九年七月に挙行されたパレードの一部と薔薇の女王の戴冠式を撮影した英国パテ社の記録映像*[87]では、後ろ姿ながら、問題の写真によく似た衣裳をまとった少年が薔薇の女土の近くに立っているのが見える【図10】。

お小姓姿の少年の写真をめぐるゼーバルトの叙述は、絵葉書に記されていた記述を変形したものだったのである。ウッドがこの事実に触れようとしない理由はわからない。彼が主張する「迷い子」の身元喪失状態をよりいっそう徹底したものにとどめるためだろうか。だが、この写真の子がストックポートのジャッキー・グリンドロッドであるとわかったところで、ゼーバルトの作品中でそれがひとりの迷い子であり続けることに変わりはない。なぜなら、われわれ読者はその写真がアウステルリッツのものではないことを、すでに最初から知っていたのだから。そして、写されているのがたとえほんとうにジャッキー・グリンドロッドだったとしても、それがほかの誰かでもありうるような、不確かな偶有性がここにはつきまとっている。写真そのものの内部に被写体が何であるかの確証を求めることができない以上、この不確実性はけっして解消されえない。写真をいくら精査しても幼年時代の自分であると

【図10】英国パテ社『薔薇の女王の戴冠』（一九二九年）の一場面。

いう確信がついにもてぬまま、そんな「見知らぬ他者としての自分」のまなざしに射貫かれて、アウステルリッツはこう告白する――

物心ついてからというもの、私はいつも現実世界に自分の居場所がないかのような、自分がじつは存在していないかのような気がしていました、とアウステルリッツは語った。そして薔薇の女王のお小姓の眼差しが私を刺し貫いたシュポルコヴァ小路でのあの晩ほど、その感覚が強烈になったことはありません。*88

もとより、アウステルリッツにとっての自己の存在の不確かさは特別な幼児経験の産物だろう。しかしここでは、こうした現実における不在の感覚が、自分の写真を見ること、そして、写真内の自分によって見つめられることによって、ことさら強烈なものとなっている点に注目したい。このとき、アウステルリッツにとって自分の肖像写真とは、過去の自分をそこに再認して記憶を回復し、身元を確かめて自己同一性を取り戻すことのできる証拠にはなりえていない。それはむしろ、そのイメージのうちにかつての自分を確信をもって見出すことができないにもかかわらず、写真が過去における被写体の確固たる実在を保証するものであるがゆえに、逆に、現在の世界にいる自分自身のほうが居所不明となって存在していないかのように思われてしまうという危機をもたらす、自分と瓜二つの分身である。自分自身の肖像写真のまなざしに直面することは、他者と化した自己、すなわち分身との遭遇であり、過去の自分の現前ゆえに、現在の自分がじつは存在していないという感覚に陥る危険をともなうものなのかもしれぬ。ゼーバルトは「写真には何か無気味なところがある」というカフカの言葉をめぐって、次のように書いている――

機械への怖れがはじめて生じたロマン主義の時代には、分身(ドッペルゲンガー)はまだ幽霊じみた例外的な現象であったが、それがいまはところかまわず存在するのである。写真という模写の技術は、つまるところオリジナルに完全に忠実な複写、というか潜在的には際限ない複製の原理に依拠している。立体感のあるこの札を一枚手に取れば、それだけでもう万物を二回見ることができるのだ。コピーされたものがとっくに消滅したあとでも、コピーは存在しつづける——とすれば人間であれ自然であれ、コピーされたものはコピーよりも本物さに欠けるのではないか。コピーはオリジナルを蝕むのではないか、コピーとの不穏な予感は容易に生じよう。現に、おのれのドッペルゲンガーに出遭った人は、自分が滅ぼされたように感じるというのである。[*89]

幼年時代の記憶を失い、自己同一性が連続していないアウステルリッツにとって、この危機はたしかに深刻なものだっただろう。そして、彼が見つめている写真であるかのように作中に挿入されているのは、言うまでもなく、アウステルリッツ自身の幼年時代の肖像写真ではなく、ジャッキー・グリンドロッドという少年の姿なのである。写真と散文を共存させるフォト・テクストという手法ゆえに避けがたい、改めて考えてみればアイロニカルないしコミカルとも言える事態ではある。読者にとってはあたかも、虚構上の存在である作中人物が現実の写真を通じた身元確認を行なっているかのようなのだが、そのような確認の不可能性など、はじめから明らかなのだ。ゼーバルトが用いた資料の細部を知り、いわばアーカイヴに深入りすればするほど、テクスト中の虚構と写真が記録する現実との距離は意識されざるをえない。

では、『アウステルリッツ』は言葉で綴られたフィクションなのだ」と割り切って、写真の参照している過去など無視すれば足りるのだろうか。それがフォト・テクストという形式を採用したゼーバルトの意図や手法それ自体の「無視」でしかないのは明らかだ。この作品を読む経験の独自性は、われわれ読者にとって「この写真が幼いアウステルリッツの肖像でないことはわかっている」にもかかわらず、あたかもこれが彼の肖像写真であるかもしれぬように——なぜならヴェラの証言と祖父による書き込みにもかかわらず、アウステルリッツ自身の記憶が甦らない以上、彼の肖像写真と断定することはできないからだが——見なしながら読むという行為の、或る種の儀式めいた性格に由来する。それを儀式と呼ぶのは、現実には作中人物の写真など存在しないと明確に知っていながら、われわれはそのとき、あたかもそれが存在するかのように振る舞っているからである。

写真そのものが少年の名を語らない以上、どのような証言も書き込みも外在的で、直接その子の名を確証する証拠にはなりえない。判断は不確実なまま宙吊りにされる。こうした不確かさは、わたしがアーカイヴで手にした絵葉書に書かれた「ジャッキー・グリンドロッド」という名にしたところで同じことなのだ。先ほど「偶有性」と呼んだ写真と名の結びつきの脆弱さは避けられない。その意味で、この写真は依然として「迷い子」であり続けている。

この脆弱さゆえに、少年の写真はアウステルリッツの肖像でもありうるようなイメージとして機能しうる。それがジャッキー・グリンドロッドのものかもしれぬという確認は、作中におけるこの効果を弱めることはない。では、そこに何かを付け加えることもないのか——いや、そうではあるまい。わたしが原資料を探すアーカイヴ通いに駆られたのは、『アウステルリッツ』という作品を中心とした「いっそう拡がりのある物語」の手がかりを求めて、写真のなかに眠っている「名のない膨大な記憶」を掘り起こそうと望んだからだった。そのような記憶の発掘を強く誘う何かがゼーバルトの作品にはある。

ここまで考察してきたように、ゼーバルトの作品において、危惧されるような虚構と現実の混同は実際には生じない。そこには「フェティシズム」と呼び「儀式」と呼んだような二重化した意識が働いており、写真という証拠の現実性とそれが代理する「アウステルリッツ」という作中人物の虚構性とは、混同されることなく共存している。その緊張のうちにこそ、ゼーバルト作品特有のアウラは生まれるのである。そこに真正性の感覚を与えているのは、作者が綿密な調査のもとに周到に張りめぐらせた現実の過去をめぐる諸事実や諸テクスト群とのインターテクスチュアルな関係性のネットワークである。このネットワークのうちにモンタージュされるからこそ、古写真は「迷い子」でありつつ、同時に「ジャック・アウステルリッツ」でもありうるような、テクスト内的現実を支えるテクスト外的証拠のステータスを獲得することができる。そのようにして古写真は作品中であらたな生を得るのである。

だが、二重の意識のもとのこのモンタージュは逆方向にも働き、古写真のような現実的要素を介して、作品はテクスト外へと向けて開かれ、インターテクスチュアルなネットワークによって付与されたイメージの強度はそのままに、その写真、その証拠の来歴という「いっそう拡がりのある物語」へと向けた運動を生み出す。その運動はもはや「文学」であることを越えて、「歴史叙述」であろうとする。それは「迷い子」である写真たちのテクスト外における出自と行方を探り、虚構との関係こそが発見させる、古写真のなかに眠っている記憶のポテンシャルを、テクスト外の現実へと結びつけてゆく。ゼーバルトの作品のもたらす「テクスト的視覚」が、テクスト外の現実の歴史をあらたに発見させるのである。

ブラウフークスやわたしがなぞっていたのは、定かでない自分の身元を探し歩くアウステルリッツがたどった道程だった。アウステルリッツは両親の足跡を求めて、プラハの国立公文書保管所や劇場文書館に通い、英国の帝国戦争博物館を通じてベルリンの連邦公文書館からテレージエンシュタットの映画のヴィデオ映像を取り寄せ、パリの国立図書館新館を訪れる。記憶の欠如を彼はアーカイヴの調査によって補填しようとするのである。この点でアウステルリッツは文字通り極めつきの「アーカイヴ的主体」*90（J・J・ロング）であると言ってよい。彼のこうした探索行を構想し描き出すために、作者ゼーバルト自身が文書や写真の収集から出発し、各地のアーカイヴのほか、テレジンをはじめとする現場の土地を巡っている。主人公と作者のこうした軌跡を追うようにして、わたしもまたマールバッハのアーカイヴへと導かれたのだった。

アーカイヴ調査の途上で「ジャッキー・グリンドロッド」という名に遭遇したわたし自身が味わったのは、「アウステルリッツ」のモデルとなった人物の名、あるいは、写真の少年のほんとうの名を見出したという確信ではなく、むしろ逆に、こうして真の名に到達したように見えたところでじつは、写真そのものはけっしてみずから名を名乗ることはないのだという、宙吊り状態の不確かさだった。そのときわたしは、写真を通して自分が誰であるのかという身元の確認ができないアウステルリッツの自己同一性の危うさが、肖像写真そのものに孕まれた普遍的な問題であることを悟った。薔薇の女王の小姓のいぶかるような眼に刺し貫かれるのは、作中のアウステルリッツだけではないのである。読者もまた、謎となって応答を強いる少年のまなざしに射貫かれ、主人公をめぐる物語を包み込む、よりいっそう拡がりのある物語＝歴史へと導かれる。

ブラウフークスやわたしのように、ゼーバルトの作品中の「迷い子の写真たち」の出自を追い求めることは、まだ建築史家であった頃のアウステルリッツがフランス国立図書館旧館で、或る書物の脚註から、そこに書かれていた別の書物の巻末註へと、次々と横道に逸れてゆき、「事実に立脚した学術的な記述から奇天烈なディテイルへと、いわばとめどなく退行を重ねていった」*91過程にも似て見える。アウステルリッツを内部から蝕み、秩序だった学術的な歴史を書くことを不可能にさせた過去が、そんな「退行」の原因だったのだろうと推測はつく。それは学術としての歴史の言説から見ればたしかに「退行」かもしれないが、「漂流（ドリフト）に似た何か、風吹（ふぶき）による雲散霧消、自然史＝博物誌的なパターン、或るときに同時発生しふたたび四散するカオス的な事物」*92をたどろうとする文学的歴史叙述にとっては、避けがたい逸脱であるように思われる。それが叙述しようとするのは、因果連鎖によって数珠繋ぎになった系統関係ではなく、偶然によって分岐・散乱し、迷走の挙げ句に散逸してしまうものまで含めた「歴史の（複数の）線」である。

歴史の「漂流」と「風吹」に巻き込まれた人びとの行跡は、歴史書のファサード（本文）にではなく、むしろ片隅の註にこそ記されている。ゼーバルトの作品の後景をなす「名のないものたち」の記憶は、そこに挿入された古写真に隠されている。アウステルリッツ、および、ゼーバルトというアーカイヴ的主体が移動した、そんな註から註へ、古写真から古写真へ、アーカイヴからアーカイヴへ、過去の出来事の現場から別の現場への旅は、それ自体が歴史の「漂流」と「風吹」によって運ばれた挙げ句の航跡にも見えてくる。そして、読者であるわれわれもまた、何ものかを探してそんなふうに逸脱してゆく、あてどない迷走のなかで、「奇妙な、因果律によっては究明できない連関」に遭遇することになるのではなかろうか。

少なくともわたし自身は、『アウステルリッツ』の巻末でふたたびブレーンドンク要塞を訪れた物語の語り手の読む書物が、ダン・ジェイコブソンの『ヘシェルの王国』であったことに、因果の連鎖を外れたそんな暗合を感じずにはいられない。これは著者ジェイコブソンの祖父であるラビ、通称ヘシェルとその一族の来歴を追跡した書物である。ヘシェルの死後、妻と子供たちは一九二〇年に故郷リトアニアを捨てて南アフリカに移住している。それは本書第I部第2章で取り上げたアーシア・ソロヴェイチクの両親と妹ポリーヌがその十数年前にたどった旅路であった。ジェイコブソンの書物にアーシアたちの故郷ジャガーレの名はない。しかし、一九四一年六月のドイツ軍の侵攻以後にジャガーレが経験したものと同様の、カウナスをはじめとするリトアニア諸都市におけるユダヤ人共同体の破壊と住民たちの虐殺は、『ヘシェルの王国』で繰り返し言及されている。ジャガーレの虐殺を主導した親衛隊大佐カール・イェーガーもそこに登場する。ゼーバルトとはまったく無関係に、アーシアを探す旅で知ったリトアニア在住ユダヤ人たちの運命が、『アウステルリッツ』という作品がその外部の現実と触れ合う境界線上に思いがけずにも浮上するのである。

『アウステルリッツ』の語り手が物語の最後で読み終える『ヘシェルの王国』第十五章には、カウナス領事館領事代理だった杉原千畝がユダヤ人を中心とする難民たちに六千枚に及ぶビザを発行したことが記されている*93。このときに発給されたビザのおかげでポーランドからシベリア経由で日本に到着した難民たちの姿は、安井仲治を中心とする丹平写真倶楽部による写真シリーズ「流氓ユダヤ」に記録されている。――『アウステルリッツ』の「註」のように記された書名から派生するこうした連関の追跡は或る種の逸脱であり、退行なのかもしれないが、しかしそれこそは、文学だけがなしうる「復元」の力の予想もつかない波及の帰結なのだと考えたい。ゼーバルトの作品は読者のそんな漂流を促しているように思われる。

「流民」の意の「流氓」という言葉にそのとき遭遇したこともまた、そのようなめぐり合わせのひとつだろうか。安井のカメラが記録した神戸居留ユダヤ人の姿を、いわば『アウステルリッツ』外伝の註としてここに掲げるのは、「流氓」の文字にその主人公の生もまた表現されているように思えるからである【図11】。「写真がひとの胸をあれほど衝くのは、そこからときおり不思議な、なにか彼岸的なものが吹

【図11】「流氓ユダヤ」より、安井仲治、題名不詳、一九四一年。

き寄せてくるからである」[*94]とゼーバルトは書いていた。それはわれわれを吹き飛ばす、歴史の風の余波かもしれぬ。その風によって流され漂うことで摩滅していった生の痕跡を、アーカイヴに託された資料のなかに訪ね歩いて確かめようとするのも、そうした巡礼そのものが、「流氓」の身振りをなぞろうとする旅だからなのであろう。安井もまた蝶や蛾に魅せられ、彼らの写真を好んで撮っていた。異国に迷い込んだ「流氓」アウステルリッツがおのれの姿を映した蛾を思わせるそんな写真の一枚が、あらたな逸脱と漂流を予感させながら、終わりの定かでない巡礼の旅の区切りを告げている【図12】。

【図12】 安井仲治「蛾」、一九三四年。

第2章　歴史素としての写真——ロラン・バルトにおける写真と歴史

1　『明るい部屋』のサスペンス——「温室の写真」のアナモルフォーズ

ひとりの迷い子を捜す男がいる。彼はその少女の面影を一枚の写真のなかに発見する。その写真はずいぶん昔のもので、厚紙で表装されてはいたが、角はすり切れ、薄いセピア色に変色している。そこに写っているのは幼い兄と妹。ガラス張りの天井のもと、樹の葉が茂り棕櫚の木の立つ明るい空間のなか、小さな木の橋のたもとに二人はいて、少年は橋の欄干に背をもたせつつ腕を乗せ、少女はその奥で正面を向いている。彼女の身振りから察するに、写真屋が「もっとよく見えるように、もうちょっと前に出て」と声をかけたらしかった。少女は片方の手でもう一方の手の指を無器用につかみ、軀の前で組み合わせている。——その少女とは男の母である。この写真の幼い娘の顔と姿に、彼は自分が愛してきた母の顔の真実、決定的な「正しいイメージ」を認めたという——。

この写真は、ロラン・バルトの写真論『明るい部屋』で語られる、五歳の母の写真、いわゆる「温室の写真」である[*1]。バルトは母の喪の過程でそれを見つけている。しかし、「温室の写真」の図版は『明るい部屋』には掲載されていない。バルトはその理由を、この写真は自分ひとりにとってしか存在せず、読者には何千という他の写真と変わりのない一枚にすぎないからだ、と言う。彼にとって確実に存在している唯一の写真であり、無数の写真がかたちづくる迷路の導き手となりうるたったひとりのアリアドネであるこの写真は、読者のまなざしからは隠されている。

このイメージの不在はさまざまな解釈を誘ってきた。或る論者（マーガレット・オリン）は、この写真は実在せず、幼い母と伯父、そして彼らの祖父を写した『明るい部屋』所収の写真「一族」をもとに、ヴァルター・ベンヤミンがエッセイで触れている、温室に似たスタジオで撮影されたフランツ・カフカの写真の記憶がそこに重ね合わされたイメージではないか、と推測する*2。彼女によれば、見る者の無意識下で記憶、連想、投影、同一化などを通じて複数の写真イメージが作用しあって形成されるネットワークからこそ、バルトの言う写真の「プンクトゥム」がもつ心理的インパクトは生じるのであり、その意味で重要なのは、写真とその被写体との光学・化学的な指標（インデックス）的対応よりも、見る者の心的作用によって構築される「パフォーマティヴなインデックス」である。とすれば、たしかにこの一枚の写真の実在は決定的な問題にはなりえない。「自分にとって確実に存在している唯一の写真」とまでバルトが言う写真のイメージは、むしろ逆にその実体の「不在」によってこそ、「パフォーマティヴなインデックス」になるとさえ主張されうるのである。

別の論者（滝沢明子）は、母を亡くしてからバルトがカードに綴った日記の集成である『喪の日記』と『明るい部屋』の齟齬を丹念にたどることにより、『明るい部屋』が事実の経緯を改変したフィクションを孕み、とりわけ「温室の写真」の発見の物語には作為的な脚色があると指摘している*3。ここでも「温室の写真」は実在する「一族」の写真をもとに創造されたフィクションであるとされ、それは晩年のバルトと親しい間柄にあった人びとによる証言などですでに立証されていると語られる（註で言及される証言者はエリック・マルティである）。『明るい部屋』が虚構性を帯びたひとつの「写真小説」であるとすれば、なるほど、実在しない「温室の写真」がプロット上必要とされるということもありうるだろう。

だが他方で、「温室の写真」は実在し、バルトの著書の表紙にさえ見つかる、と述べる論者もいる。キャスリン・ヤカヴォーンは、バルトとベンヤミンの写真論に関する比較研究のなかで、バルトのインタヴュー集『声のきめ』一九八一年版フランス語原書＊4の表紙を飾る著者のポートレイト写真【図1】のペンを握った手元、執筆中の原稿の上に横たわるフレーム入りの写真が「温室の写真」ではないか、と推測している（なお、彼女にこの写真の参照を促したのもまた、先ほどと同じエリック・マルティだという）＊5。ヤカヴォーンは、時期的に見て、この原稿が『明るい部屋』のものと思われるところから、こうした推測を導いている。これと同一らしき写真は、表紙写真よりも少しのちに書斎で撮影されたバルトのポートレイトにも見つかる。こちらでそれは別の二枚のフレームに挟まれ、壁に掛けられている。ちなみに、『喪の日記』英語版に掲載された同じポートレイト写真のキャプションでは、これが「温室の写真」であると明記されている＊6。

だが、いずれのポートレイトにおいても、問題の写真は非常に小さく写っているだけで、書籍に掲載されたポートレイトの複製図版も不鮮明なため、それがバルトの描写する「温室の写真」（正確にはバルトが作らせたその拡大複写写真）であるかどうかはにわかには決しがたい。画面の上方が明るく光って

【図1】 ロラン・バルト『声のきめ』（一九八一年）表紙より、書斎のバルト、一九七九年。

いるように見えることが、わずかに温室のガラス天井を思わせる程度である。わたしは『声のきめ』表紙写真の画像を拡大・変形して調査してみたが、どうやっても子供二人の輪郭を見きわめることはできなかった（それは「温室の写真」に対するバルト自身の身振りの再演である――「もっとよく眺め、もっとよく理解し、真実を知るためにその顔を引き伸ばしたいと思う（そしてときには素朴にも、写真屋に引き伸ばしを頼んだりする）」*7）。しかし、『明るい部屋』に収めなかった「温室の写真」を、バルトがさりげなく無造作に（あるいは無造作を装って）自分のポートレイトに潜ませたと想像することは、けっしてできないことではなかろう。いや、むしろありえそうなことに思える。

より鮮明な画像を探した結果、壁に掛けられた問題の写真がやや大きく写っているポートレイトの存在を知る【図2】。高解像度のデータを取り寄せ、「温室の写真」らしき部分を拡大してみると、たしかに手前から奥に向けて小さな橋らしきものがあり、その両側に欄干も見える。向こう岸の橋のたもとには、欄干に腕を載せて立つ人物の少し奥に、ずっと背の低い別の人影がおぼろげに認められる。背の低い人物の顔や手の仕草を見て取ることはできないものの、『明るい部屋』における記述と一致するこうした人物の姿勢や配置などから考えて、これが「温室の写真」であることはほぼ間違いなかろう*8。

もちろん、画像が不鮮明なままでは、断定することまではできない。ヤカヴォーンによれば、公的施設に移されたバルトの遺稿類のなかに家族の写真などは含まれておらず、したがって現物の写真を確認するための調査はいまだに困難であるらしい*9。とはいえ、写真の実在の有無だけならば、いずれ何らかの方法で調べて結着をつけることができよう。そうしたバルトの伝記的研究に深入りするつもりはない。いずれにせよ、徹底した調査がかなわぬいま、「温室の写真」など実在しない、あるいは、『明るい部屋』という書物にとって、それは実在しなくともよい、と主張する議論が、バルトのテクストの虚構的性格に即したエレガントなものであることを認めたうえで、にもかかわらず、ヤカヴォーンが示唆した可能性にこそ強く惹かれ、バルトのポートレイト写真の細部、そのぼやけた画像に彼の母の面影

【図2】書斎のロラン・バルト、一九七九年四月二十五日。壁面中央に掛けられているのが「温室の写真」と思われる。©Francois LAGARDE/Opale/Leemage.

を執拗に探し求めてしまうのはなぜなのか。

写真が指示する実在への頑迷な固執だろうか。だが、ひとたび幻の「温室の写真」がそこに写し出されているかもしれぬとわかれば、その不鮮明な細部を凝視しないわけにはゆかない。バルトは『明るい部屋』という「写真小説」に、自分のポートレイトという写真による「註」をあとから加え、そこに本来は小説の一部であるべきイメージをまぎれ込ませたのだとは言えないか。「温室の写真」が彼にとって決定的な一枚である母の写真だったからこそ、それは『明るい部屋』から行方をくらませた「迷い子の写真」とならざるをえなかった。読者であるわれわれはその迷い子を捜したいと願う。

バルトにとって「真実」と呼ばれるべきものを体現した母の映像が幼い少女の姿であった背景には、衰弱した母を看護するなかで、その病気そのものを通して彼が母を子供として生み出したかのようなプロセスが存在した。しかしそこにはまた、長谷正人が言うように、バルトの父に出会わず、したがってバルトを産むこともなかったかもしれぬ、さまざまな別の未来の可能性に向けて開かれていた幼い母のこの写真が、バルトにとって明証的「真実」であればあるほど、それを見つめているバルト自身は逆に、あるいは存在しなかったかもしれぬ偶有的なものへと稀薄化してしまうという事態が与っていたに違いない*10。そのとき、写真の示す「過去」の明証性は「現在」の明証性を突き崩してしまう。それは実際には起こらなかったのだが、過去において起こりえたかもしれない無数の未来との遭遇である。

リンカーン大統領暗殺の共謀者ルイス・ペインの写真【図3】をめぐって、バルトが「過去と未来の等価関係」*11と呼ぶものも、同じねじれた時間的構造のうちにある。われわれは彼の刑死という、過去にすでに起こっている出来事を、これから未来に起きるかのように恐れている――「彼はすでに死んでおり、しかもこれから死のうとしている」。「すでに起こってしまっている未来の破局」というパラドクシカルな出来事への戦慄がそこにはある。「被写体がすでに死んでいてもいなくても、写真はすべてそうした破局を示すものなのである」とバルトは言う。

【図3】エイブラハム・リンカーン大統領暗殺の共謀者ルイス・ペイン（ルイス・パウエル）、米艦ソーガス船上、一八六五年四月。

このような写真の時間性、それをわれわれは「サスペンスの時間」と呼べるのではないだろうか。サスペンス映画の歴史を論じて、作品相互の配置（ベンヤミンの言う「星座（コンステラツィオーン）」）からその「理念」を浮かび上がらせている著作『サスペンス映画史』で三浦哲哉は、D・W・グリフィスの映画における「サスペンスのパラドクス」――くり返し同じフィルムを見る観客が、結末が決定されていることを知っているにもかかわらず、同じ箇所で同じ緊張を覚えるのはなぜか――をめぐって、次のように述べている――

> 映画以前の写真の時間がそうであるように、すべてが完了し永遠に同じ姿のままで保存されるというイメージの層を提示しつつ、それらがまたふたたび現在を生き直しているということを示すこと。そこから生じる引き裂かれの強度こそ、グリフィスのサスペンスが喚起する緊張の秘密である。*12

グリフィスにおける写真的なイメージの層とはたとえば、いわゆる「フォトジェニー」を体現するリリアン・ギッシュの顔のクロースアップである【図4】。三浦は「ギッシュのクロースアップの多くは実質的に肖像写真と同じ位相に置かれている」*13と言う。『イントレランス』(一九一六年)で反復して描かれる滅びの物語のように、グリフィスの映画において、あらゆる出来事はつねに滅びのなかにある。このように滅びることが決定されている時間の相と、それを現在において生き直す時間の相が重ねられているところに、観客の「寄る辺なさの感情」が喚起される。それこそがグリフィスのサスペンスなのだ、と三浦は指摘する。

【図4】D・W・グリフィス監督『散り行く花』(一九一九年)におけるルーシー(リリアン・ギッシュ)。

バルトが写真に見出していた、「すでに訪れている」破局という結末を「これから起こる」こととして経験する恐怖は、グリフィス的なサスペンスと同型の時間的構造のうちにあるのではないだろうか。死刑囚ルイス・ペインの肖像写真には、いわば映画のサスペンスが圧縮されているのではないか。逆に言えば、サスペンス映画とは引き延ばされた写真的時間ではなかろうか。なるほど、バルトは『明るい部屋』のなかでくり返し写真と映画の差異について語っている。だが、「むしろサスペンスは、映画の制度、映画の習慣を揺さぶり、その自明性を問いに付す強力な動因の一つでありつづけた」[*14]と三浦が述べるように、サスペンスが映画それ自体を「宙吊り」にするものであるとすれば、バルトが対立させる写真と映画は、過去と未来が等価になるその破局の相において、互いに交わるのではないだろうか[*15]。

くり返し生き直される確定した破局＝滅びを孕んだ写真を前にして、それを見る者もまた、サスペンスの観客と同様、寄る辺ない状態に置かれる。「温室の写真」に向かい合うバルトは、身動きもせずに苦しむ――「不毛な、残酷な、不能の状態」[*16]。その状態から出発して彼が写真を定義づけようとするときに際立つのは、写真を見つめる主体の茫然とした無能力である。それは三浦がサスペンスの観客に認める、イメージに対する絶対的な受動性に重なる。

サスペンスの時間は、過去という取り返しのつかない、結末を知っている出来事を、どのように言説によって経験可能なものにするかという歴史叙述の問題に直結する。サスペンス映画のように歴史を書くこと、或る種の写真のように「過去」の明証性が「現在」の明証性を崩壊させてしまう歴史を構築すること――本書ではそんな試みをW・G・ゼーバルトによる文学的歴史叙述のなかに求めようとした。ゼーバルトの小説のなかでは、「迷い子」としての写真に「開かれた過去」が与えられる。そこにわれわれは「迷い子たちの希望」あるいは「迷い子だからこそ許される希望」を見た。アウステルリッツが「いぶかるような眼に刺し貫かれる気がする」と述べる小姓姿の子供の写真は、やがてその子を襲うことになる不幸が阻止された、起こりえたかもしれない別の未来を見る者に要求する。そしてアウステルリッツ自身は、忘却していた生い立ちの想起を通じて、ナチ時代という破局にいたる自分の生を生き直し、しかしそれによって、寄る辺なき存在へと零落してゆく――。

『明るい部屋』は写真の原理的考察を通じて近代の歴史に触れるとともに、バルト自身の個人史を中核にした、歴史的であると同時に自伝的な「写真小説」と見なせるだろう。「母が私よりも前に生きていた時代、私にとってはそれが「歴史」にほかならない」[*17]のだとすれば、「温室の写真」とは「歴史」を体現する写真である。バルトは『明るい部屋』でこの「温室の写真」を読者の眼から隠した。それは「肝腎なものを絶対に見せないことで成立するサスペンスという形式」[*18]の踏襲である。サスペンスの文法がこの「小説」の緊張を保っている。バルトにとって確実に存在している唯一の写真であり、「これだ！」という唯一の真実（母の真実）を告げる「温室の写真」は、それが真実であればあるほど、その明証性によってバルト自身の存在を偶有的なものへと稀薄化してしまう禍々しいイメージである。幼い母のまなざしは彼に別の未来を要求し、バルトの個人的な生が消え失せかねない可能性を孕んだ「歴史」の存在をまざまざと実感させるものだったのかもしれぬ。

そのような写真を自分のポートレイトのうちに潜ませることに、バルトはおそらく自覚的だったのだろう。写真のうちには「私の未来の死を告げる」「厳然たる記号が存在する」[*19]とバルトは書いていた。それはとりわけ「温室の写真」に由来する認識だったに違いない。『声のきめ』表紙写真のバルトは「すでに死んでおり、しかもこれから死のうとしている」。その手元の、まだらな染みにしか見えない写真は、『明るい部屋』全体を費やしてもバルトが書くことのかなわなかった何か、あまりに確実で明証的なあの「厳然たる記号」の実在をしるしづけている。「温室の写真」はこのように、彼自身の肖像と対にされ、その個人史の時間と直接関連づけられたかたちで写真に記録されなければならなかったのではないか。ハンス・ホルバインの絵画《大使たち》（一五三三年）に似て、このポートレイトのなかの「温室の写真」を正しく見るためには、斜めからの、アナモルフォーズの視角が必要とされる。そして、その角度から見たとき、バルト自身のイメージは歪んでかたちを失うことになる。こうした両者の関係性のうちにサスペンス的緊張がみなぎる*20。

「温室の写真」がアナモルフォーズの歪像となるのは、そこに写された母の顔——その真実——がバルトの愛によってのみ見出されうるような対象であるからだろう。だが、《大使たち》の歪像が髑髏であるように【図5】、その気狂いじみた愛が求める「真実」は致死的である。母と息子の関係に潜むサス

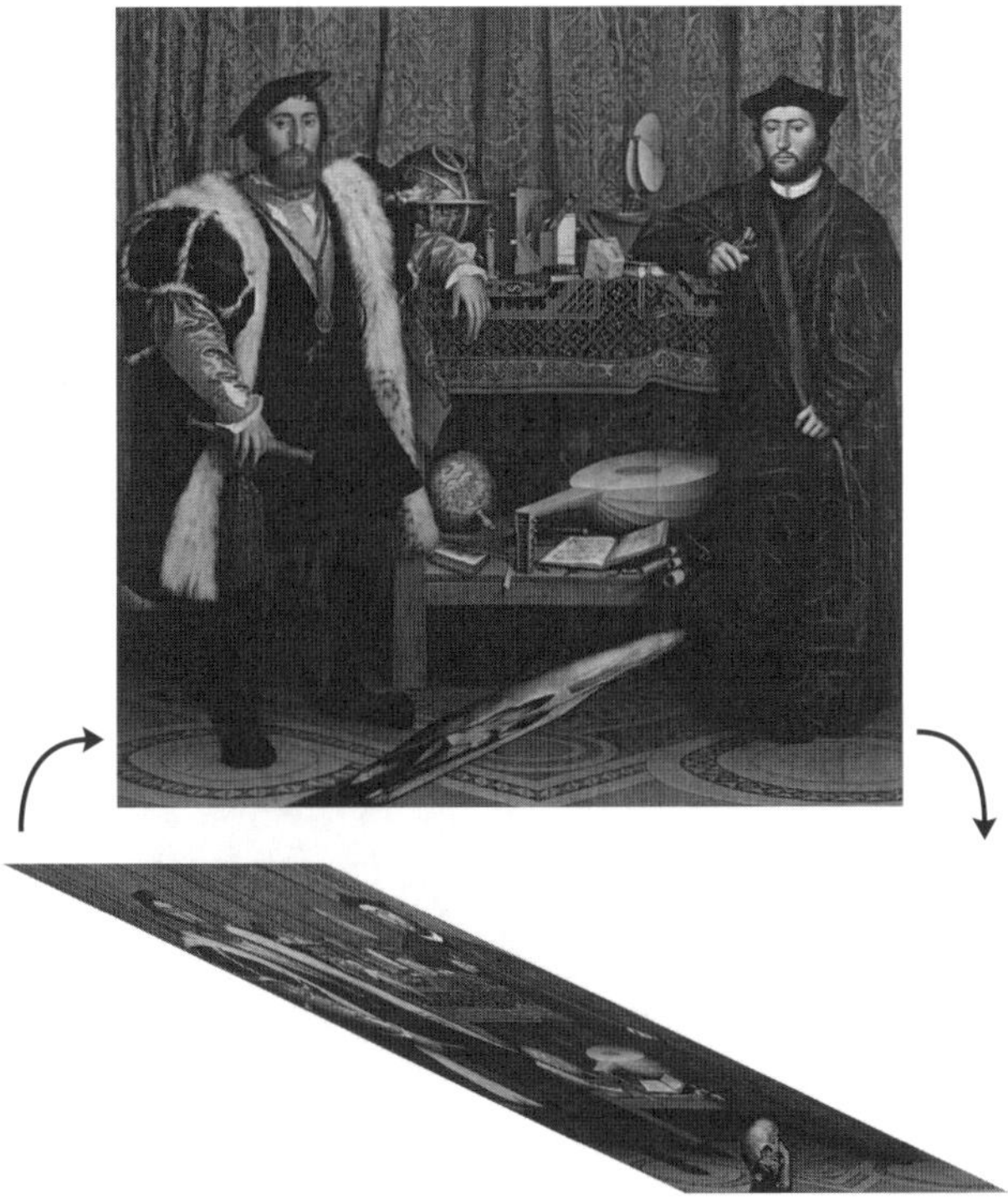

【図5】 ハンス・ホルバイン《大使たち》(上)とそれを変形した画像(下)。著者作成。

ペンス——「母の母」となった息子とその娘としての幼い母の写真をひとつのフレーム内に撮影したポートレイトは、そんなヒッチコック的サスペンスを圧縮した映像なのかもしれぬ。この写真のなかでバルトが書きつつある『明るい部屋』が整合性をもった作品であるためには、「温室の写真」は無意味な染みのままでなければならない。だが、じつはその染みこそがバルトという主体にとって唯一の「真実」であり、唯一の「現実的なもの」なのである。そして、この歪像を正しく見ることは狂気に陥ることを意味しかねない。『明るい部屋』の末尾にバルトはこう書いていた——「「写真」が写して見せるものを完璧な錯覚として文化的コードに従わせるか、あるいはそこによみがえる手に負えない現実を正視するか、それを選ぶのは自分である」*21（傍点は引用者）。

彼の選んだものがいずれであったのかは、あまりに明らかであるように思われる。

2　歴史素のエピクロス的原子論——「愛の抗議」としての歴史

『明るい部屋』でバルトは、「「写真」が「歴史」に対してもつ関係は、伝記素が伝記に対してもつ関係に等しい」*22と書いている。或る種の写真と同じようにバルトを魅了する、或る人物の伝記的特徴がこの「伝記素」である。十年前に書かれた『サド、フーリエ、ロヨラ』でバルトは伝記素について、次のように語っていた——

もしわたしが作家であり、そして死んだならば、わたしの生涯が、友情ありかつ無遠慮な伝記作者の配慮をつうじて、二、三のディテールに、二、三の好みに、二、三の抑揚に、こう言おう、《伝記素》に還元されたら、どんなにうれしいことであろう。そうなればこれらの《伝記素》はその弁別性と可動性とによって、いかなる運命からも脱して巡り歩き、エピクロスの原子風に、これもまた同じ四散を約束されているにしても、やがていずれかの未来の肉体にたどりつくことができようからだ。[*23]

サドの生涯から後世のわれわれにやって来るものは、社会全体によって抑圧された人間のスペクタクルではなく、或る娘に話しかけたときの彼の白いマフであり、フーリエの生涯からやって来るものは、植木鉢に囲まれた彼の死であり、ロヨラからやって来るものはいつもわずかに涙で曇っている彼の両目なのだ、とバルトは言う。彼らのテクストから到来するその「主体」は、「死ののちに風に向って投げられる遺骨の灰にいくらか似て、四方にばらまかれている」[*24]。バルトがのちに、みずからの「友情ありかつ無遠慮な伝記作者」として、彼自身の生涯を伝記素へと還元してみせたのが、『彼自身によるロラン・バルト』(一九七五年)というテクストだった。

「エピクロスの原子風」とは、ルクレティウスが『物の本質について』で言う、原子の落下運動が逸れる(declinare)傾向、すなわち、人口に膾炙した「クリナメン(clinamen)」を指すのであろう。ルクレティウスは、原子にこの傾向が備わっていなければ、「すべての原子は雨の水滴のように、〔一直線に〕深い空間の中を下方へ落下して行くばかりで、原子相互間に衝突は全然起ることなく、何らの打撃も〔原子相互間に〕生ずることがないであろう」として、「かくては、自然は決して、何物をも生み出すことはなかったであろう」[*25]と述べている。ここでは伝記素が最小単位としての原子に、その偶然にゆだねられた運動がクリナメンによって譬えられていると考えればよい。原子が斜めに逸れて落ちてゆく過程で他の原子に衝突することによって自然の万物が生成するように、伝記素という或る主体のかけらはクリナメンの果てで「未来の肉体」と偶発的に衝突する。

伝記における或る人物の生涯の物語的な一体性が解体されて四散し、遺灰のような何かへと還元されたものが伝記素なのだとすれば、バルトにとっての或る種の写真とは、歴史のナラティヴが破壊されて四方にばらまかれ、二つか三つのかけらとなって残された、いわば「歴史素（historiographeme）」*26とでも呼ぶべきものである。それらはいずれも、ルニアの言う意味でメトニミー的であり、過去を生々しく不在として現前させる。伝記素がそれぞれ他の伝記素からは区別されて独立しており、かつ可動性を備えていることによって、当該人物の運命から離脱して移動し、さらに、クリナメンに似た逸脱の結果として、「未来の肉体」、すなわち、未来の読者との偶発的な出会いにいたるように、「歴史素」としての写真はそれが生み出された歴史的コンテクストから脱して漂流し、同じく「未来の肉体」へと偶然的にいたり着く*27。主体四散の産物である伝記素が肉体性を帯びるように、写真もまた、皮膚に似た「肉体的媒質」としての光を介して、撮影された者たちの肉体と写真を見る者の肉体とを、臍の緒のようなもので結びつける*28。このような触覚的結合こそ、歴史素としての写真が「未来の肉体」に衝突するという出来事の産物なのである。

　伝記素が遺灰に似ているという記述を補ってバルトが、「強固で閉ざされた対象（もの）、運命なるものの設定者、古代の器や石碑」といった伝記的主題に対置されるものとして挙げる、「思い出の光輝、過ぎ去った生涯から二、三本の襞しか残さぬ侵食」*29には、共同体的なモニュメントに代わる記憶の媒体としての写真を連想させるものがある。『明るい部屋』でバルトは、古代社会において思い出が永遠に残るように、あるいは、少なくとも「死」を記念する事物そのものだけは滅びないようにするものが「記念建造物」であったが、近代社会はそれを廃し、写真を「かつてあったもの」の証人とした、と指摘している。そこで彼は「歴史」と「写真」とを次のように対比している——

　逆説的なことに、「歴史」と「写真」は、同じ十九世紀に考え出された。しかし「歴史」は、実証的な手続きによってつくりあげられた記憶であり、「神話的な時間」を廃棄する純粋な知的言説である。他方、「写真」は、確実だがしかし消えやすい証言である。[*30]

ここでバルトの言う「歴史」とは十九世紀の産物としての史料批判にもとづく実証主義的な、いわゆる歴史主義の「歴史」であろう。『明るい部屋』では、「歴史」と「写真」が同じ十九世紀に「発明」されたことが「逆説的」と述べられている。しかし、一九六七年の「歴史の言説（ディスクール）」および翌年の「現実効果」では、この点の見方が異なっていた。歴史叙述との関係におけるバルトの写真観の変化をたどるために、それぞれの論文の論旨を確認しておこう。

「歴史の言説」の末尾でバルトは「歴史叙述は死に瀕している」[*31]と断言する。ここで死に瀕していると診断された十九世紀的な歴史では、「歴史叙述」それ自体が「事実」を構成する結果、記号内容（歴史叙述）が指向対象（事実）と見なされるという転倒が生じている。それゆえ――

> 歴史の言説は、偽装された遂行的言説であると言えよう。そこでは表向き確認的（記述的）に見えるものが、実は独断的な行為としての発話行為（アクト・ド・パロール）を示す記号表現にすぎないのである。[*32]

そこにもたらされているのが「現実効果」――「現実」を「これが現実である」というかたちで断定的に提示する効果――である。歴史の言説は現実に対して「写実的」に従っているかのように見えて、ひそかに隠れた意味内容となった現実そのものを意味しているにすぎない。その意味で、こうした歴史叙述は「これが事実だ」という断定を繰り返しているのみなのである。このような断定による「現実効果」が力をもつ西欧文明の歴史的な文脈として、バルトは十九世紀における写実小説、日記、記録文学、三面記事、歴史博物館、古代遺物の展覧会といったジャンルの発達を指摘し、なかでもとりわけ顕著な徴候が写真の圧倒的発達であるとしている。すなわちここでは、「歴史」と「写真」の「発明」が、「これが事実だ」という断定の力を共有する同時代的な現象としてとらえられている。

　論文「現実効果」が問題にするのは、フローベールの小説における晴雨計や、ミシュレの歴史叙述における小さなドアのような、「些細な身振り、中途半端な態度、無意味な事物、むだな言葉」の描写が有する「現実効果」である。これらは物語の構造にとっては無用・無意味な細部であるが、写実主義の描写においては、こうした細部が「これが現実である」というかたちで「《現実》という範疇」のみを意味する[*33]。「歴史の言説（ディスクール）」がすでに示していたように、歴史はとくに「種々の機能体の隙間を、構造的には不必要な記述によって埋めることを許す物語のモデル」[*34]であり、文学における写実主義との併行関係は当然のことと言える。ここでも同時代的な現象として、写真のほか、ルポルタージュ、古代遺物展、歴史的記念建造物や史蹟を訪れる観光旅行などが挙げられている。これらがいっせいに告げているのは「《現実》についての言表行為は、いささかも構造に組み込まれる必要がないということ、事物がかつて＝そこに＝あったということが、言葉にとって十分な原理になるということ」[*35]である。こうした趨勢を背景とした写実主義の企ては、それが「これが現実である」ことしか語らず、具体的な記号内容を欠落させた記号表現となることによってこそ「現実効果」を生み出している点で、一種の「記号の解体」を含んでいる、とバルトは見る。しかし、そのような解体は、指向対象である「現実」の充実を条件とするがゆえに退行的であるのに対して、「今日、問題になっているのは、逆に、記号を空虚なものにすること、その対象を無限に後退させ、ついには《表象＝再現》の何世紀にもわたる美学をラディカルに問いなおそうとすることなのである」[*36]。この批判は、バルトの分析がそうであるように、歴史叙述におけるナラティヴの効果を問い直すことにつながるだろう。その点でバルトの二つの論考は、数年後に十九世紀の歴史叙述のナラティヴやプロット化の様態を分析したヘイドン・ホワイトの『メタヒストリー』（一九七三年）と共通の問題圏のうちにある[*37]。

　バルトの「歴史の言説」と「現実効果」のいずれにおいても写真は、「かつて＝そこに＝あった」現実・事実の確実性を端的に示すものとして、（歴史主義的）歴史の「これが事実だ」、あるいは写実主義文学の「これが現実である」という「現実効果」に通底する、同時代的な産物と見なされている。『明るい部屋』においても、写真が過去の存在を確実に保証するというバルトの認識に変わりはない。しかし、歴史と写真との関係はそこでは「逆説的」なものとされる。写真が確実ではあるが、はかなく消えやすい「証言」であるのに対して、歴史は作り上げられた記憶であり、神話的時間を廃棄する「純粋な知的言説」である。だが、この持続力の弱い「証言」こそが、「神話」に代わる「歴史」を可能にしている――

われわれはおそらく、神話という形によるのでなければ、過去を、「歴史」を信ずることにいかんともなしがたい抵抗を感ずる。その抵抗感を写真が初めて払拭する。これ以後、過去は現在と同じくらい確実なものとなり、印画紙に写っているものが、手で触れられるものと同じくらい確実なものとなる。[*38]

問題は、歴史叙述にせよ写実主義小説にせよ、「書かれたもの」でも生み出しうるような「現実効果」ではもはやなく、写真が与える圧倒的なこの確実性である。その確実性は写真が表象＝再現している対象に関わるのではなく、過去や歴史の時間そのものに関わっている。歴史叙述が過去について「これが事実だ」という断定を行なうためには、まず、過去の実在が信じられなければならない。それによってはじめて、「偽装された遂行的言説」としての歴史主義が機能する。バルトによれば、神話の力を借りることなく、過去の事実の実在を端的に信じさせる契機となったものが写真の発明なのである。

写真と歴史の関係における比重の布置は逆転している。写真のこの事実確認能力を通してこそ、歴史叙述や写実主義における現実効果がとらえ直されねばならない。フローベールの晴雨計やミシュレの小さなドア、「些細な身振り、中途半端な態度、無意味な事物、むだな言葉」は、それが写真的な証言であるからこそ、「これが現実である」という事実確認を行ないうるのではないか。「現実効果」を発揮する極めつきの細部は、写真が発見させたものだったのではないか*39。それこそ、写真が「歴史素」であるということの意味ではないだろうか。ミシュレの『フランス史』に書かれた、死刑執行のためにノックされる、シャルロット・コルデーの独房の「小さなドア」とは、少なくともバルトにとっては、写真的細部としての歴史素のひとつだったように思われる。「現実効果」を生み出す細部は物語の構造に対してたんに「無用・無意味」なだけではなく、それが写真的なものである点でメトニミー的な異物である。その異物こそが、歴史素になりうるのだ。

　伝記を伝記素へと還元するように、歴史を写真的歴史素へと還元したとき、そこに描き出されるのは、統一的なナラティヴがほとんどなくなり、独立した歴史素が並列化することによってそれぞれが活発に遊動し始め、やがて「未来の肉体」と多様な出会いを果たすような、偶発事へと向けて開かれた歴史叙述のようなものかもしれない。初期の著作『ミシュレ』（一九五四年）でバルトはすでに、「理念、影響ないしはイメージとは無関係な、ある決定的な実在性（レアリテ）」*40としての諸々の「テーマ」を抽出し、それらの関係性を通してミシュレの生涯を再構成している。このテーマ群の扱いには、ミシュレのテクストに神話的な構造を見出そうとするバルトの意図が認められる。伝記素の概念が由来していると考えられるレヴィ＝ストロースの「神話素」にあたるのが「テーマ」であろう。伝記素はそれがさらに構造から自由になって、ごく少数の独立した要素へと還元されたものである。そして、ミシュレのテクストという歴史叙述のうちからこのようなテーマが抽出できるということは、彼の歴史叙述そのものがここで歴史素と呼んでいるエピクロス的な原子の集合体へと還元可能であることを示している。

　ミシュレを通してバルトは、こうしたいわば「歴史素の原子論」の可能性に気づいたのではないか。彼がミシュレの作品の「異様な力」に魅せられて、そのほとんどの著作を読み漁り、せっせとノートを取っていたのは、結核病棟で療養生活を送っていた一九四三年から一九四六年にかけてであったという[*41]。ミシュレの「テーマ」はそのときバルトという「未来の肉体」にしっかりと内化された。結核を病んでいたバルトにとって、それが文字通りいかに肉体的経験であったかは、『ミシュレ』で導き出されたテーマからも読み取れる——ミシュレは「歴史を食う人」であり、「《歴史の》偏頭痛を病む」[*42]。そして、「血の華」という章の冒頭——「ミシュレにとっては、「血」が「歴史」の基本的実質である」[*43]。ミシュレは十九世紀の大歴史家でありながら、そのテクストは「純粋な知的言説」としての「歴史」には収まりえない。だからこそバルトは『明るい部屋』で、「ミシュレはただ一人、彼の世紀の人々に反対して、「歴史」とは「愛の抗議」であると考えたのである」[*44]と書いた。

極めつきの歴史素——歴史の原子——である写真が肉体に触れ、それを突き刺す点をバルトはプンクトゥムと呼んだ。絞首刑前のルイス・ペインの肖像写真をはじめとする歴史的な写真の場合にそれは、「彼はこれから死ぬ」と「彼はすでに死んでしまった」が一体化する「時間」の圧縮にこそある[*45]。われわれはこのようなプンクトゥムとしての時間のうちに、サスペンス特有の構造を見出している。そこには、「すでに訪れている」破局を「これから起こる」こととして経験することの恐怖とともに、グリフィス的サスペンスにおけるような、滅びることが決定されている時間とそれを現在において生き直す時間とが重ね合わされるがゆえの観客の「寄る辺なさの感情」に通じる、或る情動が生まれる。その情動にバルトは「憐れみ」という名を与えている。自らを突き刺したプンクトゥムをもつ一連の写真を思い浮かべながら、彼はこう述べている——「それらの映像のどれをとっても、まちがいなく私は、そこに写っているものの非現実性を飛び越え、狂ったようにその情景、その映像のなかへ入っていって、すでに死んでしまったもの、まさに死なんとしているものを腕に抱きしめたのだ」[*46]——虐待されている馬への「憐れみ」のために気が狂ったニーチェが、泣きながら馬の首に抱きついたように。

そんなふうにして過去を「抱きしめる」こと——それが「愛の抗議」、つまり「歴史」ではないだろうか。過去と未来が圧縮された写真という歴史素によって肉体を突き刺され、「狂ったように」映像の内部へと押し入って、「これから死のうとしている死んでしまったもの」に触れることが。そんなふうに過去に触れる／触れられることをアンカースミットは「歴史経験」と呼んでいた。それは、過去から降ってくる無数の雨粒のような写真という歴史素が、クリナメンという逸脱の果てで、未来の肉体と偶発的に遭遇することである。このような出来事のもたらす狂気じみた歴史経験から出発した歴史叙述、この経験を肉体的に感受させるような「歴史素のエピクロス的原子論」としての歴史叙述は、ではいったい、どのような方法によれば可能だろうか。

たとえば、ゼーバルトの散文は、そんな歴史叙述を文学において試みたものと言えるのではないだろうか。彼の作品に組み込まれた「迷い子」としての古写真とは、被写体の属性という「意味」から切り離され、いわば軌道を逸れた雨粒と化した歴史素である。「迷い子（stray）」であることとはこのように、偶然の出会いをもたらす逸脱（クリナメン）にほかならない。さらにゼーバルトの文学が、「奇妙な、因果律によっては究明できない連関」[*47]や「漂流（ドリフト）に似た何か、風吹（ふぶき）による雲散霧消、自然史＝博物誌的なパターン、或るときに同時発生しふたたび四散するカオス的な事物」[*48]といった現象の探究へと向かっていたことも思い起こされよう。彼の文学的歴史叙述とは、古写真という歴史素を活用し、歴史上のさまざまな出来事がエピクロスの原子のように衝突しあいながら織りなす軌跡――「歴史の（複数の）線」――を、いわば古代的な「自然学」の視点から観察・記述した「博物誌」である。そしてその歴史素たちに襲われた「未来の肉体」にほかならぬわれわれは、ゼーバルトの散文を包み込む、よりいっそう拡がりのある物語＝歴史へと導かれ、古写真から古写真へ、アーカイヴからアーカイヴへ、過去の出来事の現場から別の現場への旅という、歴史の「漂流」と「風吹」をなぞるような逸脱の軌跡を描くのである。

第3章　歴史小説の抗争――『HHhH』対『慈しみの女神たち』

1　歴史に忠実に、しかし、歴史の必然に抗して――ローラン・ビネ『HHhH』の倫理

先立つ二章における、ゼーバルトの散文という文学的歴史叙述の分析と、バルトの写真論および歴史論を通じて得た、写真的サスペンスというパラダイムや歴史素のエピクロス的原子論をめぐる理論的視座を踏まえ、この章では文学によるあらたな歴史叙述の可能性を作品分析によって探りたい。

「歴史小説であると同時に、それを書くうえでの技術的かつ道徳的なプロセスそのものを語ろうとする」[*1]作品であると評されたのが、ローラン・ビネの二〇一〇年度ゴンクール賞最優秀新人賞受賞作『HHhH――プラハ、一九四二年』である。謎めいた書名はドイツ語のHimmlers Hirn heißt Heydrich（ヒムラーの頭脳はハイドリヒと呼ばれる）の略であり、この小説は一九四二年五月にプラハで起きたナチの高官ラインハルト・ハイドリヒ暗殺を主題としている。ハイドリヒは当時、親衛隊（SS）内ではハインリヒ・ヒムラーに次ぐ地位にあり、政治警察機構を統括する国家保安本部（RSHA）の長官を務めるとともに、ドイツの直接支配下にあったチェコ（ボヘミア・モラヴィア保護領）の副総督として、この地の統治を実質的に中心になって担っていた。「金髪の野獣」と呼ばれた彼は、ユダヤ人絶滅の方針を決めた一九四二年一月のヴァンゼー会議を主宰した、いわゆる「ユダヤ人問題の最終的解決」の主導者でもある。「類人猿作戦（エンスラポイド）」と称されるハイドリヒ暗殺計画は、在英国の亡命チェコスロヴァキア政府によって企てられ、チェコスロヴァキア出身の二人の若いパラシュート部隊員、ヨゼフ・ガブチー

クとヤン・クビシュがその使命を帯びて、占領下のチェコに送り込まれた。

『HHhH』はこうした史実にもとづく小説である。ハイドリヒの経歴に始まり、チェコスロヴァキアの分割とドイツによる支配にいたる国際関係、ユダヤ人虐殺などの圧政的支配の実態、ガブチークとクビシュによる暗殺の準備と決行の瞬間、暗殺犯隠匿の嫌疑だけで一村が消滅させられるといった苛烈を極めた報復、そして、ガブチークとクビシュ、および彼らと同様にチェコに潜入していたパラシュート部隊員たちの隠れ処が、仲間の裏切りによって発見され、警察およびSSとのあいだで凄まじい戦闘が繰り広げられるにいたる一連の経緯が、ほぼ時の流れに沿ってたどられてゆく。ただし、その記述には冒頭から、作者である「僕」が登場する(言うまでもなく、原作の主語jeそれ自体に性別はないが、作者のビネが若い男性であることから、邦訳では「僕」という訳が用いられており、ここではそれを踏襲する)。この「僕」は歴史を物語りながら、その叙述の仕方を自分自身で疑い、書くことへの不安を吐露し、抵抗者たちへの敬意を隠さず、ほとんど一喜一憂するかのようにして、みずからが綴っている〈歴史〉(L'Histoire 大文字の歴史)の進行を見守っている。このメタフィクション的な距離のもとに、歴史を小説という形式によって叙述することの倫理もまた問われるのである。

この小説では、歴史的な出来事の叙述に対し、その場で書かれたこと、書かれつつあることをめぐる、「僕」の反省や躊躇がその都度介入してくる。たとえば、ガブチークがスロヴァキアを離れて、解放軍に身を投じようと旅立つまでを描写したうえで、「僕」は章を変えてこう注釈する——

この場面も、その前の場面も、いかにもそれらしいが、まったくのフィクションだ。ずっと前に死んでしまって、もう自己弁護もできない人を操り人形のように動かすことほど破廉恥なことがあるだろうか！　彼がもっぱらコーヒーしか飲まない男であるかもしれないのにお茶を飲ませたり、コート一着しか着ていなかったかもしれないのに二着重ね着させたり、汽車に乗ったのかもしれないのにバスに乗せたり、朝ではなく、夜に発つ決心をさせたりとか。僕は恥ずかしい。*2

さらにこの先の箇所で、「僕」はガブチークに関する自分の記述の間違いに気づき、言い忘れていたことがあるのを思い出す。すでに述べられたことはこんなふうにすぐさま批判され修正され加筆されるのだが、その一方で、間違っている記述はそのまま残されたままなのである。これが通常の歴史小説であれば、叙述法の自己批判など入り込む余地はなく、加筆修正の痕跡もまた、たんに消し去られるだけだろう。この小説の場合、いかにも歴史小説的なフィクションによる描写がしばらく続いたあとで、その描写のモード自体への根底的な批判が作者自身によってなされ、間違いや言い忘れに気づくことに始まる加筆修正のプロセスそのものが書き込まれている。作者はこのように、自分のヴィジョンを定型的な歴史小説のモードでまず提示して一定の情報を読者に与えたうえで、このモードを突然異化して、一種の悪しき実例に変貌させ、さらに、加筆修正をめぐる執筆の舞台裏を明かすことで、「歴史小説を書く現場」の臨場感とでも言うべきものを読者に伝えている。フィクション的な描写のモードは批判され相対化される。しかし、その描写自体は作品のエコノミーのうちできわめて有効に機能しており、だからこそ削除されずに残される。「僕」の介入により、〈歴史〉をいかに正しく小説として書くかという試行錯誤のプロセスそのものが、作品を形成してゆくナラティヴの本質的な要素になるのである。

「僕は恥ずかしい」という告白が示すように、「フィクションなら何をしてもかまわない」という態度を「僕」は徹底して避けようとする。それは「恥ずかしさ」の感情と結びつくような、倫理的な感覚に触れる問題なのである。戦闘機を操縦していたハイドリヒが撃墜されたという報せを受けたヒムラーについて書かれた、「彼の頬に血が昇り、頭蓋骨のなかで脳みそが膨張するのを感じた」という描写をめぐって、恋人のナターシャから「やっぱり創ってるんじゃない!」という詰問を受けた「僕」は、たしかにヒムラーの狼狽の表情について自信をもって言うことはできないと認めたうえで、繰り返し修正を試みる。けれど、さんざん書き直した挙げ句に、「僕」は結局最初の表現に戻ってしまう。すなわちここでは、学術的な歴史叙述のように、証拠にもとづいた描写のみに叙述を限定するのではなく、想像力が招き寄せるヴィジョンは「小説的色合い」[*3]として最終的には許容されている。だが、「僕」が叙述を進める一歩ごとに、そこで描写されるヴィジョンが「何をしてもかまわない」フィクションに傾斜し過ぎていないかどうかの倫理的判断がつきまとい、偏執的な瑣事拘泥と見えかねないほどまでに事実の細部が問題にされて――それはたとえば暗殺時にハイドリヒの乗っていたメルセデスが黒だったか、濃い緑だったかといったことである――叙述の当否がつねに問われ、その揺れの一部始終が自己批判的に記されて作品中に痕跡を残すのである。さらに、この吟味の過程を読者が仔細に知ることにより、最終的にそこに表現されたヴィジョンの精度と強度が「僕」によって承認された「彼の頬に血が昇り、頭蓋骨のなかで脳みそが膨張するのを感じた」という一文は、たんなる描写にとどまらず、「僕」が過去をどのように生々しく経験しているかという、歴史的想像力による経験それ自体の表現となる。

キエフ近郊バビ・ヤールにおけるユダヤ人大量虐殺に触れたあとで、「僕」は、「小説が語り手に与えている、ほとんど無制限の自由」[*4]という「このジャンルの最大の利点」を活かし、ハイドリヒ暗殺の主役たちには直接関係のないエピソードを差し挟む。それはナチ・ドイツの支配下にあったウクライナで、ドイツ空軍選抜チームとのサッカー試合に臨んだキエフのチームが、勝てば報復を免れないにもかかわらず勝利した(そして、多くの選手たちが試合後に処刑された)という事件である。「僕」が「この信じがたい事件のことを語ることなく、キエフについて語りたくなかった」と注釈するこうした寄り道は、ゼーバルトの言う「一見かけ離れているように見える事物を[……]網の目のように結びあわせる」[*5]、文学にしかできない「復元(レスティトゥチオン)」を志向しているように思われる。その志向性とは、この小説に頻出する「僕は思いたい」「書きたい(書きたくない)」といった言葉が表わす、「僕」の意志によるものである。この小説の書き手は、何をどのように書くべきかをつねに迷い、しかし、いったん書くべきと見定めたものについては、それを書くことをはっきりと望み、書くべきでないことをあえてそれとして明示さえする。その叙述の一瞬一瞬が「僕」の決断によって刻まれてゆくのである。

そこに叙述そのものの「サスペンス」が生まれる。この小説はきわめてサスペンス的である。最終的にハイドリヒの死をもたらした暗殺の成功とともに、その実行者や協力者たち、そしてまったく関係のなかった人びとまでもがナチの報復によって殺されてしまうという悲惨な結末を、われわれは歴史的事実としてすでに知っている（知ることができる）。しかし、そうとすでに知りながら、その破局的成功に向けてのプロセスに随時立ち会い、「もしかしたら、暗殺が成功しないかもしれない」という絶望感すら一瞬覚えるほどの、サスペンスの「寄る辺なさ」をわれわれ読者は味わう。この「寄る辺なさ」は、先ほど述べた叙述そのもののサスペンス性によって強められている。「叙述そのもののサスペンス性」とは、ハイドリヒ暗殺を物語るという目標があらかじめ定まっていながら、そこにいたる過程で絶えず逡巡し、迷い、しかし、他方では決然と決断し選択して、その都度、「〈歴史〉を書くこと」という使命をまっとうしようとする書き手である「僕」の、「書くこと」の営みそのものに宿る緊張である。この緊張が暗殺実行者たちの緊張と重なり合うところに、『ＨＨｈＨ』固有の二重化したサスペンスが生み出される。

二つのサスペンスが接近していった果てにハイドリヒ暗殺とその決行者たちの死という出来事の描写がある。『ＨＨｈＨ』の書き手である「僕」の確信のなさと迷いのあとをたどってきた読者は、小説の終わり近くなって、この破局的成功に向けて物語が一挙に加速してゆくのを感じる。暗殺実行の朝、「そのときが近づいている。僕はそれを感じる。メルセデスはもう出ている。もうじきやって来る」[*6]と「僕」は書く――「自分の物語をこんなに近く感じたことはない」[*7]。メルセデスの前に立ちはだかったガブチークの機関銃がこともあろうに故障して弾丸が発射されないというアクシデントの直後、クビシュの投げた爆弾が車両後部の車輪の脇に落ち、ついに爆発したところで第Ⅰ部は終わる。第Ⅱ部では、隠れ処となった教会内部での銃撃戦で、まずクビシュをはじめとする三人が斃れる――

クビシュは死んだ。そう書かなければならないことが悔しい。彼のことをもっとよく知りたかった。助けてやりたかった。いくつかの証言をまとめると、回廊の先にははめ殺しになったドアがあって、それをこじ開ければ三人とも隣の建物に逃げのびることができたはずだという。なぜそうしなかった！〈歴史〉だけが真の必然だ。どんな方向からでも読めるけれど、書き直すことはできない。*8

ガブチークと残りのパラシュート部隊員たちは地下納骨堂に立てこもって抵抗を続ける。そのとき、「僕」はこう書く――

本当のところ、僕はこの物語を終えたくないのだ。できれば、納骨堂の四人の男たちが、けっしてあきらめず、トンネルを掘り進めようと決心した、その瞬間に永遠に留まっていたいのだ。［……］おそらく闘うために闘っているだけ、おそらくは誰もこんな常軌を逸した、ハリウッド映画でも考えつかないような、錯乱した脱出計画を信じてはいないかもしれないが、僕は信じる。*9

「僕は信じる」――それは〈歴史〉の必然に抗して、別の未来の可能性を描こうとする意志である。ガブチークもクビシュも、その仲間たちも、彼らは皆プラハのこの場所ですでに死んでいる。それは〈歴史〉が示している事実である。しかしいま、この物語のなかでは、少なくともまだガブチークと三人の同志はまだ生きている。敵側では、納骨堂のなかに水を注入して水責めにしようと、消防隊員が呼ばれたところだ。ガブチークたちはやがて力尽き、死ぬことになるだろう。彼らはそのとき「すでに死んでおり、しかもこれから死のうとしている」。

書き手である「僕」はこの「写真的サスペンス」に直面して、これ以上、いったい何をどのように書けばよいのか。そこで「僕」は、次のように書くのである——

今日は二〇〇八年の五月二十七日。消防隊員は八時頃やって来て、いたるところに親衛隊員がいて、路上には死体があるのを見た。*10

一九四二年の出来事は「僕」が執筆している二〇〇八年に直結させられる。五月二十七日はハイドリヒ暗殺の決行日である。水責めの過程は、一九四二年に実際に教会の隠れ処が襲われた六月十八日にいたるまで、つまり、二〇〇八年六月十八日まで、一日刻みで叙述されてゆく。歴史的な時間は「僕」の現在時に重なり、ガブチークたちが敵の攻撃に抵抗した時間——弾薬の尽きた彼らの自死にいたるまでの時間——は何倍にも引き延ばされる。それが「僕」の選んだ、小説という形式によって〈歴史〉の必然に抵抗する方法であった。

物語が主人公たちの死にいたったのち、「僕」は彼らの企てに協力した人びと——それはすなわち、「この物語に協力してくれた人びと」である——のうち、この一九四二年六月十八日にまだ生きていた人びとの身に何が起こったかを、「文学としてではなく」記したいと書く。この人びとはただの脇役ではないのだから——「結局は僕のせいでそうなってしまったのかもしれないけれど、僕自身はそんなふうに彼らを扱いたくない」*11。ハイドリヒ暗殺の報復として殺されたり収容所に送られたりした人びとは数千に上った。「僕」はこの善意の人びとに対する敬意と弔意だけは、忘れずにここに記しておきたかったと述べる——

現在、ガブチークとクビシュとヴァルチークは救国の英雄となっていて、定期的に記念祭が催されている。襲撃場所の近くには、それぞれの名を冠した通りもできているし、スロヴァキアにはガブチーコヴォという名の小さな村もある。死後、軍隊の階級も昇進しつづけている（たしか三人とも、今は大尉になっているはずだ）。それに比べて、彼らを直接的であれ間接的であれ、助けた人々はそんなに知られていないから、こういう人たちにこそ敬意を払うべきだと一所懸命頑張りすぎたせいか、すっかり消耗してしまい、無名のまま死なせてしまった数百、数千の人々のことを思うと、罪悪感で震えてしまうのだけれど、彼らはたとえ語られなくとも生きているのだと思いたい。*12

「〈歴史〉という名の墓地」に眠る忘れられた英雄たち――死者はいまさら敬意を払われても、当人には意味がないかもしれないが、故人の遺徳を偲ぶ記録によってわれわれは奮い立ち、自分を慰めることができる、と「僕」は言う。だからこそ「僕」は〈歴史〉に向かうのだけれど、それは「初手から負けの決まった戦い」*13で、おびただしい登場人物、出来事、日付が巨木の枝葉のように複雑に織りなす因果関係のなかで、「僕」にはその実在した人びとの生活や考えのほんの一部をかすめることしかできない。それでも名前をできるかぎり列挙して物語に組み込もうとするのは、「読者の記憶に侵入するためには、まずは文学に変換しなければならない」*14からである。「僕」にはわかっている――自分が名を挙げることができた人びと、名前を知らない人びと、そして、その存在さえ知らない人は言うまでもなく、それらの人びと皆がやがて忘却の淵に戻ってゆくのだと。それでもかまわない。たとえそうであっても、「僕」はあの人びとに思いを馳せるのだし、たぶんいつの日か、慰めや励ましを必要としているひとが、ここでは語りきれない人びとの物語を書くだろうから。

　忘れられた英雄たちの名を読者の記憶に刻み込むための文学――それは文学のみに可能な、「僕」にとっての「復元（レスティトゥチオン）」であり、文字通り、「名のないものたちの記憶に敬意を払うこと」としての「歴史の構築」にほかなるまい。ベンヤミン死去の地ポルボウにあるダニ・カラヴァンのモニュメントに刻まれて有名になったこの言葉を、ビネはここで踏まえているように思われてならない。敬意ゆえに、歴史の構築は厳密なものでなければならない。その敬意ゆえに、名のないものたちの記憶は読者の裡にしっかりと刻み込まれなければならない。そこで書かれるべき歴史は、だから、厳密でありながら、同時に、文学的でもあることが求められる。その厳密性は学術的な実証性を根拠にはするが、それに雁字搦めに縛られるのではなく、歴史的想像力によるヴィジョンの表現を許し、小説という自由な形式を駆使して、直接にはつながらない出来事を結びつけることを認める。そのうえで歴史を書く者は、死んでいった人びとへのやむにやまれぬ思いゆえに、〈歴史〉の必然に抗して、別の未来の可能性を描くことさえできるのである。

書き手の「僕」はそのとき、「すでに死んでしまった、これから死のうとしている人びと」と同じ時間を共有しようとする。そこにあるのは、深い敬意から発した「復元（レスティトゥチオン）」へと向かう「憐れみ」、物語の内部の人びとを狂ったようにかき抱こうとする「憐れみ」ではないだろうか。『ＨＨｈＨ』を書きながら「僕」が味わっているのは、「過去に触れる」、そんな歴史経験にほかならない。そして、この小説の読者が二重化したサスペンスを通じて導かれることになるのは、「僕」のその経験を媒介にして知る、過去の現前である。叙述の技巧的な迫真性が問題なのではない。綿密な調査による細部の正確さだけが重要なのでもない。その叙述に真正性を与えているのは、敬意を払う人びとの記憶に向けて、何が「正しい」叙述であるかを絶えず問い直す、書き手自身の慎重な反省に宿る「倫理」の感覚である。それは学術的な歴史叙述が従う、明文化も可能だろう、規律としての「道徳」ではない。この倫理は書き手がその都度みずからの感覚に問いかけて下される決断にもとづいている。だからこそ、書きつつある自分への問いかけと内省は止むことなく、判断はときに揺らぎ、すでに書かれた叙述は遡行的に修正され加筆される。その逡巡と迂回と彷徨と錯誤に満ちた迷走する軌跡こそが、いまその場で起こりつつある歴史的な事件そのものの、帰趨定まらない進行中の不確定性と共鳴しあう。すでに必然と化しているはずの〈歴史〉が、書き手の手の先で、書かれつつある物語の運命とともにかすかに揺らぐ。一瞬揺らぐように見える。――そこに希望の空間が開ける。死者たちのための希望の空間が。
〈歴史〉の必然を実証し、確定した事柄として叙述したものがホワイトの言う「歴史学的な過去」だとすれば、慰めや励ましを必要としている人びとによって書かれる、敬意を払われるべき、名なきものの記憶こそは「実用的な過去」であろう。それは幾度でも書き直されなければならない過去であり記憶である。なぜなら、この過去はそれを書く者が敬意を払いながら、叙述の正しさをつねに問い直しながら書くことによってはじめて、物語として生み出されるものだからである。いや、いったん語り終えた「僕」もまた、新しい事実を学び続けなければならないのであり、「僕」にとってこの物語が完全に終わりを迎えることはない。

書き手である「僕」に最後まで確信はない。「無名のまま死なせてしまった数百、数千の人々のことを思うと、罪悪感で震えてしまうのだけれど、彼らはたとえ語られなくとも生きているのだと思いたい」――「思いたい」とは祈りである。それは、現実には殺された人びとが、名前を挙げて語られなくとも、物語のなかで「生きている」と「祈る」ことだろう。罪悪感で震える書き手の無力さ弱さこそ、文学という形式ゆえに内包しえた、「祈らざるをえない存在」としての「書くことの主体」固有のフラジャイルな性格である。

最終章でガブチークとクビシュはポーランドからフランスに向かう船上にいる。彼らはちょうど知り合うところだ。二人はこれからともにフランスで外人部隊に参加してドイツ軍と戦い、さらにロンドンに逃れ、亡命チェコスロヴァキア政府のパラシュート部隊に加わることになるだろう。物語の末尾にはこう書かれている――「そして、たぶん僕もそこにいる」。自分で書いた物語のなかに「僕」はこうして姿を消す。名を残さぬまま、戦いのなかで斃れていった無数の人びとのなかに。この別れの身振りもまた、「名のないものたちの記憶」に対する敬意の表現以外のものではない。

ビネは『HHhH』のなかでハイドリヒやその暗殺事件を扱った小説や映画に繰り返し言及し、それらを批評している。そこで彼は『HHhH』執筆中に出版され、ゴンクール賞を受賞するなど大きな成功を収めた、ジョナサン・リテルの小説『慈しみの女神たち』に触れている。邦訳で上下巻、二段組み、全九〇〇頁あまりの長大なこの小説は、戦後数十年の長きにわたって身元を変えてフランスで生き延びた親衛隊（SS）将校マックス・アウエの眼を通して、ナチ・ドイツの支配者たちと戦場やホロコーストの現場を描いている。本書については、歴史家も含めて評者は一致して資料調査の綿密さを認めており、他方、そこに登場する数多くの実在の人物については、「もちろん彼らの事績が素朴に再現されるのではなく、よく考えぬかれた小説的な虚構がほどこされる」[*15]（傍点引用者）と評価されている。

テーマとする時代の重複は明らかである。「僕」は本の構想が同じでないから安堵したことを認めている。『HHhH』でリテルの作品が具体的に言及されているのは、『慈しみの女神たち』に書かれているように、バビ・ヤールの虐殺を指揮した実在するSS将校パウル・ブローベルがオペルに乗っていたかどうかという、些細に見える一点についてである。「これがはったりなら、作品全体が安っぽくなる」[*16]と「僕」は言う。それがたとえ「ありうる」ことだとしても、「まぎれもない事実」であることとは異なるという点に「僕」は固執する――偏執的と思われることは自覚したうえで。けれど、「みんな、何が問題なのかわかっていない」。ブローベルの行為を能う限り「素朴に」再現することがいかに困難なのか、そして、この男をオペルに乗せることが「小説的な虚構」としてはたして妥当なことなのかどうかが。

ビネのリテルに対する批判は、「歴史的真実を理解しようとして、ある人物を創作することは、証拠を改竄するようなものだ」という「僕」の言葉に表われている。それは「証拠物件が散らばっている犯罪現場の床に、起訴に有利な物証を忍び込ませること」[*17]に等しい。マックス・アウエという主人公はそんな捏造された物証である。だが、何のために？　この主人公について、或るインターネット・フォーラムに書かれた「マックス・アウエに真実味があるのは、彼が、彼の生きた時代の鏡だからだ」という自信たっぷりの感想を「僕」は見つけ、こう反応する――

それは、ちがう！　彼に真実味があるのは、僕らの生きている時代の鏡だからだ。手短に言えば、ポストモダンのニヒリストだということだ。全編を通じて、この主人公がナチズムに同調していると思わせるところはどこにもない。その逆に、国家社会主義の教理にはしばしば批判的な無関心を露骨に示している。これだけでも、この主人公が彼の生きた時代の精神錯乱的な熱狂ぶりを反映しているとはとても言いがたい。[*18]

この診断によれば、読者は『慈しみの女神たち』の主人公のうちに現代の精神状況こそを読み取ったのであり、ナチズムやその時代を歴史的に正確に理解したわけではない。にもかかわらず、この「物証」により、「ポストモダンのニヒリスト」こそはナチズム的な心性の「真理」であると証明されてしまう。フィクションを無節操に書くことを「恥ずかしい」とすら感じる「僕」あるいはビネにとって、このような作品は許しがたいものに見えるに違いない。

じつは出版された『ＨＨｈＨ』には大きく削除された部分が存在する。当該部分は英訳版の出版に合わせ、或る雑誌に英訳されて公開された[*19]（なお、問題の箇所は英訳版を含め、いずれの翻訳にも掲載されていない）。削除の理由は、そこに含まれる『慈しみの女神たち』批判が、ジャーナリズムなどにおけるリテルの賛美者たちやこの作品に賞を授与したアカデミー・ゴンクールを刺激して不興を買うのではないかという出版社の危惧にあったとされている。『HHhH』に残された『慈しみの女神たち』に関する言及はその批判全体のごく一部であった。

ビネの批判は、リテルはSSが行なったであろうと彼が考えていることや彼がナチズムについてどんなイメージを抱いているかを叙述しているのであり、SSが実際に何をしたか、ナチズムが現実にいったいどんなものであったのか、つまり〈歴史〉を正しく書こうとしてはいない、という点にある。リテルがアイヒマンをめぐってハンナ・アレントが指摘した「凡庸な悪」の理論に則っているのは明らかだが、いったん虚構の主人公を創り上げれば、どんな理論であれ、その理論を図解する（illustrate）ことはたやすくできてしまう。しかし、それは何も証明（demonstrate）しない。さらにそこでは、「ありうること」と「まぎれもない事実」とが無制限に混ざり合ってしまう。ブローベルの乗っていた車がオペルであることがリテルの創作ならば、彼はひょっとしたら残りのすべてもでっち上げたのかもしれない。どのエピソードが真実で、どれが創作かの区別がつかなければ、「現実はフィクションのレヴェルにまで還元されてしまう。それは間違っていると思う」と「僕」は書く。作中でハイドリヒ暗殺決行の日が、五月二十七日ではなく、「五月二十九日」と誤って記されているのを発見してしまったからにはなおさらだろう。

『HHhH』全体の語り口と同じく、こうした批判も真摯かつ辛辣でありながら、どこかコミカルである。それは杓子定規に創作を一律に否定しているわけではない。すでに見たように、「僕」は歴史小説に「小説的色合い」として想像された描写が組み入れられることを排除はしていない。しかし、その場合には、何がフィクションであるかが読者に判別できるように、「僕」の自己批判的な言及が随所に差し挟まれて、史実と虚構の違いの見分け方を教えている。「僕」が糾弾しているのは、現実がフィクションと渾然一体になってしまうような、無原則的な創作である。「僕」にとって『慈しみの女神たち』はその点についてあまりに無自覚なのである。文学的歴史叙述を評価するにあたっての重要なクライテリアがここにあるように思われる。

『慈しみの女神たち』は主人公のセクシュアリティの設定なども含めて、じつのところ思いのほか「古典的」なナチ小説であると言える。「古典的」というのは、この場合、一九七〇年代およびその前後に流行したナチズムの審美化を指す。高度に知的であり、双子の姉との近親相姦の過去をもつ（姉に同一化したい願望のあまりに受け身になる）同性愛者という主人公アウエの人物造形は、ナチの兵士的男性のさまざまな特徴をパッチワークして構成された印象を与える。文学的虚構なのだから、それ自体は手法としてありうるだろうが、結果として人物像はステレオタイプなものとなり、その紋切り型が――まさに紋切り型ゆえのシミュラクル性を通して――有効に生かされているわけでもない。

たしかに膨大な歴史情報を巧みに処理して盛り込み、東方戦線の戦況や絶滅収容所をめぐる統治者側の政策を詳細に描いたところは新機軸であろう。しかし、ビネも指摘しているように、ナチのイデオロギーと主人公の関係は曖昧で、この作品にもたびたび登場するアイヒマンについて言われるように、その官僚的な凡庸さこそが悪なのだとしても、その悪のおぞましさが的確に照射されるには、ギリシア悲劇『オレステイア』を下敷きにして描かれる、主人公をめぐる「悲劇性」が表に出過ぎており、彼の個人的欲望の葛藤やそれゆえの妄想の描写があまりにも肥大している。そもそもホロコーストを背景に演じられるギリシア悲劇という構図そのものに、最後まで居心地の悪さが残る。一将校がヒムラーやアイヒマン、ヘス、シュペーア、そして最後にはついにヒトラーにまで身近に接するといったあまりに都合の良い設定は、なるほど、SSの上級将校であればその可能性は否定できないとはいえ、主人公に狂言回し的な虚ろさを帯びさせてしまっている。この点でも、肥大化した一種の悲劇的英雄性と――いっそ喜劇的でもある――虚ろな道化役めいた性格とに、主人公は分裂している。

いや、母殺しの欲望や双子の姉との近親相姦こそが、主題であるナチズムやホロコーストが要求する主人公の精神構造の反映なのだ、とする視点もありうるだろう。クラウス・テーヴェライトは、本書に対するドイツ語圏での酷評を分析した論文で、そうした立場を取っている[20]。そもそも、テーヴェライト自身が――彼自身の意図に反して――一九七〇年代のナチの審美化モードの一翼を担っていただけに、本書のような描写には親近感を覚えたに違いない。それは彼の「理論」を「図解」するような内容だったからである。事実、この論文でテーヴェライトは二度も自分の『男たちの妄想』に言及し、本書との通底性を示唆している。

テーヴェライトの長大な『男たちの妄想』は、ほぼ同時期に製作された、政治的な立場が対極的なハンス＝ユルゲン・ジーバーベルクの、これも長尺な『ヒトラー、ドイツからの映画』とのあいだに、それこそ憎み合う「双子」のような兄弟関係をもっている[21]。プロト・ナチズムおよびナチズムの兵士的男性の心理的コンプレックスを、研究書としては破格のモンタージュ的な文体で論述した『男たちの妄想』と、「ヒトラー」という「映画」を、黙示録的な宇宙論から寓意的な人形劇、あるいは映画史の起源神話にまで舞台を拡張して表現しようとした『ヒトラー』は、互いに類似した表現様式を採用している。そこには、たとえ高度に分析的であるとはいえ、キッチュと死をめぐる審美化があった。それは、ナチズムにおける「男たちの妄想」や「ヒトラーという映画」に宿る審美主義を、その論理を極端に昂進させることで凌駕しようとする、過剰なまでの審美化である。

しかし、このような審美化はあくまで一九七〇年代を中心とするモードだったのであり、ナチズム表象は、それ以後、記録文書や写真資料を中心とするドキュメンタリー的手法に移行している[22]。このような時代的推移を背景とするとき、『慈しみの女神たち』には、描写の新しさよりもむしろ、アナクロニズムが感じられる。テーヴェライトは作品受容を論じた先の論文で、ドイツにおける酷評が十九世紀的なリアリズムをこの小説に期待している点を批判しているが[23]、では、本書が小説としてナチズム表象に劃期的な何かを付け加えているのかと言えば、その異様なほどの長さも含めて、一九七〇年代的な過剰な審美化モード以上のものをそこに見出すことは難しいのではないだろうか。あえて穿った見方をすれば、あまりにみずからの手法に近いがゆえに、評者であるテーヴェライトの批評眼そのものが曇らされ、『慈しみの女神たち』に対する評価が甘くなっているのではないか。

テーヴェライトの取り上げるドイツでの酷評がいわば「フランス的偏見」とでもいったものを本書に認めている点は、もちろん、それ自体が屈折した見方であることは自明としても、しかし、フランスにおける圧倒的にポジティヴな受容とそれとは逆のドイツにおける否定的受容との差の要因として、まったく否定し去ることのできるものでもない。ジーバーベルクの『ヒトラー』が、スーザン・ソンタグやミシェル・フーコーには肯定的に受け容れられたのに対して、ドイツでは批判の嵐を蒙ったことが思い起こされる。『慈しみの女神たち』が受容者側の「期待の地平」——この言葉があまりに中立的であれば、過去へと向けられた「欲望のフレーム」——に合致するものであるか、それをことさらに刺激して、神経を逆撫でするものであるかの違いが、受容の極端な差となって表われているのではないだろうか。ドイツでの酷評に表現手法上の「無い物ねだり」に似た偏向があったにせよ、フランスにおける好評はむしろ、ナチズム表象としての審美的な紋切り型の再生産に支えられている可能性がある。

この作品のそうした審美性を典型的に表わすひとつの場面を取り上げよう。リテルによれば、『慈しみの女神たち』が構想された発端には、一九八九年に彼が眼にした、ナチによって絞首刑にされた若い女性の屍体の写真があった。「その体は晒しものにされたあげくに横たえられ、雪の上で損傷をうけていました」[*24]という。この写真の描写から見て、問題の女性はソ連のパルチザン、ゾーヤ・コスモデミヤンスカヤと思われる。彼女は一九四一年十一月、ドイツ軍に支配されていたモスクワ近郊のペトリシェヴォ村で捕まり、拷問の末、絞首刑に処せられた。このとき彼女はまだ十八歳だった。翌年には女性初のソ連邦英雄の称号を与えられている。

問題の写真で彼女の亡骸は首に縄が付けられたまま、胸をはだけた状態で雪のうえに横たわっている【図1】。この写真はソ連共産党の機関紙『プラウダ』のカメラマンによって撮影され、一九四二年一月二十七日の紙面に掲載されている。ゾーヤが絞首刑にされるまでの一連の光景を撮影した写真は別に見つかっているが、リテルに衝撃を与えたのは、死後かなり経ってからと思われる、同胞によって撮られたこの写真だった。

リテルは『慈しみの女神たち』にゾーヤをモデルにしたと思われる女性パルチザンを登場させている。絞首台の前でその場にいた兵士や将校たちが順番に彼女の口に接吻をする。アウエの番が来たとき、この娘の澄んだ輝かしいまなざしで見つめられて、彼は炎となってはじけ、焼け落ち、「その残骸は塩の柱に姿を変える」。そしてその塩の柱は彼女の足もとに崩れ落ち、「風がこの塩の山を吹き飛ばして四散させた」。絞首された女性の遺体を描写することで、リテルはあの写真を再現している——

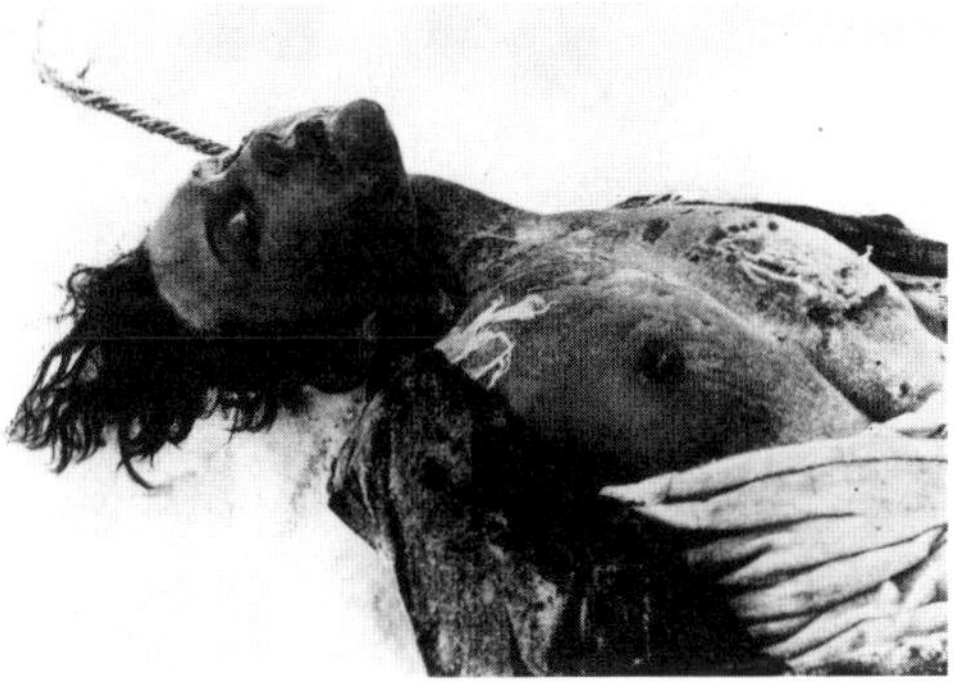

【図1】 ゾーヤ・コスモデミヤンスカヤ、一九四一年十二月、セルゲイ・ストルニコフ撮影。

娘は〈組合公園〉の雪のなかに横たわっていて、首筋は折れ、唇は腫れあがり、はだけた片方の乳房は犬に齧られていた。ごわごわした髪は顔の周りに水母のような冠を形作っていたが、彼女は信じられないほど美しく、まるで〈雪の聖母〉の偶像であるかのように、死に住み着いていた。*25

死刑執行人のひとりが犠牲者のまなざしによって一瞬みずからが殲滅させられるイメージを抱くという、印象的な場面には違いない。この描写はリテル自身が写真から受けた印象を反映しているのであろう。だが、言うまでもなく、これは死刑執行人の側の一方的な自己イメージでしかない。この体験ののち、それについていくら考えても、自分の省察は眼前に一枚の鏡のように立ちはだかり、自分自身の像だけしか映し出してはくれず、この娘の遺体もまたそんな一枚の鏡だった、とアウエは語っているが、塩の柱と化して崩壊する自己イメージもまた、そんな鏡像にすぎないように思える。傷つけられた遺体の描写もまた、「〈雪の聖母〉の偶像」という言葉が表わすように、崇高さを湛えた凄惨な美へと審美化されている。あの写真が『プラウダ』のために撮られていたことを思い起こそう。それはソ連の指導者たちにとって若き女性同志の英雄的な死を文字通り偶像化するきっかけとなった写真だった(この写真にもとづくプロパガンダのポスターが各種制作されている【図2】)。その意味で、リテルの描写は写真そのものに内在している一種の政治的美学の支配に同調し、その美学をここで語り直しているように見えてしまうのである。

ゾーヤをめぐるソ連の英雄伝説のなかでは、彼女は処刑寸前にドイツ人たちに向かい、自分の同胞すべてを殺すことはできないと告げたと伝えられている*26。それが作り話でしかないにしても、このエピソードとの比較で際立つのは、『慈しみの女神たち』の女性パルチザンがまったく言葉を発しないまま、従順に絞首刑に処せられたかのように描写されていることである。それはこの小説のなかで犠牲者

【図2】ヴィクトール・デニ《ファシストの怪物を殺せ！》、一九四二年八月二十日。

たちが言葉と声を奪われてしまっていることの一例である。アウエの語り口全般における「沈黙させられ、輪郭の曖昧な、あるいは不明瞭にされたままにとどまっている迫害された他者たちの、ナチによる一方的な客体化と横領」[＊27]（ドミニク・ラカプラ）は、ここでも一貫しているように思われてならない。

野崎歓は『慈しみの女神たち』が一枚の写真のイメージから構想されながら、その写真をあえて作品中では具体的に用いていない点をとらえ、フランス現代小説に広く通底する「写真への抵抗」のひとつの事例と見なしている[＊28]。「写真への抵抗」が文学にしかなしえない言語の可能性を開拓しようとする態度であることはたしかだろう。しかし、言うまでもなく、写真を図版として用いさえしなければ、その写真のイメージから自由になれるわけではない。直接引用されることがなくとも、その写真イメージに呪縛された描写となることは十分ありうる。そして、写真が撮影者と被写体の社会的関係を強く反映している場合、写真の引用を避けることは、そこに記録された歴史的・社会的コンテクストをないがしろにすることになりかねないし、ときには問題を孕んだ撮影者の視点への無自覚な同一化にも帰結してしまうだろう。この点については先行する章で、ゼーバルトが『移民たち』に掲載しなかった、ゲットーの住人たちをナチの一員が撮影した写真をめぐって検討した。ここで問題にしている描写で言えば、アウエがパルチザンの娘、とくにその遺体に向けるまなざしは、権力関係を背景にして「一方的な客体化や横領」を行なう、「窃視的」という意味でまったく「写真的」なものではないだろうか[*29]。

ここで問題にしたいのは、『慈しみの女神たち』の文学作品としての価値ではない。写真の被写体など無視して、歴史的事実の拘束から自由に、ホロコーストの表象をめぐる倫理的課題などには無関心であっても、文学作品としては高く評価できる場合があるかもしれない[*30]。しかし、たとえそうであれ、その作品が歴史に依拠しているという点については、別の判断基準を立てるべきである。その意味で注目したいのが、『慈しみの女神たち』と『HHhH』との対比を通じて浮き彫りになる、文学による／文学における歴史叙述の差異である。とくにナチやホロコーストを扱う姿勢として、総じて『慈しみの女神たち』は一九七〇年代のパラダイムを引きずっており、審美的な神話化に向かう傾向が強い。ビネが指摘するように、『慈しみの女神たち』の真実味はそれが「現代の鏡」であることに依拠しており、この作品にとってホロコーストの時代という過去は現代の問題を投影する書き割りにすぎないのであれば、それはもはや歴史叙述とはほとんど無関係である。リテルが行なっているように「歴史学的な過去」の事実をどれほど膨大に積み上げても、歴史叙述としての真正性や真実味の保証とはならない。

これに対し『HHhH』は、物語を書く主体が、とくに歴史叙述としての妥当性をめぐって、みずからが書きつつあるテクストを自分自身で随時批評するという構造を取ることにより、文学による歴史叙述の可能性を自問しながら実践している。それは本書で扱ってきた「歴史を書く主体」の問題をめぐる歴史理論の関心と大きく重なっているると言ってよい。

リテルとビネの姿勢の違いがこのように際立つのも、両者がともに、歴史叙述における表象の限界が問われてきたホロコーストやナチという主題を取り上げていることによる。この点は『HHhH』と同じ時期に刊行されたヤニック・エネルの『ユダヤ人大虐殺の証人ヤン・カルスキ』[*31]にも通じる。ポーランド人のカルスキは、第二次世界大戦の最中、ホロコーストの実態を世界に伝え、書物にして告発した人物である。この作品は三部からなり、第一部は映画『ショア』におけるカルスキのインタヴューをめぐるドキュメンタリー的な描写、第二部はカルスキが執筆して一九四四年にアメリカで刊行された『ある秘密国家の物語』の要約、第三部はカルスキの伝記をもとにしたフィクションである。こうした構成は、ドキュメンタリーとフィクションをはっきりと分けているように見えるが、第三部が実在の人物に関する伝記にもとづいたフィクションである以上、事実とフィクションを叙述のレヴェルでどのように読者に区別させるかという問題はここでも生じざるをえない。実際にこの第三部は歴史家からの批判を招いた[*32]。

小野正嗣は、フィクションが記憶の保持と伝達に寄与しうることを指摘し、エネルもまた、「他者の記憶を奪うことではなく、それを分かち持つこと」を可能にするような言葉を探しているのだ、と指摘している。そんな「単にフィクションでもなければ、単に歴史の言説でもない」言葉が「文学」なのであると[*33]。そうした言葉は、ホロコーストをどのように表象するべきかという問いを契機として、歴史叙述において求められてきたものでもあった。たとえばヘイドン・ホワイトは、ヴァージニア・ウルフをはじめとするモダニズム文学に、ホロコースト表象にふさわしい言語表現の可能性を見出そうとした。

だがその言葉を「文学」と呼ぶとき、文学には歴史という重い負荷がかかることも認めなければならない。断片的な記録や証言を越えるほどの言葉がフィクション的な要素によってはたして紡ぎうるかどうかが問われなければならない。ホロコーストをめぐり、歴史学の知と記憶とを、分かつと同時にひとつにしようとする言説を模索し続けている点で、「脱構築的」[*34]とも言われる歴史家サウル・フリートレンダーが、編著『アウシュヴィッツと表象の限界』の序文末尾に、やや唐突に引用する或る小さな事件の記録は、そんな自省を「文学」に強く求めるように思われる。フリートレンダーは、こうした微細な事件はホロコーストという巨大な破局の、ひとを圧倒する事実のレヴェルからは洩れ落ちてしまうように見える、と言う。しかし、「それらこそは、いまだ言表されることができないでいる例の過剰を表現している」——

報告されていることがらはまったくのところ「具体的」そのものであって、その究極的な意義も明らかであるにもかかわらず、読者の心に異常な不安を残す例の過剰をである。ここでは、まさしくできごとが「微細」であるからこそ、あるひとつの無限の空間がそれらをとりまいているかのようなのだ。*35

われわれの言葉で言い換えれば、それはメトニミー的なのであり、この特異点においてホロコーストの過去は無気味なほど間近に執拗に現前している。このような過去は時間の垂直軸上で現在から遠ざかった位置にあるのではなく、いわば時間が空間化した水平面のうえで現在にぴったりと隣接しているのである。

では、問題の事件とは何だったのか。

リトアニアでは一九四二年初頭、機動部隊Aの第三特別行動隊が親衛隊大佐カール・イェーガーの指揮のもと、約十三万七千人のユダヤ人を処刑した。そのうちの五万五千人が女性、三万四千人が子供だったという。この一連の「黙示録的なできごと」を背景にして起きた何千もの些細な事件のうちのひとつが、コフノ(カウナス)・ゲットーで書かれた日誌の一九四二年一月十四日の欄に、次のように記されている——

犬と猫はすべてヴェリウオノス通りの小さなユダヤ教会に連れていくようにとの命令。そこでかれらは射殺された。

そして脚註にはつぎのような補足説明が付け加えられている。

犬と猫の死体は数か月間ヴェリウオノス通りのユダヤ教会に放置されたままになっていた。ユダヤ人はそれらを除去することを禁じられたのである。*36

歴史学的な過去の知からはこぼれ落ちかねないこうした微細な出来事の記録は、しかし、それがまさに微細であることによって、読者に「異常な不安」を喚起する。それは、ホロコーストという破局の「過剰」、すなわち、「表象の限界」の先の無限の空間を指し示している。巨大な事件の連鎖のなかにあって、些細とも思えるディテールだからこそ、それは字義通りの具体性を越えたこうしたメトニミー的な指示作用を行なう。犬や猫の射殺はゲットーのユダヤ人たちに差し迫っていた死の残酷な予告だろうし、このような行為をあえてするSSの嗜虐性をはじめとして、さまざまな意味を読み取らせる。しかし、この日誌の記述自体は、事実を伝える最小限の言葉で綴られ、孤立したように完結している。この点でそれは、歴史の「原子」としての歴史素であり、読む者の肉体を突き刺す、トラウマティックなプンクトゥムの性格を備えている。言い換えれば、それは写真的なのである。

同時にそれは、簡潔な表現の外部に膨大な解釈の余白をうかがわせている点で、原型的な物語性を備えている。この微細な記録は、歴史の原子であると同時に、物語の種子なのだ。ゆえにそれは、そのもの自体は事実の記録でありながら、たんに歴史でも、たんにフィクションでもない言葉の原初的なあり方を示している。そして、こうした歴史素としての小さな物語は、歴史叙述のひとつの書法として、ただ見せしめのためだけに殺された犬や猫たちという「名のないもの」たち、言葉なきものたちの記憶に敬意を払うことを可能にしてくれるような、「復元のこころみ」（ゼーバルト）としての文学による応答を、何よりも必要としているように思われる。

第4章　サスペンスの構造と歴史叙述
——『チェンジリング』『僕だけがいない街』『ドラ・ブリュデール』

1　サスペンスという希望——映画から歴史叙述へ

過去という取り返しのつかない、結末を知っている出来事を、どのように経験可能なものにするかという歴史叙述の問題をめぐり、サスペンス映画の構造に立ち返って考えてみたい。三浦哲哉は『サスペンス映画史』において、ベンヤミンの『ドイツ哀悼劇の根源』における「完璧な作品がひとつのジャンルを創出するとともに廃棄する」という言葉を引用し、サスペンスにおいてそのような作品があるとすれば、それはヒッチコックの『めまい』だろう、と指摘している[*1]。なるほどたしかにそうだろう。『めまい』以後のヒッチコック映画の陰惨化（『サイコ』におけるおぞましい猥雑なものの前景化や『鳥』における非日常のカオスの主題化）も、それに続くスペクタクル化も（とくに「サスペンス・アクション映画」の興隆など）、『めまい』によってもたらされた、一種の「後史」としての帰結と見なすべきだろう。

三浦は著書の目的を「断絶や画期を標した対象を選別することによって、「理念」としてのサスペンスの産出運動を積分することにある」[*2]と述べている。ここで言う「理念」をめぐって想起されるのは、『ドイツ哀悼劇の根源』の「認識批判的序章」におけるベンヤミンの、「ある形式もしくはジャンルの極値（エクストレーム）が理念なのであって、この理念がそれ自体として文学史のなかに入ってくることはない」[*3]という言葉である。ベンヤミンにとってこのような「極端なもの」を必要不可欠とするのは芸術哲学であって、多様性を裏づけなければならない文学史ではない。この意味で言えば、三浦の『サスペンス映画史』は、「映画史」と題されているものの、むしろ、「映画哲学」と称すべきであることになろう。そして、そこでサスペンスの理念を標す「極端なもの」のひとつがヒッチコックの『めまい』である。

ベンヤミンによれば、理念はこのような「極値」の「星座（コンステラツィオーン）」として与えられる。歴史的変化によってもたらされた多様性という映画史的視座によるのではなく、映画哲学的な理念の表われとして、時代を越えた前史と後史の照応を示す「星座」がこの『サスペンス映画史』という書物にはある。それは「行方不明の子供を探す」というモチーフを共有する「極端なもの」の系譜である。『めまい』以後のサスペンス映画において「サスペンスのセノグラフィーそのものを更新する可能性をもつ」*4と評された「SFサスペンス」の典型である『マイノリティ・リポート』（二〇〇二年）や、サスペンスというジャンルを更新する作り手としてのクリント・イーストウッドの『チェンジリング』（二〇〇八年）が、そうした系譜をかたちづくる「極端なもの」にあたる。この系譜の起源にはグリフィス最初の監督作品である『ドリーの冒険』（一九〇八年）が位置する。そこに共通する「失踪した子供を探すこと」というモチーフには、サスペンス映画にとって核心的な何かが宿っているのではないだろうか。

『ドリーの冒険』から順に内容をたどろう。田園でくつろぐ一家のもとにひとりの放浪者が闖入する。幼い少女ドリーの父親がそれを撃退するが、放浪者は仕返しのためにドリーを誘拐して樽のなかに隠す。追走する父親は娘の姿を見失う。放浪者はドリーが閉じ込められた樽を馬車に載せて逃走するが、途中で樽が川に転げ落ち、流れていってしまう。樽は偶然にも釣り人の垂らす針に引っかかって引き上げられ、なかからドリーが出てきて、無事に家族の元に戻る。樽に閉じ込められたドリーが、川面を揺られながら漂流する長い無人の場面について、三浦はこう述べている——

見えてはいないが存在するだろうドリーを気遣いつつも、やはりその姿を確認することはできないという引き裂かれた状態に観客は置かれる。ドリーは、樽と川によって二重に観客から隔てられており、それが寄る辺なさの経験としてのサスペンスをもたらす。最終的な予定調和によって観客が覚える安堵感は、この寄る辺なさの経験＝サスペンスの強度のうえにはじめて生じるものなのだ。[*5]

スティーヴン・スピルバーグ監督の『マイノリティ・リポート』において子供の誘拐は主題そのものではない。それが中心に描くのは、未来社会の「犯罪予防局」で起こる事件である。この機関には予知能力者である「プリコグ」が三人おり、四十八時間以内に起こる殺人事件を夢のようなイメージとして感知している。機械装置に転送されたその予見映像にもとづき、捜査官が未来の殺人者を事前に逮捕することで、犯罪は未然に防がれている。ところが、主人公である捜査官ジョン・アンダートン（トム・クルーズ）が殺人を犯すという予言がなされ、追われる身となった彼は、この未来を変えるべく行動を開始する。すなわち、この映画の主題は「プログラム」された未来をいかにして変えるかである。

アンダートンは六年前に息子のショーンを誘拐されて以来、予防捜査にのめり込み、他方、妻とは別居して麻薬に溺れ、行方不明のままの息子の立体映像と会話するだけの荒んだ生活を送っている。彼は逃走中、自分の息子を殺害したとおぼしき男――プリコグがアンダートンによる殺人の被害者として予見した人物――を発見し、逆上して殺しそうになるが、寸前で思いとどまる。だが、その男は殺されなければ家族に金が渡らないため、アンダートンの手を添えた拳銃の引き金を自分で引く。これはすべて、犯罪予防局の局長が自分の殺人を隠蔽するために仕組んだ罠だった。息子の生死は依然としてわからない。

実現されたイメージはプリコグが見たものと同一である。しかし、アンダートンは実際には殺人を犯していない。それはプリコグの予見したイメージの解釈が間違っていたということではなく、アンダートンが自分の意志で自由に振る舞うことにより、未来を変えたのである。三浦はそれを「自由とプログラムとを一つの運動のなかに併存させる」*6と表現する。一見したところ、未来はすみずみまで決定されているように見える。だが、それは同一のイメージでありながら、主人公の自由な意志にもとづく創造的行為によって、異なる出来事を表わすものになっている。すなわち、そこでは或るひとつのイメージが、同一のままで複数の出来事を指し示す潜在性を有したものとして扱われている。殺人という破局は、三人のプリコグが一致して見た夢の光景として、あらかじめ定められている。アンダートンの行動は、この確定した未来のイメージに、まったく別の意味を与える。この作品のサスペンスは、破局的なイメージがあらかじめ決定されプログラムされているのに、自由な行為によってそれをいかに変えて、同一のイメージでありながら破局を回避した異なる未来へ収斂させるかというプロセスにある。

映画の本筋では、アンダートンとその妻によって局長の犯罪——プリコグの娘・アガサを引き取りに来た母親の殺害——が暴かれ、局長は自殺、予防捜査のシステムは廃止されて、プリコグたちは人里離れた地で暮らすことになる。アンダートンと妻は復縁し、新しい子供が身籠もられたことを示して映画は終わる。劇中でショーンの想い出が残る家を訪れたアガサは、行方不明のショーンが成長して十歳になり、高校や大学に入り、結婚相手を見つけるまでのヴィジョンをアンダートンと妻に語っている——

ショーンはまだ走っている、大学を横切って、スタジアムで。ジョンがそれを見ている。まあ、彼はなんて速く走るのかしら、お父さんそっくり。ショーンはお父さんを見つける。お父さんのところに走って行きたい。けれど、彼はまだ六歳で、そうすることができない。そして、もうひとりの男はとても足が速い。*7

このヴィジョンを話し始めるにあたって、アガサが「死者たちは死んではいない、彼らは見守っていてくれるのよ、それを忘れないで、ジョン」と語っていることから推しても、ここで物語られているのはショーンのありえたかもしれない未来であり、現実には彼は「もうひとりの男」に捕まり、殺害されて死亡していると解釈すべきだろう。しかし、ここではその苛酷な現実に対して、プリコグが見た確実な「もうひとつの未来」が対置されることにより、アンダートンたちにわずかな救いが与えられているのである。アガサが「予見」している「過去における未来」のイメージは、たんなる願望や可能性にはとどまらない実在性を備えている。

この映画における「あらかじめ決定されている未来」というSF的条件は、「確定して変更不能な過去」を時間軸上で反転させたものと言えるだろう。予知された同一のイメージに最終的には収斂するにもかかわらず、自由な創造的行為によって、そのイメージにいたるプロセスは大きく変えられてしまうことがありうるように、過去の或る出来事を構成する事実の配置はそのままに、しかし、その諸事実から織りなされる歴史をまったく変容させてしまうような、そんな自由で創造的な歴史叙述がありうるのではないか。そのとき、「過去における未来」が変貌するのである。

『チェンジリング』は実話にもとづいている。登場人物の名はすべて実名である。一九二八年のロサンゼルス、電話会社で働き、息子のウォルターをひとりで育てているクリスティン・コリンズ（アンジェリーナ・ジョリー）は、ウォルターが姿を消したことに気づく。彼女は警察に捜査を依頼し、五カ月後に息子が発見されたという連絡を受ける。しかしこれは、自分がウォルターであると嘘をついた少年を贋者と知りながら功名心から利用した、担当警部によるすり替えだった。「これは息子ではない」と主張するコリンズをロス市警は異常者と決めつけ、精神病院に強制入院させてしまう。ところが、カナダからの不法移民として身柄を拘束された或る少年の告白によって、その従兄弟が自分の農場で二十人もの子供たちを殺し、この少年もその手伝いをさせられていたことが判明する。彼に失踪中の子供たちの写真を見せたところ、殺されたという子供たちのなかにコリンズの息子もいる。この告白を無視しろという上司の指示に逆らって、問題の農場を捜査した刑事は、少年の供述通り、地中に埋められた人骨を発見する。容疑者のゴードン・ノースコットは逃亡先で逮捕される。

支援者である牧師の尽力によって精神病院を出られたコリンズは、警察批判の世論を背景に、腐敗しきったロス市警を弾劾する。聴聞会の結果、担当警部は免職、市警本部長は解職となる。一方、ノースコットの裁判は、ウォルターについては犯行を否認した被告に対し、二年の懲役刑ののちに死刑に処すという判決を下す。ノースコットの言葉を頼りに息子の無事を信じ続けたコリンズは、二年後の一九三〇年、ノースコットから「刑務所に来れば真実を話す」という電報を受け取る。しかし、刑務所を訪れた彼女にノースコットは結局真相を語らぬまま、コリンズも立ち会うなか、死刑が執行される。

事件から七年後の一九三五年、ノースコットのもとから逃れた少年のひとりが見つかる。逃げることはできたものの、強い恐怖心からずっと名乗ることができなかったのだという。この少年によれば、同じ機会に逃げ出そうとした子供は三人で、そのなかにはたしかに、逃げ遅れそうになった自分を助けてくれたウォルターもいた。この話を担当の刑事から聞いたコリンズは、ウォルターもまた生きていてどこかに隠れているのかもしれないと語る。そして、自分は「確かなものを見つけました」と言う。「それは何ですか」という刑事の問いに彼女は、「希望です」と答える。俯瞰で撮影された。コリンズがロサンゼルスの街へ姿を消すロングショットに次の字幕が重ねられる――「クリスティン・コリンズは生涯息子を捜し続けた」【図1】。このラストシーンの与える印象を三浦は次のように記述している――

実話を題材にしたこの映画は、こうして解決しないまま、雑踏の群衆に交じってゆく母親の小さな後姿を見守るロングショットによって閉じられる。閉じられるというよりも、ロサンゼルスの街という現実へ合流するという印象が与えられる。登場人物たちは、フレームの彼方へ、見えないものの領域へ移行する。*8

コリンズは「確かなものを見つけた」と語る。じつはこれは日本語字幕の表現であり、英語の台詞の内容は「今日までもっていなかったものを与えられました」である。しかし、「確かなもの」という意訳は、コリンズがこのときに得た「希望」の性格を考えるうえで非常に示唆的と言えよう。なぜなら、希望とは未決定であり宙吊りであるがゆえに与えられるものだからだ。希望の確かさは未決定状態の確かさなのである。希望はつねにサスペンドされている。

『チェンジリング』の場合、宗教的救済は最終的解決にはならない。具体的にそれは母親と牧師との

【図1】クリント・イーストウッド監督『チェンジリング』(二〇〇八年)のラストシーン。

関係として描かれる。警察に勝利したコリンズに対して牧師は、息子とは天国で会えるのだから、新生活を営むべきだと助言する。しかし――

彼女の目的は、あくまでこの世で彼［ウォルター］を見つけ出すことにある。というよりも、かつて彼女を屈伏させた警察の偽の断定（これがお前の息子である）と、牧師のもっともらしい勧告は、程度の差こそあれ、また善意から出たものか悪意から出たものかという違いはあれども、同質なのだ。つまり、「息子を死んだものと見なすこと」は、「別人を実の息子と見なすこと」と同様の抽象的な操作であり、母親にそのようなことが受け入れられるはずはない。[*9]

イーストウッドがコリンズに宗教的救済を拒絶させているのは、希望をサスペンドさせるために不可欠だっただろう。クリスティンが警察に違う子を押しつけられ、それをわが子と認めるように強制されることは、彼女と息子の過去までもが書き換えられることであり、「もし敵が勝利を収めるなら、その敵に対して死者たちさえもが安全ではないであろう」[*10]というベンヤミンの言葉を思い起こさせる。イーストウッドには、彼岸なき場所でいかに希望を確かなものにするかという、或る種の哲学的・思想的な問いがあるように見える。三浦はそれを「彼岸を想定しないサスペンス――神なき「不可知論」のサスペンス」[*11]と呼んでいる。

ここまで、「行方不明の子供」をモチーフとする三本のサスペンス映画をたどってきた。子供が主題であることから、失踪した子供が無事に帰還することによる「家族」の再生という構図が容易に想定され、実際に無事に子供が帰ってくる『ドリーの冒険』はもとより、『マイノリティ・リポート』でも、行方不明の息子の不在を埋め合わせるように、それまで別居していた妻が戻り、さらに新しい子を妊娠するというかたちで、やや妥協的な解決がこの構図をなぞってもたらされている。これに対し『チェンジリング』では、映画の終幕にいたるまで息子の生死は確定されず、「フレームの彼方」の現実においてもまた、母は彼を生涯捜し続けて見つからなかったことが示され、その未決定状態のまま、サスペンスは解消されることなく「希望」として生き続ける。

序第4章で論じたように、ベンヤミンの歴史哲学が背景としているのは「死者たちの希望」をめぐる思想であり、パウル・クレーの《新シイ天使》にもとづく「歴史の天使」のイメージの原型となっているのはルネサンスにおける「希望」の寓意像だった。この「希望」の寓意像も「歴史の天使」もともにサスペンドされた身振りや強いられた受動性を特徴としている。そして、この場合の希望とは、『親和力』論末尾に書かれた次の言葉の意味における希望である――「ただ希望なき人びとのためにのみ、希望はわたしたちに与えられている」。本書で先に論じた通り、この言葉が意味するのは、死へと定められた運命のもとにある作中人物たちを見守るわれわれの心の動きゆえに、彼らのためになくてはならぬと思われる希望がわれわれの胸中に生まれる、ということである。それはちょうど、サスペンス映画の観客たちが、自分たちはただ見守るしかない登場人物たちの運命に対して抱く「寄る辺なさ」の感情と構造的に対応している。希望のうちにはこの寄る辺なさ、すなわち、サスペンスが内包されている。

ベンヤミンにとっての「死者たちの希望」とは、彼らが何らかのかたちで救われることへの希望である。ただし、それは宗教的救済ではない。信仰によって確実に与えられる彼岸における救いが問題なのではない。彼岸なき場所でいかに希望を確かなものにするかというイーストウッドの課題はベンヤミンのものでもある。ベンヤミンのサスペンスが展開される舞台はあくまで歴史であり、その課題を担うのは「過ぎ去ったもののなかに希望の火花を掻き立てる」[*12]歴史叙述者である。そのとき過去は、確定して変更しえない諸事実と因果連鎖からなるのではなく、出来事の関係性を書き換えることが可能なものになると同時に、その裏面として、死者たちさえもがけっして安全ではない未決定状態に置かれる。「死者たちの希望」とは彼らの危機でもある。だからこそ、そこにサスペンスが生じる。取り返しのつかない、結末を知っている過去の出来事を、歴史叙述を通してどのように経験可能なものにするかという問題は、確定されているように見える過去を歴史叙述がいかに流動化して未決定状態にもたらすかという課題へと転換される。それが歴史をサスペンスとして叙述することであり、過去のうちに希望を見出すことなのである。三浦が現時点におけるサスペンス映画のひとつの到達点とするイーストウッドの映画が「実話」を好んで題材とする傾向は、この「サスペンスとしての歴史叙述」への接近と言えよう。

2　失踪した子供たちの秘密——通過儀礼のサスペンス

では、サスペンス映画が執拗にモチーフとする「失踪した子供」とはどのような意味を担う存在なのか。この点を考察するために恰好のサスペンス的構造を有する、映画に準じる作品として、現代日本の漫画から三部けいの『僕だけがいない街』を取り上げたい。この作品は二〇一五年十二月現在においていまだ雑誌に連載中で完結しておらず、単行本は七巻まで刊行されている。以下の記述は単行本のみに依拠している。

北海道出身の売れない漫画家・藤沼悟（二十八歳）には、彼が「再上映（リバイバル）」と呼ぶ超能力がある。それは、身近で起きる事件や犯罪などの危険を事前に察知し、その原因が取り除かれるまで、少し前の時間に何度もタイムスリップし、同じ時間を繰り返して生きるという能力である。現在は二〇〇六年、たまたま上京していた母親・藤沼佐知子と一緒にいた折りに生じたリバイバルの際、子供を誘拐しようとしていた人物と母の眼が合い、誘拐が未然に防がれるという出来事が起きる。悟は小学五年生だった十八年前の一九八八年、クラスメイトが被害者となった連続児童誘拐殺人事件に遭遇していた。佐知子は、記憶を手繰り、誘拐未遂の人物がかつての事件の真犯人であることに気づく。しかし、それを伝える前に彼女は悟の自室で犯人に刺殺され、犯人の策略で悟がその加害者に仕立て上げられて、彼は警察に追われる身となってしまう。

そのとき、いままでにない規模のリバイバルが起こり、悟は十八年前にタイムスリップする。それはちょうど、連続誘拐事件で犠牲となった同じクラスの生徒・雛月加代が殺される数週間前だった。悟は加代を救うために未来を変えようとさまざまな試みをするものの、誤算によって失敗し、加代の死が確実であると知ったショックでふたたび二〇〇六年に戻る。アルバイト先の同僚の女子高生・片桐愛梨に助けられながら、悟は警察の追跡から逃れつつ、かつての事件の情報を集めるが、ついに逮捕されてしまう。だが、その逮捕現場の人混みのなかに誘拐事件の犯人を見つけ、ふたたび生じたリバイバルによって一九八八年の、加代がまだ生きている時間に飛ぶ。悟はもう一度加代を救おうとする。今回は級友たちや担任の教師・八代学の協力も得て、彼は加代を守ることに成功する。

こうして未来を変えた悟は、この事件のほかの犠牲者となる子供たちや、加代の代わりに犠牲に選ばれかねない子供、そして、冤罪で誘拐事件の犯人とされ死刑判決を受けることになる知り合いの青年を助けようとする。しかし、その過程で彼は真犯人の手により、車に閉じ込められて川に沈められ、救出はされるものの、昏睡状態のまま十五年間眠り続けることになる。単行本第六巻以降では、二〇〇三年に奇跡的に目覚めた悟が、加代を救い自分が殺されかけた時期の記憶と、リバイバル前の最初（オリジナル）の人生の記憶を取り戻そうとする過程が描かれている。

この作品で主人公の悟は、いったん誘拐殺人から救うことに失敗した加代を、再度のリバイバルののち、殺される危険から救い出す。ここでは誘拐殺人が起きないように過去を作り変えるプロセスのなかで、犠牲者に予定されている子供たちや悟自身が犯人の魔手をいかに逃れるかという点にサスペンスが生まれる。「失踪した子供たち」は、誘拐殺人そのものが遡行的になかったことにされることで、いわば「戻って」くるのである。加代の場合のようにその救出が失敗に終わりかねないことに加え、過去を作り変えた結果、誘拐の対象となる子供が変化するという不確定要因が生じ、悟の置かれた状況はいっそう見通しが利かないものとなって、緊張が高まる。その帰結として、悟自身が犯人に掠われて殺されかける。すなわち、彼みずからが「失踪した子供」となるのである。

藤沼悟はデビューはしたものの売れない漫画家と設定されている。彼の作品が雑誌に採用されないのは、「作者の顔が見えて来ない」からである。それは悟が自分の心を掘り下げることに感じている恐怖に起因する。この恐怖は人間関係の希薄さとしても表われている。悟のこうした恐れが、子供時代の連続誘拐殺人事件に際して、犠牲となった級友たちへの気遣いの不足から彼らを守れなかった自責の念や、自分の証言が採用されずに親しい青年が冤罪になってしまった無力感に由来することを、読者はやがて知らされることになる。リバイバルによって戻った少年時代において、悟は被害者となる子供たちを守ろうと強い意志をもって行動し、それによって徐々に級友たちとの関係をも深めてゆく。そしてそこに、「僕なら助けられたハズなのに」という悔恨から、「僕なら助けられるハズだ」という決意への転回――過去を救済するための「歴史の逆撫で」（ベンヤミン）――が生まれる【図2】。

つまり、この作品は、精神的な傷となった幼少時の出来事の現場に立ち戻り、人生をやり直すことで、あらたに人格形成をしてゆく青年（軀は子供）の物語なのである。「再上映（リバイバル）」は悟が問題を解決するまでは何度でも起こる。それはいわばクリアするまでゲームをリプレイさせられるようなものだ。ただし、悟が自分のトラウマである一九八八年の事件に戻るリバイバルだけは、彼が他者との関係性を変化させることで自分自身を作り変えてゆくプロセスを生んでいる点で特別である。逆に言えば、この大きなリバイバルに続く展開は主人公が自己形成をやり直すためにリプレイしている一種のゲームなのであり、それゆえにそこで起きる事件は一定以上の社会的拡がりをもつことがない。そこで運命が変化させられるのは、あくまで級友や家族、知人といった主人公にとって身近な人物ばかりである。悟の行動が連続児童誘拐殺人事件の範囲を超えて社会的な変化を生むことはない。

サスペンス映画における「失踪した子供」のモチーフが「家族の再生」と結びつくとすれば、『僕だけがいない街』においてこのモチーフが関わるのは「子供時代の再生」である。それが同時に主人公にとっての自己（再）形成なのだ。しかし、級友が殺されることのないように修正された悟の子供時代は、彼が重度の昏睡状態に陥ることによって強制的に終了させられる。子供時代を作り変えた代償として、悟はその後の十五年間の月日を失う。「僕だけがいない街」とは、級友たちが犠牲になる連続殺人が起こらない街、けれど、その平和を守るために主人公だけが深い眠りに落ちていなくなった街の謂いであろう。悟が目覚めた二〇〇三年からそもそもの発端である二〇〇六年までの三年間は、彼が「未来の記憶」を取り戻す過程で誘拐殺人の真犯人と対決し、最終的に母が殺されることを防ぐまで、プロット上必要とされる時間的猶予であり、リバイバルによって解決されるべき、この物語にとって本質的な課題はすでに終わっている。それがすなわち、子供時代の（作り変えられた）再生である。

『僕だけがいない街』という題名は、作品中で示される雛月加代の作文「私だけがいない街」と呼応している。母子家庭で母親から虐待を受けている加代はその作文で、自分ひとりしかいない島に行きたいと綴る――

その島で私は私だけいなくなった街の事を考える。
こどもはいつものように学校へ行く。
おとなはいつものように会社へ行く。
お母さんはいつものようにごはんを食べる。
私は私だけがいない街の事を考えると気持ちがかるくなる。[*13]

【図2】三部けい『僕だけがいない街』五巻（二〇一四年）より。

虐待から逃れることへの願望を表わすこの作文の「私だけがいない街」は、「私」なしに「いつものように」すべてが進行する世界である。一方、「僕だけがいない街」の含意が先ほど推測した通りだとすれば、それは「僕」の働きによって殺人事件が回避され「いつものように」無事に生活が営まれる街であろう。そんな「僕だけがいない街」を思って「僕」は「気持ちがかるくなる」。

以上のように考えるとき、この作品における「失踪した子供」とは、何よりもまず、子供時代の主人公・悟である。二〇〇六年の悟にとって失われていた子供時代が、一九八八年の故郷で探されるのだ。トラウマによって傷つき抑圧されていた子供時代は、リバイバルによって生き直され、再生して完結する。その過程で、誘拐殺人事件の犠牲者となった「失踪した子供たち」もまた救われてゆく。悟にとってリバイバル後

のこの救出劇は彼が生まれ直すための通過儀礼である。そのことを表わすように、彼は長い仮死状態を経て甦る。雛月加代の「私だけがいない街」同様に、悟の「僕だけがいない街」という言葉もまた、「死者の視線」に近い何かを思わせる。

悟の最初の人生で殺されてしまう子供たちは、リバイバル後の過去においても、その危険を帯びている。子供の共同体のなかにうまく入り込めず孤立している点から犯人の標的となるこれらの子は、いわば生と死の境界線上にある。「私だけがいない街」という言葉が与える印象もその点に通じる。この子供たちのフラジャイルで危うい境界性は、成人の社会に入る以前の「子供」という存在一般の特徴である。通過儀礼をもつ社会において、その儀礼以前の幼児は、いまだ完全に生まれきっておらず、したがって、聖と俗、男と女といった、さまざまな二項対立のいずれかに分類される以前の「死んでいる生者」である*14。この点で幼児は、いまだ死にきれていない「生きている死者」としての亡霊と対応関係にある。そのいずれもが、生と死の中間領域にいるのである。「私だけがいない街」「僕だけがいない街」とはこの中間領域にいる者のまなざしを表わす表現ではないだろうか。

『僕だけがいない街』がとくに一九八八年へのリバイバル後の展開のなかでサスペンス性を強めるのは、この中間領域としての子供時代において、いまだ完全に生の側にはいない、境界状態の危うさを抱えた子供たち自身によって、彼らよりもいっそう死に近い危機的状況にある子供たちの救出が行なわれようとする点に由来する。このことから敷衍すれば、サスペンス映画において「行方不明の子供の探索」が主題として繰り返し取り上げられるのは、子供という存在自体が、生死の狭間の不可視な異世界にまぎれ込みやすい、いまだ生まれきっていない「死んでいる生者」という境界性を帯びており、その未決定な宙吊り状態がサスペンスに親和的だからではないか。成人した者たちは皆、その境界的な中間領域を通過しているからこそ、子供がいかに亡霊に近い、寄る辺ない存在であるかを知っている。それゆえに、子供たちは容易に現実の世界から姿を消し、戻って来ない危険を孕んでいるものと感じられる。その予感がサスペンスを高める。

　自分の子供時代に戻るとは、だから、この生と死が不分明な境界領域にふたたび入り込み、その寄る辺なき未決定状態をもう一度生きることである。子供とは強度のサスペンスのただなかにある存在なのだ。『僕だけがいない街』がそうした「子供時代というサスペンス」を核にしていることは、行方不明の、亡霊に似た視点から故郷の街を見ているかのような題名にも表われている通りである。

　この作品の主人公のように超能力を駆使するまでもなく、子供時代を深く回想するときにひとは、その時期固有の中間領域にある身体によって外界をとらえようとする。たとえば、ベンヤミンの『一九〇〇年頃のベルリンの幼年時代』にしばしば登場する敷居のモチーフや冥府的な空間性は、ベルリンという都市の性格である以上に、子供時代の空間経験の特徴であろう。この作品のなかで語られる、「私はいま歩くことができるが、それを覚えることはもはや叶わないのである」[*15]（「字習い積み木箱」）、あるいは、「この目覚めは、それまでの目覚めとはちがって、夢の終着点を定めるものではなく、夢が終着点を見逃してしまったことを、そして、子供の私が経験してきた月の支配は私のこれ以後の全生涯にわたって崩れ去ったことを、私にそっと告げ知らせていた」[*16]（「月」の削除部分）といったベンヤミンの認識を受けて、浅井健二郎は「ひとはみずからの幼年時代に対して、そしてそれに対してのみ、ある歴史の最終日に視座をおくことができる。そのように幼年時代は断たれている」[*17]と指摘する。

幼年時代の終わりを告げる決定的な「目覚め」とともに、「幼年の「月」の時間は、市民社会という昼の時間のなかで行方不明になる」*18。

ベンヤミンによる子供時代の回想は、行方不明になったこの幼年時代という「「月」の時間」を探し、自分自身のいったん確定された過去を、いまだ未決定の状態において経験し直そうとする試みである。この回想を通じてベンヤミンは、過去を未決定状態に置く歴史叙述という、いわば「歴史のサスペンス化」をおのれの生の過去について実践し、断章形式の散文が結実させるイメージのかたちで示したのだと言える。それが序文で著者の言う、「大都市の経験が市民階級（ブルジョワ）のあるひとりの子供の姿をとりつつ沈殿している」*19イメージにほかならない。ベンヤミンはそこから「過ぎ去ったものの偶然的、伝記的な回復不可能性」ではなく、その「必然的、社会的な回復不可能性」についての洞察を引き出すと言うが、それが可能になるのは、あくまで子供時代が内在的にふたたび生き直されようとするからである。もちろん、最終的に、歩くことを覚え直すことはできず、「月」の時間の行方は杳として知れぬかもしれない。しかし、その回復不可能性それ自体に触れる経験は、「最終日」から歴史を見る視座について何ごとかを教えるだろう。それゆえに、この生と死の中間領域としての子供時代の回想は、十九世紀パリを「集団の夢」という眠りと覚醒の中間状態としての「通過（パサージュ）」の領域においてとらえようとする、『パサージュ論』における歴史叙述を準備するものとなりえたのである*20。

最後に、「行方不明の子供」というモチーフに連なる作家パトリック・モディアノの『ドラ・ブリュデール』（邦題『一九四一年。パリの尋ね人』）に触れて、この章を終えることにしたい。これはドイツ占領下のパリで一九四一年十二月三十一日に或る新聞に掲載されたひとつの尋ね人広告の発見に始まる、行方不明のユダヤ人少女「ドラ・ブリュデール」探索の一部始終を叙述した書物である。モディアノは十年にわたってドラと両親の消息を探った。この書物はその調査の過程を記録するとともに、ドラの一家が住んでいた住居など、ゆかりあるパリの地区を訪ねた訪問記でもあり、さらにまた、モディアノ自身とその両親、とくに父親をめぐる自伝的な回想が随所に差し挟まれてもいる。発端となった広告とは次のようなものである——

パリ
尋ね人。ドラ・ブリュデール。十五歳、一メートル五十五、うりざね顔、目の色マロングレー。グレーのスポーツコート、ワインレッドのセーター、ネイヴィーブルーのスカートと帽子、マロンのスポーツシューズ。パリ、オルナノ大通り41番地、ブリュデール夫妻宛情報提供されたし。*21

キリスト教修道会系の寄宿学校に入れられたドラは何度も脱走を繰り返した挙げ句、ついに行方がわからなくなり、くだんの尋ね人広告が父親から出されるにいたる。モディアノはそれに先立つドラの一家の足跡をたどり、この広告が出された翌年、ドラと両親の三人が相次いでユダヤ人として逮捕され、まず父とドラが、続いて母がアウシュヴィッツ強制収容所へと移送された経緯を明らかにしている。しかし、ユダヤ人であるがゆえに差別の対象となり、警察に登録されることではじめて記録に残った部分を除けば、彼らについてわかることと言えばせいぜいが住所くらいであり、その生活の大半は未知のままにとどまった。モディアノは、ドラの一家が住んでいた場所を訪れるたびに、不在感や空虚感に襲われたという*22。

尋ね人広告の細部の正確さがモディアノの心につきまとう——「うりざね顔、目の色マロングレー。グレーのスポーツコート、ワインレッドのセーター、ネイヴィーブルーのスカートと帽子、マロンのスポーツシューズ」。しかし、その周囲は「闇であり、未知であり、忘却であり、無の世界であった」*23。だがそれは、忘却された未知の「無」として現前している過去と言うべきだろう。この広告はいわば、膨大な数に上るパリ在住ユダヤ人たちの同様の運命を背後に不在のまま現前させる、メトニミー的な伝記素かつ歴史素としてモディアノのもとへとたどり着き、彼に取り憑いたのである。

この作家はブリュデール家に関わる公文書を調査し、写真を集め、関係者に話を聞き、関連する場所を実際に訪れている。ドラとその一家の足跡とともに、戦争直後のモディアノの父や一九六〇年代の作家自身の経験もまた、パリの地誌のうちに書き込まれる。このようにして、一九四〇年代初頭のブリュデール家の人びとにまつわる歴史に、複数の時代の複数の個人史が重ね書きされてゆく。その地図にはさらに、想像上の街区も加わる。モディアノが読み返した『レ・ミゼラブル』の第五、六巻では、ジャヴェル警部とその手下の警官たちに追われたコゼットとジャン・ヴァルジャンが、「プティ・ピクピュス」という架空の地区に入り込む。この地区を逃亡した果てに二人はとある修道院の庭園にいたるのだが、ヴィクトル・ユゴーがその場所の住所としている「ピクピュス通り六十二番地」は、ドラがいた聖心マリア会寄宿学校と同じ番地であることにモディアノは気づく――。

この書物は、ドラの行方に関する調査の過程や成果とともに、こうした文学的記憶を含むハイブリッドなテクストの地層が入り組んだパランプセストであり、そのことによって、事実の記録や学問を越え出た「復元(レスティトゥチオン)のこころみ」[*24]（ゼーバルト）としての文学に属していると言えるだろう。その意味でモディアノは、「文学がなんの役に立つのか」という問いに答えてゼーバルトが語った、「想い起こすこと」「そして奇妙な、因果律によっては究明できない連関があることが理解できるようになること」[*25]という文学の役割を実践しているのである。日本の読者に宛てた序文でモディアノはこの書物に寄せられた或る批評の一節を引用している――「もはや名前もわからなくなった人々を死者の世界に探しに行くこと、文学とはこれにつきるのかもしれない」[*26]。

ゼーバルトは「奇妙な、因果律によっては究明できない連関」と言った。たまたま手にした『レ・ミゼラブル』のなかに「ピクピュス通り六十二番地」を発見したことについて、モディアノは作家という職業ゆえの「透視能力」を語っている――作家は細部にまで想像力を傾注して精神を集中するがゆえに、その緊張そのものが、過去あるいは未来の出来事に関する瞬間的な直感である透視能力を生み出すのである、と[27]。モディアノやゼーバルトの「文学的歴史叙述」には、このようにして透視された暗合もまた書き込まれる。いや、その奇妙な連関こそが「透視能力」によって見つけ出されなければならないのだ。

古写真を作中に用いるゼーバルトとは異なり、モディアノは写真図版をこの作品に掲載していない(翻訳ではドラの一家の写真が掲載されている場合もある。邦訳にはとくに数多く図版が収められており、そこには訳者が撮影したパリの街区の写真なども含まれている)。実在した少女とその家族の人生をたどった書物に彼女らの写真を掲載した場合、あまりに図解的になってしまい、言葉による描写との重複によって、冗長さが生じることは避けられない。それゆえこの作品において視覚的イメージは、著者の言語による描写のみによって表現されることになる。

その描写がもっとも効果を上げているのは、一九四一年夏に封切られ、もしかしたらドラも観ていたかもしれない映画『初めての逢いびき』についてである。この映画で主人公の少女を演じるダニエル・ダリューは聖心マリア会を思わせる寄宿学校から逃げ出す。内容は甘ったるいラヴ・コメディーであるにもかかわらず、著者である「私」は、雨が降っているようなフィルムの状態に強い不安を覚える。映像すべてにヴェールがかかり、画面のコントラストは強くなったり弱くなったり、明るすぎたり暗すぎたりする。音声もまた、ときに押し殺されたようであるかと思えば、逆に強く、不安をそそるように響いたという。著者は「この映画には占領下の時代の観客の眼差しが深く刺し通っているのだ」と気づく。このフィルムを観た人びとの多くは大戦後まで生き延びることなく、彼らはひとときの息抜きだった土曜日の夕べにこの映画を観たあとで、どこか未知の世界へ連れてゆかれたに違いない――上映中の時間だけは、戦争のことも外部の脅威も忘れていた。映画館の暗闇の中で、すし詰めになりながら、スクリーンいっぱいに映し出される映像を追いかけるのだった。もう怖いことは何も起こりはしないのだ。そしてこの皆の眼差しが、一種の化学変化の作用でフィルムの材質そのもの、光、役者の声音を変質させてしまったのだ。*28

不安感を喚起するフィルムの奇妙な変質に、一九四一年当時の観客たちのまなざしの痕跡が感知されている。それは彼らが味わっていた不安の残滓である。見ること、聞くことの障害であるような映像と音声の揺らぎに、その不安の余波（なごり）が感じ取られる。モディアノの描写は、一見軽薄な映画に当時の観客が感じていた不吉な予感と現在の著者自身が不安定な映像に覚えているその不安感の余韻とを重ね合わせ、或る気配のようなものとして読者に伝えている。

そう、この書物を通じて浮かび上がるのは、たんなる歴史的事実の集積ではなく、パリという土地と深く結びついた過去の「気配」である。尋ね人広告という歴史のディテールに取り憑かれた探索行の果て、パリの街はモディアノにとって、ラッシュ時の人混みのなかにあってさえ、ドラと父親がアウシュヴィッツに向けて出発した一九四二年九月十八日の翌日の、外出禁止令の出た午後と同じくらい人気（ひとけ）がない。その代わりにドラは彼の脳裡からけっして離れることがなく、「ある界隈に行くと、彼女の気配がどうしても感じられてしまう」*29――モディアノは不在の過去が現前していることをドラの「気配」として感じ取っている。彼はそれによって過去に触れている。この書物は次のように結ばれる――

彼女がどんなふうに日々を過ごしたのか、どこに隠れていたのか、そして、最初に逃亡した冬の数ヶ月、新たに逃げ出した春の数週間、彼女は誰と一緒だったのか、私には永久にわからないだろう。それは彼女の秘密なのだ。哀れな、しかし貴重な秘密であり、死刑執行人も、布告も、いわゆる占領軍当局も、警視庁留置所も、獄舎も、収容所も、歴史も、時間も（私たちを汚し、打ち砕くもろもろのすべてのものも）、彼女から奪い去ることのできなかった秘密であろう。[30]

それは歴史にはけっして書き込むことのできない秘密である。それゆえに、通常は存在したことが無視されて、言及されることもない秘密である。だが、ここではその不在が語られている。不可知の「哀れな、しかし貴重な秘密」こそが、まさに他者には「知りえない」という一点において、誰も奪うことのできない、ドラ・ブリュデールという少女固有の何か、時間にさえ打ち砕かれることのない堅い実質として残存するのである。ドラのような「名のないもの」の記憶に払われるべき敬意とは、究極的にはこうしたその「秘密」への敬意なのかもしれぬ。

モディアノの調査はこの残存する秘密を不在のまま現前させる営みであったと言えるだろう。何ものによっても奪い去られない秘密が残るからこそ、ドラは濃厚な気配となってパリの界隈に漂い続ける。それはイーストウッドのサスペンス映画において、『チェンジリング』の失踪した少年のように、「見えないもの」が不可視にとどまり続けることによってこそ、画面——見えるもの——をサスペンスの気配で満たすことに似ている。三浦の言葉を借りれば、そこでは「たえず見えないものに取り憑かれることで、見えるものが未決の宙吊り状態にある」[31]。そして、この状態こそ、映画『チェンジリング』の最後で母親の言う「希望」であった。

「彼女の秘密」「哀れな、しかし貴重な秘密」——それこそはモディアノが最後に見出したドラの希望である。この秘密という「見えないもの」を不在のまま浮き彫りにすることにより、歴史の知という「見えるもの」を未決の宙吊り状態に置き、語りえない「見えないもの」の気配をそこに漂わせること——それが、このドラの例にとどまらない、文学的歴史叙述におけるサスペンスの書法のひとつであろう。フィクションによって「見えないもの」の場を性急に埋めて可視化するのではなく、「見えるもの」の集積によって「見えないもの」の場の輪郭を精確に浮かび上がらせたうえで、布置の反転により、一挙に「見えるもの」の秩序を流動化させるのである。そのとき、「見えないもの」が気配として「見えるもの」を覆う。そしてこれは、バルトが彼の極めつきの「秘密」である母の「温室の写真」を用いて演じた、アナモルフォーズの手法にほかならない。

希望としての秘密――学術的な歴史の言説がおのれのなかに取り込むことのできない、この知の限界領域を正視することが学ばれなければならない。歴史叙述にサスペンスをもたらす力の重心はおそらく、何ものも奪い去ることのできない、この秘密なのである。

第5章　歴史という盲目の旅——畠山直哉『気仙川』を読む[*1]

畠山直哉の写真集『気仙川』[*2]【図1】は、二〇一一年三月の震災以前にこの写真家が故郷やその地の人々を撮影したごく私的な写真と、震災直後に母親をはじめとする親族の安否が確認できない状態から変わり果てたその地にたどり着くまでを綴った「気仙川へ」という文章、そして、震災後の故郷の風景写真という三つの要素からなっている。震災前後のそれぞれの写真のグループは、同書のなかでいわば前編後編をなしている。

書物内でのその表現方法はかなり異なっている。前編のすべて横長の写真が各ページ下部の二分の一以下の紙面に収められ、上部は空白のまま残されているのに対し、後編のこれも横長の写真はすべて見開きで大きくレイアウトされている。さらに、前編ではところどころにテクストが同じ半ページの割り付けで、見開きの左側のみに挟まれている（この構成が前編における写真とテクストの相補性を示している）。これを見ても、ひとつひとつの写真が与える効果の違いは明らかである。前編と後編とを区切る白紙一ページをめくり、後編最初の広漠とした瓦礫の景観を眼にした瞬間の圧倒される印象は、このはっきりとした差異によってもたらされている。

単純にこうした効果だけに限れば、それはいささかあざとい手法であるとも言えるだろう。スペクタクルを演出していると評されても仕方ないかもしれぬ。しかし、このように後編の写真が格段に大きく扱われなければならなかった理由は、読者に与える効果よりもむしろ、畠山自身にとってこれらの写真がもつ意味に関わっていたように思われる。どういうことか。

『気仙川』の「あとがきにかえて」[*3]の冒頭に畠山は、一九九六年の写真集『ライム・ワークス』のあ

【図1】畠山直哉『気仙川』（二〇一二年）カヴァー表紙。写真：「2002年8月4日矢作町島部」。

とがきから、「僕には、自分の記憶を助けるために写真を撮るという習慣がない」という文を引いている。記憶はつねに個人に属し、ほかと比較することができない絶対的なものであるがゆえに、記憶を助けるために撮られた写真の意味合いも絶対的なものになる。このような意味で、或る個人にとって「絶対的な写真」は、しかし、写っている人物や出来事から距離を取って見た場合、反復される類型に変化してしまう。こうした個人的な絶対性と集団的な反復的類型性とのあいだのアンビヴァレンツが「やるせなさ」の感情を生む。「絶対的な写真」を撮る習慣をもたないのは、この感情に付き合いたくなかったからだ、と畠山は言う。

しかし、二〇〇〇年を越えたあたりから、彼は故郷の陸前高田市気仙町で、どうということもない写真を撮るようになったという。『気仙川』前編の写真はすべて、記録しようという明確な目的や意図もなしに撮りためられたものだった。「プティ・コワン・デュ・モンド（地球の一角から）」というラベルの貼られた箱にそれらは収められていた。畠山にとってこれらの写真は、「記憶を助けるため」ではなく、故郷という場所をかけがえのない唯一の「地球の一角」と思いなすために必要な「想像力の助け」となる縁(よすが)だった。

だが、震災後にその意味は一変してしまう。あまりに変貌した故郷を前にして、畠山がその風景を思い出そうとしたとき、もうこのわずかな写真しか手がかりがなくなってしまったためである。それらは「記憶を助ける」「絶対的な写真」へと決定的に変質してしまったのだ。彼はこう書いている——

これ［写真集前編の写真］を近代芸術的な文脈で理解しようとすることは、つまり「写真としてどうか」という風に理解しようとすることは、僕にはもうどうでもいいことのように思える。

むしろ問題なのは、「そこに何があったのか、その人はどんな顔をしていたのか、その時の空は、水はどんな色だったか」を写真によって確認することである。前編をなす写真がそのような記憶のよりどころである一方【図2】、津波がなじみ深い存在を暴力的に破壊し去ったのちの風景を撮影した後編の写真は、見るべき対象がほとんど奪われた、空漠としたものになっている【図3】。だが、その写真は同時に、それでも残っているかもしれぬかすかな痕跡を探すための手がかりにもなりうるだろう。写真を可能なかぎり拡大した後編のレイアウトは、この痕跡調査のためのものかもしれぬ。いずれにせよ、畠山がそう意図したかどうかは別として、読者に対する効果とは異なる、写真家自身の内的な必要性がそこにあったことは間違いあるまい。なぜならこの写真集において写真家はすでに、「写真としてどうか」という「近代芸術的」な問いを捨て、自分自身という個人にとって「絶対的」な写真のみを対象としているのだから。

しかし、写真家としての畠山の強みでもあれば、もしかしたら弱点なのかもしれないが、前編後編いずれの写真も構図がきわめて正確に設定されており、まさしく「近代芸術的」に美しい（この写真集について行なわれたクレリア・ゼルニクによる講演＊4の副題「写真の美しさに潜む震災の痛み」の「美しさ」がそうした受容を端的に表わしている）。さらに、前編後編は構成上も巧みなコントラストをなしているように見える。ゆえにそれは、崇高の美学によっても、モチーフの形式的な分析のみによっても、あるいは、完璧な構図のなかに定着された諸エレメントのシンボリズム（瓦礫の荒れ地を「浄化」する水など）によっても読み解けてしまう＊5。なるほど、それらは美学的には十分ありうる解釈だろう。だが、そのようないかにも「近代芸術的」な性格がここで本当に重要な問題だろうか。

たとえば、フランスの作家フィリップ・フォレストは『気仙川』をめぐるテクスト「その続きと終わり」で、次のように書いている――

> 震災以前の写真は、やがて訪れる出来事、自らの破壊を意味する出来事のほうに向かうことによってのみ、その意味が引き出される。逆に震災後の写真は、自らのうちに痕跡をとどめているものがかつてあった、あの瞬間のほうへと反対方向に旋回することでのみ、その意味を導き出すのだ。＊6

『気仙川』後半の写真が前半と呼応することで、津波によって破壊される前後の風景および場所の記憶の連結を意図していることはたしかだろう。しかし、ここでフォレストが言う写真の「意味」は、そのような具体的な写真実践の次元ではなく、震災前の写真をその後の破局的な出来事にもとづいて事後的に過剰に審美化することによる「意味づけ」であるように疑われる。なぜか。それは彼が、このような事前・事後の相互的意味づけを語る際に、繰り返し、「写真は「失われた現在」しか証言することがない」＊7とか、「表象された現実はすべて、その中心に核となる闇のようなものをふくんでいる」「この闇は視線を逃れるもので、芸術はただ近似的な複製をいくつも作り上げることでしかそれに近づくことが

【図2】畠山直哉『気仙川』より、「2009年8月14日気仙町今泉木場」。

【図3】 畠山直哉『気仙川』より、「2011年4月4日気仙町今泉（舘の丘より）」。

できない」[8]などといった表現により、表象不可能な「現在」という瞬間――それは明らかに破局のただなかを連想させる――を暗示するものとしてしか写真をとらえようとはしていないからである。言うまでもなく、崇高の美意識を成立させるために必要な要素がこの種の表象不可能性である。しかし、畠山自身にとってはもはや、この種の崇高の美学のような「近代芸術的な文脈」は「もうどうでもいいこと」だった。

実際、フォレストは畠山と初期ロマン派の両者に共通する崇高の感覚に触れている（この結びつきに関しては、フォレストの先行する畠山論である「天地創造あるいは黙示録」[9]でより詳細に展開されている）。ただし、フォレストは自分のこの判断はおそらく誤りで、「わたしが自分の文化や自分の感受性に親しい既存のカテゴリーに彼をあてはめているだけなのだろうが」[10]とただちに（正当な）留保をつけている。しかし、このテクストが収められた著書『夢、ゆきかひて』のまえがきである「日本の読者へ」においてフォレストは、主観的でときには誤りを含んだ個人的な解釈こそが「作品の真実と美に到達する唯一の道」であるとする「取り違えの詩学」[11]を標榜しているのであってみれば、彼が付け加えているこの留保は、自身の判断の限界を認めるものというよりはむしろ、「取り違え」ゆえの根拠と見なされているととらえるべきだろう。

破局の以前以後という関係によって、震災前の写真は災厄を予示する「意味」を事後的に与えられてしまうから、川面を泡立たせる波に津波の予兆を、画面を縦に分割する釣り竿に亀裂の暗示を見ることさえもが可能となる。ゼルニクおよび彼女も講演中で参照していたフォレストの解釈でもっとも問題を孕んでいるのが、津波という破局によってそれ以前の写真を過剰に意味づけるこの姿勢である。

『気仙川』という写真集の場合、フォルマリズムやシンボリズム、あるいは崇高の美学にもとづく「美しい」写真の分析は、解釈者さえも巻き込む、トラウマ的な出来事をめぐる事後性の効果という、こうした袋小路に容易に入り込んでしまう。だからこそ、この写真集を構成するもうひとつの要素である

「気仙川へ」というテクストを綿密に読まなければならない。ゼルニクやフォレストによる『気仙川』の読解で奇妙にも軽視されているように思えるものもまた、写真家自身が綴ったこのテクストにほかならない。

それは「何かが起こっている」という一文で始まる。著者である「僕」は遠方の故郷で何が起こっているのかがまったくわからぬまま、そこへと向けて進まなければならない。この文章を綴っている時点で、著者は事態の帰結をすべて承知しているのだから、ここで採用されているのはひとつの語りの技法である。読者は「僕」と同じく状況の全体や結末を知らない状態で、彼の言葉をたどるしかない。

この旅の途中で彼は東京の親戚からの電話を受ける。インターネット上の避難者名簿によれば母と姉たちは無事だという。しかし、やがてひとりの姉からの電話で、母ともうひとりの姉の所在はまだ確認できていないことを知らされる——

くそったれ。じゃあ、あれは存在する結果ではなかったのか。固い床の上で寄り添って、毛布を被っている三人なんて、いなかったというのか。あの情景を、いまさら僕の頭から消せと言うのか。

仏英語版では「あれは存在する結果ではなかったのか」がそれぞれ「Alors, il ne s'agissait donc pas de la réponse ?」「So it was not the answer ?」と訳されている。これらはいずれも日本語の意味とはかなり異なるように思われる。日本語原文において問題となっているのは、仏英語版のように問いに対する「答え」ではなく、あくまで「存在する結果」という、或る事態の実在ないし不在なのであるから。語り手にとって重要なのは、母たちの無事な姿という情景のもつ実在性なのだ。ここでは、そのイメージが読者のうちにもいったん喚起されたのちに、疑われてゆくことになる。

もうひとりの姉の無事はすぐ確かめられる。だが、母の行方はわからない——「さっきまで僕の頭の中で、天理教教団施設で毛布にくるまっていた母は、だんだんいなくなった」。
そして、しばらくのち、姉が母の遺体を確認したという連絡が入る――

母の時間は、津波に襲われた三月十一日午後三時過ぎで止まり、僕らの時間だけが、あれから六日間動いたのだ。〔……〕この六日の間に僕が頭に描いていた、母にかんするさまざまな希望的情景、友人たちと分かち合っていた、動きを伴う無数の情景が、すべて偽りであったと、いま誰かが託宣を下したのだ。彼女の時間はあの時に止まっていたのだと。いや、でもそれは卑怯だろう。「無事だ」という言葉が、そのまま今日まで保たれ現実となっているという話の展開だって、あり得たはずではないか。げんに一昨日と昨日、彼女は確かに毛布にくるまり固い床の上に座っていたではないか。

仏英語版では「すべて偽りであったと、いま誰かが託宣を下したのだ」が、「tout cela était faux : c'est cette sentence qui vient de m'être assenée」「all of that was false. That is the sentence which has just been struck to me」と訳されている。「すべて偽りであった」という「託宣」に対する拒絶感のニュアンスが仏英語版では稀薄化しているように思われる。また、仏英語版では「いや、でもそれは卑怯だろう」が、「Non, attendez, c'est trop abject」「No, wait, it cannot be」と訳されている。英語の it cannot be はもとより、フランス語の abject によっても、「卑怯だろう」という日本語がもつ、倫理的な咎を責め立てる響きのあるニュアンスは表わしえていないのではないだろうか。結果として、仏英語版では、日本語原文からくみ取れるような、感情の揺らぎをそのまま反映したかのごとき、激しい現実拒否の情動が薄れてしまっているのである。

「気仙川へ」の記述に戻ろう。友人の女性は、畠山の母の死を知り泣く――「彼女は僕の母に会ったことなどない。だが僕の母（の像）〔仏英語版では「Mama (sa représentation)」「mother (her representation of her)」――

引用者」はついさっきまで、彼女の頭の中で動いていた。その動きを止めなくてはならなくなったことが、彼女にはとても悲しいのだろう」。

この写真集にけっして収めることのできない、しかし、この写真集を不可視のまま覆っているイメージとは、この「像」ではないだろうか。前編の全ページの上部を占める空白、そして、前編と後編をつなぐ白紙に見出されるべきは、この像の残像ではないか。それはわれわれ読者にはどうやっても見ることのできないイメージである。だが、だからこそ想像してみなければならない。六日間で潰えるしかなかったとしても、そこでつかの間抱かれた希望の像として、それを想像してみなければならない。「いや、でもそれは卑怯だろう」という、現実に即せば訴える相手もいないという意味で理不尽な、しかし、著者の経験した時間のなかでは必然的で情理ある反駁が、われわれにそうした想像を促すように思われる。

この写真集において撮影されていないが見るべきものとは、破局そのものの瞬間のイメージではない。たとえ完全には信頼できない媒体であるにせよ、テレビやインターネット上のさまざまな映像や画像によって、そのような瞬間のイメージを、われわれは場合によってはリアルタイムで眼にしたし、いま現在もそうした像は溢れかえっている。写真集を前後に区切る白紙がスクリーンとして機能し、そこにそんな映像や画像の記憶が投影されるのだとしたら、それはいっそスキャンダルとさえ呼ぶべきものかもしれない。この写真集がきわめて個人的な経験としての破局の記録なのだとすれば、そんな類型化されたイメージがここで必要とされるのではないはずだ。

この白紙やページの空白を前にしてわれわれに可能なのは、著者のテクストに沿って、その六日間の時間のなかで抱かれた希望のイメージを控えめに、ささやかに、想像しようと努めることではないか。それは祈ることに似ている。

そしてそれはまた、「歴史」の経験でもあるのではないか。畠山は「気仙川へ」の冒頭で、出来事のただなかにいる者の文体によってこう書いていた――

何かが起こっている。いまここではない遠いところ、ほら懐かしいあの場所で、何かとてつもないことが起こっている。その様子がいま僕のいるところからでは、よく見えない。誰かが教えてくれるかもしれないと思って、少し期待して待っていたが、誰も何もしてくれなさそうだ。だから僕は自分で、それが見えるところまで動いて行くしかない。でも動きとは時間だ。あの場所にたどり着くまでには時間がかかる。おそらく数日後、僕は見ているだろう。そしてすべてを理解しているだろう。僕の町が、家が、家族がどうなったのかを、僕は残らず理解しているだろう。だがそこへたどり着くまでの数日間、僕には何も見えないままだ。僕は何も知らないまま、進まなければならない。

著者のこの道行きは、時間をかけて事件の現場に向かうしかないその時差によって、すでに起こってしまっている出来事の真相を過去に遡って探る歴史家のそれに近似する。しかし、それは同時にもちろん、何も見えないまま、何も知らないまま、進まなければならないという、「その後」の混迷の現在を生きる写真家自身の生の時間でもある。起こってしまっている破局の層とその破局に対して盲目のままに接近してゆく時間の層とが重ねられる。この二重化においてこそ、あの母の「像」が生まれている。それは結果的に判明した事実としては裏切られたイメージだろう。しかし、この探索の過程においては、つかの間だけのものであったにせよ、いったんは実在したイメージだった。そのように、現実としては潰えてしまった「ありえたかもしれない可能性」を体現するイメージを発見し、読者に伝え、読者もまたそのイメージの実在とそれが失われてしまう過程を経験できるようなこの「語り」のうちに、絶対的に個人的な経験でありながら、それを集団的に共有される記憶とすることが可能な、歴史叙述の原型が認められる。行方不明の母を捜す過程をたどり直したこのテクストが震災前後の写真と組み合わされてかたちづくっている『気仙川』という写真集は、ゼーバルトの写真を用いた文学的歴史叙述に通じる性格を備えているように思われる。それは、個人の記憶と集団的な過去（とくに『アウステルリッツ』のように、多数の人びとが犠牲となった破局）とが交錯する歴史表象のひとつのかたちを示している。

「気仙川へ」の末尾近くで、著者はこう決意する――

明日からは、今までの人生で経験したことがないほどの痛烈な刺激を、膨大に知覚することになるだろうけれど、僕はそのためにここに来たのだから、すべてをできるだけはっきりと把握して、僕の現実に位置づけなければならない。

『気仙川』の後編は、そんなふうに知覚された痛烈で膨大な刺激を、可能なかぎり鮮明に把握し、著者の現実に位置づけた記録と見なしうる。したがってそれは、ゆめゆめ審美的な、あるいは、瞑想的な視線によってではなく、ほかならぬこの場所においていったい何が失われ何が残存しているかを確認するための、克明な記録写真として解読されなければならない。読者の想像のフレーム内にではなく、現実の場所に写真が「位置づけ」られなければならないのである。

「あとがきにかえて」で畠山が述べている、過去を写真によって確かめようとするナイーヴとも言える欲求をめぐる発言を引こう――

でもよく考えてみれば、これは人間にとって、写真を撮る第一番の理由ではなかったろうか。夕空を映す気仙川に向かって小さなカメラを構えていた、僕の母のように。

その姿とおぼしき写真がこの写真集には収められている【図4】。『気仙川』のいずれのヴァージョンにも、この写真が畠山の母親を撮影したものかどうかについての確固とした情報は記されていない。しかしながら、「夕空を映す気仙川に向かって小さなカメラを構えていた」という描写との呼応から考えて、これが彼の母であることを疑う理由はないだろう[*12]。

写真家はカメラを構える母の身振りを、この写真集で模倣し反復しているのかもしれぬ——人間にとって写真がもっていた最初の意味に立ち返るようにして。畠山が二〇一一年の個展「Natural Stories」のカタログに寄せた次の文章もまた、この点に触れている——

「記録」は常に未来からの視線を前提としている。そこに見える光景が過去であっても、写真自体は延々と未来に運ばれる舟のようなものだ。いっそ「記録」は過去ではなく、未来に属していると考えたらどうだろう。そう考えなければ、シャッターを切る指先に、いつも希望が込められてしまうことの理由が分からなくなる。[*13]

毛布にくるまり固い床に座っていた母の像が、震災直後の六日間における希望のイメージだったとすれば、気仙川に向けて小さなカメラを構えた彼女の姿は、写真家が写真をもう一度信じるための、もうひとつの「希望」のイメージだったように思われる。そして、かつて畠山が「やるせなさ」と感じていた、記憶の個人的な絶対性と集団的な反復的類型性とのあいだのアンビヴァレンツは、写真が未来に属す「記録」と認識されることを通じて、シャッターを切る指先に宿る希望のうちに昇華されている。個人の絶対的な記憶を託された写真もまた、未来に書かれるべき歴史の一部になる。津波の引き起こしたカタストロフののちだからこそ、震災以前のごく私的な写真撮影の瞬間に込められていた希望——「記録」として未来に届けられることへの希望——が際立つのである。

【図4】 畠山直哉『気仙川』より、「2003年8月23日気仙町今泉仲町」。

その希望がふたたび見出されるために、「何も見えないまま」「何も知らないまま、進まなければならない」という「気仙川へ」向けての旅が必要とされた。読者もまた、このテクストに導かれてはじめて、三・一一後の気仙川へ、つまり、この写真集の後半へとたどり着くことができる。震災以前の写真に津波によるカタストロフの予兆を見て、そこに一種の宿命を読み取るような審美的な解釈が受け入れがたいものとなるのは、「「無事だ」という言葉が、そのまま今日まで保たれ現実となっているという話の展開だって、あり得たはずではないか」という問いかけをわれわれが知っているからである。「いや、でもそれは卑怯だろう」という激しい反駁を。

「だがそこへたどり着くまでの数日間、僕には何も見えないままだ。」——性急に破局の光景に眼を奪われるのではなく、この盲目性と無知の状態をくぐり抜けることを、『気仙川』という写真集は求めている。その過程の経験こそが、写真に宿る個人的な記憶への——ということはすなわち、そこで抱かれた希望への——通路なのである。

Ⅳ　歴史叙述者たちの身振り

第1章　歴史の現像——ヴァルター・ベンヤミンにおける写真のメタモルフォーゼ

1　「まったく書かれなかったものを読む」

ヴァルター・ベンヤミンは「写真小史」で、ウジェーヌ・アジェの写真が犯行現場のそれに比べられたことを受け、「私たちの住む都市のどの一角も犯行現場なのではないか。都市のなかの通行人はみな犯人なのではないか」と問いかけている——「写真家——鳥占い師や腸卜師の末裔——は、彼の撮った写真の上に罪を発見し、誰に罪があるかを示す使命をもつのではないか」[*1]。写真家は、自分の撮影した「犯行現場」の写真から、事件の痕跡を読み取らなければならない。そして、彼がそこに発見した罪を言葉にして告げる標題は、「歴史のプロセスの証拠物件」[*2]である写真の本質的な部分になるに違いない。

しかし、写真家は自分の写真からどのようにして「犯行」の痕跡を読み取ればよいのか。そもそも、写真を「読む」とはいったいどういうことなのか。写真の標題が必要とされるのは、たとえば瞬間撮影が可能になって定着された一瞬の映像が鑑賞者にショックを与え、その連想メカニズムを停止させてしまうからだ、とベンヤミンは言う[*3]。時間をかけて観想をめぐらすことはもはやできない。こうした写真はひとを不安にする。写真入り新聞の説明文がこの不安に応えるかたちで登場したなどととりあえずは言えるにせよ、ベンヤミンが写真家に要求しているのは、「正しいか間違っていたかはどうでもいい」と彼自身が突き放すそんな説明文とはまったく異なり、写真に何ごとかを読み取ったうえでの「罪」の宣告のはずである。『ドイツ哀悼劇の根源』で、バロックのエンブレム画家は図像の背後にある本質を与えるのではなく、図像そのものからその本質を奪い取り、説明文として図像の前に引き出すのだと述べられているのと同様[*4]、写真家は自分の写真をいわば剝き出しにすることによって、その標題となる本質を露呈させなければならない。

ベンヤミンは写真家に探偵の役割を求める。『パサージュ論』で語られているように、十九世紀に労働の場所から切り離された私人の室内に、居住者であるブルジョワの痕跡が残され（「住むということは、痕跡を留めること」[*5]だからである）、その痕跡を追跡する物語として推理小説が誕生したのだとすれば、アジェの写真にそんな痕跡を見つけ出すことはできるのだろうか。

「現実からも化粧を拭いさる」、「凋落期の因習的な肖像写真が放っていた息苦しい雰囲気を［……］一掃する」、「現実からアウラを掻い出す」[*6]などと描写されたアジェの都市写真は、しかし、そんな痕跡をまったくとどめてはいない――「都市はこれらの写真の上では、まだ新しい借り手が見つからない住居のように、きれいにからっぽである」[*7]。そこはもはや古典的探偵小説の舞台ではない。人気（ひとけ）のないアジェの写真はたしかに犯行現場を連想させるにせよ、そこで事件が起こったことの痕跡は何も残されてはいない。写真の撮影行為そのものがそんな痕跡をすっかり拭い去ってしまったかのようである。にもかかわらず、この不在となった痕跡こそが不安を呼び起こし、からっぽの都市を「読む」ように強いる。

アジェの写真はパリ風景という現実の再現であるには違いない。しかし、それは見る者にとって容易には解読できない別の意味の存在を告げる、暗号めいた判じ絵でもある。バロック時代のエンブレムは、題名（モットーあるいはレンマ）や詩（エピグラム）によって解説されながらも、図像それ自体は意味の読み取りを拒否して謎めいたもののままにとどまっていた。寓意家が魅せられたのは図像の明快な意味作用ではなく、逆に意味作用のこうした中断（しかし、その中断そのものが意味の読み取りを強いる）にほかならなかった。一方、写真は、かつてのエンブレムのようにことさらに謎めいたものに構成された図像ではなく、現実の光景そのものを、読み取りを強いながら解読困難なイメージに変えてしまう。

ベンヤミンは写真家とは「鳥占い師や腸卜師の末裔」だと言う。「鳥占い（Augur）」は古代ローマで、鳥の飛翔や鳴き声から公事の吉凶を占った重要な役職である。「腸卜師（Haruspexe）」もまた、ローマに古くから存在したという、犠牲獣の内臓（とくに肝臓）に未来を読み取る占い師で、その起源はエトルリアにまで遡る。写真家がこうした卜占師たちの末裔なのだとしたら、彼／彼女が写真を読む読み方とは、論文「模倣の能力について」でベンヤミンがホーフマンスタールを引いて言う「まったく書かれなかったものを読む」[*8]という方法にほかなるまい。それは、すべての言語以前の最古の読み方であり、内臓から、星座から、舞踊から読み取ることである。そのとき「読む」とは、書かれた記号の意味を再認する営み（「世俗的な意味」における「読み」）ではなく、占星術師が星の配置に未来を「読む」ような、魔術的な読み取りを意味する[*9]。

「写真小史」でベンヤミンは、写真家カール・ダウテンダイが婚約時代の妻と一緒に写っている写真【図1】に、この女性の未来を占い師のようなまなざしで読み取ろうとしている。実際にはこの女性はダウテンダイの自殺した最初の妻ではなく、これから結婚する予定の再婚相手なのだが、ベンヤミンは前者であると思い込んでおり、その自殺という未来の出来事の徴候を彼は写真のうちに探すのである（ベンヤミンはさらに、ダウテンダイが住んでいた場所についても、サンクト・ペテルブルグではなく、モスクワとする誤りを犯している）[*10]。この写真が精密な技術の産物であるがゆえに、そこには「魔術的な価値」が付与されている、と彼は言う——

こうした写真を眺める者はそこに、現実がこの写真の映像としての性格にいわば焦げ穴をあけるのに利用したほんのひとかけらの火花のような偶然を、〈いま—ここ〉的なものを、どうしても探さずにはいられない。画面の目立たない箇所には、やがて来ることになるものが、とうに過ぎ去ってしまった

【図1】カール・ダウテンダイ「写真家カール・ダウテンダイと婚約者フリードリヒ嬢――一八五七年九月一日、はじめて一緒に教会へ行ったあとで」、サンクト・ペテルブルグ、一八五七年。

あの撮影のときの一分間のありようのなかに、今日でもなお、まことに雄弁に宿っている。だから私たちは、その来ることになるものを、回顧を通じて発見できるのである。眺める者は、この目立たない箇所を発見せずにはいられない。*11

かつて占星術師が読み取っていたものとは、星の配置と或る人間とのあいだの「類似」、「非感性的類似」*12であるとベンヤミンは述べる。ならば、ここで彼自身が写真に読み取っているのは、映像の「目立たない箇所」とダウテンダイの妻との「非感性的類似」にほかなるまい。この「目立たない箇所」とは、アジェの写真における犯行痕跡と同じく、不在の細部である。にもかかわらず、この写真を眺める者はそんな存在しない未来の痕跡を「探さずにはいられない」。あたかも写真が太古の、魔術的な能力を呼び覚ますかのように、非感性的類似の発見が強いられる。こうした類似は「電光石火のごとく」[*13]出現する。それは突然の閃きであり、たちまち消え去ってしまうような何かである。「ほんのひとかけらの火花のような偶然」とはまさにそうした、はかない閃きとしての類似なのである。

誤解にもとづくものにせよ、ベンヤミンがここで執拗に問題にしようとしている点が、バルトの指摘した「彼女はすでに死んでおり、しかもこれから死のうとしている」という写真の時間的構造に関わっていることはまぎれもない。ベンヤミンの言う火花のような類似が閃く「目立たない箇所」はプンクトゥムに相当する。その本質は「すでに起きてしまった出来事に関する回顧的な予言」が可能となるような写真固有の時間性にある。

「類似を見てとるという人間のもつ才能は、似たものになるように、また似た振舞いをとるように強いた、かつては強大であった力のその痕跡にほかならない」[*14]――この「模倣の能力」は歴史の変遷のなかで弱まってしまい、近代人はもはや、魔術的な照応（コレスポンデンツ）や類推（アナロジー）のわずかな残滓を受け継ぐのみである。写真はそんな忘れられた、魔術的な類似認識の能力、模倣の能力の再生を要求する。ベンヤミンによれば、それはカメラに語りかける自然が、肉眼に語りかける自然とは異なるからである。「人間によって意識を織り込まれた空間」の代わりに「無意識が織り込まれた空間」がカメラを通じて立ち現われるのであり、精神分析がはじめて「衝動における無意識的なもの」を教えたのと同様に、写真によってはじめて「視覚における無意識的なもの（Optisch-Unbewußte）」[*15]が知られることになった。この「視覚的無意識」の例としては、人の歩き方の高速度撮影や植物の拡大撮影が挙げられているが、ダウテンダイと妻を撮影した写真はそうした特殊な技法によるものではなく、ごくありふれた肖像写真でしかない。この写真における「視覚的無意識」はむしろ、写真家の意図に沿って構成された映像に忍び込む、

「いま—ここ」の偶然にあると言わなければならない。

　ダウテンダイ夫妻の写真は一八五七年に撮影されており、年代的にも写真の性格からしても、ベンヤミンが「アウラ」に包まれていたと言う初期肖像写真に属している。この写真を前にした彼が「こうした写真に長いこと思いをひそめていると」と述べる、その受容形態や、そこにとらえられた偶然の「いま—ここ」という一回性もまた、アウラ的芸術の特徴にほかならない。この点でアジェの写真とは対照的である。

　しかし、ベンヤミンにとって何も言葉を要求することなく、沈黙したままで充足しているように見える多くの初期肖像写真とは異なり、ダウテンダイ夫妻の写真は彼に、そこに定着された過去においてこれから起こる出来事の予兆の発見とその回顧的な予言を強いている。写真を眺める者にとっては過去の事件だが、撮影時においては未来の出来事の先取りされた痕跡が——写真スタジオという「犯行現場」のうちに——探し求められるのである。

　写真がそれを眺める者に及ぼすこうした強制力の前提になっているのは、これらの写真が過去における現実の（撮影者の意図をときには逃れ出る）機械的な記録であるという、しごくありきたりな事実にすぎないように見える。しかし、のちに起こる悲劇に関する現在の知識が執拗にそこに追求させる「目立たない箇所」は、撮影時という過去に現実に起こった事実の痕跡（その映像）などではなく、機械的に記録されるはずもない未来の兆しでしかない。そんな「いま—ここ」は回顧を通じてはじめて発見の対象になりうる何かである。つまり、この「視覚的無意識」は、写真をその時間的構造に強いられて回顧的に「読む」ときにこそ生まれる細部であり、過去と現在が遭遇したところに生じる「火花」のような「類似」である。「いま—ここ」の一回性とはじつは、一回限りの過去の出来事のアウラではなく、この遭遇の一回性なのである。ベンヤミンにとってダウテンダイとその妻の写真がここで重要だったのは、彼の誤解にもかかわらず、それが「すでに起こってしまっている未来の破局」という、バルトによればすべての写真が示している「破局」を鮮明に表わすものだったからであろう。同様に、アジェの写真は「すでに起こってしまっている未来の犯罪」を写した現場写真なのであり、その存在しない犯罪の痕跡は、写真を見る現在と写真に写された過去との出会いによってはじめて生じるイメージなのだ。

このような過去と現在の出会いは、『パサージュ論』のなかの次の一節を思い起こさせずにはおかない——

> 過去がその光を現在に投射するのでも、また現在が過去にその光を投げかけるのでもない。そうではなく形象の中でこそ、かつてあったもの〔das Gewesene〕はこの今〔das Jetzt〕と閃光のごとく一瞬に出会い、ひとつの状況（コンステラツィオーン）を作り上げるのである。*16

そのような「状況」を孕んだ「静止状態の弁証法」としての「形象（イメージ）(Bild)」は、特定の時代においてはじめて解読可能なものになる。それはすなわち、「形象の内部で進展する運動が、特定の危機的な〔kritisch〕時点に至った」*17という事態を意味する。逆に言えば、危機的・批判的であるがゆえに危険な瞬間である「この今」においてのみ、「さっと掠め過ぎてゆく」過去のイメージ（「歴史の概念について」）*18を捕まえる歴史的認識が可能になる。

たとえば、ベンヤミンがアウグスト・ザンダーの写真集『時代の顔』について、こうした作品には「一夜にしてそれまで予想もしなかったようなアクチュアリティが生じてくることがある」*19と語るとき、そこで言及されている「権力移動の時期」とはそんな危機的・批判的な「この今」である。そして、「写真小史」の末尾で、われわれが問題にしている、写真を「読む」ことの問いを矢継ぎ早に繰り出した挙げ句、ベンヤミンが次のように語るとき、彼は初期写真にまさしく「静止状態の弁証法」としての「イメージ」を発見している——

これらの問いのうちに、現代人をダゲレオタイプから隔てる九十年の距離が、その歴史的な緊張を放電している。この電気の火花に照らされていればこそ、最初期の写真はあれほどに美しくも近づきがたく、祖父たちの時代の暗闇から立ち現われてくるのである。[*20]

ベンヤミンが「アウラ」の概念をはじめて定義したのは、この「写真小史」においてだった。初期写真が「近づきがたい」存在として、アウラを帯びて立ち現われるのは、あくまで九十年間の「歴史的な緊張」の「放電」があればこそ、である。そのアウラはいわば、「かつてあったもの」と「この今」との遭遇による「閃光」の、残像にも似た何かである。アウラは逃げ去ることのない輝きとして初期写真に内在しているのではなく、一九三一年のベンヤミンがつかみとった、閃いてたちまち消え去るような「過去のイメージ」にほかならない。それは極めつきの「目立たない箇所」、存在しない細部である。具体的にはダゲレオタイプの肖像写真とアジェのパリが両極をなして、そのあいだに「放電」が起こるとき、肖像写真にアウラがいわば「残像」として現われる。「写真小史」の歴史的なパースペクティヴを規定しているのは、「閃光」から生まれたこの残像という「イメージ」である[*21]。「アウラ」という「過去のイメージ」はこのように、写真九十年の歴史をめぐる想起という「読み」の産物であり、厳密に「歴史的な指標〔Index〕」[*22]を刻印されている。それゆえに、「アウラ」の概念がベンヤミンにとって担ったアクチュアリティは、この概念がそれ以後の（ベンヤミン自身のものも含めた）写真論を呪縛することになった経緯からは区別されなければならない。

一九三〇年前後のベンヤミンのテクストは、その多くが個人的ないし集団的な「想起」の問題をめぐっている。それはたとえば『パサージュ論』の初期草稿であり、一九三二年の「ベルリン年代記」と「一九〇〇年頃のベルリンの幼年時代」、あるいは「プルーストのイメージについて」（一九二九年）や「フランツ・カフカ」(一九三四年)などである。写真を眺めることが、被写体の内容如何にかかわらず、何よりもまず「過去」と対面するという経験であるために、それは「想起」の問題に関係せざるをえない。それゆえ当時のベンヤミンにとって、写真というメディアはいわば、「想起」における認識の構造を探る実験装置となっていた。「写真小史」では、現在と過去の「歴史的な緊張」を測定するそんな実験が繰り返されている。「アウラ」という概念もまたそうした試行の産物であったと言ってよい。

ベンヤミンが「写真小史」以後明示的に写真について論じている箇所では、こうした連関は必ずしも明確にされているわけではない。「複製技術時代の芸術作品」では、アウラ凋落期の芸術のパラダイムとされた映画に写真は従属させられており、そのショック効果が指摘されることはあっても、それが想起の認識論へと展開されることはない。「ボードレールにおけるいくつかのモチーフについて」でも、同じ「アウラの凋落」との関係のなかで、写真はプルーストの言う「意志的記憶」の範囲を拡大することになった技術(したがって、想起の問題系にとってより重要な「無意志的記憶」とは対立するもの)と見なされるだけである*23。

このとき、ベンヤミンにとっての写真のより本質的な部分は、歴史の想起をめぐる認識論的な構造のモデルに変容し潜在化していったのだ、と考えたい。それは「隠喩」としての「写真」を問題にすることであり、この「隠喩」が想起の構造を反省させるモデルになっているという点で、ハンス・ブルーメンベルクの言う「絶対的隠喩」として、ベンヤミン思想におけるひとつの「パラダイム」をなすものととらえることである*24。

一例として、「歴史の概念について」の草稿では、歴史を扱う方法が「生という書物」にもとづいた文献学的なものと規定され、ホーフマンスタールの言う「まったく書かれなかったものを読む」読者こそ、真の歴史家であるとされている。そして、このように一種の「テクスト」と見なされた歴史には、文学作品に関する或る文学者の次のような指摘が当てはまるという――

過去は文学作品のなかに、感光乾板によって確保される像に準えることができるような像を保管している。そうした像をすべての細部ごと出現させるに充分強力な現像液を自由に使用できるのは、未来だけなのだ。*25

生という書物について「まったく書かれなかったことを読む」とは、そのテクストをあたかも写真のように現像し、そこに隠されていたイメージを浮かび上がらせることである。そんな現像は起こるかどうかわからない。知られずにとどまるものがあるかもしれない。しかしいずれにせよ、あらかじめ「感光乾板」に刻み込まれたイメージの現像だけが問題なのであれば、それは最初からつねにそこにあったものを確認しているにすぎないことになろう。生という「感光乾板」について「まったく書かれなかったものを読む」とは、この乾板と現在という「現像液」との出会いによって、それまで存在しなかった過去のイメージが出現することを謂う。

映画はこの場合のモデルにはならない。それこそが歴史の現像＝展開（Entwicklung）なのである。な緊張によって飽和し結晶化した「静止状態」のイメージだからである。ここで問題なのは運動状態にあるイメージではなく、歴史的な緊張によって飽和し結晶化した「静止状態」のイメージだからである。テクストの時系列的な関係から言えば、「写真小史」の発表が一九三一年、「模倣の能力について」の成立が一九三三年である。近代のエンブレムとしての写真を「読む」という課題のもとに、写真家の祖先として太古の世界から呼び戻された鳥占い師や腸卜師は、「非感性的類似」の認識という着想をベンヤミンに与えた。この魔術的な模倣の能力（類似認識の能力）をめぐる考察が想起の問題系と結びついていったところに、歴史的対象の認識論が築かれてゆく。その過程で「電光石火のごとく」「突然の閃き」として出現する「類似」が、一瞬現われては消えてしまう過去の「イメージ」という概念へと変形されてゆくのである。写真を「読む」という問いは、こうした思想的発展の下地をなしていたと言ってよいだろう。

2 「歪められた生」の肖像

写真を「まったく書かれなかったもの」として「読む」読み方をめぐっては、「夢のキッチュ」(一九二七年)や「シュルレアリスム」(一九二九年)といったシュルレアリスム論が参照されなければならない。なぜなら、アジェはほかならない「シュルレアリスム写真」の先駆と位置づけられていたのだから。そして、そこで問題になるのは、写真におけるシュルレアリスム的なものであり、具体的には「事物」を「読む」読み方である。「夢のキッチュ」は、シュルレアリスムという「夢みる熱狂」をめぐって、次のように語っている——

こういったすべては、廃棄された事物たちの心臓部へと突き進むためである。卑俗なものの輪郭を判じ絵として解読するため、森のごとき内臓から、隠れている「ヴィルヘルム・テル」をつつき出すため、あるいは、「花嫁はどこか」という複数の問いに答えることができるためである。夢の作業(トラウムアルバイト)のさまざまな図式化行為としての判じ絵を、精神分析はとっくに発見している。同様の確信をもってシュルレアリストたちは、ただし魂よりもむしろ事物たちのあとを追う。物たちのトーテム・ポールを彼らは太古史(Urgeschichte)の密林のなかに探し出す。このトーテム・ポールの一番上の、一番最後の異様な顔がキッチュだ。キッチュは卑俗なものの最後の仮面であって、この仮面を私たちは夢や会話のなかで付ける。死滅した事物世界の力を私たちのなかに取り込むために。[*26]

これとほぼ同じ文章は『パサージュ論』にもあり、そこでは「シュルレアリスト」が「われわれ」に置き換えられている[*27]。「太古史(Urgeschichte)」、すなわち「根源の歴史」へと向かうベンヤミンの思索的な歩みは、月並みな事物を一種の集団的な夢における「判じ絵」として解読するシュルレアリスムの手つきに多くを学んでいる。そして、そこで合わせて参照されているのは、「夢の作業」をめぐる精神分析の「読み」の手法にほかならない。

シュルレアリスムが探求に向かう事物の世界の中心に位置し、「最も多く夢見られるもの」はパリという都市そのものである――「ある都市の真の相貌ほど、シュルレアリスム的な相貌はない」[*28]。アジェのパリはそれゆえに、極めつきのシュルレアリスム的な事物の相貌を明かしていることになる。アジェがパリに探した「行方知れずになったもの、漂流物のようなもの」[*29]は、エキゾチックで変わったものではなく、月並みであるがゆえに神秘的な「見出されたオブジェ」である。「秘密を日常的なもののなかに再認する程度に応じてのみ、その秘密を見抜くことになる」のがシュルレアリスム的な「世俗的啓示」[*30]にほかならない。アジェの写真のなかできれいにからっぽにされたパリは、それが徹底して日常的で月並みな現実の再現であるがゆえに、見抜きがたい「秘密」に満ちている。その写真を「読む」とは、月並みさそのもののなかのこの「秘密」を「判じ絵」として解読することである。

判じ絵としての事物のシュルレアリスム的な解読には、無意識による「夢の作業」が生む、醜い「異様な顔」という「歪み」が介在している。さらに、精神分析的な「判じ絵」の解読が教えるように、そこで必要となるのは「歪み」を取り除いて謎を解消してしまうことではなく、この「歪み」そのものを「読む」ことである。

写真を通したそんな自己分析をベンヤミンは『一九〇〇年頃のベルリンの幼年時代』で行なっている。幼いベンヤミンは、童謡に登場するレーレン小母さん(die Muhme Rehlen)を、「ムンメレーレン(die Mummerehlen)」という得体の知れない精霊と信じ込んでしまった。こうした誤解は繰り返され、

「銅版画（クッパーシュティッヒ）」という言葉を聞けば、椅子の下から頭を突き出して見せ、「頭隠しの術（コップフ・フェアシュティッヒ）」を演じるといった具合だった[31]。

間違って聴き取られた言葉が幼いベンヤミンに、住居や家具や衣服などのさまざまな事物に似ることを強いた。けれど、この「私」を「私自身のイメージ」に似させる言葉だけは存在しなかったから、写真スタジオで「私自身」に似たものになるように要求されると、この少年は途方に暮れてしまったという。写真スタジオをベンヤミンは「拷問部屋」や「処刑の場」に譬えている。そこは撮影用の書き割りやクッション、柱の台座といった小道具たちが、「生贄の動物の血に飢えた冥界の亡霊のように」、「私のイメージ」を手に入れようと狙っている修羅場だったからである――

私の写真では、私は無帽で立っている。左手に大きなソンブレロを持ち、それを、教え込まれた通りの優美な手つきで垂らしている。右手はといえば、杖を一本持たされていて、斜めに曲がったその握りの部分が手前に見え、これに対してその先のほうは、ガーデンテーブルからあふれ落ちた駝鳥の羽の飾りのなかに隠れている。〔……〕まるで仕立屋のマネキン人形のように、母は、モード雑誌に倣ったものらしい、縁飾りが山ほど付いた私のビロード服に、目をやっている。けれども、私自身は、ここにある身のまわりのいっさいに似させられて、すっかり歪められている。[32]

少年ベンヤミンにとって、「私のイメージ」は「私」が「私」に似るという模倣を通じてはじめて生み出せるはずのものだった。しかし、そんなことを可能にしてくれる言葉は存在しない。被写体となる人物に「その人自身のイメージ」を提供することを役目とする肖像写真の撮影現場は、それゆえに、この少年にとって苦行の場でしかなくなる。その結果として撮られた写真のなかで、数十年前の自分は「すっかり歪められている」。

歪められていると言っても、被写体との可視的な類似が問題でないことはもちろんである。この歪みは時を隔てて写真のイメージと向き合っているベンヤミン自身にしかわからない。言葉に強いられた模倣は、つねに「誤解」にもとづいている。それゆえ、魔術的な照応に満たされた幼年時代の世界そのものがすでに歪んでいる。「レーレン小母さん」を「ムンメレーレン」と、「クッパーシュティッヒ」を「コップフ・フェアシュティッヒ」と聞き取ったところに作り上げられるこの世界は、無意識が織りなして見せる夢の世界に似ている。子供は無意識のメカニズムを自分の身体を使った模倣によって演じている。

ベンヤミンにとって、非感性的類似のもっとも完璧なアーカイヴはあくまで言語と文字であった。意味されるものと語られたもの、意味されるものと書かれたもの、そして、語られたものと書かれたものとのあいだに緊密な結びつきを作り出す何かがこの非感性的類似にほかならない。ただし、言語における模倣的なものとしてのこの類似が閃光のように現われ出るためには、意味連関を伝達する、言語の記号学的な側面が担い手として必要である[*33]。「類似しているものの理論」(「模倣の能力について」の先稿)ではその関連がこう述べられている――

文字通りに文字で編まれたテクスト〔布地〕が、判じ絵的イメージが形をとって現われる、その唯一の基盤なのである。またそういうわけで、文の音(おん)のなかに潜んでいる意味連関が基盤となって、そのなかからはじめて、電光石火のごとく類似したものが、響きの瞬間とともに現われ出ることができるのだ。[*34]

幼年時代という歪んだ世界を生み出していたものは、ここで述べられているような、言語の音声から出現する非感性的類似である。一方、文字について言われている「判じ絵」としての類似は、月並みな現実の再現でありながら謎めいたエンブレムでもあるという、写真の二重性に通じている。それはつまり、写真とは、「記号学的なもの」としての再現性を基礎として、非感性的類似が、読み取りを強いる「判じ絵」となって、焔のように出現する場であるということである。バロックのエンブレムやアレゴリー一般に文字的な性格を見出す『ドイツ哀悼劇の根源』の議論を踏まえれば、写真とは「読めない文字」であると言ってもよい。

ベンヤミンはプルースト論で、この作家の「類似の状態において歪められた世界への郷愁」について語っている。この歪められた世界のなかにおいてはじめて、「現実生活の真の相貌、そのシュルレアリスム的な相貌が出現してくる」。それは夢の世界に似た、覚醒時よりもはるかに深い類似性の世界である――「夢の世界では出来事が、決して同一のものとしてではなく、似たものとして、つまり見分けがつかないほどそれ自体に似たものとして出現する」*35。そんな出来事は皆、ほんの少しだけ歪んでいる。現実の再現として記号学的な意味があまりにも自明なように見える写真もまた、夢のように、わずかな歪みをともないながら「見分けがつかないほどそれ自体に似たもの」の世界ではなかろうか。

では、写真が判じ絵となっている箇所、それが歪んでいる場所とは、たとえばどこなのか。それはたいてい、写真の可視的な部分には見つけ出すことができない。しかし、ベンヤミンの回想を残された写真【図2】と比較するとき、そんな歪みのありどころがたまたま明らかになる。それは彼が左手にもっていると述べている「大きなソンブレロ」である。ここで言及されていると思われる写真で、少年ベンヤミンは左手には何ももってはおらず、その手を左膝に載せている。では、問題のソンブレロはどこから現われたのか。

ベンヤミンが自分の少年時代の写真撮影を回想するたびごとに、それに関連して彼が思い出しているもう一枚の写真がある。子供時代のカフカの写真である【図3】。襞飾りのあるカーテン、棕櫚の木、ゴブラン織り、画架などがごてごてと配置された温室のように見えるスタジオで、六歳ぐらいの幼いカフ

【図2】チロル風の服を着たヴァルター・ベンヤミン（左）と弟ゲオルク、一九〇二年頃。
Österreichische Nationalbibliothek, Bildarchiv und Grafiksammlung, Nachlass Günther Anders.

【図3】フランツ・カフカ、一八八八—八九年頃。
©Archiv Klaus Wagenbach.

カは縁飾りのたくさん付いた窮屈な服を着せられ、左手には異様に大きく、つばの広いソンブレロのような帽子をもたされている――「はかり知れない悲しみを湛えた目が、この日のためにあらかじめ定められた風景を支配し、この風景の深部にまで、とがった大きな耳が聞き入っている」*36。服とおそろいになっているのか、てっぺんの渦巻き文様がやけに印象的なこのソンブレロが、回想のなかでベンヤミンの幼年時代へと移し替えられているのである。

「あの「あわれな束の間の幼年時代」がこれほど感動的に写真に定着されたことはめったにない」*37とベンヤミンが言うこの写真のなかで、異様に大きく、渦巻き文様で眼を引きつけるソンブレロは、カフカの孤立無援なまなざしともども、「幼年時代」の「悲しみ」を凝縮した記号になっていたのかもしれない。それはカフカの写真において、明確に現実を再現していながらもっとも解読しがたいエンブレム的な「歪み」、言い換えれば、あの「視覚的無意識」である。この歪みを通じて、カフカとベンヤミンの幼年時代が回想のなかで互いに似通い、混じり合う。

幼いカフカあるいはベンヤミンの写真の前史がバロックの寓意画集におびただしく登場するクピドのエンブレム【図4】であるとすれば、その後史はたとえば牛腸茂雄の写真連作「幼年の「時間(とき)」」である【図5】。十七世紀、十九世紀、そして、二十世紀の子供たちがかたちづくる星座(コンステラツィオーン)を通じて、骸骨にもたれかかったクピドが「死を想え」というメッセージを伝えるバロックのエンブレムに思いがけないアクチュアリティが宿り、牛腸の写真に写された二十世紀末の子供たちの表情が「根源の歴史」に通じる判じ絵めいたイメージに変貌するのである*38。

カフカ論におけるベンヤミンの言葉を借りれば、「われわれの身体、自分自身の身体」こそ、「最も忘却されている異郷」である。オドラデクをはじめとする「忘却のなかの事物」はみな歪められている。もっとも忘却された「私」の身体は、だから、避けようもなく歪められている。「忘却」とはこの歪曲が生じる場なのだ、と言い換えてもよい。そして、この忘却において歪められたイメージの系列は、

【図4】ヘンドリック・ホルツィウス《誰が逃れえようか？》、一五九四年。

【図5】牛腸茂雄「幼年の「時間（とき）」」（一九八三年）より。

カフカの作品では「せむし」という「歪みの原像」*39に結びついてゆく。童謡に唄われる「せむしの小人」とは、歪められた世界で子供たちが出会う自分自身の分身にほかならない。彼は「歪められた生の住人」*40である。

「わたしのちっちゃな　お部屋にいって／ムースをすこし　食べようとしたら／そこにせむしの　小人がいてさ／とっくに半分　食べちまってるんだ」——そんなふうにこの小人は、「私が手に入れたもののすべてのうちの半分、忘却という半分」*41を取り立てた、とベンヤミンは言う。小人はたびたび現われたが、幼いベンヤミンがその姿を見たことは一度もなかった。いつも小人が彼を見ていた——「それも、私のほうから見ていないと、それだけいっそう鋭いまなざしで」。死に瀕した者の眼前に全生涯が走馬燈のように通り過ぎてゆくという話をめぐって、ベンヤミンは、その全生涯のイメージは、小人が私たち誰もについてもっているイメージから成り立っている、と書く——

それらのイメージが、いまの映写機の前身だった、堅くきちっと製本された小型本のあのページのように、さっと矢のように通り過ぎていくのだ。この本の小口のところに親指を当て、軽く押さえつけながら滑らせていくと、互いにほとんど違わないイメージを、瞬間ごとにつぎつぎ目にすることができた。そうしたイメージが迅速に流れることによって、リング上のボクサーや、波と戦っている泳者の動きが分かるというわけだった。*42

ここで言う「小型本」とは、パラパラ漫画と同じ原理で運動を表現してみせる、いわゆるフリップブックのことである。ベンヤミンはあえて映画をモデルにはせず、たとえばマイブリッジの連続写真やマレーのクロノフォトグラフィ【図6】を思い出させるような、瞬間連続撮影された写真図版からなるフリップブックを譬えに引くのである。もちろん、分解された運動表象を単一の画面に定着するクロノフォトグラフィは、実際にはフリップブックにはなりえない。しかし、ベンヤミンがここであえて映画の比喩によって語らなかった理由は、松浦寿輝がそのマレー論でクロノフォトグラフィについて指摘する、映画という二十世紀的なスペクタクルとは徹底して異質な「イメージ」の、「「もはやそこにない」ということの魅惑」*43と無縁ではないように思われる。

せむしの小人とは、自分が気づかずに忘却してしまった自分自身のイメージを記録し、フリップブック式に製本された写真集のようにして保存する、写真家にも似た存在である——

彼は見ていたのだ、隠れ処の私を、川獺の檻のまえの、冬の朝の、裏廊下にあった電話のまえの私を、

【図6】エティエンヌ＝ジュール・マレーによるクロノフォトグラフィ、跳躍の反復、一八九〇—九一年。

蝶を追いかけたブラウハウスベルクや、吹奏楽に合わせて滑ったアイススケート場の私を、裁縫箱の前の私、自分の抽出しを覗きこんでいる私を、そしてブルーメスホーフでも、病気で寝ていたときも、グリーニッケでも、停車場でも。*44

せむしの小人は、忘却において歪められた「異郷」としてのわれわれの身体の像を記録し、蓄積し、それぞれの人生の最期にフリップブックのように動かして見せる。『一九〇〇年頃のベルリンの幼年時代』とは、回想を通じて、生涯の最期ではなく、幼年時代の決定的な終わりを「庇護された安らかさ」*45の深い断念として経験したベンヤミンに小人が見せた、フリップブックのイメージだった。

高速度連続撮影によって写真に定着された人間の歩き方に、ベンヤミンは「視覚における無意識的なもの」の出現を認めていた。そんな撮影技法ばかり

ではなく、つねに自分が見ることのできない場所から自分を見ているというそのまなざしの性格、そしてそこで定着されたイメージをわれわれの死にいたるまで保存し続けている点においても、この小人という畸型の分身が棲む「歪められた生」とは、われわれひとりひとりの無意識——絶対的な「外部」としての無意識——にほかなるまい。写真家としての無意識——せむしの小人とは、そのアレゴリーなのである。

パリという大都市のあちらこちらを、行方知れずになった漂流物のような風景を撮影して回るアジェの姿は、ボードレールが詩人の分身として強い関心を寄せた十九世紀パリの屑屋に似ている。「せむし」という「歪みの原像」は、大きな屑籠を背負って路上のゴミを拾い歩く屑屋のイメージに結びついているに違いない。そしてそれは、「現存在の廃物のなかに、歴史のイメージを捉えようとする」[*46]、ベンヤミンという歴史叙述者の姿でもある。

ベンヤミンの歴史哲学的な思索と自伝的な回想のなかで展開＝現像（entwickeln）された、「写真」という主題のメタモルフォーゼとはこのようなものである。非感性的類似あるいは類似における歪みを「読む」ための媒体として、写真は集団的・個人的想起をめぐる認識論的な装置へと変容を遂げ、歪められたアレゴリーに姿を変えて、テクストのなかへと忍び込んでゆく。写真はしたたかに、歪められた類似そのものとなって、ベンヤミンの思考の要所要所にみずからを分散させていったのである。われわれが読もうと試みてきたのはそんな変容の一部始終であり、「まったく書かれなかったもの」としての、ベンヤミンにおける写真それ自体の「イメージ」にほかならない。

3　歴史／写真における希望

写真というメディアはベンヤミンにとって、いわば「想起」における認識の構造を探る実験装置になっていた。その想起の問題系が、彼自身翻訳を手がけたプルーストの『失われた時を求めて』の影響を受けていることは言うまでもない。他方、プルーストが大変な写真収集家であり、その小説においてもベンヤミンと同様、過去を想起する営みと写真とが深く結びついていたことは、ブラッサイをはじめとする人びとによって指摘されている。バルトもまた最晩年に「プルーストと写真」のセミナーを予定していた。

しかし、プルーストとベンヤミンの主題は同一であるかのように見えて、その共通性は見せかけにすぎず、両者の仕事の志向性は類似していないどころか、まさに正反対の位置にある、とペーター・ソンディは指摘している。どういうことか。

ソンディは『失われた時を求めて』の最終部で小説の自伝的な主人公マルセルがたどり着く認識のう

ちに、プルーストが「失われた時」を求めたことの意味を見出している――

プルーストが求める失われたときとは過去なのであって、この〈とき〉を再発見すること、つまり過ぎ去ったものと現在のものとが一致することによって〈とき〉そのものの呪縛圏から逃れるためにそこへと向かうのだ。過去としての失われたときを求めることはプルーストにおいては〈とき〉そのものの喪失を目標としている。*47

「ベンヤミンの場合はそうではない」とソンディは言う。精密な比較の対象となっているのは『一九〇〇年頃のベルリンの幼年時代』である。そこでベンヤミンは、自分がのちになって「愛」という言葉で与えられることになるものをはじめて、秘密の符帳のように経験したのは、ティーアガルテン内の王と王妃の像の前にある広場においてであったと回想している。あるいはまた、恋する男が少女に口づけするのに先だって彼女をかき抱くように、幼い自分は食料戸棚の隙間から手を忍び込ませてアーモンドや干し葡萄、砂糖漬けの果物を捜し出し、「口がそれらの食べ物の甘さを味わうまえに、触覚はそれらと逢い引きをする」*48ことを覚えた、とも書いている。これらはいずれも、後年における経験の原型になるものをはじめて知った、「目覚め」にあたる出来事として、想起の対象になっている。ソンディはその点について、こうした幼年時代の経験のうちに「ベンヤミンは自分のもっと後の生の予徴にして最初の痕跡を認めている」*49と指摘する。こうした特徴はこれらの例のように感覚的・官能的な経験に認められるばかりではなく、「夜会」の断章に見られるごとく、自分の家族が所属していた大ブルジョワ階級という歴史的・社会的環境が、何やらとらえどころがなく、のっぺらぼうで、人びとを絞め殺そうとぬかるみめいた闇のなかに姿をくらましている怪物であるかのように感受されるといった、成人したのちのベンヤミンの認識を先取りしたような経験の記憶からも見て取れる。ソンディはプルーストとの違いを次のようにまとめている――

プルーストが過去を求めるのは、過去の現在との符合において――類似した経験によって招かれる符合であるが――〈とき〉から逃れるためである。そしてそれはとりもなおさず未来から、その究極は死である未来の危険、脅威から逃れることを意味している。それに対してベンヤミンが過去のなかに求めるのはまさに未来なのだ。〔……〕プルーストが耳を傾けるのは、過去が後の世へと鳴り響かせている〈余韻（Nachklang）〉にである。ベンヤミンの方は、そうしているうちにもそれ自体過去へとなりおおせてしまった未来が、前の世へと鳴り響かせているいわば〈予韻（Vorklang）〉に耳を傾けるのである。*50

プルーストとは異なって、ベンヤミンは時間による拘束から解放されようと望むのではない。彼は、歴史を超越した事物の本質を求めるのではなく、歴史の経験と認識を獲得しようとする。「ところが過去へと追い返されてしまうのだ」――

とはいえその過去とは閉じたものではなく、開かれており未来を約束している。ベンヤミンの時間形式は完了時称ではなく、過去の未来時称という、未来でありながらまた過去でもあるというまったくの逆説を負っているのだ。*51

ソンディの指摘するこの時間形式が、「すでに起きてしまった出来事に関する回顧的な予言」という、ベンヤミンによる写真の読み取り方に対応していることは言うまでもない。ただし、ここではそれが「余韻」と「予韻」という音の経験として語られている。ソンディはここで、『一九〇〇年頃のベルリンの幼年時代』（アドルノ－レックスロート稿）の「ある訃報」という断章を参照している。そこでは「既視感（デジャ・ヴュ）」が問題となるのだが、それは視覚的現象ではなく、むしろ、われわれを襲う「谺」の音として語るべき現象と見なされている。この現象においては、「谺を惹き起こした音響が、逆に、流れ去った生の暗闇のどこかでその谺から発せられたもののように思われる」*52。現在われわれが耳にしているのは、或る過去の音響の谺なのだが、その過去の音響それ自体が、その産物であるはずの現在聞こえている谺の谺であるかのように感じられるのである――「この言葉やざわめきやノックの音には、私たちを不意に過去という冷たい墓穴のなかへ呼び入れる力が与えられており、私たちには現在が、この墓穴の丸天井から反響してくる谺にすぎないように思われるのだ」*53。ソンディはこれがプルーストの「余韻」に対応すると見ている。「ある訃報」はさらにこう続く――

> 奇妙なことに、現在の現実からのこのような意識の遊離の反対像（Gegenbild）は、まだ追求されたことがない。――たとえば、あるひとつの言葉が、私たちの部屋に置き忘れられたマフ［婦人用の防寒用手袋］のように私たちをはっと驚かせる、そのショックがそれである。このマフが私たちに、誰か見知らぬ女がやってきたことを推測させるように、それとは目に見えない見知らぬものを推測させる言葉や間（ま）というものが存在する。この、それとは見えない見知らぬものこそ、私たちのもとにそうした言葉や間を置き忘れていった未来にほかならない。*54

プルースト的な「余韻」の「反対像」が、このショックの経験であり、それがソンディの言う、ベンヤミンにおける未来の「予韻」である。ソンディはそこで、予韻の衝撃によって際立たせられる瞬間を呼び覚ますことがベンヤミンの「想起（Eingedenken）」という営みであると述べて、『一方通行路』のこんな一節を引く――「生という書物のなかで、その本文の欄外に予言として記されていた見えない文字を、追想（Erinnerung）は紫外線のごとく、それぞれの人に見えるようにする」*55。これはすでに見たように、生という書物について「まったく書かれなかったことを読む」ために、そのテクストをあたかも写真のように現像し、そこに隠されていたものを浮かび上がらせる、「歴史の現像」の方法にほかならない。『一九〇〇年頃のベルリンの幼年時代』などの回想から引き出されたこの方法は、『パサージュ論』をはじめとする近代の「原‐歴史＝根源の歴史（Urgeschichte）」の探究、すなわち、十九世紀のパリという過去にユートピア的な未来を探る試みへと結びついてゆく。

ソンディが言うように、「没落を知ることでベンヤミンの未来へと向けられたまなざしは遮られてしまい、未来のものを見ることが許されたのはそれがすでに過ぎ去ってしまっているところだけだった」*56のかもしれぬ。そして、その没落は、ベンヤミン個人に限定されたものではなく、彼の生きた社会や時代それ自体の凄まじい規模での急激な没落にほかならなかったことをわれわれは知っている。その没落のただなかで、ベンヤミンは過去へと向けた戻り道を行くのだが、それはユートピアの約束をうちに保つ未来への戻り道なのである。「歴史の概念について」でソンディが論文のタイトルで言う「過ぎ去ったもののなかの希望」とはこの未来である。ソンディは、過去には救済への道を指示する「秘められた索引［指標（Index）］」*57があると言う。この索引＝指標を通して、歴史叙述者は「過ぎ去ったもののなかに希望の火花を掻き立てる」*58。序第4章で見たように、ベンヤミンの「歴史の天使」とは、過去のほうを向き、この索引＝指標を求めて手を掲げたまま吹き飛ばされてゆく、希望の寓意像にほかならない。

本章でたどってきたように、歴史の天使や歴史叙述者が過去に向けるまなざしは、写真のなかに「目立たない箇所」、存在しない細部を探す者たちのそれに対応している。写真を見る者は否応なく過去に向き合うのであり、「歴史の犯行現場」の目撃者となる。そのとき、写真に写された過去とそれを見る現在との遭遇のなかで、未来を孕んだ希望が火花のようなイメージの閃光となって煌めく――写真において「過ぎ去ったもののなかに希望の火花を掻き立てる」とはそんな事態であろう。だが、「過ぎ去ったもののなかの希望」、写真のなかの希望とは、では、いったい何を意味するのか。

われわれは第III部第4章でイーストウッドの『チェンジリング』を論じた際に、これをベンヤミンの歴史叙述におけるサスペンスの問題としてすでに考察している。希望が現在のわれわれに与えられるのは、過去の死者たちという「希望なき人びと」のためである。過ぎ去ったもののなかに希望を見出すとは、確定して変えられない諸事実の因果律の軛から過去を解放する契機を発見することである。それをなしえたとき、歴史は局所的に流動化して未決定状態に置かれる。これがベンヤミンの言う「歴史を逆撫でするこ と」*59であろう。歴史は任意の場所で「逆撫で」にすることができるわけではない。そのためのきっかけとなるほんの小さな齟齬、素地のほころびがまず見つけ出されなければならない。そのうえで、滑らかに連続したものに見えていた歴史が逆撫でされて毛羽立ち、ひとつひとつの出来事が孤立してあらたに解読を迫ってくる。歴史というフィールドが部分的にパラタクシス化すると言ってもよいし、表層に走った裂け目から歴史の根源的な場が露呈する、という言い方もできよう。ベンヤミンの言う「原 - 歴史＝根源の歴史（Urgeschichte）」とは、この根源的な場のことではないだろうか。

「歴史の逆撫で」を通じ、歴史叙述者が歴史を書くこの現在において、過去の出来事の帰趨が改めて決されるかのようなサスペンスが生まれる。そのとき、死者たちもまたけっして安全ではない。不正によって失われた命がふたたび辱められるかもしれない。それでもなお、必然と化したかのような歴史を、つかの間でも揺るがせる「逆撫で」が試みられなければならない。それが同時に、歴史にざらついた「肌理」を取り戻し、過去に触れる歴史経験の場として歴史叙述を構築し直すことなのである。本書において、ゼーバルトの散文やビネの『HHhH』をはじめとする文学的歴史叙述を通じて探ってきたのは、その方法であった。他方、「希望の火花を掻き立てる」ことがもっとも困難に思える極限状況下の写真について、その写真のあらゆる細部をパラタクシス化させる、モンタージュによる歴史的再構成について検討したのが、第II部における議論である。これもまた、写真の意味をあらかじめ規定している読み取りのコードを「逆撫で」し、写真の「彼方」を切り開こうとする試みであった。

過ぎ去ったもののなかに希望を探し求める歴史叙述者の、この「逆撫で」という身振りのうちに、「ゲーテの『親和力』」の終わりで、「彼らが「闘いに叶うほどに強く」ならなかったとしても、それがどうしたというのか」[*60]と問いかけるベンヤミンの、ゲオルゲに反駁するかのような強い語調を思い出す。この問いが導く、「ただ希望なき人びとのためにのみ、希望はわたしたちに与えられている」という末尾の文は、それ自体が「希望という感情のなかに出来事の意味を成就」[*61]しようとする語り手ベンヤミンの切迫感を伝えている。「それがどうしたというのか」——この問いは直接的には、『親和力』において無為のままに死んでゆくエドゥーアルトとオッティーリエという「希望なき恋人たち」を揶揄するかのように見立てて引かれた、ゲオルゲの四行詩を受けている。それをここでは、希望を見出そうとする者に共通する、ひとつの抵抗の「身振り」ととらえたいのである。本書でわれわれはそんな身振りをいくつも目撃してきた。それはたとえば、アウシュヴィッツで撮影された四枚の写真をめぐるディディ=ユベルマンの「イメージ、それでもなお」、すなわち、「すべてに抗して(malgré tout)」という身振りであり、『HHhH』における「僕は信じる」という身振りであり、さらには、『僕だけがいない街』の主人公・悟の「僕なら助けられたハズなのに」から「僕なら助けられるハズだ」への転回の身振りであり、あるいは、橋川文三の「死に切ることの拒否」という「死に損い」の身振りであり、畠山直哉が発した「いや、でもそれは卑怯だろう」という拒否の身振りである。松重美人の写真に写った母に抱かれた幼児の名を求める倉石信乃の「無体な思い」もまた、そんな身振りに連なるものだろう。そして、みずからを突き刺した写真の情景のうちへと狂ったように入り込み、「すでに死んでしまったもの、まさに死なんとしているものを腕に抱きしめた」バルトの行為とはまさしく、歴史を逆撫でにする「愛の抗議」の身振りではないだろうか。

われわれが確認したように、ベンヤミンにおける歴史叙述が写真的パラダイムのもとにあるのだとすれば、写真のなかに「まったく書かれなかったことを読む」という身振りこそは、歴史を逆撫でにして希望の火花を掻き立てる歴史叙述者の身振りの原型である。文字通りに「野蛮の記録」以外の何ものでもないビルケナウでSSが撮影した写真を再撮影し、そこに写された子供たちの瞳を拡大するという行為でわたしが闇雲に行なおうとしていたこともまた、写真を「逆撫で」にして、「まったく書かれなかったこと」を何とか読み取ろうと試みる身振りではなかっただろうか。詮ないことだろう。それこそ物狂いじみている。しかし——あえて言う——「それがどうしたというのか」。どのように小さな抵抗でも、試みられる価値はある。いや、否応なくそうした抵抗が迫られる、そんな瞬間があるのではないか*62。「歴史の概念について」でベンヤミンは、そうした切迫をもたらすものを「秘密の約束」と呼んでいた——

実際また、かつて在りし人びとの周りに漂っていた空気のそよぎが、私たち自身にそっと触れてはいないだろうか。私たちが耳を傾けるさまざまな声のなかに、いまでは沈黙してしまっている声の谺が混じってはいないだろうか。私たちが愛を求める女たちは、もはや知ることのなかった姉たちをもっているのではなかろうか。もしそうだとすれば、かつて在りし諸世代と私たちの世代とのあいだには、ある秘密の出会いの約束が存在していることになる。だとすれば、私たちはこの地上に、期待を担って生きてきているのだ。だとすれば、私たちに先行したどの世代ともひとしく、私たちにもかすかなメシア的な力が付与されており、過去にはこの力の働きを要求する権利があるのだ。*63

この文章を書いたとき、ベンヤミンはナチに追われ、最終的にパリを去る直前だった。彼はまずルルドに逃れ、マルセイユからの出国に失敗したのち、ピレネー山脈を越えてたどり着いたスペイン国境の町ポルボウで、入国を拒否されたうえに強制送還の脅しに遭い、一九四〇年九月二十六日、服毒自殺することになる。この逃避行のあいだずっと、ベンヤミンはこの「歴史の概念について」の草稿をかたときも手離すことはなかったという。このテクストの異稿には、ブレヒトの詩「後から生まれてきた者たちに」を参照した、次のような一節がある――

> われわれは後から生まれてきた者たちに、われわれの勝利への感謝を、ではなく、われわれの敗北の想起（アインゲデンケン）を、要求する。これは慰めなのだ――すなわち、もはや慰めへのいかなる希望も持ってはいない者たちにとってのみ存在しうる、慰め。*64

　これが「希望なき人びと」をめぐる『親和力』論末尾の一文をパラフレーズしていることは明らかだろう。慰めへの希望なき人びとのためにのみ、その敗北を想起するという務めがわれわれに与えられている。「歴史の概念について」フランス語手稿では端的に、「われわれの世代が残そうとしているイメージとは唯一、敗北した世代というイメージ」であり、それが来たるべき世代への「遺産」であると述べられている*65。ベンヤミンはみずからの世代の敗北を知っていた。だからこそ、自分の生命すら危うい、もっとも力弱いときに、彼が「秘密の出会いの約束」という死者たちからの「期待」を担い、「かすかなメシア的な力」を信じたことに、いま、改めて胸を衝かれる。空気のそよぎ、遠い谺、恋人の肉体に宿る眼に見えぬ「姉たち」の面影――「過去に触れる」、そんな感覚的歴史経験が存在するからこそ、「秘密の出会いの約束」という黙契の存在をわれわれは知る。強調された「かすかな（schwach）」という形容詞を通じて、われわれがいま、ベンヤミン個人と時代の危機にわずかでも「触れる」ことを感じるとすれば、それもまた、この黙契が結ばれていることの証左であろう。

　そこに希望がある。彼の歴史哲学とは希望の哲学だった*66。過ぎ去ったもののなかにこそ、希望というかたちで未来はある。希望の寓意像が示していたように、希望は救済が確実に予定された状態ではない。いかなる解決も宙吊りにされ、しかし、それが未決定だからこそ、そこに救済への希望もまた生まれる。歴史を逆撫でにするとは、過去を――つかの間、局所的にであれ――この宙吊り状態にすることにほかならない。

ベンヤミンのこうした歴史哲学、すなわち、希望の哲学にとって、「秘められた索引［指標（Index）］」となったのが写真であった。写真はパースの記号学における意味で「指標（インデックス）」の性質をもち、確固とした過去の揺るぎない痕跡のように見える。しかし、だからこそ写真はベンヤミンの思想において、歴史を逆撫でにするための小さな特異点＝索引（指標）とされたのである。もっとも固定しているはずの痕跡が流動化し、そこに「まったく書かれなかったこと」が読み取られる＊67。この意味で写真とは、歴史をめぐるベンヤミンの思考それ自体にとってのひとつの希望だったのではないか。写真と対面するとき、われわれは必ず顔を過去に向ける。ベンヤミンによれば、歴史の天使が過去に見るのは破局（カタストロフ）だけだが、しかし、その破局のなかにこそ希望はある。この天使の姿勢が希望の寓意像のそれと一致することは、だから、不思議ではない。「写真がひとの胸をあれほど衝くのは、そこからときおり不思議な、何か彼岸的なものが吹き寄せてくるからである」＊68という、ゼーバルトの言葉が思い起こされる。そんな風に吹かれて眼を見開きながら写真を見つめるとき、ひとはおのずと歴史の天使の身振りをなぞっているのである。

ベンヤミンにとってもっとも身近だった「希望なき恋人たち」、親友のフリッツ・ハインレとその恋人リーカ・ゼーリヒゾーンは、第一次世界大戦勃発直後にガス自殺している。リーカは生前ベンヤミンに、ゲオルゲの詩集『魂の年』のひとつの詩を或る謎めいた素振りとともに指し示したという＊69。川村二郎は同じ『魂の年』からの一篇、「ほとぼりのすべて消え失せた／かまどに　君らは歩み寄った」と始まる詩をもとにしたアントン・ウェーベルンの作品に触れ、「もう夜は深い」というその最終節をめぐってこう書いている――

「もう夜は深い。」それは人間の営みがすべて無効を宣告された深夜であって、そこでこのように発せられた言葉は、いわば、最後の言葉にひとしい。ある決定的な終末を、ゲオルゲの詩と同様に、ウェーベルンの音楽も告げ知らせている。だが、その終末はまさに決定的である故に、後の空白はどのようにも塡められるはずだ、どのようにも塡められねばならぬという、気がかりに満ちた強迫観念に似た思いを、営みの無効を告げられてもやはり生きて行くよりほかない人間の心から誘いだす。それはベンヤミンが、ゲオルゲの詩の印象と分かちがたく結びついているという、自殺した女友達の謎めいた身ぶりに通じるので、彼女の死によって永遠に解けぬままに終ったその謎が、まさしく解かれ得ぬ故に、解きたいと願う気持をいつまでも抱き続けさせるのと同じことなのである。*70

だが、「ある決定的な終末」は、それがあまりにも決定的に見えるがゆえに、そのような必然性に抗して、「それがどうしたというのか」という「逆撫で」の挙措を、ひとにあえて選ばせるのではなかろうか。「営みの無効を告げられてもやはり生きて行くよりほかない人間の心」は、そのような反撥の動きを生むのであり、それが川村の言う「気がかりに満ちた強迫観念」の由来であるように思われる。

この女性の身振りに、ベンヤミンは一生取り憑かれたに違いない。「まさしく解かれ得ぬ故に、解きたいと願う気持をいつまでも抱き続けさせる」とは、何という謎であろうか。それは身振りの謎であり、身振りというかたちで残存するイメージの謎である。そして、宙吊りにされたこの謎こそが、部屋に置き忘れられたマフに似て、見知らぬ未来を指し示し、逝ってしまった女(ひと)との再会を願う気持ち——秘密の出会いの約束——をいつまでも生かし続ける。

それゆえにこの身振りの謎とは、ベンヤミンが「希望」と呼んだものの裏面なのである。

第2章　記憶の色――ヴァルター・ベンヤミンと牛腸茂雄の身振りを通して

1　キンポウゲを摘むベンヤミン――ジゼル・フロイントの一枚の写真について

ヴァルター・ベンヤミンを撮影した写真のなかに、一瞥で忘れがたいものとなる、一枚のカラー写真がある【口絵1】【図1】。画面左端に位置する彼は、黄色い花一輪を手にして、川辺にたたずんでいる。足元にはその黄色い花が群れるように咲いている。川の向こう岸には、教会だろうか、屋根に十字架の立つ大きな建物が見える。

これは写真家ジゼル・フロイントが一九三九年にフランス、ブルゴーニュ地方のポンティニーで撮影した写真である。背景に見えるのは十二世紀にまで遡るシトー会のポンティニー修道院であり、その手前に水車用導水路が位置している。なお、この写真には白黒ないしベンヤミンが画面の右端に立つ版が存在するが、ベンヤミンの着衣や修道院との位置関係などから見て、後者は裏焼きであり、いずれも不完全なヴァージョンと見なすべきだろう。二〇一四年にベルリンで開かれたジゼル・フロイント展では、オリジナルのカラー・スライドからデジタル技術による色彩の復元がなされた。そのオリジナル・スライドを含むスライド集は「セントラルパーク」と名づけられている*1。これは『パサージュ論』におけるボードレール論の理論的な中心をなす断章群に著者ベンヤミンが予定していた名であった。

ベンヤミンがポンティニーを訪れたのは一九三九年五月のことである。当時、ポンティニー修道院では、著作家ポール・デジャルダン主宰により、フランスやヨーロッパ各地から知識人らが集まり、十日

【図1】ヴァルター・ベンヤミン、ポンティニー、一九三九年、ジゼル・フロイント撮影。

間単位で議論を繰り広げる「旬日会（Décade de Pontigny）」（一九一〇―一四年、一九二二―三九年）が毎年開かれていた。旬日会はデジャルダンの娘（一九七七年以降はその子供たち）に受け継がれ、ロワイヨーモン（一九四七―五二年）そしてスリジー＝ラ＝サル（一九五二年以降）におけるコロックとなって、現在にいたるまで開催されている＊2。ゲルショム・ショーレムに宛てた書簡によると、ベンヤミンは一九二九年に旬日会に招待されているが、この年に参加した形跡はない＊3。一九三九年の滞在中にマックス・ホルクハイマーに宛てて書かれた手紙では「三年前の招待」について触れられているから、一九三六年にもそのような機会があったのかもしれない＊4。しかし、いずれにしても実現はしていない。

ベンヤミンが一九三九年にポンティニーから出した手紙は五月十日から十九日にわたり、六月四日にベンヤミンはすでにパリに戻っているから、おそらく五月下旬にはポンティニーを離れたものと思われる。この間に旬日会は開かれておらず、彼はそれに参加するためにここを訪れたのではなかった。推測されるところでは、デジャルダンを通じてフランスの文化的エリートとのパイプを得ようとする意図があった模様である。しかし、肝腎のデジャルダンは老齢で衰弱しきっており(翌年死去)、満足に会話する時間ももてなかった。彼の妻が差配していたポンティニーの内部は、スカンジナヴィアの若者たちが住み込んで講習を受けている状態で、催される招待講演は俗流マルクス主義の空疎な内容だったという。ベンヤミンは書簡で一万五千冊の蔵書を有する図書室を賞賛はしているものの、知的な交流という意味では実りのない滞在だったと言うべきだろう。ポンティニーを離れる前に彼も請われて講演「ボードレールの「パリ風景」に関するノート」を行なっている。「それはつかの間デジャルダンを電気ショックで活気づけた」*5と彼はホルクハイマーに宛てて書いている。

一方、フロイントはポンティニーをたびたび訪れ、修道院の客人である知識人たちを撮影していた。博士論文のためにフランスにおける初期写真を研究していた彼女とベンヤミンは、お互い調査に通っていたフランス国立図書館でしばしば顔を合わせた旧知の仲であり、フロイントが彼女の自宅や図書館でベンヤミンを撮影した白黒写真は、一九三五年頃のものから残されている【図2】。十六歳の年齢差があったものの、彼らはとても親しく、パリの街を歩きながら語り合い、カフェで週二回チェスをしたという。ベンヤミンは負けると必ず不機嫌になった、とフロイントは述懐している。仏独の開戦後、一九三九年九月にベンヤミンが敵国人として収容所に入れられた際、彼女は彼を救い出すために奔走している。

ユダヤ系のフロイントは一九三三年五月末にドイツからパリに逃れて以来、写真スタジオを開き、とくに翌年、オデオン通り「本の友の家」店主アドリエンヌ・モニエと親しくなってからは、作家たちの肖像写真のジャンルで精力的に活動していた。彼女をとりわけ有名にしたのは、作家アンドレ・マル

【図2】ヴァルター・ベンヤミン、パリ、ジゼル・フロイント宅のテラスにて、一九三五年、ジゼル・フロイント撮影。

ローを撮影した写真である【図3】。これはマルローの小説『人間の条件』新版のために依頼された仕事だった。フロイントは作家を自宅に招き、スナップ写真のために十分な光量があるテラスでこの写真を撮っている。風に髪が乱れ、口の隅に短くなった煙草をくわえて、眉間に皺を寄せながらカメラを凝視しているマルローの姿は、冒険家でもあった作家にいかにもふさわしいイメージとして、広く普及してゆくことになる。

一九三八年、コダック社とアグファ社が前後してカラーフィルムの販売を開始した。フロイントはさっそくこのフィルムを用いた文化人たちのポートレイト写真の撮影を計画する。ベンヤミンについても、すでにこの年に「本の友の家」で撮影されたカラー写真がある。このプロジェクトの作品のなかでもっとも有名なものは、一九三九年に撮影されたヴァージニア・ウルフの写真だろう*6【図4】。このウルフの写真に限らず、フロイントによる作家・芸術家たちのカラー写真で特徴的なのは、先ほどのマルローの写真とは対照的に、奇妙に硬直したポーズや表情である。それらはいわば蝋人形のようなのだ。

【図3】アンドレ・マルロー、パリ、ジゼル・フロイント宅のテラスにて、一九三五年、ジゼル・フロイント撮影。

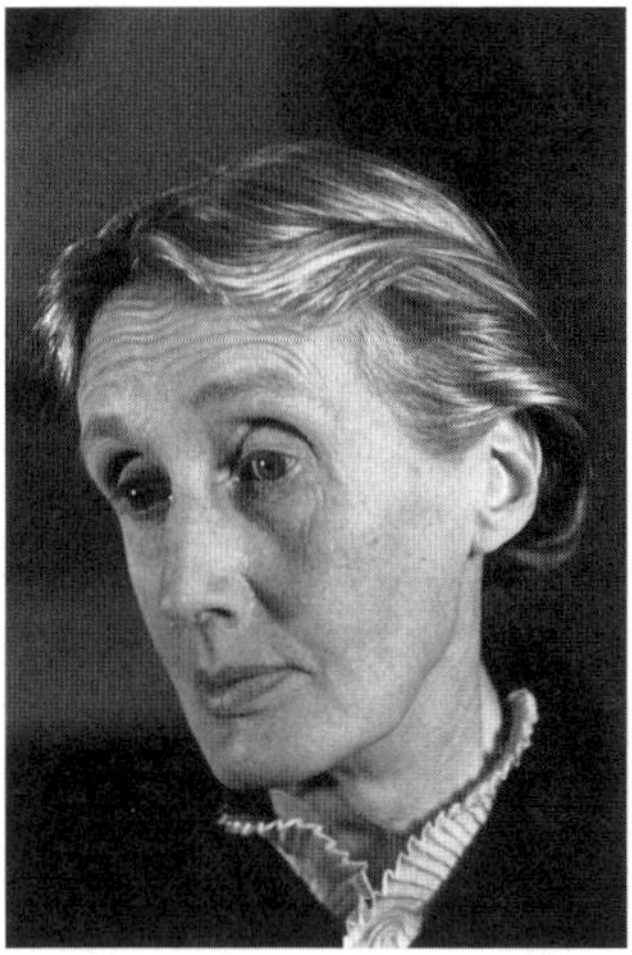

【図4】ヴァージニア・ウルフ、ロンドンの自邸にて、一九三九年、ジゼル・フロイント撮影。

これには理由がある。まだ市場に登場したばかりのカラーフィルムは感光に要する時間が長く、とくに室内では被写体の静止状態を必要としており、スナップショットによる撮影は不可能だった。これによってカラー写真は、あたかも時代を八十年遡ったかのように、ナダールの時代の初期肖像写真に近づくことになる*7。また、光量に応じたより効果的な撮影を行なうために、被写体に接近して人物の顔がクロースアップされることが多くなり、それに加えて、その人物の特徴を表わす要素として顔のみならず手も画面内に収めるために、頬杖をついたメランコリーのポーズなど、多少の違いはあれ、身振りはおおよそ類型化されていった*8。

白黒写真であれば、このようなポーズの定型化はアナクロニズムを感じさせたことであろう。フロイント撮影によるウルフやベンヤミン、あるいはマルセル・デュシャンといった作家・芸術家たちのカラー・ポートレイトがいまだ彼らのアイコンになりえているとすれば、それはひとえに色彩の存在による。ここでたとえば人物の皮膚の「本当の」色彩は問題にはなりえないのだから、オリジナルのカラースライドの褪色を補正する処理のほか、色調の微妙な調整には無数の選択肢がありうることになるだろう。そして、その違いは写真を見る者の印象に直結する。白黒写真の場合に同様の事情がありえないわけではないにしても、主観的な印象の差はカラー写真の色調の違いによるほうがはるかに大きい*9。

だが、そのように微妙な差異こそが決定的となる色彩の心理的効果ゆえに、ウルフやベンヤミンの頬のかすかな赤味は、この人物たちにも血が通っていたのだという事実を感覚的にわれわれに感じさせる。撮影された作家や芸術家たちが生身の彼ら自身の肉体によってではなく、その作品を通じて神話化され神格化された存在であればあるほど、皮膚の赤味や染み、瞳の色などが相まって作り上げる印象はまず、彼らでさえ老いて死んでゆくごく普通の人間であったという端的な認識に通じている。しかし同時に、万遍なく照明で明るく照らされた、やや平板な画面の色調は落ち着いて淡く、モデルたちの型に嵌まった姿勢のせいもあって、カラーであるにもかかわらず、生気を強く感じさせるというよりは、彼らの肉体はいわば屍蠟化しているかのように見える。生と死の狭間で揺らぐこうした色彩の印象ゆえに、おもに顔と手からなるこれらの肖像写真には、ベンヤミンが『写真小史』で初期写真に認めたものとは異なるにせよ、初期のカラー写真だからこそありえたような「アウラ」が宿されている。

ベンヤミンが自身の肖像を含むこれらのカラー写真をどのように受け取っていたのかはわからない。しかし、その色彩論から、いささかの推測を試みることはできるだろう。十九世紀の児童本を飾る彩色された銅版画の挿絵【図5】に触れて彼は、「色という媒体において繰り広げられるのは、諸事物が子供たちの精神のなかで送る夢想的な生である」と書いている――「子供たちは多彩さから学ぶ。というのも、憧憬なき感覚的観想は、ほかのどこよりも色のなかを我が家のように感じるからだ」*10。色彩と

【図5】 ベンヤミンによる児童本コレクションの一冊、『最新版世界図絵(オルビス・ピクトゥス)』(一八三八年)より、「L」の図版。Lamm(仔羊)、Larve(仮面)、Leuchtthurm(灯台)、Luftschiff(気球)など。

ファンタジー（Phantasie 能動的・創造的な「想像（Einbildung）」とは区別される、受動的・直観的な「空想」、「空想されたもの」）の関係はかなり若い時代からのベンヤミンの関心事であり、一九一五年頃に書かれた草稿「虹――ファンタジーについての対話」では、ファンタジーが「色彩の原源泉」*11ととらえられ、子供と芸術家はともに色彩の世界に生きている、と述べられている。そこで彼は一年余り前に自殺した親友フリッツ・ハインレの詩の一節、「もしも僕が物質でできているとしたら、僕は自分を色彩化する［色づける（フェルベン）］ことだろう」を引く*12。こうした詩人と同じく、純粋なファンタジーを内面に有する子供たちは、たとえば赤面したとき、「彼ら自身が色彩の現存（ダーザイン）のうちへと帰ってゆく」*13。一九二六年のエッセイ「子供の本を覗く」によれば、彩色銅版画の挿絵に描かれた風景、「その彩り豊かな火照りには、本のうえに屈みこんだ子供たちのまなざしと頬とが反射しているのである」*14。色彩の経験とはこのように、ファンタジーを介して見る者自身が「色づく」ことである。身体はそのとき、色を帯びて輝く眼において、色彩に対しあくまで受動的に照応する。この点で色彩の知覚は嗅覚および味覚と相通じる――「言葉そのものが、見（え）る（[aus-]sehen）、におう＝嗅ぐ（riechen）、味がする＝味わう（schmecken）といった、自動詞としては対象に、他動詞としては主体となる人間に、ともに用いうる語において、このグループをひとつにまとめている」*15。色彩は「見える」という受動性において知覚される現象なのである。ベンヤミンの顔が文字通りに「色づいた」カラー写真を見る者が覚えるのは、十九世紀の児童本を手にした批評家がその挿絵を通して想起している、幼年時代における「色彩の現存（ダーザイン）」への回帰なのかもしれぬ。

一九二〇年代初頭に書かれたと思われる「ファンタジーのために」と題された短い断章でベンヤミンは、先に挙げたハインレの詩の一節を参照対象としながら、「秋において生じてくる変化する色づき（Färbung）が没落（Untergang）と関係のあることは自明である」、「より濃い色づきは本来、地上的な没落にともなうものである」と述べ、「腐りかけた軀の放つ燐光」がその表われであると示唆している*16。

「生成（Werden）」がかたちの「造形（Gestaltung）」に表われるのに対して、「消滅（Vergehen）」は「色づき」において示される。これに対し、地上的な「色づき」とは異なり、「褪色（Entfärben）」が表わすのは、超地上的な圏域における生成と一体化した没落であるという。そのしるしが、死に至った人間や冬における自然の「蒼白化（Erbleichen）」である。――ベンヤミンのこうした「色づき」と「褪色」の形而上学を背景とし、そこに姿を見せる「没落」や「消滅」といった概念が、ベンヤミンの思想における「アウラ」の出現条件である「凋落（Verfall）」と呼応していることを考慮するとき、先ほど「初期のカラー写真だからこそありえたような「アウラ」」と呼んだものとは、地上的な没落を表わす「色づき」としての、「腐りかけた軀の放つ燐光」にほかならなかったように思われる。

このような色彩の形而上学を踏まえ、ポンティニーにおけるベンヤミンの写真に立ち返ろう。この写真ではモデルのほぼ全身が撮影されている。しかし、彼は画面の中央にはいない。同じ年の五月十三日に、すでにポンティニーを去ったフロイントはベンヤミンに宛て、この写真に触れて次のように書いている――「風景写真も悪くありませんし、あなたが黄色い小さな花を手にしている写真はとりわけ感じの良いものです」[*17]。つまり、これはフロイントにとって肖像写真ではなく、風景写真だったのである。なるほど、背景の修道院や果樹畑、運河や草花からなる風景が画面の多くを占め、この写真の主題となっていることはたしかだろう。だが、運河や修道院の屋根の稜線などが画面左外に向けて収斂しているために、写真の左端にいるベンヤミンに見る者の視線は否応なく向かうことになる。

カメラのフレーム内に左側から入り込み、いま、右足を踏み出そうとしているように見えるベンヤミンの姿勢からは、スナップショットに近い印象を受ける。ただ、古びてきつめの上着を窮屈そうに着込んだその動きに自然な滑らかさは感じられない。彼はどこか場違いな印象を与える。この写真に思わず魅せられるのは、書物と大都市の人ベンヤミンが、田園の陽光のもとで小さな花を手にしているという意外性にあるのかもしれない。そこにはどことなくコミカルな気味も感じられる。ベンヤミンはこの花を膝元の花叢から摘んで、立ち上がったばかりなのだろうか。だが、彼の関心はもはや咲き乱れる花やそれを取り巻く自然にはなく、一輪の黄色い花をぼんやりと見つめているだけのように見える。パリの国立図書館で、あるいは、モニエの書店で書物を相手にしているときの写真では、張り詰めた意識で文字に集中しているベンヤミンが、ここでは手にした花以外の樹木や水や日の光といった感覚世界から切り離され、ほとんど夢遊病者のようにして、フレームの左下を行き過ぎようとしている。花を摘んだことすら、明確な意図なしの行為であったのかもしれない。彼の表情にははっきりとした意志が欠けている。それはほとんど、みずからの内面にあまりにも沈潜した、放心状態のようにも見える。この写真のこうした印象をめぐり、或る作家はこんなことを書いている――

> ここにあるのは、もっとも型破りな思想家の、もっとも型破りであることによって適切な肖像であり、それが同時に、ヴァルター・ベンヤミンによって表現ないし体現された思考の描写なのである。彼女［フロイント］はわたしたちに思考を、何らかの活動やプロセスとしてではなく――誰にそんなことが達成できようか？――、世界から撤退し、まさに一心不乱にどこか別の場所にいるためのひとつの条件として示している。*18

この写真に把捉されたベンヤミンの「異世界性」は、姿勢や表情の茫然自失した不活発さにもかかわらず、その背後では思考という非常に困難な精神的作業が行なわれているというパラドクスを表わしている、とこの作家は言う*19。その思考は精神的な構築物を活発に組み立てる行為ではなく、むしろ、「もっともありえないような音のハーモニーを鍛えられた耳で聴き取ること」*20という方法によってなされている。

注目すべきはそこに或る種の「思考の悲しみ」*21が感じ取られている点である。別の人物もまた、この写真が感じさせる「細部に宿る神を探す悲しみ（un triste）」やデューラーの《メレンコリアⅠ》に描かれた翼のある人物像のメランコリーについて語っている＊22。だが、それはむしろ、『写真小史』でベンヤミン自身が指摘している、幼いカフカの写真を浸している「果てしない悲しみ」を思い起こさせると言うべきではないだろうか。このカフカの写真は初期写真のひとつの対極をなしている、とベンヤミンは書いている——

> 初期の写真に写っている人間たちは、まだこの少年ほど孤立無援のうちに世界を見つめてはいなかった。彼らのまわりにはアウラがあった。＊23

ベンヤミン自身のものを含めて、フロイントが撮影した作家・芸術家たちの肖像写真が帯びている初期カラー写真のアウラとはたしかに異なる何かがここにはある。イメージの等し並みな平板さ——しかし、それこそが「屍蠟のアウラ」を生むのだが——を特徴とする他のポートレイトとは異なり、ポンティニーのベンヤミンの写真には、いわば「夢の臍」のような、イメージが歪んで別の世界に通じている点がある。たとえば、前の章で見たように、幼いカフカの写真であれば、それはこの男の子が左手にもっている、不釣り合いに大きい、ソンブレロのような帽子であった（本書四二二頁図3）。ベンヤミンは幼年時代の自分の写真とカフカのこの写真の記憶を混同し、自分が同じ帽子を手にして記念撮影されたという誤った回想を書き残していた。

ポンティニーの水辺で撮影されたベンヤミンの写真にそんな「夢の臍」にあたる細部があるとしたら、それは彼が手にしている小さな黄色い花だろう。この花はおそらく、フランスでは「黄金のボタン（Bouton d'or）」と呼ばれるキンポウゲの一種 Ranunculus acris（アクリスキンポウゲ）と思われる。キンポウゲはトリカブトと同じ科で種に毒をもつ。ベンヤミンがポンティニーを訪れたのは五月中〜下旬であり、一方、フランスにおけるキンポウゲの開花時期は六～十月だから、少し早咲きだろうか。ブルゴーニュの五月の光が「黄金のボタン」に照り映えるなか、その咲き乱れる花叢から黄色い小さな花を一輪、無器用に身をかがめて摘んだのであろう、ベンヤミンの所作を思い描く。何よりも「小さなもの」を愛し、独特の細かな文字でテクストを綴ったベンヤミンには、キンポウゲのような小さめの花がいかにもふさわしい。

翌一九四〇年の春、ベンヤミンはグレーテル・アドルノに宛てた手紙のなかで、次のように書いている――

マロニエの下でのあの会話はここ二十年間のひとつの突破口だった。いまでもぼくはそれを、命題の集合としてよりもむしろ、考えに耽った散歩の途中で摘み集めた、ささやくような野草の花束としてきみに手渡したい。*24

ベンヤミンがここで言う「ささやくような（flüsternd）野草の花束」とは、やがて「歴史の概念について」としてまとめられることになる着想だった。考えに耽っていた散歩の途上で摘んだ花――そのイメージには一年前のポンティニーの記憶もまた、いくばくかは重なっていたことだろう。彼はまさに鍛えられた思考の耳によって、そのささやきという「音のハーモニー」を聴き取っている。

ここでこの花がキンポウゲであることに注意しなくてはならない。ポンティニーでベンヤミンが行なった講演は、ボードレール『悪の華』のひとつの章である「パリ風景」に関するものだった。すでに一九三五年五月に脱稿していた『パサージュ論』概要「パリ――十九世紀の首都」（ドイツ語草稿）の第IV章「ルイ＝フィリップあるいは室内」には、『悪の華』から採られたこんなエピグラフが掲げられている――

頭は……
枕もとのテーブルの上、金鳳花(きんぽうげ)のように
憩うている

（ボードレール「殉教の女」〔阿部良雄訳〕）*25

この一節は『一方通行路』（一九二八年）の或る断章でも引用されており、ベンヤミンにとって親しみ深いものであったことがうかがえる。「殉教の女」は、豪奢で退嬰的なブルジョワの住まいの寝室で、首のない女の屍体が血まみれのベッドのうえに横たわっているという、陰惨な殺人現場を描いた詩である。この詩では切断された女の「頭」がキンポウゲの花に譬えられている。すなわち、キンポウゲのイメージは断頭と結びついている*26。グランヴィルの『変身する花々』についてベンヤミンが述べた言葉を借りれば、可憐な花の真ん中に「被造物のもつ囚人の烙印、つまり人間の顔」*27が押されるのである。キンポウゲはとくに珍しい花ではなく、自分の足元の花叢が何の花であるかをベンヤミンが知っていたこと、あるいは、フロイントにそれを教えられたことは十分考えられるだろう。もしそうだとすれば、彼は花叢のなかの一輪を摘み取ることにより、キンポウゲという女を「断首」していたのである。明るい田園風景が、摘み取られたキンポウゲの花一輪を通して、殺人事件の現場と化した十九世紀パリの薄暗い室内に直結する。フロイントがカラーフィルムに記録したのは、一九三九年の現在自分がいるポンティニーの現実から、十九世紀パリの都市空間と詩をめぐる思索へとベンヤミンが滑り落ちていった瞬間だったのかもしれない。

ポンティニーの風景に馴染まぬベンヤミンの存在の異質さは、これがカラー写真であるがゆえに鮮明になっている。キンポウゲの黄色い花が点描のように眼を引きつける点もまた同様である。外界から

切断されて、白日夢のなかの夢遊病者のように岸辺を歩くベンヤミンの姿は、このようにカラーフィルムによってこそ記録すべきものだった。アイコンとしての「顔」にカラー写真時代のアウラをまとわせた肖像写真のシリーズとは異なり、このポンティニーにおけるベンヤミンの写真には、孤立無援のうちに世界を見つめている幼いカフカに通じる悲しみが漂う。その姿がここに、十九世紀の児童本における彩色銅版画に似て淡い光に包まれた、どこか夢幻的な風景として定着されている――この批評家がおのれの児童本のコレクションの一葉に入り込んだかのように。キンポウゲの黄色い花を手にしたベンヤミンは、彼の言う「ファンタジー」に没入し、「色彩の現存(ダーザイン)」のうちへと帰っていたのであろうか。

「一九三九年五月、ポンティニーの岸辺でベンヤミンは、キンポウゲの黄色い花を摘んだ」――ここに記録されたのは、言葉にしてしまえば、ただそれだけのことでしかない光景である。しかし、「やがて来ることになるものが、とうに過ぎ去ってしまったあの撮影のときの一分間のありようのなかに、今日でもなお、まことに雄弁に宿っている」*28のだとしたら? ベンヤミンのこの写真が忘れがたいのは、カラー写真の一見したところ散漫な印象を与える風景のなかに、この批評家をめぐってこれから語られるべき物語の種子のような何かが宿されているからではないだろうか。この写真はそのような意味でひとつの歴史素であり、ベンヤミンの伝記素でもあるのではないか。

翌年の夏の終わり、ベンヤミンはスペイン国境の町ポルボウで自殺する。いまから十六年前、わたしはダニ・カラヴァンのモニュメントとベンヤミンの墓石をこの土地に訪ねた。遠くに駅舎を望む丘のうえで、砕け散る波を見つめ、サクラソウに似た小さな紫色の花を摘んだことを思い出す。その花は風露草(フウロソウ)の一種ではないかとひとに聞いた。そうだとすれば、スペインに多い Geranium sylvaticum だろうか、それともヒメフウロソウ Erodium variabile か。身を屈めて小さな花を摘んだとき、自分にはベンヤミンの写真の記憶があったのだろうか。たとえ無意識にであれ、あのとき自分は喪の儀式のようにして、花を摘むベンヤミンの身振りを真似ていたのだと、いまにして思う。

フロイントの写真がただ言葉なく直接示している何かをけっして明示的には語れぬまま、それでもそこで語られることを待っているものを示すべく、わたしはもう一度繰り返しこう書きつけておきたい衝動に駆られる。花を手向けるように。あるいは、かすかな声でささやくように。何かの物語の断片、いままで一度も書かれることなく、もしかしたらこれからも書かれないかもしれぬ物語の一節のように。つまり、未来の肉体に向けた伝記素あるいは歴史素として──

ポンティニーの岸辺でベンヤミンは、キンポウゲの黄色い花を一輪摘んだ。

2　日常の周縁に揺曳するもの──牛腸茂雄『見慣れた街の中で』

佐藤真監督の映画『SELF AND OTHERS』には、偶然発見されたカセットテープに残されていた写真家・牛腸茂雄の肉声が使われている。映画の末尾でその乾いた声は、「一九八一年三月十八日、午前八時十五分」と語り始めたのち、「おはよう　こんにちは　こんばんは」、「あいうえお」、「ドレミファソラシド」、「あしたの天気はどうですか」といったフレーズを復唱する。そして、声のトーンを変えながら「もしもし　聞こえますか」と八回繰り返したあとに、「これらの声はどのように聞こえているのだろうか」と問いかけて終わる。

一年数カ月後に三十六歳の若さで亡くなる牛腸の無気味なほどに生々しい肉声は、再生されたとき、「黄泉の国から、此岸の我々にむけた呼びかけのように」聞こえた、と佐藤は書いている*29。その最後の問いかけは、牛腸の写真がそれを見る者に向けた「呼びかけ」を暗示している。「見えますか」とそれは執拗に語りかける。写真を見ること、それが「見える」ことがどんなに自明に思われるとしても、「これらの写真はどのように見えているのだろうか」という問いに答えることは難しい。

一九八一年十月には、牛腸の生前最後の写真集『見慣れた街の中で』が出版されている。この写真集は、一九七八年四月から一九八〇年十月にかけて撮影された四十七点のカラー写真からなり、ローアングルあるいはノーファインダーによる雑踏のスナップショットのほか、望遠レンズやズームレンズも駆使することによって、テープに録音されたフレーズが挨拶の言葉だったり、五十音やドレミだったりするのに似た「見慣れた」東京や横浜の街の日常を、さまざまな距離のもとに記録している。それは牛腸の家族や友人たちを真正面からとらえた、記念写真的な『SELF AND OTHERS』の白黒写真とは際立った対照をなしている。

一九八一年一月の日付がある序文を牛腸は、「われわれ一人一人の足下からひたひたとはじまっている、この見慣れた街」と書き始めている――

逃れようにもまとわりついてくる日常という触手。見慣れた街角の雑踏、スキャンダラスな犯罪記事、あやしげな広告、甘くやわらかいファッション、軽い陽だまりの会話、数えあげれば限りない。そのような拡散された日常の表層の背後に、時として、人間存在の不可解な影のよぎりをひきずる。その〈かげり〉は、言葉の襞にからまり、漠とした拡がりの中空に堆積し、謎解きの解答留保のまま、この日常という不透明な渦の中で増殖しつづける生き物のようでもある。[*30]

このように、「ひたひた」と身に迫って、溺死させるように「触手」でまとわりついてくる「日常」の触覚的、皮膚感覚的な、圧倒的「近さ」に対し、牛腸がここで写真によって日常的光景に与えているのは、絶対的な「遠さ」の感触であったように思われる。牛腸の友人の三浦和人はこんな思い出を語っている——

体も楽だしペントハウスから超望遠レンズで街行く人を撮っていきたい、もっと高層のビルから、さらに上空から、宇宙から観るとどのように見えるのだろうかと話したことがある。ひょっとしてそのとき、彼は一つの構想を想い描いていたのかも知れない。*31

「遠さ」を文字通りの物理的な距離として実現する可能性を、牛腸は空想していたのかもしれぬ。『見慣れた街の中で』において実際には、街を俯瞰したり望遠レンズを使用した写真は、雑踏のただなかで撮影されたスナップショットと共存している。牛腸の身体的制約（胸椎カリエスの後遺症）からくるローアングルの構図や、ノーファインダーと思われるフレーミングが多用されたスナップショットのカラー写真は、雑然とした印象すら与えかねない【図6】。

先ほど牛腸の写真の「絶対的な遠さ」と呼んだものとは、撮影における距離（遠近感）それ自体ではなく、「日常」という「近さ」が写真においてこそ帯びる「どれほど近くにであれ、ある遠さが一回的に現われているもの」（ヴァルター・ベンヤミン）*32としての「アウラ」である。牛腸の写真に見出されるのは「見慣れた街」の「日常」のアウラである。今村仁司が指摘するように、「身近さのなかの遥かな遠さ」というアウラの定義は、「もっとも身近なものがもっとも疎遠なものに感じられる」というフロイトによる「無気味なもの」の定義と等しく、存在論的概念としてとらえられたアウラとは、「倦怠としての憂鬱の情緒」にほかならない*33。牛腸の言う「人間存在の不可解な影のよぎり」や〈かげり〉とは、そのような情緒ではないだろうか*34。

こうした情緒を記録するための撮影方法を、写真家自身は序文の末尾で「私は意識の周辺から吹きあげてくる風に身をまかせ、この見慣れた街の中へと歩みをすすめる」と表現する——「そして往来のき

【図6】牛腸茂雄『見慣れた街の中で』（一九八一年）より。

わで写真を撮る」と[*35]。牛腸が身をまかせているのは、「意識の周辺」、つまり、いまだ意識されざるもの、ないし、すでに意識から逃れたものとしての、前意識あるいは無意識との「きわ」から吹き上げてくる「風」である。意識的なコントロールを外したところで、ほとんど無意識的な流れに身をゆだねたときにカメラが捕らえる光景を、彼は発見しようとしている。この序文に先行するテクストでは、「往来のきわで写真を撮る」の前に、「関係妄想に取りつかれたかのように」[*36]という一節が差し挟まれている。「関係妄想」とは周囲の出来事を過剰に自分に関係づけることを言う。この「妄想」に取り憑かれたような、明晰な意識ではなく、牛腸個人の無意識と群衆の集団的無意識とが混じり合った熱中状態――ベンヤミンが『パサージュ論』で取り上げた遊歩者の陶酔経験――に没入したさなかで記録される都市の表情――そこに牛腸は「〈日常性〉というとりとめもなくあいまいな世界の深み」につながる、「深遠な世界への迷宮への扉」を見ていた。無意識の風に身をまかせることは、この「深み」へと写真を引きずり込むための方法だった。

もちろん、妄想などといったところで、写真が現実の似姿、「もう一つの現実」であるしかなく、現実の仲立ちを必要としていることを、牛腸は強く自覚していた。われわれにインパクトをもたらすのは、そうした現実との対応関係を「かいくぐって蘇生する写真の生命」なのだが、そのとき、この写真家にとって問題だったのは、「ある人には見えるものが、ある人には見えない」という事実だった。それは「現実と幻想の彼方との距離の問題なのだ」と彼は言う――「そのことはまた、ある一人一人の人間が現世にどのように身の置き方をしているかということで、そのあらわになる世界の〈像〉もまた変るのだともいえよう」[*37]。ここで言う「像」を「写真」と置き換えてみれば、牛腸がこの「もう一つの現実」をとらえている地平が鮮明になるだろう。

意識の周辺から吹き上げてくる風に身をまかせる方法の危うさを牛腸が感じるのは、だから、写真が現実の似姿にすぎないものになることよりも、むしろ逆に、「写真の手痛い裏切りによって、つまり、私の想念の肥大化によって自らの尻尾を食うこと」[*38]のほうなのである。それは妄想が循環してウロボロスと化してしまうことにほかならない。

牛腸が精神医学に強い関心を抱いていたことはよく知られている。一九八二年に発表された文章で彼は、患者が興味のおもむくままに撮影した写真を媒体とする精神療法に言及している。そこに表われる「写真が生まれてくる初源的な契機」に焦点を絞るならば、写真家の作品と家庭のアルバム写真はいずれも等しく関心の対象となり、「いかに写すか」という問いなどは二次的なものになってしまう——「一人一人生きている基盤が違うように、各人の写す写真も躍動感をもって生きはじめてくるであろう」[*39]。それこそが「世界の〈像〉」が変わるということなのである。

こうした文脈において見るならば、一九七七年の『SELF AND OTHERS』の延長線上にある以上に、一九八〇年刊行のインクブロット画集『扉をあけると』の関心と方法を受け継いでいることが明らかとなる。インクブロット（デカルコマニー）[*40]への牛腸の取り組みは一九七〇年代初頭から始まっており、一九七五年一月には作品五十点を展示した展覧会「闇の精」がすでに開かれている。ロールシャッハ・テストを専門とする心理学者・片口安史がこの展覧会を訪れ、ほとんど視力を失っていたにもかかわらず、牛腸のインクブロットに「得体の知れない不思議な感動」と「説明しがたいやるせなさ」を強烈に覚えて、やがて画集出版を牛腸に働きかけたのだという[*41]。

『見慣れた街の中で』をめぐる或る文章の下書きで牛腸は、それらの写真は「実にたわいもないものだ」といった感想から、必要以上の拒絶反応、あるいはスーッとその写真群に溶け合うような見方まで、見る側によって、非常に反応の差が著しいものだろうと思う、と書いているという[*42]。これは彼が、『見慣れた街の中で』の写真をいわばひとつの心理テストの媒体として、見る者の「反応」を引き出す触媒ととらえていたことを示す告白と受け取ることができよう。

インクを滴らせた紙を二つ折りにしたうえで開いてできるインクブロットは、偶然に生じた物理的痕跡であるにもかかわらず、ロールシャッハ図形がそうであるように、何かを意味する記号に見えてしまう。こうした性格において、それは「コードなきメッセージ」である写真という記号に似ている。インクブロットを展覧会に展示したり画集にしたりするという営みは、偶然の産物を選択し組織化するという点で、写真展の企画や写真集の制作に対応している。心理学や精神医学の知識を生かして友人のカウンセリングや夢解釈を行なうこともあったという牛腸は、自作のインクブロットに対するみずからの反応を自己診断する営みを繰り返していたのかもしれない。それは、彼の写真家としての活動が、写真を媒体にした自己自身に向けた精神療法でありえたことを推測させる。『扉をあけると』のあとがきで牛腸は、インクの染みを眺めているうちに浮かび上がってくる「不可思議な記憶のうずき」についてこう書いている──

その反応は、疾風のように訪れることも、緩慢に揺らぎながら見え隠れすることもあります。インクのしみを前に反応する私。なぜこのようなインクのしみに反応するのだろう、と自問する私。混在した自家撞着がより深い迷路へと私を誘います。[*43]

ロールシャッハ・テストは、心理テストのなかでももっとも精神的侵襲度の高いものとされ、統合失調症の前段階にある場合、発病の引き金を引くことさえあるという[*44]。さまざまなイメージの連想を強いるインクブロットの図形は、妄想を誘い出しかねない【口絵2】【図7】。そんな危険のエッジを慎重に探りながら、牛腸は写真にも、インクブロットに対するのと同じまなざしを向けていたのではないだろうか。だからこそ彼は、意識の周辺からやってくる風に身をゆだねる方法──迷宮の「扉」を開ける方法──が孕む、想念のウロボロス──「混在した自家撞着」の果ての出口のない「迷路」──にいたりかねない危うさを自覚できたのではないか。

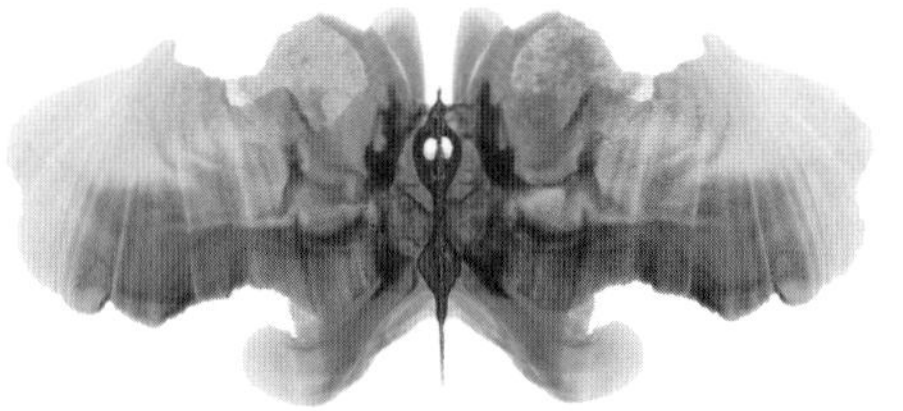

【図7】 牛腸茂雄『扉をあけると』（一九八〇年）より。

インクブロットの最大の特徴は左右対称性である。それがひとや動物の顔への連想を生む。『SELF AND OTHERS』は、人物を真正面から記念写真的にとらえている写真が多い点で、人体の左右対称性を強く印象づける。この写真集には、牛腸のセルフ・ポートレイト【図8】が末尾近くに収められているが、その背景には牛腸自身のインクブロットの作品が見える。さらに、双子の写真が二点含まれていることも、対称性の感覚を強めている（双子の写真については、むろんダイアン・アーバスの影響もあろう）【図9】。このように、『SELF AND OTHERS』にはインクブロット作品との形態上の対応関係が認められると言ってよい*45。

他方、『SELF AND OTHERS』にはなく、インクブロット画集と『見慣れた街の中で』に登場してきた要素とは色彩である。『扉をあけると』に収められた十四点

【図8】牛腸茂雄『SELF AND OTHERS』(一九七七年)より、「Self-portrait」。
【図9】同上、『SELF AND OTHERS』より。

のインクブロットのうち、墨一色の作品は二点（うち一点はセルフ・ポートレイトの背景に掲げられたもの）で、残りの作品にはすべて何らかの色彩が付いている。ロールシャッハ・テストは色彩反応を診断の重要な手がかりとするが、黒い図版のあとに彩色されたカードが現われると、或る被験者たちには「色彩ショック」と呼ばれる反応が生じるという。このような心理的動揺は神経症者に顕著との指摘もある[*46]。

色彩は形態とは異なり、「質」が優越しており、言語による区別が困難である。中井久夫によれば、ひとは数千万の色の違いを質として識別できるけれど、色の名は六つから十個程度に限られている。そのほかは「何々のような色」という表現を取らざるをえないのである[*47]。さらに、名による色彩の分割は文化や時代によっても異なる。そもそも色彩という質の相互確認は、「これは赤だね」「そう、赤だ」という名辞を通した合意によるしかないが、これはお互いが同じ色を見ていることを保証するものではない[*48]。

視覚における色彩はこの点で、形態感覚よりも、触覚、嗅覚、味覚、運動感覚、振動感覚などに近い「原始性（protopathic）感覚」である[*49]。そして、刺激の客観的対象化を目指す視覚（形態感覚）や聴覚よりもこうした近接感覚において情動と感覚とが結合しやすいのと同様に、色彩は形態に比べてより情動喚起的である[*50]。

色彩が言語化困難であるがゆえに、カラー写真の特性は、「即物性」などという、それ自体曖昧な概念で表わされることが多い[*51]。逆に、白黒写真は近接感覚的な色彩を排除しているために、より言語化しやすいと言えよう。『SELF AND OTHERS』が『見慣れた街の中で』よりもはるかに強く批評の言説を誘惑するのは、おそらくそれが、自己と他者をめぐるまなざしの関係性を白黒写真という方法で厳密に形式（＝形態）的に追究した産物であることに由来している。この点で、身近な友人であった三浦が、『見慣れた街の中で』を「ホッとした思いで受けとめた」と書いていることは深い理由を感じさせる。スナップショットの自由さばかりがその原因ではあるまい。色彩もまた「ホッと」させる、救いに似た要素である。それは知らず知らずのうちに情動に訴えかけてくる。

『見慣れた街の中で』には発色を際立たせたように見える写真が多く、それにともない、明暗のコントラストも強調され、背景の建物はやや薄暗くくすみ、影となる部分の黒が深まっている。発色がとくに顕著なのは赤と青である。表紙カヴァーに使われている写真に撮影された女性たちの着る晴れ着の赤や横浜の雑踏を歩く少女のスカートの赤、男性の手に握られたカーネーションの赤、子供のカーディガンとその手を引く母親のコートの鮮やかな赤、子供が手にした風船の青【口絵3】【図10】、交通標識や看板を彩る赤と青など、数え上げればおびただしい。背の低い牛腸が路上でローアングルにより撮影した結果として、空の鮮やかな青が画面の多くを占めている写真も繰り返し現われる。

ストロボランプを用いた脳波研究によれば、赤の単色光は脳を賦活させ、一部の被験者ではテンカンの発作を起こさせることさえあるという。他方、青の単色光は脳を鎮静させ、赤で賦活された脳をたちまち正常化する[*52]。色彩のこうした効果は、われわれの日常的な経験からも首肯できるところだろう。とすれば、とりわけ赤と青が際立つ『見慣れた街の中で』の色彩構成は、脳の賦活と鎮静化を繰り返すことで、情動を強く喚起する効果があると推測できよう。「青は視線が落ちつかず、さまよう色なのである」[*53]という中井の観察を踏まえると、青空を切り取った写真のうえをさまよう視線が、画面内の鮮烈な赤に吸い寄せられ、それがふたたび空の青に向けて解き放たれるという、一枚の写真内部ないし複数の写真間におけるまなざしの運動が、この写真集では反復的に仕掛けられていると見ることもできる。

意識の周辺から吹く風に身をまかせて撮られた牛腸の写真は、形態のランダムさやそこに散在する色彩のアクセントを通じて、漠とした拡がりをもって中空に堆積し増殖するあの「かげり」という情緒を、何らかの徴候・兆しのように感受させている。この「かげり」——「日常」のアウラ——とは、はっき

【図10】牛腸茂雄『見慣れた街の中で』（一九八一年）より。

りと現前する存在の記号論によってはとらえられないような、ほのかに示唆的で、存在するともしないとも言えない、曖昧な雰囲気めいた何ものかである。中井は、精神医学は現前よりも、「予感、徴候、余韻、索引」といった「現前の周縁に揺曳するもの」に多く触れる、と述べているが*54、『見慣れた街の中で』が一九七〇年代末から八〇年代の都市の光景を記録した写真によって伝えているものもまた、現前する世界のまわりにたゆたう、そんな気配のような何か――「兆し、様子」といった意味での日本語の「色」――ではないだろうか。牛腸が『見慣れた街の中で』において、「迷宮の扉」を通して探ろうとした日常の「深み」とは、「色」を入り口とした「もう一つの現実」だったと言えるように思われる。

そうした都市の気配を語るためには、『見慣れた街の中で』が自分自身に呼び起こすパーソナルな反応を忠実に記すのがよいだろう。わたしはそこに、雑踏のざわめきとともに、記憶のなかの或る曲が流れるのを聞いた。デヴィッド・ボウイの「Five Years」である。幼少時の病以来、つねに限られた時間を意識しながら生きた牛腸の生が、「地球には五年しか残されていない」と歌う歌を連想させたのだろうか。眼に映るもの、耳に聞こえるものすべて、そして、あらゆる生命が、記憶に値する、いとしいものに思われるような時間の感覚――それは、牛腸に少しでも近いまなざしでここに残された光景を見なければならないという、無意識の呼びかけに促された反応だったのかもしれない。『見慣れた街の中で』には、情動の蠢きをともないながら、そんな幻聴に始まり、運動感覚、振動感覚といった視覚以外の近接感覚を共感覚的に強く喚起する何かが潜んでいる*55。中井は、外傷性感覚と幼児感覚の類似点を、「共通感覚性(coenaesthesia)」、「原始感覚性(protopathy)」、「絶対性(absoluteness)」(絶対音感のような感覚の性格)の三点に見ているが*56、前二者を喚起する点で、『見慣れた街の中で』の写真を見る経験には、外傷性感覚や幼児感覚を励起させるものがある*57。

この写真集で深く記憶に残るのは、眠っているように目を閉じて、呆けた表情を浮かべている幼い少女たちの姿である【図11】。牛腸の遺作は、同様に幼い子供たちを撮影した白黒の作品群「幼年の「時(とき)

【図11】牛腸茂雄『見慣れた街の中で』（一九八一年）より。

間」」であった。他方で彼は、一九八〇年十一月頃からマーブリングの制作を始めており、五十七点が「水の記憶」と記された箱のなかに死後遺された。これらの作品は、コップに満たした水に墨や絵の具を流し、そこに偶然に生まれる模様を紙に写し取ったものである。「幼年の「時間」」で牛腸は、被写体の子供たちを真正面からとらえた写真もいくつか撮影しているが、『SELF AND OTHERS』にあった、「顔」および左右対称性への強い執着はもはやそこには存在しない。左右対称性の呪縛から逃れ、『見慣れた街の中で』で試みた色彩の実験も終えて、牛腸はこのとき、マーブリング作品が表わしているような、より不定形で流動的なイメージを通じ、「水の記憶」としての生命誕生の瞬間へと遡行していたように見える。「子供」は初期から牛腸の一貫した関心の対象であったが、遺作における「幼年の「時間」」という主題は、同時期のマーブリング作品と照らし合わせるとき、子供たちの姿を通して「生命」の生成変化をとらえようとする試みであったと理解できよう。

　本書でわれわれは先に、バロックの寓意画集や幼いカフカあるいはベンヤミンの写真の後史を牛腸の「幼年の「時間」」のうちに見た。この系譜のもとに、ベンヤミンの蒐集した十九世紀の児童本もまた配置することができよう。『見慣れた街の中で』の前史はさしずめ、そんな児童本の彩色銅版画ということになろうか。色彩のうちに感知されたファンタジーの論理を、牛腸はこの写真集で追跡していたように見える。「色づきは地上的な没落のしるしである」というベンヤミンの言葉は、写真集のうえに屈み込み、「その彩り豊かな火照り」を瞳に映す者たち自身が「色づく」ことで喚起される情動の深みにいかにもふさわしい。

　第I部第1章でホイジンガとアンカースミットに即して見たように、「過去に触れる」歴史経験が身体の感覚と通底する回路のひとつは色彩である。それゆえに歴史経験は、言葉による色彩表現を通し、主体と客体とが明確に分離していない雰囲気や情感として描写される。過去の雰囲気や情感に触れるとは、かたち定かならぬ「過去の色」をとらえることであり、そのような雰囲気あるいは情感を表わすのに適切なのは、指を使って色を塗り重ねてゆくティツィアーノ晩年の技法に似た叙述法なのである。

　東京や横浜の都市風景をカラーで撮影した牛腸の写真は、この写真家が前世紀七〇―八〇年代という時代をどのように経験したかという、彼がその軀で感じ取った時代や都市の気配を記録している。発色を際立たせるといった加工もまた、そうした経験の表現手法であり、風景を或る絶対的な「遠さ」のもとにとらえる牛腸の写真は、「日常のアウラ」としての「過去の色」という雰囲気・情緒を、文字通りその色彩を通じてわれわれに伝えている。それらの質感がときに覚えさせる胸を焦がすような悲しみや切なさには、「過去に触れる」という歴史経験ゆえの情動が作用している。カメラはそもそも「現在」を「過去」として記録するしかない装置だが、日常に対するこの絶対的な「遠さ」という固有の距離ゆえに、牛腸は写真を心理分析の手段とする心理学者であると同時に、同時代を遠い過去として――ボードレール的な万物照応（コレスポンダンス）の媒体である追憶の相のもとに――記録する歴史叙述者でもあった。

　最後に、冒頭で触れた牛腸の肉声に立ち返ろう。彼はカセットテープに「これらの声はどのように聞こえているのだろうか」と吹き込んでいた。問題なのは「声」であって、そこで語られている「おはようこんにちは　こんばんは」といったありふれた日常的メッセージの内容ではない。そこで暗示されている「これらの写真はどのように見えているのだろうか」という問いかけは、だから正確には、写真における「声」にあたる何かがいったいどのように見えているのか、という問いと理解されなければならない。そして、色彩こそはおそらく、そんな「声」に相当する要素のひとつなのである。言語化困難な「日常の色」をとらえた写真集『見慣れた街の中で』は、その困難ゆえによりいっそう、牛腸のこの「呼びかけ」を無音の、しかし、長く続く「余韻」として、響かせ続けている。

第3章　「歴史の場（ヒストリカル・フィールド）」の航海者――「写真家」多木浩二

私たちの花々はひらいたまま。私たちの対話は終わらないで中断されたまま。私たちのイカロスは落ちたまま。

――「昔むかし……」

1　視線のアルケオロジーから歴史の無意識へ

一九七〇年頃の写真雑誌の論文著者「多木浩二」の肩書きに「写真家」とあったことを新鮮に感じた。多木は『provoke』の同人として、中平卓馬らとともに写真というジャンルにおける先鋭な表現・批評活動を展開していたのだから、ことさら驚く要素は微塵もない。だが、彼が或る時期に写真家であったという事実は、そこから離脱するにあたって働いた反撥力の向から方向を決定づけていたように思われる（そのとき、中平という存在との関係に思い及ばざるをえないが、その点についての検討はここでは控えておこう）。

一九七〇―八〇年代の多木の関心は、さまざまな「もの」をめぐる集合的な経験を対象とした「視線のアルケオロジー」にあって、写真はその一部をなすテーマでしかなかった。この頃には、写真家という主体の表現論にとどまる写真論には何ら関心がもてないという発言もなされている。

たとえば多木は、ロラン・バルトの『明るい部屋』に対する反撥を語り、「プンクトゥム」という「狂気」を選択したバルトに対して、自分は明らかに「分別」(「ストゥディウム」)を選んでいる、と書いている。それは、結局のところ母の写真の個別性に帰着し、実際にはむしろ、そこから出発しているバルトの議論とは対照的に、意識されない次元で人びとを関係づけ「視線」を生み出している、無数の写真の働きにこそ注目することである。ただし、この立場における分別と狂気との関係はじつはきわめて錯綜している。多木は次のように言う——

ところがこの「分別」にはおさまり切らないリテラルをどこに位置づけるか、また「分別」が欲望を発見させ、この欲望が死と生をもういちど発見させるなら、「分別」こそ「狂気」にいたる道だと考えるからである。というのも、私にはバルトを理解できないではないが、唯一の存在を感じさせるほどの写真の体験はないからである。*1

ここで言う「リテラル」とは、ありえないような「現実(レエル)」としての「字義通りの」イメージを意味している。多木のこのようなアプローチはもとより写真論に限られたものではない。この時期の代表的な著作である『眼の隠喩』について内田隆三が書いているように、多木の徹底して明晰な分析的文体にもかかわらず、その明晰さは歴史や文化が解体してしまう底なし沼のような闇——あるいは「夜の海」——に投錨している——「それは世界が妄想かもしれないという不安を生きることによって成立する理性だ」*2。

このような闇との緊張関係ゆえと言うべきか、『眼の隠喩』や『「もの」の詩学』において、風景・肖像・司法写真から、寝台・椅子・人形の家、あるいはコレクション・博物館、そしてルートヴィヒ二世の城やヒトラーの都市にいたるまでを縦横に論じる多木の手つきは、多様な対象それぞれの魅力的な細部に淫することをみずからに禁ずるように禁欲的で、文章そのものが解体されて沼に陥る不透明さを許さない。それは視覚的対象を手がかりとしつつ、その先にある危険を孕んだ不可視な空間を手探りで慎重に測定するかのごとき作業に見える。内田の言葉を借りれば、世界の「曲率」を多次元的に測定・解析しているという印象である。

多木が言う「歴史の無意識」の空間を探査し、その構造を分析する手わざのこうした緻密さが、大室幹雄によって「日本にはめずらしくカルテジアンの風格をそなえている」[*3]と評される所以だろう。篠原一男の建築における「幾何学的想像力」に多木が強く触発されたことや、晩年における十七世紀イタリアの建築家・数学者・哲学者グアリーノ・グアリーニへの関心もまた、いわば歴史空間の測量士あるいは幾何学者とでも呼ぶべき、多木の資質に発しているように思われる。

大室が指摘するように、多木が行なおうと思えば、『生きられた家』は現象学的な記号論の体系化になりえただろう。そして、その延長線上で、『眼の隠喩』や『「もの」の詩学』からもまた、一定の理論的なモデルが抽出できたに違いない。しかし、彼はそれをしなかった。「もの」を通じて探られる歴史空間の多次元性がそうした抽象化を許さなかったのかもしれない。いずれにしても、このことは多木の仕事に、つねに方法を模索し更新して、あらたな領域の開拓に向かう自由度を与えたように思う。

それは変貌を可能にした。ひとつの転機は『死の鏡』(初版タイトルは『写真の誘惑』)一冊がその分析に捧げられている、HIVによる死間近のロバート・メープルソープのセルフ・ポートレイトとの出会いであろう。多木自身がそれを「トローマティックなある経験」と呼んでいる。初版のあとがきで著者は「途中で、これまでの私のアルケオロジーも、政治学も成り立たなくなるような気がした」[*4]と率直に告白もしている。バルトにおける母の写真とはもとより位相が異なるものの、メープルソープの写真との遭遇は多木にとって、「唯一の存在を感じさせるほどの写真の体験」ではなかっただろうか。

『死の鏡』もまた基本的には、視線のアルケオロジーの方法による分析を基調にしている。だが、メープルソープの写真が突きつけた「自分の死」という主題は、著者をこの方法で扱える領域の極限まで連れ去り、「眼の世界という密室の外部」に直面させてしまう。あの「底なし沼」の闇が口を開く。多木はそのときこう吐露する――「それ［眼の世界の外部］を見つけることは私が視覚的世界を渉猟してきながら、ひそかに望んでいたことだった」*5。禁欲的な理性の隠された欲望が告白される。「眼の世界」、視線が織りなす歴史の空間に亀裂が走る。それゆえ、この書物は次のように結ばれる――「メープルソープの写真は、それ自体が未完のテクストであると同時に、世界を未完のテクストの状態で発見することを促すのである」*6。

この変化は、一九九〇年代に入って、多木がそれまでは書いていなかった芸術家個人を主題にした書物を続けて著わしていることにも表われている。バーネット・ニューマンを論じた『神話なき世界の芸術家』（一九九四年）とアンゼルム・キーファー論である『シジフォスの笑い』（一九九七年）である。これらにおいても問題なのは、芸術家個人のモノグラフや美術史的な位置づけではなく、ニューマンやキーファーを通して浮かび上がってくる思想的展望であり、「歴史の無意識」であったことに変わりはない。しかし、それはいまや芸術という独特な思考の形態において、先鋭化されたかたちで問われるにいたっている。芸術が思想を論ずる方法になっているのである。

多木はキーファーの作品の経験にもとづき、「われわれは比喩によって思考することを忘れてきたのではないか」*7と自問する。それは無意識のうちにわれわれが抑圧している思考であり、キーファーの作品はこの抑圧からの解放をもたらすと同時に、われわれを自分自身の無気味さに向き合わせ、不安にさせる。「比喩としての世界」とは一九八〇年代に出版された論文集の書名であるが、ここでは「比喩」としての造形表現の位相が、アルケオロジーや政治学の範疇を抜け出て、歴史哲学の観点から論じられている。そのとき、歴史認識の要は芸術的感受性に求められることになった。

『死の鏡』で多木は、マックス・ベックマンからキーファーにいたる、暴力とエロティシズムと神話を潜在させた二十世紀の芸術に対する自分の強い関心の由来を、これらの作品にメープルソープと共通する「隠喩としての死」が潜み、それが物質化されている点、そして、そうした死の経験にいっさいの感傷をもっていない点に認めている*8。「二十世紀ほど人間が深い傷を受けた時代はなかった」という言葉をエピグラフに掲げた『シジフォスの笑い』は、この世紀における「深い傷」としてのおびただしい無残な死の物質化された表現をキーファーの作品に探り、その末尾で次のような認識に達する――「彼［キーファー］は寓意と呼んできたものが破綻した世界の内奥で解き放たれるエネルギーであることを理解していたのである。そのとき美的なカテゴリー、芸術が世界を思考する方法になった」*9。『眼の隠喩』には闇への不安による翳りがあったが、ここではその闇の底に、むしろ積極的に、寓意のエネルギーが見出されているのである。

このような寓意への着目のみならず、歴史哲学への多木の接近が、ヴァルター・ベンヤミンの思想の影のもとにあることは言うまでもない。そもそも『パサージュ論』の系統的な「雑学性」は、多木の「視線のアルケオロジー」に対し、きわめて近い関係にあったはずだ（ベンヤミンの玩物喪志めいた事物偏愛のほうは、多木には無縁だったとしても）。だが、キーファー論ではさらに、ベンヤミンの言語論や寓意論、そして「歴史の概念について」といったテクストが、二十世紀という時代の傷を照射する光源となる。或る種のリリシズムさえ帯びる瞬間のある『シジフォスの笑い』の文体は、多木としては異例だが、この文体そのものが著者自身にとって、比喩による思考によってもたらされた、ひとつの解放だったのかもしれぬ。

2　ヒストリカル・フィールドの溺死者たち

一九九六年、多木はワタリウム美術館で開かれた写真展「歴史の天使」に際し、カタログに「序にかえて」というテクストを寄稿している。それは「夢の地図帖」「溺死したイメージ」「昔むかし……」「またたくまの百年」「歴史の天使」「肉体と視線」「フットワーク」と題された、いずれも写真と歴史の関係を扱った断章からなっている。冒頭の断章はこう始まる――

写真の視線が達するのは「歴史」のなかには登場することのない歴史である。別に隠れているわけではないが、理性の眼には止まらないのである。[*10]

これに続く断章もまた「本当に主題になるのは「歴史」のなかには登場することのない歴史である」「飛躍した連想を可能にするのは「歴史」のなかには登場することのない歴史である」「人びとの肌の色つやや息づかいも「歴史」のなかには登場することのない歴史である」と、同じフレーズを反復しながら展開されてゆく。「「歴史」のなかには登場することのない歴史」とは、多木が「歴史の無意識」と呼んできたものである。それはこの断章群のなかで、写真の視線が向かう先であるとともに、「詩の生まれる場所」とも、歴史学によって書かれる「歴史」という書物の「乱丁、落丁」としての「奇妙な迷路」、「歴史学者が見落とした隙間、瞬間をまた細分した瞬間、空虚をまた空っぽにした空虚」とも言われている。そんな「まだ見ぬ歴史がはじまる場所」からこそ、「詩」が生まれる。「昔むかし、あるところに……」という昔話の語り口をなぞるように、多木はここで、歴史と写真をめぐるひとつの寓話を物語っている。

多木が「詩」と呼ぶのは、キーファー論において「寓意のエネルギー」として見出されていた、歴史の根源で蠢く比喩の運動である。この断章群ではそのような詩の発生する場所が、写真に撮影された月並みで平凡な断片の集積からこそ、あらわになる場ととらえられている。多木がそれを卓抜な比喩で表現している断章の一節を引こう――

> 巨大な船が沈没する。タイタニック――これは事件だ。人びとはそれを歴史に書き込む。しかし難破につづく溺死者のながい漂流――それは歴史の外にある。偶然、どこからか流れてきて、次々と浜辺に打ち上げられてくる溺死者の群れ。写真もそんな風にして生まれてくるのだ。集まった写真の一枚一枚のあいだには、こうした名前のない死者たちの生ぬるいため息が潜んでいる。

ここで言う「歴史の外」とは、この断章群の語法に従えば「「歴史」の外」、つまり、歴史学が書く歴史の外部ということだろう。今福龍太は「溺死（できし）」という単語の響きに「歴史（れきし）」と共振するものを聴き取っている。今福によれば、「事件」のみを記録する「歴史」からは抜け落ちる「失われてゆく肉体の欠片」へと眼を向けるような「溺死者への想像力」だけが「歴史に肉体をつなぎとめる」*11。多木は「歴史家は肉体を捉え損なうが、写真家は肉体に視線を注ぐ」と書いている。歴史学もまた肉体について語っているという反論もあろうが、しかし、ここで「肉体」と言われているのは、そうした歴史叙述からは洩れ落ちてきた「溺死者たち」の肉体なのである。それがすなわち、歴史叙述においては無視され、いわば「溺死」した写真群のイメージなのだ。

　この断章を部分的に書き換えた一節が、東松照明の個展カタログに掲載された「TRACES OF TRACES」という文章のなかにある。そこでは、浜辺に打ち上げられる溺死者の群れに、歴史家は眼もくれない、と語られたあとに、「写真は、この溺死者のごとく生きている無名の人びとに眼を凝らす」と続けられる――

彼らの肌の色つやも息づかいも「歴史学」のなかには書き込まれない。いわゆる歴史家は肉体を捉え損なう。彼らの悲しみにも、彼らの孤独にも、怒りや恨みの深さにも気づかない。写真はその肉体に視線を投げかける。東松さんは、ぽつんと壁に凭れている少年の姿に、生きられた歴史のかたちを見るのである。もちろん私は彼の名は知らない。だがそんな私にとっても彼は少年一般ではない。紛れもなく個別の少年なのだ。写真が、「歴史学」ではないもうひとつの「歴史」を見いだすのは、このようにとりかえのきかない個別の真実を見つけるときである。[*12]

東松の写真を介して「溺死者」のイメージは具体的な現実とより直接に関係づけられている。これに先立つ記述を見ると、多木が溺死者たちを生む巨船の沈没に譬えているのは、第二次世界大戦における日本の敗戦だったことが読み取れる。一年一カ月だけ多木よりも若い東松が「占領」から戦後を生き始めたのに対し、多木自身は「敗戦」のほうがしばらくは思考の中心を占めていたという——「ヒロシマに起きた出来事をある距離から眺め、ほどなく廃墟に立ち、一夜をそこで過ごし、人間を焼くえも言われぬ臭いを嗅いだ」[*13]。敗戦とは、敵国の物量に日本の精神が負けたのではなく、ギリシアとユダヤ・キリスト教に発する精神に対する日本の思想や文化の敗北であったことを認識する、「苛酷な精神の現場だった」と多木は書いている。東松が写真に記録してきたような、この破局ののちの「生活しなければならないから生きていた」日本人たちの戦後について、同時代を生きた者として多木は「それを今、懐かしく思うこともなく、悲しく思うこともない」といったん突き放す。「そんなひとりひとりの生活など、船の航跡のようにたちまち消えてしまう程度のものだ」と。

だが、このように当事者の情緒を一度断ち切って事実を突き放し、巨視的に歴史をとらえる認識のための距離を作ったうえで彼は、歴史学の埒外にある「溺死者たちのながい漂流」にこそ眼を向け、孤独、怒り、恨みを背負った彼らの肉体のうちに「生きられた歴史」を見ることを知る東松の写真に、もうひとつの歴史のかたちを見出すのである。ここで注目したいのは、大室が「カルテジアン」と評した多木の幾何学的精神は、十代で迎えた敗戦という「精神」の敗北を経て、情緒を切断し客観的認識のための隔たりを確保する身振りを通じ、強靭な意志によって構築されたものではないか、という点である。なるほど、ここではそれは一種の徴候にとどまるごく小さな挙措ではある。しかし、多木の思考の運動はこのように、深刻な個人的経験さえもあえて遠ざけ、その反撥力によって客観化したうえで、それによってはじめて見えてくる歴史的展望を維持したまま、そこでは原理的、必然的に不可視化されてしまう次元——「歴史」のなかには登場することのない歴史、あるいは、歴史の無意識——こそを遠くから観察・測定しようとするかのような、遠隔化と接近のダイナミズムを孕んでいるように思われるのである。経験への主観的な惑溺は徹底して回避されるのだが、そこで目指されるのは、所詮誰にでも見える風景でしかない「事件」の輪郭ではなく、むしろ、出発点にあった経験を望遠レンズで拡大し、その実質をすみずみまで精密にとらえることである。多木自身の「視線」や「まなざし」には、一種の疎外感さえ感じさせるほどの対象からの遠隔化を通じてこそ、その対象の肌理を際立たせたり、対象という「図」の背後にあって気づかれないままにとどまっている「地」を浮き立たせたりする、こうした「望遠」の運動が内在している。そこにはまなざしによってこそ認識する者特有のパッションがある。多木はこう書いている——

> 情念とは、私自身が世界と結びつくひとつの方法である。そして、まなざしとよんできたものは、実はほとんど情念といいかえてもいいものを含んでいるのである。たえずおのれを外化し、他者に還元していく関係のなかで、まなざしとは、一面、この関係を灼き切るほど、直接的なものなのである。関係を見出し、構造的に把握することと、このまなざしの直接性の矛盾はつねにくりかえされる。*14

先ほど「望遠レンズ」という比喩を用いたように、多木のこのまなざしは端的に言って「写真的」である。それは彼が何を論じようとも、その思考の身振りにおいて「写真家」であるということを意味する。

東松の写真が示している個別的な「真実」は、言うまでもなく単純な客観性でもなければ、超越的な真理でもない。「私にはそれがかけがえのない一回かぎりのものとして現れるだけで充分だ」と多木は言う――「一回かぎり――しかしそれがあらわれる場がヒストリカル・フィールドであり、そこで東松さんは対象と独特の交わり方をしてきたのだ」＊15。ここで言う「ヒストリカル・フィールド」とは、写真家の主体が世界および歴史と「詩的に」交わってイメージが生まれることを準備する場である。そのイメージがたとえ歴史的な事件を示していなくとも、その場においてこそ、そうした事件とは異質な、もうひとつの歴史が経験される。そのようなもののひとつとして、東松の撮影による、斜めに傾いた海面のうえに雲が湧き出している波照間島の一枚の写真がある【図1】。この一瞬をとらえるために、東松が長い時間をかけて南海の島々の時間と空間に交わってきた、その長く深い交わりの場を、多木は「ヒストリカル・フィールド」（歴史の場）と名づけるのである＊16。

それは「歴史の無意識」の次元である。「ヒストリカル・フィールド」という言葉自体は、ヘイドン・ホワイトの『メタヒストリー』から取られているが、ホワイトとはかなり異なる意味で用いられている。キーファー論で多木はこの概念を次のような領域としてとらえている――

歴史記述とはいずれにしても、中途半端で、欠陥だらけの作り物であるが、それでも理性的な言語によって全体は構造化され、復元されている。しかし歴史とは決して全貌が見えているものではない。もし歴史が、生成的もしくは破壊的なエネルギーだとすると、それはすでに表象され秩序づけられる出来事の外部に、まだ言語化されていない歴史的な諸要素、諸表象が無限に関係しあう領域を、人間

【図1】 東松照明「波照間島」、一九七一年。
©Shomei Tomatsu-INTERFACE

世界が内包していることを指しているといっていい。[*17]

このような領域としての「ヒストリカル・フィールド」は知の外部であり、前‐表象的なイメージが漂う場である。この場所から神話的な力を放出させる能力が芸術であり、キーファーの描き出す一種の「風景」とは「ヒストリカル・フィールド」にほかならない、と多木は言う。先の引用中の「生成的もしくは破壊的なエネルギー」あるいは「神話的な力」云々はキーファーの作品にあまりに寄り添った表現に思えるが、いずれにしても、「言語化されていない歴史的な諸要素、諸表象が無限に関係しあう領域」がそこで想定されていることは変わりがない。そして、この領域と深く交わり、それが時に詩的に——ということはすなわち、歴史叙述の原型となる比喩的表現として——表出される可能性を、多木はキーファーのような芸術家の作品や、とりわけ写真という「溺死者」たちのうちに見出すのである。

3　盲目の船乗り／写真家の身振り

しかし、キーファーのパラノイアックな作品群と東松が撮影した壁に凭れた少年の像【図2】とは、はたして同じ性質の「歴史」なのだろうか。多木のキーファー論が、歴史の根源的なエネルギーの有り様に迫ろうとした知的な力わざであることを十分に認めつつも、この芸術家に対する多木の肩入れの根底に、或る不透明な屈折をどうしても感じてしまう。ナチ式敬礼を引用した初期作品などについてかつて議論された、ナチの過去との関係をめぐるキーファーの政治的歴史意識のあり方をここでふたたび問題にしたいわけではない。多木はそうした経緯を十分に踏まえたうえで、神話的なイメージを通じて「ヒ

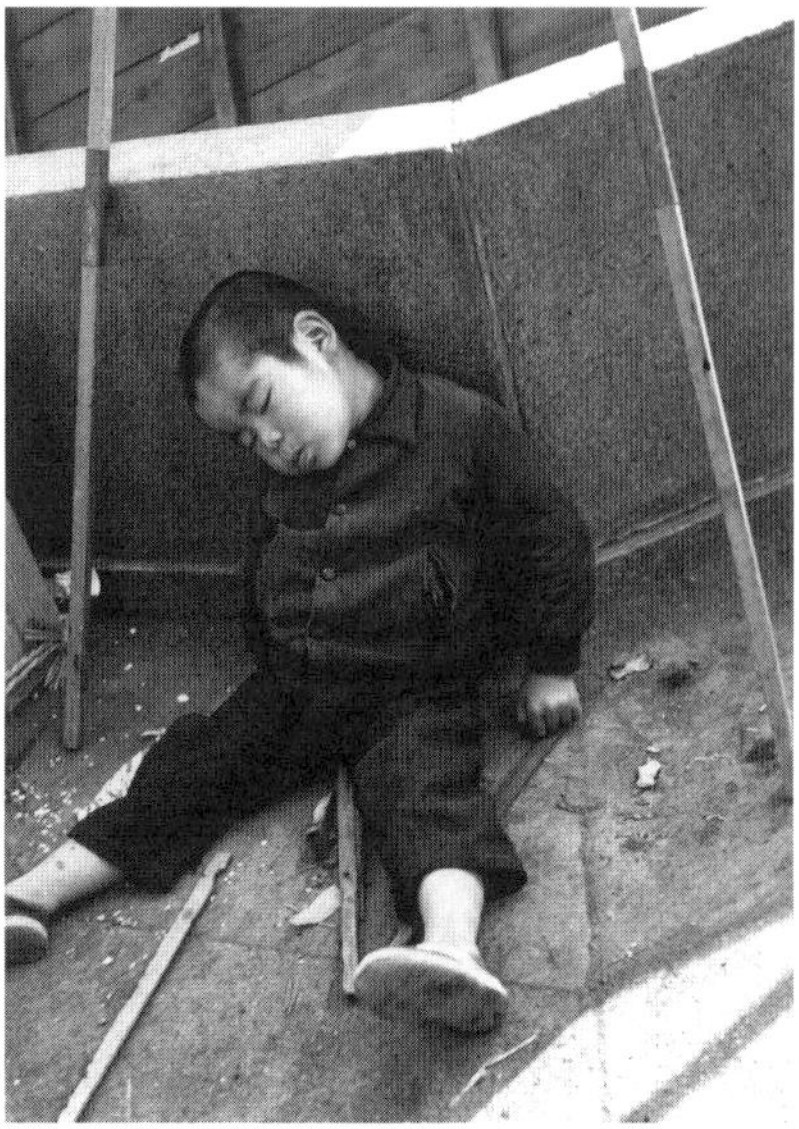

【図2】東松照明「少年」、一九五二年。©Shomei Tomatsu-INTERFACE

ストリカル・フィールド」に働く歴史のエネルギーを比喩的に表現しようとする、キーファーの方法を高く評価している。だが、キーファーの繰り出すカバラや金羊毛皮伝説、あるいは錬金術の象徴体系といったものの多木の扱い方には、この冷静で明晰な思想家に似合わない、或る種の無防備さを覚えてしまうことを否めない。

端的に言ってしまえば、その無防備さに感じるのはギリシアおよびユダヤ・キリスト教に発する精神への多木の複合感情である。それは、二十世紀における破局の最たるもののひとつであるホロコーストをはじめとしたナチ・ドイツによる蛮行が、ほかでもない西洋的精神――日本が敗北した精神――のひとつの帰結として生じ、キーファーがそうした過去を背負った芸術家であることをめぐって、何らかの複合した感情が多木のうちに認められるのではないか、という謂いである。キーファーの置かれた精神史的な位置への或る種の同一化が強いあまりに、この芸術家が駆使するユダヤ思想や神話的象徴といった比喩的表現に対し、多木には若干の無防備さが生じている、というのが率直な印象にほかならない。

多木には、レニ・リーフェンシュタールの映画やナチ・ドイツの建築・都市計画、アルノ・ブレーカーをはじめとする親ナチ的な芸術家、あるいは、一九三〇年代の美術全般に対する強い関心が根強くあった。これを彼の世代経験と切り離して考えることはできない。小学生だった多木が生まれてはじめて見た映画はリーフェンシュタールの『オリンピア』であり、そのアクロポリスの実写と裸体表現に尋常でないショックを受けたという[*18]。それ以後、中学までに見たドイツの宣伝映画の鑑賞は、「ナチの美学の核心にあるギリシャ神話への陶酔、というようなもののなかに巻き込まれていく経験」[*19]だったという。これらの映画は「当時の少年たちを全体主義国家に巻き込んでいく非常に強力な刺激剤であった」という多木の回想は、海軍士官を志していた彼自身の経験を語っているものと見なしてよかろう。日本が西洋的な精神に敗れたことを自覚したのち、「旧制の高等学校や大学を通じて――特に私は日本の戦前、戦中にたいする嫌悪感があったので――日本のことというのはほとんど学んだことがない」[*20]という多木が、自分を一度は深く陶酔させたリーフェンシュタールの映画をはじめとする美学の内在的な克服をひそかに課題としたであろうことが推測できる。そして、そうした動機がキーファーのような芸術家の作品と深く共振することも自然であろう。死の直前のメープルソープのセルフ・ポートレイト写真から多木が受けたという外傷的な衝撃も、同様の美的感性と関係していたように思われる。

「不透明な屈折」と書いたのは、以上のような陶酔、嫌悪、克服への意志の複合した感情が、それそのものとしては多木の言説において、ほとんどあらわにされていないからである。それは「カルテジアン」として当然だろうし、是非もない。大室は『生きられた家』が書かれた一九七〇年代初頭の多木に、それまでの日本の学問で支配的であった「自己と学と学の対象とを実在化して日常性の真只中でひとかたまりに融合してしまう「誠」の心情倫理」[*21]に対する拒絶を見ている。それは「日常性の表面的な確かさを疑うことを知らない素朴な現実主義」の拒否である。大室はこの点で多木を、同時代の山口昌男、市川浩、佐藤信夫、そして大室自身と並ぶ、「「誠」による実体化からすっきりと解放されて燥いた若い知識人」[*22]に数え入れている。心情倫理を切り捨てて、日常性とともに形而上学をも否定し、事象そのものに向かおうとするこれら知識人たちの「現象学運動」(大室)が、一九七〇年代に奇妙なほど「乾燥」して祝祭的な知を結実させたことは大室の述べる通りだとしても、多木において「不透明な屈折」として残存した何かは、その種の知とは異質な、のちのキーファー論に見られる独自な歴史の哲学、いやいっそ、歴史の形而上学を生まずにはおかなかった。そして大室の言う「現象学運動」からすでに四十年の歳月を経て、多木のテクストをいま読まれるべきものにしているのは、明晰に把握された関係性の構造という「知」である以上に、彼の思考が底に滞留させている屈折に発する、「まなざし」という情念の——距離を灼き切る——直接性がその知にもたらしている矛盾の緊張であるように思われる。そしてそれが、ここで述べている多木の思考の写真家的な性格なのである。現象学的な思考のもとで、日常性は異化され、形而上学やウェットな心情倫理は遠ざけられ、事象は細部まで精確に観察されて解剖される。その限りでは多木の思考はきわめてドライで、透明な幾何学性をもつのだが、後年になるほどそれは、内田が指摘していた底なし沼の闇に似た、歴史や文化の秩序が解体されてしまう「ヒストリカル・フィールド」へと引き寄せられてゆく。まなざしに宿る情念の強度が増す。そこに文体の極度の緊張が生じる。

しかし、キーファーの芸術を論じるときには、多木のこうした内面的な矛盾とそれにともなう文体の緊張が、この芸術家による神話的比喩表現に直接仮託されて語られる結果、テクストそれ自体においてはかえって弛緩してしまうように見える。それだけに、同じ「歴史」という言葉を用いてはいても、東松の写真とキーファーの作品との差異は慎重に見定められなければならない。多木が「溺死」と喝破した「歴史」の次元は、東松の写真、あるいは、「一種の衝撃だった」[*23]という——その点を含めて『死の鏡』が唯一の分析対象としたメープルソープのセルフ・ポートレイト【図3】と対になるような――リチャード・アヴェドン撮影によるシチリアのひとりの少年の写真【図4】、いや、こうした傑出した写真家たちの作品すらもその一部でしかないような、名も知らぬ人びとの写真をはじめとする、膨大な「溺死者たち」の群れのなかにこそ求められるのではないだろうか。

『死の鏡』のなかで多木は、カルロ・ギンズブルグやナタリー・デーヴィスといったいわゆる「ミクロ・ヒストリー」の歴史家たちの名を挙げ、歴史の対象として無名の人物を取り上げる意義について語っている。そうした人物を通じて歴史は、「可能なかぎり彼らが生きていた時代を明確でない多元的な拡散状態に帰すことと、かつての空間を織りなしていたひそかなリビドを発見することという、二つの作業にかかわっている」*24と彼は言う。この二つの作業がいずれも「ヒストリカル・フィールド」の探索であることは言うまでもない。この指摘に先だって多木は次のように述べている――

【図3】ロバート・メープルソープ「セルフ・ポートレイト」、一九八八年。

【図4】 リチャード・アヴェドン「ノト、シチリア、一九四七年九月五日」。

歴史の対象はたいていはすでに死の受動性のなかに置かれたものであるが、歴史の方法とは受動の状態にあるものを能動化すること、現在の言説たらしめることである。だから歴史の方法はつねに現在のすべての知とかかわり、歴史は知の変容とともに変化するということになるのである。*25

そうした変化によって生まれたミクロ・ヒストリーという歴史の方法がどのような意義をもったかについては、次のようなアンカースミットの指摘がある——伝統的な歴史叙述が世界そのものに対する言語の優位（なぜなら歴史の統一性はこの場合、世界そのものの側にあるのではなく、歴史家が用いる言語の性質だからである）を示すのに対して、ミクロ・ヒストリーがわれわれに与えるのは過去の経験であり、言語はそのとき、世界がわれわれにみずからを提示する手段にとどまっている。ギンズブルグの『チーズとうじ虫』を読むとき、われわれは十六世紀末のイタリア・フリウリ地方に暮らすことがいったいどのような経験であったのかを知る。そこではいわば遠い過去が経験されるのである[*26]。多木が「ヒストリカル・フィールド」という言葉をホワイトの『メタヒストリー』から借りつつ、ホワイトの所論とは異なり、言語化以前の経験の領域を指す概念として用いたことは、たとえばミクロ・ヒストリーに代表されるような、アンカースミットの言う「言語から経験へ」という歴史理論の変容に沿うものであったと言えるだろう。「ヒストリカル・フィールド」においてひとは、過去を「多元的な拡散状態」において経験するのであり、その「ひそかなリビド」に触れるのである。東松が長期間、南海の島々の時間と空間に交わってきたことも、その土地の歴史を「ヒストリカル・フィールド」の次元において経験することであると言える。

「ヒストリカル・フィールド」という概念によって多木は、歴史を思考することの根源に位置する過去の「経験」、本書で「歴史経験」と呼んできたものの場を指し示している。そしてその場を語るためには、キーファーのように固有名をもつ芸術家の作品よりもむしろ、漂流の果てに現在へと流れ着いた「溺死したイメージ」の群れに眼を凝らすことこそがおそらくはふさわしい。

多木にとって一種の外傷的衝撃であったと思われる二人の「溺死者」、アヴェドン撮影によるシチリアのひとりの少年の写真と死の直前のロバート・メープルソープのセルフ・ポートレイト写真とは、さまざまな点で鮮明な対照をなしている。前者が白い空間に包まれるかのような「未来の見えないまま勢い込んでいる少年」[*27]とその背後の刈り込まれて四角くなった大きな樹木を映し出しているのに対して、後者では漆黒の闇のなかから、死を間近にしたメープルソープの顔と髑髏の尖端をもつ杖を握りしめたその手のみが浮かび上がっている。それぞれの画面上に少年と樹木、髑髏杖と顔が斜めに配置されている点をはじめとして、二枚の写真のほとんどシンメトリックな対応は、「未来の象徴」としての少年が死の象徴にほかならない髑髏のイメージと重なり合い、ボケて不鮮明な塊となった樹木に写真家の顔が転写されるかのような幻を生み出す。多木が実際にそんな幻をそこに見たかどうかはわからない。しかし、二枚の写真の重ね合わせから生じる、白と黒、光と闇、生と死が絶え間なく反転しながら明滅するこのイメージにこそ、多木における「まなざし」という「情念」を見る思いがする。

「ヒストリカル・フィールド」への接近にともない、まなざしという情念は安定した構造を織りなす関係をついに灼き切り、それによって、対象の客観視を可能にする視線の距離は一挙に無化されて、まなざしそのものが灼き尽くされてしまう。眼を潰して盲目になること——多木は「私はおそらく眼を閉じて考える方が似合った人間だった」[28]と書いている。多木のテクストが、視覚的対象を論じているにもかかわらず、むしろ、その対象の先にある不可視の危険な闇を、手探りで触覚的に探っているかのような印象を与えるのは、「視線」や「まなざし」がこのようにおのずとそれ自体を灼き尽くした果ての盲目性が、彼の思考に宿っているからではないだろうか。この意味で多木は、彼がベンヤミンについて強調するのと同じく、「触覚のひと」なのである[29]。

多木はヨーロッパ人とその外部との接触という歴史的出来事をめぐって、キャプテン・クックの航海をたどる三巻の著作をものしている。底知れぬ闇に沈み込む危険に接しながら、つねにあらたな領域と方法の開拓を続けた多木の自在さ自体が、まさに航海者的な性格と言えるだろうか。彼が少年時に志したのが海軍であったことが思い合わされる。メルヴィルの『白鯨』をはじめて読んだ二十代の日を思い返し、多木は「われになく血が騒ぎ、かつて海に憧れたことのある若者としていささか心穏やかならぬ思いに呆然、なにも手につかぬ状態になってしまったのである」[30]と書いている。それから四十年後、メルヴィルが心に甦るのを感じた彼は、この作品の鼓動があらゆる自分の言説の背後にひそかに脈打っていたことを悟る。『白鯨』とはメルヴィルが神話的歴史の時間において世界を描こうとした作品であった、と多木は言う。そうした歴史の巨大なうねりをとらえるためには、世俗的な瑣事に満ちた陸地えはことごとく砕かれる」*31。

を見棄て、海こそを歴史の場にするしかない。そのとき、「歴史とは、終わった出来事の記述だという考

『白鯨』の海を論じる多木の口調は、あたかもメルヴィルが乗り移ったかのように激しい。この一種の「狂人文学」の荒れ狂う言語の「海」のなかに多木は、歴史の根源的な場における比喩の運動を見出す。具体的にはそれは、エイハブ船長や白鯨に始まり、船の水夫部屋から港町の旅籠にいたるまで、この作品に登場する無数の出来事やものが担う「提喩（シネクドック）」の作用である。そこに多木は「語られない宏大な部分が暗黒のままで動き迫ってくる」「情熱的な言語の形態」*32を認める。シネクドックが暗示するのはこの見えない暗黒というパッションである（本書では、多木の指摘するシネクドックの働きを、ルニアに準じて、メトニミーと呼んでいる）。シネクドックのうちには、「到底、関連しないように見える無数の細部に可能な統辞論が入り乱れた海流のように作用しているのが聞こえる」*33。旺盛かつ混沌とした意味生産がそこには生じている。その激烈な運動が怪物じみた歴史を表象する。白鯨の追跡という妄想に取り憑かれたエイハブのように、この歴史という怪物をめぐって多木はこう書きつける――

われわれの探究すべきものは、メルヴィルの気違いじみた語りを綴る「海」の修辞学の底知れない深淵をさぐることではないのか。それこそがわれわれが歴史哲学という、ほとんどすべての事実的な歴史家にたいする悪意を込めた言葉で示しているものではないのだろうか。*34

多木にとっての「ヒストリカル・フィールド」とは、この「海」のような深淵に違いない。そこはベンヤミンの言う「原‐歴史（Urgeschichte）」の渦巻く「根源（Ursprung）」である。メルヴィル同様、「海に歴史を託する妄想の危険」*35を知りながら、多木もまたこの「海」へと乗り出した。その船旅の途中で

遭遇するのが大型船の難破や沈没という「事件」であり、それに発する無数の溺死者たちの群れである。東松の撮影した波照間島の写真が多木にとって「ヒストリカル・フィールド」の極めつきの表現となったのは、その安定を欠いた構図がいかにも船上から見た海景であることにもよるのではないか。この写真は「海」の底の暗黒を指し示すシネクドックなのである。

「ヒストリカル・フィールド」の航海に終わりがない以上、多木の数多い著作群は本質的に未完のテクストであり、世界を未完のテクストとして発見させる。歴史の「海」という不可視で危険な闇へと向けて、差し伸ばされたその手の運動――「雑学者」の熟練した手わざばかりではなく、ことばなき峻厳な倫理と航海者の大胆な冒険心が、そこには宿っていたように思われる。その手の動きに「ことばのない思考」を見る。見えない風景を精確に記録しようとする、盲目の船乗りにして「写真家」の身振りが、残像のように記憶にとどまり続けるのである。

結論　歴史における希望のための十のテーゼ

I

五感に分離する以前の共感覚的な強度の次元では、過去と現在もいまだ未分　I−1
化な原初状態にあり、過去との直接的な接触としての歴史経験はその状態への回帰ととらえられる。「過去に触れる」とは、何よりもまず、そうした強度の経験であって、それが雰囲気や情感、気配といったものとして、全身の身体感覚によって情動をともなって受容され、さらに複数の感覚が同時に励起された多感　II−3、IV−2
覚・共感覚状態をもたらす。すなわちそれは、歴史的想像力が緊張の極に達したときに偶発的に生じる、圧倒的な強度との遭遇であり、したがって、五感の独立を前提にして作り上げられる、映像や音響などによる過去の再現としてのスペクタクルとはまったく異質である。それはまた、主体の安定性を前提にした　IV−1
過去への感情移入とも根本的に異なり、主体が何らかのかたちで危機に直面するところにしか到来しない。

II

過去へと向かう想像力に最高度の緊張が加わるのは、過去から未来へと流れ　序−1
る時間の連続性が断ち切られる危機によってである。個人の精神的な危機にせよ、震災のような自然による危機にせよ、あるいは戦乱をはじめとする社会的な危機にせよ、日常生活の基盤そのものが瓦解して、昨日までの秩序が維持できなくなったとき、ひとは未来の不確かさに戦慄すると同時に、過去を生々しく身近
に感じる。「浮雲の思ひ」を強いられたときにはじめて、歴史はその無気味で崇 I－1
高な姿を眼前に現わすのである。危機的状況に置かれ、生命の帰趨を決めかね
ないいかなる些細な徴候も逃すまいとすべての感官が鋭敏になるとき、時間を 序－2、序－3
とらえる感覚もまた研ぎ澄まされる。そのときひとは、遠く離れた時代の状況
に、わが身の明日を占う。過去が思いがけぬアクチュアリティを帯びて迫って IV－1
くる。

III

認識論的な「強度の経験の次元」に対し、存在論において対応するものが、「歴 IV－3
史の無意識」あるいは「歴史の場（ヒストリカル・フィールド）」としての「歴史の根源」、すなわち、「原－歴
史」である。そこは前－言説的な表象がパラタクシスの状態で並列的に併存し II－3
ている場であり、言語と視覚的イメージ、音響、その他の感覚の分離は存在しな
い。この混沌状態から「歴史的事件」が切り出され言説によって整序される。他 IV－3、ダイアグラム
方、その周辺には、そこからこぼれ落ちた歴史素が散乱する。歴史素は「原－歴史」のメトニミーないしシネクドキとして、過去を現前させる。写真は過去の実

在を確証するメトニミー的指標であり、極めつきの歴史素である。歴史素は、意
識的・意図的な伝承の経路から逸脱・彷徨する漂流の果てで、何ものかの肉体 III−1
との偶発的な遭遇にいたり、その肉体を刺し貫く。この遭遇がすなわち歴史経 III−2
験である。

IV

写真において故人は「すでに死んでおり、しかもこれから死のうとしている」。 III−2
写真固有の時間性はこのように、「すでに起こったことがこれから起ころうとす
る」という、過去と未来の等価性による「サスペンス」にある。小説や映画など III−4
において、既知の、あるいは、予想できる結末にもかかわらず、そこにいたるプ
ロセスの緊張が維持されるナラティヴにもまた、この二重化したサスペンス的
時間の作用がある。サスペンスは歴史叙述のナラティヴを歴史素へと変える。
確定したものとしての過去がそこでは局所的に未決定状態へと流動化される。 III−3
そこに生まれる極小の空白地帯という「いまだ生まれざるものの痕跡」が歴史素 I−4
となる。現代の文学的歴史叙述は、写真図版の挿入や叙述の絶え間ない自己批 III−1
評を通じて、過去が別の未来を孕むサスペンスの構造をもたらし、歴史学的過去
とは異なる過去を示す。

V

歴史叙述を根源で駆動するのも倫理的に縛るのも死者たちへの負債感である。　I―2、I―3
任意の死者を任意の生者が任意に語ることなどできない。或る死者について語
るためには、その死者から選ばれなければならない。すなわち、「選ばれる」と
いうかたちで、その死者の歴史素と肉体的に出会う――射貫かれる――歴史経
験がまず存在しなければならない。しかし、同時にまた、死者を恣意的に代弁す
ることは許されない。死者たちの記憶と秘密に敬意が払われなければならない。　III―1
「名のないもの」や「言葉なきもの」に、その名と言葉を返そうとする歴史叙述
は、無名性と沈黙の重みに裏打ちされていなければならない。歴史叙述にサス
ペンスをもたらす力の重心は死者たちの秘密にこそある。　III―4

VI

写真が劃期的であったのは、「名のないもの」が無名の一般性としてではなく、　III―1
「この女」という個別の肉体的・物理的存在として記録されるからである。そん
な写真という歴史素に刺し貫かれた者は、そこに撮影された「この少女」「この少　II―1、II―2、II―3

年」に対する応答を迫られる。それは徹底して肉体的な、受難(パッション)の経験である。名 III-2
の失われた少女と少年に名を取り戻し、彼女、彼の過去と未来を明らかにしなけ
ればならぬという切迫。しかし、それがどうしても不可能なとき、では、いった
いどのような方法によれば、写真に記録された個別の肉体を甦らせることがで
きるのか――写真図版を用いた文学的歴史叙述はそのための試みと見なしうる。
それは、写真において「まったく書かれなかったもの」を読解可能とすることで IV-1
ある。

VII

あまりに理不尽な死による死者たち、とりわけそんな死を強いられた子供た
ちの記録・記憶を前にして、歴史叙述者は「歴史を逆撫でする」。それは過去を IV-1
局所的に未決定状態へと逆戻りさせ、「原 - 歴史」を露呈させることである。子
供たちの不条理な死は、彼ら、彼女たちにありえたかもしれない未来の大きさゆ III-4
えに、「逆撫で」をとくに必要とさせる。いまだその死を贖われていない死者た
ちに対する負債感は、「あらゆる過去の出来事は確定して変化しない」という決
定論――大文字の「歴史」の必然――の受け入れを歴史叙述者に許さない。歴史 III-5
叙述者にはそのとき、死者たちが経験した危機的状況の想像的再構成が課され III-3
る。歴史叙述におけるサスペンスのナラティヴや記録写真に対する再撮影など、 II-1

関係する歴史素の集合をサスペンスの緊張下に置く、パラタクシス的モンター　II－2
ジュがその方法である。

VIII

「歴史の逆撫で」は歴史叙述者の原‐身振りである。　IV－1

IX

歴史叙述者は、歴史の「逆撫で」によって局所的に流動化し未決定となった過
去の空隙——「いまだ生まれざるものの痕跡」——に触れる。そこは「原‐歴史」　I－4
が顔を覗かせる、「歴史の眼」の渦である。この生成しつつある痕跡こそが、死　II－2、IV－3、ダイアグラム
者たちのための「希望」にほかならない。それは死者たちの救済や解放を直接も
たらすものではない。その本質は何ものも確実ではない宙吊り状態のサスペン
スにある。しかし唯一、事態がいまだ確定していないことだけはそこで確実な
のである。希望はこの不確定性の確実さにこそ宿る。たとえ「逆撫で」をなしえ　III－4
たとしても、その後の帰趨はけっして定かではない。死者たちはもう一度辱め　IV－1

られるかもしれない。歴史叙述者もまた敗北するかもしれない。歴史叙述はそのとき、みずからを危険なサスペンスに晒す。 III－3

X

「過去に触れる」ときに吹く風は、希望の約束を秘めている。 序－4、IV－1

ダイアグラム

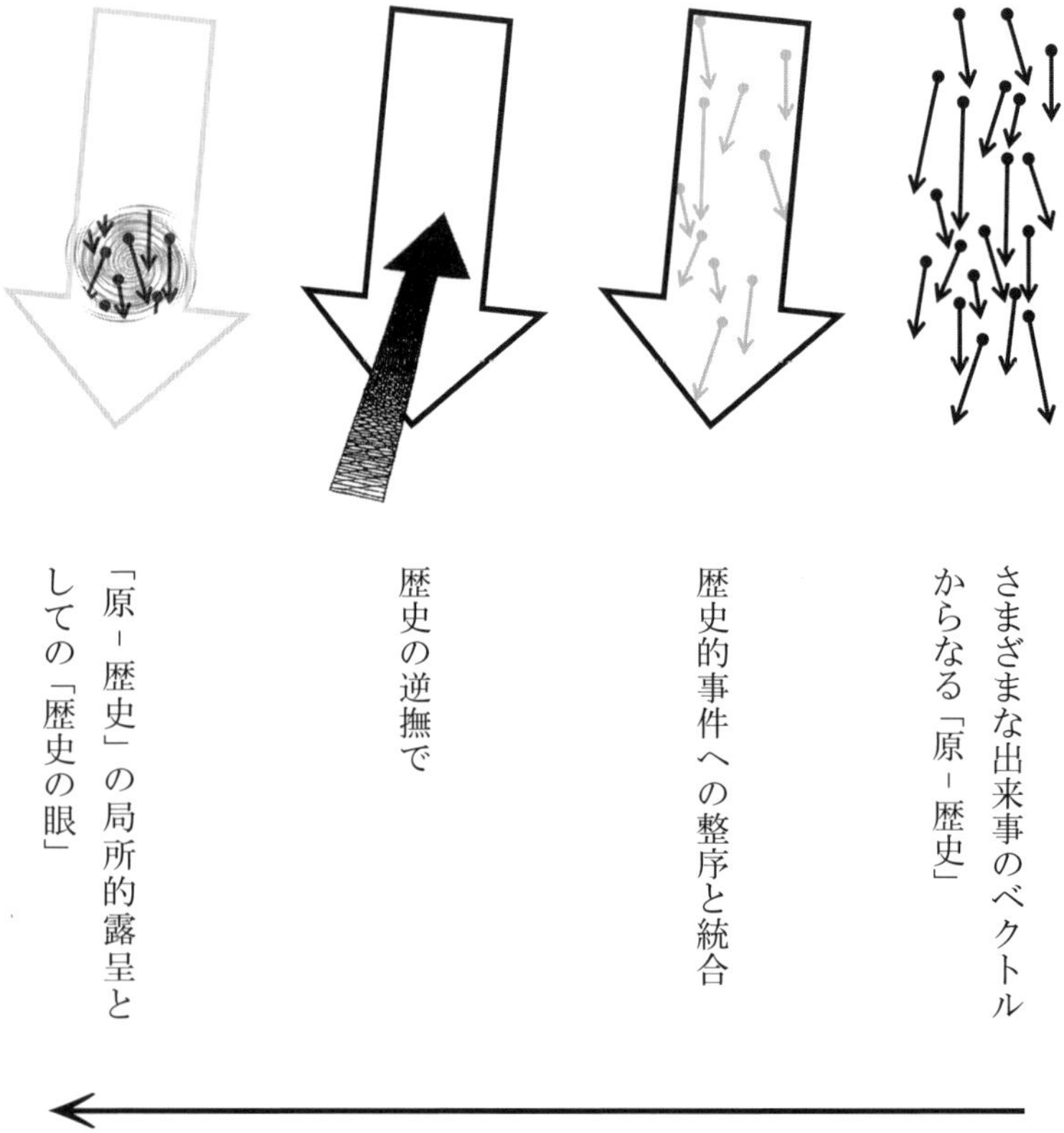

著者作成。「歴史の逆撫で」の黒い矢印はパウル・クレー『教育的スケッチブック』より。

註

著者名と著作・論文名（和文文献の場合）、ないし著者名と発行・発表年（欧文文献の場合）で略記した。外国語文献の引用に際し、日本語訳に拠った場合には、その該当箇所のみを、和文文献の引用方法に準じて記した。日本語訳が存在しない、ないし参照できなかった場合には、原書の該当箇所のみを記した。なお、日本語訳に拠った場合でも、必要と判断した際には、原書の該当箇所を併記している。

序　危機の時間、二〇一一年三月

第1章　歴史の無気味さ——堀田善衛『方丈記私記』

1　堀田『堀田善衛 上海日記』、一一三頁。
2　引用は堀田『方丈記私記』、一六頁に拠る。以下、方丈記からの引用はすべて同様であり、出典の表記を省略する。
3　堀田『方丈記私記』、九三頁。
4　堀田『方丈記私記』、三五頁。
5　堀田『方丈記私記』、二三五頁。
6　堀田『方丈記私記』、二三六頁。
7　堀田『方丈記私記』、一六四頁。

第2章　鳥のさえずり——震災と宮沢賢治ボット

1　「宮沢賢治」（ツイッター・アカウント）参照。プロフィールには「詩集『春と修羅』よりランダムに投稿しています」とある。『春と修羅』の文字データはインターネット上の「青空文庫」にファイルがあり、宮沢賢治ボットはこれをもとにしていると思われる。青空文庫版『春と修羅』参照。この青空文庫版の底本は宮沢『宮沢賢治全集1』である。なお、本章における『春と修羅』からの引用については、特別な場合を除き、逐一出典を記すことはしない。
2　「石川啄木」（ツイッター・アカウント）参照。
3　「種田山頭火　句集」（ツイッター・アカウント）参照。
4　「中原中也（非公式ボット）」（ツイッター・アカウント）参照。
5　それぞれ詩集として刊行されている。和合『詩の礫』、『詩ノ黙礼』参照。
6　入沢「解説」、七三三頁参照。
7　宮沢『春と修羅』、一五—一六頁。
8　入沢「解説」、七三三頁。
9　天沢「鳥」、一四一頁参照。

第3章　渚にて——「トポフィリ——夢想の空間」展に寄せて

1 このテクストは、二〇一一年七月二十日から三十日まで東京大学駒場キャンパス一号館の時計台内部空間（およびそこに通じる螺旋階段）で開催された、「トポフィリ——夢想の空間」展カタログのために書かれたものである。この展覧会はガストン・バシュラールが『空間の詩学』で述べている「トポフィリ（場所への愛）」という概念を核として構想された。

2 バシュラール『空間の詩学』、三九頁。

3 バシュラール『空間の詩学』、二八頁。

4 ベンヤミン『一九〇〇年頃のベルリンの幼年時代』（最終稿）、四七〇頁。

5 バシュラール『空間の詩学』、三六四頁

6 バシュラール『空間の詩学』、三〇一頁。

7 中井『分裂病と人類』、一七頁参照。

8 ベンヤミン『一九〇〇年頃のベルリンの幼年時代』（最終稿）、五六一—五六二頁。ただし、原文（Benjamin 1938, 417）の「Weichtier」は「軟体動物」と訳した。

9 ベンヤミン『一九〇〇年頃のベルリンの幼年時代』（最終稿）、五九七頁参照。

10 フーコー『言葉と物』、四〇九頁。

11 田中『都市の詩学』、三七九—三八〇頁、註四三参照。

12 田中『イメージの自然史』、二二〇—二二四頁参照。

第4章　希望の寓意——「パンドラの匣」と「歴史の天使」

1 パノフスキー『パンドラの匣』、一一六—一一八頁参照。

2 パノフスキー『パンドラの匣』、一一八頁。

3 ベンヤミン『一方通行路』、九六頁。

4 ベンヤミン「歴史の概念について」、六五三頁。

5 ベンヤミン「歴史の概念について」、六四九—六五〇頁。

6 ベンヤミン「歴史の概念について」、六四九頁。

7 ベンヤミン「歴史の概念について」、六四九頁。

8 ゲーテ『親和力』、三七〇頁。なお、『親和力』はゲーテが戯曲『パンドラの再臨』の完成をあきらめたのとちょうど同じ時期に書き始められている。パノフスキー『パンドラの匣』、一二七頁参照。

9 ベンヤミン「ゲーテの『親和力』」、一八一頁。ただし、原文（Benjamin 1924-1925, 200）に即し、平野『死のミメーシス』、二三三—二三四頁の解釈を参考に訳を改めた。

10 ベンヤミン「ゲーテの『親和力』」、一八二頁。

11 ベンヤミン「ゲーテの『親和力』」、一八三頁。

12 平野『死のミメーシス』、二四五頁参照。

13 ベンヤミン「シュテファン・ゲオルゲ回顧」、四〇二—四〇三頁。

14 ベンヤミン「ゲーテの『親和力』」、一八四頁。ただし、原文（Benjamin 1924-1925, 201）に即して訳を改めた。

15 平野『死のミメーシス』、二八七頁参照。

16 ベンヤミン「アゲシラウス・サンタンデル」、一四—一五頁参照。

17 Cf. Eberlein 2006, 72-74.

I　歴史の経験

第1章　過去に触れる——歴史経験の諸相

1　Cf. Huizinga 1929, 69-73.　ホイジンガ「文化史の課題」、四八―五四頁参照。なお、ホイジンガが、意味上はよりふさわしい表現と思われる「経験（ervaring）」ではなく、「感興（sensatie）」という、やや特殊な響きの言葉を用いている背景には、小説家・評論家ローデウエイク・ファン・デッセルによる芸術論からの影響があるという（Cf. Ankersmit 2005, 132-133）。

2　Humboldt 1891, 176.

3　Cf. Huizinga 1920, 259-260.

4　Cf. Ankersmit 2005, 133.

5　ホイジンガ『中世の秋II』、四二四頁。

6　Cf. Huizinga 1916, 441. ホイジンガ「ヴァン・エイクの芸術」、二五四頁参照。

7　Cf. Ankersmit 2005, 127.

8　Jolles und Warburg 1900, 199.

9　Jolles und Warburg 1900, 200.

10　Jolles und Warburg 1900, 202.

11　Jolles und Warburg 1900, 203.

12　この往復書簡やヴァールブルクのニンフ論については、田中『アビ・ヴァールブルク 記憶の迷宮』、一六〇―一七五頁で詳しく論じている。

13　一九二九年四月三日の『ヴァールブルク文化科学図書館日誌』への書き込みより。Warburg 2001, 429.

14　Cf. Ankersmit 2005, 115.

15　Cf. Ankersmit 2005, 180.

16　ヴァールブルクがホイジンガやその著作について、論文や書簡で詳しく記述した形跡は見当たらない。『ヴァールブルク文化科学図書館日誌』では、一九二八年三月十二日に助手のゲルトルート・ビングが書き込んだ『中世の秋』に関する言及に対するコメントとして、ヴァールブルクは「それ［『中世の秋』］をともかく読まねばならない」と書いている（Warburg 2001, 222）。ローマ滞在中だった一九二九年二月十日の同日誌には、コンテクストは不明ながら、「残念ながらホイジンガを読まねばならぬようだ」とある（Warburg 2001, 404）。「残念ながら」の含意は不明だが、いずれにしても、『中世の秋』の独訳がすでに一九二四年に出版されており、しかもその訳者がこの出版時には旧友ジョレスの妻であったにもかかわらず（のちに離婚）、ヴァールブルクは一九二八年になっても（おそらくは一九二九年の時点でも）、このホイジンガの主著を読んでいなかったものと思われる。

　他方、ホイジンガはヴァールブルクの死後、ヴァールブルク文化科学図書館の館長となった助手のフリッツ・ザクスルとしばしば書簡を交わしており、一九三三年にナチが政権を掌握して以降は、図書館のドイツ国外移転への援助も申し出ている。また、一九三三年には前年に刊行された『ヴァールブルク著作集』全二巻の書評を著わしている。ホイジンガにとってヴァールブルクの著作は、綿密に考究された細部を備えてはいるものの、適切な綜合を欠いており、未知の領域を掘削するような作業にとどまっていた。彼の見るところ、ヴァールブルクの文化科学的発想はあまりに細部にわたりすぎており、その議論は形式や様式といったものを備えておらず、取り上げる瑣事が多すぎるほか、背景に過剰に神経を使いすぎていた。とはいえ、こうした欠点にもかかわらず、ホイジンガはヴァールブルクの方法に宿る理念は高く評価している。しかしながら、ホイジンガに対するヴァールブルクの決定的な影響といったものはとうてい語りえないと思われる（以上については、Krumm 2011, 195-196参照）。

17 ホーフマンスタール「チャンドス卿の手紙」、一一一頁。

18 ホーフマンスタール「チャンドス卿の手紙」、一一二頁。

19 Cf. Ankersmit 2005, 190-191.

20 この演習については、田中『アビ・ヴァールブルク 記憶の迷宮』、二五五―二六〇頁参照。

21 Cf. Ankersmit 2005, 10. アンカースミットのこのような「ロマン主義」に対する批判としては、ピヒライネン「実在の果てしない回帰」参照。この批判は、言語論的転回のもとにおける歴史構築論の立場からなされている。ピヒライネンは、アンカースミット自身がみずからの主張が一種の狂気と見なされることを自覚していた、という興味深い指摘をしている（ピヒライネン「実在の果てしない回帰」、一九八頁参照）。

22 Cf. Ankersmit 2005, 263-315.

23 『崇高な歴史経験』のエピグラフとされているのは、シェイクスピアの『ロミオとジュリエット』とプラトンの『饗宴』から引かれた、ともに「愛」をめぐる一節である。

24 Cf. Ankersmit 2005, 350-352.

25 Cf. Ankersmit 1993, 13-14.

26 Ankersmit 1993, 15.

27 Ankersmit 1993, 24.

28 Ankersmit 1993, 31.

29 Ankersmit 1993, 39.

30 Ankersmit 1993, 45.

31 Ankersmit 1993, 45.

32 Ankersmit 1993, 47.

33 Cf. Ankersmit 2012, 177-183.

34 堀田『方丈記私記』、一〇七頁。これは、ヘレニズムや古代末期、あるいは「中世の秋」といった「時代の閾（Epochenschwelle）」に歴史家の関心が向かう理由とは、そうした時期には「歴史そのもの」が、安定した「古典的」時期とはまったく異なるほど直接的に、テーマとして歴史家に迫ってくるからである、というハンス・ブルーメンベルクの指摘（Cf. Blumenberg 1958, 94-95）に通じる認識であろう。「古典的」時期にこの「歴史そのもの」はその時期特有の時代現象の下に隠されてしまっている。他方、「時代の閾」において歴史現象は「臨界的＝危機的（kritisch）」なものとなる。

35 Cf. Ankersmit 2012, 183-186.

36 Cf. Ankersmit 2012, 186-189; 199-206.

37 本草稿に関する以下の記述は、Huizinga 1896 を参照のうえ、Ankersmit 2012, 200-203 に拠る。

38 ベンヤミン『パサージュ論』第2巻、四二六頁、断片番号J79,6参照。ベンヤミンはボードレールの「万物照応（コレスポンダンス）」における色聴ないし音視のような共感覚的経験は、実験心理学によって明らかにされる知覚の問題ではなく、その「媒体」としての「追憶」こそが重要であると述べている——

ボードレールにおいて追憶は尋常ならざる密度をそなえていた。照応し合う感覚データは追憶において照応し合うのだ。それらの感覚データには追憶が充満しており、それらの追憶はあまりに濃密に押し寄せてくるので、この世からではなく、はるかに広々とした前の世(ヴィ・アンテリウール)からやってくるように思われる。そのような経験に見舞われた人物を、その経験が見つめるときの「親しげな眼差し」が暗示するのも、この前の世なのだ。

「過去に触れる」歴史経験の共感覚性は、このように濃密な「追憶」における「万物照応(コレスポンダンス)」とおそらく密接に関連している。とくに色彩を中心にした共感覚的経験については本書第Ⅳ部第2章参照。

39 Cf. Ankersmit 2012, 206-209.
40 Huizinga 1929, 69. ホイジンガ「文化史の課題」、四八頁。
41 Huizinga 1929, 76. ホイジンガ「文化史の課題」、五八頁。
42 Ankersmit 2012, 213.
43 Huizinga 1929, 77. ホイジンガ「文化史の課題」、五九頁。
44 Cf. Ankersmit 2012, 213.
45 Cf. Jay 2005.
46 Cf. Gumbrecht 1997, x.
47 Gumbrecht 1997, 419.
48 Gumbrecht 1997, 435.
49 Gumbrecht 1997, 151.
50 Gumbrecht 1997, 151.
51 Gumbrecht 1997, 436.
52 Cf. Gumbrecht 2004, 100; 168n36.
53 Cf. Gumbrecht 2004, 28-30.
54 具体的にはフリードリヒ・テオドール・フィッシャーの象徴論である。田中『アビ・ヴァールブルク　記憶の迷宮』、一一一―一一三頁、三〇九―三一〇頁参照。
55 ギンズブルグ『ピノッキオの眼』、一四三―一四五頁参照。
56 このパネル七十九は、「ムネモシュネ・アトラス」の写真による記録のうち、最終ヴァージョンの最終パネルである。田中『アビ・ヴァールブルク　記憶の迷宮』、三〇一―三一二頁、田中ほか『ムネモシュネ・アトラス』、六二〇―六三三頁参照。
57 Cf. Bredekamp 2011.
58 Cf. Ghosh and Kleinberg 2013.
59 Cf. Runia 2014, 53-55.
60 ヘイドン・ホワイトは『メタヒストリー』において、メトニミーをメタファー、シネクドキ、アイロニーと並べて、歴史叙述におけるプロット化のプロトタイプとなるモードのひとつと見なしている (Cf. White 1973, 31-38)。しかし、この場合のメトニミーは、シネクドキおよびアイロニーと同じく、メタファーの変種と見なされており、ルニアの表現に従えば、「意味の伝達」に奉仕するだけだが、ここでルニアが問題にしている、不在を現前させるメトニミーは「現前の伝達」に与っている (Cf. Runia 2014, 82-

83)。また、こうしたルニアの見解にもとづくとき、メトニミーとシネクドキの差異は大きな問題にはならない。

61 Cf. Runia 2014, 66-68.

62 Cf. Runia 2014, 91.

63 Cf. Runia 2014, 59-62.

64 ムージル「特性のない男 第一巻」、一三七頁。

65 Cf. Runia 2014, 72-73. これはロラン・バルトの言う「現実効果」に通じる指摘だが、バルトにおいて現実効果をもたらす要素が物語の構造にとってたんに「無用・無意味」な細部とされているのに対し、ルニアのメトニミーはテクストに対してより際立った「異物」と見なされている。この点に関連した、「現実効果」をもたらす細部についての議論は、本書第III部第2章参照。

66 Cf. Runia 2014, 122.

67 Cf. Runia 2014, 8.

68 Cf. Runia 2014, 126-127.

69 レヴィ＝ストロース『野生の思考』、二九一頁参照。

70 レヴィ＝ストロース『野生の思考』、二八頁。

71 アガンベン『幼児期と歴史』、一二五―一二九頁参照。

72 アガンベン『幼児期と歴史』、一二六頁。

73 レヴィ＝ストロース『野生の思考』、二七頁。

74 レヴィ＝ストロース『野生の思考』、三一七頁。

75 アガンベン『幼児期と歴史』、一二九―一三一頁参照。

76 ホイジンガ『ホモ・ルーデンス』、四二八頁。

第2章　アーシアを探して——アーカイヴの旅

1 ギンズブルグ『神話・寓意・徴候』、一八九―一九三頁参照。

2 田中『冥府の建築家』、四九三頁。

3 田中『冥府の建築家』、八八―一一二頁参照。

4 以下に一例として掲載するのは、バーゼル国立公文書館が所蔵するクラヴェルの日記（一九一一年六月十六日）に書き残された、恋人アーシアに宛てた手紙の手書き草稿の写真とそのトランスクリプション、および翻訳である。この日記に関しては、ヤーコプ・フライ＝クラヴェル（ジルベールの姪アントワネットの夫）とハラルト・ゼーマンによるトランスクリプションが存在しているが、ここでは手書き草稿に即し、それに田中が修正を施した。それぞれの出典は次の通り（バーゼル国立公文書館の所蔵資料記号で表示）。

手書き草稿：Staatsarchiv Basel-Stadt, PA 969 B 2 1

トランスクリプション：Staatsarchiv Basel-Stadt, PA 969 B 2 2

冒頭に記された呼びかけにおいて、アーシアの名はアラビア文字で記されている。なお、田中『冥府の建築家』、一一〇―一一一頁にも日本語訳があるが、ここではその一部を改訂した。

5 田中『冥府の建築家』、一一二頁。

6 Hübsch-Pfleger 1980, 30.

7 Cf. *Kalliope*.

8 Cf. Hocke 2004, 401.

9 Cf. Bonaccorso 2003, 194.

10 Cf. Jung 2003, 130.

11 Romano 2012. イタリア語の翻訳については、池野絢子さんのご教示を得た。

12 彼女の名はイタリアではAssjaと綴られる。しかし、筆者が眼を通した手紙への署名では、彼女自身がつねにAsiaと綴っている。名の読みについては、「アーシャ」ではなく、「アーシア」に近いことを、娘のミーアさんに確認した。なお、手紙や封筒に記された「ソロヴェイチク」のラテン文字による綴りはSoloveiccic（まれにSoloveicik）である。

13 出典は本章の註4と同一。田中『冥府の建築家』、一一六―一一八頁。

14 Cf. Romano 2010, 5-8.

15 Cf. Tannenbaum 2010, 101-105.

16 Cf. Romano 2010, 6.

17 Tannenbaum 2010, 104.

18 宮沢「銀河鉄道の夜」、二九三頁。

19 天沢『宮沢賢治の彼方へ』、七一頁。

20 誰がトランスクリプションを行なったのかは記録されていないが、おそらく同じファイルに綴じられた別の文書から推して、一九八八年から一九八九年にかけ、ヴァルデマール・ボンゼルス基金（Waldemar-Bonsels-Stiftung）に所属してボンゼルスやパウレについて調査していた美術史家のスザンネ・シュトローマイヤーと思われる。

21 一九一九年十一月二日付、カプリ発、パウレからボンゼルス宛の手紙より。

22 一九二一年四月十四日付、カプリ発、パウレからボンゼルス宛の手紙より。

23 一九四九年七月二十四日付、カプリ、マリーナ・グランデ発、パウレからボンゼルス宛の手紙より。

24 一九四九年十二月二十三日付、カプリ、マリーナ・グランデ発、パウレからボンゼルス宛の葉書より。

25 ミュンヘン文学アーカイヴ蔵。所蔵資料記号はWB B 759。

26 一九一二年十二月三十日付、カプリ発、アーシアからボンゼルス宛の手紙より。

27 田中『冥府の建築家』、一〇九頁。

28 一九一二年八月十日付、アナカプリ発、アーシアからボンゼルス宛の手紙より。

29 一九一一年三月六日および七日付、ポジターノ発、ジルベール・クラヴェルからルネ・クラヴェル宛の手紙より。Staatsarchiv Basel-Stadt, PA 1030 C 4 1. 田中『冥府の建築家』、一〇五頁。

30 Fiorani 2013.

31 一九一一年三月六日および七日付、ポジターノ発、ジルベール・クラヴェルからルネ・クラヴェル宛の手紙より。Staatsarchiv Basel-Stadt, PA 1030 C 4 1. 田中『冥府の建築家』、一〇四―一〇五頁。

32 ギンズブルグ『闇の歴史』、四五頁。

33 田中『アビ・ヴァールブルク　記憶の迷宮』、二五一頁参照。

34 Cf. Rahtz 2000; *The Non-Catholic Cemetery in Rome.*

35 Cf. Cohen 2011.

36 Cf. Cohen 2012.
37 Cohen 2015.
38 Cf. Cohen 2015, 34-35.
39 Cf. *Holocaust.cz*.
40 Cf. Yad Vashem 2015.
41 Cf. Bundesarchiv 2015.
42 Cf. Grieser 2003, 119-120.
43 Cf. Münzel 2011, 167-169.
44 Cf. Cohen 2015, 272-273.
45 一九四五年一月八日付、ワシントン発、デヴィッド・バウムガルトからフェルディナンド・タンネンバウム宛の手紙より。Baumgardt 2010.
46 *Muore per uno scontro, uno scultore tedesco*. In: *Cronaca di Roma*, 14 ottobre 1954.
47 Cf. Farge 1989, 10.
48 Farge 1989, 15.
49 Farge 1989, 18.
50 Cf. Farge 1989, 16-18.
51 Farge 1989, 19.
52 Farge 1989, 19.
53 Farge 1989, 93.
54 Farge 1989, 42.
55 フーコー「汚辱に塗れた人々の生」、三一四頁。
56 フーコー「汚辱に塗れた人々の生」、三一四頁。
57 フーコー「汚辱に塗れた人々の生」、三一六頁。
58 フーコー「汚辱に塗れた人々の生」、三一六頁。
59 Cf. Farge 1989, 15-16.
60 フーコー「汚辱に塗れた人々の生」、三一七頁。
61 クラカウアー『歴史』、一一八頁。クラカウアーによれば、この受動性において重要なのは「待つこと」である。
62 クラカウアー『歴史』、一一七―一一八頁。クラカウアーは、トゥキュディデスをはじめとして、「偉大な歴史家たちのなかには、その偉大さの多くを、かれらが国外追放者であったという事実に負っている者がある」と指摘している。
63 このアーカイヴの資料はその後米国のゲティ財団が買い取り、整理・公開している。Cf. Harald Szeemann Archive and Library.
64 これは美術史家ルドルフ・F・ブルクハルトが一九二四年十一月にクラヴェルのもとを訪問した際に記録したものである。田中『冥府の建築家』、三七九―四〇三頁参照。
65 一九一一年三月六日および七日付、ポジターノ発、ジルベール・クラヴェルからルネ・クラヴェル宛の手紙より。Staatsarchiv Basel-Stadt, PA 1030 C 4 1. 田中『冥府の建築家』、一〇一頁。
66 田中『冥府の建築家』、四九九―五〇〇頁。

第3章　半存在という種族――橋川文三と「歴史」

1 橋川「若い世代と戦後精神」、三一三頁。
2 横瀬『天狗騒ぎ』、三四三頁。
3 橋川「若い世代と戦後精神」、三一四頁。
4 谷川「『城下の人』覚え書」、九〇―九七頁参照。

5 谷川『城下の人』覚え書」、九六頁。

6 山川『覚書　幕末の水戸藩』、二六三頁。

7 山川『覚書　幕末の水戸藩』、二六四―二六五頁。

8 勝田『西郷隆盛傳』、四頁。

9 橋川「西郷隆盛の反動性と革命性」、一二一―一三頁参照。

10 黒龍會『西南記傳』下巻二、六七〇頁。

11 橋川「明治人とその時代」、一一九―一二〇頁参照。

12 橋川「明治人とその時代」、一一六―一一七頁。

13 橋川「太宰治の顔」、一五六―一五七頁。なお、太宰の「優しさ」を語る橋川自身の「優しさ」については、宮嶋『橋川文三　日本浪曼派の精神』、二九頁参照。

14 橋川「太宰治の顔」、一五五頁参照。橋川は堀田善衛が魯迅の顔について触れた文章を引用している。ここで橋川が参照しているのは堀田の『乱世の文学者』（一九五八年）に収められた「魯迅の墓　その他」であろう。そこで堀田は「岩波文庫版の魯迅選集に出ていた写真の顔、これがどういうものか頭に灼きついて、どうにもはなれがたい印象を与えたからであった。［……］あんなに悲惨で、しかも高貴な顔をした人間は、一世紀のうちでも、そうそう沢山いるものではない。せいぜい、一人か二人であるだろう」と書いている（堀田『乱世の文学者』、八〇―八二頁）。

15 松本〈歴史〉を見つめる人」、四八―四九頁参照。

16 橋川「太宰治の顔」、一五七頁。

17 橋川「若い世代と戦後精神」、三一四頁。

18 三島「小説家の休暇」、八頁。

19 橋川「若い世代と戦後精神」、三一四―三一五頁。

20 橋川「若い世代と戦後精神」、三一五頁。

21 橋川「ぼくらの中の生と死」、五二頁。

22 橋川「歴史と世代」、二六五頁。

23 橋川「幻視の中の「わだつみ会」」、三一九頁。

24 橋川「幻視の中の「わだつみ会」」、三二〇―三二一頁。

25 橋川「乃木伝説の思想」、一九九頁。

26 松本〈歴史〉を見つめる人」、三三一―三三三頁参照。

27 松本〈歴史〉を見つめる人」、二九頁。

28 橋川『歴史と人間』「あとがき」、三一四頁。

29 松本〈歴史〉を見つめる人」、三〇頁。

30 松本〈歴史〉を見つめる人」、三一頁。

31 橋川「夭折者の禁欲」、二二一頁。

32 橋川「夭折者の禁欲」、二二二頁。

33 橋川「中間者の眼」、八二―八三頁。

34 詳しくは田中『政治の美学』、二二八―二四六頁参照。

35 本書第Ⅰ部第1章「4　エルコ・ルニアによる歴史のメトニミー論」参照。

36 橋川「後書的断片」、二九〇頁。

37 橋川「歴史のアポリア」、二八七―二八八頁参照。

38 橋川は宮本常一らによる『日本残酷物語』をめぐる論文「歴史における残酷」でそれを、「生きながら化石として抹殺されるほかはない小さい者」（『日本残酷物語』序文）の歴史と呼んでいる。このような歴史は民俗学的な歴史記述の形式を取っており、橋川はそれを社会科学的な歴史記述とは融合も折衷も不可能なものととらえている（橋川「歴史における残酷」、二八三―二八四頁参照）。なお、「歴史のアポリア」は「歴史における残酷」に対する渡辺京二による質問への回答として書かれている。

39 橋川「後書的断片」、二九一頁。

40 橋川「若い世代と戦後精神」、三二〇頁参照。

41 ベンヤミン「シュテファン・ゲオルゲ回顧」、四〇二―四〇三頁。Benjamin 1933, *Rückblick auf Stefan George*, 399にもとづき、「種族」の意を補った。

42 ベンヤミン「シュテファン・ゲオルゲ回顧」、四〇一頁。

43 橋川「戦中派とその「時間」」、二六一頁。

44 橋川「戦中派とその「時間」」、二六一頁。

45 橋川「戦中派とその「時間」」、二六一頁。原文は島尾・吉田『新編 特攻体験と戦後』、一四九―一五〇頁。

46 橋川「座談会・戦争と同時代」、二二一頁。宮嶋繁明によれば、この座談会が「野戦攻城」というモットーを橋川が公的に語った最初の機会であるという（宮嶋『橋川文三 日本浪曼派の精神』、二二七頁参照）。この座談会は同人誌『同時代』に掲載された。出席者は橋川のほか、丸山眞男、安川定男、曽根元吉、宇佐見英治、矢内原伊作、宗左近である。

47 『橋川文三著作集5』では「三十五年」（三六三頁）。

48 橋川「戦中派とその「時間」」、二六一―二六二頁。

49 クセルクセスの涙とは、ヘロドトスの『歴史』第七巻四五における、対ギリシア戦争にこれから望もうとしているペルシア王の閲兵の場面に関する、次の記述にもとづくものと思われる――「クセルクセスはヘレスポントスの海面が艦船によって蔽い尽くされ、海岸という海岸、アビュドスの平地のことごとくが軍兵に充ち満ちている様を眺め、わが身の仕合せを自ら祝福したのであったが、やがて落涙した」（ヘロドトス『歴史』、四六頁）。その涙の訳を問われたクセルクセスは、「これだけの数の人間がおるのに、誰一人として百歳の齢まで生き永らえることができぬと思うと、おしなべて人の命はなんとはかないものかと、わしはつくづくと哀れを催してきたのじゃ」（ヘロドトス『歴史』、四七頁）と答えている。すなわち、クセルクセスはあくまで、開戦にあたって昂揚する戦意と裏腹の、一種の無常感から涙しているのであり、これが西郷や木戸の涙とまったく異質であることは明らかだろう。橋川がクセルクセスの例を引くのは、この点でもいささか場違いに思える。

50 橋川「戦中派とその「時間」」、二六二頁。

51 橋川『歴史と人間』「あとがき」、三二五頁。

52 橋川『歴史と人間』「あとがき」、三二六頁。

53 魯迅「希望」、三一―三二頁。

54 この写真が貼られた橋川文三の写真アルバム（慶應義塾福澤研究センター所蔵、資料番号三―四）に橋川が記した文章によれば、撮影日は一九五四年一月二十四日、撮影者は石橋洪一である。そこには続けてこう書かれている――

三時半、病室を辞し、曇天の下、バスで駅に向う。その道、亡母の幾度となく通い給いし道、我再び、この道を敏男のために歩むことのありやなしやを想う。一月二十九日、帰京。四月三日、敏男永眠す。

なお、橋川文三の一九五四年の日記（慶應義塾福澤研究センター所蔵、資料番号四―二十二）でも、一月二十四日のページに「石橋君に二人の写真とってもらう」とある。

55　橋川「私記・荒川厳夫詩集『百舌』について」、三一頁および三九頁参照。

56　この詩集については、橋川文三編解説による「荒川厳夫「百舌」詩抄」が、雑誌『ユリイカ』一九七六年四月号に掲載されている（二四一―二五六頁）。そのうちの解説「荒川厳夫詩集「百舌」についての私記」がのちに「私記・荒川厳夫詩集『百舌』について」と改題されて文三の著書に収められた（ちなみに、『ユリイカ』当該号の特集は魯迅であり、この作家をめぐる橋川と竹内好との対話「革命と文学」が掲載されている）。『百舌』は横長の謄写印刷で作られ、全体がちょうど百ページ、三十七篇の詩作品を収録している。「荒川厳夫「百舌」詩抄」にはそこから七編が採られた（「眩暈」「白い盆燈籠」「蠅」「桔梗」「ふとん」「誕生日」「怪我」）。なお、「荒川厳夫」という筆名は敏男が好んでいた詩人アラゴン（「荒」「厳」）に由来するという。

橋川文三の「私記」はともかく、荒川厳夫（橋川敏男）の詩そのものが世上の人びとの目に触れる機会はきわめて稀、いや、ほとんど皆無であろうと思われる。「詩抄」に選ばれた詩の多くは、自身の病や療養生活を題材として、死を覚悟した透き通った沈鬱さと諦念のなかに、一瞬の生の煌めきのようなものをとらえている。一種の凄絶さを湛えたこれらの詩がほぼ誰にも読まれぬままにとどまることはあまりにも無念に思われた。それゆえここに、亡くなった母をめぐる哀切きわまりない詩「白い盆燈籠」――文三はこの詩について「私たち兄妹にはほとんど読むにたえない痛恨悲哀の感をよびおこす」と書いている（橋川「私記・荒川厳夫詩集『百舌』について」、三一頁）――の一部、そして、読む者に衝撃を与えて忘れがたい印象を残す「桔梗」の全篇を掲げておきたい（「荒川厳夫「百舌」詩抄」を底本とし、明らかな誤字のみを改めた）。

白い盆燈籠（抄）

今宵　盂蘭盆の晩
汗にむれる背中からうらうらと
意識をくらめかして立ちのぼる追憶の
そのはるかにおぼろなあたりに点滅する
盆燈籠の赤、黄、青、白、……

樟脳のにおいのする他家(よそ)行きの浴衣に
帯を締めてもらうのが嬉しくてたまらなかった
幼い頃から
母にともなわれて墓地への道を上り
火をともした燈籠は幾つになろう
その母は今亡く
今宵故郷の丘の我が家の墓を
初盆の白い燈籠はとりかこんで
しめやかに亡き人の想い出をともしているのであろうか

（中略）

母のこの影を踏み　此の皺に手を掛け
この吐息を吸いこんで
わずかに立上った私に

今一息と思ったのもつかのま
ひかえめな願いを込めて私を見守る視線を
にべもなくそれて
町の人々が白い眼で見る日鋼ストライキの応援に
私が飛び出した時
母は怒りと失意にうちのめされて
床に就いた
（それは私にとってのっぴきならない歴史
に対する誠実の問題
ああしかし
母に対しても且誠実である別の道はなかった
というのか！）
一度ならず二度、そして三度、更に四度、
私の病気は
母の瞳の中にはかない喜憂を点滅させたあげくの果
限なく蝕まれてしまった肺と共に
此の療養所の望み薄いベッドに辿りつくこととはなっ
たのだが――

（中略）

ああ　この五十年の生涯に　胸を絞った吐息の
はかり知れない深さに比べて
この世から最後に吸取った息の　これはまたなんという
惨めなはかなさであったろう
この罪深い息子の心臓の奥深く
くいこみ　疼いて止まぬ虐げられた母の像には
どのように酬いたらよいのか

今宵　盂蘭盆の晩
故郷の夜の風にまたたく　白い盆燈堪の
ほのかな灯に
この一人の母の運命を想い沈む人もあるであろうか
病床の中の不孝者の息子は
ゆらゆらとゆらめく熱い水底（みなそこ）から
いくつもいくつもの母の笑顔を仰ぎ見ている

（一九五一・八・一六）

桔梗

病室の花籠にゆれている数本の桔梗の花
かよわげだが一生懸命咲いているその花に
松島音頭の歌を想い出す
その歌を「これは一寸難かしいんよ」と言い言い　口ず
さむような声で歌っていた
少女のことを想い沈む

「桔梗の花は童話のお姫様みたいだから好き」
小学校の頃から女学校の三年生になるまで　毎年のな
らわしのように　その年はじめて見つけた桔梗の花を
私の花瓶に生けてくれながら　そんなことを言ってい
た少女

一夏　私は山道にたった一本だけ咲いている桔梗を見
つけ　少女に先んじて花瓶にさしたその晩　数学の質
問にやって来た少女は　それを見て驚いた　一瞬暗い
悲しげな影が顔をよぎったように見えた

「来年桔梗が咲くまでの一年間に　きっと私の運命に重
大な狂いを生ずるわ」
少女はなかばおどけたように　なかば心もとなげな表
情で言い　私は大声で笑った　その幻想と　大ぎょう
な言葉使いが可笑しく　又かわいらしかったからだが
——

ああ　毎年私の花瓶にさす　一本の桔梗の花に明方の
乳色の靄のような運命を占っていた少女よ　私の心な
い仕業を悲しむあの表情　あの口調のひびきは　今も
そのままよみがえって私の心を嚙む

翌年八月六日
少女は広島で死んだ
亡骸はついにみつからなかった
五日間　街中を　島々を　さがしまわった母親は　偶
然川端に　あの朝少女がかむって出た白いピケ帽を見
つけた　その焼け残りのすゝけた布切に　はっきりと
我が子の名前を読みとった母親は　頬ずりしてその場
に泣き崩れたという　その布切が唯一の遺骨の代りと
して墓に埋められたが——

柔らかに艶やかなおかっぱの黒髪　その下の色白な顔
八重歯ののぞく口もと　きちんと結ばれた真白なネク
タイ　折目の綺麗なセーラー服のスカートからのびた
すんなりした脚……
ああ　あの黒髪が焰となり　あの顔が焼け崩れ　焦げ
ちぎれたモンペをひきずってあの脚で　よろよろと此
の川端をどこかへ歩いていったのであろうか　母を呼
び　水を求めて　獣のように顔をゆがめ　皮膚をかき
むしったのであろうか

原子雲と一しょに　空の彼方に消えてしまったかのよ
うな少女　しかしこれはお伽話ではない　此の頃の此
の夏雲のたたずまいの下で　これは遠い昔の悲しい物
語ではない

桔梗の花が風にゆれる
——運命に重大な狂いを生ずるわ——
あの一瞬よぎった暗い悲しげな表情のみが　想い出を
占め続ける

（一九五二・八・一〇）

57 橋川「私記・荒川厳夫詩集『百舌』について」、三七頁。
58 鶴見「編集後記」。

第4章　いまだ生まれざるものの痕跡——ダニエル・リベスキンドとユダヤ的伝統の経験

1 Libeskind 1997, 56.
2 Cf. Rodiek 1998, 17-18.
3 Cf. Libeskind 1997, 34. ベルリン・ユダヤ博物館について詳しくは、田中『残像のなかの建築』、二二一—二三三頁参照。「歪んだダヴィデの星」は本章図9のコンセプト・コラージュに見ることができる。
4 Libeskind 1997, 34.
5 Libeskind 1995, 44.
6 Libeskind 1997, 82.
7 ジョレス『メールヒェンの起源』、二四九頁。
8 ジョレス『メールヒェンの起源』、二五〇頁。
9 ベンヤミン『ドイツ悲劇の根源』上、一九—二〇頁参照。
10 ベンヤミン「翻訳者の使命」、四〇四—四〇五頁参照。
11 磯崎『始源のもどき』、二八九頁参照。
12 豊崎「余白とその余白または幹のない接木」参照。
13 Cf. Winkler 1994, 125.
14 Cf. Winkler 1994, 125.
15 Cf. Libeskind 1995, 43-44.
16 Cf. Libeskind 1999, 41.
17 Cf. Forster 1992, 22.
18 ヴァールブルク『蛇儀礼』、七五—八八頁参照。
19 田中『アビ・ヴァールブルク　記憶の迷宮』、第四章参照。
20 Libeskind 1997, 34.
21 米田「ポストミニマリズムが現代建築に示唆するもの」、七七頁および九一—九四頁参照。
22 ベンヤミン『ドイツ悲劇の根源』下、五〇—五一頁。
23 Libeskind 1999, 30.
24 Cf. Rodiek 1998, 53.
25 Cf. Libeskind 1997, 98.
26 Cf. Libeskind 1997, 98.
27 ベンヤミン『ドイツ悲劇の根源』下、一三八頁。
28 小林「インファンスはジグザグの線を引く」、一六六頁参照。
29 Libeskind 1999, 37.
30 Cf. Libeskind 2000, 194-195.
31 Cf. Libeskind 2000, 195.
32 パース『パース著作集二　記号学』、三五頁参照。
33 クラウス『オリジナリティと反復』、一七四頁。
34 本書第I部第1章参照。
35 クラウス『オリジナリティと反復』、一七四頁。
36 一九八九年十二月五日、ハノーファー大学における講演より。Feireiss 1992, 67.
37 この計画案について詳しくは、田中『死者たちの都市へ』、八九—九四頁参照。
38 リベスキンド「哀悼　オラニエンブルク設計競技　1993」参照。
39 ディディ＝ユベルマン『ジャコメッティ』、二三二頁。
40 ディディ＝ユベルマン『ジャコメッティ』、二三三頁。
41 Cf. Didi-Huberman 1992. この点をめぐる「空虚」との関係については、田中『死者たちの都市へ』、一二二—一二四頁参照。

42 Libeskind 1997, 34.

43 Cf. Didi-Huberman1992, 17-25.

44 Didi-Huberman1992, 194-195.

45 小林「インファンスはジグザグの線を引く」、一六七―一六八頁。

46 ショーレム『ユダヤ神秘主義』、三四五頁。

47 ショーレム『ユダヤ神秘主義』、三四五―三四六頁。

48 ショーレム『ユダヤ神秘主義』、三四六頁。

49 Cacciari 1995, *Edmond Jabès im heutigen Judentum*, 59.

50 ローゼンツヴァイクは「新しい思考」において、「「万物(Alles)」について立てられた、この〈……は何であるか?〉という問い(Was ist? - Frage)のなかに、すでに答えのすべての誤謬が潜んでいる」と述べる(ローゼンツヴァイク「新しい思考」、一八三頁)。これに対して、「現実的な経験のあらゆる事実に先立つ事実性の経験」は、「思考のお気に入りの言葉〈本来的(Eigentlich)〉に代わって、思想家の口には慣れていないあらゆる経験の根本語である小さな言葉〈と(Und)〉を彼に押しつける」――

> 神と世界と人間。この〈と〉は経験の最初のものであった。こうしてこの〈と〉もまた、最終的に真理に戻っていかなければならない。真理そのもののなかに、唯一でありうる究極の真理のなかには、なおも〈と〉が潜んでいなければならない。この真理は、自分自身だけが知ることを許されている哲学者の真理とは違って、誰かに対する真理であらざるをえない。
>
> (ローゼンツヴァイク「新しい思考」、二〇〇頁)

51 Cacciari 1995, *Die Weiße und die Schwärze*, 56.

52 ジャベス『問いの書』、一六九頁。

53 Cf. Cacciari 1995, *Die Weiße und die Schwärze*, 45.

54 イェルシャルミ『ユダヤ人の記憶　ユダヤ人の歴史』、二五―二六頁。

55 Cacciari 1995, *Die Weiße und die Schwärze*, 50.

56 Libeskind 1997, 113.

57 このような経験は「ユダヤ人」という属性を有する集団が特権的にもつものではなく、むしろ逆に、そのような所属関係からの切断と離脱こそを意味する。にもかかわらず、リベスキンドのこうした言説は、どうしても自己言及的に、ユダヤ人である彼自身の立場の特権化に結びついてしまう。この点に関連しては、ベルリンのユダヤ博物館をめぐり、東西の分裂を典型的に象徴してきたベルリンという都市、アイデンティティをもたないこの非都市的都市の「典型性」が、みずからの特殊性において普遍性を主張する「典型例の論理」の「典型」にほかならないことを指摘した、ジャック・デリダによる次のような批判がある(註56のリベスキンドの発言は、デリダのこの指摘に対する応答である)――

> それはまさしく、あらゆる国民、あらゆる人々が、自分自身の単独性を肯定するときに、自分たちのアヴァンギャルド的な構造を正当化しようとする方法です。彼らは「われわれはアヴァンギャルドだ、なぜならわれわれは自分たちの単独性において普遍性を目撃している

のであり、われわれは普遍性に対する、人類そのものに対する責任を負っているのだから」と言うのです。国民の自己肯定はつねにこの典型例（模範）の論理を通過します。そして、ドイツ人とユダヤ人は、普遍性に対して、人類に対して、アヴァンギャルドに対して、自分たちが責任あるものと考えていたのです。

(Derrida 1997, 111)

ホロコーストや戦争、テロによる破壊といったテーマに関わる建築物について、ベルリンのユダヤ博物館やその設計者であるリベスキンドがこの「典型例の論理」に嵌まり込み、ひいてはみずからそれを演じてしまう嫌いがあることは否めない。後年の、ニューヨーク世界貿易センター（WTC）跡地計画設計競技で選ばれた案のプレゼンテーションでリベスキンドは、「移民」――つまり、テロによる被害の土地マンハッタンを経由して合衆国国民となった「典型」――としての「経験」をことさらに強調している。この計画案とそれを取り巻く状況については、田中『死者たちの都市へ』、七七―八七頁、一〇三―一二六頁参照。

58 Cacciari 1995, *Die Weiße und die Schwärze*, 52.

59 Cacciari 1995, *Die Weiße und die Schwärze*, 56.

60 Cf. Cacciari 1995, *Edmond Jabès im heutigen Judentum*, 73.

61 浅田ほか「シンポジウム　ルイジ・ノーノと《プロメテオ》」、一四二頁。

62 Cf. Libeskind 2000, 53. リベスキンドはここで、音楽と建築ドローイングの理論に通底する変化の探究者として、ルイジ・ノーノとアルフレート・シュニトケの二人の名を挙げている。

63 Cf. Bandur 2001, 89. 吉田「音楽家ダニエル・リベスキンド?..」、吉田「共鳴する建築」参照。なお、リベスキンドの「線」と音楽との関係については、菅野「線と面のあいだに」参照。

64 吉田「音楽家ダニエル・リベスキンド?..」、一二八頁参照。

65 吉田「音楽家ダニエル・リベスキンド?..」、一二八頁。

66 吉田「音楽家ダニエル・リベスキンド?..」、一二六頁。

67 浅田ほか「シンポジウム　ルイジ・ノーノと《プロメテオ》」、一四一頁参照。

68 浅田ほか「シンポジウム　ルイジ・ノーノと《プロメテオ》」、一三三頁。

69 浅田ほか「シンポジウム　ルイジ・ノーノと《プロメテオ》」、一三三頁。

70 ベンヤミン「歴史の概念について」、六四六頁。

71 Libeskind 2000, 204. なお、もとになった逸話はEliach 1982, 181-184参照。

72 カッチャーリは『必要なる天使』日本語版序文にこう書いている――「根源は、イメージのなかに現われつつ逃れ、多数性のなかに示現＝隠蔽し、隠れつつ現われる「もの」としてしか考えられない」（カッチャーリ『必要なる天使』、九頁）。

73 リベスキンドはこの白線の逸話をベルリン・ユダヤ博物館の「ホロコースト・ヴォイド」のデザインに取り入れている。そこでは、天井部に採光のスリットが斜めに入っており、光の線がこの空虚のコンクリートの壁や床に射し込むようになっている。リベスキンド『ブレイキング・グラウンド』、六〇―六一頁参照。

II　極限状況下の写真

第1章　剝ぎ取られたイメージ――アウシュヴィッツ＝ビルケナウ訪問記

1　アウシュヴィッツにおける図1の展示パネル上には「アウシュヴィッツ第二強制収容所（ビルケナウ）一九四四年。ハンガリーから移送されたユダヤ人たち」というキャプションしかなく、撮影された人物たちの情報は明示されていない。しかし、エルサレムのヤド・ヴァシェム（ホロコースト記念館）写真アーカイヴのデータベースによれば、彼らの一部は名前や出身地などが特定されている。その情報にもとづくと、この写真は一九四四年五月にビルケナウで撮影された、いわゆる『アウシュヴィッツのアルバム』に収められた一枚であり、図1に写っているのはハンガリー西部の都市ソンバトヘイから移送されてきたヴォルシュテイン（Wollstein）家の兄弟たちである（『アウシュヴィッツのアルバム』については、Gutman 2004参照）。向かって左がエルヴィン（Ervin 当時、八歳）、真ん中がユーディット（Judith 五歳ないし六歳）、右がドーリ（Dori［イジドール Izidor の愛称］十一歳）である（なお、パネルの写真はオリジナルが左右反転しており、したがって図1も反転している）。元の写真【註図】（次頁）では、エルヴィンは母ヨーラン（Jolan 三十六歳）に手を引かれており、その後ろには乳母に抱かれた末娘のナオミ（Naomi 二歳）の姿が見える。彼らは皆ガス室へ向かう途中であるという。撮影者は強制収容所の鑑識課で写真撮影を担当していた親衛隊（SS）のベルンハルト・ヴァルターないしエルンスト・ホフマンのいずれかと考えられる。以上の点については次を参照。Cf. Yad Vashem: "Birkenau, Poland, Women and children on their way to the gas chambers, 05/1944." *Digital Collections - Yad Vashem.* Item ID: 33182. Web. 22 April 2015.

　わたしが反射的に行なったパネル写真をトリミングし拡大する再撮影は、本書第II部第3章で取り上げるダリウス・ヤブロンスキー監督の映画『写真愛好家』における、ナチ党員がゲットーを撮影したカラー・スライドの再撮影と同様に、撮影者であるナチのまなざしによって支配された画面の一体性を解体し、その支配を逃れる細部を見出そうとした営みと理解することができよう。

2　Cf. Didi-Huberman 2011, 10.

3　Cf. Didi-Huberman 2011, 11-12.

4　Cf. Didi-Huberman 2011, 62.

5　ひたすら足元に向けられ地面を見つめていた自分の身振りが、この地でガス殺された屍体を野外焼却溝で処理する任務を与えられたゾンダーコマンドたち（次章参照）の身振りと一致していたことにいま気づく。ディディ＝ユベルマンはその身振りについて、ビルケナウで撮影された写真をもとにこう書いている――

【註図】ガス室に向かわされるハンガリーから移送されたユダヤ人女性と子供たち、アウシュヴィッツ第二強制収容所（ビルケナウ）、ベルンハルト・ヴァルターないしエルンスト・ホフマン撮影、一九四四年五月。

ところでこのふたつのシークエンスを見て分かるのは、ほとんどすべての顔が、あらゆる劇的な表現を通り越して、死の作業に集中しているかのように、下を向いているということである。下へ、なぜなら大地が彼らの運命だからだ。その傍らでは人々が煙となって舞い上がり——死のフーガ（Todesfuge）——、他方では彼らの灰が砕かれ、埋められ、呑み込まれる。

（ディディ＝ユベルマン『イメージ、それでもなお』、六三頁）

第2章　歴史の症候——ジョルジュ・ディディ＝ユベルマン『イメージ、それでもなお』

1　ディディ＝ユベルマン『イメージ、それでもなお』参照。この章では、同書について、個々の参照箇所の指示を略す。

2　Didi-Huberman 1995, 230.

3　現在では、この「アレックス」とは、ギリシア出身のユダヤ人、アルベルト・エレーラと見られている。エレーラは一九一三年にギリシア中部の町ラリッサに生まれ、ギリシア軍の海軍士官となって、ドイツ軍によってギリシアが占領されるとパルチザンに加わった。彼は一九四四年三月にドイツ軍に逮捕され、同年四月にアウシュヴィッツへ移送されている。収容所ではゾンダーコマンドの一員となり、第二強制収容所（ビルケナウ）の第五クレマトリウムで、ボイラーマンとして働かされた。エレーラはゾンダーコマンドによる叛乱の準備に関わり、一九四四年八月には、屍体を焼却した灰をクレマトリウムから投棄場所のヴィスワ川に運搬する途中で、二人の監視員をシャベルで殴って気絶させ、川に飛び込んで逃走を試みたものの、数日後にはドイツ側に捕縛され、虐待のうえで殺されている。

4　ディディ＝ユベルマン「形式的特異性の人類学のために」参照。なお、こうした区別にもとづけば、この章のタイトルとしている「歴史の症候」は「歴史の症状」とすべきだが、ここでは『イメージ、それでもなお』で用いられている訳語に従った。

5　ディディ＝ユベルマン「形式的特異性の人類学のために」、二四二頁。

6　田中『死者たちの都市へ』、一五五―一六九頁参照。

7　ギンズブルグ『歴史・レトリック・立証』、四八頁。

8　ディディ＝ユベルマン『残存するイメージ』、五〇八頁。

9　アウシュヴィッツの写真をはじめとする修整写真に宿る「フェティシズム」については、田中『イメージの自然史』、一八二―一八七頁で論じている。

10　以下はタフーリ『球と迷宮』における議論の概要であり、ここで言及されているギンズブルグやフロイトの著作については同書を参照。

11　タフーリ『球と迷宮』、二一一頁。

12　タフーリ『球と迷宮』、二二三頁。

13　タフーリ『球と迷宮』、一八頁。

14　建築史という領域についてこの点を論じたものとして、田中「歴史という廃墟」参照。

15　ディディ＝ユベルマン『残存するイメージ』、五三〇―五三五頁参照。

16　ディディ＝ユベルマン「形式的特異性の人類学のために」、二四三頁。

17　ディディ＝ユベルマン『ニンファ・モデルナ』、一三七頁、図五四。

18　ベンヤミン「「歴史の概念について」の異稿断片集〔抄〕」、六〇〇頁。ただし、原文（Benjamin 1940, 1241）に即して訳を改めた。

19　「贖い」と訳されているErlösungという概念は、ベンヤミンの「歴史の概念について」やローゼンツヴァイクの『救済の星（Der Stern der Erlösung）』を踏まえて用いられているが、ここでは邦訳の訳語に従う。

20　ジョット、ピサーノ、クレーの人物像における類似やそれぞれの寓意的含意については、本書序第4章で詳しく論じている。

21　蓮實「フィクションと「表象不可能なもの」」参照。

22　蓮實「フィクションと「表象不可能なもの」」、三六頁。

第3章　イメージのパラタクシス――一九四五年八月六日広島、松重美人の写真

1　反核・写真運動編『母と子でみる　原爆を撮った男たち』、六一頁。松重は「警察官」としているが、軍人の可能性もある。柏原・松重『なみだのファインダー』、一〇頁参照。

なお、ここには建物疎開作業中に被爆した広島女子商業学校や県立第一中学校の生徒が数多くいた。

2 NHK出版編『ヒロシマはどう記録されたか』、三〇五頁、広島市役所編『広島原爆戦災誌』第五巻、九八五頁、および、広島原爆被災撮影者の会編・発行『被爆の遺言』、六九頁参照。松重の証言にもとづくと思われる上記『ヒロシマはどう記録されたか』の記述によれば、この時点でネガは切り離し、六枚目に撮って露出不足だった千田町の火災のネガなどはそこで捨てた、という。より初期の証言では、「フイルムを入れかえて四、五枚写しておいたが、あとは感光していたのか、現像はしたがカブツていたらしい」とある。松重「八月六日の朝」、八八頁参照。

3 倉石ほか「座談会　松重美人の五枚の写真をめぐって」、一八頁における北島敬三の発言。

4 反核・写真運動編『母と子でみる　原爆を撮った男たち』、一三四頁。

5 柏原・松重『なみだのファインダー』、二七頁参照。

6 反核・写真運動編『母と子でみる　原爆を撮った男たち』、一四六頁。この母子については、一枚目と二枚目の写真に自分も撮影されている河内（旧姓・阪本）光子も証言している。この若い母親は黒く焼け焦げた赤ん坊を抱き、狂ったように、赤ん坊をゆすり、「坊や、起きてちょうだい！」と繰り返し叫びながら、人びとのあいだを駆け回っていたという。NHK出版編『ヒロシマはどう記録されたか』、八八―八九頁参照。なお、NHK総合テレビで二〇一五年八月六日に放映されたNHKスペシャル「きのこ雲の下で何が起きていたか」では、河内の証言にもとづき、この女性を赤ん坊の姉ではないかとしている。この番組では河内が見た光景をコンピュータ・グラフィックスで再現することも試みられた。そこでこの女性は「なあ、起きてや、起きてや」と繰り返し叫びながら、腕に抱いた赤ん坊をゆすっている。

7 反核・写真運動編『母と子でみる　原爆を撮った男たち』、一五三頁。

8 柏原・松重『なみだのファインダー』、三八頁。

9 反核・写真運動編『母と子でみる　原爆を撮った男たち』、一五三頁。

10 反核・写真運動編『母と子でみる　原爆を撮った男たち』、一三五頁。

11 松重「八月六日の朝」、八七頁。

12 反核・写真運動編『母と子でみる　原爆を撮った男たち』、一三二頁。

13 Cf. Lucken 2006, 24n17.

14 Lucken 2006, 10.

15 新聞社のカメラマンでも広島市内ではカメラをぶら下げて歩くことは許されず、憲兵による監視があったという。反核・写真運動編『母と子でみる　原爆を撮った男たち』、一五三頁における岸田貢宜、松重三男、松重美人の発言参照。

16 NHK出版編『ヒロシマはどう記録されたか』、九八頁に拠る。広島・長崎における被爆者たちの「原爆体験」をめぐる証言の調査では、被爆直後の惨状のなかで陥った「無感動」の状態がさまざまな言葉で形容されているという（濱谷『原爆体験』、九―一〇頁参照）。そのなかには次のように、みずからが「ロボット」のように動く存在になっていた、という回想も見られる――


当時は恐ろしさや、かなしみなど、感情どころではなく、もくもくと現実に対して、その処理をしたもので、実にうまく適応した人間になっていた。こううまく事務的になれるものだと、今でも不思議です。

人間的感情は三時間ぐらいで、その後は悲しいとか恐ろしい、汚いなど一切思うことなく、もくもくと働くロボットであった。

（濱谷『原爆体験』、六三頁）

17 Cf. Lucken 2006, 12. リュケンはここで、「[大規模な空爆をめぐる]証言の大半において通常の言語が損なわれた様子もなく機能しつづけていることによって、そこに述べられている体験の真正さは疑わしくなる」というゼーバルトの言葉（ゼーバルト『空襲と文学』、二九頁。Sebald 1999, 32）を引いて、松重の言葉と写真をそのような証言に対応させている。だが、記憶が混乱しているうえ、事後的に無意識裡に作り変えられた可能性のある松重の証言にしろ、その写真にしろ、このリュケンの指摘が全面的に当てはまるとは思えない。リュケンはゼーバルトが或る種の嘘臭さを感じている証言者たちのステレオタイプな言い回しに当たるものを、松重が撮影時に選んだ定型的なモチーフに見ているのだが、このような比較を行なうのであれば、まずなされるべきなのは同じ言語的な表現においてであろう。その点でステレオタイプ化が認められるのは、後年における松重の証言の変化である。他方、写真について、ゼーバルトが言う意味における「体験の真正さ」を疑わせるものがあるとしたら、それはむしろ、「通常の言語が損なわれた様子もなく機能しつづけている」山端の写真のほうと言うべきではないだろうか。

18 ゼーバルト『空襲と文学』、四一頁。Sebald 1999, 47.

19 ゼーバルト『空襲と文学』、四二頁。Sebald 1999, 49.

20 西本「原爆記録写真」、四〇頁。この傷をめぐっては、それがいつ付けられたものかを確定することは困難であり、根拠とすべきは西本のこの証言しかない。この点については、倉石ほか「座談会　松重美人の五枚の写真をめぐって」、一四―一七頁参照。

21 倉石ほか「座談会　松重美人の五枚の写真をめぐって」、一八―二三頁参照。この四枚の写真をめぐるディディ＝ユベルマンの議論については、本書第II部第2章参照。

22 ディディ＝ユベルマン『イメージ、それでもなお』、一〇二頁。

23 このような比喩の働きについて、倉石信乃は「グロテスクなものとして斥けたいと考える」と評している。他方、倉石は原爆が都市空間全域に閃光による「プリント」を施したことが、のちに広島を撮影しようとする写真家たちにとって低くはないハードルになった、とも指摘している。倉石「広島の印象」（ページ番号なし）参照。

24 四方田「パッチョロ」、一一九頁。

25 倉石ほか「座談会　松重美人の五枚の写真をめぐって」、一九頁における橋本一径の指摘参照。該当論文の該当箇所はDidi-Huberman 1994, 14である。

26 『映画史』4Aの十八分二十三秒―三十二秒あたり。Cf.

27 Godard 1998, 103. この箇所については、ディディ＝ユベルマン『イメージ、それでもなお』、一八四頁参照。ここでゴダールが用いているのは、一九四五年九月に松本栄一が長崎市南大手町の長崎要塞司令部で撮影した、建物板壁に残った兵士と梯子の影の写真である。

28 Cf. Didi-Huberman 1994, 15.

29 Didi-Huberman 1994, 14-15.

30 長谷『映像という神秘と快楽』、二九―三五頁参照。

31 長谷『映像という神秘と快楽』、三四―三五頁。

32 バルト『明るい部屋』、一四六頁。

33 ただし、リュケンが掲載している写真（Lucken 2009, Abb.2）は同じ時期に中国新聞社新館（爆心地から東約九〇〇メートル）屋上から撮影されたパノラマ写真の一部である。

34 Cf. Lucken 2009, 180.

35 リュケンが指摘するこうした印象については、この写真に関する次の記述を念頭に置いて吟味すべきであろう――「被爆直後、軍隊によって主要道路が素早く清掃されたうえ、九月十七日夜半の台風による洪水で、地面が洗われたから、画面が意外に明るいということを留意する必要がある」（広島市役所編『広島原爆戦災誌』附録（二）、「焦土広島の全景（写真）」解説）。

36 Cf. Roth 2012, 189-204.

37 Cf. Freund, Perz und Stuhlpfarrer 1990, 54-55.

38 文中で言及した部分は二十五分五十七秒から二十六分二十八秒、および、三十四分から三十四分二十八秒あたり。

39 内容は映像からの聴き取りにもとづく。

40 内容は映像からの聴き取りにもとづく。

41 Cf. U. Baer 2002, 163; 166.

42 U. Baer 2002, 171.

43 バルト『明るい部屋』、七〇―七一頁参照。Cf. Baer 2002, 144.

44 この部分の内容はBaer 2002, 175に拠る。

45 Baer 2002, 175.

46 アドルノ「パラタクシス」、一八九頁参照。この点では、ハリー・スタック・サリヴァンの精神医学理論における「パラタクシス」や「パラタクシックな記憶」とも関連する。これらの解釈・理論を背景にした作品分析概念としての「パラタクシス」については、田中『都市の詩学』、四〇―四二頁参照。

47 倉石「不鮮明について」、三三頁。

48 これが色彩を欠いた白黒写真であることもまた、姿勢のような輪郭への注視をもたらす一因である。

49 一枚目および二枚目の写真に写っている三角襟のセーラー服を着た女学生は河内（旧姓・阪本）光子、二枚目で油を塗られている、髪の毛が逆立った頭と手だけが見えている人物は阪本の父・儀三郎である。一枚目の橋のたもとに座り込んでいる丸坊主の若者二人のうち、向かって左にいるのは坪井直である。二枚目の中央右手、後ろ姿の丸坊主の少年は沓木明と思われる。柏原・松重『なみだのファインダー』、五二頁、および、NHK出版編『ヒロシマはどう記録されたか』、七八―八八頁参照。

50 濱谷『原爆体験』、四―一三頁参照。

50　ディディ＝ユベルマン『イメージ、それでもなお』、五八頁。
51　ディディ＝ユベルマン『イメージ、それでもなお』、六〇頁。
52　「ニンフ」および「情念定型」については、田中『アビ・ヴァールブルク　記憶の迷宮』、一六〇―一七五頁、二一三―二二五頁参照。
53　松重「八月六日の朝」、八七頁。
54　註6に挙げた番組「きのこ雲の下で何が起きていたか」では、御幸橋で撮影された松重の二枚の写真に登場する人物について、河内や坪井の証言にもとづいた再現映像がコンピュータ・グラフィックスで作られ、声が付けられた。コンピュータ・グラフィックスはカラーではなく、グレー単色で、人物の形状や表情は不明瞭なままにとどめられている。画面には古いフィルムのような染みが現われては消える。音声にもわずかにノイズが混じっているような生録音に近い処理が施されていた。番組中では、専門の医師が松重の写真から火傷の程度を読み取り、部分的に赤く着色してそれを表わす試みも別途なされており、二枚の写真に潜在する情報を引き出す可能性がいまだ多々あることを教えている。この番組で見る限り、写真の解像度自体が飛躍的に上がり、細部がより鮮明に見えるようになっていた。

　あくまで生存者の証言に依拠して正確を期したうえで、コンピュータ・グラフィックスを駆使し、その場にいた人びとの動きを甦らせたことは劃期的であり、黒焦げの赤ん坊を抱えた母（姉？）が動き出す映像を眼にした瞬間、わたしは戦慄を覚えた。ただし、このような再現もすべて、写真の画像と証言にもとづくひとつの部分的な再構成にすぎない。それらもまた、絶えず組み直されるべきモンタージュの産物としての、脆いイメージと見なされなければならない。再現映像が容易にスペクタクルとして消費されかねないことを思えば、写真画像の与える印象を大きく裏切ることのない、いかにも歴史資料的な距離を感じさせるグレー単色の映像とノイズの介在する音声の処理は適切であったと言うべきだろう。
55　『朝日新聞』二〇〇五年二月二十八日付夕刊、一一頁、小河雅臣による記事「元中国新聞カメラマン・松重美人さん（惜別）」に引用された発言（二〇〇三年夏）。
56　倉石ほか「座談会　松重美人の五枚の写真をめぐって」、二八頁。
57　本書第II部第1章参照。
58　ディディ＝ユベルマン『イメージ、それでもなお』、五五頁。
59　倉石「不鮮明について」、三五頁。

III　歴史叙述のサスペンス

第1章　迷い蛾の光跡――W・G・ゼーバルトの散文作品における博物誌・写真・復元

1　柴田「解説　この世にとうとう慣れることができなかった人たちのための」、二八一頁参照。
2　堀江「解説　蝶のように舞うペシミズム」、二六〇頁。
3　堀江「解説　蝶のように舞うペシミズム」、二六〇―二六一頁。

4 中谷『セヴェラルネス』、二二六頁、二一九頁。

5 建築史家を主人公とした『アウステルリッツ』をめぐっては、ゼーバルトが最初の散文作品『目眩まし』で取り上げているスタンダールの『アンリ・ブリュラールの生涯』から、ヴァルター・ベンヤミンの『一九〇〇年頃のベルリンの幼年時代』、そして、アルド・ロッシの『都市の建築』や『科学的自伝』にいたる、「都市的創成物」(ロッシ)としての建築空間の解読をともなった、幼年時代を再発見する自伝的な語りの系譜として、すでに論じたことがある。田中『都市の詩学』、第1章「都市の伝記——類型・類推・幼年時代」参照。

6 中谷『セヴェラルネス』、二二三頁参照。

7 マールバッハにあるドイツ文学アーカイヴ所蔵のゼーバルト関係資料には、作品に用いられた図版の白黒写真のほか、オリジナルの新聞・雑誌記事の切り抜きなども数多く含まれている。図版配置をゼーバルトが細かく指定した記録もある。これらの資料を駆使した作品生成研究が進めば、執筆と編集・出版の一連のプロセスのなかで、ゼーバルトが写真をどの段階でどのように用いたのかという点もまた明らかにされることが期待できよう。アーカイヴ調査にもとづく『アウステルリッツ』における画像の特性に関する分析の一例として、鈴木「W・G・ゼーバルト『アウステルリッツ』における想起の閾としての視覚イメージ」、九三—九七頁参照。

8 四方田『摩滅の賦』、一五六—一五八頁参照。

9 ゼーバルト『アウステルリッツ』、八六頁。Sebald 2001, *Austerlitz*, 128.

10 ゼーバルト『アウステルリッツ』、八六頁。Sebald 2001, *Austerlitz*, 130.

11 ゼーバルト『空襲と文学』、三四頁参照。Cf. Sebald 1999, 38.

12 ゼーバルト『空襲と文学』、六三頁。Sebald 1999, 72-73.

13 四方田『摩滅の賦』、一六〇—一七三頁参照。

14 ゼーバルト「歴史と博物誌のあいだ」、七二頁。Sebald 1982, 82.

15 ゼーバルト『空襲と文学』、三九—四〇頁参照。Cf. Sebald 1999, 46.

16 Sebald 2001, *Mit einem kleinen Strandspaten*, 259-260.

17 Sebald 2001, *Mit einem kleinen Strandspaten*, 260.

18 ゼーバルト「歴史と博物誌のあいだ」、八八頁。Sebald 1982, 100.

19 ゼーバルト『アウステルリッツ』、九一頁。Sebald 2001, *Austerlitz*, 136-137.

20 ゼーバルト『アウステルリッツ』、八八頁。Sebald 2001, *Austerlitz*, 131.

21 ゼーバルト『土星の環』、二六五頁参照。Cf. Sebald 1995, 334-335.

22 ゼーバルト『土星の環』、二六五頁。Sebald 1995, 338.

23 ゼーバルト『土星の環』、三一頁。Sebald 1995, 39.

24 ゼーバルト『土星の環』、二七六頁。Sebald 1995, 350. Trauerflor は通常「喪章」を意味するが、ここでは文脈上、Flor に「透かし見えるほど薄く繊細な織物(紗・絽)」の意味があることにもとづいた邦訳の解釈を採用する。

25 ゼーバルト『土星の環』、二七六頁。Sebald 1995, 350.

26 ゼーバルト『アウステルリッツ』、二八一頁。Sebald 2001, *Austerlitz*, 415.

27 ゼーバルト『移民たち』、二五七頁。Sebald 1992, 349.

28 『土星の環』には、作品冒頭の黒い網目の掛かった病室の窓の写真をはじめとして、網目のイメージがたびたび図版に登場している。これもまた、織物としてのテクストのイメージに連鎖するものと言えるが、このモチーフを「グリッド」としてとらえた論考として、鈴木「W・G・ゼーバルトにおける博物誌／自然史」参照。

29 Cf. Olin 2012, 71-98.

30 ゼーバルト『アウステルリッツ』、一二二頁。Sebald 2001, *Austerlitz*, 180.

31 ホワイト「実用的な過去」、一五頁。

32 ホワイト「歴史のプロット化と真実の問題」およびギンズブルグ「ジャスト・ワン・ウィットネス」参照。ホワイトはそこで、古代ギリシア語の「中動態」はモダニズム文学において「書く」という行為が有する、「自らを言葉(パロール)の過程の中心」とし、「自分自身に作用しつつエクリチュールを実践する」(バルト「書くは自動詞か？」、三一頁)性格にまったく一致している、というバルトの指摘に依拠している。バルトによれば、そのとき主体は——プルーストがその典型であるように——「いわばエクリチュールとともにただちに構成され、エクリチュールによって実践され、エクリチュールによって作用される」(三三頁)。プルーストの語り手は思い出すふりをしているが、実際には「書く」ことによってしか存在しないのである。本書第III部第3章で取り上げるローラン・ビネの『HHhH』は、このような中動態的モダニズムの系譜を引く作品と言えよう。

ホワイトはさらにまた、モダニズムが描き出しているものとは、「リアリズムの立場に立った場合には設定せざるをえない各種の対立(能動と受動、主体と客体、直写的[literal]なものと比喩的なもの、事実と虚構、歴史と神話、等々)のもとで表現可能なものをこえた(あるいはそれにさきだつ)経験の秩序」(傍点は引用者)であると書いている(ホワイト「歴史のプロット化と真実の問題」、八一頁)。アンカースミットはホワイトのこうした認識や中動態への注目に、『メタヒストリー』におけるナラティヴ優先の立場から歴史経験論へと接近しつつある理論的変化を認めている(Cf. Ankersmit 2006, 144-148)。中動態に関するホワイトの見解についてはWhite 1992, *Writing in the Middle Voice* も参照。

33 Cf. Sebald 1993, 85.

34 Wolff 2014, 49.

35 Cf. Wolff 2014, 33-68.

36 アリストテレース『詩学』第九章、四三頁参照。

37 Cf. Wolff 2014, 48.

38 バルト「現実効果」、一九五頁。

39 本書第I部第1章参照。

40 バルト『明るい部屋』、三九頁。

41 Cf. Runia 2014, 67.

42 Cf. Runia 2014, 102.

43 ゼーバルト『アウステルリッツ』、一七五頁。Sebald 2001, *Austerlitz*, 262-263.

44 ゼーバルト『アウステルリッツ』、一七五―一七六頁。

45 Sebald 2001, *Austerlitz*, 264.
ゼーバルトは一九七二年に書かれた二つのカフカ論のなかでいずれもカフカ少年の写真に言及しており、同じ論文でベンヤミンのカフカ論を参照している。Cf. Sebald 1972, *The Undiscover'd Country*, 22; Sebald 1972, *Thanatos*, 399.

46 ベンヤミン「フランツ・カフカ」、一二三頁。

47 ベンヤミン『一九〇〇年頃のベルリンの幼年時代』、五九六頁。Cf. Gnam 2007, 36.

48 Cf. Olin 2012, 93.

49 二〇〇一年三月に「シュピーゲル」誌に掲載されたインタヴューでは、アウステルリッツのモデルはロンドンで教えていた同僚の建築史家で、カヴァーに用いられているのは、その人物の幼年時代の写真であると明言されている（Cf. Sebald 2001, *Ich fürchte das Melodramatische*, 196; 198）。この建築史家はエキセントリックな人物で、早く退職したのちに精神的な危機に陥り、自分の出自を探索することになった、とゼーバルトはそこで語っており、アウステルリッツとの経歴上の共通性も示唆されている。
　急死の数カ月前に公になった「ガーディアン」紙のインタヴューにおいても、アウステルリッツの人物像は実在する建築史家に部分的に依拠し、ゼーバルトの友人でもあるこの歴史家の少年時代の写真が『アウステルリッツ』のカヴァーに用いられている、と記されている（Cf. Jaggi 2001, *Recovered memories*）。同じ時期に同一のインタヴュアーによってなされ、死の直後に発表された同紙の別のインタヴューでは、アウステルリッツの背後には「二人ないし三人、あるいはたぶん三・五人の人物」が隠れていると告白され、そのうちのひとりは自分の同僚であると言われている（Cf. Jaggi 2001, *The last word*）。この同僚とは先の建築史家であろう。

　これら二つのインタヴュー記事の両方でアウステルリッツのモデルとして名を挙げられているのが、キンダートランスポートで英国に送られた子供たちのひとりだったズージ・ベッヒヘーファー（Susi Bechhöfer　ただし、インタヴューでは Susie Bechhofer と誤記されている）である。ゼーバルトは彼女の体験を取り上げたテレビのドキュメンタリー番組をたまたま見たという。ベッヒヘーファーはゼーバルトの死後、彼を剽窃の廉で糾弾している。この経緯については、E. Baer 2010 参照。

　アウステルリッツのモデルのひとりとなったゼーバルトの友人かつ同僚である建築史家が誰であるのかは推測することしかできない。ゼーバルトと同じイースト・アングリア大学の美術史・ワールドアート学部教授だった或る建築史家（一九三九年生まれ）は、アウステルリッツが在籍していた（ゼーバルト『アウステルリッツ』、一〇三頁参照）コートールド研究所で研究していた時期をもつため、この人物がモデルだった可能性はある。他方、歴史家サウル・フリートレンダーの回想録『記憶が訪れるとき……』（一九七八年）をゼーバルトは読んで『アウステルリッツ』執筆時の参考にしたものと思われ、プラハ出身で、両親を強制収容所で喪い、フランスで隠れて生き延びたというフリートレンダーの経歴には、アウステルリッツとの類似点が多々ある（Cf. Wolff 2014, 136-139）。

三人ないし三・五人の人物のうちのもうひとりについては、まず、アウステルリッツとの著しい相似が作品中で言及されているルートヴィッヒ・ウィトゲンシュタインが挙げられよう（ゼーバルト『アウステルリッツ』、三八頁参照）。残りの〇・五はゼーバルト自身かもしれぬ。その他の可能性としては、『アウステルリッツ』所収図版で最初に掲げられている四枚の眼の写真のうち、人間の眼の一枚がウィトゲンシュタインの写真、もう一枚が画家ヤン・ペーター・トリップの自画像であることから、トリップもまた候補と見なせるように思われる。なお、ゼーバルトは一九八〇年代に『Wの生涯（Leben Ws）』と題する、ウィトゲンシュタインの人生をめぐる映画を計画している。

Cf. Hutchins 2011, 139-143; Weihe 2009.

50 Cf. Wood 2011, xxi.

51 Cf. Jaggi 2001, *Recovered memories*.

52 Cf. Wood 2011, xxii.

53 Wood 2011, xxii.

54 アウステルリッツの年齢設定には不整合が認められる。たとえば、英国の養父母に引き取られた一九三九年夏に「四歳半」（一三三頁。Sebald 2001, *Austerlitz*, 198）だったはずのアウステルリッツが、一九三九年二月の撮影であるというお小姓姿の写真では「五歳」（一七七頁。Sebald 2001, *Austerlitz*, 264）とされている。これはゼーバルトの単純なミスなのだろうか。それとも、この齟齬によって両者が別人であることが暗示されているととらえるべきだろうか。ゼーバルトはおそらく執筆初期段階の資料として、一九三四年一月のアウステルリッツ誕生に始まり、「一九九七年　パリの暑い夏に」という記述にいたる年表を作成している（ドイツ文学アーカイヴにおける調査より）。この年表には、史実としては一九三九年夏に行なわれたプラハから英国への子供たちの移送（キンダートランスポート）が一九三八年の出来事にされているという誤りがある。この点からは、ゼーバルトがのちに史実に合わせた修正を行なう過程で、アウステルリッツの年齢設定に齟齬が生じた可能性を想定しうる。「一九四六年の秋学期、十二の歳で私が」（五五頁。Sebald 2001, *Austerlitz*, 85）との記述からは、アウステルリッツが一九三四年一月生まれという設定は残されたものと思われ、これに従えば、一九三九年夏に「四歳半」という年齢のほうが誤りということになる。もとより、すべてはアウステルリッツという語り手の物語る記憶にすぎず、その語りが信頼できることを保証するものは何もない。

55 本書第II部第1章参照。

56 Cf. Wood 2011, xxii.

57 ゼーバルト「復元のこころみ」、一八六頁。Sebald 2001, *Ein Versuch der Restitution*, 248.

58 ゼーバルト「復元のこころみ」、一八五頁。Sebald 2001, *Ein Versuch der Restitution*, 247.

59 ゼーバルト「復元のこころみ」、一八二頁。Sebald 2001, *Ein Versuch der Restitution*, 244.

60 ベンヤミン「「歴史の概念について」の異稿断片集〔抄〕」、六〇〇頁。ただし、原文（Benjamin GS, Bd.I, 1241）に即して訳を改めた。

61 ゼーバルトの作品では歴史における「名のあるものたち」

を代表する政治的権力者たちの名はわざと語られないことが多い。『アウステルリッツ』でヒトラーは「帝国宰相」や「総統」（「ヒトラー、ヘス、ヒムラー」と列挙されている場合はある）、フランス国立図書館新館に冠されているフランソワ・ミッテランという名は「フランス大統領の名」とのみ記されている（ゼーバルト『アウステルリッツ』、一六一―一六三頁、二六一頁参照。Sebald 2001, *Austerlitz*, 240-243; 387）。ナポレオンも物語の前半ではその名で登場するが、後半では「皇帝（Kaiser）」（Sebald 2001, *Austerlitz*, 374. ただし、該当する邦訳二五五頁では「ナポレオン」と訳されている）と呼ばれている。Cf. Wolff 2014, 54-55.

62 Sebald 2000, 187.

63 ゼーバルト『アウステルリッツ』、一七四―一七五頁。Sebald 2001, *Austerlitz*, 262.

64 ゼーバルト研究やいわゆる「ホロコースト文学」をめぐる議論ではしばしば、「歴史」の代わりに「ポストメモリー（postmemory）」の概念が用いられる。これはマリアンネ・ヒルシュが著書『ファミリー・フレーム』で提起したものであり、世代的な距離によって「記憶」の概念から区別され、「深いパーソナルな結びつき」によって「歴史」の概念からも区別されるという――「ポストメモリーが力のある、非常に特殊な形態の記憶であるのはひとえに、それがその対象や原因に対して、想起を通してではなく、想像力の注入や創造を通して媒介されて結びつくためである」（Hirsch 1997, 22）。直接的な経験の想起によってではなく、伝え聞いた話や写真などの事物を通じて、想像力を駆使して獲得・創造されるのが、このポストメモリーである。ヒルシュはこの概念をホロコーストを生き延びた人びとの子供たちとの関係において発展させている。ホロコーストにかぎらず、何らかのトラウマ的な文化的・集団的出来事や経験ののちの第二世代について扱う場合ならば、この概念は一定の有効性をもちうるだろう。ヒルシュの著書が主題としているように、家族内における世代間の記憶の継承という点が共通するからである。しかし、そのようなフレームを共有しない範囲にまでポストメモリーの概念を拡張することは、第二世代（およびさらにその後続世代）固有の記憶の形態が有する特異性をないがしろにすることにつながりかねない。さらに、そのようにより一般的な概念として用いることを考えるならば、「ポストメモリー」という表現によって「記憶」にあらたな形式を想定するのではなく、過去との「深いパーソナルな結びつき」をもった「歴史」の形式を表わす概念のほうが適切だろう。本書が「歴史経験」という概念を通して接近しようと試みているのは、そのような歴史の形式である。

65 邦訳では「ルイーザ」と訳されているが、独語原文（Sebald 1992, 350）に従う。

66 ゼーバルト『移民たち』、二五七―二五八頁。Sebald 1992, 350.

67 Cf. Whitehead 2004, 138. なお、ルーシャ（Lusia）という名は、この箇所を含む物語のユダヤ系主人公マックス・アウラッハ（これはドイツ語版初版における名であり、その後の英訳版および現ドイツ語版ではマックス・ファーバーと名が変えられている）の母ルイーザ（Luisa）の名を変化させたものと見なすことも可能ではある。しかし、そのようなかたちによる作品内虚構への関連づけは、ここで問題にしている「真正性」への疑いをむしろいっそう強めるものだろう。この点をめぐる本書とは異なる解釈として、鈴木「W・G・ゼーバルトにおける語りの場」、五六―五七頁参照。

68 Cf. Yad Vashem: "Lodz, Poland, Women in a carpet weaving shop in the ghetto." *Digital Collections - Yad Vashem*. Item ID: 52209. Web. 20 July 2015.

69 ゼーバルト『アウステルリッツ』、二六八頁参照。Cf. Sebald 2001, *Austerlitz*, 397. ここでは、アウステルリッツはこの写真を「アメリカのある建築雑誌」で見つけた、と描写されている。

70 Cf. Blaufuks 2010. この書物にはテレジンのゲットーやゲシュタポ刑務所跡で撮影された写真のほか、映画『テレージエンシュタット』の静止画像などが収録され、『テレージエンシュタット』の断片的映像を素材としたブラウフークスによる映像作品のDVDが附録とされている。

71 Cf. *Holocaust.cz*.

72 この映画の広く流布したタイトル『総統はユダヤ人に町を贈る』は誤りであるという。Cf. Margry 1992.

73 Blaufuks 2010, n.p. 以下、本書からの引用は出典を省略する。

74 Cf. Reinartz 1994.

75 ゼーバルトの作品をはじめとする「写真小説」における写真が「舞台の書き割り」のように見える点については、塚本「時のゆがみ」、五五頁参照。そこで塚本はこの演劇性を支えているのは「時がゆがみ、時間が流れても消え去らない何かがそこにあらわれているという感触」であると指摘し、「言葉も写真も、時の流れのなかで滅んだものに、もう一度生きるための場を捧げているように見える」と書いている。ただし、ここで問題にしたいのは、その文学としての技法的効果や価値ではなく、こうしたいわば「STAGED PHOTO」によって構築される歴史の真実である。

76 こうした手書きの資料は筆跡からゼーバルト自身の手になるものと思われる。写真図版の撮影や加工といった技術面で、ゼーバルトは同じ大学の美術史・ワールドアート学部のスタッフであるマイケル・ブランドン＝ジョーンズの手を借りているが、撮影・作成の指示や最終的な判断はゼーバルトによってなされたと考えてよい。次の映像でブランドン＝ジョーンズは『アウステルリッツ』における写真図版制作のプロセスについて語っている。Cf. *Austerlitz*.

77 ゼーバルト『アウステルリッツ』、二九頁参照。Cf. Sebald 2001, *Austerlitz*, 42.

78 ゼーバルト『アウステルリッツ』、八二―八三頁参照。Cf. Sebald 2001, *Austerlitz*, 124-125.

79 エヴァン・モーガンおよびその一族については、Dart and Cross 2012; Cross 2013のほか、次を参照。Cf. Busby 2014; Friends of Tredegar House 2000.

80 ピーターについては、エヴァン・モーガンの伝記作家ウィリアム・クロス氏のご教示に拠る（二〇一五年六月二十六日付、電子メールによる私信）。

81 この光景はブルー・ボーイが覚え込んだ野卑な物言いに対する来客たちの反応を表わしているという見方もあるが、その信憑性には疑問が残る。Cf. Cross 2013, 337 n772.

82 ゼーバルト『アウステルリッツ』、二五三頁参照。Cf. Sebald 2001, *Austerlitz*, 373.

83 Cf. Wolff 2014, 135.

84 Wolff 2014, 136.

85 他の作家自筆資料との比較により、これがゼーバルト自身による書き込みでないことも明白である。なお、同じ面にはさらに鉛筆による手書きで「p.258」と書かれているが、これはこの絵葉書の写真が掲載される英語版『アウステルリッツ』の該当頁を指すものと思われる。

86 Cf. Victorian Image Collection 2009-2015.

87 Cf. *Crowning Of The Rose Queen (1929)*.

88 ゼーバルト『アウステルリッツ』、一七七頁。Sebald 2001, *Austerlitz*, 265.

89 ゼーバルト「映画館のカフカ」、一四三―一四四頁。Sebald 1997, 200-201.

90 Long 2007, 162.

91 ゼーバルト『アウステルリッツ』、二四八頁。Sebald 2001, *Austerlitz*, 367.

92 Sebald 2000, 187.

93 Cf. Jacobson 1998, 162.

94 ゼーバルト「映画館のカフカ」、一四一頁。Sebald 1997, 198.

第2章　歴史素としての写真——ロラン・バルトにおける写真と歴史

1 バルト『明るい部屋』、八二頁参照。

2 Cf. Olin 2012, 51-69.

3 滝沢「『喪の日記』から『明るい部屋』へ」参照。

4 Cf. Barthes 1981.

5 Cf. Yacavone 2013, 164-166.

6 Cf. Barthes 2010.『喪の日記』の一九七九年一月二十日のメモには、「遠くに——仕事机の上の、わたしの正面に——少女時代のマムの写真がある」（バルト『喪の日記』、二三〇頁）と記されており、問題の写真はたしかにこの記述に対応する位置に掛かっている。なお、一九七八年十二月二十九日のメモに「複写をたのんでおいた写真をきのう受け取った」（バルト『喪の日記』、二三〇頁）とあること、および、「写真屋に引き伸ばしを頼んだりする」という『明るい部屋』の記述（一二四頁）を合わせて考えると、壁に掛けられているのは、オリジナルの「厚紙で表装されていたが、角がすり切れ、うすいセピア色に変色」（バルト『明るい部屋』、八二頁）した写真ではなく、このときに拡大複写された写真であろうと推測される。一九七八年六月一日に書斎のバルトを撮影したカラー写真（撮影者Jerry Bauer）を見ると、問題の写真はセピア色ではなく、比較的鮮明な白黒であり、この点からも上記の推測は裏づけられる。このカラー写真については、Leemageの写真データベース・サイト‹http://www.leemage.com›参照(Reference No.: OPALE5220_04)。ジェフリー・バッチェンは、バルトが発見したときに手にしたオリジナルの「温室の写真」と額装されて飾られた複製との差異について、後者を通してバルトは前者における「プンクトゥムの強度」を意のままに甦らせようとしつつ、複製を繰り返しガラス越しに見つめることで、ストゥディウムを受容していたのだ、と指摘している (Cf. Batchen 2013, 47)。

7 バルト『明るい部屋』、一二三―一二四頁。

8 なお、この写真の向かって左はユルトにあった別荘の写真であり、右は動物（『喪の日記』英語版は駱駝としている）に乗った集団の絵である。

9 バルトの浩瀚な伝記を著わしたティフェーヌ・サモワイヨによると、「温室の写真」はたしかに存在するが、遺族である異父弟ミシェル・サルゼドの強い意向で公開は拒否され、伝記に収めることができなかったとのことである（二〇一五年十一月来日時の発言より）。

10 長谷「写真、バルト、時間」、二四六―二四七頁参照。

11 バルト『明るい部屋』、一一九頁。

12 三浦『サスペンス映画史』、五七頁。

13 三浦『サスペンス映画史』、五六頁。

14 三浦『サスペンス映画史』、一五頁。

15 バルトが『明るい部屋』で、フェリーニの『カサノヴァ』（一九七六年）に触れ、映画自体は退屈だったとしながらも、自動人形の若い女が踊る場面にのみ強烈に刺激され、ほかならぬ写真について思索させられていることは示唆的である（バルト『明るい部屋』、一四〇―一四一頁参照）。三浦によれば、身体の機械化こそは、グリフィスに続くサスペンス映画の劃期であるバーレスク的サスペンスの魅惑の源だからである。三浦『サスペンス映画史』、第二章「バーレスクとモダン・エイジ」参照。

16 バルト『明るい部屋』、一一一頁。

17 バルト『明るい部屋』、七八頁。

18 蓮實『ハリウッド映画史講義』、一七六頁。

19 バルト『明るい部屋』、一二〇頁。

20 バルトは『明るい部屋』でジャック・ラカンのセミネール第十一巻、すなわち『精神分析の四基本概念』を参照している。ラカンはこのセミネールでホルバインの《大使たち》を取り上げ、アナモルフォーズについて論じている。ラカンがバルトに直接贈ったこの書物が『明るい部屋』に与えた影響についてはIversen 1994参照。斜交いに見ることで発見されるアナモルフォーズの髑髏が、ファルス的な対象として、いわば「勃起」することで見る者を「突き刺す」効果は、写真におけるプンクトゥムの作用に対応している。

　また、バッチェンはポートレイト写真の背景をなす「温室の写真」の不鮮明さのうちに、記憶と死に関係する反復性を見ている (Cf. Batchen 2013, 47)。バッチェンの議論は、「温室の写真」の実在を一方で認めながら、他方でそれを、フレーム以外は不鮮明な「暗く、神秘的な染み」と見なし、そこに「可視的なものと不可視的なものとの往還」を生む「含蓄ある空虚」こそを認めることによって、「温室の写真」を『明るい部屋』の――不在であってもかまわない――「空虚な中心」として扱う読解に依然としてとどまっているように見える。バルトや『明るい部屋』を論じる論者たちのこうした反応から浮かび上がるのは、「温室の写真」が彼らにとって（もまた）、実在と不在のあいだで明滅する、ファルス的なシニフィアンであるという事態ではなかろうか。

　バッチェンはボケた「温室の写真」の画像を、テレヴィジョン映像の背景に映り込んだ絵画などの判別不能なイメージを撮影・拡大して作品化した、アラン・マッカラムによる「永久運動写真（Perpetual Photos）」シリーズに類比しているが、この両者には実際には大きな違いがある。バルトの場合に真に問題なのは、不鮮明な画像がけっしてたまたま写り込んでいるわけではなく、おそらく意図的に彼自身の肖像と並べて画面中央に配置されているという、その作為性である。

21 バルト『明るい部屋』、一四六頁。

22 バルト『明るい部屋』、四三頁。

23 バルト『サド、フーリエ、ロヨラ』、一一―一二頁。ただし、原文（Barthes 1971, 13）に即して一部訳を改めた。

24 バルト『サド、フーリエ、ロヨラ』、一一頁。

25 ルクレーティウス『物の本質について』、七一―七二頁。

26 バルトを着想の源として、写真について「歴史素（historiographeme）」の概念を用いている数少ない論考として、Blair 2010, 692 参照。ただし、そこでは「生きられた経験の最小の視覚的単位」という意味で、暫定的に一度用いられているにすぎない。

27 ウルリッヒ・ベアは、歴史を川の流れと見るヘラクレイトス的な連続的時間観念と、あらゆる出来事は離散的に生じていると見なすデモクリトス的な原子論の時間観念を対照させ、写真を前者の時間の「切断」ととらえる見方に対し、写真こそは後者の時間観念に対応するイメージであると主張している。そのような技術としての写真は、人間の生の経験を連続したナラティヴの形式でとらえるのではなく、孤立した出来事の集合として把握することを可能にした。そこにベアは、トラウマの経験と写真的イメージとの密接な関係性の由来を求めている（Cf. U. Baer 2001, 1-9）。ベアはエピクロスには言及していない。だが、彼が歴史の原子的単位である出来事を「潜在的には相互に分離されたままにとどまる、ランダムで偶然的なもの」（Baer 2001, 4-5）としている点から言えば、それを決定論的なデモクリトスの原子論に譬えるよりは、むしろ、デモクリトスの理論にクリナメンを導入することで非決定論化したエピクロスの原子論に見立てるのがより適切と思われる。

28 バルト『明るい部屋』、一〇〇頁参照。

29 バルト『サド、フーリエ、ロヨラ』、一一頁。

30 バルト『明るい部屋』、一一六頁。

31 バルト「歴史の言説（ディスクール）」、一八三頁。

32 バルト「歴史の言説（ディスクール）」、一八一頁。

33 バルト「現実効果」、一九五頁参照。クラカウアーはランケの歴史主義と写真発明の同時代性に触れた文脈で、一八五四年八月の日付があるハインリヒ・ハイネの著書献辞から、歴史叙述と写真とのつながりをめぐる当時の著作家の意識を表わす一節を引いている。ハイネはそこで自著を「ダゲレオタイプ式の歴史書」と呼び、「時代そのものの純粋な画像を、そのもっとも小さなニュアンスにおいて示すために」書かれた、と述べている――「忠実なダゲレオタイプは、きわめて誇り高い馬だけでなく、蠅も忠実に再現しなくてはならない」(クラカウアー『歴史』、七二頁)。蠅という取るに足らない細部こそがダゲレオタイプによって記録・再現されるべき対象と見なされている点が注目されよう。『歴史』におけるクラカウアー晩年の写真と歴史(歴史叙述)に関する思想については、本書第IV部第1章註24参照。なお、クラカウアーは一九二〇年代のエッセイ「写真」ではむしろ逆に、「写真は空間の連続体を提示し、歴史主義は時間の連続体を実現しようと欲する」(クラカウアー『大衆の装飾』、一八頁)と述べて、写真の網羅的な目録性を強調し、写真と歴史主義の両者がいずれも、資本主義の「経済的自然法則にしたがって制御されている社会秩序」(三二頁)の産物である点を批判的に指摘している。

34 バルト「現実効果」、一九二頁。

35 バルト「現実効果」、一九三頁。

36 バルト「現実効果」、一九五頁。

37 ただし、アナール派の歴史学を念頭に置いたものと思われる「年代的継起について語るよりも構造について語ろうとつとめる現在の歴史学」(バルト「歴史の言説(ディスクール)」、一八三頁)の趨勢をもとに、「歴史叙述は死に瀕している」と語るような一九六〇年代後半のバルトの現状認識までもホワイトが共有しえたわけではなかろう。なお、バルトが『メタヒストリー』に言及した形跡はなく、おそらくその存在を知らなかったものと思われる。ホワイトも同書でバルトの『ミシュレ』を書誌には挙げているものの、具体的に論及しているわけではない。しかしながら、後年になってホワイトはバルトの著作をしばしば参照しており、バルトの「歴史の言説(ディスクール)」と自身の『メタヒストリー』の主題の共通性を指摘する発言も残している(Cf. Bann 2009)。また、ホロコーストの歴史叙述に関してホワイトは、モダニズム文学における「書く」という行為の「中動態」的性格をめぐるバルトの指摘に言及している(ホワイト「歴史のプロット化と真実の問題」、七九—八一頁参照)。

38 バルト『明るい部屋』、一〇七頁。

39 ギンズブルグはフローベールの『感情教育』に対する同時代の批評をもとに、「写真はフローベールに一連の認識論上ならびに物語上の実験を練りあげる可能性を提供し、かれの読者にはそれらの実験の意味を解読する可能性を提供したのであった」と指摘している(ギンズブルグ『糸と痕跡』、一五九頁)。同じ批評では、フローベールが晩年のミシュレのスタイルから影響を受けている可能性も示唆されている。

40 バルト『ミシュレ』、二五三頁。

41 藤本「訳者あとがき」、二八六頁参照。

42 バルト『ミシュレ』、二〇頁。

43 バルト『ミシュレ』、一四七頁。

44 バルト『明るい部屋』、一一七頁。

45 バルト『明るい部屋』、一一九頁参照。

46 バルト『明るい部屋』、一四二頁。

47 ゼーバルト「復元のこころみ」、一八五頁。Sebald 2001, *Ein Versuch der Restitution*, 247.

48 Sebald 2000, 187.

1　Power 2012.
2　ビネ『ＨＨｈＨ』、一二四頁。
3　ビネ『ＨＨｈＨ』、一五一頁。
4　ビネ『ＨＨｈＨ』、一六〇頁。
5　ゼーバルト「復元のこころみ」、一八二頁。Sebald 2001, *Ein Versuch der Restitution*, 244.
6　ビネ『ＨＨｈＨ』、二八四頁。
7　ビネ『ＨＨｈＨ』、二八七頁。
8　ビネ『ＨＨｈＨ』、三六四頁。
9　ビネ『ＨＨｈＨ』、三六七頁。
10　ビネ『ＨＨｈＨ』、三六八頁。
11　ビネ『ＨＨｈＨ』、三七四頁。
12　ビネ『ＨＨｈＨ』、三七八頁。
13　ビネ『ＨＨｈＨ』、二一〇頁。
14　ビネ『ＨＨｈＨ』、二一一頁。
15　菅野「訳者あとがき」、四三五頁。
16　ビネ『ＨＨｈＨ』、二六七頁。
17　ビネ『ＨＨｈＨ』、二六八頁。
18　ビネ『ＨＨｈＨ』、二八四頁。
19　Binet 2012.
20　Cf. Theweleit 2009, 25.
21　田中『政治の美学』、七八―七九頁参照。
22　田中『政治の美学』、四八三頁、註五参照。
23　Cf. Theweleit 2009, 34.
24　Crom 2006. 訳文は野崎「写真への抵抗」、一〇四頁に拠る。なお、この発言のなかでリテルは、ゾーヤがウクライナのハリコフで絞首刑になったと語っているが、これは誤りである。
25　リテル『慈しみの女神たち』上巻、一七九―一八〇頁。
26　Cf. Cottam 1998, 297.
27　LaCapra 2013, 99-100.
28　野崎「写真への抵抗」、一〇四―一〇七頁参照。
29　野崎は、リテルという作家の想像力に着火して創作を起動させた「聖遺物」「聖骸布」としての写真の力を認めつつ、それがいまや読者によっても簡単に検索して参照可能な、複製されたイメージでしかない点に、「写真なるもの自体の安易さ」を見ている（野崎「写真への抵抗」、一〇六―一〇七頁）。その問題意識の重要性は十分に認めたうえで、ここで論じている事例のように、「聖遺物」「聖骸布」として絶対化するのでも、「安易さ」を回避するために言語表現に置き換えるのでもなく、写真そのものの実在性と来歴を正確かつ慎重に扱うべき場合があることは指摘しておきたい。それが作家の想像力を創作の起点において根底的に規定する存在であるからにはなおさらであろう。
30　ウォルター・ベン・マイケルズは、『ＨＨｈＨ』と『慈しみの女神たち』を比較した議論において、前者をホロコーストやナチズムの犠牲者に対する想起の倫理を要求する「倫理的なキッチュ」の事例と見なす一方で、後者がそうした倫理的要請に対し無関心で、ギリシア悲劇に範を求めたプロットや音楽の楽曲構造を模した構成などに認められるように、美的な完成への意志や「文学」を創造しようとする意図を有している点を高く評価している（Cf. Michaels

2015, ch.5: *Never Again, or Nevermore*)。彼が指摘するように、倫理的要請が常態化して意味を失ったものに堕しかねないことには同意するとしても、ことさらに「ホロコースト・キッチュ」といった表現を用いてやや挑発的にそれを貶め、逆にリテルの作品そのものの分析によってではなく、彼の執筆意図だけをもって対比的に高評価を与えるマイケルズの姿勢には大きな疑問を抱かざるをえない。私見によれば、『慈しみの女神たち』は、ジーバーベルクの『ヒトラー』のような一九七〇年代のナチ表象と比較した場合、その審美性——審美的キッチュ——の強度においてはるかに劣り、不徹底なものにとどまっている。ジーバーベルク作品の審美主義とその政治的含意については、田中『政治の美学』、第I部第1章参照。

31 エネル『ユダヤ人大虐殺の証人ヤン・カルスキ』参照。

32 小野「単にフィクションでもなく、単に歴史でもなく……」、四五—四六頁参照。

33 小野「単にフィクションでもなく、単に歴史でもなく……」、四九頁。

34 イーグルストン『ホロコーストとポストモダン』、二四九—二七七頁参照。

35 フリートレンダー「序文」、五五—五六頁。

36 フリートレンダー「序文」、五六頁。

第4章 サスペンスの構造と歴史叙述——『チェンジリング』『僕だけがいない街』『ドラ・ブリュデール』

1 三浦『サスペンス映画史』、二〇二頁参照。

2 三浦『サスペンス映画史』、二〇頁。

3 ベンヤミン『ドイツ悲劇の根源』上、四三頁。

4 三浦『サスペンス映画史』、二一六頁。

5 三浦『サスペンス映画史』、三六頁。一部表記を変えた。

6 三浦『サスペンス映画史』、二三六頁。

7 映像からの聴き取りに拠る。

8 三浦『サスペンス映画史』、二六七頁。

9 三浦『サスペンス映画史』、二六六頁。

10 ベンヤミン「歴史の概念について」、六四九頁。

11 三浦『サスペンス映画史』、二六八頁。

12 ベンヤミン「歴史の概念について」、六四九—六五〇頁。

13 三部『僕だけがいない街』二巻、#8【私だけがいない街 一九八八・〇二】。

14 アガンベン『幼児期と歴史』、一四八頁参照。

15 ベンヤミン『一九〇〇年頃のベルリンの幼年時代』（アドルノ - レックスロート稿）、六一四頁。

16 ベンヤミン『一九〇〇年頃のベルリンの幼年時代』（最終稿）、五八九頁。

17 浅井「解説」、六六八頁。

18 浅井「解説」、六六九頁。

19 ベンヤミン『一九〇〇年頃のベルリンの幼年時代』（最終稿）、四七〇頁。

20 『パサージュ論』における「通過」や一定の領域としての

21 「敷居（Schwelle）」という モチーフと「通過儀礼」の関係については、田中『都市の詩学』、二四四―二四七頁参照。
22 モディアノ『一九四一年。パリの尋ね人』、一一頁。
23 モディアノ『一九四一年。パリの尋ね人』、三七頁参照。
24 ゼーバルト「復元のこころみ」、一八六頁。Sebald 2001, *Ein Versuch der Restitution*, 248.
25 ゼーバルト「復元のこころみ」、一八五頁。Sebald 2001, *Ein Versuch der Restitution*, 247.
26 モディアノ『一九四一年。パリの尋ね人』、三頁。
27 モディアノ『一九四一年。パリの尋ね人』、六五頁参照。
28 モディアノ『一九四一年。パリの尋ね人』、九八頁。
29 モディアノ『一九四一年。パリの尋ね人』、一七〇頁。
30 モディアノ『一九四一年。パリの尋ね人』、一七〇―一七一頁。
31 三浦『サスペンス映画史』、二六七頁。

第5章　歴史という盲目の旅――畠山直哉『気仙川』を読む

1 この章は、二〇一四年九月二十六日に日仏会館で行なわれたクレリア・ゼルニクの講演「イメージの重層性――写真の美しさに潜む震災の痛み」（フランス語同時通訳）を直接の契機として書かれている。ただし、ゼルニクの講演内容を背景としているものの、文字化されたテクストにもとづくわけではないため、ここでその内容に詳しく触れることはしない。

2 本写真集には仏英語版（Hatakeyama 2013）があるが、収録された写真やその掲載順にかなりの差異が存在している。フランス語への訳者はCorinne Quentin、英語への訳者はMarc Feustelである。また、両言語をともに理解できるとうかがわれる畠山はこのヴァージョンへのあとがきで、翻訳はいずれも信頼できるものであると述べている。
　日本語版と仏英語版の大きな違いとしては、後者がひとまわり大きな判型になっている点と、ソフトカバーである前者に対して、後者はハードカバーであり、本文に記した日本語版のレイアウトとは異なり、仏英語版では、上部に仏語テクスト、中央に写真、下部に英語テクストを配した三段構成になっている点が挙げられる。表紙（仏英語版では、表紙である以上に、造本の一部とされて裏表紙の半ばにまで及ぶ部分）に用いられた写真も異なる。いずれも震災前の写真だが、日本語版が無人の船が川岸に浮かぶ光景であるのに対して、仏英語版のほうは、日本語版には収められていない、川面に立つ波の写真である（白波のより目立つ写真が日本語版に収録されている）。表紙に波の写真が用いられたことは、仏英語版の読者に対して、この写真集の印象を或る程度は決定づけるものとなったかもしれない。その表われとして、ゼルニクはこの波に津波の暗示を読み取る解釈を行なっていた。
3 畠山『気仙川』、ページ番号なし。以下、同書からの引用については出典註を略す。
4 註1参照。
5 いずれもゼルニクの講演で示された解釈の例である。
6 フォレスト『夢、ゆきかひて』、二一五頁。

7 フォレスト『夢、ゆきかひて』、二一五頁。
8 フォレスト『夢、ゆきかひて』、二二一頁。
9 フォレスト『夢、ゆきかひて』、一八七—二〇六頁参照。
10 フォレスト『夢、ゆきかひて』、二二四頁。
11 フォレスト『夢、ゆきかひて』、九頁。
12 にもかかわらず、フォレストも、また講演を聞くかぎりではゼルニクも、「あとがきにかえて」の記述にはほとんど一瞥も与えず、この点に触れようとはしない。たとえば、フォレストは「彼方を撮影する年老いた女性」としか記さない（フォレスト『夢、ゆきかひて』、二一〇頁参照）。
13 『畠山直哉展　Natural Stories』、ページ番号なし。

第IV部　歴史叙述者たちの身振り

第1章　歴史の現像——ヴァルター・ベンヤミンにおける写真のメタモルフォーゼ

1 ベンヤミン『図説　写真小史』、五四頁。
2 ベンヤミン「複製技術時代の芸術作品」、六〇〇頁。
3 ベンヤミン『図説　写真小史』、五四頁参照。
4 ベンヤミン『ドイツ悲劇の根源　下』、六七頁参照。
5 ベンヤミン『パサージュ論』第1巻、二〇頁。
6 ベンヤミン『図説　写真小史』、三四頁、三五頁、三六頁。
7 ベンヤミン『図説　写真小史』、三八—三九頁。
8 ベンヤミン「模倣の能力について」、八一頁。
9 ベンヤミン「類似しているものの理論」、一五六頁参照。
10 Cf. Krauss 1998, 22, Anm.53; 86.
11 ベンヤミン『図説　写真小史』、一六—一七頁。
12 ベンヤミン「模倣の能力について」、七八頁。
13 ベンヤミン「模倣の能力について」、八〇頁。
14 ベンヤミン「模倣の能力について」、七六頁。
15 ベンヤミン『図説　写真小史』、一七—一八頁。
16 ベンヤミン『パサージュ論』第3巻、一八四頁、断片番号N2a,3。
17 ベンヤミン『パサージュ論』第3巻、一八六頁、断片番号N3,1。
18 ベンヤミン「歴史の概念について」、六四八頁。
19 ベンヤミン『図説　写真小史』、四三頁。
20 ベンヤミン『図説　写真小史』、五五頁。
21 ベンヤミンのテクストにおける「アウラ」概念の変容についてはFürnkäs 2000を参照。
22 ベンヤミン『パサージュ論』第3巻、一八五頁、断片番号N3,1。
23 ベンヤミンの写真論としてはほかに、ブレヒトの関係していた雑誌『言葉』に寄稿（一九三六年執筆、結果的に未掲載）された「パリ書簡〈II〉——絵画と写真」や、『社会学研究所紀要』掲載（一九三八年）のジゼル・フロイントによる写真論の書評（Benjamin GS, Bd.III, 542-544）がある。「パリ——十九世紀の首都」における写真の取り上げ方をここに含めてもよいが、いずれも絵画と写真の関係、とくに写真が芸術であるか否かという問題をめぐっており、フロイントの主張に沿って、この問いそのものが写真の商品

24 化というプロセスの産物であることを指摘している。

Cf. Wolf 2002. こうしたベンヤミンの写真的パラダイムと比較されるべきは、ベンヤミンの友人であったクラカウアーが未完の遺著となった『歴史――最後の前の最後の事柄』［邦訳『歴史――永遠のユダヤ人の鏡像』］で展開している、写真（および映画）と歴史（歴史叙述）とのアナロジーをめぐる考察であろう（クラカウアー『歴史』、七一―八四頁参照）。クラカウアーはここで、写真（映画）と歴史――「カメラ・リアリティ」と「歴史的リアリティ」――がいずれも、「生活世界（レーベンスヴェルト）」に即したリアリティの明証的な「再現」という側面と写真家／歴史叙述者による「構成」の側面との「正しい」バランスを課題とする、という認識を示している。彼の関心はあくまで、写真撮影に類比される歴史叙述の現実からの被拘束性や、「微視的歴史」のレヴェルと映画の「クロースアップ」との類似をはじめとするアプローチの照応（一四六―一四七頁、一六八―一六九頁参照）にあって、プルーストがたびたび参照されるにもかかわらず、ベンヤミンにおけるような想起の問題系とは深く関係していない。『歴史』においてベンヤミンの「歴史の概念について」が、年代記的時間の観念に対する批判の例としてわずかに触れられるのみにとどまることが、両者の関心のずれを示していよう。この二人の歴史思想間の不一致については、ギンズブルグ『糸と痕跡』、一六二―一六三頁参照。

25 ベンヤミン「「歴史の概念について」の異稿断片集〔抄〕」、五九四頁。これはアンドレ・モングロンの著書からの引用であり、同じ一節のフランス語原文は『パサージュ論』にも収められている（ベンヤミン『パサージュ論』第3巻、二三四―二三五頁、断片番号N15a,1参照）。

26 ベンヤミン「夢のキッチュ」、四二五―四二六頁。

27 ベンヤミン『パサージュ論』第2巻、三二一頁、断片番号I1,3参照。

28 ベンヤミン「シュルレアリスム」、五〇二頁。

29 ベンヤミン『図説 写真小史』、三六頁。

30 ベンヤミン「シュルレアリスム」、五一四頁。

31 ベンヤミン『一九〇〇年頃のベルリンの幼年時代』（最終稿）、五五九―五六〇頁参照。

32 ベンヤミン『一九〇〇年頃のベルリンの幼年時代』（アドルノ－レックスロート稿）、五六一頁。

33 ベンヤミン「模倣の能力について」、八〇頁参照。

34 ベンヤミン「類似しているものの理論」、一五五―一五六頁。

35 ベンヤミン「プルーストのイメージについて」、四二一頁。

36 ベンヤミン「フランツ・カフカ」、一二三頁。

37 ベンヤミン「フランツ・カフカ」、一二三頁。

38 牛腸の写真については、本書次章、および、田中『都市表象分析I』、五四―五八頁、六〇頁、註三〇参照。「幼年時代」という主題については、同書第III部「奇妙な天使たち」参照。

39 ベンヤミン「フランツ・カフカ」、一五〇―一五一頁。

40 ベンヤミン「フランツ・カフカ」、一五二頁。

41 ベンヤミン『一九〇〇年頃のベルリンの幼年時代』（最終稿）、五九六頁。

42 ベンヤミン『一九〇〇年頃のベルリンの幼年時代』（最終

稿)、五九六頁。

43 松浦『表象と倒錯』、二五三頁。

44 ベンヤミン『一九〇〇年頃のベルリンの幼年時代』(最終稿)、五九六―五九七頁。

45 ベンヤミン『一九〇〇年頃のベルリンの幼年時代』(最終稿)、四七〇頁。

46 一九三五年八月九日付、ゲルハルト・ショーレム宛の手紙より。ベンヤミン『書簡II 一九二九―一九四〇』、一四八頁。

47 ソンディ「希望は過ぎ去りしもののうちに」、二二〇頁。

48 ベンヤミン『一方通行路』、七四頁。この断章はアドルノ-レックスロート稿にほぼこのまま収められているため、ソンディは『一九〇〇年頃のベルリンの幼年時代』の一節として扱っている。

49 ソンディ「希望は過ぎ去りしもののうちに」、二二一頁。

50 ソンディ「希望は過ぎ去りしもののうちに」、二二三頁。

51 ソンディ「希望は過ぎ去りしもののうちに」、二二三頁。

52 ベンヤミン『一九〇〇年頃のベルリンの幼年時代』(アドルノ-レックスロート稿)、五三五頁。

53 ベンヤミン『一九〇〇年頃のベルリンの幼年時代』(アドルノ-レックスロート稿)、五三六頁。

54 ベンヤミン『一九〇〇年頃のベルリンの幼年時代』(アドルノ-レックスロート稿)、五三六頁。ただし、原文(Benjamin 1932-1938, 252)に即して、Gegenbildの解釈および訳語を変更した。

55 ベンヤミン『一方通行路』、一二九頁。

56 ソンディ「希望は過ぎ去りしもののうちに」、二二五頁。

57 ベンヤミン「歴史の概念について」、六四六頁。

58 ベンヤミン「歴史の概念について」、六四九―六五〇頁。

59 ベンヤミン「歴史の概念について」、六五一頁。それは「阻止者(カテコーン)(Katechon)」の身振りでもあろう。ただし、その含意はカール・シュミットにおけるものとは対極的である。この点については、大宮勘一郎の次の指摘を参照――

> これ[シュミットにおける「キリスト教世界の公法秩序」という「阻止者」の使命――引用者]に対してベンヤミンが新シイ天使の「肩越しに」認める歴史においては、政治-神学的秩序に依拠しつづけ、そのもたらす安全を享受しつづけることこそが阻止されねばならない。なぜならば、それこそが「線」の暴力なのだからである。
>
> (大宮「新シイ天使の暴力と救済」、一〇二頁)

60 ベンヤミン「ゲーテの『親和力』」、一八四頁。ただし、原文(Benjamin 1924-1925, 201)に即して訳を改めた。

61 ベンヤミン「ゲーテの『親和力』」、一八二頁。

62 この「それがどうしたというのか」という反駁は、アガンベンが主体に潜勢力(dynamis)の経験を与える発語としている「わたしはできる」という連辞、いかなる確実性も特定の能力とも無縁に根拠なく断言され、そう語る者を拘束して、まるごと賭に投げ入れる言葉の別のかたちであると言えるかもしれない――「人間であれば誰にでも、この「私はできる」を発語しなければならない瞬間はやって来る」(アガンベン「思考の潜勢力」、三三三頁)。

63 ベンヤミン「歴史の概念について」、六四六頁。ただし、原文（Benjamin 1940, 694）のVerabredungの解釈と訳語を、鹿島「ヴァルター・ベンヤミン「歴史の概念について」（「歴史哲学テーゼ」）評注」、八七頁を参考に「出会いの約束」と変更した。

64　ベンヤミン「「歴史の概念について」の異稿断片集〔抄〕」、五九八頁。

65　Benjamin 1940, 1264. この「遺産」という言葉の用い方はもちろん逆説的である。「遺産」になどなりえないものをそう呼ぶのだから。アガンベンが指摘するように、「ベンヤミンにとっては──彼の思考のラディカルさはここにある──、過去を救済するということが意味するのは、過去を未来の世代への遺産として新たに伝達すべく、過去の尊厳を取り戻してやることなどではない」ことは、なるほど、たしかではあろう（アガンベン「ヴァルター・ベンヤミンと魔的なもの」、二八〇頁）。ただし、ベンヤミンが構想する「過去の救済」をそこで、過去の「完了（Vollendung）」、すなわち、「終わり（End）」へと持ち来たらすことへのみ、性急に急進化させるアガンベン特有の終末論的な語調には抵抗を覚えざるをえない。そこからは歴史叙述の問題が抜け落ちてしまうからである。アガンベンが批判しているように、ベンヤミンのもろもろのカテゴリーを「歴史記述的実践の地平へと折りこんでしまいたいという誘惑」が、被抑圧階級の「遺産」を文化的伝統へと単純に回収する帰結を招いているだけだとすれば、言うまでもなくそれは、ベンヤミンの思考からは遠いものであるに違いない。だが、他方でベンヤミンがたとえば「歴史の概念について」や『パサージュ論』の構想などにおいて、歴史叙述の実践こそを問題にしていることは無視できない。本書で試みたいのは、ベンヤミンのいくつかのカテゴリーを現代における「歴史記述的実践の地平」へと正しく接続することである。

66　「希望」という主題をめぐっては、エルンスト・ブロッホの思想との共通性や差異、あるいは影響関係が問題になりうるが、本書の主題からは外れる議論となるため、この点には立ち入らない。とくに「ゲーテの『親和力』」の時期のベンヤミンとブロッホを中心にこの問題を取り上げた論考として、Zimmer 2015参照。ツィンマーは「ゲーテの『親和力』」における希望の概念によってベンヤミンは、ブロッホの希望やユートピアの概念におけるキリスト教神秘主義的な要素を暗に批判していたのではないか、と推測している。また、ブロッホが後年の『希望の原理』でアンドレーア・ピサーノの《希望（スペース）》に否定的に言及している点をとらえて、ブロッホがおそらく知っていたであろう、『一方通行路』における同じ作品をめぐるベンヤミンの記述（本書序第4章参照）に対する応答であろうとしている。

67　或るプルースト論の断章でそれは、「思い出すまではけっして見たことがなかったイメージ」と呼ばれ、それがもっとも明確となるのは、夢におけるように、われわれが自分で自分を見ることができるイメージにおいてである、と述べられている（Benjamin GS, Bd.II, 1064）。ベンヤミンがここで念頭に置いているのは、『一九〇〇年頃のベルリンの幼年時代』でせむしの小人が見せる、フリップブックに似たイメージである。アガンベンは、「かつてけっして見たことのないものを思い出す」という、この「記憶の逆説的な形象」において、ベンヤミンにとっての「過去の救済」が完了される、と指摘している（アガンベン「ヴァルター・ベンヤミンと魔的なもの」、二九一頁）。

68 ゼーバルト「映画館のカフカ」、一四一頁。Sebald 1997, 198.

69 その詩の最終部は次の通り――

口にはすまい　われらに何が禁じられているか
われらは幸福を心に誓おう
よしや　われらに許されているものが
つれだってする逍遙のほか、何一つないのだとしても。

（川村『アレゴリーの織物』、二五頁参照）

70 川村『アレゴリーの織物』、三三八―三三九頁。

第2章　記憶の色――ヴァルター・ベンヤミンと牛腸茂雄の身振りを通して

1 Cf. Frecot und Kostas 2014, 97.

2 以上の経緯については、星野「ポンティニーからスリジーへ」参照。

3 一九二九年七月二十七日付、ゲルショム・ショーレム宛の手紙参照。Cf. Benjamin 1997, 478.

4 一九三九年五月十六日付、マックス・ホルクハイマー宛の手紙参照。Cf. Benjamin 2000, 280.

5 一九三九年六月二十四日付、マックス・ホルクハイマー宛の手紙より。Benjamin 2000, 303.

6 Cf. Gisèle Freund: *Virginia Woolf. London*, 1939. In: *Gisèle Freund*. その他のカラー・ポートレイト写真もこのサイトで見ることができる。

7 Cf. Kostas 2014, *Keine Retusche, kein Schnappschuss, keine Pose*, 36.

8 Cf. Kostas 2014, *Keine Retusche, kein Schnappschuss, keine Pose*, 40.

9 Cf. Kostas 2014, *Das Walter-Benjamin-Porträt im Zeitalter seiner technischen Reproduzierbarkeit*, 63.

10 ベンヤミン「『昔の忘れられた児童本』」、三六八頁。

11 ベンヤミン「虹」、二六五頁。

12 ベンヤミン「虹」、二七二頁参照。

13 ベンヤミン「虹」、二七三頁。

14 ベンヤミン「子供の本を覗く」、四七頁。

15 ベンヤミン「子供の本を覗く」、四五頁。ベンヤミンは『一九〇〇年頃のベルリンの幼年時代』の「色」と題された断章で、色ガラス越しの陽光や水彩絵具、あるいはシャボン玉を見ることを通じ、自身がさまざまな色彩にいわば「色づいた」経験を回想したうえで、板チョコをくるんだ色付きの錫箔紙の輝きにより、舌で味わう以前にすでに、眼がチョコレートの甘美さを吸い込み、幼い自分をうっとりさせた、と書いている。これもまた、色彩の感覚と味覚との通底性を示す経験であろう。ベンヤミン『一九〇〇年頃のベルリンの幼年時代』（最終稿）、五七九―五八〇頁参照。

16 Cf. Benjamin 1920-1921.

17 Freund und Benjamin 2014, 72.
18 Birkerts 2007, 4.
19 Birkerts 2007, 7.
20 Birkerts 2007, 7.
21 Birkerts 2007, 4. この言葉はジョージ・スタイナーのエッセイ「思考の悲しみの十の（可能な）理由」に由来する。
22 Cf. Koopman 1997, 12.
23 ベンヤミン『図説 写真小史』、二九頁。
24 一九四〇年四月末—五月初頭、グレーテル・アドルノ宛の手紙より。Benjamin 2000, 435-436.
25 ボードレール『悪の華』、二五二頁。
26 Cf. Koopman 1997, 13-14.
27 ベンヤミン「花についての新刊」、五六八頁。
28 ベンヤミン『図説 写真小史』、一七頁。
29 佐藤「牛腸茂雄の写真に潜むもの」、七頁。
30 牛腸『見慣れた街の中で』序文。
31 三浦「写真集『見慣れた街の中で』をホッとした思いで受けとめたひとりとして」、二七七頁。
32 ベンヤミン「複製技術時代の芸術作品」、五九二頁。
33 今村『ベンヤミンの〈問い〉』、二九頁参照。
34 田中『都市表象分析I』、五四—五八頁参照。
35 牛腸『見慣れた街の中で』序文。
36 牛腸「見慣れた街の中で 写真というもう一つの現実」。
37 牛腸「見慣れた街の中で 写真というもう一つの現実」。
38 牛腸「見慣れた街の中で 写真というもう一つの現実」。
39 牛腸「見慣れた街の中で」。
40 牛腸は「インクブロット」という言葉を用いている。シュルレアリスム由来の美術用語である「デカルコマニー」ではなく、ロールシャッハ・テストという心理診断法で使われる「インクブロット」のほうを使用しているところに、この描画手法に対する牛腸の関心の反映を認めることができよう。本書においても一貫して「インクブロット」と称する所以である。
41 片口『扉をあけると』寄稿文。
42 『日本カメラ』一九八〇年二月号に寄せた文章に関連する下書き。岡部『『見慣れた街の中で』』、二六一頁参照。
43 牛腸『扉を開けると』あとがき。
44 中井『アリアドネからの糸』、三一九頁参照。
45 荒井直美は写真集『SELF AND OTHERS』に「見開きを単位とする対」がいくつも存在し、その点でインクブロットと類似することを指摘している（荒井「牛腸茂雄の二つの時間」、六頁参照）。書物のページを開く行為が密着した二枚の紙面を引き剝がす所作であることを思えば、こうした身振りにおいても類似した印象が生まれると言えよう。
46 片口『改訂 新・心理診断法』、一九六—一九七頁参照。
47 中井『徴候・記憶・外傷』、六二頁参照。
48 中井『徴候・記憶・外傷』、六六頁参照。
49 中井『徴候・記憶・外傷』、六二頁参照。なお、これは英国の神経学者ヘンリー・ヘッドによる「原始性（protopathic）感覚」と「識別（epicritic）感覚」との区分にもとづく。
50 中井『徴候・記憶・外傷』、七二頁参照。
51 写真集の見開き構造における形態的特徴や個展『見慣れた街の中で』の展示構成についてはきわめて鋭利な分析を行なっている荒井もまた、色彩については「カラーでしか出すことのできなかった、作り物ではない生々しさ」（荒井「牛腸茂雄の二つの時間」、一〇頁）といった言い方にとどまっている。

52 中井『アリアドネからの糸』、九八―一〇〇頁参照。ここで言及されているのは高橋剛夫による実験である。

53 中井『アリアドネからの糸』、一〇三頁。

54 中井『徴候・記憶・外傷』、二六頁参照。

55 『見慣れた街の中で』は刊行された翌年の一九八二年に、東京と大阪で牛腸の個展として展示されている。その展示構成を緻密に再構成した荒井は、展示に選ばれた作品ばかりではなく、その配列についても写真集とは大きな違いがあることを明らかにしている（荒井「牛腸茂雄の二つの時間」、九―一〇頁）。荒井によればまた、作品は全体としていくぶん高めの位置に並べられ、会場のやや低い天井の効果もあり、「見る者は小柄な牛腸の視線に身を置いて、雑踏の中にいるかのような感覚を味わったに違いない」（九頁）という。都市空間を移動しながら撮影された『見慣れた街の中で』が、写真集よりもむしろこうした展示空間においてこそ、その真価を発揮したかもしれぬことは十分に予想できる。逆に言えば、荒井が指摘するような見開き単位での対構造は、一般論として書籍という形式に即してはいるにせよ、この場合、前作『SELF AND OTHERS』の構成法を引きずった、『見慣れた街の中で』本来の内容にはそぐわないものだった可能性はないだろうか。その意味で、荒井が引いている牛腸の友人・谷口雅が、写真集については否定的評価を下す一方、個展の展示に関しては肯定的に、「牛腸茂雄が語っていた空気のようなもの、時間の流れのようなもの、その場で、ファインダーのなかで牛腸茂雄が感じていた感覚、色と光の祝祭の匂いが溢れていた」（九頁）と書いていることは示唆的である。「色と光の祝祭の匂い」という表現が、視覚と嗅覚の共感覚的連合を示している点も注目される。

56 中井『徴候・記憶・外傷』、五八頁参照。

57 牛腸の他作品との関係でそこに大きく関わるのは触覚性であろう。インクブロットは墨や絵の具を挟んだ紙同士、マーブリングは墨や絵の具の浮かんだ水面と紙との、いずれも密着した「接触」を原理とする技法である。これらの接触によるイメージ形成のプロセスは、牛腸に写真との類似も連想させていたかもしれぬ。牛腸はインクブロットについて「紙とインクの奇妙な交接」（『扉をあけると』あとがき）と語っており、この触覚性に性的欲望と関係したエロティックな性格が宿っていることを自覚していたものと思われる。また、同じあとがきで「彩の弾ける音や抗い軋む音が聴えてくるような、眩惑した空気感」の経験が触れられている点は、『見慣れた街の中で』が喚起する共感覚性に通じるものがあろう。

第3章　「歴史の場（ヒストリカル・フィールド）」の航海者――「写真家」多木浩二

1 多木「いまなぜ写真について書くか」、一一二頁。

2 内田『眼の隠喩』――解説」、三九七頁。

3 大室「解説」、二五三頁。

4 多木『写真の誘惑』、一五四頁。

5 多木『死の鏡』、一五八頁。
6 多木『死の鏡』、一六八頁。
7 多木『シジフォスの笑い』、ii頁。
8 多木『死の鏡』、一五一頁参照。
9 多木『シジフォスの笑い』、二五三頁。
10 多木『映像の歴史哲学』、頁番号なし。以下、この文章からの引用については出典表記を省略する。
11 多木『映像の歴史哲学』、九一頁参照。「溺死者」としての写真というイメージはまた、写真黎明期の写真家イポリット・バヤールが一八四〇年に制作した「溺死者に扮したセルフ・ポートレイト」を思い起こさせる。それは「写真の発明者」の栄誉をダゲールに掠われたために投身自殺した姿を演じて写された、一種のジョークとしてのセルフ・ポートレイトであった。ジェフリー・バッチェンはそこに「写真と死をめぐる言説」の端緒を見ている。バヤールについては、バッチェン『写真のアルケオロジー』、二二八―二四六頁参照。
12 多木「TRACES OF TRACES」、二四八頁。
13 多木「TRACES OF TRACES」、二四七頁。海軍士官になるため、広島県安芸郡江田島の海軍兵学校に入学していた多木は、一九四五年八月六日、広島への原爆の投下を目撃したという――「そして原爆によって荒地と化した広島を通りぬけ、悲惨な思いをしながら故郷の神戸まで帰りついたのです」(多木『映像の歴史哲学』、六頁)。
14 多木「眼と眼ならざるもの」、四二―四三頁。
15 多木「TRACES OF TRACES」、二四九頁。
16 多木「TRACES OF TRACES」、二四四―二四五頁参照。
17 多木『シジフォスの笑い』、四〇―四一頁。なお、ホワイトは「ヒストリカル・フィールド」という概念を「歴史が叙述される言説的な場」という意味で用いており、言語化以前の諸要素が関係しあっているという含意はない。「歴史の場」という表現は、多木『もし世界の声が聴こえたら』、二八一頁より。
18 多木『映像の歴史哲学』、四―五頁参照。
19 多木『映像の歴史哲学』、六頁。
20 多木『映像の歴史哲学』、一一頁。
21 大室「解説」、二六三頁。
22 大室「解説」、二六一頁。
23 多木『肖像写真』、一三〇頁。
24 多木『死の鏡』、八五頁。
25 多木『死の鏡』、八五頁。
26 Cf. Ankersmit 2003, 118.
27 多木『肖像写真』、一三一頁。
28 多木『もし世界の声が聴こえたら』、七頁。
29 多木『映像の歴史哲学』、三一頁参照。
30 多木『もし世界の声が聴こえたら』、二九頁。
31 多木『もし世界の声が聴こえたら』、三四頁。
32 多木『もし世界の声が聴こえたら』、四五頁。
33 多木『もし世界の声が聴こえたら』、四五頁。
34 多木『もし世界の声が聴こえたら』、四八頁。
35 多木『もし世界の声が聴こえたら』、四一頁。

跋

思いのほか大部な書物となった。

一冊の書籍に編むことを構想した時点では、もう少しコンパクトにまとめる予定だった。しかし、歴史に「拘泥」した人びとのテクストや作品をたどるうちに、わたし自身もまた、おのずとその拘泥を共有していたらしく、一定の了解に達して落着するまで、これほどの紙幅を費やすにいたったのである。

歴史への拘泥――それを抱え込んでしまった者たちにとって、「歴史」なるものはけっして自明な対象ではありえない。だから本書は、通常の意味での歴史書ではない。歴史学の書物でもないだろう。しかし、「歴史哲学」という大袈裟な名も避けたい。中心的なテーマのひとつである歴史経験を論じるきっかけとなった書物、『崇高な歴史経験』の著者フランク・アンカースミット氏たちの仕事を指して言われる、「歴史理論」の書と呼ぶのがふさわしいだろうか。だが、それもまた、ディシプリンへの律儀な帰属表明のようで煩わしい。それゆえ、いっそただ無造作に、「歴史をめぐる私記である」と書くことが、著者の心情にはもっとも即しているように思う。

本書でわたしは、堀田善衞の『方丈記私記』のまなざしに倣うことから始め、「私記」という形式そのものを、歴史を考察し物語る方法として積極的に活用することを試みた。「経験」を主題に据える以上、この形式を採ることが望ましいと思われたのである。

わたしはここで、みずから「私記」の形式を駆使しながら、いままで「私記」として書き綴られてきた歴史経験、すなわち、「過去に触れる」経験の質について、できるかぎりその細部の肌理のようなものまでも掬い上げ甦らせることに努めたつもりである。こうした「質」に接近するためには、みずからの軀に絶えず問いかけるようにして、テクストや写真のイメージの極微のニュアンス、陰翳、震えを感知することが求められた。自分の身体によって「過去に触れる」ことが必要とされたのである。

このような経験の基礎をなし、本書を準備したのが、『アビ・ヴァールブルク　記憶の迷宮』(青土社)や『冥府の建築家──ジルベール・クラヴェル伝』(みすず書房)といった書物を書くために行なったアーカイヴにおける調査である。他方、書物のスタイルとして本書は、『都市の詩学──場所の記憶と徴候』および『政治の美学──権力と表象』(いずれも東京大学出版会)に連なる、異なるジャンルの対象を刺し貫く論理──感覚・情動・想像力の論理──を複数の側面から考察／攻略した、「野戦攻城」(橋川文三)の産物である。それが野戦攻城となったのも、ひとえに本書のモチーフが、歴史なるものへの或る拘泥に由来するからであろう。

堀田やW・G・ゼーバルトの作品がそうであるように、私記的歴史叙述と文学的散文との境ははっきりと引かれているわけではない。しかし、歴史叙述と文学との相互浸透を論じながらわたしは、その自分の論述自体を縛っているものをどうしても意識せざるをえなかった。もう一歩踏み出せば、「学術」と「文学」を隔てる境界を越え、ゼーバルトの作品について言われるような、「文学的歴史叙述」に接近することができるのかもしれぬとふと思う──「私記」のその先に。写真を事実の証拠としてのみ図解的に提示するのではなく、『アウステルリッツ』が実現したように、古写真にまったく別の生を与える場を境界の彼方に作り出せるかもしれない、と。この作品の主人公同様にわたしもまた、事実に立脚した学術的な記述から横道へと逸れ続けてゆく、あてどない漂流へと誘惑されているのだろうか。

文学にしかできぬとゼーバルトの言う「復元」への憧れは強い。しかし、そこへ向けての越境は、いまのわたしにはまだ、見ることを許されぬ夢である。

本書の多くの章は既発表論文やエッセイにもとづいている(詳しくは初出一覧を参照していただきた

い）。初出時にお世話になった編集担当の方々には謝意を表したい。ただし、初出の状態をあえてほぼそのまま残した「序」を除けば、いずれの章も大幅な改稿と加筆を経ており、本書準備中にその一部のみを雑誌に掲載した場合もあるため、実質的にはかなりの部分が書き下ろしである。なお、この書物に収めた論考の一部には、二〇一三―二〇一五年度科学研究費補助金（基盤研究（C））「徴候的知におけるダイアグラム的表現をめぐる思想史的研究」（研究代表者・田中純）によって得られた成果が用いられている。

本書を生み出すことができたのは、多くの方々のご助力とご厚意による。

まず、母上アーシア・タンネンバウム（Asia Tannenbaum）さんについての想い出をお聞かせいただき、肖像写真の複写撮影と本書への掲載をお認めいただいたミーア・タンネンバウム（Mya Tannenbaum）さんに心からの感謝を捧げる。クラヴェルの日記や手紙に登場する謎の恋人「アーシア」がいったい誰であるのかを知りたいと、『冥府の建築家』執筆中からわたしはずっと願い続けてきた。彼女の娘のミーアさんにお会いでき、母上のお話をうかがえたことは、何ものにも代えがたい喜びである。ミーアさんへのインタヴューにあたっては、ローマ在住の嵯峨紘美さんにコーディネイトと通訳をお願いした。クラヴェルについての調査以来、変わらぬご助力にこのたびもまた厚く御礼申し上げる。

橋川文三氏と弟・敏男氏の写真が貼られたアルバムの一ページを図版として掲載するにあたっては、文三氏・敏男氏の妹である竹内富佐江さんから寛大なご許可を頂戴した。大変貴重な資料の使用をお許しくださったことに関して、深い感謝の念を表わしたい。このアルバムを所蔵している慶應義塾福澤研究センターには、資料調査でたびたびお世話になったことに加え、写真図版掲載にあたってもご配慮を賜わった。記して謝辞とさせていただく。また、敏男氏の詩集『百舌』のコピーをご提供いただいたうえ、竹内さんをご紹介くださった酒井勇樹さんには、そのご厚意に対し、まったく御礼の言葉もないほどである。

本書出版の機会を与えていただいたことについて、羽鳥書店社主・羽鳥和芳さんには、改めてこのうえない謝意をお伝えしたい。人文書や学術書出版の意義と未来について力強く語られる羽鳥さんのお話には勇気づけられることが多かった。編集をご担当いただいた矢吹有鼓さんには、多大なご苦労をおかけした。図版レイアウトに関する著者の細かな要望を逐一反映していただくなど、すみずみまで行き届いたお気遣いに対し、深謝の言葉をここに記させていただく。

そのほか、ここにお名前を挙げることはしないが、各種資料や写真の所蔵元である諸機関、あるいは、その作者や著作権継承者の方々には、本書への複製掲載をお認めいただいたことについて、心から御礼を申し上げたい。おかげさまで貴重な図版を満載した書物とすることができた。また、情報や知識の提供を惜しまなかった同僚や知人・友人たち、本書執筆のための支えとなってくれた家族には、この場を借りて感謝の気持ちを伝えたい。

この書物は喪の季節のなかで書かれた。その事実は本書に幾ばくかの陰翳を与えていることだろう。ひとはみな、みずからのうちに、いつまでも生き続ける死者を何人か、必ず抱えている。本書はそのような死者たちの死後の生に支えられている。

つい先日亡くなったデヴィッド・ボウイは、わたしにとってそんな死者のひとりである（彼は本書にも一度だけ登場する）。見事なアルバム『★（ブラックスター）』を発表してわずか二日後に彼が逝ってしまった衝撃から、わたしはまだ抜け出せずにいる。さらにそれが、本書校正とこの「跋」執筆の時期にちょうどあたっていたことに、何か宿命的なものを感じずにはいられない。

『★』の予想もしない「晩年様式（レイト・スタイル）」に、わたしは心底驚いた。そして、自分が書物で行なおうとしてきたことの根底には、ボウイがアルバムで楽曲を編むように自分のテクストを編みたいという深い願望があったことに、改めて気づかされている。

だから、この書物もまた、そんな「アルバム」めいた挽歌なのかもしれぬと思う。わたしが本書の末尾に掲げたテーゼで触れた「歴史の逆撫で」とは、ボウイのロックに通底する、ひとつの「身振り」に違いない。彼のアルバムに聴いた響きは、そんな身振りがもたらした、歴史の風のざわめきだったのだろうか。散乱するサウンドの星屑（スターダスト）。あのざわめきが、過去の谺に秘められた「希望の約束」にほかならなかったことを、いまにして知る。

田中　純

二〇一六年三月一日

初出一覧

序　危機の時間、二〇一一年三月

第1章　「歴史の無気味さ——堀田善衞『方丈記私記』」、『現代思想』七月臨時増刊号「震災以後を生きるための50冊」、青土社、二〇一一年

第2章　「鳥のさえずり——震災と宮沢賢治bot」、『ユリイカ』四三巻八号、青土社、二〇一一年

第3章　「渚にて——場所のざわめき」、『トポフィリ　夢想の空間』カタログ、東京大学大学院総合文化研究科（田中純ゼミ）、二〇一一年

第4章　「希望の寓意——「パンドラの匣」と「歴史の天使」」、『UP』四六四号、東京大学出版会、二〇一一年

I　歴史の経験

第1章　「過去に触れる——ホイジンガの秋、ヴァールブルクのニンフ」、『UP』四九七号、東京大学出版会、二〇一四年

第2章　「夢のなかの赤い旗——アーシア探索」、『UP』四八八号、東京大学出版会、二〇一三年
「ハデスの吐息——アーシア探索（続）」、『UP』四九四号、東京大学出版会、二〇一三年

第3章　書き下ろし

第4章　「未生の者たちの記憶——ダニエル・リベスキンドと伝統」、『批評空間』第III期四号、批評空間、二〇〇二年

II　極限状況下の写真

第1章　「剝ぎ取られたイメージ——アウシュヴィッツ＝ビルケナウ訪問記」、『UP』四九一号、東京大学出版会、二〇一三年

第2章　「歴史の症候——希望としてのイメージ」、ジョルジュ・ディディ＝ユベルマン（橋本一径訳）『イメージ、それでもなお——アウシュヴィッツからもぎ取られた四枚の写真』解説、平凡社、二〇〇六年

第3章　「イメージのパラタクシス——一九四五年八月六日広島、松重美人の写真」、『UP』五一二号、東京大学出版会、二〇一五年

III　歴史叙述のサスペンス

第1章　「摩滅の博物誌――W・G・ゼーバルトと古写真の光」、『UP』四四三号、東京大学出版会、二〇〇九年

第2章　「迷い子の写真たち（ストレイ・フォトグラフス）――W・G・ゼーバルトによる「歴史の構築」」、『UP』五〇〇号、東京大学出版会、二〇一四年

「流氓のアーカイヴ――W・G・ゼーバルト『アウステルリッツ』からの漂流」、『UP』五一五号、東京大学出版会、二〇一五年

「『明るい部屋』のサスペンス――「温室の写真」のアナモルフォーズ」、『UP』五〇三号、東京大学出版会、二〇一四年

第3章　書き下ろし

第4章　書き下ろし

第5章　「盲目の旅――畠山直哉『気仙川』について」、『UP』五〇九号、東京大学出版会、二〇一五年

IV　歴史叙述者たちの身振り

第1章　「歴史の現像――ベンヤミンにおける写真のメタモルフォーゼ」、近藤耕人・管啓次郎編『写真との対話 HOW TO TALK TO PHOTOGRAPHY』、国書刊行会、二〇〇五年

第2章　「キンポウゲを摘むベンヤミン――ジゼル・フロイントの一枚の写真について」、『UP』五〇六号、東京大学出版会、二〇一四年

「日常の周縁に揺曳するもの――写真集『見慣れた街の中で』をめぐって」、『未来』四五七号、未來社、二〇〇四年

第3章　「「歴史の場（ヒストリカル・フィールド）」の航海者――「写真家」多木浩二」、『UP』五一八号、東京大学出版会、二〇一五年

事項索引

あ行

アーカイヴ……i, ii, 63, 93, 119-132, 233, 234, 316-322, 342, 420
　——的主体……318, 320
『アーカイヴの味わい』(ファルジュ)……121
《アーシアI》《アーシア II》《アーシアIV》(ハンス・パウレ)……101
アーヌング……37, 40
アヴァンギャルド……193, 194, 515, 516
アウシュヴィッツ(=ビルケナウ強制収容所)……ii, 160, 199, 203-215, 216-235, 247, 248, 261, 265-267, 290, 384, 387, 434, 517, 518
　アウシュヴィッツ第一強制収容所……203-205, 210, 213
　アウシュヴィッツ第二強制収容所(ビルケナウ)……ii, 47, 203-205, 209-215, 216-219, 222, 228, 229, 233, 234, 259, 296, 435, 517, 518
『アウシュヴィッツと表象の限界』(フリートレンダー編)……364
『アウシュヴィッツのアルバム』……517
『アウステルリッツ』(ゼーバルト)……74, 271-322, 401, 524, 526, 527
アウラ……45, 108, 184, 273, 275, 310, 317, 408, 412, 413, 415, 445, 447, 449, 452, 455, 463, 468
贖い[解放・救済](Erlösung)……31, 221, 232 ⇨救済
『明るい部屋』(バルト)……iii, 253, 323-342, 470, 530, 531
《アクタイオーンの死》(ティツィアーノ)……59-61
『悪の華』(ボードレール)……450
「アゲシラウス・サンタンデル」(ベンヤミン)……34
味わうこと……68 ⇨味覚
遊び……48, 79, 80
　——道具……77-79
「新しい思考」(ローゼンツヴァイク)……515
新シイ天使……34, 206
《新シイ天使(Angelus novus)》(クレー)……30-34, 232, 375
「アッシャー家の崩壊」(ポー)……20
「後から生まれてきた者たちに」(ブレヒト)……436
アナール派……533
アナモルフォーズ……332, 333, 389, 531
『アマデウス』(フォアマン監督)……63
アメリカ独立宣言……75
『あら皮』(バルザック)……276
『ある秘密国家の物語』(カルスキ)……363
アレクサンダー広場計画案……163, 177
アレゴリー →寓意，アレゴリー
アンフラマンス(極薄)……274, 275, 281
『アンリ・ブリュラールの生涯』(スタンダール)……524
『生きられた家』(多木浩二)……471, 482
イコン……167, 168, 178, 216, 265
『慈しみの女神たち』(リテル)……353-362, 534, 535
『一方通行路』(ベンヤミン)……28, 167, 431, 451, 540
「いまだ生まれざるものの痕跡(Traces of the Unborn)」……177, 178, 183, 194, 200, 495, 498 ⇨痕跡
意味の文化……69, 70
『移民たち』(ゼーバルト)……276, 281, 294, 297, 362
イメージ……iii-v, 14, 17-24, 29, 34, 37-44, 61, 69-74, 77, 78, 108, 130, 131, 139-144, 171, 174, 178, 184, 200, 203-215, 216-232, 235, 246-250, 253, 258-267, 271-275, 278-281, 289, 297-302, 315-318, 323, 324, 328-333, 360, 361, 369-371, 375, 383, 397-402, 409, 413-416, 419-428, 432, 436, 438, 442, 449-451, 459, 470, 474-480, 486, 487, 516, 532, 534, 543, 540, 544
　——記憶……227
　——連合……272, 273, 294
　過去の—— →過去
　視覚的—— →視覚的
　写真—— →写真
　絶対的—— ……248, 249, 264, 265, 267

弁証法的—— ……184, 220
歴史の—— ……427
『イメージ，それでもなお』(ディディ=ユベルマン)……ii, 210, 216-235, 247, 248, 250, 254
「イメージの重層性——写真の美しさに潜む震災の痛み」(ゼルニク講演)……536
色 →色彩，色
インクブロット，デカルコマニー……458-462, 542, 543
インデックス →索引；指標
『イントレランス』(グリフィス監督)……330
隠喩，メタファー……iv, 415, 473, 505
絶対的—— ……415
『ヴァールブルク著作集』……503
ヴァールブルク文化科学図書館……503
『ヴァールブルク文化科学図書館日誌』……503
ヴィクトリア・アンド・アルバート美術館（V&A美術館）……163, 164
『ウェイヴァリー』(スコット)……74
「ウェーバー=フェヒナーの法則」……21
『失われた時を求めて』(プルースト)……428
映画……iii, iv, 63, 142, 217, 233, 249, 258, 299-303, 308, 318, 329-331, 353, 357, 367-376, 386, 387, 415, 416, 425, 482, 495, 538
サイレント（無声）—— ……233-235
サスペンス—— →サスペンス映画
ドキュメンタリー—— ……256
歴史—— ……68
『映画史』(ゴダール監督)……221, 227-234, 250
《嬰児虐殺》(ギルランダイオ)……262, 263
映像……220, 227, 233-235, 249, 275, 302, 328, 334, 341, 342, 399, 407, 493
『HHhH——プラハ，一九四二年』(ビネ)……343, 344, 347, 351, 353-355, 362, 363, 433, 434, 525, 534
『英雄的狂気』(ブルーノ)……61
エピグラム……167, 168, 408
「エレギー」(ヘルダーリン)……291
エンブレム……28, 161-168, 171-174, 407, 408, 416, 421, 423
『エンブレム集』(アルチャーティ)……168
エンブレム・ブック……167, 168, 272, 273
応答（=責任） →責任
「掟の前」(カフカ)……184
起こったこと（res gestae）……72, 74
——の記述（historia rerum gestarum）……72, 74, 76
「汚辱に塗れた人々の生」(フーコー)……124
オスナブリュック文化史博物館……161, 163
『男たちの妄想』(テーヴェライト)……357
『覚書 幕末の水戸藩』(山川菊栄)……135
『オリンピア』(リーフェンシュタール監督)……482
『オレステイア』(アイスキュロス)……356
「終わりある分析と終わりなき分析」(フロイト)……228
「温室の写真」……iii, 323-328, 331-334, 389, 531, 532

か行

蛾……271, 278-282, 322
蚕—— ……277
「蛾」(安井仲治)……322
《カーニヴァルの仮面たちがいる建物》(グアルディ)……49, 50
解放 →贖い［解放・救済］
『科学的自伝』(ロッシ)……524
嗅ぐこと……64, 68 ⇨嗅覚
「影の空間」(ミショー)……20
過去……i, ii, 3, 7, 21, 24, 30, 33, 37-40, 44-69, 72-79, 81-83, 98, 100, 108-113, 119-131, 147, 148, 178, 179, 183, 186, 192, 194, 208, 217, 232, 235, 253, 255, 258, 259, 264-267, 275, 276, 284-287, 291, 294, 302, 303, 309-311, 315-320, 328, 331, 336, 339-342, 346, 352, 358, 362, 364, 367, 371, 374-

378, 383, 384, 386, 387, 400-402, 412-416, 428-437, 468, 480, 493-498, 540
——との接触……37, 38, 44, 45, 50, 52, 54, 72, 119
——との直接的な接触……39, 45, 53, 57
——に触れる……i-iii, v, 37, 44, 45, 52, 58, 122, 342, 351, 387, 433, 436, 467, 468, 493, 499, 505
——のイメージ……i, 3, 31, 33, 150, 234, 235, 413, 414, 416
——の色……59, 61, 461, 468
——の（直接的）経験……37, 44, 46, 55, 63, 64, 67, 83, 129, 485, 486
——の現前……ii, 59, 62, 67, 69, 72, 74, 76, 79, 123, 126, 128, 179, 351, 384, 387, 494
実用的な——……284, 310, 352
歴史学的な——……284, 352, 362, 365, 495
『過去に動かされて——不連続性と歴史的突然変異』（ルニア）……72
『カサノヴァ』（フェリーニ監督）……531
かすかなメシア的な力……199, 200, 435, 436
カタストロフ　→破局，カタストロフ
『彼方』（ユイスマンス）……40
カバラ……173, 185, 481
『雷の戯れ』（フラマリオン）……250
カラー写真……v, 439, 442-455, 462, 530
『彼自身によるロラン・バルト』（バルト）……335
感覚　⇨共感覚；多感覚
運動——……462, 465
身体——……5, 122, 262, 264, 493
振動——……462, 465
低級——……68
皮膚——……454
歴史——……i, 5, 7
感覚的（官能的）経験　→経験
「玩具のモラル」（ボードレール）……77
『感情教育』（フローベール）……533
関東大震災……13
換喩　→メトニミー
記憶……v, 3, 9, 21-23, 38, 47, 49, 61, 74, 82, 106, 107, 114, 130, 135, 138, 141, 156, 163, 170, 180, 188, 192, 193, 199, 200, 206, 209, 213, 220, 223, 231, 241, 244, 245, 247, 261, 275, 276, 279, 283, 289-294, 315-320, 324, 336, 339, 350-352, 363, 366, 377, 379, 385, 388, 391-393, 399-404, 429, 449-452, 459, 465, 489, 496, 497, 521, 528, 531
意志的——……415
イメージ——……23, 227
無意志的——……415
『記憶が訪れるとき……』（フリートレンダー）……526
危機……3, 8, 14, 16, 31, 34, 47, 131, 150, 315, 316, 375, 436, 493, 494, 497
——意識……151
——的……413, 504
——的瞬間，——の瞬間……i, 3, 31, 34, 150, 226, 227, 231, 265
「桔梗」（荒川厳夫）……511-513
聴くこと（聞くこと）……68, 195, 200　⇨聴覚
記号……69, 123
指標——……178-180
兆し……11, 412, 463-465　⇨徴候；予兆
既視感（デジャ・ヴュ）……431
「きのこ雲の下で何が起きていたか」（NHKスペシャル）……520, 523
希望……i, iv, v, 11, 25, 28-34, 151, 157, 164, 183, 194, 195, 200, 216, 232, 256, 303, 304, 331, 352, 372-376, 388, 389, 399, 402, 404, 432-438, 498, 499, 540
——なき人びと……33, 151, 232, 433-436
——の刻み目……180, 183
《希望》（ジョット）……232
《希望》（ピサーノ）……28, 29, 540
「希望」（魯迅）……157
『希望の原理』（ブロッホ）……540
虐殺されたヨーロッパ・ユダヤ人記念碑……182

嗅覚……44, 446, 462, 543　⇨嗅ぐこと
嗅覚的……38, 235
救　済　……31, 32, 48, 151, 171, 232, 373-375, 378, 432, 436, 437, 498, 540　⇨贖い
救拯……148-151
旧ナチ親衛隊施設跡地計画……180, 181
《キューブ》(ジャコメッティ)……182
『教育的スケッチブック』(クレー)……500
『饗宴』(プラトン)……504
共感覚（性）……57-59
共感覚的……38, 57, 58, 235, 264, 465, 493, 505, 543
『狂気の歴史』(フーコー)……125
『鏡子の家』(三島由紀夫)……135, 140
共時性，シンクロニシティ……12, 16
郷愁……23, 421　⇨ノスタルジア
強制・絶滅収容所……206, 217, 228, 233, 235, 255, 259, 266, 302, 356
　アウシュヴィッツ強制収容所　→アウシュヴィッツ（＝ビルケナウ強制収容所）
　ザクセンハウゼン強制収容所……180, 181, 203
　シュトゥットホーフ強制収容所……199
　ブーヘンヴァルト強制収容所……203
　ヘウムノ強制収容所……257
　マイダネク強制収容所（ルブリン強制収容所）……115, 116
強度……125, 126, 131, 229, 264, 265, 318, 493, 494
虚構……92, 272, 285, 286, 294, 298, 302, 303, 308-311, 316-318, 324, 326, 353-356
巨人族……133-138
「銀河鉄道の夜」(宮沢賢治)……99
キンダートランスポート……285, 526, 527
近代……19, 174, 332, 336, 416
緊張……iv　⇨サスペンス
寓意，アレゴリー……165, 171-174, 177, 199, 206, 272, 279, 294, 295, 357, 421, 427, 428, 473, 474
寓意画……167, 272
寓意画集……423, 467
寓意像……29-34, 375, 432, 436, 437
『空間の詩学』(バシュラール)……17, 20, 22, 502
空虚（ヴォイド）……169, 175-186, 193-199
『空襲と文学』(ゼーバルト)……244, 276
クリナメン（clinamen）……335, 336, 342, 532
クルムホーフ特別部隊……257
クロノフォトグラフィ……425, 426
経験……i-v, 4, 5, 17-22, 37-40, 44-72, 79, 108-132, 142, 147, 148, 154, 193-200, 242-246, 264, 265, 316, 320, 331, 341, 346, 351, 367, 369, 376, 383, 385, 399-401, 404, 415, 426, 429-431, 446, 463, 465, 468, 472, 473, 477, 478, 482, 485, 486, 494, 497, 503, 515, 516, 525, 528, 532　⇨歴史経験
　過去の――　→過去
　感覚（的）――……i, 57, 61, 121, 429
　官能的――……39, 61, 64, 63, 429
『経験の歌』(ジェイ)……62
『芸術と客体性』(フリード)……254
「ゲーテの『親和力』」(ベンヤミン)……31-33, 375, 434, 436
『気仙川』(畠山直哉)……iv, 390-404
「気仙川へ」(畠山直哉)……390, 397-401
ゲットー　→ユダヤ人ゲットー
気配……37, 38, 387-389, 465, 468, 493
言語論的転回……48, 504
現実効果……286, 287, 337-340, 506
「現実効果」(バルト)……337, 338
現前……48, 54, 62, 66-74, 76, 79, 123-126, 148, 159, 179, 287, 315, 364, 384, 388, 465, 505
　――の文化……69, 70
　過去の――　→過去
　不在における――……73, 148, 151, 159, 287, 291, 304, 336, 505
『現前の生産――意味が伝えられぬもの』(グンブレヒト)……68
現像……178, 183, 416, 432
現像＝展開（Entwicklung）……416, 427

原爆（原子爆弾）……ii, 25, 236, 241-245, 248-254, 260, 261, 264, 265, 544
「原爆＝写真」論……248, 249
原－身振り……498
原－歴史＝根源の歴史（Urgeschichte）……418, 423, 432, 433, 488, 494, 497, 498, 500 ⇨太古史；歴史
後史……367, 368, 423, 467 ⇨前史
『声のきめ』（バルト）……325, 326, 332
古写真……271-276, 281, 282, 292-294, 303, 318, 320, 342, 386
『言葉と物』（フーコー）……22
子供
　——時代……286, 289, 290, 378-383, 421 ⇨幼年時代
　失踪した，行方不明の—— ……iii, 368, 374, 376, 378-383, 388 ⇨迷い子
「子供の本を覗く」（ベンヤミン）……446
古文書……38, 44-46, 76, 77, 119, 124, 125
『コリエーレ・デラ・セラ』紙……94, 97
根源（Ursprung）……488
　——の歴史 →原－歴史＝根源の歴史
痕跡……22, 53, 81, 92, 122, 123, 131, 163, 175-183, 194, 195, 209, 221, 248-251, 261, 283, 289, 293, 322, 346, 387, 392, 393, 407, 408, 411-413, 429, 437, 458, 495, 498 ⇨いまだ生まれざるものの痕跡
　視覚的—— ……250
　指標的—— ……182

さ行

『サイコ』（ヒッチコック監督）……367
『西郷隆盛傳』（勝田孫彌）……137
「西郷隆盛の反動性と革命性」（橋川文三）……137
再撮影……301, 302, 435, 497
『最新版世界図絵（オルビス・ピクトゥス）』……445
逆撫で……iv, 215, 378, 433-435, 437, 497, 498, 500
索引（インデックス）……432, 437, 465 ⇨指標
桜田門外の変……135
サスペンス……i, iii, iv, 329-334, 341, 347, 351, 367-370, 374-377, 381-383, 388, 389, 433, 495-499, 531
　写真的—— ……343, 348
サスペンス映画……iii, 329, 331, 367, 368, 374-376, 379, 382, 388, 531
『サスペンス映画史』（三浦哲哉）……329, 367, 368
撮影……ii, iv, 203-212, 236-268, 286, 290, 297, 358, 359, 399, 402, 407, 412, 419, 426, 427, 434, 435, 439-442, 452, 455, 475, 478, 496, 521, 532, 543 ⇨再撮影；写真撮影
撮影行為……204, 209, 216, 222, 263, 266, 295, 408
撮影者……208, 210, 241, 244, 246, 255, 258-266, 295, 297, 361, 412, 517
『サド，フーリエ，ロヨラ』（バルト）……334
触ること……68 ⇨触覚
残存（survival）……77, 82, 215, 216, 233, 262, 438
『残存するイメージ』（ディディ＝ユベルマン）……225
サンフランシスコ・ユダヤ博物館……173
「シュルレアリスム」（ベンヤミン）……417
視覚……121, 281, 462, 465, 543
　——における無意識的なもの（Optisch-Unbewußte）……411, 423, 426
　テクスト的—— ……282, 318
『詩学』（アリストテレス）……285
視覚経験……121
視覚的……40, 59, 64, 222, 225, 228, 233, 235, 431, 471, 472, 487
　——イメージ……iv, 37, 233, 260, 386, 494
　——痕跡……250
　——無意識……411, 412, 423
《四月》（ファン・デ・フェルデ）……38, 39
「私記・荒川厳夫詩集『百舌』について」（橋川文三）……159

色彩，色……57-61, 264, 274-276, 281, 439, 444-447, 452, 460-468, 505, 522, 541, 542
色名呼称不能……58
「思考の悲しみの十の（可能な）理由」（スタイナー）……542
『仕事と日々』（ヘシオドス）……28
『自殺協会』（クラヴェル）……102
『シジフォスの笑い』（多木浩二）……472, 473
死者……13, 15, 20, 31-33, 81-84, 99, 106, 109-113, 127, 128, 144-151, 154-157, 159, 170, 232, 280-282, 291, 350, 352, 370, 374, 375, 381, 385, 433, 436, 475, 496-498
地震計……44, 47, 51, 62, 79, 131
自然史（Naturgeschichte/Natural History）……171-174, 276-282, 292, 293, 303, 319, 342
『時代の顔』（ザンダー）……413
視聴覚……233, 264　⇨視覚；聴覚
質感……v, 83, 129-131, 468　⇨手触り；肌触り
「実用的な過去」（ホワイト）……284, 310　⇨過去
シネクドキ，シネクドック（提喩）……72, 488, 489, 494, 505, 506
『死の鏡』［初版『写真の誘惑』］（多木浩二）……471, 472, 483, 484
《死の島》（ベックリン）……129
『死の沈黙』（ライナルツ）……302, 303
「詩の礫」（和合亮一）……13
「詩ノ黙礼」（和合亮一）……13
指標（インデックス）……19-21, 24, 178, 195, 222-225, 266, 272, 324, 414, 432, 437, 495　⇨索引
指標記号……179, 180
指標的痕跡……179, 182
ジャガーレ……113-115, 320
『社会学研究所紀要』……537
写実主義……284, 286, 338, 339
写真……i-v, 47, 54, 64, 68, 73, 77, 78, 106-110, 122, 157, 178-180, 203-217, 221-229, 232-234, 236-268, 271-282, 285-322, 323-342, 357-362, 385, 386, 390-393, 396, 400-404, 407-428, 432-437, 439, 442-444, 447-449, 452-468, 469-489, 494-497, 520-534, 537, 538, 543, 544　⇨カラー写真；古写真；肖像写真；白黒写真
——イメージ……229, 299, 301, 302, 324, 361
初期——……413, 414, 441, 445, 449
パノラマ——……253, 254, 522
報道——……70, 243, 247, 248, 259, 261
「写真」（クラカウアー）……533
『写真愛好家（Fotoamator）』（ヤブロンスキー）……256-259, 301, 303, 517
写真家……iv, v, 392, 397, 400, 402, 407-409, 416, 425, 427, 439, 458, 459, 469, 475, 478, 483, 489
写真撮影……203, 259, 298, 402, 421, 517, 538　⇨撮影
「写真小史」（ベンヤミン）……407, 409, 413-416, 445, 449
写真的……340, 362, 365, 478
——サスペンス……343, 348
——パラダイム……iv, 178, 183, 250, 435, 538
『写真の誘惑』（多木浩二）　→『死の鏡』
「終着の浜辺」（バラード）……23
収容所　→強制・絶滅収容所
「収容所の記憶」展……216
主観的歴史経験　→歴史経験
種族……138, 140, 142, 147, 150, 151, 157, 159, 280
『樹皮（Écorces）』（ディディ＝ユベルマン）……210-213, 266
シュルレアリスム……417, 418, 421
「殉教の女」（ボードレール）……451
旬日会（Décade de Pontigny）……440, 441
ショア……221, 248, 249, 254　⇨ホロコースト
『ショア』（ランズマン監督）……216, 217, 227, 249, 363
ショア犠牲者名中央データベース……115
「『城下の人』覚え書」（谷川雁）……134
情感……38, 49, 57-61, 68, 79, 467, 493
状況（コンステラツィオーン）……413　⇨星座

証言……220, 222, 224, 225, 228, 234, 235, 240, 241, 244-247, 267, 310, 317, 337-340, 363, 399, 521
証拠……81, 83, 255, 310
「小説家の休暇」(三島由紀夫)……141
《乗船券》(リシツキー)……176, 177
肖像写真……108, 279, 286, 292, 315-319, 330, 331, 341, 408, 411, 414, 419, 441, 445, 447, 449, 452
　初期—— ……412, 444
情緒……455, 463, 468, 476, 477
象徴……14, 25, 28, 34, 69, 164, 165, 169-171, 178, 180, 186, 481, 486, 487
情念定型（パトスフォルメル）……34, 229, 262
諸生党……133
触覚(性) ……52, 54, 121, 122, 429, 454, 462, 487, 543
　歴史的—— ……53
「白い盆燈籠」(荒川厳夫)……511
白黒写真……264, 441, 444, 454, 462, 522, 524
親衛隊（SS)……iii, 114, 180, 224, 235, 259, 262, 320, 343, 344, 353, 355, 356, 364, 365, 435, 517
『新古今和歌集』……4
真正性（authenticity)……52, 286, 295, 310, 318, 351, 362, 529
『シンドラーのリスト』(スピルバーグ監督)……206
『審判』(ウェルズ)……305
神風連……142
新歴史主義（ニューヒストリシズム)……63
神話素……340
神話的思考……77, 78
『神話なき世界の芸術家』(多木浩二)……472
『親和力』(ゲーテ)……502, 540
崇高……32, 33, 45, 49, 52-55, 63, 68, 77, 79, 264, 265, 360, 393, 396, 494
　——な歴史経験……49, 51, 54-56, 60, 62, 76, 126, 147　⇨歴史経験
　——の経験……52, 54, 147
　歴史的—— ……147
『崇高な歴史経験』(アンカースミット)……48-51, 54, 60
ストゥディウム（分別)……470, 531
スペクタクル……68, 249, 264, 335, 367, 390, 425, 493, 523
《聖ウルスラの聖遺物箱》(メムリンク)……41
星座（コンステラツィオーン)……329, 368, 423　⇨状況
聖書……183, 192
　旧約—— ……170
　新約—— ……170
『精神分析の四基本概念』(ラカン)……531
聖体［聖餐］(Eucharist)……69, 70
『西南記傳』(黒龍会編) ……137
西南戦争……134-137, 140, 146, 155
《静物としてのパンドラの匣》(クレー)……25, 26, 33
《聖ヨハネ祭壇画》(メムリンク)……41
世界劇場（ロッシ)……22, 23
責任(＝応答)……232, 265-267, 497
世代……140, 143, 150-156, 435, 436, 482
絶対的瞬間……226, 248, 249, 265
絶滅収容所　→強制・絶滅収容所
「せむしの小人」……22, 34, 289, 424-427, 540
『SELF AND OTHERS』(牛腸茂雄)……454, 458-462, 467, 542, 543
『SELF AND OTHERS』(佐藤真監督)……453
セルフ・ポートレイト（写真)……460, 462, 471, 482, 484, 486, 544　⇨ポートレイト写真
『一九二六年に——時代の際を生きる』(グンブレヒト)……62-69, 78, 126
『一九〇〇年頃のベルリンの幼年時代』(ベンヤミン)……21, 289, 382, 414, 418, 426, 429-432, 524, 540, 541
『千載和歌集』……4
前史……368, 423, 467　⇨後史
全質変化の教義……70

戦争体験，戦場体験……147-153, 242
『戦争と映画』（ヴィリリオ）……248
「戦争と同時代」（座談会）……153
『戦争と平和』（トルストイ）……284
戦中派，戦中＝戦後派……133, 134, 137, 140-146, 152-157
「戦中派とその「時間」」（橋川文三）……152-156
宣伝映画……299-303, 482
《洗礼者ヨハネの誕生》（ギルランダイオ）……43
想起（Eingedenken）……iv, 414-416, 428-431, 436, 538
『装飾集』（メッソニエ）……50
想像力……17, 19, 21, 74, 171, 264, 310, 346, 385, 392, 475, 493, 528, 534
　文学的―― ……74
　歴史的――　→歴史的想像力
阻止者（カテコーン Katechon）……539
「その続きと終わり」（フォレスト）……393
『存在と時間』（ハイデガー）……64
ゾンダーコマンド（特別労務班）……ii, 209, 210, 216, 218, 222, 224, 229, 247, 255, 266, 517-519

た行

第一次世界大戦……32, 47, 98, 115, 150, 437
体験……148-150, 159, 247　⇨戦争体験，戦場体験；追体験
太古史（Urgeschichte）……417, 418　⇨原－歴史＝根源の歴史
《大使たち》（ホルバイン）……332, 333, 531
大東亜戦争戦没学徒慰霊顕彰祭……145, 150
第二次世界大戦……233, 255, 284, 285, 476
多感覚……493
多感覚的……235, 264
「太宰治の顔」（橋川文三）……138, 140
『Wの生涯（Leben Ws）』……527
『魂の年』（ゲオルゲ）……437
タルムード……166, 184-188
『単純形式』（ジョレス）……42
『小さな昔の世界』（フォガッツァーロ）……130
『チーズとうじ虫』（ギンズブルグ）……486
『チェンジリング』（イーストウッド監督）……iii, 368, 371-374, 388, 433
『チェンバーワークス』（リベスキンド）……195
「チャンドス卿の手紙」（ホーフマンスタール）……45, 282
『中世の秋』（ホイジンガ）……37-42, 46, 58, 503
中動態……285, 525, 533
聴覚……20, 21, 462　⇨聴くこと
聴覚的……20, 21, 38, 233, 235
徴候……i, 261, 409, 463, 465, 477, 494　⇨兆し；予兆
徴候的知……81
『散り行く花』（グリフィス監督）……330
追憶・追想（Erinnerung）……57, 432, 505
追体験……38, 46, 52, 130
ツイッター……9-16
ツィムツーム……185, 186
通過儀礼……381, 536
『ツタンカーメンの墓』（カーター）……66
提喩　→シネクドキ，シネクドック
デカルコマニー　→インクブロット，デカルコマニー
「溺死者に扮したセルフ・ポートレイト」（バヤール）……544
手触り……122　⇨肌触り
手仕事……122, 128
哲学
　生の―― ……69
　歴史の――　→歴史哲学
「テュービンゲン，一月」（ツェラン）……23
『テレージエンシュタット』（ナチス映画）……299, 300, 529
『テレジン』（ブラウフークス）……298-300, 302

伝記素……iii, 334-336, 340, 384, 452, 453
『天狗騒ぎ』(横瀬夜雨編)……133
天狗党……133-140, 149, 156
——の乱(元治甲子の変)……133, 135
天使……30, 31, 34, 172, 375, 432, 437
「天地創造あるいは黙示録」(フォレスト)……396
『ドイツ哀悼劇の根源』(ベンヤミン)……164-167, 367, 407, 421
ドイツ青年運動……32
『ドイツ零年』(ロッセリーニ監督)……206
ドイツ文学アーカイヴ……289, 304, 307-311, 524
『同時代』誌……510
トータル・セリエリズム(全面的セリー主義)……196-199
『ドキュマン』(バタイユ)……226
『特性のない男』(ムージル)……74
『読民約論』(宮崎八郎)……137
『都市の建築』(ロッシ)……524
『土星の環』(ゼーバルト)……74, 277-282, 308, 525
突撃隊(SA)……116
『特攻体験と戦後』(島尾敏雄・吉田満対談)……152
『扉をあけると』(牛腸茂雄)……458-460
「トポフィリ——夢想の空間」展……18, 502
トポフィリ(場所への愛)……17, 24, 502
トラウマ……49, 50, 55, 75, 147, 178, 244-247, 259, 260, 275, 365, 378, 380, 396, 528, 532
集団的——……49, 147
『ドラ・ブリュデール』(モディアノ)……iii, 383
『鳥』(ヒッチコック監督)……367
『ドリーの冒険』(グリフィス監督)……368, 374
「TRACES OF TRACES」(多木浩二)……475

な行

長崎……243, 244, 261
『渚にて』(シュート)……23
『なぜ写真はいま,かつてないほど美術として重要なのか』(フリード)……254
ナチ,ナチス……114, 116, 143, 160, 203, 206, 210, 220, 231, 234, 255-260, 294, 295, 297, 299-303, 332, 343, 346, 356-363, 435, 480-482, 517, 535
ナチ親衛隊(SS) →親衛隊(SS)
ナチズム……354-358, 534
ナチ党……42
「Natural Stories」展(畠山直哉)……402
ナラティヴ……48, 53, 83, 121, 124, 255, 285, 308, 310, 336-340, 345, 495, 497, 525
「虹——ファンタジーについての対話」(ベンヤミン)……446
『日本残酷物語』(宮本常一他)……509
日本浪曼派……147, 150, 151
『人間喜劇』(バルザック)……74
『人間の条件』(マルロー)……442
ニンフ……42, 43, 229, 262
『ニンファ・モデルナ』(ディディ=ユベルマン)……229
「乃木伝説の思想」(橋川文三)……145
ノスタルジア……56, 79, 250, 275 ⇨郷愁
反省的(reflective)—— ……56
復旧的(restorative)—— ……56, 61

は行

『灰とダイアモンド』(ワイダ監督)……142, 143, 159
「破壊の博物誌」(ズッカーマン)……276, 277
萩の乱……142
破局,カタストロフ……20, 21, 28, 31, 242, 245, 253, 259, 265, 266, 277, 282, 328, 331, 332, 341, 347, 364, 365, 370, 393, 396, 399, 404, 412, 413, 437, 476, 481
『白鯨』(メルヴィル)……487, 488
爆心地……236, 237, 253

博物誌……276-278, 282, 292, 293, 303, 319, 342
《パサージュ――ヴァルター・ベンヤミンへのオマージュ》(カラヴァン)……231
『パサージュ論』(ベンヤミン)……19, 130, 226, 383, 408, 413, 414, 418, 432, 439, 450, 457, 473, 538, 540
ハシディズム……184, 199
『初めての逢いびき』(ドコワン監督)……386
「場所，すべてに抗して」(ディディ＝ユベルマン)……217
肌触り……83, 129, 131　⇨手触り
パタン・ランゲージ……272-275, 282, 293-295
『パタン・ランゲージ』(アレグザンダー)……272, 273
パトス……39, 51, 54, 62, 79　⇨情念定型
パラタクシス……260, 261, 264, 265, 268, 433, 494, 498, 522
『薔薇の騎士』(ホーフマンスタール)……289
『薔薇の女王の戴冠』……314
『薔薇の名前』(アノー監督)……63, 68
「パリ――十九世紀の首都」(ベンヤミン)……450, 537
「パリ書簡〈II〉――絵画と写真」(ベンヤミン)……537
「パリ風景」(ボードレール)……441, 450
『春と修羅』(宮沢賢治)……9, 12-16, 501
半存在……144, 145, 148-151, 156-159
『パンドラの再臨』(ゲーテ)……502
「パンドラの匣」……25, 34
『パンドラの匣』(パノフスキー夫妻)……25
《パンドラの匣》(ベックマン)……25, 27
万物照応（コレスポンダンス）……57, 468, 504, 505
非蓋然的蓋然性……51-53
東日本大震災，震災……i, iv, 3, 8, 9-13, 16, 23, 131, 390-393, 396, 400-404, 536
「光と音に関する研究の導入と意図」(ホイジンガ)……57
非感性的類似……410, 411, 416, 420, 421, 428
被写体……246, 250, 251, 258-262, 306, 309, 313, 328, 342, 361, 362, 415, 419, 420
ヒストリカル・フィールド（歴史の場）　→歴史
『必要なる天使』(カッチャーリ)……516
『ヒトラー，ドイツからの映画』(ジーバーベルク監督)……357, 358, 535
被爆……236, 237, 244-250, 253, 260, 261, 264, 267, 520, 522
被爆者……237, 240-242, 247, 261
被爆地……ii, 243, 248, 266
秘密……84, 387-389, 418, 496
比喩……14, 72, 121, 178, 264, 266, 472-475, 478-483, 488
『ヒューマン・ストリートから来た少女――或るユダヤ人一族における記憶の亡霊たち』(コーエン)……114
表象不可能性……217, 220, 248, 249, 254, 396
ビルケナウ　→アウシュヴィッツ第二強制収容所
広島……242, 246, 259, 261, 476, 521, 544
「Five Years」(ボウイ)……465
『ファミリー・フレーム』(ヒルシュ)……528
ファンタジー……446, 452, 467
「ファンタジーのために」(ベンヤミン)……446
フィクション……123, 233, 283-286, 291, 299, 303, 304, 307-311, 316, 324, 344-346, 354, 355, 363, 365, 388
フェティシズム，フェティッシュ……226, 286, 317
フェリックス・ヌスバウム美術館……160-163, 176, 186
『photographers' gallery press』……247
フォト・テクスト……302, 316
無気味（さ）……5-8, 55, 56, 65, 67, 73, 76, 110, 299, 315, 364, 494
無気味なもの……61, 79, 455
復元（レスティトゥチオン Restitution）……291, 302, 304, 321, 346, 350, 351, 366, 385
「複製技術時代の芸術作品」(ベンヤミン)……415

『プラウダ』紙……358, 360
フランス革命……49, 50, 54, 55, 60, 75
『フランス史』(ミシュレ) ……340
《フランチェスコ会の会則認可》(ギルランダイオ)……229, 230
「フランツ・カフカ」(ベンヤミン)……414, 415
フランドル・プリミティヴ絵画展……40-42, 45
ブリコラージュ……77, 78, 227
フリップブック……425, 426, 540
「プルーストのイメージについて」(ベンヤミン)……414
プロット化……49, 83, 224, 255, 285, 338, 505
『provoke』誌……iv, 469
『プロメテオ』(ノーノ)……195-199
雰囲気……38, 48, 49, 57-61, 68, 79, 465-468, 493
雰囲気語 (stemmingswoord)……57, 58, 61
文学……iii, 15, 74, 284, 285, 291, 292, 310, 318, 321, 342, 343, 346, 349-352, 361-366, 385, 415, 416, 534
文化史……58
「文化史の課題」(ホイジンガ)……37, 58
プンクトゥム……255, 258, 264, 287, 324, 341, 365, 411, 470, 531
『ヘシェルの王国』(ジェイコブソン)……281, 320
ベトナム戦争戦没者慰霊碑……73
ヘルダーリン塔……23
『ベルリン・アレクサンダー広場』(デーブリン)……177
ベルリン都市計画案「シティ・エッジ」(リベスキンド)……189-191
「ベルリン年代記」(ベンヤミン)……414
ベルリン・ユダヤ博物館……163, 164, 167-172, 175-183, 194-199, 515, 516
弁証法
　——的イメージ……184, 220, 217
　静止状態の—— ……182, 413
『変身する花々』(グランヴィル)……451
『方丈記』(鴨長明)……3-8
『方丈記私記』(堀田善衛)……i, v, 3, 6-8, 55
亡命者……128-131
ポートレイト写真……325-328, 332, 334, 442, 444, 449, 531　⇨セルフ・ポートレイト(写真)
「ボードレールにおけるいくつかのモチーフについて」(ベンヤミン)……415
「ボードレールの「パリ風景」に関するノート」(ベンヤミン講演)……441
『ポーランド遁走曲』(タンネンバウム)……97
『僕だけがいない街』(三部けい)……iii, 376, 379-382, 434
戊辰戦争……146
ポストメモリー……528
ポツダム広場改築計画……165
『堀田善衛 上海日記』(堀田善衛)……3
『ホモ・ルーデンス』(ホイジンガ)……79
《ボルセーナのミサ》(ラファエロ)……70
ポルボウ……130, 231, 350, 435, 452
ホロコースト……47, 50, 51, 115, 222, 234, 247, 248, 284, 285, 289, 296, 297, 353, 356, 362-365, 481, 516, 528, 533, 534　⇨ショア
ホロコースト記念碑……73
「翻訳者の使命」(ベンヤミン)……165

ま行

マーブリング……467, 543
『マイノリティ・リポート』(スピルバーグ監督)……368, 369, 374
『摩滅の賦』(四方田犬彦)……274-276
迷い子……289, 291, 295, 302-304, 313, 317, 318, 323, 328, 331, 342　⇨子供
　——の写真 (stray photograph)……289, 303, 319, 328
ミイラ……65-68
味覚……121, 446, 462, 541　⇨味わうこと

味覚的……38
ミクロ・ヒストリー……484-486
『ミクロメガス』(リベスキンド)……186, 187
『ミシュレ』(バルト)……340, 341, 533
「水の記憶」(牛腸茂雄)……467
『蜜蜂マーヤの冒険』(ボンゼルス)……93, 104
水戸党争……133, 135
『見慣れた街の中で』(牛腸茂雄)……454-468, 542, 543
身振り……iv, v, 29-31, 34, 68, 99, 206, 229, 248, 261-264, 322, 326, 352, 375, 402, 434-438, 444, 452, 477, 478, 489, 517 ⇨原－身振り
宮沢賢治ボット……9-16
見ること……68, 195, 243, 267 ⇨視覚
無常観……4-8
「ムネモシュネ・アトラス」(ヴァールブルク)……70, 71, 77, 79, 226, 229, 230, 505
『迷宮としての世界』(ホッケ)……93
明治維新……135-137
『明治維新』(遠山茂樹)……137
「明治人とその時代」(橋川文三)……137
『冥府の建築家』(田中純)……ii, 82, 85, 131
『メールヒェンの起源』(ジョレス)……42
『目眩まし』(ゼーバルト)……74, 524
『メタヒストリー』(ホワイト)……48, 62, 338, 478, 486, 505, 525, 533
メタファー →隠喩，メタファー
メトニミー(換喩)……72-80, 148, 179, 287, 291, 304, 336, 340, 364, 365, 384, 488, 494, 495
『眼の隠喩』(多木浩二)……470-473
『メフィスト』(サボー)……63
『めまい』(ヒッチコック監督)……367, 368
メランコリー……7, 303, 449 ⇨憂鬱
《メレンコリアI》(デューラー)……8, 449
『モーゼとアロン』(シェーンベルク)……167, 172, 197
『百舌』(荒川厳夫)……159, 511
モダニズム文学……285, 363, 525, 533
モットー……408
『喪の日記』(バルト)……324, 530
『「もの」の詩学』(多木浩二)……470, 471
『物の本質について』(ルクレティウス)……335
「模倣の能力について」(ベンヤミン)……409, 416, 420
『紋切型辞典』(フローベール)……65
モンタージュ……78, 212, 221, 222, 225-234, 246-250, 255, 260, 264-268, 318, 357, 433, 498, 523

や行

靖国神社……149
野生の思考……78, 79
野戦攻城……153, 156
『野草』(魯迅)……157
ヤド・ヴァシェム……115, 517
「闇の精」(牛腸茂雄)……458
憂鬱……8, 280, 282, 455 ⇨メランコリー
ユダヤ……173, 185, 194
ユダヤ・コミュニティー・センターおよびシナゴーク計画案……172, 173
ユダヤ人……114-116, 160, 161, 167, 171, 177, 183, 189, 192-194, 256-259, 295, 320, 321, 384, 515, 516
ユダヤ人（大量）虐殺……113, 203, 208, 220, 230, 344 ⇨ショア；ホロコースト
　バビ・ヤールにおける―― ……346, 353
ユダヤ（人）共同体……113, 176, 320
ユダヤ人ゲットー……206, 255-260, 297, 302
　コフノ（カウナス）……364
　テレージエンシュタット（テレジン）……115, 297, 299, 300, 529
　ベウジツェ……116
　リッツマンシュタット（ウッチ）……255, 257, 258, 281, 294, 296, 301
ユダヤ人絶滅……343 ⇨ユダヤ人虐殺

『ユダヤ人大虐殺の証人ヤン・カルスキ』（エネル）……363
ユダヤ性……188, 194
ユダヤ的伝統……189, 193, 194, 199
ユダヤ博物館　→サンフランシスコ・ユダヤ博物館；ベルリン・ユダヤ博物館
『夢解釈』（フロイト）……46
「夢のキッチュ」（ベンヤミン）……417
『夢，ゆきかひて』（フォレスト）……396
余韻（Nachklang）……387, 430, 431, 465, 468
予韻（Vorklang）……430, 431
幼年時代……iii, 17-22, 311, 313, 316, 382, 383, 423, 426, 429, 446, 449, 524, 526, 538　⇨子供時代
「幼年の「時間」」（牛腸茂雄）……423, 424, 465, 467
予感……16, 20, 21, 37, 128, 131, 264, 316, 382, 387, 465
予兆……21, 171, 178, 396, 404, 412, 429　⇨兆し；徴候
寄る辺なさ……330, 331, 341, 347, 369, 375

ら行

『ライム・ワークス』（畠山直哉）……390
『乱世の文学者』（堀田善衞）……509
リアリズム……525
リトアニア……113, 114, 320, 364
「類似しているものの理論」（ベンヤミン）……420
ルネサンス……42, 44, 55, 59, 375
「流氓ユダヤ」（安井仲治）……321
歴史……ii, iii, 3-8, 20, 38-40, 44, 45, 48, 53-58, 62-64, 69, 72-80, 81-83, 109, 110, 113, 123-125, 128, 134, 135, 139-141, 145-151, 155-159, 163, 164, 171-180, 183, 186, 206, 215, 221-234, 267, 268, 276, 278, 283, 284, 287, 290-293, 303, 304, 308, 310, 318-322, 329-342, 343-345, 347-352, 355, 362-365, 371, 375, 382-389, 399, 402, 407, 411, 414-416, 430, 433, 437, 471-481, 484-489, 494, 497, 504, 509, 527-529, 532, 533, 538　⇨原－歴史＝根源の歴史；太古史；ミクロ・ヒストリー
　——の現像……432
　——の構築……130, 231, 291-294, 297, 303, 304, 350
　——の逆撫で　→逆撫で
　——の場（ヒストリカル・フィールド）……iv, v, 478-489, 494
　——の不連続性……72
　——の無意識……iv, 471, 472, 474, 477, 478, 494
　——の目……267
　根源の——　→原－歴史＝根源の歴史
『歴史』（ヘロドトス）……510
『歴史——最後の前の最後の事柄』（クラカウアー）……533, 538
歴史意識……147, 149, 480
歴史家……iv, 3, 8, 37, 44-62, 75, 78, 79, 83, 123-131, 146, 150, 195, 223, 227, 228, 258, 283-285, 292, 341, 353, 363, 400, 415, 475, 476, 484, 485, 488, 504, 508, 526
歴史学……ii, iii, 45, 46, 75, 78, 146, 149, 150, 217, 222, 223, 226, 284, 310, 363, 474-476, 533
歴史学者……146, 150, 474
歴史観……5, 50, 154
歴史記述……478, 509　⇨歴史叙述
歴史経験……i-v, 19, 44-54, 57-59, 62, 63, 72, 76, 79, 80, 110, 119, 126, 159, 276, 283, 342, 351, 433, 436, 467, 468, 486, 493, 495, 496, 505, 528
　個人主義的——……54-56, 59
　集団主義的・全体論的——……54-56
　主観的——……49-51, 54, 60
　崇高な——　→崇高
「歴史経験」（アンカースミット）……51
歴史研究……57, 83
歴史研究者……109
歴史主義……45, 54, 75, 284, 337, 339, 532

歴史小説……iii, 284, 285, 310, 343, 345, 355
歴史叙述……i-v, 31, 46, 48, 54, 55, 61, 78, 80, 82, 83, 147, 178, 183, 224, 227, 255, 277, 283, 285, 292, 295, 297, 310, 318, 331, 337-342, 343, 346, 351, 362, 366, 367, 371, 376, 383, 389, 400, 433, 435, 475, 480, 485, 495, 496-499, 505, 532, 533, 538, 540
文学的――(literary historiography)……285, 292, 302, 303, 310, 319, 331, 342, 343, 355, 386, 388, 401, 433, 495, 497
歴史叙述者……iv, v, 31, 33, 128, 183, 375, 427, 432-435, 468, 497-499, 538
歴史素(historiographeme)……iii, v, 336, 340-342, 343-366, 385, 452, 453, 494-498, 532
歴史的感興……37-39, 44, 48, 58, 76
歴史的事件……23, 53, 253, 476, 494
歴史的症候……228, 232
歴史的触覚……53
歴史(的)資料……208, 224, 523
歴史的崇高　→崇高
歴史的想像力……217, 221, 222, 246, 265, 268, 346, 351, 493
歴史的出来事……53, 254
歴史的(な)時間……77, 78
歴史(的)認識……38, 226, 234, 413, 472
歴史哲学……178, 375, 427, 436, 437, 472, 473, 483, 488
『歴史と感情』(橋川文三)……146
『歴史と思想』(橋川文三)……146
『歴史と精神』(橋川文三)……146
「歴史と世代」(橋川文三)……143
『歴史と体験』(橋川文三)……146, 148
『歴史と人間』(橋川文三)……146, 156
「歴史と博物誌のあいだ」(ゼーバルト)……278
「歴史における残酷」(橋川文三)……509
「歴史のアポリア」(橋川文三)……148, 509
「歴史の概念について」(ベンヤミン)……iv, 30, 33, 151, 199, 413, 415, 432, 435, 436, 450, 473, 538, 540
「歴史の言説(ディスクール)」(バルト)……337, 338, 533
「歴史の天使」(多木浩二)……30-34, 375, 432, 437, 474
歴史博物館……68, 337
「歴史博物館」(ホイジンガ)……38
歴史表象……54, 55, 401
『歴史表象』(アンカースミット)……48
『歴史表象における意味・真実・指示対象』(アンカースミット)……54
歴史分析……225-230
歴史理念……54
歴史理論……i, 48-54, 62, 72, 79, 80, 254, 255, 362, 486
「〈歴史〉を見つめる人」(松本健一)……139
レトリック……48, 83
『レ・ミゼラブル』(ユゴー)……385
レンマ……167, 168, 408
ロールシャッハ・テスト……458-460, 462, 542
ロカイユ装飾……49, 60
ロマン主義……48, 49, 54, 504
ロマン派……396
『ロミオとジュリエット』(シェイクスピア)……504

わ行

「若い世代と戦後精神」(橋川文三)……133, 137, 140-143
わだつみ……144, 145, 150, 151, 156
「わだつみ会」(「日本戦没学生記念会」)……144
『わだつみのこえ』……144

人名索引（神名なども含む）

あ行

アーバス，ダイアン Arbus, Diane……460
アイゼンマン，ピーター Eisenman, Peter……73, 193
アイヒマン，アドルフ Eichmann, Adolf……355, 356
アヴェドン，リチャード Avedon, Richard……484, 485, 486
アウグスティヌス Augustinus……74
アガンベン，ジョルジョ Agamben, Giorgio……77, 79, 539, 540, 541
アキバ・ベン・ヨセフ Akiva ben Yosef……188
アクタイオーン Actaeon……61,62
浅井健二郎……382
浅田彰……195, 197, 198
アジェ，ウジェーヌ Atget, Eugène……407, 408, 411-414, 417, 418, 427
アスクレピオス Asclepius……170
アドルノ，グレーテル Adorno, Gretel……450
アドルノ，テオドール・W Adorno, Theodor W.……260
アブラハム Abraham……192, 193
天沢退二郎……15, 16, 99
荒井直美……542, 543
荒川厳夫 →橋川敏男
アラゴン，ルイ Aragon, Louis……511
アリストテレス Aristoteles……52, 54, 285, 286
アルカイオス Alcaeus……22
アルチャーティ，アンドレア Alciati, Andrea……168
アルテミス Artemis……61
アレグザンダー，クリストファー Alexander, Christopher……272, 273
アレント，ハンナ Arendt, Hannah……355
アンカースミット，フランク Ankersmit, Frank R.……39, 40, 44-46, 48-62, 64, 68, 72, 76, 77, 126, 147, 342, 467, 485, 486, 504, 525
イーストウッド，クリント Eastwood, Clint……368, 374-376, 388, 433
イェーガー，カール Jäger, Karl……114, 320, 364
イエス・キリスト →キリスト
イェルシャルミ，ヨセフ・ハイーム Yerushalmi, Yosef Hayim……192
石川啄木……12, 159
石橋洪一……510
磯崎新……166, 198
市川浩……483
今福龍太……475
今村仁司……455
入沢康夫……15
ヴァールブルク，アビ Warburg, Aby……34, 37, 42-48, 51, 61-72, 77, 78, 82, 110, 126, 131, 169-171, 222, 225, 226, 229, 230, 232, 262, 503
ヴァジュマン，ジェラール Wajcman, Gérard……220, 221, 226, 233
ヴァックスマン，コンラート Wachsmann, Konrad……94, 117
ヴァルター，ベルンハルト Walter, Bernhardt……517, 518
ウィトゲンシュタイン，ルートヴィッヒ Wittgenstein, Ludwig……527
ヴィリリオ，ポール Virilio, Paul……248
ヴィンクラー，クルト Winkler, Kurt……167, 168
ウェーバー，マックス Weber, Max……147
ウェーベルン，アントン Webern, Anton……437, 438
ウェルズ，オーソン Welles, Orson……305
ウォール，ジェフ Wall, Jeff……254, 255, 309
ヴォルシュティン，エルヴィン Wollstein, Ervin……517
ヴォルシュティン，ドーリ［イジドール］Wollstein, Dori [Izidor]……517
ヴォルシュティン，ナオミ Wollstein, Naomi……517
ヴォルシュティン，ユーディット Wollstein, Judith……517
ヴォルシュティン，ヨーラン Wollstein, Jolan……517

ヴォルフ，リン Wolff, Lynn L.……285, 309
ウォーロック，ピーター Warlock, Peter……307
宇佐見英治……510
内田隆三……470, 471, 483
ウッド，ジェームズ Wood, James……289-291, 304, 311, 313
ウルフ，ヴァージニア Woolf, Virginia……363, 442-444
エウリュディケー Eurydice……246
エネル，ヤニック Haenel, Yannick……363
エピクロス Epicurus……334, 335, 340, 342, 343, 532
エピメテウス Epimetheus……25
エレーラ，アルベルト Errera, Alberto……218, 518, 519
大宮勘一郎……539
大室幹雄……471, 477, 482, 483
小河雅臣……523
小野正嗣……363
オリン，マーガレット Olin, Margaret……324
オルペウス Orpheus……244, 246

か行

カーター，ハワード Carter, Howard……65-68
カーネギー，キャサリン Carnegie, Katharine……307
海後磋磯之介……135
片口安史……458
勝田孫彌……137
カッチャーリ，マッシモ Cacciari, Massimo……160, 188, 189, 192, 193, 195, 199, 516
カッラ，カルロ Carrà, Carlo……160
カフカ，フランツ Kafka, Franz……184, 288, 315, 324, 421-424, 449, 452, 467, 526
ガブチーク，ヨゼフ Gabčík, Jozef……343-345, 348, 349, 352
カポーティ，トルーマン Capote, Truman……284
鴨長明……3-8, 55
カラヴァン，ダニ Karavan, Dani……231, 350, 452
カルスキ，ヤン Karski, Jan……363
川村二郎……437, 438
カント，イマヌエル Kant, Immanuel……52
カンピン，ロベルト Campin, Robert……40
キーファー，アンゼルム Kiefer, Anselm……472-474, 478, 480, 481, 483, 486
菊池俊吉……251
岸田貢宜……520
岸本吉太……251
北島敬三……265, 520
ギッシュ，リリアン Gish, Lillian……330
木戸孝允……154-156, 510
キリコ，ジョルジョ・デ Chirico, Giorgio de……160
キリスト Christ……69, 70, 171, 183
ギルランダイオ，ドメニコ Ghirlandaio, Domenico……43, 44, 229, 230, 262, 263
ギンズブルグ，カルロ Ginzburg, Carlo……70, 81, 109, 221-227, 284, 484, 486, 533
グアリーニ，グアリーノ Guarini, Guarino……471
グアルディ，フランチェスコ Guardi, Francesco……49-53, 60
グイチャルディーニ，フランチェスコ Guicciardini, Francesco……55
クセルクセス1世 Xerxes I……154-156, 510
沓木明……522
クック，ジェームズ Cook, James……487
クッツェー，ジョン・マックスウェル Coetzee, John Maxwell……284
クビシュ，ヤン Kubiš, Jan……344, 347-349, 352
倉石信乃……260, 261, 267, 434, 521
クラヴェル，ジルベール Clavel, Gilbert……82-85, 92-108, 119, 126-131, 506-508
クラヴェル，ルネ Clavel, René……84, 85, 507, 508
クラウス，ロザリンド Krauss, Rosalind E.……178, 179, 180

クラカウアー，ジークフリート Kracauer, Siegfried……128, 508, 532, 533, 538
グラス，ギュンター Grass, Günter……284
グランヴィル，J・J Grandville, J. J.……451
グリーンブラット，スティーヴン Greenblatt, Stephen……63
グリフィス，デヴィッド・W Griffith, David W.……329-331, 341, 368, 531
グリュングラス，リタ Grünglass, Rita……028（図版一覧）
グリンドロッド，ジャッキー Grindrod, Jackie……311, 313, 316, 317, 319
クルーズ，トム Cruise, Tom……369
クレー，パウル Klee, Paul……25, 26, 28, 30, 31, 33, 34, 232, 375, 500, 519
クロウリー，アレイスター Crowley, Aleister……307
クロス，ウィリアム Cross, William……529
グンブレヒト，ハンス・ウルリッヒ Gumbrecht, Hans Ulrich……48, 62-72, 78, 126
ゲーテ，ヨーハン・ヴォルフガング・フォン Goethe, Johann Wolfgang von……31, 32, 44, 58, 86, 434, 502
ゲーネヴァイン，ヴァルター Genewein, Walter……255, 258, 294-296, 301
ゲオルゲ，シュテファン George, Stefan……32, 150, 151, 157, 434, 437, 438
河内（阪本）光子……520, 522, 523
コーエン，バート Cohen, Bert……117
コーエン，ロジャー Cohen, Roger……113-115, 117
ゴーリキー，マクシム Gorky, Maxim……93, 94, 115
コスモデミヤンスカヤ，ゾーヤ Kosmodemyanskaya, Zoya……358-360, 534
ゴダール，ジャン＝リュック Godard, Jean-Luc……221, 227, 232-234, 250, 522
牛腸茂雄……423, 424, 453-468, 543
コリングウッド，ロビン・ジョージ Collingwood, Robin George……56
コリンズ，ウォルター Collins, Walter……371, 372, 374
コリンズ，クリスティン Collins, Christine……371-374
コルデー，シャルロット Corday, Charlotte……340

さ行

西郷隆盛……137, 138, 140, 142, 146, 152, 154-156, 510
阪本儀三郎……522
ザクスル，フリッツ Saxl, Fritz……503
サド，ドナスィヤン・アルフォンス・フランソワ・ド Sade, Donatien Alphonse François de……335
佐藤庄三郎……135, 136
佐藤信夫……483
佐藤真……453
サモワイヨ，ティフェーヌ Samoyault, Tiphaine……531
サリヴァン，ハリー・スタック Sullivan, Harry Stack……522
サルゼド，ミシェル Salzedo, Michel……531
サルトル，ジャン＝ポール Sartre, Jean-Paul……146, 148, 221
ザンダー，アウグスト Sander, August……413
三部けい……376, 380
ジーバーベルク，ハンス＝ユルゲン Syberberg, Hans-Jürgen……357, 358, 535
ジェイ，マーティン Jay, Martin……62
シェイクスピア，ウィリアム Shakespeare, William……504
ジェイコブソン，ダン Jacobson, Dan……281, 320
シェーンベルク，アルノルト Schönberg, Arnold……167, 172, 197
シェルー，クレマン Chéroux, Clément……222
篠原一男……471
柴田元幸……271
島尾敏雄……152-154

ジャコメッティ，アルベルト Giacometti, Alberto……182
ジャベス，エドモン Jabès, Edmond……188, 189, 192-195, 199
シャルル8世 Charles VIII……55
ジャン・パウル Jean Paul……47
シュート，ネヴィル Shute, Nevil……23
シュトックハウゼン，カールハインツ Stockhausen, Karlheinz……195, 197, 198
シュトラウス，リヒャルト Strauss, Richard……289
シュトローマイヤー，スザンネ Strohmeyer, Susanne……507
シュニトケ，アルフレート Schnittke, Alfred……516
シュペーア，アルベルト Speer, Albert……305, 356
シュミット，カール Schmitt, Carl……539
昭和天皇……4, 6, 147
ショーレム，ゲルショム・ゲルハルト Scholem, Gershom Gerhard……185, 186, 440
ジョーンズ，クリストファー Jones, Christopher……307
ジョット・ディ・ボンドーネ Giotto di Bondone……29, 31, 232, 519
ジョリー，アンジェリーナ Jolie, Angelina……371
ジョレス，アンドレ Jolles, André……40, 42-45, 164, 503
シンケル，カール・フリードリヒ Schinkel, Karl Friedrich……168
シンドラー，オスカー Schindler, Oskar……206, 207
杉原千畝……320
スコット，ウォルター Scott, Walter……74
スタイナー，ジョージ Steiner, George……542
スタンダール Stendhal……73, 524
ズッカーマン，ソリー Zuckerman, Solly……276, 277
ストルニコフ，セルゲイ Strunnikov, Sergej……359
スピルバーグ，スティーヴン Spielberg, Steven……369
スミス，トニー Smith, Tony……184
ゼーバルト，W・G Sebald, W. G.……73, 74, 244, 271-322, 331, 342, 343, 346, 362, 366, 385, 386, 401, 433, 437, 521, 523-530
ゼーマン，ハラルト Szeemann, Harald……126, 129, 506
ゼーリヒゾーン，リーカ Seligson, Rika……151, 437
セルトー，ミシェル・ド Certeau, Michel de……223, 283, 304
ゼルニク，クレリア Zernik, Clélia……393, 396, 397, 536, 537
宗左近……510
曽根元吉……510
ソロヴェイチク（旧姓），アーシア Soloveiccic, Asia →タンネンバウム，アーシア
ソロヴェイチク，サーラ Soloveychik, Sarah……114
ソロヴェイチク，ゼーラ Soloveychik, Zera……85, 97, 114, 115, 117
ソロヴェイチク，ポリーヌ Soloveychik, Pauline……114, 320
ソンタグ，スーザン Sontag, Susan……358
ソンディ，ペーター Szondi, Peter……428-432

た行

ダーウィン，チャールズ Darwin, Charles……307
タイラー，エドワード Tylor, Edward……77
ダウテンダイ，カール Dauthendey, Carl……409-412
高橋剛夫……543
高橋慶彦……243, 244
多木浩二……469-489, 544
滝沢明子……324
竹内好……152, 157, 511
ダゲール，ルイ・ジャック・マンデ Daguerre, Louis Jacques Mandé……544
太宰治……138-140, 142, 509
種田山頭火……12

谷川雁……134, 135, 137
谷口雅……543
タフーリ，マンフレド Tafuri, Manfredo ……227, 228, 519
ダリュー，ダニエル Darrieux, Danielle ……386
タンネンバウム，アーシア Tannenbaum, Asia ……81-132, 320, 506, 507
タンネンバウム，エレーナ Tannenbaum, Elena ……98, 100, 117, 118
タンネンバウム，ジークムント Tannenbaum, Siegmund ……115, 116
タンネンバウム，テレーゼ Tannenbaum, Therese ……115, 118
タンネンバウム，フェリックス Tannenbaum, Felix ……93, 94, 105, 106, 111, 112, 115, 117, 118
タンネンバウム，フェルディナンド Tannenbaum, Ferdinand ……117, 508
タンネンバウム，マックス Tannenbaum, Max ……115, 116
タンネンバウム，ミーア Tannenbaum, Mya ……94, 97, 98, 100, 106-111, 113-115, 117, 118, 507
タンネンバウム，ラーヌス Tannenbaum, Lanus ……115, 116
タンネンバウム，レーヴィ Tannenbaum, Levi ……115
ツィブルスキ，ズビグニェフ Cybulski, Zbigniew ……143
ツィンマー，イェルク Zimmer, Jörg ……540
ツェラン，パウル Celan, Paul ……23
塚本昌則……529
ツタンカーメン Tutankhamun ……65-68
坪井直……522, 523
鶴見俊輔……159
ディアーナ Diana ……61
ティツィアーノ・ヴェチェッリオ Tiziano Vecellio ……59-61, 468
ディディ＝ユベルマン，ジョルジュ Didi-Huberman, Geroges ……47, 182-184, 210, 212, 213, 216-235, 247-251, 254, 255, 261, 265-267, 434, 517-523
ディルタイ，ヴィルヘルム Dilthey, Wilhelm ……69
デーヴィス，ナタリー・ゼーモン Davis, Natalie Zemon ……484
テーヴェライト，クラウス Theweleit, Klaus ……356-358
テーヌ，イポリット Taine, Hippolyte ……38
デーブリン，アルフレート Döblin, Alfred ……177
デジャルダン，ポール Desjardins, Paul ……439-441
デッセル，ローデウエイク・ファン Deyssel, Lodewijk van ……503
デニ，ヴィクトール Deni, Viktor ……361
デペロ，フォルトゥナート Depero, Fortunato ……100, 102, 106
デモクリトス Democritus ……532
デューラー，アルブレヒト Dürer, Albrecht ……7, 8, 449
デュシャン，マルセル Duchamp, Marcel ……274, 444
デリダ，ジャック Derrida, Jacques ……515
デンボウスキー，マチルデ Dembowski, Metilde ……73
トゥキュディデス Thucydides ……508
東松照明……475-483, 486, 489
遠山茂樹……137
トリップ，ヤン・ペーター Tripp, Jan Peter ……291, 527
トルストイ，レフ Tolstoy, Lev ……284

な行

中井久夫……21, 462, 463, 465
中谷礼仁……272-274
中原中也……12
中平卓馬……469
ナボコフ，ウラジーミル Nabokov, Vladimir ……280
ナポレオン・ボナパルト Napoléon Bonaparte ……528

ナルイシキン伯爵 Naryshkin, Graf……115
ニーチェ，フリードリヒ Nietzsche, Friedrich……46, 47, 79, 131, 232, 341
西本雅実……247, 521
ニューマン，バーネット Newman, Barnett……472
ヌスバウム，フェリックス Nussbaum, Felix……160-163, 176, 186
ノヴァーリス Novalis……104
ノースコット，ゴードン Northcott, Gordon……372
ノーノ，ルイジ Nono, Luigi……195, 197-199, 516
乃木希典……145, 146
野崎歓……361, 534
ノサック，ハンス・エーリヒ Nossack, Hans Erich……277
ノラ，ピエール Nora, Pierre……74

は行

パース，チャールズ・サンダース Peirce, Charles Sanders……178, 437
ハーン，レナーテ Hahn, Renate……115, 116, 118
ハイザー，マイケル Heizer, Michael……171
ハイデガー，マルティン Heidegger, Martin……64, 65, 79
ハイドリヒ，ラインハルト Heydrich, Reinhard……343-347, 349, 353, 355
ハイネ，ハインリヒ Heine, Heinrich……532
ハインレ，フリッツ Heinle, Fritz……151, 437, 446
バウムガルト，デヴィッド Baumgardt, David……117, 508
パウレ，ハンス Paule, Hans……85, 93, 97, 98, 100-102, 104-106, 507
ハクスリー，オルダス Huxley, Aldous……307
橋川敏男……157-159, 510-513
橋川文三……133-159, 434, 508-513
橋本一径……521
バシュラール，ガストン Bachelard, Gaston……17-20, 23, 24, 502
パスカル，ブレーズ Pascal, Blaise……185
蓮實重彥……233-235
長谷正人……251, 253, 260, 328
バタイユ，ジョルジュ Bataille, Georges……226
畠山直哉……390-404, 434, 536
バッチェン，ジェフリー Batchen, Geoffrey……530-532, 544
バッハオーフェン，ヨーハン・ヤーコプ Bachofen, Johann Jokob……45
パトロクロス Patroclus……280, 281
パノフスキー，アーウィン Panofsky, Erwin……25, 28, 70, 225
パノフスキー，ドーラ Panofsky, Dora……25, 28
バヤール，イポリット Bayard, Hippolyte……544
林重男……241, 252, 253
バラード，J・G Ballard, J. G.……23
バルザック，オノレ・ド Balzac, Honoré de……74, 276
バルト，ロラン Barthes, Roland……253, 255, 258, 286, 287, 323-342, 343, 389, 411, 412, 428, 434, 470, 471, 506, 525, 530-533
パンドラ Pandora……25, 28
ビーボウ，ハンス Biebow, Hans……257
ピサーノ，アンドレーア Pisano, Andrea……28, 29, 31, 232, 540
ヒッチコック，アルフレッド Hitchcock, Alfred……334, 367, 368
ヒトラー，アドルフ Hitler, Adolf……34, 206, 305, 356, 357, 470, 528
ビネ，ローラン Binet, Laurent……343, 344, 350, 353, 354, 355, 356, 362, 433, 525
ピヒライネン，カレ Pihlainen, Kalle……504
ヒムラー，ハインリヒ Himmler, Heinrich……343, 345, 356
ヒルシュ，マリアンネ Hirsch, Marianne……528
ビング，ゲルトルート Bing, Gertrud……503

ピンチョン，トマス Pynchon, Thomas ……284
ファルコヴィッチ，ヘンフー Falkovics, Henchu ……028（図版一覧）
ファルジュ，アルレット Farge, Arlette ……121-128
ファン・エイク，フーベルト van Eyck, Hubert ……40
ファン・エイク，ヤン van Eyck, Jan ……40
ファン・デ・フェルデ，ヤン van de Velde, Jan ……38, 39, 52
ファン・デル・ウェイデン，ロヒール van der Weyden, Rogier ……40
ファン・デル・フース，ヒューホ van der Goes, Hugo ……40
フィッシャー，フリードリヒ・テオドール Vischer, Friedrich Theodor ……505
フィロン，アレクサンドリアの Philon Alexandrinus ……192, 193
フーコー，ミシェル Foucault, Michel ……22, 62, 124, 125, 126, 223, 358
フーリエ，シャルル Fourier, Charles ……335
ブーレーズ，ピエール Boulez, Pierre ……195, 197, 198
フェリーニ，フェデリコ Fellini, Federico ……531
フォーゲル，クレインデル Vogel, Kreindel ……028（図版一覧）
フォーゲル，シャーシェ Vogel, Sase ……028（図版一覧）
フォースター，カート Forster, Kurt W. ……169
フォガッツァーロ，アントニオ Fogazzaro, Antonio ……130
フォレスト，フィリップ Forest, Philippe ……393, 396, 397, 537
仏陀……152
フライ＝クラヴェル，アントワネット Frey-Clavel, Antoinette ……506
フライ＝クラヴェル，ヤーコプ Frey-Clavel, Jakob ……506
ブラウフークス，ダニエル Blaufuks, Daniel ……297, 299-303, 318, 319, 529
ブラウン，トマス Browne, Thomas ……280, 282
ブラッサイ Brassai ……428
プラトン Platon ……193, 504
フラマリオン，カミーユ Flammarion, Camille ……250
ブランドン＝ジョーンズ，マイケル Brandon-Jones, Michael ……529
フリード，マイケル Fried, Michael ……254, 255
フリートレンダー，サウル Friedlander, Saul ……363, 364, 526
ブリュデール，ドラ Bruder, Dora ……383-388
プルースト，マルセル Proust, Marcel ……414, 415, 421, 428-431, 525, 538, 540
ブルーノ，ジョルダーノ Bruno, Giordano ……61
ブルーメンベルク，ハンス Blumenberg, Hans ……415, 504
ブルクハルト，ヤーコプ Burckhardt, Jacob ……45-47, 59, 131
ブルクハルト，ルドルフ・F Burckhardt, Rudolph F. ……508
ブレーカー，アルノ Breker, Arno ……482
ブレーデカンプ，ホルスト Bredekamp, Horst ……72
プレサック，ジャン＝クロード Pressac, Jean-Claude ……222
ブレヒト，ベルトルト Brecht, Bertolt ……436, 537
フロイト，ジークムント Freud, Sigmund ……46, 223, 225, 227, 228, 305, 455
フロイント，ジゼル Freund, Gisèle ……439-453, 537
フローベール，ギュスターヴ Flaubert, Gustave ……65, 286, 338, 339, 533
ブローベル，パウル Blobel, Paul ……353, 355
ブロッホ，エルンスト Bloch, Ernst ……540
プロメテウス Prometheus ……25
フンボルト，ヴィルヘルム・フォン Humboldt, Wilhelm von ……37, 54
ベア，ウルリッヒ Baer, Ulrich ……258, 259, 532
ペイン，ルイス Payne, Lewis ……328, 329, 331, 341
ベーコン，フランシス Bacon, Francis ……282

ヘシオドス Hesiodus ……25
ヘス，ルドルフ・フェルディナント Höß, Rudolf Ferdinand ……356, 528
ベックマン，マックス Beckmann, Max ……25, 27, 28, 34, 472
ベックリン，アルノルト Böcklin, Arnold ……129
ヘッド，ヘンリー Head, Henry ……542
ベッヒヘーファー，ズージ Bechhöfer, Susi ……526
ヘパイストス Hephaestus ……25
ヘラクレイトス Heraclitus ……79, 532
ヘルダー，ヨーハン・ゴットフリート・フォン Herder, Johann Gottfried von ……44
ヘルダーリン，フリードリヒ Hölderlin, Friedrich …… 23, 260, 291
ヘロドトス Herodotus ……510
ベンヤミン，ヴァルター Benjamin, Walter ……3, 19, 21, 22, 28, 30-34, 57, 130, 150, 151, 157, 164, 165, 167, 171, 172, 178, 182-184, 199, 209, 217, 226, 231, 232, 273, 288, 289, 291, 324, 329, 350, 367, 368, 374, 375, 378, 382, 383, 407-438, 439-453, 455, 457, 467, 473, 487, 488, 504, 524, 526, 537-541
ベンヤミン，ゲオルク Benjamin, Georg ……422
ホイジンガ，ヨーハン Huizinga, Johan ……37-62, 76, 78, 79, 119, 467, 503, 504
ボウイ，デヴィッド Bowie, David ……465
ポー，エドガー・アラン Poe, Edgar Allan ……20
ボードレール，シャルル Baudelaire, Charles ……57, 77, 415, 427, 439, 441, 450, 451, 468, 504, 505
ホーフマンスタール，フーゴ・フォン Hofmannsthal, Hugo von ……45, 282, 283, 289, 409, 415
ホッケ，グスタフ・ルネ Hocke, Gustav René ……93, 94, 118
堀田善衞……3-8, 55, 56, 504, 509
ボッティチェリ，サンドロ Botticelli, Sandro ……44
ホフマン，エルンスト Hofmann, Ernst ……517, 518
堀江敏幸……272, 293
ホルツィウス，ヘンドリック Goltzius, Hendrik …… 424
ホルクハイマー，マックス Horkheimer, Max ……440, 441, 541
ホルバイン，ハンス Holbein, Hans ……332, 333, 531
ボルヘス，ホルヘ・ルイス Borges, Jorge Luis ……232
ホワイト，ヘイドン White, Hayden ……48, 62, 223, 283-285, 310, 338, 352, 363, 478, 486, 505, 525, 533, 544
ボンゼルス，ヴァルデマール Bonsels, Waldemar …… 93, 97, 98, 100, 102, 104, 105, 507

ま行

マイケルズ，ウォルター・ベン Michaels, Walter Benn ……534, 535
マイブリッジ，エドワード Muybridge, Eadweard J. …… 425
前原一誠……142
マキャヴェッリ，ニッコロ Machiavelli, Niccolò …… 55
松浦寿輝……425
マッカラム，アラン McCollum, Allan ……532
松重三男……520
松重美人……236-268, 434
マッタ＝クラーク，ゴードン Matta-Clark, Gordon …… 179, 180
松本栄一……522
松本健一……139, 146
マホ，トーマス Macho, Thomas……33
マラパルテ，クルツィオ Malaparte, Curzio ……118
マルティ，エリック Marty, Éric ……324, 325
丸山眞男……510
マルロー，アンドレ Malraux, André ……441-443
マレー，エティエンヌ＝ジュール Marey, Etienne-Jules ……425, 426

三浦和人……454, 462, 542
三浦哲哉……329-331, 367-369, 372, 374, 376, 388, 531
ミケランジェロ・ブオナローティ Michelangelo Buonarroti ……56
三島由紀夫……135, 140-142, 147
ミシュレ，ジュール Michelet, Jules ……38, 286, 338-341, 533
ミショー，アンリ Michaux, Henri ……20
ミッテラン，フランソワ Mitterrand, François ……528
源実朝……7
宮崎滔天……134, 137
宮崎八郎……137, 140
宮沢賢治……9-16, 99
宮沢とし子（トシ）……13, 15
宮嶋繁明……510
宮本常一……509
ムージル，ロベルト Musil, Robert ……74
明治天皇……145
メイラー，ノーマン Mailer, Norman ……284
メープルソープ，ロバート Mapplethorpe, Robert ……471, 472, 473, 482, 484, 486
メッソニエ，ジュスト＝オレール Meissonnier, Juste-Aurèle ……50
メムリンク，ハンス Memling, Hans ……41
メルヴィル，ハーマン Melville, Herman ……487, 488
毛沢東……152
モーガン，エヴァン・フレデリック Morgan, Evan Frederic ……307, 308, 529
モーゼ Mose ……169-172, 188, 193, 197
モストヴィッツ，アルノルト Mostowicz, Arnold ……258
モディアノ，パトリック Modiano, Patrick ……383-388
モニエ，アドリエンヌ Monnier, Adrienne ……441
モリス，ロバート Morris, Robert ……184
モレッリ，ジョヴァンニ Morelli, Giovanni ……223
モングロン，アンドレ Monglond, André ……538

や行

ヤカヴォーン，キャスリン Yacavone, Kathrin ……324, 325, 326
安井仲治……321, 322
安川定男……510
保田與重郎……147, 150
矢内原伊作……510
ヤブロンスキー，ダリウス Jabłoński, Dariusz ……256, 258, 259, 301, 303, 517
山川菊栄……135
山口昌男……483
山田栄二……244
山端庸介……244-246, 260, 521
ユイスマンス，ジョリス＝カルル Huysmans, Joris-Karl ……40
ユゴー，ヴィクトル Hugo, Victor ……385
横瀬夜雨……133
吉田寛……196
吉田満……152
吉本隆明……140, 152
ヨセフス，フラウィウス Josephus, Flavius ……228
米田明……171
四方田犬彦……249, 274-276

ら行

ライナルツ，ディルク Reinartz, Dirk ……302
ラオコーン Laokoon ……170
ラカプラ，ドミニク LaCapra, Dominick ……361
ラカン，ジャック Lacan, Jacques ……226, 531
ラファエロ・サンティ Raffaello Santi ……70
ランケ，レオポルト・フォン Ranke, Leopold von ……

54, 75 , 532
ランズマン，クロード Lanzmann, Claude ……216, 217, 220, 221, 223, 227, 228, 233, 248, 249, 254
ランダウ，リシャルト Landau, Ryszard ……94
リーフェンシュタール，レニ Riefenstahl, Leni ……482
リシツキー，エル Lissitzky, El ……176-178
リテル，ジョナサン Littell, Jonathan ……353-366, 534, 535
リベスキンド，ダニエル Libeskind, Daniel ……160-200, 515, 516
リュケン，ミカエル Lucken, Michael ……241-246, 253, 259, 521, 522
リン，マヤ Lin, Maya ……73
リンカーン，エイブラハム Lincoln, Abraham ……328, 329
ルートヴィヒ2世 Ludwig II. ……470
ルーリア，イサク Luria, Isaac ……185
ルクレティウス Lucretius ……335
ルニア，エルコ Runia, Eelco ……48, 72-76, 287, 336, 488, 505, 506
ルムコフスキ，ハイム Rumkowski, Chaim ……257
レヴィ＝ストロース，クロード Lévi-Strauss, Claude ……76-78, 340
レー，ジル・ド Rais, Gilles de ……40
ローゼンツヴァイク，フランツ Rosenzweig, Franz ……189, 515, 519
ロートシュタイン，バイラ Rotsztajn, Bajla ……296
ロートシュタイン，ペルラ・ブリーマ Rotsztajn, Perla Blima ……296
魯迅 Lu Xun ……139, 157, 509-511
ロス，マイケル Roth, Michael S. ……254, 255
ロッシ，アルド Rossi, Aldo ……22, 23, 524
ロッセリーニ，ロベルト Rossellini, Roberto ……206
ロマーノ，セルジオ Romano, Sergio ……97, 98
ロヨラ，イグナチオ・デ Loyola, Ignacio López de ……335
ロング，J・J Long, J. J. ……318

わ行

ワイダ，アンジェイ Wajda, Andrzej ……142, 143
和合亮一……13
渡辺京二……509

図版一覧

カバー・表紙・本扉
ダニエル・ブラウフークス『テレジン』(2010年）より，映画『テレージエンシュタット』(1944年）の一場面.
Copyright©2010 by Daniel Blaufuks Used by permission of the photographer through Japan UNI Agency, Inc., Tokyo

口絵
1——ヴァルター・ベンヤミン，ポンティニー，1939年，ジゼル・フロイント撮影．オリジナルのカラー・スライド「セントラル・パーク」(ハンブルク学術文化振興財団所蔵）から，2014年にデジタル・カラープリント.
2——牛腸茂雄『扉をあけると』(1980年）より．新潟市美術館所蔵.
3——牛腸茂雄『見慣れた街の中で』(1981年）より．新潟市美術館所蔵.

序　危機の時間、二〇一一年三月

第1章　歴史の無気味さ——堀田善衞『方丈記私記』
1——アルブレヒト・デューラー《メレンコリアI》，1514年，銅版画（エングレーヴィング)，24×18.8 cm.

第3章　渚にて——「トポフィリ——夢想の空間」展に寄せて
1——「トポフィリ——夢想の空間」展会場となった時計台内部の螺旋階段，東京大学駒場キャンパス一号館，2011年7月．撮影：星野太.

第4章　希望の寓意——「パンドラの匣」と「歴史の天使」
1——パウル・クレー《静物としてのパンドラの匣》，1920年，紙に油彩転写と水彩，16.8×24.1 cm，ベルリン国立美術館，ベルグリューン・コレクション.
2——マックス・ベックマン《パンドラの匣》，1936/47年，紙に墨・水彩・グワッシュ，厚紙に貼付，48.5×61.1 cm，ワシントンD.C.，ナショナル・ギャラリー・オブ・アート.
3——アンドレーア・ピサーノ《希望》，1330年，ギルト・ブロンズ，フィレンツェ，サン・ジョヴァンニ洗礼堂南扉．著者撮影(Photo: TANAKA Jun，2011).
4——ジョット《希望》，1306年，フレスコ，120×60 cm，パドヴァ，スクロヴェーニ礼拝堂.
5——パウル・クレー《新シイ天使（Angelus Novus)》，1920年，紙にインクと色チョークおよび茶色の淡彩，31.8×24.2 cm，エルサレム，イスラエル美術館.

I　歴史の経験

第1章　過去に触れる——歴史経験の諸相
1——ヤン・ファン・デ・フェルデ《四月》，1608-18年，エッチング，15.9×22.0 cm，アムステルダム国立美術館.
2——「フランドル・プリミティヴ絵画展」会場写真，メムリンクの部屋，1902年，ブリュージュ．出典＝Web. 1 Mar. 2015. ‹http://upload.wikimedia.org/wikipedia/commons/c/c3/Les_Primitifs_Flamands_room.jpg›.
3——ドメニコ・ギルランダイオ《洗礼者ヨハ

ネの誕生》部分，1486年，フレスコ，フィレンツェ，サンタ・マリア・ノヴェッラ聖堂，トルナブオーニ礼拝堂.

4——フランチェスコ・グアルディ《カーニヴァルの仮面たちがいる建物》，1770年頃，カンヴァスに油彩，42×29 cm，ベルガモ，アッカデミア・カッラーラ.

5——ジュスト＝オレール・メッソニエ『装飾集』(1734年) より.

6——ティツィアーノ・ヴェチェッリオ《アクタイオーンの死》，1559-75年，カンヴァスに油彩，178.8×197.8 cm，ロンドン，ナショナル・ギャラリー.

7——ハワード・カーター『ツタンカーメンの墓』第2巻 (1927年) より，「ツタンカーメン」.

8——アビ・ヴァールブルク「ムネモシュネ・アトラス」パネル79.

第2章 アーシアを探して——アーカイヴの旅

1——ルネ・クラヴェルの日記帳，バーゼル国立公文書館 Staatsarchiv Basel-Stadt, PA 1030 B 3. 著者撮影 (Photo: TANAKA Jun, 2012).

2——ジルベール・クラヴェルの日記帳から，「アーシアとの別れの夢」の最後の部分，バーゼル国立公文書館 Staatsarchiv Basel-Stadt, PA 969 B 2 1. 著者撮影 (Photo: TANAKA Jun, 2012) .

3——ハンス・パウレ《アーシアI》，1920年，多色刷り木版画，28×23 cm，ミュンヘン市立博物館 Münchner Stadtmuseum, Sammlung Graphik/Plakat/Gemälde.

4——ハンス・パウレ《アーシアII》，1920/21年?，多色刷り木版画，30.8×22 cm，ミュンヘン市立博物館 Münchner Stadtmuseum, Sammlung Graphik/Plakat/Gemälde.

5——ハンス・パウレ《アーシアIV》，制作年不明，多色刷り木版画，30×22 cm，ミュンヘン市立博物館 Münchner Stadtmuseum, Sammlung Graphik/Plakat/Gemälde.

6——ヴァルデマール・ボンゼルスに宛てて書かれたアーシア・ソロヴェイチクの手紙 (部分)，1912年12月30日付，ミュンヘン文学アーカイヴ Monacensia. Literaturarchiv und Bibliothek München. WB B 759.

7——アーシア・ソロヴェイチク，撮影年不詳. 出典＝Fiorani 2013.

8——アーシア・ソロヴェイチク，撮影年不詳. ミーア・タンネンバウム氏提供 By the courtesy of Mrs. Mya Tannenbaum. 複写撮影は著者.

9——アーシアおよびフェリックス・タンネンバウムの墓，ローマ，非カトリック教徒墓地，著者撮影 (Photo: TANAKA Jun, 2013).

第3章 半存在という種族——橋川文三と「歴史」

1——魯迅，上海，1933年. 岩波文庫『魯迅選集』(1935年) より.

2——アンジェイ・ワイダ監督『灰とダイアモンド』(1958年) より，マチェック (ズビグニェフ・ツィブルスキ) の死.

3——橋川文三の写真アルバムより. 国立広島療養所に弟・敏男 (右) を見舞う橋川文三 (左). 撮影：石橋洪一，1954年1月24日. 慶應義塾福澤研究センター所蔵.

第4章 いまだ生まれざるものの痕跡——ダニエル・リベスキンドとユダヤ的伝統の経験

1——ダニエル・リベスキンド，フェリックス・

ヌスバウム美術館全景，オスナブリュック，Photo: Bitter + Bredt.

2——フェリックス・ヌスバウム美術館，出入口への通路と古い橋，著者撮影（Photo: TANAKA Jun, 2003）.

3——ダニエル・リベスキンド，ポツダム広場改築計画案模型「パズル・ピース・モデル」（上：合体時，下：解体時），1991年，Photo: Udo Hesse.

4——バビロニア・タルムードより，ベホロット冒頭部分．出典＝Tractates Bekoroth, Arakin.

5——アンドレア・アルチャーティ『エンブレム集』（1542年）より，「急ぐべし（MATVRANDVM）」.

6——ダニエル・リベスキンド，ベルリン・ユダヤ博物館1階平面図.

7——オリーヴ山礼拝堂天井画に描かれたモーゼと青銅の蛇，ザンクト・ウルリヒ・ウント・アーフラ聖堂，クロイツリンゲン，著者撮影（Photo: TANAKA Jun, 2009）.

8——ダニエル・リベスキンド，ユダヤ・コミュニティ・センターおよびシナゴーグ計画案1階平面図，1996年.

9——ダニエル・リベスキンド，ベルリン・ユダヤ博物館「スター・マトリックス」.

10——エル・リシツキー《乗船券》，1922年，コラージュと紙にインク，43.5×24.1 cm，エルサレム，イスラエル美術館.

11——ダニエル・リベスキンド，ザクセンハウゼン強制収容所・旧ナチ親衛隊施設跡地計画案，敷地モデル，1992年，Photo: Udo Hesse.

12——ダニエル・リベスキンド『ミクロメガス』（1979年）より，「夢の微積分（Dream Calculus）」.

13——ダニエル・リベスキンド，ベルリン都市計画案「シティ・エッジ」，「ジョイス・モデル」，1987年.

14——ダニエル・リベスキンド，ベルリン・ユダヤ博物館「アルファベット」.

II　極限状況下の写真

第1章　剝ぎ取られたイメージ——アウシュヴィッツ＝ビルケナウ訪問記

1——アウシュヴィッツ第一強制収容所跡における解説用写真パネル「アウシュヴィッツ第二強制収容所（ビルケナウ）1944年．ハンガリーから移送されたユダヤ人たち」（部分），オシフィエンチム（ポーランド），著者撮影（Photo: TANAKA Jun, 2013）.

2——オスカー・シンドラーの工場博物館内の光景，クラクフ（ポーランド），著者撮影 Photo: TANAKA Jun, 2013年.

3——アウシュヴィッツ第二強制収容所（ビルケナウ）跡，ブジェジンカ（ポーランド），著者撮影（Photo: TANAKA Jun, 2013）.

4——爆破された第三クレマトリウムの残骸，アウシュヴィッツ第二強制収容所（ビルケナウ）跡，ブジェジンカ（ポーランド），著者撮影（Photo: TANAKA Jun, 2013）.

5——アウシュヴィッツ第二強制収容所（ビルケナウ）跡にて，ブジェジンカ（ポーランド），著者撮影（Photo: TANAKA Jun, 2013）.

6——アウシュヴィッツ第二強制収容所（ビルケナウ）跡地の鉄道引き込み線，ブジェジンカ（ポーランド），著者撮影（Photo: TANAKA Jun, 2013）.

7——アウシュヴィッツ第二強制収容所（ビルケナウ）跡地内，鉄道引き込み線の枕木，ブジェジンカ（ポーランド），著者撮影

Photo: TANAKA Jun，2013年.

註図―ガス室に向かわされるハンガリーから移送されたユダヤ人女性と子供たち，アウシュヴィッツ第二強制収容所（ビルケナウ），ベルンハルト・ヴァルターないしエルンスト・ホフマン撮影，1944年5月．中央で俯いているのがソンバトヘイから移送されたヨーラン・ヴォルシュティン，手を引かれているのがエルヴィン，その後ろにドーリとユーディット．その後ろに乳母エーディットに抱かれたナオミ．エーディットはユダヤ人ではなくチェコ人だったが，身分証明書をもっていなかったためにヴォルシュティン一家とともに移送された．エーディットとナオミの向かって右がヘンフー・ファルコヴィッチ（Henchu Falkovics 旧姓ミュラー Müller），ヨーランの前の背の高い女性がクレインデル・フォーゲル（Kreindel Vogel），その隣がシャーシェ・フォーゲル（Sase Vogel），画面右端がリタ・グリュングラス（Rita Grünglass）である．いわゆる『アウシュヴィッツのアルバム』より．出典＝Gutman and Gutterman 2004.

第2章　歴史の症候――ジョルジュ・ディディ゠ユベルマン『イメージ、それでもなお』

1――アウシュヴィッツ第二強制収容所（ビルケナウ）第五クレマトリウム・ガス室前にて，ガス殺された屍体の野外焼却溝での処理，撮影者不詳（ゾンダーコマンドの一員「アレックス」、アルベルト・エレーラか?），オシフィエンチム（ポーランド），1944年8月，アウシュヴィッツ゠ビルケナウ国立博物館所蔵（ネガNo. 277）.

2――アウシュヴィッツ第二強制収容所（ビルケナウ）第五クレマトリウム・ガス室前にて，ガス殺された屍体の野外焼却溝での処理，撮影者不詳（ゾンダーコマンドの一員），オシフィエンチム（ポーランド），1944年8月，アウシュヴィッツ゠ビルケナウ国立博物館所蔵（ネガNo. 278）.

3――アウシュヴィッツ第二強制収容所（ビルケナウ）第五クレマトリウム・ガス室前に追いやられる女性たち，撮影者不詳（ゾンダーコマンドの一員），オシフィエンチム（ポーランド），1944年8月，アウシュヴィッツ゠ビルケナウ国立博物館所蔵（ネガNo. 182）.

4――アウシュヴィッツ第二強制収容所（ビルケナウ）第五クレマトリウム・ガス室前にて，撮影者不詳（ゾンダーコマンドの一員），オシフィエンチム（ポーランド），1944年8月，アウシュヴィッツ゠ビルケナウ国立博物館所蔵（ネガNo. 283）.

5――ドメニコ・ギルランダイオ《フランチェスコ会の会則認可》，1483-85年，フレスコ，フィレンツェ，サンタ・トリニタ聖堂，サセッティ礼拝堂.

6――ダニ・カラヴァン《パサージュ――ヴァルター・ベンヤミンへのオマージュ》，1990-94年，ポルボウ（スペイン），著者撮影（Photo: TANAKA Jun，1999）.

第3章　イメージのパラタクシス――一九四五年八月六日広島、松重美人の写真

1――1945年8月6日午前11時過ぎ頃，広島市千田町三丁目御幸橋西詰，千田町巡査派出所前の臨時治療所．松重美人撮影，中国新聞社所蔵.

2――1945年8月6日午前11時過ぎ頃，広島市

千田町三丁目御幸橋西詰，千田町巡査派出所前の臨時治療所．松重美人撮影，中国新聞社所蔵．

3——1945年8月6日午後2時頃，広島市翠町，松重美人の自宅兼理髪店．松重美人撮影，中国新聞社所蔵．

4——1945年8月6日午後2時頃，広島市翠町，松重美人の自宅内から見た西消防署皆実出張所の倒壊跡．松重美人撮影，中国新聞社所蔵．

5——1945年8月6日午後5時頃，広島市皆実町六丁目，宇品線電車曲がり角．被爆者に罹災証明を書く宇品署・藤田徳夫巡査．松重美人撮影，中国新聞社所蔵．

6——「焦土広島の全景　昭和20年（1945）10月7日・林重男撮影」部分，広島市役所編『広島原爆戦災誌』附録（二），1971年．

7——ダリウス・ヤブロンスキー監督『写真愛好家』（1998年）のシークエンス（25:57-26:28）より．

8——ダリウス・ヤブロンスキー監督『写真愛好家』（1998年）のシークエンス（34:00-34:28）より．

9——ドメニコ・ギルランダイオ《嬰児虐殺》，1486-90年，フレスコ，フィレンツェ，サンタ・マリア・ノヴェッラ聖堂，トルナブオーニ礼拝堂．

III　歴史叙述のサスペンス

第1章　迷い蛾の光跡——W・G・ゼーバルトの散文作品における博物誌・写真・復元

1——クリストファー・アレグザンダー『パタン・ランゲージ』（1977年）より，「141「自分だけの部屋」」．中谷礼仁『セヴェラルネス——事物連鎖と人間』（2005年）より．

2——トレヴィゾの銀行壁面の少女像．四方田犬彦『摩滅の賦』（2003年）より．

3——W・G・ゼーバルト『アウステルリッツ』（2001年）より．

4——ヴァルター・ゲーネヴァイン撮影によるカラースライド「311　リッツマンシュタット・ゲットー　絨毯織物工場」，1940-44年．フランクフルト・ユダヤ博物館所蔵．出典＝Loewy und Schoenberner 1990.

5——W・G・ゼーバルト『アウステルリッツ』（2001年）より．

6——ダニエル・ブラウフークス『テレジン』（2010年）より，映画『テレージエンシュタット』（1944年）の一場面．

7——W・G・ゼーバルト『アウステルリッツ』（2001年）より．

8——W・G・ゼーバルト『アウステルリッツ』（2001年）より．

9——W・G・ゼーバルト『アウステルリッツ』（2001年）に用いられた絵葉書より．Deutsches Literaturarchiv Marbach.

10——英国パテ社『薔薇の女王の戴冠』（1929年）の一場面．

11——「流氓ユダヤ」より，安井仲治，題名不詳，1941年，32.2×25.2 cm.

12——安井仲治「蛾」，1934年，24.9×32.8 cm.

第2章　歴史素としての写真——ロラン・バルトにおける写真と歴史

1——ロラン・バルト『声のきめ』（1981年）表紙より，書斎のバルト，1979年．撮影：Daniel Faunières.

2——書斎のロラン・バルト，1979年4月25日．撮影：François Lagarde. ©Francois LAGARDE/Opale/Leemage.

3——エイブラハム・リンカーン大統領暗殺の共謀者ルイス・ペイン（ルイス・パウエル），米艦ソーガス船上，1865年4月．撮影：Alexander Gardner.
4——D・W・グリフィス監督『散り行く花』（1919年）におけるルーシー（リリアン・ギッシュ）．
5——ハンス・ホルバイン《大使たち》（上）とそれを変形した画像（下）．著者作成．

第3章　歴史小説の抗争——『HHhH』対『慈しみの女神たち』
1——ゾーヤ・コスモデミヤンスカヤ，1941年12月，セルゲイ・ストルニコフ撮影．ゼラチン・シルバー・プリント，9.6×13.8 cm, Art Gallery of New South Wales.
2——ヴィクトール・デニ《ファシストの怪物を殺せ！》，1942年8月20日，出版元：イスクストゥヴォ，15万部，オフセット・リトグラフ，40×28.6cm, Ne boltai! Collection.

第4章　サスペンスの構造と歴史叙述——『チェンジリング』『僕だけがいない街』『ドラ・ブリュデール』
1——クリント・イーストウッド監督『チェンジリング』（2008年）のラストシーン．
2——三部けい『僕だけがいない街』5巻（2014年）より．

第5章　歴史という盲目の旅——畠山直哉『気仙川』を読む
1——畠山直哉『気仙川』（2012年）カヴァー表紙．写真：「2002年8月4日矢作町島部」．河出書房新社提供．
2——畠山直哉『気仙川』より，「2009年8月14日気仙町今泉木場」．河出書房新社提供．
3——畠山直哉『気仙川』より，「2011年4月4日気仙町今泉（舘の丘より）」．河出書房新社提供．
4——畠山直哉『気仙川』より，「2003年8月23日気仙町今泉仲町」．河出書房新社提供．

IV　歴史叙述者たちの身振り

第1章　歴史の現像——ヴァルター・ベンヤミンにおける写真のメタモルフォーゼ
1——カール・ダウテンダイ「写真家カール・ダウテンダイと婚約者フリードリヒ嬢——1857年9月1日，はじめて一緒に教会へ行ったあとで」，サンクト・ペテルブルグ，1857年．
2——チロル風の服を着たヴァルター・ベンヤミンと弟ゲオルク，1902年頃，シュライバーハウ（現ポーランド領シュクラルクカ・ポレンバ），カルト・ド・ヴィジット（名刺判写真），アトリエ Gillert．オーストリア国立図書館，図像アーカイヴ・版画収集室，ギュンター・アンダース遺稿資料　Österreichische Nationalbibliothek, Bildarchiv und Grafiksammlung, Nachlass Günther Anders, LIT 237/04.
3——フランツ・カフカ，1888-89年頃．©Archiv Klaus Wagenbach.
4——ヘンドリック・ホルツィウス《誰が逃れえようか?》，1594年，銅版画（エングレーヴィング），21.2×15.3 cm.
5——牛腸茂雄「幼年の「時間（とき）」」（1983年）より．新潟市美術館所蔵．
6——エティエンヌ＝ジュール・マレーによるクロノフォトグラフィ，跳躍の反復，

1890-91年，12×9cm，シネマテーク・フランセーズ．

第2章　記憶の色——ヴァルター・ベンヤミンと牛腸茂雄の身振りを通して

1——ヴァルター・ベンヤミン，ポンティニー，1939年，ジゼル・フロイント撮影．オリジナルのカラー・スライド「セントラル・パーク」（ハンブルク学術文化振興財団所蔵）から，2014年にデジタル・カラープリント．

2——ヴァルター・ベンヤミン，パリ，ジゼル・フロイント宅のテラスにて，1935年，ジゼル・フロイント撮影．オリジナルはハンブルク学術文化振興財団所蔵．

3——アンドレ・マルロー，パリ，ジゼル・フロイント宅のテラスにて，1935年，ジゼル・フロイント撮影．オリジナルはハンブルク学術文化振興財団所蔵．

4——ヴァージニア・ウルフ，ロンドンの自邸にて，1939年，ジゼル・フロイント撮影．オリジナルはハンブルク学術文化振興財団所蔵．

5——ベンヤミンによる児童本コレクションの一冊，『最新版世界図絵（オルビス・ピクトゥス）』（1838年）より，「L」の図版．

6——牛腸茂雄『見慣れた街の中で』（1981年）より．新潟市美術館所蔵．

7——牛腸茂雄『扉をあけると』（1980年）より．新潟市美術館所蔵．

8——牛腸茂雄『SELF AND OTHERS』（1977年）より，「Self-portrait」．新潟県立近代美術館・万代島美術館所蔵．

9——牛腸茂雄『SELF AND OTHERS』（1977年）より．新潟県立近代美術館・万代島美術館所蔵．

10——牛腸茂雄『見慣れた街の中で』（1981年）より．新潟市美術館所蔵．

11——牛腸茂雄『見慣れた街の中で』（1981年）より．新潟市美術館所蔵．

第3章　「歴史の場（ヒストリカル・フィールド）」の航海者——「写真家」多木浩二

1——東松照明「波照間島」，1971年．©Shomei Tomatsu-INTERFACE

2——東松照明「少年」，1952年．©Shomei Tomatsu-INTERFACE

3——ロバート・メープルソープ「セルフ・ポートレイト」，1988年．Robert Mapplethorpe Foundation.

4——リチャード・アヴェドン「ノト，シチリア，1947年9月5日」．

書誌・フィルモグラフィ

I　書誌

オンライン情報についてはMLAスタイルに準拠し，必要と思われる場合のみ，URLを記した．

Adorno, Theodor W.: *Parataxis. Zur späten Lyrik Hölderlins*. In: Adorno, Theodor W.: *Noten zur Literatur*. Frankfurt am Main: Suhrkamp, 1974, 447-491.　テオドール・W・アドルノ「パラタクシス――ヘルダーリン後期の抒情詩に寄せて」，高木昌史訳，テオドール・W・アドルノ『アドルノ　文学ノート　2』，三光長治ほか訳，みすず書房，2009，162-218.

Agamben, Giorgio: *Walter Benjamin e il demonico. Felicità e redenzione storica nel pensiero di Benjamin*. 1982. ジョルジョ・アガンベン「ヴァルター・ベンヤミンと魔的なもの――ベンヤミンの思考における幸福と歴史的救済」，アガンベン『思考の潜勢力』，255-291.

Agamben, Giorgio: *La potenza del pensiero*. 1987. ジョルジョ・アガンベン「思考の潜勢力」，アガンベン『思考の潜勢力』，332-351.

Agamben, Giorgio: *Infanzia e storia. Distruzione dell'esperienza e origine della storia*. 1979. Nuova edizione accresciuta. Torino: G. Einaudi, 2001.　ジョルジョ・アガンベン『幼児期と歴史――経験の破壊と歴史の起源』，上村忠男訳，岩波書店，2007.

Agamben, Giorgio: *La potenza del pensiero. Saggi e conferenze*. Vicenza: Neri Pozza, 2005.　ジョルジョ・アガンベン『思考の潜勢力――論文と講演』，高桑和巳訳，月曜社，2009.

天沢退二郎『宮沢賢治の彼方へ』，ちくま学芸文庫，1993.

天沢退二郎「鳥」，天沢退二郎編『宮沢賢治ハンドブック』，新書館，1996，140-141.

Ankersmit, Frank R.: *De historische ervaring*. Historische Uitgeverij, Groningen, 1993. Web. 1 Feb. 2015. ‹http://www.dbnl.org/tekst/anke002hist01_01/colofon.htm›.

Ankersmit, Frank R.: *Rethinking History*. 2003. In: Munslow, Alun: *Authoring the Past. Writing and Rethinking History*. London and New York: Routledge, 2013, 105-126.

Ankersmit, Frank R.: *Sublime Historical Experience*. Stanford, California: Stanford University Press, 2005.

Ankersmit, Frank R.: *Language and Historical Experience*. In: Rüsen, Jörn: *Meaning and Representation in History*. New York and Oxford: Berghahn Books, 2006, 137-152.

Ankersmit, Frank R.: *Meaning, Truth, and Reference in Historical Representation*. Ithaca, New York: Cornell University Press, 2012.

Ankersmit, Frank, Ewa Domanska, and Hans Kellner (eds.): *Re-Figuring Hayden White*. Stanford, California: Stanford University Press, 2009.

荒井直美「牛腸茂雄の二つの時間――『SELF AND OTHERS』『見慣れた街の中で』の構成とその意図」，新潟市美術館・新潟市新津美術館研究紀要』3号（平成26年度），2015，3-11.

Aristoteles: *Poetics*.　アリストテレース『詩学』，松本仁助・岡道男訳，『アリストテレース『詩学』　ホラーティウス『詩論』』，松本仁助・岡道男訳，岩波文庫，1997，9-222.

浅田彰，ヘルムート・ラッヘンマン，磯崎新，長木誠司「シンポジウム　ルイジ・ノーノと《プロメテオ》」，『InterCommunication』27号，NTT出版、1999，128-142.

浅井健二郎「解説」，『ベンヤミン・コレクション　3　記憶への旅』，浅井健二郎編訳，ちくま学芸文庫，1997，635-675.

Bachelard, Gaston: *La poétique de l'espace*. Paris: Presses Universitaires de France, 1957.　ガストン・バシュラール『空間の詩学』，岩村行雄訳，ちくま学芸文庫，2002.

Baer, Elizabeth: *W. G. Sebald's* Austerlitz: *Adaptation as Restitution*. In: Figge, Susan G., and Jenifer K. Ward: *Reworking the German Past: Adaptations in Film, the Arts, and Popular Culture*. Rochester, New York: Camden House, 2010, 181-199.

Baer, Ulrich: *Spectral Evidence: The Photography of Trauma*. Cambridge, Mass.; London: MIT Press, 2002.

Bandur, Markus: *Aesthetics of Total Serialism: Contemporary Research from Music to Architecture*. Basel; Boston; Berlin: Birkhäuser, 2001.

Bann, Stephen: *History: Myth and Narrative. A Coda for Roland Barthes and Hayden White*. In: Ankersmit, Domanska, and Kellner 2009, 144-161.

Barthes, Roland: *Michelet par lui-même*. Paris: Seuil, 1954.　ロラン・バルト『ミシュレ』，藤本治訳，みすず書房，1974.

Barthes, Roland: *Le discours de l'histoire*. 1967. ロラン・バルト「歴史の言説（ディスクール）」，バルト『言語のざわめき』，164-183.

Barthes, Roland: *L'effet de réel*. 1968. ロラン・バルト「現実効果」，バルト『言語のざわめき』，184-195.

Barthes, Roland: *To Write: An Intransitive Verb?* 1970; *Écrire, verbe intransitif?* 1984.　ロラン・バルト「書くは自動詞か?」，バルト『言語のざわめき』，19-35.

Barthes, Roland: *Sade, Fourier, Loyola*. Paris: Seuil, 1971.　ロラン・バルト『サド，フーリエ，ロヨラ』，篠田浩一郎訳，みすず書房，1975.

Barthes, Roland: *La chambre claire. Note sur la photographie*. Paris: Seuil, 1980.　ロラン・バルト『明るい部屋——写真についての覚え書き』，花輪光訳，みすず書房，1985.

Barthes, Roland: *Le grain de la voix. Entretiens 1962-1980*. Paris: Seuil, 1981.

Barthes, Roland: *Le bruissement de la langue. Essais critiques IV*. Paris: Seuil, 1984. ロラン・バルト『言語のざわめき』，花輪光訳，みすず書房，1987.

Barthes, Roland: *Journal de deuil : 26 octobre 1977 - 15 septembre 1979*. Paris: Seuil, 2009. Barthes, Roland: *Mourning Diary. October 26, 1977 - September 15, 1979*. Trans. Richard Howard. New York: Hill and Wang, 2010. ロラン・バルト『喪の日記』，石川美子訳，みすず書房，2009.

Batchen, Geoffrey: *Burning With Desire: The Conception of Photography*. Cambridge, Mass.: MIT Press, 1997.　ジェフリー・バッチェン『写真のアルケオロジー』，前川修・佐藤守弘・岩城覚久訳，青弓社，2010.

Batchen, Geoffrey (ed.): *Photography Degree Zero: Reflections on Roland Barthes's* Camera Lucida. Cambridge, Mass.; London: MIT Press, 2009.

Batchen, Geoffrey: *The Great Unknown*. In: *Photoworks Annual*, Issue 20, 2013, 42-47.

Baudelaire, Charles: *Les fleurs du mal*. 1857. シャルル・ボードレール『悪の華』(第二版)，『ボードレール全詩集I』，阿部良雄訳，ちくま文庫，1998，25-301.

Baumgardt, David: *David Baumgardt Collection 1907-1971*. 20 Dec. 2010. Web. 9 Sep. 2015.

Benjamin, Walter: *Gesammelte Schriften* [Benjamin GSと略記]. Hg. von Rolf Tiedemann und Hermann Schweppenhäuser. 7 Bde., 3 Supplementbde. Frankfurt am Main: Suhrkamp, 1972-1999. 『ベンヤミン・コレクション』，浅井健二郎編

訳，ちくま学芸文庫：1　近代の意味，1995；2　エッセイの思想，1996；3　記憶への旅，1997；4　批評の瞬間，2007；5　思考のスペクトル，2010；6　断片の力，2012；7〈私〉記から超〈私〉記へ，2014.

Benjamin, Walter: *Der Regenbogen. Gespräch über die Phantasie*. 1915. In: Benjamin GS, Bd.VII, 19-26.　ヴァルター・ベンヤミン「虹――ファンタジーについての対話」，『ベンヤミン・コレクション7』，260-277.

Benjamin, Walter: *Zur Phantasie*. 1920-1921. In: Benjamin GS, Bd.VI, 121-122.

Benjamin, Walter: *Die Aufgabe des Übersetzers*. 1923. In: Benjamin GS, Bd.IV, 9-21.　ヴァルター・ベンヤミン「翻訳者の使命」，『ベンヤミン・コレクション2』，388-411.

Benjamin, Walter: *»Alte vergessene Kinderbücher«*. 1924. In: Benjamin GS, Bd.III, 14-22.　ヴァルター・ベンヤミン「『昔の忘れられた児童本』」，『ベンヤミン・コレクション7』，359-373.

Benjamin, Walter: *Goethes Wahlverwandtschaften*. 1924-1925. In: Benjamin GS, Bd.I, 123-201. ヴァルター・ベンヤミン「ゲーテの『親和力』」，『ベンヤミン・コレクション1』，39-184.

Benjamin, Walter: *Aussicht ins Kinderbuch*. 1926. In: Benjamin GS, Bd.IV, 609-615.　ヴァルター・ベンヤミン「子供の本を覗く」，『ベンヤミン・コレクション2』，36-47.

Benjamin, Walter: *Traumkitsch*. 1927. Benjamin GS, Bd.II.2, 620-622.　ヴァルター・ベンヤミン「夢のキッチュ」，『ベンヤミン・コレクション5』，422-427.

Benjamin, Walter: *Ursprung des deutschen Trauerspiels*. 1928. In: Benjamin GS, Bd.I, 203-430. ヴァルター・ベンヤミン『ドイツ悲哀劇の根源』，岡部仁訳，講談社文芸文庫，2001. ヴァルター・ベンヤミン『ドイツ悲劇の根源』，上下巻，浅井健二郎訳，ちくま学芸文庫，1999.

Benjamin, Walter: *Einbahnstraße*. 1928. In: Benjamin GS, Bd.IV, 83-148.　ヴァルター・ベンヤミン『一方通行路』，『ベンヤミン・コレクション3』，18-140.

Benjamin, Walter: *Neues von Blumen*. 1928. In: Benjamin GS, Bd.III, 151-153.　ヴァルター・ベンヤミン「花についての新刊」，『ベンヤミン・コレクション5』，566-571.

Benjamin, Walter: *Der Sürrealismus. Die letzte Momentaufnahme der europäischen Intelligenz*. 1929. In: Benjamin GS, Bd.II, 295-310.　ヴァルター・ベンヤミン「シュルレアリスム――ヨーロッパ知識人の最新のスナップショット」，『ベンヤミン・コレクション1』，491-518.

Benjamin, Walter: *Kleine Geschichte der Photographie*. 1931. In: Benjamin GS, Bd.II, 368-385.　ヴァルター・ベンヤミン『図説　写真小史』，久保哲司編訳，ちくま学芸文庫，1998.

Benjamin, Walter: *Lehre vom Ähnlichen*. 1933. In: Benjamin GS, Bd.II, 204-210. ヴァルター・ベンヤミン「類似しているものの理論」，『ベンヤミン・コレクション5』，148-158.

Benjamin, Walter: *Über das mimetische Vermögen*. 1933. In: Benjamin GS, Bd.II, 210-213.　ヴァルター・ベンヤミン「模倣の能力について」，『ベンヤミン・コレクション2』，75-81.

Benjamin, Walter: *Rückblick auf Stefan George. Zu einer neuen Studie über den Dichter*. 1933. In: Benjamin GS, Bd.III, 392-399.　ヴァルター・ベンヤミン「シュテファン・ゲオルゲ回顧」，『ベンヤミン・コレクション4』，390-403.

Benjamin, Walter: *Agesilaus Santander. Zweite Fassung*. 1933. In: Benjamin GS, Bd. VI, 520-523. ヴァルター・ベンヤミン「アゲシラウス・サンタンデル」，『ベンヤミン・コレクション3』，9-16.

Benjamin, Walter: *Zum Bilde Prousts*. 1934. In: Benjamin GS, Bd.II, 310-324.　ヴァルター・ベンヤミン「プルーストのイメージについて」,『ベンヤミン・コレクション2』, 413-441.

Benjamin, Walter: *Franz Kafka. Zur zehnten Wiederkehr seines Todestages*. 1934. In: Benjamin GS, Bd.II, 409-438.　ヴァルター・ベンヤミン「フランツ・カフカ——没後十年を迎えて」,『ベンヤミン・コレクション2』, 107-163.

Benjamin, Walter: *Das Kunstwerk im Zeitalter seiner technischen Reproduzierbarkeit. Zweite Fassung*. 1935-1936. In: Benjamin GS, Bd.VII, 350-384.　ヴァルター・ベンヤミン「複製技術時代の芸術作品」,『ベンヤミン・コレクション1』, 583-640.

Benjamin, Walter: *Pariser Brief II. Malerei und Photographie*. 1936. In: Benjamin GS, Bd.III, 495-507.　ヴァルター・ベンヤミン「パリ書簡〈II〉——絵画と写真」,『ベンヤミン・コレクション5』, 578-600.

Benjamin, Walter: *Berliner Kindheit um Neunzehnhundert. Adorno-Rexroth-Fassung*. 1932-1938. In: Benjamin GS, Bd.IV, 235-304.　ヴァルター・ベンヤミン『一九〇〇年頃のベルリンの幼年時代』(アドルノ - レックスロート稿),『ベンヤミン・コレクション3』, 465-629［最終稿との異同指示あり］.

Benjamin, Walter: *Berliner Kindheit um neunzehnhundert. Fassung letzter Hand*. 1938. In: Benjamin GS, Bd.VII, 385-433. ヴァルター・ベンヤミン『一九〇〇年頃のベルリンの幼年時代』(最終稿),『ベンヤミン・コレクション3』, 465-601［アドルノ - レックスロート稿との異同指示あり］.

Benjamin, Walter: *Das Passagen-Werk*. 1928-1940. In: Benjamin GS, Bd.V.　ヴァルター・ベンヤミン『パサージュ論』第1巻一第5巻, 三島憲一ほか訳, 岩波現代文庫, 2003.

Benjamin, Walter: *Über den Begriff der Geschichte*. 1940. In: Benjamin GS, Bd.I, 693-704; 1223-1266.　ヴァルター・ベンヤミン「歴史の概念について」,『ベンヤミン・コレクション1』, 645-665；ヴァルター・ベンヤミン「「歴史の概念について」〔1940年成立〕の異稿断片集〔抄〕」,『ベンヤミン・コレクション7』, 578-613. In: Benjamin, Walter: *Werke und Nachlaß. Kritische Gesamtausgabe*. Bd. XIX: *Über den Begriff der Geschichte*. Hg. von Gérard Raulet. Berlin: Suhrkamp, 2010.　ヴァルター・ベンヤミン『［新訳・評注］歴史の概念について』, 鹿島徹訳・評注, 未來社, 2015.

Benjamin, Walter: *Gesammelte Briefe*. Band III. 1925-1930. Hg. von Christoph Gödde und Henri Lonitz. Frankfurt am Main: Suhrkamp, 1997.

Benjamin, Walter: *Gesammelte Briefe*. Band VI. 1938-1940. Hg. von Christoph Gödde und Henri Lonitz. Frankfurt am Main: Suhrkamp, 2000.　ヴァルター・ベンヤミン『書簡II 1929-1940　ヴァルター・ベンヤミン著作集15』, 野村修編, 晶文社, 1972.

Binet, Laurent: *HHhH*. Paris: Grasset & Fasquelle, 2009.　ローラン・ビネ『HHhH——プラハ, 1942年』, 高橋啓訳, 東京創元社, 2013.

Binet, Laurent: *Exclusive: The Missing Pages of Laurent Binet's* HHhH. In: *The Millions*, 16 April 2012. Web. 14 Aug. 2015.

Birkerts, Sven: *The Thinker in the Garden*. In: *AGNI*, no.65, 2007, 1-9.

Blair, Sara: *The Photograph's Last Word: Visual Culture Studies Now*. In: *American Literary History*, vol. 22, no. 3, 2010, 673–697.

Blaufuks, Daniel: *Terezín*. Göttingen: Steidl, 2010.

Blumenberg, Hans: *Epochenschwelle und Rezeption*.

In: *Philosophische Rundschau*, Jg. 6, 1958, 94-120.
Bonaccorso, Giuseppe: *Mario Ridolfi e il mito del "Grand Tour" attraverso la cultura tedesca*. In: Pardo 2003, 190-195.
Bredekamp, Horst: *Theorie des Bildakts. Über das Lebensrecht des Bildes*. Frankfurt am Main: Suhrkamp, 2011.
Bundesarchiv: *Gedenkbuch - Opfer der Verfolgung der Juden unter der nationalsozialistischen Gewaltherrschaft in Deutschland 1933-1945*. 22 July 2015. Web. 9 Sep. 2015.
Busby, Paul: *Hush, Hush: The Peculiar Career of Lord Tredegar*. 2014. Web. 29 July 2015.

Cacciari, Massimo: *L'angelo necessario*. Milano: Adelphi, 1986.　マッシモ・カッチャーリ『必要なる天使』，橋本元彦訳，人文書院，2002.
Cacciari, Massimo: *Die Weiße und die Schwärze*. In: Jabès, Nono und Cacciari 1995, 45-57.
Cacciari, Massimo: *Edmond Jabès im heutigen Judentum - Eine Spur*. In: Jabès, Nono und Cacciari 1995, 59-76.
Cohen, Roger: *The Last Jew in Zagare*. In: *The New York Times*. 7 Nov. 2011. Web. 29 July 2015.
Cohen, Roger: *Echos and Absences*. In: *VilNews*. 11 July 2012. Web. 29 July 2015. ‹http://vilnews.com/2012-07-14440›.
Cohen, Roger: *The Girl From Human Street: Ghosts of Memory in a Jewish Family*. New York: Alfred A. Knopf, 2015.
Cottam, Kazimiera J.: *Women in War and Resistance: Selected Biographies of Soviet Women Soldiers*. Newburyport, Mass.: Focus, 1998.
Crom, Nathalie: *Le bourreau bureaucrate*. In: *Télérama*. 26 Aug. 2006 (Revised: 5 Nov. 2007). Web. 18 Aug. 2015.
Cross, William: *Not Behind Lace Curtains: The Hidden World of Evan, Viscount Tredegar*. Newport: Book Midden Publishing, 2013.

Dart, Monty, and William Cross: *Aspects of Evan: The Last Viscount Tredegar*. Newport: Book Midden Publishing, 2012.
Derrida, Jacques: *Response to Daniel Libeskind*. In: Libeskind 1997, 110-112.
Didi-Huberman, Georges: *Ce que nous voyons, ce qui nous regarde*. Paris: Minuit, 1992.
Didi-Huberman, Georges: *Le cube et le visage*. Paris: Editions Macula, 1993.　ジョルジュ・ディディ＝ユベルマン『ジャコメッティ――キューブと顔』，石井直志訳，PARCO出版，1995.
Didi-Huberman, Georges: *L'empreinte du ciel*. In: Flammarion, Camille: *Les caprices de la foudre. Antigone*, n° 20, 1994, 11-64.
Didi-Huberman, Georges: *Le lieu malgré tout*. 1995. In: Didi-Huberman, Georges: *Phasmes. Essais sur l'apparition*. Paris: Minuit, 1998, 228-242.
Didi-Huberman, Geroges: *Pour une anthropologie des singularités formelles. Remarque sur l'invention warburgienne*. In: *Genèses*, 24, Sept. 1996, 145-163.　ジョルジュ・ディディ＝ユベルマン「形式的特異性の人類学のために――ヴァールブルクの発想に関する考察」，三宅真紀・赤間啓之訳，展覧会カタログ『記憶された身体――アビ・ヴァールブルクのイメージの宝庫』，国立西洋美術館，1999，237-245.
Didi-Huberman, Geroges: *L'image survivante. Histoire de l'art et temps des fantômes selon Aby Warburg*. Paris: Minuit, 2002.　ジョルジュ・ディディ＝ユベルマン『残存するイメージ――アビ・ヴァールブルクによる美術史と幽霊た

ちの時間』，水野千依・竹内孝宏訳，人文書院，2005.
Didi-Huberman, Georges: *Ninfa moderna. Essai sur le drapé tombé*. Paris: Gallimard, 2002.　ジョルジュ・ディディ＝ユベルマン『ニンファ・モデルナ——包まれて落ちたものについて』，森元庸介訳，平凡社，2013.
Didi-Huberman, Georges: *Images malgré tout*. Paris: Minuit, 2003.　ジョルジュ・ディディ＝ユベルマン『イメージ、それでもなお——アウシュヴィッツからもぎ取られた四枚の写真』，橋本一径訳，平凡社，2006.
Didi-Huberman, Georges: *Écorces*. Paris: Minuit, 2011.

Eaglestone, Robert: *The Holocaust and the Postmodern*. Oxford: Oxford University Press, 2004.　ロバート・イーグルストン『ホロコーストとポストモダン——歴史・文学・哲学はどう応答したか』，田尻芳樹・太田晋訳，みすず書房，2013.
Eberlein, Johann Konrad: *»Angelus Novus«. Paul Klees Bild und Walter Benjamins Deutung*. Freiburg i.Br.; Berlin: Rombach Verlag, 2006.
Eliach, Yaffa: *Hasidic Tales of the Holocaust*. New York: Oxford University Press, 1982.

Farge, Arlette: *Le goût de l'archive*. Paris: Seuil, 1989.
Feireiss, Kristin (Hg.): *Daniel Libeskind. Erweiterung des Berlin Museums mit Abteilung Jüdisches Museum*. Berlin: Ernst & Sohn, 1992.
Fiorani, Tito: *Isole nell'Isola. Personaggi, racconti e segreti nelle dimore del mito a Capri*. Capri: Edizioni la conchiglia, 2013.
Fischer, Gerhard (Hg.): *W.G. Sebald: Schreiben ex patria / Expatriate Writing*. Amsterdam; New York: Rodopi, 2009.
Forest, Philippe: *La beauté du contresens et autres textes*. Nantes: Cécile Defaut, 2013.　フィリップ・フォレスト『夢、ゆきかひて』，澤田直・小黒昌文訳，白水社，2013.
Forster, Kurt W.: *Monstrum mirabile et audax*. In: Feireiss 1992, 17-23.
Foucault, Michel: *Les mots et les choses. Une archéologie des sciences humaines*. Paris: Gallimard, 1966.　ミシェル・フーコー『言葉と物——人文科学の考古学』，渡辺一民・佐々木明訳，新潮社，1974.
Foucault, Michel: *La vie des hommes infâmes*. 1977.　ミシェル・フーコー「汚辱に塗れた人々の生」，丹生谷貴志訳，ミシェル・フーコー『ミシェル・フーコー思考集成VI　セクシュアリテ／真理』，筑摩書房，2000，314-337.
Frecot, Janos, und Gabriele Kostas (Hg.): *Gisèle Freund. Fotografische Szenen und Porträts*. Berlin: Nicolai, 2014.
Freund, Florian, Bertrand Perz und Karl Stuhlpfarrer: *Bildergeschichten - Geschichtsbilder*. In: Loewy, Hanno, und Gerhard Schoenberner: *„Unser einziger Weg ist Arbeit". Das Getto in Łódź 1940-1944*. Wien: Löcker, 1990, 50-58.
Freund, Gisèle, und Walter Benjamin: *Briefe*. In: Frecot und Kostas 2014, 68-83.
Friedlander, Saul (ed.): *Probing the Limits of Representation: Nazism and the "Final Solution."* Cambridge, Mass.; London: Harvard University Press, 1992.　ソール・フリードランダー〔サウル・フリートレンダー〕編『アウシュヴィッツと表象の限界』，上村忠男・小沢弘明・岩崎稔訳，未來社，1994.
Friedlander, Saul: *Introduction*. In: Friedlander 1992, 1-21. ソール・フリードランダー〔サウル・フリートレンダー〕「序論」，フリードランダー

〔フリートレンダー〕『アウシュヴィッツと表象の限界』, 13-56.

Friends of Tredegar House: *Tredegar House*. 2000. Web. 29 July 2015.

藤本治「訳者あとがき」, バルト『ミシュレ』, 283-297.

Fürnkäs, Josef: *Aura*. In: Opitz, Michael, und Erdmut Wizisla (Hg.): *Benjamins Begriffe*. Bd.I. Frankfurt am Main: Suhrkamp, 2000, 95-146.

Ghosh, Ranjan, and Ethan Kleinberg (eds.): *Presence: Philosophy, History, and Cultural Theory for the Twenty-First Century*. Ithaca and London: Cornell University Press, 2013.

Ginzburg, Carlo: *Miti, emblemi, spie. Morfologia e storia*. Torino: G. Einaudi, 1986. カルロ・ギンズブルグ『神話・寓意・徴候』, 竹山博英訳, せりか書房, 1988, 177-226.

Ginzburg, Carlo: *Storia notturna. Una decifrazione del sabba*. Torino: G. Einaudi, 1989. カルロ・ギンズブルグ『闇の歴史――サバトの解読』, 竹山博英訳, せりか書房, 1992.

Ginzburg, Carlo: *Just One Witness*. In: Friedlander 1992, 82-96. カルロ・ギンズブルグ「ジャスト・ワン・ウィットネス」, フリードランダー『アウシュヴィッツと表象の限界』, 90-118.

Ginzburg, Carlo: *Occhiacci di legno. Nove riflessioni sulla distanza*. Milano: Feltrinelli, 1998. カルロ・ギンズブルグ『ピノッキオの眼――距離についての九つの省察』, 竹山博英訳, せりか書房, 2001.

Ginzburg, Carlo: *Rapporti di forza. Storia, retorica, prova*. Milano: Feltrinelli, 2000. カルロ・ギンズブルグ『歴史・レトリック・立証』, 上村忠男訳, みすず書房, 2001.

Ginzburg, Carlo: *Il filo e le tracce*. Milano: Feltrinelli, 2006. カルロ・ギンズブルグ『糸と痕跡』, 上村忠男訳, みすず書房, 2008.

Gisèle Freund. Collection of Marita Ruiter. Galerie Clairefontaine. Web. 4 Sep. 2015. ‹http://www.gisele-freund.com/writers/›.

Gnam, Andrea: *Fotografie und Film in W.G. Sebalds Erzählung* Ambros Adelwarth *und seinem Roman* Austerlitz. In: Wintermeyer und Martin 2007, 27-47.

牛腸茂雄『扉をあけると』, 片口インクブロット研究所, 1980.

牛腸茂雄「見慣れた街の中で　写真というもう一つの現実」(1980), 『牛腸茂雄 作品集成』, 285.

牛腸茂雄「『見慣れた街の中で』序文」(1981), 『牛腸茂雄 作品集成』, 119.

牛腸茂雄「見慣れた街の中で」(1982), 『牛腸茂雄 作品集成』, 286.

『牛腸茂雄 作品集成』, 共同通信社, 2004.

Godard, Jean-Luc: *Histoire(s) du cinéma - 4 : Le contrôle de l'univers. Les signes parmi nous*. Paris: Gallimard, 1998.

Goethe, Johann Wolfgang von: *Die Wahlverwandtschaften*. 1809. ヨハン・ヴォルフガング・フォン・ゲーテ『親和力』, 柴田翔訳, 講談社文芸文庫, 1997.

Grieser, Thomas: *Jüdische Ärzte in Thüringen während des Nationalsozialismus 1933 - 1945*. Dissertation. Friedrich-Schiller-Universität Jena, 2003.

Gumbrecht, Hans Ulrich: *In 1926: Living at the Edge of Time*. Cambridge, Mass.; London: Harvard University Press, 1997.

Gumbrecht, Hans Ulrich: *Production of Presence: What Meaning Cannot Convey*. Stanford, California: Stanford University Press, 2004.

Gutman, Israel, and Bella Gutterman (eds.): *The Auschwitz Album: The Story of a Transport*. 2nd

and updated edition. Jerusalem: Yad Vashem / Oświęcim: The Auschwitz-Birkenau State Museum, 2004.

Haenel, Yannick: *Jan Karski*. Paris: Gallimard, 2009.　ヤニック・エネル『ユダヤ人大虐殺の証人ヤン・カルスキ』，飛幡祐規訳，河出書房新社，2011.

濱谷正晴『原爆体験——六七四四人・死と生の証言』，岩波書店，2005.

反核・写真運動編『母と子でみる　原爆を撮った男たち』，草の根出版会，1987.

Harald Szeemann Archive and Library: *Harald Szeemann papers, 1836–2010, bulk 1957–2005*. Web. 9 Sep. 2015.

長谷正人『映像という神秘と快楽——〈世界〉と触れ合うためのレッスン』，以文社，2000.

長谷正人「写真，バルト，時間——『明るい部屋』を読み直す」，青弓社編集部編『『明るい部屋』の秘密——ロラン・バルトと写真の彼方へ』，青弓社，2008，233-248.

橋川文三ほか「戦争と同時代——戦後の精神に課せられたもの」(1958)，丸山眞男『丸山眞男座談　第二冊』，岩波書店，1998，199-235.

橋川文三「若い世代と戦後精神」(1959)，橋川『増補 日本浪曼派批判序説』，313-321.

橋川文三「ぼくらの中の生と死」(1959)，橋川『増補版 歴史と体験』，47-54.

橋川文三「乃木伝説の思想——明治国家におけるロヤルティの問題」(1959)，橋川『増補版　歴史と体験』，182-200.

橋川文三「幻視の中の「わだつみ会」」(1960)，『橋川文三著作集5』，筑摩書房，1985，318-321.

橋川文三「太宰治の顔」(1960)，橋川『増補版　歴史と体験』，155-157.

橋川文三「歴史と世代」(1960)，橋川『増補版　歴史と体験』，251-277.

橋川文三「歴史における残酷」(1960)，橋川『増補版　歴史と体験』，278-284.

橋川文三「歴史のアポリア」(1960)，橋川『増補版　歴史と体験』，285-288.

橋川文三「夭折者の禁欲——三島由紀夫について」(1964)，橋川『増補　日本浪曼派批判序説』，209-216.

橋川文三『歴史と体験——近代日本精神史覚書』，春秋社，1964.

橋川文三『歴史と体験』「後書的断片」，橋川『歴史と体験』，289-297.

橋川文三『増補　日本浪曼派批判序説』，未來社，1965.

橋川文三「西郷隆盛の反動性と革命性」(1968)，橋川文三『西郷隆盛紀行』，朝日新聞社，1981，5-23.

橋川文三『増補版　歴史と体験——近代日本精神史覚書』，春秋社，1968.

橋川文三「中間者の眼」(1968)，橋川『三島由紀夫論集成』，74-88.

橋川文三「明治人とその時代」(1975)，橋川『歴史と人間』，115-125.

橋川文三編解説「荒川厳夫「百舌」詩抄」，『ユリイカ』8巻4号（1976年4月号），青土社，1976，241-256.

橋川文三「私記・荒川厳夫詩集『百舌』について」(1976)，橋川文三『標的周辺』，弓立社，1977，28-41.

橋川文三「戦中派とその「時間」」(1980)，橋川『歴史と人間』，258-262；『橋川文三著作集5』，筑摩書房，1985，359-363.

橋川文三『歴史と人間』，未來社，1983.

橋川文三『歴史と人間』「あとがき」，橋川『歴史と人間』，313-316.

橋川文三『三島由紀夫論集成』，太田和徳編，深夜叢書社，1998.

蓮實重彦『ハリウッド映画史講義——翳りの歴史のために』，筑摩書房，1993.
蓮實重彦「フィクションと「表象不可能なもの」——あらゆる映画は、無声映画の一形態でしかない」，石田英敬，吉見俊哉，マイク・フェザーストーン編『デジタル・スタディーズ1 メディア哲学』，東京大学出版会，2015，17-39.
『畠山直哉展　Natural Stories　ナチュラル・ストーリーズ』，東京都写真美術館，2011.
畠山直哉『気仙川』，河出書房新社，2012.
Hatakeyama, Naoya: *Kesengawa*. La Madeleine: Light Motiv, 2013.
Herodotus: *Histories*.　ヘロドトス『歴史』下，松平千秋訳，岩波文庫，1972.
平野嘉彦『死のミメーシス——ベンヤミンとゲオルゲ・クライス』，岩波書店，2010.
広島原爆被災撮影者の会編・発行『被爆の遺言——被災カメラマン写真集』，1985.
広島市役所編『広島原爆戦災誌』第一巻—第五巻，広島市役所，1971.
Hirsch, Marianne: *Family Frames: Photography, Narrative, and Postmemory*. Cambridge, Mass.; London: Harvard University Press, 1997.
Hocke, Gustav René: *Im Schatten des Leviathan. Lebenserinnerungen 1908-1984*. München; Berlin: Deutscher Kunstverlag, 2004.
Hofmannsthal, Hugo von: *Ein Brief*. 1902.　フーゴー・フォン・ホーフマンスタール「チャンドス卿の手紙」，フーゴー・フォン・ホーフマンスタール『チャンドス卿の手紙　他十篇』，檜山哲彦訳，岩波文庫，1991，102-121.
Holocaust.cz. 6 May 2012. Web. 9 Sep. 2015. ‹http://www2.holocaust.cz/en/main›.
堀江敏幸「解説　蝶のように舞うペシミズム」，ゼーバルト『移民たち』，259-265.
星野太「ポンティニーからスリジーへ——ポンティニーの旬日会とスリジー＝ラ＝サルのコロック」，西山雄二編『人文学と制度』，未來社，2013，375-378.
堀田善衞『乱世の文学者』，未来社，1958.
堀田善衞『方丈記私記』(1971)，ちくま文庫，1988.
堀田善衞『堀田善衞　上海日記——滬上天下一九四五』，紅野謙介編，集英社，2008.
Hübsch-Pfleger, Lini: *Waldemar Bonsels. Eine biographische Studie*. In: Bonsels, Waldemar: *Blut. Der tiefste Traum. Jugendnovellen*. München; Wien: Langen Müller, 1980, 11-65.
Huizinga, Johan: *Inleiding en opzet voor studie over licht en geluid*. 1896. In: Huizinga, Johan: *Inleiding en opzet voor studie over licht en geluid*. Amsterdam: Stichting Neerlandistiek VU; Münster: Nodus, 1996, 41-85.
Huizinga, Johan: *De kunst der Van Eyck's in het leven van hun tijd*. In: *De Gids*. Jaargang 80. Amsterdam: P.N. van Kampen & Zoon, 1916, 440-462.　ヨハン・ホイジンガ「ヴァン・エイクの芸術」，里見元一郎訳，ヨハン・ホイジンガ『ホイジンガ選集5　汚された世界』，磯見昭太郎ほか訳，河出書房新社，1991，253-327.
Huizinga, Johan: *Herfsttij der Middeleeuwen*. 1919.　ヨハン・ホイジンガ『中世の秋II』，堀越孝一訳，中公クラシックス，2001.
Huizinga, Johan: *Het historisch museum*. 1920. In: *De Gids*. Jaargang 84. Amsterdam : P.N. van Kampen & Zoon, 1920, 251-262.
Huizinga, Johan: *De taak der cultuurgeschiedenis*. 1929. In: Huizinga, Johan: *Verzamelde werken VII. Geschiedwetenschap. Hedendaagse cultuur*. Haarlem: H.D. Tjeenk Willink & Zoon, 1950, 35-94.　ヨハン・ホイジンガ「文化史の課題」，ヨハン・ホイジンガ『文化史の課題』，里見元一郎訳，東海大学出版会，1978.

Huizinga, Johan: *Homo ludens. Proeve eener bepaling van het spel-element der cultuur*. In: Huizinga, Johan: *Verzamelde werken V. Cultuurgeschiedenis III*. Haarlem: H.D. Tjeenk Willink & Zoon, 1950, 26-246. ヨハン・ホイジンガ『ホモ・ルーデンス』，高橋英夫訳，中公文庫，1973.

Humboldt, Wilhelm von: *Briefe an eine Freundin*. 12. Aufl. Leipzig: Brockhaus, 1891.

Hutchins, Michael David: *Tikkun: W.G. Sebald's Melancholy Messianism*. A dissertation submitted to the Graduate School of the University of Cincinnati. The Department of German Studies of the McMicken College of Arts and Sciences, 2011.

今村仁司『ベンヤミンの〈問い〉——「目覚め」の歴史哲学』，講談社選書メチエ，1995.

入沢康夫「解説」，宮沢『宮沢賢治全集 I』，719-744.

「石川啄木」(ツイッター・アカウント)，@pha，2008年2月登録，Web. 2015年9月9日確認. ‹https://twitter.com/takuboku›.

磯崎新『始源のもどき——ジャパネスキゼーション』，鹿島出版会，1996.

Iversen, Margaret: *What is a Photography?* 1994. In: Batchen 2009, 57-74.

Jabès, Edmond: *Le livre des questions*. T.1. Paris: Gallimard, 1963. エドモン・ジャベス『問いの書』，鈴木創士訳，書肆風の薔薇，1988.

Jabès, Edmond, Luigi Nono und Massimo Cacciari: *Migranten*. Hg. und übers. von Nils Röller. Berlin: Merve, 1995.

Jacobson, Dan: *Heshel's Kingdom*. London: Hamish Hamilton, 1998.

Jaggi, Maya: *Recovered Memories*. In: *The Guardian*, Saturday 22 Sep. 2001. Web. 29 July 2015.

Jaggi, Maya: *The Last Word*. In: *The Guardian*, Friday 21 Dec. 2001. Web. 29 July 2015.

Jay, Martin: *Songs of Experience: Modern American and European Variations on a Universal Theme*. Berkeley: University of California Press, 2005.

Jolles, André: *Einfache Fromen*. Halle: Max Niemeyer, 1930. アンドレ・ヨレス〔ジョレス〕『メールヒェンの起源——ドイツの伝承民話』，高橋由美子訳，講談社、1999.

Jolles, André, und Aby Warburg: *Ninfa Fiorentina. Fragmente zum Nymphenprojekt*. 1900. In: Warburg, Aby: *Werke in einem Band*. Hg. von Martin Treml, Sigrid Weigel und Perdita Ladwig. Berlin: Suhrkamp, 2010, 198-209.

Jüdisches Museum Berlin. Dresden: Verlag der Kunst, 1999.

Jung, Wolfgang: *Konrad Wachsmann, a Roma e in Italia gli anni 1932-1934*. In: Pardo 2003, 121-131.

Kalliope – Verbundkatalog Nachlässe und Autographen. Web. 9 Sep. 2015.

菅野昭正「訳者あとがき」，リテル『慈しみの女神たち』下巻，434-438.

柏原知子監修・松重美人著『なみだのファインダー——広島原爆被災カメラマン 松重美人の一九四五・八・六の記録』，ぎょうせい，2003.

鹿島徹「ヴァルター・ベンヤミン「歴史の概念について」(「歴史哲学テーゼ」) 評注」，ベンヤミン『[新訳・評注] 歴史の概念について』，72-241.

片口安史，『扉をあけると』寄稿文，牛腸『扉をあけると』，ページ番号なし.

片口安史『改訂 新・心理診断法——ロールシャッハ・テストの解説と研究』，金子書房，2006.

勝田孫彌『西郷隆盛傳』第一巻，西郷隆盛傳発行所，1894.
川村二郎『アレゴリーの織物』，講談社，1991.
小林康夫「インファンスはジグザグの線を引く——ダニエル・リベスキンドとの対談 1995年7月8日」，小林康夫『建築のポエティクス』，彰国社，1997，152-174.
黒龍會編『西南記傳』下巻二，黒龍會本部，1911.
Koopman, Paul: *Benjamin, Pontigny, 1939. Bij een foto van Gisèle Freund*. In: *Benjamin Journaal*, 4, 1997, 9-15.
Kostas, Gabriele: *Keine Retusche, kein Schnappschuss, keine Pose. Anmerkungen zu einem Mythos*. In: Frecot und Kostas 2014, 25-47.
Kostas, Gabriele: *Das Walter-Benjamin-Porträt im Zeitalter seiner technischen Reproduzierbarkeit*. In: Frecot und Kostas 2014, 61-63.
Kracauer, Siegfried: *Das Ornament der Masse*. Frankfurt am Main: Suhrkamp, 1963. ジークフリート・クラカウアー『大衆の装飾』，船戸満之・野村美紀子訳，法政大学出版局，1996.
Kracauer, Siegfried: *History: The Last Things Before the Last*. New York: Oxford University Press, 1969. ジークフリート・クラカウアー『歴史——永遠のユダヤ人の鏡像』，平井正訳，せりか書房，1977.
Krauss, Rolf H.: *Walter Benjamin und der neue Blick auf die Photographie*. Ostfildern: Cantz, 1998.
Krauss, Rosalind E.: *The Originality of the Avant-garde and Other Modernist Myths*. Cambridge, Mass.: MIT Press, 1985. ロザリンド・クラウス『オリジナリティと反復』，小西信之訳，リブロポート，1994.
Krumm, Christian: *Johan Huizinga, Deutschland und die Deutschen. Begegnung und Auseinandersetzung mit dem Nachbarn*. Münster: Waxmann, 2011.
倉石信乃「広島の印象 —— 笹岡啓子『PARK CITY』に寄せて」，笹岡啓子『PARK CITY』，インスクリプト，2009，栞.
倉石信乃「不鮮明について——松重美人の写真、最初の一枚」，『photographers' gallery press』no.12，29-37.
倉石信乃ほか「座談会　松重美人の五枚の写真をめぐって」，『photographers' gallery press』no.12，13-28.

LaCapra, Dominick: *History, Literature, Critical Theory*. Ithaca, New York: Cornell University Press, 2013.
Lévi-Strauss, Claude: *La pensee sauvage*. Paris: Plon, 1962. クロード・レヴィ＝ストロース『野生の思考』，大橋保夫訳，みすず書房，1976.
Libeskind, Daniel: *Mourning: Oranienburg Competition 1993*. 1993. ダニエル・リベスキンド「哀悼　オラニエンブルク設計競技1993」，鈴木圭介訳，『建築文化』590号，彰国社，1995，82-85.
Libeskind, Daniel: *Traces of the Unborn*. 1995. ダニエル・リベスキンド「未だ生まれざる者の痕跡」，鈴木圭介訳，『建築文化』590号，彰国社，1995，24-44.
Libeskind, Daniel: *Radix - Matrix*. München; New York: Prestel, 1997.
Libeskind, Daniel: *Daniel Libeskind im Gespräch mit Doris Erbacher und Peter Paul Kubitz*. In: *Jüdisches Museum Berlin*, 1999, 14-45.
Libeskind, Daniel: *The Space of Encounter*. New York: Universe, 2000.
Libeskind, Daniel: *Breaking Ground: Adventures in Life and Architecture*. New York: Riverhead Books, 2004. ダニエル・リベスキンド『ブ

レイキング・グラウンド――人生と建築の冒険』，鈴木圭介訳，筑摩書房，2006.

Littell, Jonathan: *Les bienveillantes*. Paris: Gallimard, 2007.　ジョナサン・リテル『慈しみの女神たち』上下巻，菅野昭正・星埜守之・篠田勝英・有田英也訳，集英社，2011.

Long, J. J.: *W.G. Sebald: Image, Archive, Modernity*. Edinburgh: Edinburgh University Press, 2007.

Lucken, Michael: *Hiroshima-Nagasaki. Des photographies pour abscisse et ordonnée*. In: *Études photographiques*, n° 18, mai 2006, 4-25.

Lucken, Michael: *Von der Ordnung in der Zerstörung. Die japanischen Fotografien der Bombardierungen Hiroshimas und Nagasakis*. In: Bigg, Charlotte, und Jochen Hennig (Hg.): *Atombilder. Ikonografie des Atoms in Wissenschaft und Öffentlichkeit des 20. Jahrhunderts*. Göttingen: Wallstein, 2009, 177-185.

魯迅（Lu Xun）「希望」(1925)，魯迅『野草』，竹内好訳，岩波文庫，1980，29-32.

Margry, Karel: *Theresienstadt 1944-1945: The Nazi Propaganda Film depicting the Concentration Camp as Paradise*. 1992. In: Blaufuks 2010, n.p.

松本健一「〈歴史〉を見つめる人」，松本健一『戦後の精神――その生と死』，作品社，1985，29-49.

松重美人「八月六日の朝」，梅野彪・田島賢裕編『原爆第一號――ヒロシマの写眞記錄』，朝日出版社，1952，86-88.

松浦寿輝『表象と倒錯　エティエンヌ゠ジュール・マレー』，筑摩書房，2001.

Michaels, Walter Benn: *The Beauty of a Social Problem: Photography, Autonomy, Economy*. Chicago and London: The University of Chicago Press, 2015. Kindle file.

三島由紀夫「小説家の休暇」，三島由紀夫『小説家の休暇』，新潮文庫，1982，8-143.

三浦和人「写真集『見慣れた街の中で』をホッとした思いで受けとめたひとりとして」，『牛腸茂雄 作品集成』，275-277.

三浦哲哉『サスペンス映画史』，みすず書房，2012.

宮嶋繁明『橋川文三　日本浪曼派の精神』，弦書房，2014.

宮沢賢治『宮沢賢治全集1』，ちくま文庫，1986.

宮沢賢治『宮沢賢治全集7』，ちくま文庫，1985.

宮沢賢治『春と修羅』，宮沢『宮沢賢治全集1』，13-245. 青空文庫版，入力：柴田卓治，校正：かとうかおり，2000年10月4日公開，2011年5月11日修正，Web. 2015年9月9日確認. ‹http://www.aozora.gr.jp/cards/000081/files/1058_15403.html›.

宮沢賢治「銀河鉄道の夜」，宮沢『宮沢賢治全集7』，234-298.

「宮沢賢治」(ツイッター・アカウント)，@pha，2009年9月登録，Web.　2015年9月9日確認. ‹http://twitter.com/MiyazawaKenji›.

Modiano, Patrick: *Dora Bruder*. Paris: Gallimard, 1997.　パトリック・モディアノ『1941年。パリの尋ね人』，白井成雄訳，作品社，1998.

Müller, Alois Martin (Hg.): *Daniel Libeskind. Radix - Matrix*. München: Prestel, 1994.

Münzel, Sascha: *Willkür und Gewaltexzess. Die ››Sondervernehmungen‹‹ der Erfurter SA 1933*. In: *Mitteilungen des Vereins für die Geschichte und Altertumskunde von Erfurt*. 72. Heft, Neue Folge - Heft 19, 2011, 164-185.

Musil, Robert: *Der Mann ohne Eigenschaften. Erstes Buch*. 1930. ローベルト・ムージル「特性のない男　第一巻」，『ムージル著作集　第一巻』，加藤二郎訳，松籟社，1992.

「中原中也（非公式ボット）」(ツイッター・アカウ

ント)，@Chuya_bot，2009年10月登録，Web. 2015年9月9日確認. ‹https://twitter.com/Chuya_bot›.

中井久夫『分裂病と人類』，東京大学出版会，1982.

中井久夫『アリアドネからの糸』，みすず書房，1997.

中井久夫『徴候・記憶・外傷』，みすず書房，2004.

中谷礼仁『セヴェラルネス——事物連鎖と人間』，鹿島出版会，2005.

NHK出版編『ヒロシマはどう記録されたか——NHKと中国新聞の原爆報道』，NHK出版，2003.

西本雅実「原爆記録写真——埋もれた史実を検証する」，『photographers' gallery press』no.12，38-47. 初出：『広島平和記念資料館資料調査研究会研究報告』4号，2008，1-9.

The Non-Catholic Cemetery in Rome. Web. 9 Sep. 2015. ‹http://www.cemeteryrome.it/graves/databases.html›.

野崎歓「写真への抵抗——フランス現代小説と写真」，塚本『写真と文学』，96-112.

岡部信幸「『見慣れた街の中で』——牛腸茂雄における視線と距離」，『牛腸茂雄 作品集成』，260-272.

Olin, Margaret: *Touching Photographs*. Chicago and London: The University of Chicago Press, 2012.

大宮勘一郎「新シイ天使の暴力と救済——クレーとベンヤミン」，『ユリイカ』43巻4号（2011年4月号），青土社，2011，97-102

大室幹雄「解説」，多木『生きられた家』，251-264.

小野正嗣「単にフィクションでもなく、単に歴史でもなく……」，『UP』471号（2012年1月号），東京大学出版会，2012，40-49.

Panofsky, Dora, and Erwin: *Pandora's Box: The Changing Aspects of a Mythical Symbol*. Princeton: Princeton University Press, 1962. ドーラ&アーウィン・パノフスキー『パンドラの匣——変貌する一神話的象徴をめぐって』，尾崎彰宏・阿部成樹・菅野晶訳，法政大学出版局，2001.

Pardo, Vittorio Franchetti (ed.): *L'architettura nelle città italiane del XX secolo. Dagli anni Venti agli anni Ottanta*. Milano: Jaca Book, 2003.

Patt, Lisa (ed.): *Searching for Sebald: Photography after W.G. Sebald*. Los Angeles: The Institute of Cultural Inquiry, 2007.

Peirce, Charles Sanders: *Logic as Semiotic: The Theory of Signs*. In: *Peirce, Charles Sanders: Philosophic Writings of Peirce*. New York: Dover, 1955. C・S・パース『パース著作集二 記号学』，内田種臣編訳，勁草書房，1986.

『photographers' gallery press』no.12「爆心地の写真 1945-1952」，photographers' gallery，2014.

Pihlainen, Kalle: *The Eternal Return of Reality: On Constructivism and Current Historical Desires*. 2014. カレ・ピヒライネン「実在の果てしない回帰——構築論と最近の歴史の欲求について」，岡本充弘訳，岡本充弘ほか編『歴史を射つ——言語論的転回・文化史・パブリックヒストリー・ナショナルヒストリー』，御茶の水書房，2015，186-209.

Power, Chris: *Review of HHhH by Laurent Binet, trans by Sam Taylor*. In: *The Times*, 14 April 2012. Web. 14 Aug. 2015.

Rahtz, Sebastian: *The Protestant Cemetery*. 23 Jan. 2000. Web. 9 Sep. 2015. ‹http://www.acdan.it/danmark_italia/scand_data/protcem/›.

Reinartz, Dirk: *Totenstill. Bilder aus den ehemaligen deutschen Konzentrationslagern*. Göttingen: Steidl,

1994.
Rodiek, Thorsten: *Daniel Libeskind - Museum ohne Ausgang. Das Felix-Nussbaum-Haus des Kulturgeschichtlichen Museums Osnabrück*. Tübingen : Wasmuth, 1998.
Romano, Sergio: *E il romanticismo vinse a Varsavia*. In: *Corriere della Sera*. 31 marzo 2012, 59.
Romano, Sergio: *Presentazione*. In: Tannenbaum 2010, 5-13.
Rosenzweig, Franz: *Das neue Denken. Einige nachträgliche Bemerkungen zum „Stern der Erlösung"*. 1925. フランツ・ローゼンツヴァイク「新しい思考――『救済の星』に対するいくつかの補足的な覚書」, 合田正人・佐藤貴史訳,『思想』No.1014 (2008年10号), 岩波書店, 2008, 175-203.
Roth, Michael S.: *Memory, Trauma, and History: Essays on Living With the Past*. New York: Columbia University Press, 2012.
Runia, Eelco: *Moved by the Past: Discontinuity and Historical Mutation*. New York: Columbia University Press, 2014.

三部けい『僕だけがいない街』1—7巻, 角川書店, 2013-2015.
佐藤真「牛腸茂雄の写真に潜むもの――映画『SELF AND OTHERS』をめぐって」, 映画『SELF AND OTHERS』パンフレット, ユーロスペース, 2001, 4-7.
Scholem, Gershom Gerhard: *Die Jüdische Mystik in ihren Hauptströmungen*. 1957. ゲルショム・ショーレム『ユダヤ神秘主義――その主源流』, 山下肇ほか訳, 法政大学出版局, 1985.
Sebald, W. G.: *The Undiscover'd Country: The Death Motif in Kafka's Castle*. In: *Journal of European Studies*. 2. 1972, 22-34.
Sebald, W. G.: *Thanatos. Zur Motivstruktur in Kafkas Schloss*. In: *Literatur und Kritik*. 7. 66/67. 1972, 399-411.
Sebald, W. G.: *Zwischen Geschichte und Naturgeschichte. Über die literarische Beschreibung totaler Zerstörung*. 1982. In: Sebald 2003, 69-100.　ゼーバルト「歴史と博物誌のあいだ――壊滅の文学的描写について」, ゼーバルト『カンポ・サント』, 61-88.
Sebald, W. G.: *Schwindel. Gefühle*. 1990. Frankfurt am Main: Fischer, 1994.　W・G・ゼーバルト『目眩まし』, 鈴木仁子訳, 白水社, 2005.
Sebald, W. G.: *Die Ausgewanderten. Vier lange Erzählungen*. 1992. Frankfurt am Main: Fischer, 1994.　W・G・ゼーバルト『移民たち　四つの長い物語』, 鈴木仁子訳, 白水社, 2005.
Sebald, W. G.: *Wildes Denken. Gespräch mit Sigrid Löffler*. 1993. In: Sebald 2011, *»Auf ungeheuer dünnen Eis«*, 82-86.
Sebald, W. G.: *Die Ringe des Saturn*. 1995. Frankfurt am Main: Fischer, 1997.　W・G・ゼーバルト『土星の環　イギリス行脚』, 鈴木仁子訳, 白水社, 2007.
Sebald, W. G.: *Kafka im Kino*. 1997. In: Sebald 2003, 193-209.　W・G・ゼーバルト「映画館のカフカ」, ゼーバルト『カンポ・サント』, 137-151.
Sebald, W. G.: *Luftkrieg und Literatur*. 1999. Frankfurt am Main: Fischer, 2001.　W・G・ゼーバルト『空襲と文学』, 鈴木仁子訳, 白水社, 2008.
Sebald, W. G.: *Hitlers pyromanische Phantasien. Gespräch mit Volker Hage (2000)*. 2000. In: Sebald 2011, *»Auf ungeheuer dünnen Eis«*, 176-195.
Sebald, W. G.: *Austerlitz*. München; Wien: Hanser, 2001.　W・G・ゼーバルト『アウステ

ルリッツ』(改訳)，鈴木仁子訳，白水社，2012.

Sebald, W. G.: *Ich fürchte das Melodramatische. Gespräch mit Martin Doerry und Volker Hage (2001)*. 2001. In: Sebald 2011, *»Auf ungeheuer dünnen Eis«*, 196-207.

Sebald, W. G.: *Mit einem kleinen Strandspaten. Abschied von Deutschland nehmen. Gespräch mit Uwe Pralle (2001)*. 2001. In: Sebald 2011, *»Auf ungeheuer dünnen Eis«*, 252-263.

Sebald, W. G.: *Ein Versuch der Restitution*. 2001. In: Sebald 2003, 240-248.　W・G・ゼーバルト「復元のこころみ」，ゼーバルト『カンポ・サント』，179-186.

Sebald, W. G.: *Campo Santo*. Hg. von Sven Meyer. 2003. Frankfurt am Main: Fischer, 2006.　W・G・ゼーバルト『カンポ・サント』，鈴木仁子訳，白水社，2011.

Sebald, W. G.: *»Auf ungeheuer dünnen Eis«. Gespräche 1971 bis 2001*. Hg. von Torsten Hoffmann. Frankfurt am Main: Fischer, 2011.

Sebald, W. G.: *Austerlitz*. Trans. Anthea Bell. London: Penguin Books, 2011.

柴田元幸「解説　この世にとうとう慣れることができなかった人たちのための」，ゼーバルト『土星の環』，277-285.

島尾敏雄・吉田満『新編　特攻体験と戦後』，中公文庫，2014.

菅野裕子「線と面のあいだに」，『ユリイカ』35巻4号（2003年3月号），青土社，2003，180-189.

鈴木賢子「W. G. ゼーバルトにおける博物誌／自然史――「グリッド」と「五点形」を通して」，『実践女子大学　美學美術史学』25号，2011，39-58.

鈴木賢子「W. G. ゼーバルトにおける語りの場」，科学研究費補助金成果報告書『ドイツ現代美術におけるナチズム／ホロコーストの記憶表象研究』(研究代表者・香川檀)，2012，45-61.

鈴木賢子「W・G・ゼーバルト『アウステルリッツ』における想起の閾としての視覚イメージ――フロイトの「不気味なもの」を手がかりに」，『カリスタ　ΚΑΛΛΙΣΤΑ』20号，東京藝術大学美術学部美学研究室，美学・藝術論研究会，2013，79-118.

Szondi, Peter: *Hoffnung im Vergangenen. Über Walter Benjamin*. In: Szondi, Peter: *Schriften II*. Frankfurt am Main: Suhrkamp, 1978, 275-294.　ペーター・ションディ〔ソンディ〕「希望は過ぎ去りしもののうちに――ヴァルター・ベンヤミンと〈失われたとき〉」，初見基訳，『みすず』338号（1989年4月号），みすず書房，1989，14-30.

Tafuri, Manfredo: *La sfera e il labirinto. Avanguardia e architettura da Piranesi agli anni '70*. Torino: G. Einaudi, 1980.　マンフレッド・タフーリ『球と迷宮――ピラネージからアヴァンギャルドへ』，八束はじめ・石田壽一・鵜沢隆訳，PARCO出版，1992.

多木浩二「眼と眼ならざるもの」(1970)，多木『写真論集成』，12-53.

多木浩二『眼の隠喩――視線の現象学』(1982)，ちくま学芸文庫，2008.

多木浩二『生きられた家――経験と象徴』(1984)，岩波現代文庫，2001.

多木浩二「いまなぜ写真について書くか」，『写真装置』12号，現代書館，1986，102-112.

多木浩二『写真の誘惑』，岩波書店，1990.

多木浩二『シジフォスの笑い――アンセルム・キーファーの芸術』，岩波書店，1997.

多木浩二「TRACES OF TRACES」(1999)，多木『写真論集成』，243-263.

多木浩二『もし世界の声が聴こえたら――言葉と身体の想像力』，青土社，2002.

多木浩二『写真論集成』，岩波現代文庫，2003.

多木浩二『死の鏡——一枚の写真から考えたこと』，青土社，2004.
多木浩二『肖像写真——時代のまなざし』，岩波新書，2007.
多木浩二『映像の歴史哲学』，今福龍太編，みすず書房，2013.
滝沢明子「『喪の日記』から『明るい部屋』へ——《温室の写真》をめぐるフィクション」，塚本『写真と文学』，294-325.
田中純「歴史という廃墟——危機の計画＝企図（プロジェクト）」，磯崎新監修・田中純編『磯崎新の革命遊戯』，TOTO出版，1996，62-74.
田中純『都市表象分析I』，INAX出版，2000.
田中純『アビ・ヴァールブルク　記憶の迷宮』，青土社，2001；新装版，2011.
田中純『死者たちの都市へ』，青土社，2004.
田中純『都市の詩学——場所の記憶と徴候』，東京大学出版会，2007.
田中純『政治の美学——権力と表象』，東京大学出版会，2008.
田中純『イメージの自然史——天使から貝殻まで』，羽鳥書店，2010.
田中純『冥府の建築家——ジルベール・クラヴェル伝』，みすず書房，2012.
田中純，伊藤博明，加藤哲弘，アビ・ヴァールブルク『ムネモシュネ・アトラス』，ありな書房，2012.
「種田山頭火　句集」（ツイッター・アカウント），@qwecx（くゑ），2009年10月登録，Web. 2015年9月9日確認. ‹https://twitter.com/Santouka_bot›.
谷川雁「『城下の人』覚え書」（1959），谷川雁『工作者宣言』，現代思潮社，1969，90-104.
Tannenbaum, Mya: *Fuga dalla polonia*. Novara: Interlinea, 2010.
Theweleit, Klaus: *On the German Reaction to Jonathan Littell's* Les bienveillantes. In: *New German Critique*, 106, vol.36, no.1, 2009, 21-34.
豊崎光一『余白とその余白または幹のない接木』，小沢書店，1974.
Tractates Bekoroth, Arakin. Hebrew-English Edition of the Babylonian Talmud. London: Soncino Press, 1989.
塚本昌則編『写真と文学——何がイメージの価値を決めるのか』，平凡社，2013.
塚本昌則「時のゆがみ——ローデンバック、ブルトン、ゼーバルトの〈写真小説〉」，塚本『写真と文学』，34-57.
鶴見俊輔「編集後記」，『思想の科学』No.49，1984年6月臨時増刊号「橋川文三研究」，思想の科学社，1984，192.

内田隆三「『眼の隠喩』——解説」，多木『眼の隠喩』，389-399.

Victorian Image Collection: *Photographers of Great Britain and Ireland 1840 to 1940: Their Photographs, their Studios and their Customers*. 2009-2015. Web. 20 July 2015.

和合亮一『詩の礫』，徳間書店，2011.
和合亮一『詩ノ黙礼』，新潮社，2011.
Warburg, Aby: *Schlangenritual. Ein Reisebericht: Bilder aus dem Gebiet der Pueblo-Indianer in Nord Amerika*. Berlin: Wagenbach, 1988. アビ・ヴァールブルク『蛇儀礼——北アメリカ、プエブロ・インディアン居住地域からのイメージ』，加藤哲弘訳，ありな書房，2003.
Warburg, Aby: *Der Bilderatlas Mnemosyne. Gesammelte Schriften*, Studienausgabe, Zweite Abteilung, Bd. 2.1. Hg. von Martin Warnke unter Mitarbeit von Claudia Brink. Berlin: Akademie Verlag, 2000; 3., gegenüber der 2. unveränderte Auflage, 2008.
Warburg, Aby: *Tagebuch der Kulturwissenschaftlichen*

Bibliothek Warburg mit Einträgen von Gertrud Bing und Fritz Saxl. Gesammelte Schriften, Studienausgabe, Siebte Abteilung, Bd. 7. Hg. von Karen Michels und Charlotte Schoell-Glass, Berlin: Akademie Verlag, 2001.

Weihe, Richard: *Wittgensteins Augen. W.G. Sebalds Film-Szenario "Leben Ws."* In: *fair: Zeitung für Kunst und Ästhetik*, 07, IV, Wien; Berlin, 2009, 11-12.

White, Hayden: *Metahistory: The Historical Imagination in Nineteenth-Century Europe*. 1973. Baltimore and London: The Johns Hopkins University Press, 1975.

White, Hayden: *Historical Emplotment and the Problem of Truth*. In: Friedlander 1992, 37-53. ヘイドン・ホワイト「歴史のプロット化と真実の問題」，上村忠男訳，フリードランダー『アウシュヴィッツと表象の限界』，57-89.

White, Hayden: *Writing in the Middle Voice*. 1992. In: White, Hayden: *The Fiction of Narrative: Essays on History, Literature, and Theory, 1957-2007*. Baltimore: The Johns Hopkins University Press, 2010, 255-262.

White, Hayden: *The Practical Past*. Evanston, Illinois: Northwestern University Press, 2014.

White, Hayden: *The Practical Past*. 2010. In: White 2014, 3-24.　ヘイドン・ホワイト「実用的な過去」，佐藤啓介訳，『思想』No.1036（2010年8号），岩波書店，2010，11-33.

Whitehead, Anne: *Trauma Fiction*. Edinburgh: Edinburgh University Press, 2004.

Winkler, Kurt: *Ceci n´est pas un musée - Daniel Libeskinds Berliner Museumsprojekt*. In: Müller 1994, 122-127.

Wintermeyer, Ingo, und Sigurd Martin (Hg.): *Verschiebebahnhöfe der Erinnerung. Zum Werk W.G. Sebalds*. Würzburg: Königshausen & Neumann, 2007.

Wolf, Herta: *Einleitung*. In: Wolf, Herta (Hg.): *Paradigma Fotografie. Fotokritik am Ende des fotografischen Zeitalters*. Bd.I. Frankfurt am Main: Suhrkamp, 2002, 7-10.

Wolff, Lynn L.: *W.G. Sebald's Hybrid Poetics: Literature as Historiography*. Berlin: De Gruyter, 2014.

Wood, James: *Introduction*. In: Sebald 2011, *Austerlitz*, 2011, vii-.xxvii.

Yacavone, Kathrin: *Benjamin, Barthes and the Singularity of Photography*. London: Bloomsbury Publishing, 2013.

Yad Vashem: *The Central Database of Shoah Victims' Names*. 2015. Web. 9 Sep. 2015.

山川菊栄『覚書　幕末の水戸藩』，岩波文庫，1991.

Yerushalmi, Yosef Hayim: *Zakhor: Jewish History and Jewish Memory*. Seattle and London: University of Washington Press, 1996. ヨセフ・ハイーム・イェルシャルミ『ユダヤ人の記憶 ユダヤ人の歴史』，木村光二訳，晶文社，1996.

横瀬夜雨編『天狗騒ぎ』，改造社，1928.

四方田犬彦「パッチョロ」，四方田犬彦・堀潤之編『ゴダール・映像・歴史――『映画史』を読む』，産業図書，2001，203-236.

四方田犬彦『摩滅の賦』，筑摩書房，2003.

米田明「ポストミニマリズムが現代建築に示唆するもの」，『建築文化』570号，彰国社，1994，75-96.

吉田寛「音楽家ダニエル・リベスキンド?――新たな読解可能性のために」，『InterCommunication』43号，NTT出版，2002，120-128.

吉田寛「共鳴する建築――リベスキンドにとって音楽とは何か?」，『ユリイカ』35巻4号（2003年3月号），青土社，2003，190-198.

Zimmer, Jörg: *»Nur um der Hoffnungslosen willen ist uns die Hoffnung gegeben«. Erläuterungen zu Benjamin und Bloch*. In: Hühn, Helmut, Jan Urbich und Uwe Steiner (Hg.): *Benjamins Wahlverwandtschaften. Zur Kritik einer programmatischen Interpretation*. Berlin: Suhrkamp 2015. 259-271.

II　フィルモグラフィ

本文中で参照した主要な作品に限定し，基本情報として，作品名，監督名，製作年を挙げる．邦題が存在する場合にはそれと監督名を日本語で付し、必要と思われる場合のみ，MLAスタイルに準拠してオンライン情報を記した．

The Adventures of Dollie. Dir. David W. Griffith. 1908. 『ドリーの冒険』，デヴィッド・W・グリフィス監督.

Amadeus. Dir. Miloš Forman. 1984. 『アマデウス』，ミロス・フォアマン監督.

Austerlitz. SOURCE Photographic Review. Online video clip. *YouTube*. YouTube, 16 Aug. 2013. Web. 26 June 2015.

The Birds. Dir. Alfred Hitchcock. 1963. 『鳥』，アルフレッド・ヒッチコック監督.

Broken Blossoms or The Yellow Man and the Girl. Dir. David W. Griffith. 1919. 『散り行く花』，デヴィッド・W・グリフィス監督.

Il Casanova di Federico Fellini. Dir. Federico Fellini. 1976. 『カサノバ』，フェデリコ・フェリーニ監督.

Changeling. Dir. Clint Eastwood. 2008. 『チェンジリング』，クリント・イーストウッド監督.

Crowning Of The Rose Queen (1929). 1929. British Pathé: *Crowning Of The Rose Queen (1929)*. Online video clip. *YouTube*. YouTube, 27 Aug. 2014. Web. 20 July 2015.

Fotoamator. Dir. Dariusz Jabłoński. 1998. Tikkun Olam: *Fotoamator*. Online video clip. *YouTube*. YouTube, 6 Jan. 2015. Web. 3 May 2015.

Histoire(s) du cinéma. Dir. Jean-Luc Godard. 1998. 『ゴダールの映画史』，ジャン＝リュック・ゴダール監督.

Hitler, ein Film aus Deutschland. Dir. Hans-Jürgen Syberberg. 1977. 『ヒトラー，あるいはドイツ映画』，ハンス＝ユルゲン・ジーバーベルク監督.

Intolerance. Dir. David W. Griffith. 1916. 『イントレランス』，デヴィッド・W・グリフィス監督.

Mephisto. Dir. István Szabó. 1981. 『メフィスト』，イシュトヴァン・サボー監督.

Minority Report. Dir. Steven Spielberg. 2002. 『マイノリティ・リポート』，スティーブン・スピルバーグ監督.

Le Nom de la rose. Dir. Jean-Jacques Annaud. 1986. 『薔薇の名前』，ジャン＝ジャック・アノー監督.

Popiół i diament. Dir. Andrzej Wajda. 1958. 『灰とダイヤモンド』，アンジェイ・ワイダ監督.

Premier rendez-vous. Dir. Henri Decoin. 1941. 『初めての逢引き』，アンリ・ドコワン監督.

Psycho. Dir. Alfred Hitchcock. 1960. 『サイコ』，アルフレッド・ヒッチコック監督.

『SELF AND OTHERS』．佐藤真監督．2001.

Shoah. Dir. Claude Lanzmann. 1985. 『ショア』，クロード・ランズマン監督.

Theresienstadt. Ein Dokumentarfilm aus dem jüdischen Siedlungsgebiet. Dir. Kurt Gerron. 1944 (unreleased).

Vertigo. Dir. Alfred Hitchcock. 1958. 『めまい』，アルフレッド・ヒッチコック監督.

田中 純（たなか じゅん）
一九六〇年　仙台市に生まれる
一九九一年　東京大学大学院総合文化研究科修士課程修了
二〇〇一年　東京大学より博士（学術）の学位取得
二〇一〇年　フィリップ・フランツ・フォン・ジーボルト賞受賞
現在　東京大学大学院総合文化研究科教授
東京大学副学長

【主要著書】
『アビ・ヴァールブルク　記憶の迷宮』
（青土社、二〇〇一、第24回サントリー学芸賞受賞）
『死者たちの都市へ』（青土社、二〇〇四）
『都市の詩学――場所の記憶と徴候』
（東京大学出版会、二〇〇七、
第58回芸術選奨文部科学大臣新人賞受賞）
『政治の美学――権力と表象』
（東京大学出版会、二〇〇八、第63回毎日出版文化賞受賞）
『イメージの自然史――天使から貝殻まで』
（羽鳥書店、二〇一〇）
『建築のエロティシズム
――世紀転換期ヴィーンにおける装飾の運命』
（平凡社新書、二〇一一）
『冥府の建築家――ジルベール・クラヴェル伝』
（みすず書房、二〇一二）

過去に触れる――歴史経験・写真・サスペンス
二〇一六年四月一五日　初版［検印廃止］
著者　田中 純
ブックデザイン　原 研哉＋大橋香菜子
発行者　羽鳥和芳
発行所　株式会社 羽鳥書店
一一三―〇〇二二
東京都文京区千駄木五―二―一三―一階
電話番号　〇三―三八二三―九三一九［編集］
〇三―三八二三―九三二〇［営業］
ファックス　〇三―三八二三―九三二一
http://www.hatorishoten.co.jp/
印刷所　株式会社 精興社
製本所　牧製本印刷 株式会社

ISBN 978-4-904702-60-4　Printed in Japan